# Hexentribunal

# Hexen-tribunal

**Beiträge zu einem historischen Phänomen zwischen Recht und Religion**

Herausgegeben von
Christoph Becker, Gerda Riedl und Volker Peter Voss
auf der Grundlage eines interdisziplinären Projektes
der Universität Augsburg

SANKT
ULRICH
VERLAG
GmbH

Die Deutsche Bibliothek – CIP-Einheitsaufnahme

Hexentribunal : Beiträge zu einem historischen Phänomen zwischen Recht
und Religion / C. Becker ... (Hrsg.). - Augsburg : Sankt-Ulrich-Verl., 2001
ISBN 3-929246-68-6

Umschlaggestaltung: UV Werbung, Mediengruppe Sankt Ulrich Verlag, Augsburg
Titelbild: KNA
Druck und Herstellung: Offizin Andersen Nexö Leipzig
Printed in Germany
ISBN 3-929246-68-6

# Inhalt

# Einleitung in den Sammelband „Hexentribunal"

## 1. Über die Entstehung der Beiträge

Im Sommersemester 2000 veranstalteten wir, das sind die beiden erstgenannten Herausgeber, an der Universität Augsburg ein fachübergreifendes Seminar zum Thema „Inquisition und Hexenverfolgung", welches soviel wie Hexenverfolgung in der Methode der Inquisition bedeutete. An drei Wochenenden sollten Ansätze zur Erklärung eines Phänomens gesucht werden, das uns Heutigen bei erstem Zusehen als unbegreifliche Entgleisung vorkommt. Das Projekt verstand sich als eine Veranstaltung im Überschneidungsfeld von Rechtsgeschichte und Kirchengeschichte, insbesondere als Veranstaltung zur Kirchenrechtsgeschichte. Es nahm jedoch die Vielgestaltigkeit der Gesichtspunkte in den Blick, unter welchen man diesen Weg der Gesellschaft, sich für gefährlich gehaltener Menschen zu entledigen, betrachten kann. Neben Rechtswissenschaft, Theologie und der zu diesen Disziplinen gehörigen Historie waren Heimatgeschichte, Volkskunde und Allgemeine Geschichte ebenso berührt wie Soziologie, Psychologie, Medizin, Biologie und Pharmazie, Ökonomie, Politik und Erforschung der von den beiden Geschlechtern besetzten Rollen. Die Mannigfaltigkeit der zu berücksichtigenden Fragen spiegelt sich nicht zuletzt in der Differenziertheit einer reichen und fortwährend wachsenden Literatur zum Thema Hexenverfolgung.

Das Seminar durfte sich beachtlichen Zuspruchs erfreuen. Nicht nur war ein großer Kreis von Referierenden aus dem Kreise der Studentinnen und Studenten und einiger Graduierter zusammengekommen. Vielmehr fand die Veranstaltung dank der Aufmerksamkeit der regionalen Medien auch die Beachtung zahlreicher Gäste, die die Vorträge verfolgten und sich an den anschließenden Aussprachen beteiligten. Bestandteil des Seminarprogramms war neben den Sitzungen ein Besuch des Bayerischen Hauptstaatsarchives München, wo Herr Archivoberrat Gerhard Reiprich eine Einführung in dort aufbewahrte Prozeßunterlagen gab.

Die Themen für ihre Vorträge wählten die Referenten aus einer Liste, die wir zuvor zusammengestellt hatten. Der zeitliche Schwerpunkt der Hexenverfolgung liegt im 15. bis 18. Jahrhundert. Doch erschien es uns für das Verständnis notwendig, auch in ältere Epochen zurückzugreifen. Andererseits konnte das Seminar selbstverständlich nicht für sich in Anspruch nehmen, alle denkbaren Ansätze erschöpfend abzubilden. So traten beispielsweise die historische Bewältigung des 19. Jahrhunderts oder die unter nationalsozialistischer Herrschaft unternommenen Versuche, die Erforschung der Hexenverfolgung dem Kampf gegen die katholische Kirche dienstbar zu machen, nicht als je gesonderte Gegenstände hervor.

Trotz der Vielgestaltigkeit der Gesichtspunkte, welche an die Erscheinung „Hexenverfolgung" heranzutragen sind, waren die Vorträge überwiegend auf die prozeduralen Abläufe auszurichten. Von zentraler Bedeutung für die Erfassung der Hexenverfolgung ist die Beobachtung, daß sie regelgeleitet war. Die Regelgebundenheit wirkte bald treibend, bald aber auch den Drang zur Beseitigung des Mitmenschen begrenzend. Hieraus ergab sich das Juristische als der hauptsächliche Ausgangspunkt der Untersuchungen. Dem entsprach die Zusammensetzung des Kreises der Vortragenden. Von diesem Ausgangspunkt galt es die übrigen Punkte zu erschließen. Gewissermaßen war der Leitgedanke, die Normalität des uns zunächst absurd Erscheinenden herauszufinden. Normalität ist dabei in doppeltem Sinne zu verstehen. Der Ausdruck zielt nicht allein auf den Grad von Selbstverständlichkeit oder Alltäglichkeit der Hexenverfolgung im zeitgenössischen Zusammenhang, sondern eben auch auf die Normgebundenheit der Vorgänge.

Von den Seminarvorträgen sind die weitaus meisten schriftlich niedergelegt und im vorliegenden Band zusammengestellt. Inhalt und Stil der Beiträge lassen die Vortragsform erkennbar. Sie dokumentieren mit allen Stärken und Schwächen die Annäherung der Verfasser an ihr Thema, so wie sie sie dem Kreis der übrigen Teilnehmer unterbreiteten. Die zum Großteil aus studentischer Feder stammenden Beiträge wollen nicht als endgültige Forschungsergeb-

nisse gelesen werden, sondern als Anreize für die Auseinandersetzung mit dem Gegenstand, so wie es ihre Aufgabe schon während
der Seminarsitzungen gewesen ist. Manche Frucht aus der Diskussion fand Aufnahme in die Schriftfassung; vieles konnte nicht aufgenommen werden, da sonst die Beiträge einen ganz anderen Zu-
schnitt erhalten hätten. Da sie sich wechselseitig ergänzen, erfuhren
alle Beiträge eine Straffung.

## 2. Über das inhaltliche Anliegen der Beiträge

Der schlagworthafte Haupttitel des Buches „Hexentribunal" soll
vermitteln, daß das Buch über das geschichtliche Phänomen einer
Verfolgung von Menschen in ihrer Justizförmigkeit berichtet. Der
Begriff weckt die Frage, ob es das Anliegen des Projektes ist, seinerseits ein Tribunal zur Beurteilung von Schuld oder Unschuld der
Hexenverfolger, gewissermaßen ein „Hexenobertribunal" herzustellen. Diese Frage ist zu verneinen. Die Beiträge wollen die Hexenverfolgung, ihre geistigen Grundlagen und ihren Ausklang als
Erscheinungen ihrer Zeit mit dem Verständniszusammenhang und
mit den Absichten der Zeitgenossen entwickeln. Das Anliegen ist es
nicht, über die Vergangenheit zu richten. Es geht also insbesondere
nicht um die Frage, ob die Kirchen als der Menschheit verpflichtete
Institutionen versagten. Hexenverfolgung war ein Phänomen der
Gesellschaft insgesamt. Die Frage ist also nach der gesellschaftlichen Funktion von Hexenverfolgung überhaupt zu stellen. Damit
tritt aber die Erörterung einer Vorwerfbarkeit zurück. Sie kann nur
auf einzelne Personen ausgerichtet sein und schon nicht mehr auf
einzelne Institutionen. Diesen gegenüber vermag der Untersu-
chende allenfalls den Befund einer Unvereinbarkeit ihres Verhaltens
mit den an Individuen gestellten Verhaltensanforderungen aufzuzeigen. Dessenungeachtet bleibt die Rolle der Kirchen als fördernd
oder unterlassend Beteiligte selbstverständlich in die Betrachtung
einbezogen.

Aufzuspüren gilt es, unter welchen Bedingungen und auf welchen
Wegen eine Gesellschaft, die sich offensichtlich anders nicht zu hel-
fen weiß, ausgrenzend handelt, oft mit tödlichem Ausgang. Das
Frauen und Männern vorgeworfene Delikt der Hexerei ist eines von

vielen, welche im endenden Mittelalter und in der Neuzeit mit Sanktionen bis hin zur Todesstrafe belegt waren. Heute empfinden wir dies als maßlos. Wir müssen dabei aber beachten, wie wenig selbstverständlich der in unserer gegenwärtigen und hiesigen (mitteleuropäischen) Gesellschaft geübte Verzicht des Hoheitsträgers auf leibliche Bestrafung ist.

Es handelt sich beim hier vorgelegten Band um den Versuch, Zugang zur Vergangenheit zu gewinnen und sich in sie hineinzuversetzen, ohne zu übersehen, daß man sich nicht wirklich in ihr bewegen und daher auch nicht heutige Wertvorstellungen in sie zurücktragen kann. Die Einordnung hat demnach in das Denken und Geschehen der jeweiligen Zeit zu erfolgen. Erst nach dieser Leistung ist eine Konfrontation mit dem heutigen Verständnis möglich. Doch darf dieses heutige Verständnis sich nur als Teil fortwährender Entwicklung, nicht als absolut, begreifen. Das macht das Historische an der Betrachtung aus. Die vielbeachtete (nicht allein, aber auch auf Inquisition und Hexenverfolgung bezogene) Vergebungsbitte von Papst Johannes Paul II., gesprochen im März des Jahres 2000 und noch in den Themenkreis des Seminars einbezogen, hat einen solchen historischen Ansatz und ist nur aus dem Bewußtsein steter Läuterung menschlicher Gesellschaft aus dem früheren Erleben als unlösbarer Vorbedingung denkbar und verstehbar.

Der Verzicht auf absolute Beurteilung zugunsten einer Beschränkung auf Relativität wirkt ernüchternd. Das mag einerseits Enttäuschung sein, vor allem aber ist es Schärfung des Blicks. Was an vordergründiger Befriedigung des moralischen Selbstverständnisses durch Entrüstung verlorengeht, kehrt mehrfach als kritische Wachsamkeit im Heute und Morgen wieder. Uns Heutigen kommen die Vorkommnisse der Hexenverfolgung zutiefst menschenverachtend und verabscheuungswürdig, inhuman und amoralisch vor. Doch sollten wir uns vor Überheblichkeit hüten. Wir stehen nur an einem Punkte im Flusse befindlicher Entwicklung, wie es frühere Gesellschaften auch taten. Es ist recht fraglich, ob die heutigen Wertungen nennenswert höher zu veranschlagen sind und bei gewissenhafter Prüfung schon aus der Vergangenheit erkennbar waren – was Voraussetzung für die Verurteilung der früheren Wertungen und des daraus folgenden Verhaltens wäre – oder ob der Vergangenheit die „bessere" Sicht noch nicht möglich war oder ob sich gar nur Schwerpunkte in der Ausprägung von tatsächlich schon früher beachteten Wertungsgrundsätzen verschoben haben.

Diese Fragestellung findet sich in anderen Bereichen als dem der Hexenverfolgung ebenfalls. So scheint es unsere Gesellschaft neuerdings in einigen Teilen – welche sich vehement Gehör zu verschaffen verstehen – für richtig zu erachten, daß man sogenannte „verwaiste" (bei Maßnahmen künstlicher Befruchtung nicht eingepflanzte, sondern aufbewahrte) oder eigens erzeugte menschliche Embryonen, schönfärbend und verschleiernd auch als „überzählige embryonale Stammzellen" oder als „ES-Zellen" bezeichnet, zu Forschungszwecken „verbraucht", das heißt menschliches Leben aus vagem Wissensdurst vernichtet. Diese Haltung ist nicht sehr weit entfernt von derjenigen eines Friedrichs II. von Hohenstaufen, welcher der Überlieferung zufolge vor rund achthundert Jahren einen Gefangenen in einem geschlossenen Faß ertränken ließ, um zu beobachten, ob bei Öffnung eine entfleuchende Seele sichtbar werde. Aus der jüngeren Vergangenheit drängt sich der Vergleich mit Unterdruckexperimenten und Unterkühlungstests oder mit Fleckfieber-Impfstoff-Versuchen auf, die Ärzte wie Sigmund Rascher und Erwin Ding-Schuler in den nationalsozialistischen Konzentrationslagern an Gefangenen durchführten.

Wenn man sich probehalber auf derartige Parallelsetzungen einläßt, so wird man sich alsbald in der Urteilsbildung bescheiden. Notwendig tritt die ethische Würdigung aus der Sicht einer vermeintlich besseren gesellschaftlichen Anschauung zurück, und es beschränkt sich die Betrachtung auf die Erhebung des historischen Befundes und das Bemühen, ihn aus den Umständen der Zeit zu deuten. Dies gilt dann auch für das hier behandelte Phänomen der Hexenverfolgung.

Die Beschränkung auf Ermittlung kann nicht verhindern, daß Rätsel zurückbleiben. Es ist sogar unausweichlich, daß eine aus der betrachteten Zeit heraus formulierte Schilderung und Erklärung an Grenzen stößt. Unsere Erkenntnisgrundlagen sind nur die auf uns gekommenen Zeugnisse: Quellen (regelmäßig schriftlich), Bildwerke, sonstige Sachen, Institutionen. Nur ausschnitthaft läßt sich erspüren, welche (im weitesten Sinne) soziale Bedeutung Furcht vor unbeherrschbaren Kräften, Drang nach Beseitigung unliebsamer

Zeitgenossen und Mächtigkeit förmlichen Verfahrens hatten. Mit Mythen oder Pflege von Vorurteilen gegenüber dem Gestern und dem Heute hat das jedoch nichts zu tun. Der Betrachter wird feststellen, daß Hexenverfolgung der in prozessuale Formen gebundene Versuch ist, die Gesellschaft von Störungen – das heißt von dem, was zeitgenössisch als Störung empfunden wurde – zu befreien. Hexenverfolgung war ein Stück Disziplinierung der Gesellschaft, indem sie jeden einzelnen mahnte, den Nächsten zu achten, ihn nicht zu bedrohen, ihm keine Furcht einzuflößen, nicht durch angeblichen Verkehr mit böser Macht die Gemeinsamkeit des Glaubens und seiner Betätigung zu belasten, welche ungleich stärker als heute die Grundlage gesellschaftlicher Stabilität bildete. Hexenverfolgung war im Ansatz Pflege öffentlicher Sicherheit einschließlich des Sicherheitsgefühls, wie sie auf anderen Feldern auch geschah. Als solche erfuhr sie teils obrigkeitliche Förderung, teils Zügelung. Dies zu bemerken ist gänzlich zu trennen von der Frage, ob man solches Vorgehen und die ihm innewohnende Gefahr der Entgleisung und des Mißbrauchs (beides entweder aus zeitgenössischer oder aus heutiger Sicht definiert) gutheißt. Damit steht die Hexenverfolgung nicht singulär, sondern vollkommen eingebettet in den Zusammenhang der Gesellschaft ihrer Zeit überhaupt.

Bei Wahrnehmung der Hexenverfolgung aus dem Zusammenhang der Zeit heraus verliert sich der spontane Eindruck der Irrationalität. Die eingangs schon erwähnte Normalität der Hexenverfolgung drückt sich im Bemühen um äußerste Rationalität des Verfahrens aus. Die Inquisition erscheint hier als die höchstdenkbare Formalisierung. Aus der insoweit – aber womöglich nicht in allen Dingen menschlicher Existenz – aufgeklärten Sicht des Heute sind rasche Wertungen wenig hilfreich. Gerade an diesem Punkt ist es besonders wichtig, die Geschehnisse schlicht zu begreifen. Daß wir heute anders denken, ist kein Verdienst, dessen man sich besonders rühmen dürfte, um die Vergangenheit zu verdammen. Irrationalität, Unwissen und ritueller Aktionismus begegnen uns heute auf anderen Feldern mehr als genug. Man denke nur an den Umgang mit der menschlichen Immunschwäche oder mit Viehkrankheiten, jeweils beinahe magisch gebannt in Abkürzungen, deren Auflösungen den meisten gar nicht vertraut sind („AIDS", „BSE", „MKS").

Am Ende der historischen Betrachtung vermittelt sich dem Teilnehmer oder dem Leser der zeitlose Gewinn. Jenseits eines auf die Epoche bezogenen Richtens rät sie zu aufmerksamer Beobachtung der jeweils eigenen Lebenswelt. In der Thematik der Hexenverfolgung ist das die Frage, welche (dem einen als wünschenswert, dem anderen als notwendiges Übel, dem dritten als gänzlich verfehlt erscheinenden) Wege der Abgrenzung und Ausgrenzung unsere Gesellschaft geht, um sich zu formen und zu erhalten.

## 3. Über die Gehalte der Beiträge

Die zwanzig Beiträge dieses Bandes bilden fünf nicht allzu streng gegeneinander abgegrenzte Gruppen. In der ersten Gruppe erscheinen Grundlagen aus der Antike und aus der Übergangszeit des frühen Mittelalters (Beiträge Scharff, Berger, Widy, Schrank, Kunz). Die zweite Gruppe entwickelt die prozessuale Ausgestaltung der Hexenverfolgung aus dem Vorbild der Inquisition bis zum ausgehenden Mittelalter (Beiträge Graf, Tepper, Pfarr, Dafler, Spatz, Pils). Den neuzeitlichen Phasen der Hexenverfolgung ist die dritte Gruppe gewidmet (Beiträge Knab, Gottlieb, Rupprecht, Berlinger). Epochenübergreifend vereint die vierte Gruppe Beiträge zum zeitgenössischen Meinungskampf um die Hexenverfolgung (Beiträge Allmendinger, Schweiggart, Würschinger). Heutiger Deutung schließlich dienen die Beiträge der fünften Gruppe (Beiträge Rohkamm, Bartels). Keine der Gruppen oder auch nur die Gruppeneinteilung überhaupt will im entferntesten in irgendeiner Weise abschließend zu sein für sich vereinnahmen. Nachstehendes soll einen Überblick über die einzelnen Beiträge ermöglichen.

*Zum Beitrag von Jelena Scharff „Zauberei im alten römischen Recht – Zwölftafeln" (S. 20–30):* Zeitlich weit entfernt steht die Behandlung der Zauberei in den Zwölftafeln, einer Kodifikation aus der Mitte des 5. Jahrhunderts vor Christi Geburt, aus den frühen Tagen Roms. Von ihr führt selbstverständlich keine unmittelbare Verbindungslinie zur spätmittelalterlichen und neuzeitlichen Hexenverfolgung. Die Betrachtung dieses Gesetzes mit seinen oft nur dunkel zu ahnenden Bedeutungen bietet aber Gelegenheit zum Vergleich. Sie zeigt, welchen Platz die Sorge einer Gesellschaft um Schutz vor dem Unbeherrschbaren inmitten einer Ordnung des Zusammenlebens im Ganzen einnehmen kann. Das Recht der Zwölftafeln war, da niemals in allen seinen Teilen aufgehoben, in der Theorie bis zum Untergang (West-)Roms ein knappes Jahrtausend später gültiges Regelwerk, allerdings verlor es im Laufe der Jahrhunderte seine tatsächliche Bedeutung mehr und mehr zugunsten neuerer Rechtsschöpfungen und geriet außer Gebrauch.

*Zum Beitrag von Charlotte Berger „Prinzipien des römischen Strafprozesses – Vorbilder für Inquisitions- und Hexenprozesse"* (S. 31–44): Das römische Strafverfahrensrecht in seiner Entwicklung zu schildern, liefert die Verständnisgrundlage für das Verfahrensrecht des Mittelalters und der Neuzeit. Dieses ging – lange nach dem Untergang des römischen Reiches – aus einer Durchdringung nichtrömischer und römischer Prozeßgepflogenheiten hervor. Die Entwicklung des Prozeßrechts ist Teil der seit dem hohen Mittelalter immer stärkeren Verschränkung von lokalem Recht und römischem Recht. Diese Verschränkung ist unter dem Schlagwort der Rezeption des römischen Rechts bekannt und verdankt sich der wissenschaftlichen Erfassung des römischen Rechts in den neu entstehenden Universitäten Westeuropas. Wichtiges Bindeglied über die Zeiten hinweg aber war die kontinuierliche Pflege des römischen Rechts in den kirchlichen Institutionen.

*Zu den Beiträgen von Marco Schrank „Entstehung und Entwicklung der kirchlichen Gerichtsbarkeit"* (S. 57–74) und *Eugen Kunz „Ecclesia vivit lege romana – Die Kirche lebt nach römischem Recht"* (S. 75–94): Das Fortleben römischen Rechts von der Antike über die Völkerwanderung hinweg in Mittelalter und Neuzeit verdankt sich großenteils dem Wirken der Kirche. Die Kontinuität ist angelegt im Aufbau einer Organisation der Kirche parallel zur Struktur des römischen Reiches im allgemeinen und in Unterhaltung eines kirchlichen Gerichtswesens neben dem staatlichen im besonderen. Sprichwörtlich lebt die Kirche nach römischem Recht, wie es in einer frühmittelalterlichen rheinischen Rechtsaufzeichnung (Lex Ribuaria 61[58].1) heißt.

*Zu den Beiträgen von Sandra Widy „Die Haltung der Kirchenväter zur Existenz des Teufels und seiner Verbündeten"* (S. 45–56), Ro-

*land Graf „Teufelsverbündete im Corpus iuris canonici" (S. 96–112) und Andreas Tepper „Scholastik und Hexerei" (S. 113–122):* Das Denken der alten Kirche über die Realität des Antichristen und über die Reaktion auf den unerlaubten Umgang mit ihm spiegelt sich in den patristischen Schriften. Es schlägt sich aber auch in Rechtsetzung nieder. Das geschieht in der staatlichen Gesetzgebung bis hin zur Kodifikation Justinians in der ersten Hälfte des 6. Jahrhunderts nach Christi Geburt, von zentraler Bedeutung nicht nur für Ostrom, sondern nach und nach nicht minder für Westeuropa (teils wegen ausdrücklicher Einführung durch Justinian, teils im Verlaufe der Rezeption). Ebenso findet sich Normgebung in den älteren Sammlungen des Kirchenrechts, das heißt in den Zusammenstellungen vor Gratian. Seit jeher zeigen sich dabei Berührungen und Überschneidungen von Ketzerei und Hexerei. Die Gestaltung des Kirchenrechts durch den Bologneser Mönch Gratian in der ersten Hälfte des 12. Jahrhunderts und in späteren ergänzenden Zusammenstellungen bietet die Fortsetzung zur normativen Bewältigung der unerwünschten Verbindung mit dem Antichristen. Gleichzeitig knüpft die Behandlung von Teufelsdienerschaft und Magie in der scholastischen Erkundung des Weltenbaus an die Literatur der Kirchenväter an. Mit der hier geleisteten rationalen Aufbereitung ist zeitlich wie methodisch die Schwelle zur Hexenverfolgung erreicht.

*Zum Beitrag von Miriam Pfarr „Ecclesia abhorret a sanguine – Die Kirche schreckt vor dem Blute zurück" (S. 123–142):* Sprichwörtlich ist der Satz, daß die Kirche vor Blutvergießen zurückschrecke, nicht nach Blut dürste (ecclesia non sitit sanguinem). Dem trägt eine Verteilung der Zuständigkeiten für die Verfolgung von Rechtsbrüchen und hier namentlich der Hexerei Rechnung. Kirchliche Gerichtsbarkeit und weltliche Gerichtsbarkeit einschließlich Vollzug sind aufeinander abgestimmt.

*Zu den Beiträgen von Bettina Daßler „Das Inquisitionsverfahren – Vom Ketzer- zum Hexenprozeß" (S. 143–172) und Hedwig Spatz „Wege der Beschuldigung und Ingangsetzen des Verfahrens" (S. 173–187):* Die Struktur des Hexenprozesses ging aus derjenigen hervor, die in den Verfahren wegen Häresie üblich geworden waren und letztlich auf das spätrömische Prozeßrecht zurückzuführen sind. Nicht die Anklage eines durch Straftat Verletzten oder seiner Angehörigen ist Verfahrensanstoß, sondern das Gericht nimmt von Amts wegen die Ermittlungen auf. Leiseste Verdachtsmomente genügen, und das Gericht sucht sogar selbst nach Verdacht, wo er nicht schon auf irgendeinem Wege an es herangetragen wird. Zur Aufklärung des Geschehens dienen mit wissenschaftlichem Bemühen beschriebene (und nicht bloß als unerforschlicher Fingerzeig Gottes zu interpretierende) Proben, Zeugenaussagen und vor allem die Aussage des oder der Beschuldigten selbst, durch Zureden oder mit Gewalt gewonnen.

*Zum Beitrag von Michael Pils „Hexenhammer" (S. 188–222):* Zahllose Traktate setzen die richtige Durchführung des Hexenprozesses auseinander. Unter ihnen scheint den größten Einfluß ein Handbuch des Dominikaners und Inquisitors Heinrich Kramer (Henricus Institoris) gehabt zu haben, verfaßt am Ende des fünfzehnten Jahrhunderts und versehen mit dem Titel „Malleus maleficarum", das heißt „Hexenhammer". Exemplarisch verdeutlicht dieses Werk die strenge Regelgebundenheit und (im zeitgenössischen Sinne) Rationalität der Hexenverfolgung.

*Zu den Beiträgen von Melanie Knab „Das Hexereidelikt im Weltbild der frühen Neuzeit" (S. 224–239) und Andrea Gottlieb „Hexerei und Reformation" (S. 240–259):* Die Vernichtung ungezählter Menschenleben aus Furcht vor Hexenunwesen fußte auf dem Empfinden realer Bedrohung. Das Zeitalter der Reformation schuf eine Verunsicherung des Lebensgefühls, worunter die Hexenverfolgung besonderen Auftrieb erfuhr. Jede Konfession übte sich hierin, freilich von Region zu Region und abhängig von der Person des Landesherrn in sehr unterschiedlichem Ausmaße. Nicht selten wurde der Hexenprozeß zum Instrument im religiösen Meinungskampf, der meistens zugleich Kampf um weltliche Macht war.

*Zu den Beiträgen von Rudolf Rupprecht „Das ‚Crimen magiae' am Beispiel des großen Schongauer Prozesses von 1589 bis 1592" (S. 260–282) und Johannes Berlinger „War Benedikt Carpzov der Kronjurist der Hexenverfolgung?" (S. 283–296):* Schwerpunkthaft veranschaulichen Blicke auf einen süddeutschen Prozeß und auf einen an zahlreichen Prozessen der 20er bis 60er Jahre des 17. Jahrhunderts als Richter und als Wissenschaftler beteiligten sächsischen

Juristen das Schicksal der Verdächtigen. Der Letztere, Carpzow (Carpzov, Carpzovius), wurde seit dem 19. Jahrhundert in der Literatur oft geradezu als ein Monster charakterisiert. Dieses Bild bedarf der Differenzierung. Im Zusammenhang seiner Zeit und damaliger Praxis der Strafrechtspflege gesehen gewinnt man eher den Eindruck der Mäßigung.

*Zu den Beiträgen von Jörg Allmendinger „Aufklärungsschriften gegen die Hexenverfolgung" (S. 298–314) und Elisabeth Schweiggart „Gegner und Befürworter des Hexenprozesses" (S. 315–332):* Hexenverfolgung war nicht allein Verfahrenspraxis und wissenschaftliche Begleitung solcher Praxis, sondern schon für die Zeitgenossen ein Problem richtigen Gebrauchs der Vernunft, richtigen Glaubens und richtiger Politik. Fundamentale Kritik am Hexenprozeß oder Kritik an seinen Einzelheiten stand im Wechselspiel mit energischer Befürwortung der Verfahren überhaupt und seiner Schritte im besonderen. Auf der Seite der Ablehnenden sind keineswegs erst die Vertreter des Vernunftrechts an der Wende vom 17. zum 18. Jahrhundert wie Christian Thomasius zu nennen. Vielmehr verschafft sich die Kritik – nicht gefahrlos – schon mehrere Generationen zuvor Gehör, etwa in Gestalt von Johann Weyer, Cornelius Loos, und Friedrich Spee. Auf der Seite der Verfechter ist neben anderen wiederum Kramer zu nennen, dessen Hexenhammer neben praktischer Anleitung auf wissenschaftlicher Grundlage auch Streitschrift sein soll.

*Zum Beitrag von Andreas Würschinger „Spuren der Frühaufklärung im Revisionsprozeß der Benigna Schultzen" (S. 333–358):* Selbstbewußtes Auftreten des Verdächtigen und seiner Angehörigen gegenüber den verfolgenden Institutionen wird umso mehr möglich, je weiter die allgemeine Überzeugung von der Gefährlichkeit der Hexen zurückweicht. Die von Anfang an herrschende Förmlichkeit des Verfahrens beinhaltet auch Schutz des Verdächtigen, dessen Möglichkeiten konsequent genutzt werden. Der zu Beginn des 18. Jahrhunderts spielende Fall der Benigna Schultzen aus Penzlin veranschaulicht dies exemplarisch.

*Zum Beitrag von Karen Rohkamm „Moderne Versuche zur Interpretation des Hexenwahns – Psychologie des Hexenwahns und gezielte Ausschaltung störender Personen" (S. 360–375):* Was in den einzelnen Abhandlungen an Erklärungsansätzen auftritt, bietet in der Zusammenschau einen reichen Kranz von teils einander ergänzenden, teils einander ausschließenden Motiven und Deutungen, mit deren Hilfe die Hexenverfolgung begreiflich wird. Jeder Fall hatte seinen ihm eigenen Verlauf, und doch gab es offensichtlich gewisse soziale Regelmäßigkeiten, das heißt ökonomische, politische, medizinische, biologische, psychologische, religiöse und weitere Konstellationen, die günstig für den Beginn eines Verfahrens oder gar einer ganzen Welle von Verfahren waren.

*Zum Beitrag von Bernd-Boris Bartels „Die Vergebungsbitte Papst Johannes Pauls II. und die Inquisition" (S. 376–405):* Mit der oben (zu 2) bereits angeführten Vergebungsbitte vom März des Jahres 2000 leistet die Kirche einen Beitrag zur Erkenntnis ihrer selbst als (auch) einer in diesseitiger Geschichte sich entwickelnden Institution. Sie demonstriert Anpassungsfähigkeit ihrer Anschauungen in Wahrnehmung der Zeitgebundenheit ihres Handelns und Offenheit zur Rückschau aus gewandelter Sicht.

## 4. Über das Zustandekommen der Druckfassung

Die Last, als Mitherausgeber die Beiträge für diesen Druck zusammenzurufen, trug Herr Assessor Volker Peter Voss, Mitarbeiter am Lehrstuhl des erstgenannten Herausgebers, der schon die Seminarabläufe tatkräftig unterstützt hatte. Er war es auch, der die Verbindung zum Verlag pflegte und die redaktionelle Überarbeitung vorantrieb.

Für die Ausführung der Korrekturen am Textverarbeitungsgerät danken wir Frau Waltraud Schneider und für einen zusätzlichen Korrekturgang den Herren Assessor Karl Pobuda und studiosus iuris Markus Wirth, sämtlich am Lehrstuhl des erstgenannten Herausgebers. Dem Sankt Ulrich Verlag danken wir für die Aufnahme des Buches in sein Programm.

Augsburg, im Juli 2001

Christoph Becker       Gerda Riedl

# Antike und Übergangszeit des frühen Mittelalters

# Zauberei im alten römischen Recht – Zwölftafeln

von Jelena Scharff

1. Die Zwölftafeln sind als erste schriftliche Aufzeichnung des altrömischen Rechts durch einen Zehnmännerausschuß, die decemviri legibus scribundis, bereits in den Jahren 451/450 v. Chr. entstanden. Aufgrund ihres Alters und der vermuteten Vernichtung der Originaltafeln im sog. Gallischen Brand 387 v. Chr. sind sie heute nur noch als Fragmente des Urtextes in Formulierungen späterer Zeit[1] erhalten. Diejenigen Bruchstücke, welche die Strafbarkeit verschiedener Arten der Zauberei betreffen, befinden sich zusammen mit der zu einem Fragment existierenden Überlieferung Ciceros auf der nach der neuzeitlichen Rekonstruktion die strafrechtlichen und deliktischen Bestimmungen enthaltenden Tafel VIII. Zwei Fragmente ordnet man der ersten Stelle auf Tafel VIII zu, zwei andere der achten Stelle:

| | |
|---|---|
| Tafel VIII.1.1. Qui malum carmen incantassit ... | 1. Wer ein Schmähgedicht gesungen hat ... |
| Tafel VIII.1.2.<br>Cicero, de rep. 4, 10, 14:<br>XII tabulae cum perpaucas res capite sanxissent, in his hanc quoque sanciendam putaverunt: si quis occentavisset sive carmen condidisset, quod infamiam faceret flagitiumve alteri. | 2. Wenn auch die Zwölftafeln auf sehr wenige Fälle Todesstrafe setzten, im folgenden glaubten sie, sie anordnen zu müssen: wenn jemand öffentlich ein Spottgedicht anstimmte oder ein Schmähgedicht verfaßte, das einem anderen zur Unehre und Schande gereichte. |
| Tafel VIII.8.1. Qui fruges excantassit ... | 1. Wer Feldfrüchte weggezaubert hat, ... |
| Tafel VIII.8.2. ... neve alienam segetem pellexeris... | 2. ... und du nicht eine fremde Saat (durch Zauberei) an dich herübergezogen hast, ... |

Allein aus der Übersetzung der Fragmente über die Zauberei geht noch nicht hervor, wie die Handlungen beschaffen sein mußten, um als Zauber strafbar zu sein, und unter welcher Strafandrohung sie standen.

## Zauberformeln

2. Sehr fraglich ist bereits, welche Handlungen das auf Tafel VIII, 1 überlieferte Fragment „qui malum carmen incantassit" unterbinden sollte. Ausgangspunkt für die in der Literatur auftretenden Differenzen hinsichtlich Übersetzung und Auslegung ist die auf derselben Tafel zitierte Fundstelle bei Cicero, nach der die Zwölftafeln die persönliche Beleidigung eines anderen durch carmina bei Todesstrafe verboten und die strafbare Handlung mit „occentare" bezeichnet haben sollen. Umstritten ist in diesem Zusammenhang vor allem, ob „qui malum carmen incantassit" einen vom Regelungsgegenstand des „occentare" unabhängigen Straftatbestand beinhaltet oder ob beide Fundstellen dasselbe Verbot wiedergeben. Diejenige Ansicht,[2] die in beiden Überlieferungen je ein selbständiges Gesetz erblickt, wertet das Fragment als Verbot des Ansingens böser Zauberformeln, die einen anderen verwünschen. Zugleich sieht sie die Stelle bei Cicero als Strafbestimmung gegen das Verfassen und Singen von Schmäh- oder Spottliedern (carmina famosa) an. Demgegenüber betrachtet die andere Meinung die Überlieferungen als einheitliches Gesetz. Ihre Vertreter streiten allerdings über den diesem beizulegenden Inhalt. Während einige[3] es als Gesetz gegen Schmähungen („occentatio") interpretieren und ihm infolgedessen jeglichen Sinn im Zusammenhang mit der Zauberei absprechen, gehen andere[4] davon aus, daß es sich entgegen Ciceros Überlieferung um einen Straftatbestand handelt, der das Aussprechen zauberischer Verwünschungsformeln untersagt.

3. Für einheitliche Interpretation im Sinne einer Regelung über Zauberei spricht zunächst eine Untersuchung des Bedeutungsgehalts der Wörter „occentare" und „malum carmen" in der lateinischen Sprachgeschichte. Das ursprüngliche Verb „obcantare", das sich später zu „occentare" weiterentwickelt hat, bedeutete danach nämlich „zauberisch ansingen" bzw. „bezaubern",[5] „occentare" selbst

nur „ansingen" oder „entgegensingen",[6] während sich nirgends eine Stelle findet, in der es als Singen eines feindseligen, schmähenden Liedes gebraucht wird.[7] Für die Ergänzung durch „malum carmen" im Sinne einer verwünschenden Zauberformel ist anzuführen, daß ein Schmähgedicht in den Zwölftafeln bereits mit den später gebräuchlichen Ausdrücken „carmen famosum" oder „carmen maledicum" hätte bezeichnet werden können.[8] Das von der Gegenauffassung vorgebrachte Argument,[9] carmen bedeute nun einmal Zauber-, einmal Schmählied, führt nicht weiter, da es gerade beide Auslegungsergebnisse zuläßt. Es erscheint aber durchaus als möglich, daß Cicero fälschlicherweise zu seiner Überlieferung des carmen als Schmäh- oder Spottgedicht durch eine Deutung des Wortes anhand der Begriffe und Anschauungen seiner Zeit gelangt ist[10] da man sich gern die Vorfahren als zu aufgeklärt für den Zauberglauben vorstellte.[11] Die These von der einheitlichen Interpretation als Gesetz gegen Zauberei wird des weiteren auch durch die Möglichkeit gestützt, daß das später für das Hersagen einer Zauberformel gebräuchliche Wort „incantare" den altmodischen, altlateinischen Ausdruck „occentare" in der Überlieferung ersetzt haben kann.[12] Aufgrund dessen überzeugt auch der Einwand,[13] „malum carmen" könne nicht im Akkusativ zu „occentare" treten, nicht, weil die Form an das „incantare" angeglichen worden sein kann.

Das gewichtigste Argument für die Annahme eines einheitlichen Verbots gegen zauberische Verwünschungen scheint aber zu sein, daß bei einheitlicher Deutung in Richtung Schmähung ein Mißverhältnis hinsichtlich der Strafandrohung zwischen Verbal- und Tat-Injurie vorläge. Man gelangte nämlich zu dem seltsam anmutenden Ergebnis, daß jede körperliche Verletzung eines anderen mit einer geringeren Sanktion bedroht wäre als eine Beleidigung der persönlichen Ehre.[14] Während die Gliedverstümmelung (membrum ruptum) bei Scheitern eines friedlichen Ausgleichs die Talion eröffnete (vgl. Tafel VIII, 2)[15] und der Knochenbruch (os fractum) mit einer Geldbuße geahndet wurde (vgl. Tafel VIII, 3),[16] stünde auf die Verbalinjurie die Todesstrafe. Die römische Bevölkerung des 5. Jahrhunderts v. Chr. müßte dann jedoch bereits ein außerordentlich ausgeprägtes Verständnis von eigener und fremder Ehre gehabt haben, wenn sie die fragliche Handlung mit der Todesstrafe als schärfster und in den Zwölftafeln selten vorgesehener Strafe hätte ahnden wollen. Zur Zeit der Zwölftafeln war Rom aber ein von der Agrarwirtschaft dominierter Staat,[17] in dem aufgrund des geringen Bildungsniveaus[18] noch keine Literatur existiert haben kann, die einen derart starken Schutz der Persönlichkeit gegen das verspottende Wort und das schmähende Gedicht erfordert hätte.[19] Die Gegenansicht,[20] Ursache für die harte Sanktion sei die Einordnung des Verbots in die staatsgefährdenden Delikte, ist eine nicht verifizierbare Hypothese, weil man kaum etwas über die Stellung und Ordnung der Delikte in den Zwölftafeln weiß. Es spricht mehr dafür, daß die wörtliche Beleidigung erst mit der Ausdehnung des Staates und zunehmender Bildung als schwere Störung der Rechtsordnung empfunden wurde.[21]

4. Zu beachten ist, daß der Straftatbestand nicht als Generalklausel gegen alle Arten von Zauberei ausgestaltet war, sondern nur die Verwendung von bösen Zauberformeln zum Schaden des besprochenen Objekts verhindern wollte (Verbot des Schadenszaubers).[22] Zauberei an sich sollte nämlich straflos sein, um ihre hilfreichen und nützlichen Anwendungsvarianten (carmina auxiliaria) weiterhin zu ermöglichen. Mit dem Singen zauberischer carmina strebte der Ausführende danach, seinen Willen durch Anrufung der Götter oder der Manen oder durch eigene magische Kräfte zu realisieren.[23] Besonders wichtig war es beim Singen von carmina, den Namen des angerufenen Gottes korrekt zu benennen.[24] Des weiteren schrieb man den magischen Zahlen eine besondere Bedeutung zu. So verwendete man häufig die Drei und die Neun[25] und glaubte, daß durch mehrmaliges Zitieren (dreimal; dreimal dreimal; dreimal siebenmal) die erhoffte Wirkung wahrscheinlicher werde.[26] Problematisch ist allerdings, daß die Fundstellen das von den Zauberformeln betroffene Objekt nicht mehr benennen. Möglicherweise waren nur magische Verwünschungen verboten, die sich gegen das Leben[27] oder die Gesundheit[28] des Angesungenen richteten. Es ist aber auch nicht ausgeschlossen, daß der Schutzbereich des Gesetzes weiter gefaßt war und er auch gegen das Vieh oder die Ernte[29] des Betroffenen gewandte Formeln erfassen sollte. Diese Frage ist aufgrund der lückenhaften Quellenlage wohl nicht mehr abschließend zu klären.

5. Die Literatur[30] ist sich einig, daß die von Cicero genannte Sanktion der Todesstrafe als wahrscheinlich anzusehen ist. Eine exakte Bestimmung der Strafvollstreckung ist angesichts der Quellenlage nicht mehr möglich, doch ist davon auszugehen, daß es sich vorwie-

gend um die Todesstrafe in der Form des zu Tode Prügelns (supplicium fustuarium) handelte.[31] Dazu sollen Knüppel[32] oder Geißeln[33] verwendet worden sein. Hinter dieser Strafform stand der Gedanke, den Täter soviel Schmerz verspüren zu lassen, wie er dem Opfer zugefügt hatte.[34]

## Wegzaubern von Früchten und Saaten

6. Aus der Übersetzung der als Tafel VIII, 8 überlieferten Fragmente „qui fruges excantassit" und „neve alienam segetem pellexeris" geht bereits hervor, daß die Zwölftafeln in diesen Bestimmungen zauberische Handlungen unter Strafe stellten, die sich auf die Erträge aus der landwirtschaftlichen Bewirtschaftung des Bodens bezogen. Allerdings fehlt auch hier – wie bei den ersten zwei Fundstellen – noch eine konkrete Aussage über Art und Beschaffenheit der strafbaren Handlungen und über das Verhältnis der beiden Fragmente. Nach einer Auffassung[35] untersagte „qui fruges excantassit" den durch übernatürliche Kräfte mittels eines carmen vorgenommenen Diebstahl von Ernteerträgen. Strafbare Handlung wäre danach das Entfernen fremder Früchte von ihrem Standort durch das Hersagen von Zauberformeln gewesen. Demgegenüber nimmt eine andere Ansicht,[36] gestützt auf Seneca,[37] an, daß es sich bei der Bestimmung um ein Verbot des Wetter- oder Schadenszaubers handelte. Als Beispiele für das Verhexen werden das Herbeiwünschen eines Mißwuchses oder eines Hagelunwetters genannt.[38]

7. Die Einschätzung als Diebstahl stützt sich auf eine Untersuchung des Bedeutungsgehalts des Verbs „excantare" in der lateinischen Sprache.[39] Sie gelangt dabei zu der Schlußfolgerung, daß „excantare" eine geläufige Vokabel auf dem Gebiet der Magie gewesen ist, die fast ausschließlich für das Hersagen einer Zauberformel verwendet wurde, durch die ein Objekt von seinem Standort entfernt werden sollte (loco movere),[40] und die nicht selbst Schädigung bedeutete. Schädigung durch Verderben der Früchte und Entziehen der Früchte von einem Feld sind derart verschiedene Handlungen, daß sie nicht von demselben Ausdruck „excantare" erfaßt werden können.[41] Außerdem ist es möglich, daß Seneca – wie Cicero hinsichtlich der Interpretation des „carmen malum" als „carmen famosum"

– allein durch die Anschauungen seiner Zeit, in der Aberglaube im Bezug auf den Wetterzauber verbreitet war, zu seiner Bewertung gelangte.[42]

8. Das Fragment „neve alienam segetem pellexeris" deutet die Literatur einheitlich[43] als ein Verbot des mittels Zauberei vollzogenen Diebstahls der keimenden oder sprossenden Saaten eines fremden Feldes. In wörtlicher Übersetzung bedeutet „alienam segetem pellicere" das Anlocken[44] bzw. Verführen[45] fremder Saat. Einige[46] sehen in „neve alienam segetem pellexeris" nur eine in den Zwölftafeln selbst nicht enthaltene Bestätigung des „qui fruges excantassit" und leugnen demzufolge jegliche Qualität des Bruchstücks als selbständige Strafbestimmung. Begründet wird diese These mit der überlieferten Form des Verbs „pellexeris", das in der zweiten Person gebraucht ist, während die Zwölftafeln sonst nur Imperativ und dritte Person verwenden.[47] Allerdings spricht dieser Befund nicht zwingend gegen die Echtheit und Selbständigkeit des Fragments, sondern besagt nur, daß „pellexeris" nicht die in der Urfassung verwendete Verbform ist.[48] Eine Einordnung des Bruchstücks unter den Begriff „excantare" scheitert auch deshalb, weil ihm das wesentliche Element des „cantare" fehlt.[49] Im Ergebnis ist daher innerhalb des übergeordneten Gesichtspunktes „Felddiebstahl" eine eigenständige Bedeutung des „neve alienam segetem pellexeris" anzuerkennen. Andere[50] meinen, daß „neve alienam segetem pellexeris" die besondere Art des unter Anwendung eines Zaubermittels (venenum) verübten Felddiebstahls unter Strafe stellte. Strafbare Handlung wäre danach das Überführen fremder Ernten auf das eigene Feld mittels magischer Techniken gewesen. Geschlossen wird dies aus der Tatsache, daß in der Überlieferung von Servius an einer Stelle auf das Fragment hingewiesen wird, in der er das Wegführen von Saaten durch die Verwendung von venena schildert.[51] Dagegen könnte aber sprechen, daß in dem Fragment eine konkrete Benennung des verbotenen Mittels fehlt. Dieser Mangel könnte allerdings darauf beruhen, daß Servius diese Angabe im Kontext für überflüssig gehalten hat oder sie in der Überlieferung wie die meisten Wörter der Zwölftafeln verlorengegangen ist.[52]

9. Die auf Tafel VIII, 8 erhaltenen Fragmente erteilen selbst keine Auskunft mehr über die in den Zwölftafeln für den Tatbestand des

Erntediebstahls durch carmina oder venena vorgesehene Sanktion. Aufgrund einer Fundstelle bei Augustinus (De civitate dei 8,19)[53] weiß man heute jedoch, daß auch auf diese Zaubereidelikte die Todesstrafe stand. Allerdings lassen sich im Gegensatz zu dem Straftatbestand gegen zauberische Verwünschungen keine Angaben mehr über die Form der Todesstrafe finden.

10. Ein Beweggrund für die Aufnahme aller in den Fragmenten erhaltenen Strafbestimmungen im Zusammenhang mit der Zauberei ist in dem in Rom um die Mitte des 5. Jahrhunderts v. Chr. weit verbreiteten Volksaberglauben[54] zu sehen. Aus diesem Volksaberglauben heraus hielt man nämlich das Zusammenwirken mit bösen Geistern zum Schaden eines Mitmenschen oder zum Nachteil eines Eigentümers von Feldfrüchten für möglich und daher für gefährlich. Dieser Aberglaube beruhte zum einen auf mangelhaften Kenntnissen der Naturgesetze und zum anderen auf zwangsläufig unvollkommenen Vorstellungen über Wesen und Wirken der Gottheiten.[55] Man stellte sich vor, daß manche Handlungen nur unter der Mitwirkung von Göttern oder aufgrund geheimnisvoller Kräfte im Menschen selbst möglich seien.[56] Die Römer maßen vor allem vokalen Riten und Zauberformeln übernatürliche Kräfte zu.[57] In einen Staat, dessen größter Wirtschaftsfaktor die landwirtschaftliche Produktion ist, verwundert eine Strafbestimmung, die dem Schutz der Feldfrüchte und der Saaten dient, nicht. Denn eine Bedrohung der Landwirtschaft bewirkt in einem derartigen Staat auch immer die Bedrohung seiner Lebensgrundlagen[58].

Die Todesstrafe für schadenbringende Zauberlieder und -mittel erklärt sich aus der mit dem Aberglauben verbundenen Angst vor dem Eintritt der Schädigung bei dem verwünschten Bürger oder seinen lebenswichtigen Gütern. Zu einem eine derartige Straftat begehenden Mitbürger konnte keine Vertrauensbasis mehr aufgebaut werden. Man könnte fragen, ob eine derartige Prävention nicht durch eine andere den Zwölftafeln bekannte Sanktionsform wie z.B. die Talion nach Scheitern eines friedlichen Ausgleichs oder ein Bußgeld hätte erreicht werden können. Nach Ansicht der römischen Bevölkerung wäre der Täter damit aber zu glimpflich davongekommen und die Beeinträchtigung des Rechtsfriedens wäre nicht beseitigt gewesen.[59] Im übrigen war es Zweck einer Geldbuße, Rachegelüste zu beseitigen und Genugtuung zu geben.[60] Des weiteren spricht eine systematische Erwägung für die Sanktion, denn wenn der Felddiebstahl durch carmina und venena als Magie gegen Sachen mit der stärksten Strafform geahndet wurde, liegt es nahe, auch den Zauber gegen Personen unter diese Strafe zu stellen.[61] Bei dem Erntediebstahl durch carmina oder venena war der Rechtsfriede vor allem wegen der hinterhältigen Begehungsweise der Tat[62] dauerhaft erschüttert. Eine mildere Sanktion kam nicht in Betracht, weil in derartigen Fällen sozialschädlichen Verhaltens nach dem Empfinden der Bevölkerung eine Resozialisierung des Täters unmöglich war.[63] Des weiteren ist zu bedenken, daß durch den zauberischen Felddiebstahl die das Land bewirtschaftende Familie ihrer Lebensgrundlage beraubt und damit in äußerste Not gebracht werden konnte,[64] ohne einen wirksamen Schutz gegen derartige Taten ergreifen zu können.[65]

11. Im Verlauf der Republik veränderte sich nicht nur das römische Territorium, sondern auch der Stand der Bildung, Aufklärung und Kultur in der römischen Gesellschaft. Es liegt daher nahe, daß sich diese Fortschritte auch auf die Einschätzung, was dem fragmentarischen Schutz des Strafrecht zu unterstellen und mit welcher Strafe es zu ahnden ist, auswirkten. Da Bestimmungen der Zwölftafeln nur abgeschafft wurden, wenn sie in veränderter Gestalt nicht mehr aufrechtzuerhalten waren,[66] kam es entweder zur Nichtanwendung einer Bestimmung oder zu ihrer Anpassung an die Realität durch Rechtsfortbildung. Möglicherweise könnten daher auch die Vorschriften gegen schadenbringende Zauberlieder oder -mittel oder die Verbote des Erntediebstahls Änderungen erfahren haben.
Ob es zu einer Veränderung der Sanktion für „mala carmina" im Sinne von bösen Zauberliedern kam, ist daher ungewiß. Es steht allerdings fest, daß es infolge der Aufklärung der Bevölkerung spätestens gegen Ende des 2. Jahrhunderts v. Chr. keine Strafbestimmungen gegen Zauberei mehr gegeben hat.[67] Mit der Todesstrafe bedrohte[68] Verbote gegen böse Zauberei tauchen erst wieder durch die von Sulla 81 v. Chr. erlassene „Lex Cornelia de sicariis et veneficis" auf, die dann für mehrere Jahrhunderte die Grundlage für jedes gesetzliche Vorgehen in Rom gegen Zauberei bildete.[69] Der Grund für den Anschauungswandel in der Kaiserzeit zurück zum Glauben an die Kraft der Zauberei ist vor allem in einer Veränderung der sozialen Schichtung[70] zu sehen. In Rom war daher die Zauberei unter der Androhung der Todesstrafe wieder bis zum 3. Jahrhundert n. Chr. strafbar.

1   *Radke, Gerhard,* Sprachliche und historische Beobachtungen zu den leges XII tabularum, in: Festgabe für Ulrich von Lübtow zum 70. Geburtstag am 21. August 1970, Berlin 1970, S. 223 (224).

2   *Leonhard, Rudolf,* in: *Wissowa, Georg u.a.* (Hrsg.), Paulys Realencyclopädie der classischen Altertumswissenschaft (RE), Band 3: Barbarus–Claudius, Halbband 6: Campanus ager–Claudius, Stuttgart 1899 (RE III/6), Sp. 1593 (1593); *Brecht, Christoph H.,* in: RE (s.o.), Band 17: Nereiden–Olympia, Halbband 34: Numen–Olympia, Stuttgart 1937 (RE XVII/34), Sp. 1752 (1757 und 1759); *Liebs, Detlef,* Römisches Recht, 3. Auflage, Göttingen 1987, S. 217; *Graf, Fritz,* Gottesnähe und Schadenzauber, München 1996, S. 41 und 42; *Pernice, Alfred,* Der verbrecherische Vorsatz im griechisch-römischen Rechte, in: ZRG (Zeitschrift der Savigny-Stiftung für Rechtsgeschichte) 17 (1896), S. 205 (220); für *Schoell, Rudolfus,* Legis duodecim tabularum reliquiae, Lipsiae 1866, ergibt sich das aus der getrennten Anordnung der Fundstellen auf S. 140 und 151.

3   *Rein, Wilhelm,* Das Kriminalrecht der Römer von Romulus bis auf Justinian, Leipzig 1844, Neudruck: Aalen 1962, S. 357 und 903; *Mommsen, Theodor,* Römisches Strafrecht, Darmstadt 1955, S. 794 Fn. 3; *Flach, Dieter,* Die Gesetze der frühen römischen Republik, Darmstadt 1994, S. 165; *Schiemann, Gottfried,* in: *Cancik, Hubert/Schneider, Helmuth* (Hrsg.), Der neue Pauly: Enzyklopädie der Antike (DNP), Band 2: Ark–Ci, Stuttgart u.a. 1997 (DNP II), Sp. 990 (990).

4   *Düll, Rudolf,* Das Zwölftafelgesetz, 7. Auflage, Zürich 1995, S. 91; *Beckmann, Franz,* Zauberei und Recht in Roms Frühzeit, Osnabrück 1923, S. 33f.; *Santalucia, Bernardo,* Verbrechen und ihre Verfolgung im antiken Rom/Lecce 1997, S. 34; *Binding, Karl,* Rechtsvergleichende Vermutungen zu membrum ruptum, os fractum und injuria der Lex XII Tabularum, in: ZRG 40 (1919), S. 106 (109); *Kübler, Bernhard,* Geschichte des Römischen Rechts (Röm. Recht), Leipzig 1929, Neudruck: Aalen 1979, S. 26f. Fn. 6; *ders.,* Anmerkung zu Huvelin, Paul, La notion de l'„Iniuria" dans le très ancien droit Romain, in: ZRG 25 (1904), S. 441 (441); *Wieacker, Ernst,* Zwölftafelprobleme, Revue internationale des droits de l'antiquité 3.3 (1956), S. 459 (462f. und 466); *Pólay, Elemér,* Iniuria-Tatbestände im archaischen Zeitalter des antiken Rom, 101 (1984), S. 142 (170 Fn. 46); *ders.,* Der Schutz der Ehre und des guten Rufes im römischen Recht, in: ZRG 106 (1989), S. 502 (509).

5   *Beckmann* (Anm. 4), S. 43.

6   *Haas, Hans/Kienle, Richard von,* Lateinisch-Deutsches Wörterbuch, Heidelberg 1952, S. 367; *Raber, Fritz,* in: *Ziegler, Konrad/Sontheimer, Walther* (Hrsg.), Der kleine Pauly: Lexikon der Antike (DKP), Band 4: Nasidius–Scaurus, München 1979 (DKP IV), Sp. 226; *Brecht* (Anm. 2), Sp. 1752.

7   *Beckmann* (Anm. 4), S. 43.

8   *Beckmann* (Anm. 4), S. 45.

9   *Brecht* (Anm. 2), Sp. 1759.

10  *Pólay* (Anm. 4), ZRG 101 (1984), S. 171 und 174; *Beckmann* (Anm. 4), S. 58.

11  *Wieacker* (Anm. 4), S. 463.

12  *Radke* (Anm. 1), S. 224; *Wieacker* (Anm. 4), S. 466; *Beckmann* (Anm. 4), S. 34 und 46–48.

13  *Brecht* (Anm. 2), Sp. 1757.

14  *Beckmann* (Anm. 4), S. 29 und 46.

15  Zitiert nach *Düll* (Anm. 4), S. 46.

16  Zitiert nach *Düll* (Anm. 4), S. 48 f.

17  *Liebs* (Anm. 2), S. 17f.; *Jörs, Paul/Kunkel, Wolfgang/Wenger, Leopold,* Römisches Recht, 4. Auflage, Berlin u.a. 1987, S. 6; *Voigt, Moritz,* Die Zwölftafeln, Band 1: Geschichte und allgemeine juristische Lehrbegriffe der XII nebst deren Fragmenten (Zwölftafeln I), Leipzig 1883, Neudruck: Aalen 1966, § 4 S. 17; *Santalucia* (Anm. 4), S. 33; *Graf* (Anm. 2), S. 42.

18  *Voigt* (Anm. 17), § 4 S. 36.

19 *Kübler* (Anm. 4), ZRG 25 (1904), S. 442; *Fuhrmann, Manfred,* in: DKP IV (Anm. 6), Sp. 226; *Beckmann* (Anm. 4), S. 60.
20 *Mommsen* (Anm. 2), S. 795.
21 *Kübler* (Anm. 4), ZRG 25 (1904), S. 445.
22 *Graf* (Anm. 2), S. 41; *Fuhrmann, Manfred* in: DKP (Anm. 6), Band 1: Aachen–Dichallkon, München 1979 (DKP I), Sp. 1056 (1056); *ders.* (Anm. 19), Sp. 226; *Beckmann* (Anm. 4), S. 49.
23 *Quasten, Johannes,* in: *Klauser, Theodor* (Hrsg.), Reallexikon für Antike und Christentum (RL), Band 2: Bauer–Christus, Stuttgart 1954 (RL II), Sp. 902 (906).
24 *Zintzen, Clemens,* in: DKP (Anm. 6), Band 5: Schaf–Zythos, München 1979 (DKP V), Sp. 1460 (1467).
25 *Quasten* (Anm. 23), Sp. 906.
26 *Zintzen* (Anm. 24), Sp. 1467.
27 *Schiemann* (Anm. 3), Sp. 990; *Liebs* (Anm. 2), S. 217; *Santalucia* (Anm. 4), S. 34; *Kübler* (Anm. 4), ZRG 25 (1904), S. 442; *Latte, Kurt,* in: RE (Anm. 2), Supplementband VII, Stuttgart 1940 (RE Supplement VII), Sp. 1599 (1610); *Fuhrmann* (Anm. 19), Sp. 226.
28 *Graf* (Anm. 2), S. 54; *Liebs* (Anm. 2), S. 217; *Pólay* (Anm. 4), ZRG 106 (1989), S. 509; *Kübler* (Anm. 4), ZRG 25 (1904), S. 442; *Fuhrmann* (Anm. 19), DKP IV, Sp. 226; *Latte* (Anm. 27), Sp. 1610.
29 *Pernice* (Anm. 2), S 220; *Beckmann* (Anm. 4), S. 50.
30 *Leonhard* (Anm. 2), Sp. 1593; *Brecht* (Anm. 2), RE XVII/34, Sp. 1759; *Flach* (Anm. 3), S. 165; *Rein* (Anm. 3), S. 358; *Beckmann* (Anm. 4), S. 66; *Schiemann* (Anm. 3), Sp. 990; *Fuhrmann* (Anm. 22), DKP I, Sp. 1056; *ders.* (Anm. 19), Sp. 226; *Pólay* (Anm. 4), ZRG 101 (1984), S. 170.
31 *Rein* (Anm. 3), S. 358; *Flach* (Anm. 3), S. 165; *Beckmann* (Anm. 4), S. 66.
32 *Flach* (Anm. 3), S. 165.
33 *Rein* (Anm. 3), S. 358; *Brecht* (Anm. 2), Sp. 1760.
34 *Flach* (Anm. 3), S. 39 und 169.
35 *Schoell* (Anm. 2), S. 49 f.; *Mommsen* (Anm. 3), S. 772; *Graf* (Anm. 2), S. 41; *Beckmann* (Anm. 4), S. 13–15 und 23; *Flach* (Anm. 3), S. 171; *Pernice* (Anm. 2), S. 220.
36 *Voigt, Moritz,* Die Zwölftafeln, Band 2: Das Zivil- und Kriminalrecht der Zwölftafeln (Zwölftafeln II), Leipzig 1883, Neudruck Aalen 1966, § 174 S. 803 f.; *Düll* (Anm. 4), S. 92; *Liebs* (Anm. 2), S. 198; *Dulckeit, Gerhard / Schwarz, Fritz / Waldstein, Wolfgang,* Römische Rechtsgeschichte, 9. Auflage, München 1995, § 12 I 3, S. 67; *Jörs / Kunkel / Wenger* (Anm. 17), S. 6; *Biedermann, Hans,* Lexikon der magischen Künste, München 1991, S. 203; *Berger, Adolf,* in: RE (Anm. 2), Zweite Reihe, Achter Halbband: Symposion–Tauris, Stuttgart 1932 (RE II. Reihe/8), Sp. 1900 (1932); Rein (Anm. 3), S. 902 f.; *Kübler* (Anm. 4), Röm. Recht, S. 27; *Wieacker* (Anm. 4), S. 463 und 465; *Pólay* (Anm. 4), ZRG 101 (1984), S. 171.
37 Naturales quaestiones IVb 6f, zitiert nach *Beckmann* (Anm. 4), S. 5.
38 *Voigt* (Anm. 36), Zwölftafeln II, § 174 S. 804; *Rein* (Anm. 3), S. 903.
39 *Beckmann* (Anm. 4), S. 9–13 anhand von zahlreichen Beispielen aus der römischen Literatur.
40 *Graf* (Anm. 2), S. 41; *Beckmann* (Anm. 4), S. 8 und 13.
41 Dies nimmt aber *Pernice* (Anm. 2), S. 220 an; dagegen *Beckmann* (Anm. 4), S. 15.
42 *Beckmann* (Anm. 4), S. 15.
43 *Rein* (Anm. 3), S. 902; *Voigt* (Anm. 36), Zwölftafeln II, § 174 S. 804; *Jörs/Kunkel/Wenger* (Anm. 17), S. 6; *Santalucia* (Anm. 4), S. 33; *Düll* (Anm. 4), S. 92; *Liebs* (Anm. 2), S. 198; *Beckmann* (Anm. 4), S. 17 f. und 23; *Wieacker* (Anm. 4), S. 465.
44 *Pertsch, Erich / Lange-Kowal, Ernst Erwin,* Langenscheidt Wörterbuch: Lateinisch–Deutsch, Stuttgart u. a. 1973, S. 284.
45 *Haas/Kienle* (Anm. 6), S. 392.
46 Vgl. z. B. *Schoell* (Anm. 2), S. 49 f. und 151.

47  *Schoell* (Anm. 2), S. 49.
48  *Beckmann* (Anm. 4), S. 23.
49  *Beckmann* (Anm. 4), S. 18.
50  *Mommsen* (Anm. 3), S. 639; *Graf* (Anm. 2), S. 41 f.; *Beckmann* (Anm. 4), S. 22 und 23.
51  *Beckmann* (Anm. 4), S. 17 f.
52  *Beckmann* (Anm. 4), S. 25.
53  zitiert nach *Düll* (Anm. 4), S. 92.
54  *Santalucia* (Anm. 4), S. 33; *Düll* (Anm. 4), S. 92.
55  *Voigt* (Anm. 36), Zwölftafeln II, § 174, S. 800.
56  *Voigt* (Anm. 36), Zwölftafeln II, § 174, S. 800 f.
57  *Liebs* (Anm. 2), S. 217; *Graf* (Anm. 2), S. 42; *Beckmann* (Anm. 4), S. 5 und 14.
58  *Santalucia* (Anm. 4), S. 33.
59  *Flach* (Anm. 3), S. 39.
60  *Söllner, Alfred,* Einführung in die römische Rechtsgeschichte, 3. Auflage, München 1985,
    § 8 IV 1, S. 55.
61  *Beckmann* (Anm. 4), S. 50.
62  *Flach* (Anm. 3), S. 39; *Beckmann* (Anm. 4), S. 49; and. Ans. *Pernice* (Anm. 2), (1896),
    S. 210.
63  *Flach* (Anm. 3), S. 39.
64  *Flach* (Anm. 3), S. 171.
65  *Mommsen* (Anm. 3), S. 772.
66  *Flach* (Anm. 3), S. 28 f.
67  *Dulckeit/Schwarz/Waldstein* (Anm. 36), § 10 II 2, S. 57; *Beckmann* (Anm. 4), S. 21, Fn. 1.
68  *Pólay* (Anm. 4), ZRG 101 (1984), S. 173 und ZRG 106 (1989), S. 509.
69  *Graf* (Anm. 2), S. 45; *Beckmann* (Anm. 4), S. 19; *Pernice* (Anm. 2), S. 222; *Pólay*
    (Anm. 4), ZRG 101 (1984), S. 174.
70  *Wieacker* (Anm. 4), S. 464.

# Prinzipien des römischen Strafprozesses – Vorbilder für Inquisitions- und Hexenprozesse

*von Charlotte Berger*

1. Das Strafrecht der Zwölftafeln ist das älteste durch Quellen belegte römische Strafrecht. Es war lediglich einem kleinen Gemeinwesen angepaßt und somit der Ausdehnung Roms und den damit verbundenen sozialen Spannungen, die durch das Anwachsen des Proletariats und die vermehrte Sklavenhaltung entstanden sind, nicht mehr gewachsen.[1] Seit dem 3. Jahrhundert v. Chr. wurden gegen Gewaltverbrecher die „tresviri capitales", die zum Vigintivirat, der untersten Klasse der Magistraturen (Staatsbeamte) zählten,[2] als Polizeijustiz eingesetzt.[3] Bei politischen und gewissen gemeinschädlichen Straftaten wurde schließlich im Rahmen des Komitialprozesses vorgegangen.[4] Die Aburteilung solcher Verbrechen erfolgte in einem sogenannten iudicium publicum (öffentliches Strafgericht).[5] Im 2. Jahrhundert v. Chr. wurde der Komitialprozess allmählich durch außerordentliche Geschworenengerichtshöfe (quaestiones extraordinariae), die zur Verfolgung und Aburteilung von Amtsvergehen, Massenverbrechen und gemeinschädlichen Umtrieben eingesetzt wurden, abgelöst.[6]

Aus den Geschworenengerichtshöfen und der Polizeigerichtsbarkeit der tresviri capitales entstand schließlich eine neue Form der ordentlichen Strafgerichtsbarkeit: die Quaestionengerichtshöfe als quaestiones perpetuae (ständige Gerichtshöfe).[7] Ursächlich für diese Entwicklung war die 122 v. Chr. von C. Gracchus erlassene lex Sempronia iudiciaria, die nun auch den Rittern den Zutritt zu den Richterbänken gewährte. Vorher wurde die Gerichtsbarkeit ausschließlich von den Senatoren, deren durchschnittliche Zahl 300 Mann betrug, ausgeübt.[8] Das neue Gesetz erlaubte den Ausbau einer Vielzahl von Geschworenengerichtshöfen, z. B. für Hochverrat, Mord, Hinterziehung von Staatseigentum.[9]

Im Zuge der Gerichtsreform des Augustus wurden die spätrepublikanischen Schwurgerichte neugeordnet und vermehrt. Sie blieben als Organe der ordentlichen Strafjustiz bestehen (ordo iudiciorum publicorum).[10] Daneben errichtete Augustus kraft Kaiserrechts eine außerordentliche Gerichtsbarkeit (cognitio extra ordinem), die er teils selbst ausübte, teils anderen übertrug.[11] Solche kaiserliche Beamte waren der praefectus urbi, der praefectus vigilum und die praefecti praetorii, eine schlagkräftige und zielstrebige Polizeijustiz, die rascher und sicherer arbeitete als die der tresviri capitales.[12] Die außerordentliche Strafjustiz verdrängte allmählich die ordentlichen Geschworenengerichtshöfe.[13]

Die wichtigsten oben genannten Verfahrensarten sollen im Folgenden einzeln aufgeschlüsselt werden, insbesondere hinsichtlich der Initiative, der wichtigsten Beteiligten, des Verfahrensablaufs und der Beweiserhebung. Im Vordergrund der Darstellung wird das Verfahren der späten Republik stehen, dem auch die Literatur die größte Aufmerksamkeit schenkt.

2. Initiative bedeutet Einleitung des Strafverfahrens und der Strafverfolgung. Grundsätzlich sind hier zwei Möglichkeiten zu unterscheiden: das Anklagrecht liegt beim Staat (Offizialprinzip) oder bei dem einzelnen Bürger in Form einer Privatanklage. Mommsen bezeichnet diese zwei Arten der Anklage im römischen Strafverfahren als cognitio und accusatio. Bei der cognitio lag die Ermittlung in Händen eines magistratischen Gemeindevertreters, bei der accusatio in der Hand eines Privatmannes.[14] Im Verfahren des Zwölftafelrechts war der durch die Straftat Verletzte berechtigt, Anklage zu erheben.[15] Im frührepublikanischen Komitialprozeß (der die private Strafklage nicht verdrängte) oblag bei gewissen Delikten die Anklage den Volkstribunen, Ädilen und Quaestoren, staatlichen Organen.[16] Ebenso war im frührepublikanischen Quaestionenprozeß das Anklagerecht auf staatlicher Seite, der des Gerichtsmagistrats.[17] Im späteren Quaestionenprozeß wurde das Verfahren je nachdem fraglichen Vorwurf nicht von Amts wegen eingeleitet, sondern durch die Anzeige eines Privatmannes, die bereits eine Anklage darstellte.[18] Im Prinzipat wich man vom Grundsatz der accusatio allmählich ab. Zunächst wurde der äußere Schein einer privaten Anklage beibehalten. Das Verfahren wurde jedoch zunehmend von inquisitorischen Elementen durchdrungen. Solange es noch als Ehrensache eines Bürgers galt, Straftäter mit einer gerichtlichen Klage zu verfolgen, hielt man an der Idee des reinen Anklageverfahrens fest. Gegen Ende der Republik, besonders während der Kaiserzeit änderte sich

dieses Denken. Es galt als unehrenhaft und verachtenswert, das gehässige Geschäft einer Anklage zu übernehmen. Dies führte trotz hoher Belohnungen für die Übernahme einer Anklage zu einem drastischen Rückgang der Ankläger, so daß ein Verfahrenswandel nötig wurde.[19] Der Wandel war ein erster Schritt in Richtung Inquisition. Beim Inquisitionsprozeß wird die Anklage und Strafverfolgung von einer Behörde betrieben.[20] Die Entwicklung hin zum inquisitorischen Charakter des Strafverfahrens vollzog sich in drei Schritten. Zunächst trat noch ein wirklicher Ankläger auf. Der Magistrat gewann jedoch wieder stärker an Einfluß. Er war zwar verpflichtet, die Anklage anzunehmen, konnte aber nach eigenem Ermessen entscheiden, die Sache weiterzuverfolgen oder nicht.[21] Als nächstes gab es keine eigentliche Anklage mehr, sondern eine Denuntiation (Anzeige) von öffentlichen Beamten oder vereinzelt noch von Privatpersonen. Dem Gericht blieb es dabei wieder überlassen, die Sache weiterzuverfolgen oder nicht. Schließlich schritten die Gerichte von Amts wegen ein, ohne eine Accusation oder eine Denuntiation abzuwarten.[22]
Zusammenfassend läßt sich sagen, daß sich im römischen Reich eine Wandlung vom Offizialverfahren hin zur Popularanklage vollzog, bei der der Bürger selbst für die Einleitung und das weitere Betreiben des Prozesses verantwortlich war.[23] Schließlich kam man wieder auf das Prinzip der Anklage von Amts wegen zurück.

3. Wer nahm an den Verfahren teil? Die Komitien waren die Gesamtheit der politisch berechtigten Bürger. Insbesondere die Zenturiatskomitien stellten das wichtigste politische Beschlußfassungsorgan dar, das auf der Zenturiatsverfassung beruhte und in der frühen Republik aus der Heeresverfassung entwickelt wurde. Die Willensbildung in den Komitien geschah durch Abstimmung nach dem Mehrheitsprinzip. Die Nobilität, die aus Patriziern und den reich gewordenen Plebejern bestand, hatte in den Komitien das Übergewicht.[24] Die Stellung und Aufgaben der Komitien innerhalb des Verfahrens entsprachen im wesentlichen denen der Geschworenen im Quaestionenprozeß.

4. Die Geschworenenbank im Quaestionenprozeß wurde als consilium oder iudicium bezeichnet und durch Auslosung aus der Richterliste gebildet. Anfangs lag die Befähigung zum Geschworenen-

amt lediglich bei den Senatoren. Seit den Gracchen wurden auch Ritter zugelassen. Etwa 50–70 Mitglieder umfasste jede Geschworenenbank.[25] Die Stellung innerhalb des Verfahrens war weitestgehend passiv. Die Aufgabe der Geschworenen war es lediglich, den Prozeß schweigend zu verfolgen. Die Verhandlung war hauptsächlich von der Aktivität der Prozeßparteien, d. h. des Anklägers und des Angeklagten bzw. seines Anwalts beherrscht.[26] Die Geschworenen hatten lediglich den Prozeß aufmerksam zu verfolgen und hinterher die Entscheidung über Schuld oder Nichtschuld zu treffen.[27] Aufgabe des Magistrates war es, die Verhandlung zu leiten und die Strafe zu vollstrecken.[28] Magistrate waren Organe, mit denen der römische Staat rechtlich handelnd auftrat (römische Staatsämter). Die einzelnen Magistraturen waren ihrem Rang nach zu unterteilen in Zensoren, Konsuln, Prätoren, Ädilen und Quaestoren.[29]

Der Beschuldigte stellte das Objekt des Strafverfahrens dar. Man war im alten Rom sehr bemüht, dem Beschuldigten ausreichende Verteidigungsmöglichkeiten zu gewähren. Die für die Verteidigung zur Verfügung gestellte Zeit betrug stets das Anderthalbfache der Redezeit der Anklage.[30] Zudem hatte nur der Beschuldigte das Recht, sich durch einen Rechtsbeistand unterstützen zu lassen.[31] Befugt, Anklage zu erheben, war grundsätzlich jeder unbescholtene Bürger (Popularklage).[32]

Mit der Anklage erwarb der Anzeigende die Rechte und Pflichten einer Prozeßpartei.[33] In Zuge des Anklageverfahrens beantragte der Anklagende zugleich die Zulassung als Ankläger (accusator).[34] Aus dieser Stellung heraus ergaben sich eine Vielzahl von Rechten, die bei der Darstellung des Verfahrensablaufs näher erläutert werden. Rechtsbeistände traten nur auf Seiten des Angeklagten auf. Dem Ankläger stand kein solcher Rechtsbeistand zu. Dies hatte zur Folge, daß hauptsächlich solche Männer die Anklagerolle übernahmen, die gewohnt waren, Gerichtsreden zu führen. Fühlte sich ein Redner seiner Rolle nicht gewachsen, so konnte er sich bereits bei der nominis delatio (Anklage) mit anderen Nebenklägern (subscriptiones) verbinden, denen auch das Recht, sich vor Gericht zu äußern, zustand.[35]

5. Im Prinzipat hatte der Kaiser besondere jurisdiktionelle Befugnisse, die sich auf die Verhängung des Schuldspruchs und der Strafe

bezogen. Die Rolle des Prinzeps wird unten näher erläutert. Der Senat war ein Ausschuß der führenden Gesellschaft. Das 300 Mitglieder umfassende Gremium hatte vielschichtige politische und rechtliche Befugnisse (darunter die außerordentliche Strafgerichtsbarkeit).[36] Die Präfekten waren zentrale Verwaltungsorgane des Kaisers. Der wichtigste, der praefectus urbi, war Polizeipräfekt von Rom und Umgebung und verfügte über eine starke Polizeitruppe. Er hatte unter anderem eine außerordentliche Zivil- und Strafgerichtsbarkeit.[37]

6. Wie liefen nun die Verfahren ab? Nach den Tafeln I–IV des Zwölftafelrechts war es Sache des privaten Anklägers, den Beschuldigten zu laden. Die Prozeßeröffnung, die als Vorverfahren angesehen werden kann, fand vor dem Prätor, einem staatlichen Beamten,[38] statt. Dabei befragte der Ankläger den Beklagten, ob dieser die Tat eingestehe oder nicht. Erst nach Bestreiten der Tat kam es zum eigentlichen prozeßentscheidenden Verfahren, der Hauptverhandlung. Diese fand vor einer Geschworenenbank, dem consilium iudicum statt. Dieser Geschworenenbank stand lediglich die Entscheidung über die Schuld des Beklagten zu.[39] Im Komitialprozeß der frühen Republik stand die Anklage den Volkstribunen, Ädilen oder Quaestoren zu. Das Beweismaterial gegen den Beschuldigten wurde in der Verhandlung vom anklagenden Magistrat vorgeführt. Anschließend wurde in den Komitien über die Schuldfrage abgestimmt.[40] Besondere Bedeutung im Komitialverfahren hatte der in der Literatur umstrittene Begriff der provocatio ad populum. Nach Mommsen konnte der Verurteilte erstinstanzliche Urteile mittels provocatio ad populum von der Volksversammlung, die als Volksgericht agierte, überprüfen lassen.[41] Nach Brecht ging die provocatio unmittelbar vom Konsul an die Komitien.[42]

7.a) Im Spätrepublikanischen Quaestionenprozeß wurde das Verfahren durch die Anklage eines Privatmannes eingeleitet,[43] die als nominis delatio bezeichnet wurde und eine Anzeige gegen den Beschuldigten darstellte.[44] Im Quaestionenverfahren nimmt der Kläger im Vergleich zum privaten Kapitalverfahren kein Recht für sich selbst in Anspruch. Die Bestrafung des Angeklagten wird vielmehr von Amts wegen betrieben. Der Ankläger (delator) hatte jedoch eine bedeutendere Funktion als der Erstatter einer Strafanzeige im heutigen Verfahren. Die Magistrate waren nicht gewillt und nicht im Stande, Beweise über die Schuld oder Unschuld des Angeklagten zu sammeln und zu prüfen, da ihnen ein Hilfsorgan nach Art der modernen Kriminalpolizei oder der Staatsanwaltschaft fehlte.[45] Dies hatte zur Folge, daß der Ankläger diese Aufgaben wahrzunehmen hatte.[46] Ausschlaggebend für die Übernahme der Klägerrolle war vor allem die für den Fall in Aussicht gestellte Prämie, daß der Beschuldigte für schuldig erklärt wird.[47] Im Vergleich zum privaten Kapitalprozeß hatte der Quaestionenprozeß erhebliche Vorteile. Manche Personen übernahmen die Delatorenrolle deshalb, um Rache nehmen zu können. Dies hatte schon im privaten Kapitalprozeß Bedeutung. Die Delatorenrolle hatte den Vorzug, daß der Kläger die Strafe am Beklagten nicht wie beim privaten Kapitalprozeß selbst vollziehen mußte und durch den Zeugniszwang die Überführung des Beschuldigten wesentlich erleichtert war.[48] Ein weiterer wichtiger Unterschied der Verfahrensarten ist, daß die Privatanklage des Zwölftafelrechts nur dem Verletzten oder seiner Sippe zustand,[49] wogegen im Quaestionenprozeß die Anklage jedermann gestattet war. Ausschlußgründe bei Popularklagen waren persönliche Umstände wie z.B. die Nichtbürgerschaft. Unmündige waren nur mit Zustimmung des Vormundes und auch dann nur, wenn das Delikt sie selbst oder ihre Nächsten betraf, Frauen, Haussöhne und Freigelassene nur beschränkt anklagebefugt. Außerdem war nicht zugelassen, wer selbst unter Anklage stand.[50]

Der Magistrat konnte die Anklage annehmen oder zurückweisen. Kam der Magistrat zu keiner Entscheidung, so wurde diese an das consilium weitergegeben.[51] Bei Annahme der Anklage wurde die Sache auf Betreiben des Magistrats in eine Liste der bei dem Gerichtshof anhängigen Verfahren eingetragen. Auf die Angaben des Anklägers hin veranlaßte der Magistrat die öffentliche Ladung der Zeugen.[52] Zudem war es nicht unüblich, daß der Ankläger den Beschuldigten im Wege der privaten Ladung vor den Magistrat brachte.[53] Klagten mehrere Ankläger unabhängig voneinander gegen dieselbe Person in derselben Sache, dann mußte im Wege eines besonderen Verfahrens vor dem Gerichtsmagistrat und jenem aus Richtern der betreffenden quaestio gebildeten consilium eine Entscheidung über die Zulassung zur delatio nominis getroffen werden.[54] Vom Prinzip der Privatladung wurde allmählich abgewichen, da dies mit Unannehmlichkeiten verbunden war. Die öffentliche Ladung war vor allem üblich bei der Anklage von Senatoren und anderen Personen von hohem Ansehen. Zwischen dem Antrag auf öffentliche Ladung des Beschuldigten (postulare reum) und dem Antrag auf Zulassung zur Anklage vor der quaestio (nominis delatio) lag eine erhebliche Frist.[55] Diese Frist diente zur Beschaffung von Beweismitteln, Ermittlung und Ladung von Zeugen. Die Rechte des Ankläger gingen dabei relativ weit. Der Ankläger war berechtigt, Urkunden und Rechnungsbücher des Angeklagten als auch solche Dritter und provinzialer Gemeinden zu beschlagnahmen. Hierzu durfte sogar das Haus des Angeklagten betreten werden. Vom Ankläger durfte eine gesetzlich normierte, jedoch hohe Anzahl von Zeugen geladen werden, die dann zum Erscheinen und zur Aussage vor der quaestio verpflichtet waren. Im Repetundenprozeß (Prozeß wegen Amtsvergehen) betrug die Höchstzahl der Zeugen 120. Vor dem Beginn der Verhandlung wurde das consilium durch den Gerichtsmagistrat vereidigt. Der Gerichtsmagistrat dagegen stand nicht unter Eid.[56]

7.b) In einer Vorverhandlung legte der Ankläger vor dem Magistrat zunächst den Gegenstand der Beschuldigung dar, d.h. er trug den vorgeworfenen Sachverhalt vor. Anschließend befragte er den Beschuldigten, ob er sich schuldig bekenne (interrogatio legis). Das Schweigen zu dieser Frage wurde dem Geständnis gleichgestellt. Der Beschuldigte galt dann als schuldig (confessus). Zu einer eigentlichen richterlichen Verhandlung über die Schuldfrage kam es in diesem Fall nicht mehr. Im Kapitalprozeß konnte der Magistrat sofort die Strafe verhängen und vollstrecken lassen. Erst wenn der Beschuldigte die Tat bestritt, entschied der Magistrat über die Verfahrensdurchführung (receptio nominis). Jetzt wurde das eigentliche Verfahren, die quaestio, anhängig.[57]

7.c) Begonnen wurde die Hauptverhandlung mit einer ausführlichen und zusammenhängenden Anklagerede, die nicht durch die Vernehmung von Zeugen unterbrochen wurde (perpetua oratio et accusatio). Im Anschluß daran begann die Beweiserhebung. Bei den Römern gab es für die Beweiserhebung keine festen Beweisregeln. Es kam nur auf die innere Überzeugung der Geschworenen an.[58] Die Beweisarten lassen sich in den Beweis durch Geständnis, in den Zeugenbeweis, Urkundenbeweis und Indizienbeweis gliedern. Das Verhör des Angeklagten nahm unter den Beweismitteln die erste

Stelle ein.[59] Es herrschte unbedingter Aussagezwang. Wurde diesem nicht nachgekommen, kamen Zwangsmittel wie Verhaftung und Geldbußen zur Anwendung.[60] Das Geständnis des Angeklagten, das nicht auf seine Glaubwürdigkeit wie dies im heutigen Recht üblich ist, überprüft wurde, genügte, um ihn zu verurteilen. Dies läßt sich dadurch erklären, daß der Magistrat aus juristischen Laien bestand und meist nicht imstande war, an Motive für das Geständnis wie das Scheuen der Unannehmlichkeiten eines langdauernden Prozesses zu denken.[61] Bei angeklagten Sklaven war das Zwangsmittel der Folter zulässig.[62] Auf Anordnung des Magistrats wurden die Zeugen von den Parteien vorgeführt und vom Magistrat vereidigt. Die Anzahl der Zeugen war nicht auf eine Höchstzahl beschränkt.[63] Dabei waren solche Zeugen vom Zeugenzwang entbunden, die durch ihre Aussagen ihnen nahestehende Personen wie Verwandte belasten würden.[64] Den Beginn machten die Zeugen des Angeklagten. Zunächst befragte die vorführende, anschließend die gegnerische Partei die Zeugen.[65] Der Zeuge stand im Kreuzverhör der Parteien.[66] Der Magistrat und die Geschworenen waren nicht befugt, die Zeugen zu befragen.[67] In großen Prozessen nahm die Zeugenvernehmung sehr viel Zeit in Anspruch. Dies galt ebenfalls für die aus unserer Sicht sehr langatmigen Plädoyers. Die Kosten für zum Erscheinen gezwungene Zeugen hatten der Ankläger selbst für die von ihm herbeigebrachten Zeugen zu tragen.[68] Eine Besonderheit des römischen Rechts war die Aussage eines Zeugen über den Charakter des Angeklagten (laudatio).[69]

Den Zeugen konnte nur unter Bedingungen geglaubt werden. Eine Verurteilung erforderte die Aussage von mindestens zwei Zeugen. Diese mußten als zuverlässig erachtet werden. Dabei achtete man auf deren bürgerliche Stellung, auf die Würde, auf das Bekleiden eines Staatsamtes und auf deren vermögensrechtliche Stellung. Der Beweiswert von Aussagen über mit eigenen Sinnen Wahrgenommenes war höher.[70] Die Urkunden als Beweismittel wurden im Rahmen der Plädoyers, also nach der Zeugenbefragung, verlesen.[71] Von besonderer Bedeutung war der Indizienbeweis. Er war schon entwickelter und ausgebildeter als irgendeine andere Art von Beweis. Man unterschied zwischen vorausgehenden (antecedentia), gleichzeitigen (coniuncta) und nachfolgenden (sequentia) Indizien. Vorausgehende Indizien waren etwa Feindschaft und vorheriges Drohen, gleichzeitige beispielsweise ein am Tatort gehörter Hilferuf und nachfolgende Blutspuren an der Kleidung oder der Besitz gestohlener Gegenstände.[72]

Nach dem Zeugenverhör hatten die Parteien grundsätzlich keine Möglichkeit mehr, sich zu äußern, es sei denn, daß es zu einer Erneuerung des Verfahrens durch ampliatio oder comperendinatio kam. Die Erneuerung des Verfahrens durch ampliatio erfolgte, wenn ein bestimmter Teil der Geschworenen (nach der lex Acilia in der Regel mehr als ein Drittel) entweder auf besondere Befragung durch den Magistrat erklärte, daß ihnen der Fall nicht klar sei oder sich bei der Abstimmung über die Schuld des Angeklagten der Stimme enthielt. Der Magistrat verkündete dann, daß das Verfahren fortgesetzt werde. Die comperendinatio war eine zwangsläufige, vom Kriminalgesetz der jeweiligen quaestio ein für allemal vorgeschriebene Erneuerung der Verhandlung. Diese Regelung betraf in erster Linie das Bereicherung im Amt betreffende Repetundenverfahren.[73] Die neue Verhandlung begann mit Plädoyers des Anklägers und des Verteidigers. Anschließend fand eine zweite Zeugenvernehmung statt, bei der die Zeugen der ersten Vernehmung sowie neue Zeugen vorgeführt wurden. Es waren durchaus mehrere solche Verfahrenserneuerungen denkbar. Im Repetundenverfahren des L. Aurelius Cotta erfolgte nach sieben Ampliationen schließlich im achten Verfahren der Freispruch. Einer solchen Ausdehnung und Verfahrensverschleppung versuchte man Abhilfe zu verschaffen, indem man im Falle der dritten, bei Mommsen[74] der zweiten ampliatio Geldbußen androhte.[75]

7.d) Der Magistrat forderte nach Erhebung der Beweismittel die Geschworenen auf, ihren Spruch zu fällen (mittere in consilium). In der Periode der gracchischen Richtergesetze wurde mit großer Wahrscheinlichkeit schriftlich und geheim abgestimmt. Das Verfahren bei der Abstimmung ist in der lex Acilia beschrieben. Dabei erhielt jeder Geschworene ein Wachstäfelchen mit dem Buchstaben A für absolvo (Freispruch) und C für condemno (Schuldspruch). Je nach seiner Entscheidung verdeckte er den einen oder anderen Buchstaben. Verdeckte er beide Buchstaben, so galt dies als Enthaltung (sine suffragio). So wurde das Täfelchen dem Publikum und den Mitgeschworenen gezeigt. Nach der Abstimmung wurden die Täfelchen verlesen und ausgezählt. Unter Sulla war auch die mündliche Abstimmung gestattet. Die Geschworenen gaben ihr Votum einzeln in einer durch Los bestimmten Reihenfolge ab.[76] Um eine Verurteilung herbeizuführen, war die Mehrzahl der abgegebenen Stimmen erforderlich. Stimmengleichheit bedeutete Freispruch.[77] Die Stimmtafeln ohne Festlegung (sine suffragio) wurden dabei zu den freisprechenden Stimmen gezählt. Ergab sich eine große Anzahl von Stimmenthaltungen, so wurde nochmals verhandelt.[78] Der Magistrat verkündete das von den Geschworenen getroffene Urteil. Die Rechtsnatur dieser Urteilsverkündung war ein bloßer Schuldspruch, d.h. die Feststellung darüber, ob der Angeklagte die ihm zur Last gelegte Straftat nach der Überzeugung der Geschworenen begangen oder nicht begangen habe.[79]

Grundsätzlich hatten die Geschworenen über die Strafe nicht zu entscheiden. Das Strafmaß ergab sich aus dem für das jeweilige Verfahren maßgebenden Gesetz. Der Vollzug der Strafe stand im pflichtgemäßen Ermessen des Magistrates.[80] Insbesondere wenn es sich bei einem wegen eines Kapitalverbrechens Verurteilten um einen Bürger von höherem Ansehen handelte, konnte der Magistrat ihn ins Exil entweichen lassen.[81] Hinrichtungen waren auch in der späteren Republik bei gefährlichen Verbrechern, insbesondere bei Unfreien, an der Tagesordnung. Freie waren bis auf wenige Ausnahmen von der Todesstrafe ausgenommen.[82]

Bei Freispruch des Angeklagten konnte im Anschluß an das gegen ihn gerichtete Verfahren vor derselben Geschworenenbank ein Verfahren wegen falscher Anschuldigung (calumnia) gegen den Ankläger stattfinden.[83]

8.a) Augustus, der Begründer des Prinzipats, vermehrte die spätrepublikanischen Schwurgerichte und ordnete sie neu. Eine entscheidende Verbesserung der Strafjustiz war die Neuordnung des Polizeiwesens. Die Polizeigerichtsbarkeit wurde nicht mehr von jungen Magistraten niedrigen Ranges ausgeübt, deren Amtszeit auf ein Jahr beschränkt war und die deshalb wenig Zeit hatten, Erfahrungen zu sammeln.[84] Das Verfahren vor den Schwurgerichten wurde allmählich von dem Verfahren vor dem kaiserlichen praefectus urbi abgelöst, das wesentlich straffer war. Die Umständlichkeit des gesetzlich vorgeschriebenen Ablaufs, die zu endlosen Verschleppungen führte, wurde umgangen. Der Stadtpräfekt war den republikanischen Magistraten weit an Sachkunde und Erfahrung überlegen. Ebenso war sein aus Konsularen (der Begriff wird für ehemalige Konsulen und manchmal auch für Provinzstatthalter verwendet) und anderen Geschworenen zusammengesetztes consilium tauglicher als die Geschworenenbänke der ordentlichen Strafgerichte. Ab dem 1. Jahrhundert n. Chr. begann die außerordentliche Strafjustiz (cognitio extra ordinem) des praefectus urbi die ordentliche der Geschworenenhöfe zu verdrängen.[85] Neben dem Präfekten fungierten auch der Senat und der Kaiser als Organe der Strafjustiz. Die Strafjustiz des Senates beschränkte sich hauptsächlich auf Angehörige des Senatorenstandes. Seit Mitte des 1. Jahrhunderts trat das Senatsgericht hinter dem des Kaisers zurück. Mit der von Augustus geschaffenen Ordnung hatte der Kaiser jurisdiktionelle Befugnisse, die sich im wesentlichen auf Provinzen und Heer erstreckte. Dabei war der Kaiser befugt, die Rolle des Gerichtsmagistrats zu übernehmen.[86]

8.b) In der Regel wurde das Verfahren vor den außerordentlichen Gerichtshöfen des Kaisers durch Initiative eines Privaten eingeleitet. Es war jedoch auch die Einleitung von Amts wegen möglich, insbesondere in späterer Zeit. Der Grundsatz, daß das consilium und nicht etwa der Kaiser den Schuldspruch fällte, wurde beibehalten.[87] Hinsichtlich der Strafen hatte der Kaiser einen größeren Spielraum als im Verfahren vor den Geschworenenhöfen.[88] Der Kaiser hatte die außerordentliche Befugnis, nach Belieben in jedem iudicium publicum eine freisprechende Stimme abzugeben und damit auf das Endergebnis einzuwirken.[89]
Seit Beginn der Kaiserzeit kam die Folterung eines wegen eines Verbrechens angeschuldigten Freien hinsichtlich des Geständnisbeweises zur Anwendung. Unter Augustus und Claudius war die Folterung Freier noch nicht zugelassen.[90] Offiziell geregelt wurde die Anwendung der peinlichen Frage gegen Personen niederen Standes erstmals bei den Kaisern Marcus und Verus (161–169). Ohne Standesunterschied unterlag der Angeschuldigte bei Prozessen wegen Magie und Fälschung der Folterung. Seit Constantin sind die Freien den Unfreien hinsichtlich der Folterung völlig gleichgestellt. Selbst zwischen Angeschuldigtem und Zeugen wurde in Majestätsprozessen kein Unterschied mehr gemacht.[91] Bei den Unfreien war die Anwendung der Folter die ständige Form der Befragung. Geprüft wurde die Aufrechterhaltung einer von dem Befragten als relevant betrachteten Aussage unter körperlicher Marter. Diese fiel bei entsprechender Änderung der Aussage weg. Die Folterung fand gewöhnlich nicht

auf der Gerichtsstätte statt. Die Sklaven des Angeklagten konnten nur zugunsten ihres Herren, nicht gegen ihn aussagen.

9. Im Prinzipat wurden die entscheidenden Weichen für das Entstehen eines Inquisitonsprozesses in Form einer Anklage von Amts wegen gestellt. Auch die dem Mittelalter eigenen inhumanen Vernehmungsmethoden gegen „Ketzer" wie die Folter wurden schon im römischen Strafprozeß angewandt. Zweifellos ist der späte römische Strafprozeß als Vorbild der mittelalterlichen Inquisition anzusehen.

1   *Kunkel, Wolfgang,* Römische Rechtsgeschichte: Eine Einführung, 9. Auflage, Köln 1980, S. 64.

2   *Kunkel, Wolfgang,* Untersuchungen zur Entwicklung des römischen Kriminalverfahrens in vorsullanischer Zeit, in: Abhandlungen der bayerischen Akademie der Wissenschaften, Band 56, München 1962, S. 71.

3   *Kaser, Max,* Römische Rechtsgeschichte, 2. Auflage, Göttingen 1967, S. 124; *Kunkel* (Anm. 2), S. 64.

4   *Kaser* (Anm. 3), S. 124.

5   *Dulckeit, Gerhard / Schwarz, Fritz / Waldstein, Wolfgang,* Römische Rechtsgeschichte, 9. Auflage, München 1995, S. 66.

6   *Söllner, Alfred,* Einführung in die römische Rechtsgeschichte, 3. Auflage, München 1985, S. 78; *Kaser* (Anm. 3), S. 124.

7   *Kaser* (Anm. 3), S. 125.

8   *Kunkel* (Anm. 1), S. 65.

9   *Söllner* (Anm. 6) , S. 78.

10  *Kunkel* (Anm. 1), S. 68.

11  *Kaser* (Anm. 3), S. 126.

12  *Kaser* (Anm. 3), S. 127.

13  *Kunkel* (Anm. 1), S. 69.

14  *Mommsen, Theodor,* Römisches Strafrecht, Darmstadt 1995, S. 340.

15  *Kunkel, Wolfgang,* in: *Wissowa, Georg u.a.* (Hrsg.), Paulys Realencyclopädie der classischen Altertumswissenschaft, 47. Halbband, Stuttgart 1963, „quaestio", Sp. 730.

16  *Kaser* (Anm. 3), S. 124.

17  *Kaser* (Anm. 3), S. 125.

18  *Kunkel* (Anm. 1), S. 66.

19  Zu obigem: *Geib, Carl Gustav,* Geschichte des römischen Kriminalprozesses bis zum Tode Justinians, Leipzig 1842, Neudruck: Aalen 1969, S. 522 f.

20  *Creifelds, Carl / Kauffmann, Hans / Guntz, Dieter,* Rechtswörterbuch, 13. Auflage, München 1996, S. 563.

21  Zu obigem: *Mommsen* (Anm. 14), S. 346 f.

22  Zu obigem: *Geib* (Anm. 19), S. 536.

23  *Dulckeit/Schwarz/Waldstein* (Anm. 6), S. 69.

24  Zu obigem: *Kaser* (Anm. 1), S. 51.

25  *Kaser* (Anm. 4), S. 125 f.

26  vgl. *Kunkel* (Anm. 15), Sp. 761.

27  *Kunkel* (Anm. 15), Sp. 766.

28  *Levy, Ernst,* Die römische Kapitalstrafe, in: Heidelberger Akademie der Wissenschaften, Heidelberg 1931, S. 15.

29  *Kaser* (Anm. 3), S. 44 ff.
30  *Kunkel, Wolfgang,* Ius romanum, in: Symbolae iuridicae et historicae Martino David dedicatae, Leiden 1968, S. 127.
31  *Kunkel* (Anm. 15), Sp. 762.
32  *Kunkel* (Anm. 1), S. 66.
33  *Kunkel* (Anm. 1), S. 66.
34  *Kunkel* (Anm. 15), Sp. 755.
35  Zu obigem: *Kunkel* (Anm. 15), Sp. 762.
36  Vgl.: *Kaser* (Anm. 3), S. 52 ff.
37  Dazu: *Kaser* (Anm. 3), S. 113.
38  *Kaser* (Anm. 3), S. 44.
39  *Kunkel* (Anm. 15), Sp. 730.
40  Zu obigem: *Kaser* (Anm. 3), S. 124.
41  *Bleicken, Jochen,* Ursprung und Bedeutung der Provocatio, Zeitschrift der Savigny-Stiftung für Rechtsgeschichte 76 (1959) S. 325; *Mommsen* (Anm. 14), S. 473 ff.
42  *Brecht, Christoph H.* / *Perduellio:* Eine Studie zu ihrer begrifflichen Abgrenzung im römischen Strafrecht bis zum Ausgang der Republik, 1938, in: Münchener Beiträge zur Papyrusforschung und antiker Rechtsgeschichte, Bd. 29, S. 259 f.
43  *Kunkel* (Anm. 1) S. 66, *Kunkel* (Anm. 30), S. 113.
44  *Hitzig, Hermann,* Die Herkunft des Schwurgerichts im römischen Strafrecht, 1909, S. 242.
45  Zu obigem: *Kunkel* (Anm. 15), Sp. 735.
46  *Mommsen* (Anm. 14), S. 393.
47  Zu obigem: *Kunkel* (Anm. 15), Sp. 735; vgl. *Kunkel* (Anm. 3), S. 95, 343.
48  Zu obigem: *Kunkel* (Anm. 15) Sp. 735.
49  *Kunkel* (Anm. 1), S. 66.
50  Vgl. *Mommsen* ( Anm. 14), S. 369 f.
51  *Kunkel* (Anm. 15), Sp. 755 f.
52  *Kunkel* (Anm. 15), Sp. 735.
53  *Kunkel* (Anm. 15), Sp. 756.
54  Zu obigem: *Kunkel* (Anm. 15), Sp. 757; *Mommsen* (Anm. 15), S. 273.
55  Zu obigem: *Kunkel* (Anm. 15), Sp. 757.
56  Zu obigem: *Kunkel* (Anm. 15), Sp. 760.
57  Zu obigem: *Kunkel* (Anm. 15), Sp. 756.
58  Zu obigem: *Geib* (Anm. 20), S. 327.
59  *Mommsen* (Anm. 14), S. 404.
60  *Mommsen* (Anm. 14), S. 405.
61  Zu obigem: *Geib* (Anm. 20), S. 329.
62  *Geib* (Anm. 19), S. 330.
63  *Mommsen* (Anm. 14), S. 404.
64  *Mommsen* (Anm. 14), S. 402.
65  *Mommsen* (Anm. 14), S. 404.
66  *Geib* (Anm. 19), S. 341.
67  *Mommsen* (Anm. 14), S. 422.
68  *Mommsen* (Anm. 14), S. 409.
69  *Mommsen* (Anm. 14), S. 440.
70  *Geib* (Anm. 19) S. 333 ff.
71  *Kunkel* (Anm. 15), Sp. 756.
72  Zu obigem: *Geib* (Anm. 19), S. 358 f.
73  Zu obigem: *Kunkel* (Anm. 15), Sp. 764.
74  *Mommsen* (Anm. 14), S. 425.
75  Zu obigem: *Kunkel* (Anm. 15), Sp. 765.
76  Zu obigem: *Kunkel* (Anm. 15), Sp. 765 f.

77  *Kunkel* (Anm. 1), S. 67.
78  *Kunkel* (Anm. 1), S. 67.
79  Zu obigem: *Kunkel* (Anm. 15), Sp. 766.
80  Vgl. *Levy* (Anm. 28), S. 14 ff.
81  Zu obigem: *Kunkel* (Anm. 15), Sp. 766.
82  *Kunkel* (Anm. 1), S. 67, 253.
83  *Kunkel* (Anm. 15), Sp. 768.
84  *Kunkel* (Anm. 1), S. 68 f.
85  *Kunkel* (Anm. 1), S. 69.
86  Zu obigem: *Kunkel* (Anm. 1), S. 70; *Kunkel* (Anm. 30), S. 114.
87  Zu obigem: *Kunkel* (Anm. 1), S. 71.
88  *Kunkel* (Anm. 1), S. 72.
89  *Mommsen* (Anm. 14), S. 446.
90  Zu obigem: *Mommsen* (Anm. 14), S. 406.
91  Zu obigem: *Mommsen* (Anm. 14), S. 406 f.

# Die Haltung der Kirchenväter zur Existenz des Teufels und seiner Verbündeten

*von Sandra Widy*

## Die Kirchenväter

Als Kirchenväter werden die frühchristlichen Schriftsteller bezeichnet, die in ihren Schriften die christliche Lehre begründeten. Sie verbanden die Evangelien mit den Schriften der Apostolischen Väter,[1] kirchlichen Geboten und Entscheidungen der Konzile und schufen so einen standardisierten Korpus christlicher Lehren, mit deren Erforschung sich die Patristik beschäftigt. Zu den bekanntesten Kirchenlehrern der westlichen Kirche gehören Ambrosius, Augustinus, Hieronymus und Papst Gregor I., denen der Titel 1298 verliehen wurde. Die entsprechenden östlichen Kirchenlehrer sind Athanasius, Basilius, Johannes Chrysostomos und Gregor von Nazianz. Sie wurden 1586 ernannt, im gleichen Jahr wie Thomas von Aquin. Die Bezeichnung Kirchenlehrer leitet sich vom lateinischen „doctor ecclesiae" ab, mit dessen Verleihung die Kirche den Beitrag einer betreffenden Person zur Lehre und zum Verständnis des Glaubens anerkennt. Diese muß ein kanonisierter Heiliger bzw. eine kanonisierte Heilige sein und sich durch ihre Rechtgläubigkeit sowie ihre Gelehrsamkeit ausgezeichnet haben. Die Auszeichnung wird vom Papst oder einem ökumenischen Konzil verliehen.[2] Den ehrenvollen Titel „Kirchenvater" vergab die Kirche nur an Männer, die vier Kriterien erfüllten: Sie mußten nicht nur in der frühen christlichen Zeit gelebt, sondern auch ein frommes Leben geführt haben. Ihre Schriften durften nicht von der Lehre abweichen und mußten die christliche Lehre in hervorragender Weise verteidigen oder erklären. Überdies mußten sie von der Kirche gebilligt worden sein.
Die frühen östlichen Kirchenväter wie Klemens von Alexandria, Justinus der Märtyrer und Origenes waren sehr von der griechischen Philosophie beeinflußt, während westliche Kirchenväter wie Tertullian, die hll. Gregor I. und Hieronymus die Verbindung von heidnischem und christlichen Gedankengut im allgemeinen vermieden.

Die Autorität der Kirchenväter innerhalb der katholischen Kirche beruht nicht bloß auf ihrer literarischen Bedeutung, sondern vor allem auf der Lehre der Kirche von der Tradition als Glaubensquelle. Das Ansehen des einzelnen Vaters richtet sich nach seiner Gelehrsamkeit und Heiligkeit, nach seiner Beziehung zu angesehenen Vätern und nach seiner hierarchischen Stellung. „Die Stimmen der Väter muß man wägen, nicht zählen."[3] Die übereinstimmende Lehre der Väter, der „unanimis consensus patrum", gilt in der Kirche als unfehlbare Norm der Glaubenslehre. Neben ihrer kirchlichen Bedeutung nehmen die Kirchenväter auch in der allgemeinen und besonders in der griechisch-römischen Literaturgeschichte eine hervorragende Stelle ein. Sie sind die letzten Vertreter der Antike, deren literarische Kunst in ihren Werken häufig deutlich wird, und haben alle späteren Literaturen beeinflußt. Die Zeit der Kirchenväter, die nach dem ersten Zeitalter der Kirche bestimmt ist, teilt man am besten in drei Abschnitte ein: 1. die Zeit der Grundlegung (bis zum Konzil von Nicäa 325); 2. die Zeit der Blüte (von 325 bis zum Konzil von Chalcedon 541); 3. die Zeit des Ausgangs (im Abendland bis zum Tod Isidors von Sevilla 636, im Morgenland bis zum Tod des Johannes Damascenus um 750).

## Zum Begriff des Teufels

Ursprünglich hieß der Teufel nicht Teufel, sondern Satan. Dieser Name wurde ihm erst im Laufe einiger sprachlicher Entwicklungen zuteil. Satan ist ein hebräisches Wort und bedeutet Widersacher, Ankläger, auch Verleumder.[4] Die griechische Übersetzung (der Septuaginta) des alttestamentlichen „Satan" ist Diabolos und bedeutet gleichfalls Widersacher durch Verleumden (von: diaballein).

Satan und Diabolos sind in die christliche Sprache übergegangen, und zwar Satan buchstabengenau und unverändert. Dagegen hat sich Diabolos nur in den romanischen Sprachen fast unverändert erhalten: als diabolus (lat.), diavolo (ital.), diablo (span.), diable (franz.), während im Englischen daraus devil und im Deutschen Teufel geworden ist.[5]

Vom Teufel sind die Dämonen zu unterscheiden. Die strenge Unterscheidung zwischen Satan und den Dämonen in der Namensgebung

hat ihren tieferen Grund in der natürlichen Über- und Unterordnung, die den abgefallenen Engeln auch nach der Verdammung geblieben ist. Denn die Natur der Dämonen ist durch die Ursünde zwar befleckt, aber nicht verändert worden. Der hl. Augustinus schreibt, es sei „ein Zeugnis der guten Natur" der Dämonen, soweit sie Natur ist, wenn sie „in der Strafpein Schmerz über den Verlust" der Gnade empfinden; denn „die Natur der Dämonen ist nicht etwas Schlechtes".[6] Auf dem 4. Lateran-Konzil unter dem Vorsitz von Papst Innozenz III. wurde die Offenbarung über die Engelsünde durch Ex-cathedra-Entscheidung als feierliches Dogma definiert mit den Worten: „Der Teufel und die anderen Dämonen sind von Gott der Natur nach gut erschaffen, aber durch sich selbst böse geworden". Das heißt, daß sich der Teufel aus freier Entscheidung von Gott abwandte. Damit war der Vorwurf entkräftet, Gott selbst habe Böses geschaffen. Dies bedeutet, daß es kein absolut Urböses gibt. Vom kirchlichen Lehramt wurde wiederholt ausgesprochen, daß die bösen Geister mit Satan an der Spitze ursprünglich gute Engel waren; die Kirche hat damit die Lehre der Schrift autoritativ interpretiert. Auf dem Zweiten Konzil von Braga (561) schon wurde die These der Priszillianisten verworfen, der Teufel sei kein vorher von Gott gut erschaffener Engel gewesen, sondern sei vielmehr aus der Finsternis aufgetaucht und habe keinen Schöpfer. Der Teufel, auch Luzifer genannt, galt bei den Kirchenvätern der Antike als der Höchste der Engel. Unter anderem zeichnen sie ihn auch mit dem Ehrentitel „Erster aller Erzengel" aus. Augustinus gibt ihm vor dem Sturz auch das hohe Amt der Verwaltung der Himmelskörper.
Fraglich ist nun, wie es zu ihrem Fall kommen konnte. Es muß im Reich der Engel eine Katastrophe stattgefunden haben; zu irgendeinem Zeitpunkt im Dasein der reinen Geister muß ein Abfall und Sturz geschehen sein, der für die ganze Schöpfung verhängnisvoll wurde. So schildert auch Offenbarung 12,7 ff. den Sturz des „Drachen", der Satan ist, und seiner Engel, so daß sie ihren Platz im Himmel verlieren, aber sogleich auch darangehen, mit gewaltigem Grimm die Erde zu verderben. Der „große Drache", die „alte Schlange" wird ausdrücklich Satan und Teufel genannt. Es ist klar: Da ist ein Engel, der als Führer und Verführer andere Engel in seinen Sturz hineinreißt. Origenes verweist auf den Hochmut des Teufels; andere denken, daß ihn seine große Vollkommenheit, die er als das höchste Geschöpf besaß, in Versuchung führte, so sein zu wol-

len wie Gott. Da er aber keine Gleichstellung erreichen konnte, so wollte er wenigstens eine Ähnlichkeit. Genau darin bestand die erste Engelsünde, welcher eventuell noch die Sünde des Neides angeschlossen werden kann, nämlich auf die Menschen und ihre Auszeichnung durch Gott, wie der hl. Thomas ausführt. Das hat schließlich zu Satans Fall geführt.

Aber wie konnten die anderen Engel sündigen? Die Theologie stellt dazu noch die Frage, ob die Engel diese Entscheidung im Zustand der heiligmachenden Gnade oder im bloßen Naturzustand vollzogen. Diese Frage stellen heißt, eine Antwort versuchen auf die Frage, wie es überhaupt möglich war, daß die Engel, diese hohen, klaren Geister, mit ihrer durchdringenden Erkenntniskraft sündigten. Manche Theologen vertreten die Ansicht, im bloßen Naturzustand hätten sie gar nicht sündigen können; erst durch die Gnade und die damit verbundene Erhöhung ihrer Natur, die nun auf ihrer Seite zur natürlich einsichtigen Erkenntnis hinzu die Uneinsichtigkeit des Glaubens verlangt habe, hätten sie die Voraussetzungen gewonnen, überhaupt zu sündigen. So groß ihr Wesen auch ist, in der bloßen Natur hätten auch sie von Gott so wenig gewußt, daß sie sich nicht unwiderruflich und unvergebbar gegen ihn hätten auflehnen können.

## Die Folgen des Sündenfalls

Was hat der Sündenfall für Satan und die gefallene Geisterwelt näherhin für Folgen? Sie behielten sicher ihre hohe Erkenntniskraft, die Fähigkeit, in das tiefere Sein der geschaffenen Dinge einzudringen und schließlich auch sicher und klar zu erkennen, was in anderen geistigen Wesen vor sich geht, vorausgesetzt, daß es sich irgendwie nach außen kundtut. Sie haben nicht vergessen, was sie vor ihrem Fall als Offenbarung empfingen, und können es nicht willkürlich in sich auslöschen; was sie zu glauben ablehnten, betätigt sich jetzt furchtbar in ihrer Verwerfung, so daß sie glauben müssen. Vor allem blieb die Kraft ihres Willens unversehrt, durch den sie Macht haben und also „Mächte" und „Gewalten" sind. Sie verloren jedoch die Gnade, kraft derer sie, in ihrer Natur erhöht, in jene Beziehung zu Gott hätten treten können, in der sich nicht nur seine Nähe und machtvolle Gegenwart unmittelbar erfahren hätten, sondern auch auf Grund dieser höchsten Aktuierung ihrer Natur zur höchsten Aktuierung ihrer Beziehung zueinander in tiefster Freiheit und damit zur völligen Selbstverwirklichung gelangt wären, wie sie die treuen Engel erlangten. Sie stürzten aus ihrem eigenen Wesen, da sie aus der Gemeinschaft der treuen Engel stürzten, und aus dem Himmel, als sie sich sich selbst zuwandten. Es ist ein Zustand der Unvollendetheit, in dem sie sich nun befinden, eine Existenz mit negativem Vorzeichen. Sie wurden sich einander zur Hölle; ihre „Gemeinschaft" ist der Ort ihrer Qual, ist ihre Hölle. Alle Bewegung aufeinander zu, die sie von Natur aus besitzen, um darin vollendet zu werden, ist zur Bewegung des Hasses geworden, um den anderen zu mißbrauchen. Einer mißbraucht den anderen, um durch ihn seinen Haß gegen Gott und seine Schöpfung zu stillen; sie alle aber gebraucht Satan, wie sie ihn alle gebrauchen. Ihr ganzes Sein ist ein Verrat ihrer selbst und eine verzweifelte Leugnung ihrer Daseinssinnes, der Gott ist, und das wider besseres Wissen. So können sie nicht anders als unselig sein.

## Versuch eines Überblicks in sieben Thesen

Die Lösungsversuche über das Wesen und die Herkunft des Bösen durch zwei Jahrtausende hindurch gehen in sieben unterschiedliche Richtungen:[7] (1) Die Existenz des Bösen wird verneint, oder sie erscheint als „nichtig". (2) Neben dem Guten (Göttlichen) gab es von jeher als zweites ewiges Prinzip das Böse. (3) Gott selbst ist Ursache des Bösen dadurch, daß er das Böse geschaffen, gewollt oder zugelassen hat. (4) In Gott selbst ist Böses. (5) Das Böse entsteht durch Abfall geistiger Wesen (Engel) von Gott. (6) Das Böse erscheint in der Unvollkommenheit der Schöpfung (der Natur, der Materie). (7) Das Böse kommt vor allem oder allein durch den Menschen zustande.[8]

*Mit der ersten These* wird eine der großangelegten Bemühungen berührt, Gott in hohem Grade von der Beteiligung an der Existenz des Bösen frei zu halten und trotzdem die Realität des Bösen und der Sünde anzuerkennen. Der Kirchenlehrer Aurelius Augustinus hat diese These verfochten. Er hat sein ganzes Leben mit der Frage nach dem Bösen gerungen. Seine Antworten haben eine außerordentliche Wirkung gehabt und spielen bis heute – vor allem auf theologischem Felde – eine bedeutende Rolle. So liest man: „Seit Augustin kennt das Abendland – im Grunde zu Unrecht, aber auch nur in der ontologischen Theorie – bis hin zu Kant und Hegel nur noch eine große Definition des Schlechten und Bösen, nur eine Denkausrichtung seiner ontologischen Probleme, nur ein prägendes Paradigma. Es ist die plotinisch-augustinische Definition des Schlechten: das Schlechte sei in sich ein Nichts, Beraubung des Guten am Seienden."[9] Augustinus hat einen tiefen Eindruck von der Wirkung des Bösen, der Sünde in der Welt, die das irdische Leben beschwert, „wenn es mit seinen unzähligen schweren Übeln überhaupt noch den Namen Leben verdient", – wie er in „De civitate dei" sagt, wo er ein ganzes Kapitel der Schilderung des menschlichen Elends widmet, das „dieses unselige Leben zu einer Art Hölle macht" (Gottesstaat XXII, 22). Gott als das absolut Gute kann jedoch das Böse nicht geschaffen haben – was er geschaffen hat, muß gut sein; anderes als von Gott Geschaffenes existiert aber nicht – also „existiert" das Böse im eigentlichen Fall nicht. Aus diesem Ansatz ergibt sich die Folgerung: Das Böse kann zwar, wie wir geschehen haben, nicht absolut geleugnet werden, es ist „irgendwie" vorhanden, aber es hat kein wirkliches „Sein". Das Böse existiert nur, insofern es an einem Guten existiert; zum Beispiel: das Böse bringt Verderben. Das Verderben schadet, würde aber nicht schaden, wenn es kein Gut verminderte. Das bedeutet, alles, was verdirbt, wird dadurch eines Guten beraubt. Diese Schöpfung ist für Augustinus gut, weil sie von Gott geschaffen ist; weil sie aber aus nichts ist (Augustinus führt die bis heute nachwirkende Auffassung der „Schöpfung aus dem Nichts" in die Kirchenlehre ein, die man allerdings im Ansatz auch schon bei Athanasius findet), kann sie auch wieder in nichts zurücksinken. Dieses Zurücksinken ist für Augustinus gleichbedeutend mit dem Fall ins Böse.[10]

Nicht ganz verständlich ist heute, wie dem Bösen als dem Nichtigen und nicht von Gott Geschaffenen solche Macht über den Menschen gegeben sein kann (Augustinus kam alles darauf an, Gott von irgendeiner Mitwirkung am Bösen freizuhalten). Allerdings spricht er gelegentlich auch von dem Bösen als realer Macht, von dem Teufel; einer der Widersprüche im augustinischen Denken. Der Teufel „ist ein vom Nichts angekränkelter Engel".[11] Augustinus betont zunächst die Freiheit des Willens im Menschen, der sich frei dem Bösen zuwendet; später allerdings entwickelt er die ebenfalls bis heute nachwirkende Lehre von der „Erbsünde" – dieses Dogma der Katholischen Kirche geht auf ihn zurück – und lehrt die Gebrochenheit des menschlichen Willens und die menschliche Sündenverhaftung durch Adams Ursünde.

*Die zweite These* stellt dem guten Weltprinzip von Ewigkeit her ein dunkles, böses Prinzip an die Seite: Licht und Finsternis, Gut und Böse stehen von Urbeginn her nebeneinander. Diese Anschauung findet man vor allem im Manichäismus wieder.

*Die Anschauung der dritten These* findet man in den unterschiedlichsten Spielarten in verschiedenen Weltauffassungen. Zunächst eine berühmte Formulierung des Lactanz, einer der frühchristlichen Kirchenväter, der dabei seinerseits einen Ausspruch des Philosophen Epikur (341–271 v. Chr.) benutzt: „Gott will entweder die Übel aufheben und kann nicht; oder Gott kann und will nicht; oder Gott will nicht und kann nicht; oder Gott will und kann."[12] Die Antwort des Lactanz ist eindeutig: „Gott kann alles, was er will, und Schwäche oder Mißgunst ist nicht in ihm. Er kann also Übel hinwegnehmen, aber er will nicht; und doch ist er darum nicht mißgünstig, weil er dem Menschen zugleich die Weisheit bzw. Vernünftigkeit verliehen hat und weil mehr Annehmliches in der Weisheit liegt, als Beschwerlichkeit in den Übeln. Bei Origenes findet man die gleiche These. Augustinus äußert sich in eindrucksvoller Art zu dieser Frage; er sagt: „Gott hielt es für besser, selbst aus dem Bösen Gutes zu schaffen, als überhaupt nichts Böses zuzulassen" (Enchiridion 8, 27). Weiterhin stellt er auch fest, „daß das sogenannte Böse vielfach ein Gutes ist". Ganz im Sinne Augustins führten schließlich diese Überlegungen angesichts der Schuld, welche die Menschen Christus gegenüber auf sich geladen haben, zu dem berühmten Ausspruch: „O felix culpa, quae talem et tantum meruit habere redemptorem" (O glückselige Schuld, die einen solchen Erlöser verdient – Liturgie der Osternacht).

*Die vierte These* hat einen schwierigeren Ansatz, ist jedoch für den Inhalt dieser Arbeit nicht von großer Bedeutung, weshalb sie nur kurz dargestellt wird. Hier wird die Behauptung aufgestellt, Gott habe das Böse nicht nur geschaffen oder zugelassen, sondern er habe selbst eine Kraft in sich, die sich – aus welchen Gründen auch immer – im Weltverlauf als böse erweist.

*Die fünfte These* wurde im Vorfeld bereits ausführlich behandelt.
*Die sechste These:* In vielen Versuchen, das Dasein des Bösen zu ergründen, spielt die Vorstellung einer gewissen Unvollkommenheit, Endlichkeit, Trägheit der Schöpfung eine wesentliche Rolle. Die Schöpfung kommt zwar von Gott, ist aber nicht vollkommen. Diese Auffassung findet man schon bei Platon.
*Die siebte These* beschäftigt sich mit dem Menschen als Ursache des Bösen. Eine ausschlaggebende Frage ist die nach der Freiheit des Menschen in bezug auf sein Verhältnis zum Bösen. Es gibt Anschauungen, die eine solche Freiheit fast vollständig zu leugnen scheinen – wie etwa die Auffassung des späten Augustinus, der – um der göttlichen Gnade ausschließliche Wirksamkeit sicherzustellen – den Menschen zu einem Sünder macht, der in seinem Schicksal letztlich ganz von Gott abhängt.

## Frühchristliche Vorstellungen vom Teufel

Schon im 2. Jahrhundert ist im christlichen Glaubensbewußtsein ein starkes Interesse vorhanden, die Gestalt und die Rolle des Teufels weiter auszubilden. Ursache ist vor allem die nach wie vor bedrängende Frage nach der Herkunft des Bösen und die Auseinandersetzung mit dualistischen Weltanschauungen.[13] Für Theologen dieser Zeit ist es, entsprechend spätjüdischem und neutestamentlichem Verständnis, zweifelsfrei Satan, der als Versucher hinter dem Sündenfall des ersten Menschen stand.
Das Durchdrungensein der heidnischen Umwelt vom Dämonenglauben ist eine so starke Realität, daß die junge Christenheit nur versuchen kann, sich innerhalb dieser Realität mit Hilfe der Botschaft des Neuen Testaments zu orientieren: Christi Sieg über Satan gilt als dessen Bändigung. Aus jener Frühzeit sind auch schon eigene theologische Schriften über den Teufel nachgewiesen; sogar über die Etymologie des Namens „Satanas" wird nachgedacht (Justin). Allerdings betont schon Origenes, vom Teufel und seinem Anhang behaupte die Kirche nur die Existenz, sie habe jedoch nichts verlautbart über dessen Scinsart und Ursprung. Diese offene Stelle der kirchlichen Lehre gibt natürlich der Phantasie und Spekulation Nahrung.[14] Gute Dienste leistet der Teufels- und Dämonenglaube auch für die Deutung und Abwehr der Götterkulte in anderen Reli-

gionen. Um die Anziehungskraft der sogenannten „Götzenkulte" sowie die Anfälligkeit vieler Getaufter dafür zu erklären, gewinnt in der Spekulation Satan immer mehr an Profil.[15] Johannes Chrysostomos warnt, der Teufel könne „sich in unserem Bruder, in einem treuen Freund, in unserer Frau" oder in sonst einem vertrauten Menschen verbergen, indem er diesen wie eine Maske benutze (Deutung von Markus 8,33). Ähnliches erfährt man z. B. bei Ambrosius. Diese Tendenz zur Konkretisierung des Teufels und seines Wirkens trägt in sich die ständige Gefahr, den Glauben an die Macht Gottes zu schwächen und durch bedenkliche Vereinfachungen gefährliche Ängste zu wecken. Unter dem Einfluß dualistischer Weltanschauungen wird schließlich die stofflich-sinnliche Welt als besondere Wirksphäre Satans gedeutet. Auch über die Art seines Einflusses auf den Menschen macht man sich weitere Gedanken. Weil der Mensch aus der Erde genommen ist, hat der abgefallene Engel, der über die „Untere Region" regiert, besondere Einflußmöglichkeiten (Gregor von Nyssa).[16] „Die menschliche Psyche erscheint als Kampfplatz der Geister."[17]

Tertullian erklärte schon, daß Höllenstrafe und Himmelslohn die Grundpfeiler der christlichen Religion seien. Zu diesem Zeitpunkt tauchte der Ketzerbegriff erstmalig auf.[18] Die Origines zugeschriebene Lehre, Gott werde einmal selbst jenem abgefallenen Engel mit dem Namen Teufel verzeihen, wurde von der Kirche verdammt. Absolute Vergebung war allen anderen rechtgläubigen Kirchenvätern jedoch ein Greuel, da sie die Auffassung vertraten, dem Teufel könne nie verziehen werden und arge Sünder hätten um jeden Preis das ewige Feuer der Hölle verdient.

Im 4. Jahrhundert entflammte der Streit um Erbsünde, Teufel und Hölle erneut. Der Lehrer Pelagius und der Jurist Coelestius[19] wandten sich gegen die Lehre von der Erbsünde mit der Begründung: Diese mache die Menschen, die ja am Sündenfall gar nicht direkt beteiligt gewesen seien, zu bloßen Marionettenfiguren und behindere die freie Entfaltung sittlichen Handelns. Zudem sei die Erbsünde eine äußerst bequeme Selbstentschuldigung für alle diejenigen, die sich den sittlichen Forderungen der christlichen Religion entzögen. Diese Äußerung hatte die Verbannung zur Folge, mit der Begründung: Wenn es keine Erbsünde gibt oder ihre Wirkung auf nachfolgende Generationen zweifelhaft erscheint, dann wird auch die Figur des Teufels unscharf, wenn nicht überflüssig. Und die zentrale christliche Erlösungslehre vom Sterben Christi am Kreuz verliert ihre ausreichende Begründung.

Einen weiteren Streit gab es um das Wesen Gottes. Einer der bedeutendsten Bischöfe jener Zeit, Arius, hatte Schwierigkeiten mit dem Dogma von der Dreieinigkeit Gottes. Nach dieser Lehre stellen Vater, Sohn und Heiliger Geist eine Identität und göttliche Substanz dar. Er wollte aber Christus nicht als wirklichen Gott anerkennen, sondern sah in ihm ein Wesen von hohem Ethos. Arius wurde als Gottesleugner verdammt und zum Vorläufer des Antichrist erklärt. Die christliche Erbauungsliteratur berichtete in späterer Zeit, Arius sei vom Teufel geholt worden, nachdem ihm auf offener Straße plötzlich die Eingeweide herausgequollen seien, und sein Körper für immer in einer Kloake verschwunden sei.

Eine weitere wichtige Person, die nicht zu den Kirchenvätern gehörte, sondern als selbständiger Philosoph und Religionsgründer im dritten Jahrhundert auftrat, war Mani. Seine Anhänger, die Manichäer, stellten sich die Welt dualistisch als eine Gesamtschöpfung von Licht und Finsternis vor. Ihre Lehre war frei von komplizierter Dogmatik. Für Mani war Christus, den er neben Buddha und Zarathustra verehrte, nur der Heilsbote eines Lichtgottes. Mani geriet in Konflikt mit der persischen Priesterkaste, geführt von Kartēr (Kirdēr), wurde unter König Bahram I. (274–277) verhaftet und starb 276 an den Folgen der Haft.

## Augustinus

Augustinus, der Bischof von Hippo, galt als der einflußreichste Kirchendogmatiker. Ursprünglich ein Anhänger des hingerichteten Mani, verlegte er sich nach einer bewegten Jugendzeit auf das theologische Fach und stieg zu einem der mächtigsten und zugleich rigorosesten Bischöfe seiner Zeit empor. Sein Denken hat die Kodifizierung der christlichen Religion und die Dogmatisierung der Erbsünde, der Macht des Teufels und der ewigen Höllenstrafe geprägt. Mit Augustinus begann für das Christentum eine Epoche, in welcher es sich im Grunde mehr vor dem Teufel als vor Gott fürchtete. Er witterte überall den Satan und beschrieb das drastisch in seinem Werk „Über den Gottesstaat": „Der Teufel schleicht sich ein durch alle Sinnesgänge, stellt sich dar in Figuren, paßt sich den Farben an, haftet an den Tönen, liegt verborgen im Zorn und in trügerischer Rede, birgt sich in Gerüchen, dringt ein mit Dünsten und erfüllt mit Übeln alle Zugänge zum Verstand." Augustinus lehnte es als erster Kirchenlehrer konsequent ab, aus menschlichem Mitleid die ewige Gültigkeit der Höllenstrafe anzuzweifeln. Außerdem äußerte er die Meinung, daß Gott seinen Seligen Einblick in die Hölle gewähren würde, damit sie sich an den Qualen der Verfluchten erbauen könnten.[21] Auch andere Kirchenväter wie Tertullian und Cyprian stimmten mit Augustinus darüber überein, daß die himmlische Glückseligkeit durch das Wissen um das Los der Verdammten in der Hölle gesteigert würde. Damit die Höllenpein der Sünder vom Volk auch hautnah nachempfunden werden konnte, behielten diese in der Darstellung ihren Menschenleib. Allmählich verfestigte sich die Vorstellung einer konkret dargestellten christlichen Hölle und damit bei den Kirchenvätern die Auffassung, daß nur die christlich Getauften, sofern sie tapfer den Versuchungen des Teufels widerstanden, in den Himmel kommen. Für die Zeit der Kirchenväter gilt weiter, daß bei der Aufstellung der Sündenregister vor allem die Betätigung des Geschlechtstriebs als vom Teufel stammend gebrandmarkt wurde. Die Keuschheit und Ehelosigkeit der Priester war zwar noch nicht offiziell befohlen, galt aber zumindest nach außen hin als Zeichen besonderer Heiligkeit und Himmelsanwartschaft. Mit dieser sexualfeindlichen Doktrin ging eine Verunglimpfung der Frau einher. Besonders Tertullian betätigte sich auf diesem Gebiet, indem er die Frau als „Einfallspforte des Teufels" bezeichnete: „Du hast zuerst das göttliche Gesetz im Stich gelassen. Du bist es auch, die denjenigen betört hat, dem der Teufel nicht zu nahen vermochte. So leicht hast Du den Mann, das Ebenbild Gottes, zu Boden geworfen. Wegen Deiner Schuld mußte auch der Sohn Gottes sterben, und da kommt es dir noch in den Sinn, über deinem Rock Schmuckstücke anzulegen?"

## Die Gestalt des Teufels

Nachdem der Teufel zum Sündenverführer gemacht worden war, mußten auch sein Wesen, seine Gestalt und seine Macht plausibel und faßbar dargestellt werden. Viele Kirchenväter rätselten deshalb, wie er wohl aussehen möge. Sicher war, daß er in vielen Gestalten auftreten konnte. Sie beließen es aber vorläufig dabei, ihm einen feinstofflichen Körper anzudichten, was ihn dazu befähigen würde, dem Gesetz der Erdenschwere zum Trotz allgegenwärtig zu sein, denn so konnte er die Menschen leichter verführen. Die theologie- und dogmengeschichtlichen Tendenzen zusammengefaßt, erkennt man, daß schon in der Zeit der Patristik der ideologische und religi- öse Grundstein zu den sogenannten Glaubensprozessen gegen Ket- zer und Hexen gelegt wurde, die fast ein Jahrtausend später einsetz- ten.

---

1 Schriftsteller der nachapostolischen Zeit, die zur christlichen Kirche des 1. und 2. Jahr- hunderts gehörten. Die Schriften wurden zwar nicht in die Bibel aufgenommen, können jedoch als Fortsetzung der urchristlichen Schriften betrachtet werden und gelten als wert- volle Quelle für die Anfänge der Kirchengeschichte.

2 Papst Paul VI. ernannte 1970 zum ersten Mal Frauen zu Kirchenlehrerinnen: Katharina von Siena und Theresa von Ávila.

3 *August.* C. Julian, 2, 10, 35.

4 *Petersdorff, Egon v.*, Dämonologie, Band I, Dämonen im Weltenplan, 2. Auflage, Aschaf- fenburg 1982.

5 *Petersdorff* (Anm. 4), S. 78.

6 *Petersdorff* (Anm. 4), S. 80.

7 *Häring, Hermann,* Die Macht des Bösen. Das Erbe Augustins, Zürich/Köln 1979.

8 *Häring* (Anm. 7), S. 106

9 *Häring* (Anm. 7).

10 *Häring* (Anm. 7), S. 111.

11 *Bumiller, Dieter*, Augustinus: Skizze eines neuen Christentums aus Elementen seiner Philosophie, Stuttgart 1977, S. 22.

12 *Häring* (Anm. 7), S. 119.

13 *Fischer, Klaus P. / Schiedermair, Hartmut,* Die Sache mit dem Teufel. Teufelsglaube und Besessenheit zwischen Wahn und Wirklichkeit, Frankfurt am Main 1980.

14 *Fischer/Schiedermair* (Anm. 13), S. 165.

15 *Fischer/Schiedermair* (Anm. 13), S. 166.

16 *Fischer/Schiedermair* (Anm. 13), S. 167.

17 *Stockmeier, Peter,* Glaube und Kultur, Studien zur Begegnung von Christentum und An- tike, Düsseldorf 1983, S. 169.

18 *Maslowski, Peter,* Teufel, Christen, Exorzisten; Das theologische Untier – Der soge- nannte Teufel und seine Geschichte im Christentum, Berlin 1978, S. 25 ff.

19 *Maslowski* (Anm. 18), S. 25.

20 *Maslowski* (Anm. 18), S. 25 ff.

21 *Maslowski* (Anm. 18), S. 27.

# Entstehung und Entwicklung der kirchlichen Gerichtsbarkeit

von *Marco Schrank*

Die Kirche ist nach dem Willen ihres göttlichen Stifters das unter apostolischer Leitung stehende Volk Gottes, das ihn in Wahrheit anerkennen und ihm in Heiligkeit dienen soll. Diese Heilsgemeinschaft hat Christus mit seinem Geist erfüllt und mit geeigneten Mitteln sichtbarer und gesellschaftlicher Einheit ausgerüstet (Zweites Vatikanisches Konzil, Lumen Gentium, Art. 9). Zu diesen Mitteln gehört das gesamte Recht der Kirche, näherhin auch die Vollmacht, dort Strafen zu verhängen, wo das Verhalten einzelner Gläubiger den Heilsauftrag der Kirche gefährdet oder die kirchliche Ordnung erheblich stört.[1]

1. Der Begriff der „communio" ist zunächst entscheidend zum Verständnis der alten Kirche. Er steht für eine Glaubensgemeinschaft, aber auch für die mystische und rechtliche Verbindung der Kirche und ihrer Glieder. Der Begriff der „excommunicatio" leitet sich daraus ab. Bei schweren Verfehlungen erfolgte der Ausschluß des Schuldigen aus der ganzen Gemeinde; dies bedeutete den Bruch der Gemeinschaft mit dem Sünder. Auch wer durch eine geheime Sünde aus der Gnade herausfiel, war damit von der Eucharistie ausgeschlossen. Diese Folge war automatisch mit der Sünde ohne Einschreiten einer Kirchenbehörde gegeben (sakramentale Exkommunikation). Wurde der Ausschluß dann der Kirche bekannt, machte sie die Trennung des Sünders von Gott und der Kirche sichtbar, indem sie den Sünder in den Büßerstand versetzte (Bußexkommunikation).[2] Die Wiederaufnahme war durch aufrichtige Reue und Buße möglich.

Seit dem 2. Jahrhundert herrschte eine strengere Ansicht vor, indem der rückfällige Sünder keine Wiederzulassung erfuhr, ebenso verhielt es sich bei Ausschließung wegen Idololatrie, Unzucht und Mord. Durch öffentliche Kirchenbuße, das heißt durch die öffentliche Anerkennung und Abbitte des begangenen Unrechts und öffentliche Demütigungen und Kasteiungen, konnte die Wiederzulassung erlangt werden.

Schon im 3. Jahrhundert kamen, abgesehen von der Ausschließung, als Strafen für Geistliche die Absetzung und die Entziehung des monatlichen Anteils an den Kircheneinkünften vor. Die Deposition war die schärfste Klerikerstrafe. Sie entzog alle Vollmachten aus Weihe und Amt sowie alle mit dem Amt verbundenen Vermögensrechte.[3]

2. Um die Mitte des 3. Jahrhunderts war die eine heilige apostolische Bischofskirche im wesentlichen vollendet. Erst jetzt erkannten die römischen Regenten die katholische Kirche als solche und deren Tragweite. Sie standen vor der Wahl, das Christentum mit einer großen Kraftanstrengung auszurotten oder vor ihr zu kapitulieren. Die Kaiser Decius und Valerian entschieden sich gegen das Christentum und wurden die ersten eigentlichen Christenverfolger.[4] So begann der große und offizielle Kampf des Staates mit dem Christentum, umfassende und zielstrebige Verfolgungen brachen nun aus.

Was die Gerichtsbarkeit und die Strafe für Verfehlungen betrifft, beschränkt sich die Ausschließung nicht bloß auf die Gemeinde, sondern erstreckt sich auf die ganze Kirche. Bischof, Klerus und Gemeinde üben die Strafgewalt aus, wobei der Bischof in der Stellung eines von Gott berufenen Organs, welches an Christi Statt handelt, erscheint.

3. Von Duldung oder Verfolgung wandte sich das Schicksal der Christen im Römischen Reich unter Kaiser Konstantin zu Begünstigung und Förderung, bald zur Einbeziehung in die Herrschaft über die römische Welt. Konstantin erkannte das Christentum im Jahre 313 an. Zeitgenossen nannten ihn den großen Christenkaiser.[5] Die Kirche wurde nun als Reichskirche dem Imperium dienstbar gemacht, indem sie in den Staatsorganismus eingegliedert und ein Teil von ihm wurde. Sie wurde nun lediglich vom Standpunkt des Staatsinteresses aus betrachtet. Das ius sacrum (religiöses Recht) wurde Teil des ius publicum (öffentliches Recht). Da dem Kaiser die oberste Gewalt im Staat und über das ius publicum zukam, mußte sich die Kirche gefallen lassen, daß der Kaiser auch für sie zum Träger höchster Machtvollkommenheit wurde: Der Kaiser hat das Gesetzgebungsrecht über die Kirche. Damit kommt ihm die entscheidende Stellung in der weiteren Entwicklung des kirchlichen Glaubens und des kirchlichen Rechts zu. Der rechtlich ausschlaggebende Wille, auch für die Kirche, ist der Wille des Kaisers. Was der Kaiser will,

das soll als Kanon gelten. Dieser Ausspruch des Kaisers Konstantin auf der Synode von Mailand von 355 ist der klassische Ausdruck für das römische Staatskirchentum.

Das Christentum wurde mit Theodosius dem Großen (379–395) von der bevorrechteten zur alleinberechtigten Religion. Sie war jetzt Staatsreligion, so daß andererseits das Kaisertum den kirchlichen Anschauungen bei der Leitung der staatlichen Angelegenheiten folgte.

4. Infolge der Anerkennung der christlichen Kirche im Römischen Reich und der nunmehr beginnenden synodalen Tätigkeit trat eine nähere Ausbildung des kirchlichen Strafmittelsystems ein. Laien konnten aus der Kirchengemeinschaft für immer oder bis zur Todesstunde ausgeschlossen werden; häufiger war die Ausschließung ohne zeitliche Beschränkung. Daneben standen die Suspension von den kirchlichen Mitgliedschaftsrechten (Betreten der Kirche, Teilnahme am Gottesdienst, am Abendmahl und Darbringung von Oblationen beim Abendmahl) sowie die bloße Ausschließung vom Abendmahl.

Geistliche konnten abgesetzt (Ausschließung vom Kirchendienst für die Zukunft) oder nur des Amtes entsetzt (Belassen des Amtstitels und der klerikalen Ehrenrechte) werden. Weitere Sanktionen gegen Geistliche waren die Zurückversetzung auf eine niedere Weihestufe, die Entziehung der Anciennität innerhalb des Ordo, die definitive Entziehung einzelner Amtsrechte, die Unfähigkeit zur Erlangung einer höheren kirchlichen Stelle sowie die totale Suspension von der Ausübung der Amtsrechte (zugleich in Verbindung mit der Suspension von den den Laien zustehenden kirchlichen Mitgliedschaftsrechten) und von jeder Amtsgemeinschaft mit den übrigen Klerikern auf Zeit, vereinzelt die Entziehung des Amtseinkommens für bestimmte Zeit; seit dem 5. Jahrhundert die körperliche Züchtigung[6] für jüngere Kleriker und Kleriker der niederen Weihen. Schließlich konnte gegen Geistliche wie gegen Laien die Ausschließung aus Kirchengemeinschaft (Absetzung und Entziehung des Klerikerstandes) verhängt werden.

Zunächst gab es aber noch keine Tatbestände für Strafvergehen.[7] Kirchliche Strafen wurden für solche Handlungen von der Gemeinde und dann vom Bischof bemessen. Sie wurden für die Verletzung der auf Gott zurückführenden religiös-sittlichem Gebote verhängt. Diese wurden aber somit auch zugleich zu äußeren, rechtlichen Normen, die das Gemeindeleben regelten.

Seit dem 4. Jahrhundert: Die Strafen waren grundsätzlich Urteilsstrafen, d. h. die Strafverhängung setzte ein Verfahren voraus. Die Kirche rezipierte im 4. Jahrhundert teilweise den römischen Anklageprozeß. Danach war der Kläger verpflichtet, die dem Angeklagten zur Last gelegte Straftat zu beweisen. Mißlang der Beweis, so traf den Kläger spiegelbildlich die auf die Straftat gesetzte Strafe (poena talionis).[8] Tatbestände wurden nun durch Synoden normiert. Die Erscheinungsformen der drei schweren Sünden waren Glaubensabfall, Unzucht und Tötung. Mit milderer Strafe bedrohte Vergehen waren z.B. gewisse Berührungen mit dem Heidentum und die Verletzung kirchlicher Verpflichtungen (z.B. Vernachlässigung des Kirchenbesuches). Des weiteren erfolgte eine nähere Ausbildung des Disziplinarstrafrechts für Kleriker.

Nun wurde auch unterschieden: Strafe (poena vindicativa) als Übel, welches dem Schuldigen aufgrund des Bruchs der kirchlichen Rechtsordnung zugefügt wird; Strafe, welche Besserung bezweckt und deshalb das Übel wieder aufhebt (poena medicinalis oder censura).

5. Ausgeübt wurde die Straf- und Disziplinarstrafgewalt über Laien und Kleriker durch den Bischof,[9] welcher vor Urteilsspruch die Priester und Diakone als Beirat zuzog. Die zweite Instanz über dem Bischof war die Metropolitan- oder Provinzialsynode.[10] Für die Bischöfe war nach den Kanones diese letztere das zuständige Gericht erster Instanz. Da aber auch der römische Kaiser als oberster Wahrer der Rechtsordnung der Kirche in Anklagesachen der Bischöfe angegangen werden konnte und angegangen wurde, und dieser die Untersuchung und Entscheidung an die von ihm einberufenen Synoden überwies, so haben auch wiederholt allgemeine Konzilien oder wenigstens größere Synoden als die Provinzialkonzilien als Strafgerichte über Bischöfe fungiert.

Bischöfe und Synoden konnten ihre disziplinarischen Aufgaben in größerem Umfang unter staatlichem Rechtsschutz ausüben.[11] Ihre Rechtsprechung (episcopalis audientia) wurde auch in weltlichen Angelegenheiten anerkannt (Codex Justiniani I, 4),[12] dies vor allem aufgrund einer umfassenden staatlichen Gesetzgebung der römischen Kaiser in kirchlichen Angelegenheiten, die im Codex Theodosianus[13] (Rechtssammlung des oströmischen Kaisers Theodosius II., 408–450, aus dem Jahre 438) und später im Kodex Justinians (534) und seinen „Novellen"[14] enthalten ist.[15] Der Schwerpunkt des gesetzlichen Rechtes lag in dieser Periode auf den weltlichen Rechtsquellen. Doch das weltliche Recht betraf in erster Linie die Kirche und bekundet das zwischen beiden Gewalten in Gang gekommene Zusammenwirken.[16] Die Anschauung Justinians und seiner Zeitgenossen war, daß Staat und Kirche untrennbar verbunden waren.[17] So hat die römische Kaisergesetzgebung die Stellung des Papstes gesetzlich festgestellt. Die Kompetenzen der übrigen kirchlichen Organe in kirchlichem Straf- und Disziplinarstrafvergehen wurden ebenso anerkannt. Vor allem wurde die Abweichung von der Glaubenslehre der Kirche zu einem Verbrechen gemacht. Selbst auf Disziplinarvergehen der Kleriker wurden weltliche Strafen gesetzt.

6. Zwei Stichworte werden in der Literatur besonders betont: Imperium und Sacerdotium, Kaisertum und Priestermacht. Auf diese könne man die Geschichte der alten Welt zurückführen.[18] Doch danach folgte ein Schnitt in der Geschichte, zu sehen im Auftreten neuer Kräfte, die das Leben äußerlich und innerlich umgestalteten. Völkerwanderungen, Einbruch der Germanenstämme und Untergang des Römischen Reiches, ein verändertes Weltbild – das Mittelalter sollte nun beginnen. Aber die Religion der von den eingebrochenen Völkern geschlagenen Römer siegte nun ihrerseits. Eine neue Völkerwelt bildete sich aus. Diese germanisch-romanische Völkerfamilie wird zur einen katholischen Christenheit.

7. Seit merowingischer Zeit gilt die Exkommunikation als Entziehung aller aktiven kirchlichen Mitgliedschaftsrechte, welche den Gebannten nicht vollkommen aus der Kirche losscheidet, sondern ihm alle Pflichten gegen die letztere beläßt. So blieb die Exkommunikation die schwerste kirchliche Strafe gegen Kleriker und Laien.[19]
Weitere Strafen zusätzlich zu den früheren sind: Prügelstrafe für Sklaven und Personen geringeren Standes, im Westgotenreich auch für Freie, Verweisung in ein Kloster, im Westgotenreich die Verbannung; die Dekalvation (Ausreißen des Haares mit der Kopfhaut), die Vermögenskonfiskation; Geldbußen; der Verlust der weltlichen Ämter und die Verknechtung.

Strafen gegen Geistliche: Prügelstrafe auch gegen Geistliche höherer Weihen kommt vor; Verweisung in ein Kloster, im Westgotenreich auch die Infamie; Vermögenskonfiskation und Verbannung. Schließlich wird auch die Buße als Zwangsbuße neben anderen Strafen gegen Laien, v. a. aber gegen Geistliche verhängt.

Von einem einheitlichen Verhalten der Kirche bei den gegen ihren Besitz begangenen Gewalttaten der Laien kann für die Merowingerzeit keine Rede sein. Schritt sie bei Kirchenraub ein, so entsprach sie damit ihrer Gesetzgebung.[20]

Die Gerichtsbarkeit übt der Bischof und die Provinzialsynode aus. Gegen Bischöfe ist die Provinzial- oder Reichssynode zuständig. Für eine Betätigung der oberstrichterlichen Gewalt bleibt so gut wie kein Raum, da die fränkische und westgotische Kirche sehr geschlossen ist.

Im Frankenreich wurde bei Straftaten, die mit öffentlicher Strafe (Todesstrafe oder Exil) bedroht waren, der beschuldigte Bischof vom König, sei es nach Einleitung einer Voruntersuchung oder auch ohne eine solche, zur disziplinarischen Bestrafung einer von ihm einberufenem Provinzial- oder Reichssynode überwiesen. Erkannte diese dann auf Absetzung, so konnte nun der König unter Hinzuziehung der Reichsgroßen oder des Reichstages wegen des weltlichen Verbrechens auf Todesstrafe oder Exil und Vermögenskonfiskation erkennen.

Hinsichtlich der übrigen Kleriker beanspruchte die Kirche schon im 6. Jahrhundert eine Abänderung des auch im Frankenreich geltenden römischen Rechts. Das weltliche Gericht sollte zunächst nicht eingreifen, bis der Bischof Kenntnis von der Anklage erlangt hatte. Diesem war es dann möglich, zuerst im Wege einer kirchlichen Disziplinaruntersuchung gegen den Beschuldigten vorzugehen.

8. Zu Beginn des 7. Jahrhunderts war der Sieg der katholischen Kirche römischer Form im Abendland vollkommen. Nun beginnt die Ausbildung des Staatskirchentums, welche sich zum Teil schon in der merowingischen Zeit angedeutet hatte. Mächtiger als noch im römischen Reich stand die katholische Kirche dem fränkischen Reich gegenüber. Seit dem Untergang des weströmischen Reiches und der Entstehung der Germanenreiche hatte die Kirche, vor allem der Papst, eine außerordentliche, über die einzelnen Reiche hinausgehende Stellung erlangt. Im Abendland wurde der Papst als der er-

ste Bischof der Christenheit verehrt. Die Kirche selbst war in die germanischen Staaten mit ihrer festen Organisation eingetreten und hatte im wesentlichen ihr Recht behalten. Das karolingische Staatskirchentum hatte eine enge Verbindung von geistlichen und weltlichen Angelegenheiten mit sich gebracht.[21]

Die Päpste hatten für einzelne Länder Primatialrechte, so das Recht der obersten Gesetzgebung, der oberstrichterlichen Gewalt, der Entscheidung wichtiger Verwaltungssachen sowie der Bestellung von Vikarien oder Stellvertretern ausgeübt. Der Papst war nun der institutionelle Mittelpunkt der katholischen Kirche. Mit der Erlangung der obersten Gewalt im Frankenreich wollten die Karolinger aber an der obersten Gesetzgebung auch in kirchlichen Dingen festhalten. Karl der Große hält an der obersten Gewalt des staatlichen Herrschers über die Kirche, als Hauptmerkmal des Staatskirchentums, trotz der Förderung derselben fest. Signifikant ist in dieser Phase vor allem, daß sich, noch weiter gehend als im Römischen Reich, das Staatliche mit dem Kirchlichen vermischt. Die kirchlichen, auf der Gesetzgebungsgewalt des Königs beruhenden Gesetze hatten allerdings nach dem Staatsrecht der fränkischen Monarchie nicht ohne weiteres die Kraft eines die weltlichen Gerichte verpflichtenden Volksrechtes und konnten nicht wie im Römischen Reich den weltlichen Gesetzen gleichgestellt werden.

Aber schon in der letzten Hälfte des 9. Jahrhunderts verschob sich dieser Schwerpunkt zugunsten des Papsttums. Dieses vertritt nun nach dem Verfall des Kaisertums die Ideen des christlichen Universalreiches und gelangt zum Recht der obersten Gesetzgebung in kirchlichen Angelegenheiten, sowie zum alleinigen Recht der Berufung von Reichssynoden und der Betätigung ihrer Beschlüsse.

9. Vom 9. bis zum 16. Jahrhundert erhält das kirchliche Strafsystem seine weitere Aus- und Durchbildung.[22] Die Kirche vertrat im Mittelalter den Standpunkt, daß sie auch berechtigt sei, Strafen rein weltlichen Charakters zu verhängen.[23] Zu den früheren kirchlichen Strafen traten hinzu: das Lokal-Interdikt, welches einzelne Kirchen oder ein Gebiet umfassen kann und ein Aufhören des Gottesdienstes, Versagen der Sakramente und des Begräbnisses bedeutete; die Unfähigkeit zum Erwerb kirchlicher Ämter, die Suspension von einzelnen kirchlichen Rechten und der Verlust solcher Rechte und die indignato oder die Entziehung der Gnade des Papstes.

Seit dem 11. Jahrhundert wird die kirchliche Strafgesetzgebung der Päpste hauptsächlich durch das hierarchische Interesse der Kirche bestimmt, d. h. es werden vorwiegend solche Handlungen, die die Interessen der Kirche, ihre Machtstellung und ihre Ansprüche auf Herrschaft über die weltliche Gewalt verletzen, zu kirchlichen Vergehen gestempelt. Des weiteren werden diese Vergehen nicht nur eingehend behandelt, sondern sie werden mit schweren Strafen bedroht, z.B. Ketzerei, Nichtdurchführung der kirchlichen Ketzergesetze durch die Fürsten, die Verfügung der Laien über kirchliche Güter, die Belastung der Geistlichen mit Abgaben und die Laieninvestitur.

Weiter waren andere gemeine Verbrechen schon mit Strafe bedroht durch die ältere kirchliche Gesetzgebung, welche größtenteils Aufnahme in die kirchlichen Rechtssammlungen gefunden hatte, vor allem in das Dekretum Gratians („Concordantia discordantium canonum" um 1140, eine Textsammlung, deren Ziel es war, offensichtliche Widersprüche in den kirchlichen Rechtstexten auszugleichen[24]). Und durch die Erhebung des Gottesfriedens zu einer allgemeinen Einrichtung wurden verschiedene Gewalttätigkeits- und Eigentumsverbrechen mit Strafe bedroht. Durch diese Errichtung des Gottesfriedens übernahm die Kirche die öffentliche Friedenswahrung.

Der Kirche kommt das wesentliche Verdienst zu, gegenüber den germanischen Rechtsanschauungen den öffentlich-rechtlichen Charakter des Vergehens und der Strafe zur Geltung gebracht zu haben. Im Übrigen trat sie schweren Gewalttaten und der Roheit der Sitten entgegen. Zielbewußt war das Vorgehen der Päpste allerdings nur bedingt und zwar insoweit, als es sich um hierarchische, die kirchliche Machtstellung betreffende Interessen handelte. Die kirchliche Strafgesetzgebung charakterisiert sich als eine reine Gelegenheitsgesetzgebung, welche nur aus gegebenen Anlässen einschreitet. Anspruch auf Vollständigkeit und Systematik hat nicht bestanden, und so findet man in den Rechtssammlungen auch keinen besonderen strafrechtlichen Teil.

10. Welches waren die Organe für die Ausübung der kirchlichen Straf- und Disziplinarstrafgewalt?[25] Zunächst wäre da der Papst, der schon seit dem 12. Jahrhundert eine mit allen anderen kirchlichen Organen konkurrierende, also auch erstinstanzliche, nicht bloß oberste Jurisdiktion erlangt. Doch hat das Konzil von Trient be-

stimmt, daß alle Streitsachen erster Instanz in der Regel vor den Ordinarien, den Bischöfen verhandelt werden sollen. Ihre praktische Bedeutung hat die erstinstanzliche Jurisdiktion des Papstes bzgl. der Kardinäle und Erzbischöfe, deren unmittelbarer Vorgesetzter er ist; außerdem bzgl. der Bischöfe, welche nach dem Tridentinum (Konzil von Trient), das lediglich das mit dem Ende des 11. Jahrhunderts festgestellte mittelalterliche Recht bestätigt hat, in allen schweren Straf- und Disziplinarvergehen der ausschließlichen Kompetenz des Papstes unterstehen. Für leichtere Vergehen ist die Provinzialsynode zuständig. In Deutschland stand sie aber nicht in praktischer Übung, so daß er auch hier die Rolle des Richters übernahm.

Die regierenden Fürsten, selbst Kaiser und Könige, sind nie kirchengesetzlich dem Papst ausschließlich unterstellt worden, jedoch sollen die Bischöfe von ihrer Strafgewalt gegen sie nicht ohne vorherige Verständigung mit dem Papst Gebrauch machen.

Die Appellationsinstanz in Straf- und Disziplinarsachen über den erstinstanzlichen, insbesondere den bischöflichen Gerichten, bildeten die Erzbischöfe. Ihnen kam keine erstinstanzliche Gerichtsbarkeit in den Bistümern ihrer Suffraganbischöfe und über deren Untergebene zu. Für die Erzdiözesen sind bei ihren Kurien entweder besondere zweitinstanzliche Abteilungen gebildet worden, oder päpstlicherseits werden Erzbischöfe oder Bischöfe zu Appellationsrichtern für die Sachen aus der Erzdiözese bestellt.

11. Die Kirche hat von Anfang an beansprucht, jede Verletzung ihrer Ordnungen, also alle kirchlichen Verbrechen oder Disziplinarvergehen der Laien und Geistlichen, unabhängig davon, ob die kirchliche Straftat auch den Charakter eines weltlichen Vergehens trägt, selbst zu bestrafen.[26] Ein Zusammenstoß mit der weltlichen Strafgewalt war dann nicht gegeben, wenn die Kirche bloß kirchliche Strafmittel anwandte, d. h. solche, welche allein die kirchliche Rechtsstellung und die kirchlichen Mitgliedschaftsrechte berührten. Dies war nicht nur im Römischen Reich der Fall, sondern auch noch im merowingischen und karolingischen, und hier um so mehr, als das germanische Strafrecht nur wenige öffentliche, d.h. mit öffentlicher Strafe bedrohte Vergehen kannte. Gerade deswegen konnte die Kirche bis zum 12. Jahrhundert mit der Ausübung ihrer Strafgerichtsbarkeit eine Lücke ausfüllen, insofern sie eine Reihe schwerer Verbrechen wie Tötung, Raub, Diebstahl, Fleischesverbrechen, wel-

che nach dem weltlichen Recht nicht mit öffentlicher Strafe belegt waren, selbst richtete; in Deutschland durch die Sendgerichte, in Frankreich durch die Gottesfriedensbrüche aburteilenden Gerichte.[27]

Der Send war das bischöfliche Rüge- und Sittengericht,[28] das diesem das Einschreiten gegen alle Verfehlungen wider die kirchlichen Sittengebote ermöglichen sollte. Sein Ursprung liegt im 4. Jahrhundert in den bischöflichen Kirchenvisitationen.[29] Seit dem 9. Jahrhundert wurden bei Verstößen gegen das göttliche und kirchliche Recht kirchliche Strafen verhängt.[30] Diese sich zunächst auf Geistliche und Laien erstreckende Gerichtsbarkeit beschränkte sich bald auf die Laien. Im Interesse der Würde und des Ansehens des geistlichen Standes wurden die Geistlichen von der Sendgerichtsbarkeit ausgenommen.[31] In den Städten erlangte die Bürgerschaft Einfluß auf die Besetzung der Sendschöffenstellen und damit auf das Sendgericht als solches. Aufgrund der Konkurrenz mit bürgerlichen Gerichten, der Abneigung gegen die gerichtliche Behandlung kirchlicher Verfehlungen und der Tatsache, daß die Bußen zum Teil dem Sendherrn und den Sendschöffen zufielen und das Gericht als Erwerbsquelle erschien, demnach Städte und auch Landesherrn der Institution abgeneigt waren, verlor das Sendgericht an Bedeutung und Kompetenz. In der Reformationszeit zählte man die ganze Institution zu den kirchlichen Mißbräuchen.

Gerade seit der karolingischen Zeit hatte die Kirche weltliche Strafen aufgenommen, aber seit dem 12. Jahrhundert wurde endlich das weltliche Strafrecht entwickelt, öffentliche Strafen häuften sich. Daraus resultierten Doppelbestrafungen. Ein weiteres Problem war, daß die weltlichen Gerichtsherren sich gegen diese kirchlichen Ansprüche wehrten; zudem muß man bedenken, daß ihnen eben auch Gerichtseinnahmen entgingen. Innozenz III. und Bonifatius VIII. verschoben die Grenzen der kirchlichen Zuständigkeit weit in das weltliche Recht, indem sie das kirchliche eben für das entscheidende Recht hielten. Am 31. Oktober 1203 hatte Innozenz III. an König Philipp August von Frankreich geschrieben, Gott selbst habe die Gerichtsgewalt der Kirche so weit ausgedehnt, daß sie sich nicht mehr erweitern lasse, weil zur Fülle nichts mehr hinzukommen kann.[32]

Praktisch entwickelte sich unter diesen Umständen ein verschiedener Rechtszustand, bei dem aber überwiegend die frühere Kompetenz der Kirche immer mehr eingeschränkt wurde. Zwar wurde überall die ausschließliche kirchliche Zuständigkeit für die Aburteilung der Verbrechen gegen den Glauben: der Ketzerei, der Apostasie und des Schismas anerkannt, dagegen nur teilweise für Zauber, für Wucher, für Ehebruch, für Meineid und Kirchenraub. Mitunter erkennt das geistliche Gericht bloß auf eine rein kirchliche, das weltliche auf die weltliche Strafe. Auch kommt eine Konkurrenz beider Gerichte bei der Blasphemie vor. Die Kirche bestraft die leichteren, das weltliche Gericht die schwereren Fälle. Für einzelne Fälle und Rechtsgebiete läßt sich die nähere Konkurrenz aber nicht feststellen. Diese Konkurrenz erledigte sich aber dort, wo der weltliche Richter die Todesstrafe aussprechen mußte, denn diese wurde durch die Kirche nicht vollzogen.

12. Seit dem 4. Jahrhundert übernahm die Kirche für die Anklage den weltlichen römischen Anklageprozeß mit der vom Ankläger zu unterschreibenden Anklageschrift, mit der Beweispflicht der Anklage und der Strafe der Talion (Vergeltung durch das gleiche Übel), an deren Stelle vielfach auch die Exkommunikation trat, bei dem die Anklage nicht verfolgenden oder beweisfälligen Ankläger.[33] Unter Einfluß germanischer Anschauungen wird ferner von der Kirche für Geistliche, gegen die bestimmte Verdachtsmomente sprachen, aber keine Überführung durch Untersuchung stattfand, der germanische Reinigungseid übernommen, als Pflicht, sich von dem gegebenen Verdacht zu reinigen.

In der karolingischen Zeit ging man in der fränkischen Kirche insofern weiter, als man auch gegen Geistliche von dem germanischen Anklageprozeß Gebrauch machte, bei welchem der Angeklagte das Recht hatte sich von der Anklage durch seinen Eid zu reinigen und auch die Zuziehung von Eidhelfern verlangen konnte. War der Eid mit Eidhelfern geschworen, so galt die Anklage oder der Verdacht als widerlegt, im umgekehrten Fall aber der Beweis der Schuld als erbracht. Das römisch-rechtliche Verfahren wurde aber nicht ganz fallengelassen. Der Ankläger sollte nach diesem den Beweis der Anklage führen, und wurde dieser erbracht, erfolgte die Verurteilung des Angeklagten und zwar ohne einen Reinigungseid. Andererseits aber, wenn der Ankläger den Beweis nicht voll geführt oder gar nicht übernommen hat, war der Angeklagte sowohl berechtigt wie auch verpflichtet, den Reinigungseid mit Eidhelfern zu beschwören.

13. Es gab eine gleichmäßige Regelung insoweit, als derjenige, der einen Geistlichen bezichtigte und ihn so infam machte, einen Reinigungseid zu leisten hatte. Objektiv ließ sich allerdings die Beschuldigung dieser vorgeworfenen Handlung nur schwerlich der Wahrheit zuführen. Innozenz III. (1198–1216) reformierte das Verfahren von Amts wegen aus diesem Grund und weil eine straffere Aufsicht und Disziplin über die Geistlichkeit notwendig erschien, notwendig aus dem Grund, daß sich Ketzereien zunehmend verbreiteten. Die Mißstände und Mißbräuche im Klerus boten den ketzerischen Sekten Anlaß zu Angriffen gegen das katholische Kirchenwesen. Im kanonischen Recht war es ausgeschlossen, daß ein Laie eine förmliche Anklage gegen einen Geistlichen oder ein niederer Geistlicher gegen einen höherstehenden Geistlichen anstrengt. Insofern konnten bestimmte Geistliche mit dem Mittel des Akkusationsprozesses nicht belangt werden. Innozenz III. und die Beschlüsse des 4. Laterankonzils von 1215, welches zur glanzvollsten Kirchenversammlung des mittelalterlichen Abendlandes wurde,[34] festigte nun die Ketzerabwehr, indem auf älterer Grundlage das Inquisitionsverfahren[35] zentralisiert und systematisch ausgebaut wurde.[36] So entstand das Strafverfahren der inquisitio.

Das Inquisitionsverfahren gliederte sich in ein Vorverfahren (inquisitio generalis oder praeparatoria), d.h. die allgemeine durch Anzeige (denuntiatio) oder Gerücht (publica fama) veranlaßte amtliche Ermittlung von Straftaten und -tätern, und in die Beweiserhebung gegen einen bestimmten Täter wegen einer bestimmten Straftat (inquisitio specialis). Die Folge war, daß der Akkusationsprozeß in den Hintergrund trat und im 17. Jahrhundert aus der Praxis verschwand.[37]


14. Was bedeutete die geschilderte Entwicklung für Inquisitions- und Hexenprozesse? Abweichende Auffassungen bekämpfte die Kirche zwar schon immer, doch erst im späten Mittelalter kam es durch die Einrichtung der Inquisition im 13. Jahrhundert zu einer systematischen Verfolgung der Häresie. Gerade die Häresie, also die hartnäckige Leugnung der Wahrheit, die nach göttlichem und katholischem Glauben anzunehmen ist, oder der hartnäckige Zweifel an einer derartigen Glaubenswahrheit[38] oder, wie es das Dekretum Gratians beschreibt, hartnäckiges Festhalten an einer falschen Glaubenslehre bzw. irrigen Schriftauslegungen mit Sektenbildung, galt

als gemeinschädlich.[39] Sie wurde als abweichende Einstellung von kirchlicher und weltlicher Seite bekämpft.

„Inquisitionen" als Untersuchungen auf Ketzereien hin waren schon früh bekannt: 1184 hatte Papst Lucius III. alte Gesetze gegen die Ketzerei erneuert und die Ermächtigung zu örtlichen Untersuchungen unter bischöflicher Aufsicht gegeben.[40] Dieses Jahr kann man als Wendepunkt in der Geschichte der Kirche bezeichnen, denn der Begriff der Ketzerei und das Strafverfahren der Kirche gegen diese änderten sich.

Bezüglich der Ketzerei hatte man bisher den Standpunkt vertreten, von dem einst die römischen Kaiser in ihrer Strafgesetzgebung gegen Ketzerei ausgegangen waren; man hatte zwischen den Irrlehren unterschieden und nur Ketzereien von größerer Bedeutung bestraft. Jetzt aber wurde der Gedanke zur Geltung gebracht, daß jeder Glaubenssatz auf der Autorität der Kirche, genauer: dem Papsttum, beruhe. Auch die geringste Abweichung von der Kirchenlehre ist eine Verleugnung der Autorität des Papsttums. Diese Verleugnung war die eigentliche Ketzerei und, gleichgültig, in welcher Form sie auch auftrat, immer strafbar.[41] Durch das Aufkommen der Gruppen, die sich nicht mehr in die sakramentale Gemeinschaft der Kirche einfügten, sah sie sich nicht nur in ihrer Autorität, sondern vielmehr in ihrer ganzen Existenz bedroht.[42] 1199 erweiterte Innozenz III. die Gesetzgebung gegen Ketzerei; und im frühen 13. Jahrhundert wurden dann auf verschiedenen Konzilien (dem erwähnten 4. Laterankonzil 1215, Narbonne 1227, Toulouse 1229) die weltlichen Herrscher zu energischem Eingreifen aufgerufen. Ketzergesetze (Bedrohung mit Reichsacht und Feuertod) wurden in den 20er Jahren des 13. Jahrhunderts von Kaiser Friedrich II. und von den französischen Königen erlassen.[43]

15. Gregor IX. veröffentlichte im Februar 1231 die endgültige „Constitutio Excommunicamus".[44] In Anwendung der Gesetze von Innozenz III. nahm er unter Ausschluß der Bischöfe die Ketzerverfolgung selbst in die Hand und organisierte eine systematische kirchliche Inquisition. Es wurde eine Anzahl örtlicher Inquisitoren bestellt, die mit päpstlicher Vollmacht, aber auch unterstützt von den Gesetzen ihres jeweiligen Wirkungsbereiches tätig wurden. Diese Inquisitoren waren zumeist Dominikaner-, dann später auch Franziskanermönche. Bald übernahmen diese auch die Rechtssprechung.[45]

Das neue Verfahren wies die Besonderheiten auf, daß die Namen des Anklägers und der Zeugen verschwiegen werden mußten, und daß auch Infame und sonst Zeugnisunfähige als Zeugen zugelassen wurden. Noch im 12. Jahrhundert galt im kanonischen Recht der Grundsatz, daß ein Geständnis nicht durch Folter erzielt werden dürfe, jedoch war nun mit ihr das erfolgreiche Mittel zur Erlangung eines Geständnisses gegeben. Die Inquisition hat also den Vorreiter in der Anwendung der Folter in Religionssachen gespielt, und ihre Regeln sind zur Norm geworden. Die ordentliche Ketzerstrafe war wie vorher die Verbrennung durch die weltliche Obrigkeit.

Diese päpstliche Inquisition kämpfte nun gegen verschiedene Ketzer: gegen Katharer, Albigenser (Albigenserkreuzzug in Süd-Frankreich), Waldenser, Begharden und Stedinger.

16. Was waren nun die Neuerungen für die Gestaltung der Inquisition? Für Jurisdiktion in Häresiefällen wurden besondere Gerichte zuständig, die unabhängig von den Bischöfen waren. Die Inquisitoren sollten aber in Übereinstimmung mit den jeweils zuständigen Bischöfen handeln. Ein Einspruch gegen ihre Urteile war nicht zulässig, nur der Papst konnte sie aufheben. Die Inquisitoren hatten aber nicht ausschließlich die Amtsgewalt in Fällen von Häresie, denn die Bischofsgerichte blieben auch hier tätig.

Die Inquisition wurde naturgemäß immer nur mit dem Auftreten von Ketzereien aktiv. So hat es in einzelnen Ländern, z.B. Aragon und auch über längere Zeit hin keine bedeutendere Inquisitionstätigkeit gegeben. In Deutschland wurden bis zur Mitte des 14. Jahrhunderts die meisten Ketzerverfahren von weltlichen Instanzen oder von Bischofsgerichten durchgeführt.

Ein herkömmliches und üblicherweise mit anderen Strafen einhergehendes Strafmittel war die Entziehung des Eigentums. Es wurde stellenweise zur Regel, das konfizierte Eigentum des Ketzers aufzuteilen: Je ein Drittel bekamen die weltliche Obrigkeit, die Inquisition und der Papst.

Die Fürsten wurden durch kirchliches Gesetz dazu angehalten, der Inquisition die Hilfe des weltlichen Arms angedeihen zu lassen. Die Inquisitoren fühlten sich aufgrund der durch Vereinbarungen geschaffenen Rechtslage berechtigt, die Hilfeleistung der Fürsten anzufordern und mit kirchlichen Sanktionen gegen sie vorzugehen,

wenn sie dem nicht entsprachen. Es wäre zwar verfehlt, den weltlichen Gesetzen aufgrund dieser Billigung den Charakter von Kanones zuzuerkennen. Juristisch blieben die Rechtssphären getrennt, moralisch gesehen hat die Kirche durch diese Bestätigung einen Teil der Verantwortung auf sich genommen.[46]
Seit dem 14. Jahrhundert begann der Verfall der Inquisition. Wegen Verfahrensmißbräuchen machte Clemens V. auf dem Konzil von Vienne (1312) eine Zusammenarbeit zwischen Bischöfen und Inquisitoren verbindlich. Die Inquisitionsgerichte verloren Befugnisse an die regulären Gerichte und lagen am Vorabend der Reformation im Absterben.

17. Hatte die frühmittelalterliche Kirche noch entscheidende Bestandteile der Hexenlehre als heidnischen Aberglauben bekämpft, so bauten sie führende Theologen des Hochmittelalters schrittweise in ihre Systeme ein. Der entscheidende Impuls für die endgültige Ausprägung und Aktivierung der Hexenlehre ist vom Kampf der Kirche gegen die großen Ketzerbewegungen im 13. Jahrhundert ausgegangen. Die Verbindung des typischen Ketzerbildes von Teufelsanbetungen und nächtlichen Orgien mit den bis dahin entwickelten Zaubereivorstellungen ist praktisch durch die Inquisition vollzogen und von einigen Päpsten bestätigt worden.
Entscheidend für die Verfolgung der Hexen war die Veröffentlichung des Hexenhammers (Malleus maleficarum) im Jahre 1487. Hauptverfasser dieses systematischen Handbuches über und gegen das Hexenwesen war Heinrich Institoris. Das Werk ist in drei Bücher aufgeteilt, wobei sich der erste Teil mit Zauberei, Hexe und Teufel auseinandersetzt. Der zweite Teil widmet sich den Übeltaten der Hexenzunft und es wird dargelegt, daß es kaum Schutzmaßnahmen davor gibt. Und Teil drei handelt von den Arten der Ausrottung und beschreibt dann hauptsächlich die Prozeßführung – Indizien, übler Ruf, Zeugen, Einkerkerung, Verhör, Folter, Aburteilung usw. Besonders folgenschwer wirkte die darin zum Abdruck gebrachte „Hexenbulle" von Innozenz VIII. aus dem Jahre 1484.[47] Die Bulle sollte mit päpstlicher Autorität die Veröffentlichung des Hexenhammers unterstützen. Die Bulle bestimmt, daß Ketzerei und Zauberei untrennbar miteinander verbunden sind. Zauber- und Ketzerprozeß verschmelzen zur neuen Form des Hexenprozesses und dienten in der Folgezeit zur Rechtfertigung gnadenloser Verfolgungen.

Dennoch sind in Deutschland nicht sofort überall Hexenprozesse losgebrochen, sondern es sind, von lokalen Ausschreitungen abgesehen, ein knappes Jahrhundert lang unter den Malefizprozessen nur vereinzelte Aktivitäten gegen Hexerei feststellbar. Gleichwohl aber kennzeichnen Bulle und Hexenhammer den Zeitpunkt und bewirkten die Übernahme dieser neuen Doktrin in der Öffentlichkeit.

Neben der Durchsetzung der Hexenlehre stellte die Übernahme des römischen Rechts eine weitere wichtige Vorraussetzung für die massenhafte Durchführung von Hexenprozessen im deutschen Sprach- und Rechtsgebiet dar. Auf dem Gebiet des Strafrechts erfolgte sie mit der Annahme des neuen Strafgesetzbuches auf dem Reichstag von 1532, der Peinlichen Halsgerichtsordnung Kaiser Karls V., kurz Carolina genannt. Sie bedeutete den endgültigen Sieg des Inquisitionsprozesses. Damit ist hier nicht eine kirchliche Gerichtsbarkeit gemeint, die im Reich seit der Reformation ohnehin keine nennenswerte Rolle mehr spielte, sondern das Untersuchen von Staats wegen im Gegensatz zum alten Akkusationsprozeß, dem Verfahren auf Klage einer Privatperson hin. Eine Berufungsinstanz gab es bei Hexenprozessen so wenig wie bei anderen Strafverfahren auch, doch schrieb die Carolina für schwierige oder unklare Fälle und namentlich für Hexenprozesse die Einschaltung einer Juristenfakultät vor. Die Fakultäten überprüften bei den ihnen eingeschickten Akten lediglich die Einhaltung des geltenden Rechts und fällten danach ihr Urteil; außerdem wurden sie längst nicht in jedem Hexenprozeß konsultiert.

Von der Mitte des 16. Jahrhunderts bis zur zweiten Hälfte des 17. Jahrhunderts fanden in der Frühen Neuzeit dann die Hauptverfolgungen statt.

18. Zur Todesstrafe sollte man hinzufügen, daß sie in der damaligen Zeit ein selbstverständliches Strafmittel war, das heißt, daß es gesellschaftlich akzeptiert wurde, einen Menschen mit einer derartigen Strafe zu belegen. Eine Betrachtung sollte eher an dieser geschichtlichen Tatsache festhalten, als ein Urteil aus heutiger Sicht im Sinn zu haben.

Ebenso sollte auch erwähnt werden, daß die Kirche in dieser Betrachtung ihrer gerichtlichen Entwicklung trotz des negativen Bildes, das wir unwillkürlich haben, wenn wir an die – aus heutiger Sicht – unschuldigen Opfer denken, sehr wohl versuchte, Recht zu sprechen. Und zudem galten die der Vergehen Angeklagten nicht als Opfer, sondern eben als Täter. Diese Gesichtspunkte sollte man nicht aus den Augen verlieren, auch wenn wir vor dem Anblick der Zustände jener Zeit oftmals zurückschrecken.

1   *Rees, Wilhelm*, Die Strafgewalt der Kirche: Das geltende kirchliche Strafrecht – dargestellt auf der Grundlage seiner Entwicklungsgeschichte, Kanonistische Studien und Texte, Band 41, Berlin 1993, S. 39.
2   *Rees* (Anm. 1), S. 116 f.
3   *Rees* (Anm. 1), S. 121.
4   *Schubert, Hans von*, Grundzüge der Kirchengeschichte, 11. Auflage, Tübingen 1950, S. 54 f.
5   *Schubert* (Anm. 4), S. 65.
6   *Rees* (Anm. 1), S. 121 f.
7   *Rees* (Anm. 1), S. 122.
8   *Rees* (Anm. 1), S. 123.
9   *Rees* (Anm. 1), S. 123.
10  *Rees* (Anm. 1), S. 123.
11  *Rees* (Anm. 1), S. 124.
12  *Stein, Albert*, Gerichtsbarkeit, kirchliche, in: Theologische Realenzyklopädie, Band XII, Berlin/New York 1984, S. 497, 498.
13  *Dulckeit, Gerhard / Schwarz, Fritz / Waldstein, Wolfgang*, Römische Rechtsgeschichte, München 1995, S. 305 f.
14  *Dulckeit* (Anm. 13), S. 312 f.
15  *Feine, Hans Erich*, Kirchliche Rechtsgeschichte: Die Katholische Kirche, 5. Auflage, Köln 1972, S. 90.
16  Kirchenrecht I, in: Theologische Realenzyklopädie, Band XVIII, Berlin/New York 1989, S. 713, 722.
17  *Schubart, Wilhelm*, Justinian und Theodora, München 1943, S. 144; *Browning, Robert*, Justinian und Theodora: Glanz und Größe des byzantinischen Kaiserpaares, 1981 (dt. Ausgabe), S. 215.
18  *Schubert* (Anm. 4), S. 107.
19  *Rees* (Anm. 1), S. 125.
20  *Berr, Adolf*, Die Kirche gegenüber Gewalttaten von Laien (Merowinger-, Karolinger-, Ottonenzeit), Historische Studien, Heft 111, veröffentlicht von Emil Ebering, Berlin 1913, S. 125 f.
21  *Rees* (Anm. 1), S. 125.
22  *Hinschius*, Gerichtsbarkeit, kirchliche, in: Realencyklopädie für protestantische Theologie und Kirche, 3. Auflage, 6. Band, Leipzig 1899, S. 585, 588.
23  *Rees* (Anm. 1), S. 125.
24  *Stein, Peter G.*, Römisches Recht und Europa: Die Geschichte einer Rechtskultur, Europäische Geschichte, Frankfurt/M. 1996, S. 86.
25  *Hinschius* (Anm. 22), S. 591.
26  *Hinschius* (Anm. 22), S. 592.
27  *Hinschius* (Anm. 22), S. 592 f.
28  Dazu: *Koeniger, Albert M.*, Quellen zur Geschichte der Sendgerichte in Deutschland, München 1910.
29  *Dordett, Alexander*, Die Ordnung zwischen Kirche und Staat: Ein historisch-systematischer Grundriß, Innsbruck/Wien/München 1958, S. 65.
30  *Conrad, Hermann*, Deutsche Rechtsgeschichte, Frühzeit und Mittelalter, ein Lehrbuch, Band 1, 2. Auflage, Karlsruhe 1962, S. 383.

31 *Hauck, Send,* Sendgericht, in: Realencyklopädie für protestantische Theologie und Kirche, 3. Auflage, 18. Band, Leipzig 1906, S. 209, 213.

32 *May, Georg,* Die geistliche Gerichtsbarkeit des Erzbischofs von Mainz im Thüringen des späten Mittelalters, Das Generalgericht zu Erfurt, Erfurter Theologische Studien, Band 2, Leipzig 1956, S. 153.

33 *Stein* (Anm. 12), S. 595.

34 *Schwaiger, Georg,* Innozenz III., in: Theologische Realenzyklopädie, Band XVI, Berlin/New York 1987, S. 175, 181.

35 *Feine* (Anm. 15), S. 439 f.

36 Papsttum I, in: Theologische Realenzyklopädie, Band XXV, Berlin/New York 1995, S. 647, 660.

37 *Rees* (Anm. 1), S. 145.

38 *Schindler, Alfred,* Häresie II, in: Theologische Realenzyklopädie, Band XIV, Berlin/New York 1985, S. 320.

39 *Schindler* (Anm. 38), S. 326.

40 *May* (Anm. 32), S. 187; *Kamen, Henry,* Inquisition, in: Theologische Realenzyklopädie, Band XVI, Berlin/New York 1987, S. 189.

41 *Soldan, Wilhelm Gottlieb / Heppe, Heinrich,* Geschichte der Hexenprozesse, 1. Teil, Essen 1990, S. 169.

42 *Beyreuther, E.,* Inquisition, in: Evangelisches Kirchenlexikon, Kirchlich-theologisches Handwörterbuch, H–O, 2. Auflage, Göttingen 1962, S. 333.

43 *Kamen* (Anm. 40), S. 189; Feine (Anm.15), S. 441.

44 *Kamen* (Anm. 40), S.189 ff.

45 *Feine* (Anm. 15), S. 442.

46 *Dordett* (Anm. 29), S. 74.

47 *Riezler, Sigmund,* Geschichte der Hexenprozesse in Bayern, Stuttgart 1984, S. 120 f.

# Ecclesia vivit lege romana –
# Die Kirche lebt nach römischem Recht

von *Eugen Kunz*

1. *Die Entstehung des Kirchenrechts:* Das Christentum ist als eine besondere, von der jüdischen Religion abgegrenzte Glaubensrichtung nicht nur mit dem Wirken des historischen Jesus entstanden, sondern entwickelte sich in einem komplexen Prozeß in der Zeit nach dessen Kreuzigung. Die erste Generation, die sich nach dem Tode und der Auferstehung Jesu zu dessen Gemeinde zählte, stand noch ganz in der jüdischen Tradition und bestand auch vornehmlich aus Juden. Diese Juden-Christen fühlten sich noch dem jüdischen Thora-Gehorsam verpflichtet.[1] Über das Judentum hinaus kam das Christentum bereits sehr früh auch mit Nichtjuden in Berührung. Diese sogenannten Heidenchristen konfrontierten das Urchristentum mit hellenistischem Gedankengut. Allerdings erfolgte die große Öffnung zu den Heiden erst durch Paulus, einen ursprünglich orthodoxen Juden aus Tarsus/Kilikien, der erst später zur christlichen Gemeinde gestoßen war. Er verstand sich ausdrücklich als Apostel der Heiden (Nichtjuden) und hat den Missionsauftrag Jesu in die Tat umgesetzt und den Grund dafür gelegt, daß die christliche Gemeinde aus einer jüdischen Sekte zu einer Weltbewegung werden konnte.[2] Dazu war für die junge christliche Religion vor allem notwendig, auf diejenigen Elemente der alten Gemeinde zu verzichten, die dem Judentum am stärksten verhaftet waren, ja das Judentum als eine „Nation" überhaupt konstituiert hatten, nämlich auf die strikte Befolgung des jüdischen Gesetzes.

Konsequenterweise bedurfte auch die christliche religiöse Gemeinschaft einer rechtlichen Ordnung, deren älteste Quellen im Folgenden dargestellt werden.

2. Die *älteste Quelle des Kirchenrechts* ist zweifellos die Heilige Schrift. Dabei kommt christlichem Verständnis zufolge dem Neuen Testament als der Erfüllung des Rechtes[3] ein gewisser Vorrang über das Alte Testament zu. Das Neue Testament enthält nach katholischer Auffassung vor allem die Fundamentalsätze über die Institu-

tion und Verfassung der Kirche, die göttlichen Rechts sind, wie z.B. der Rechtssatz über die Unauflösbarkeit der Ehe. Neben den geoffenbarten positiven Sätzen des göttlichen Rechts beinhaltet es auch solche, die gleichfalls göttlichen Ursprungs sind, jedoch von den Aposteln promulgiert wurden. Hierzu gehört beispielsweise die Promulgation des Sakraments der Krankenölung. Ferner findet sich im Neuen Testament von den Aposteln kundgetanes positiv-menschliches Recht (ius mere apostolicum), so unter anderem Rechtsätze des Apostelkonzils von Jerusalem.[4]

Neben der im Evangelium, den Apostelbriefen und der Apostelgeschichte bezeugten Anerkennung des göttlichen Rechts sind zugleich auch die Wurzeln der positiven normensetzenden Gewalt der irdischen kirchlichen Gemeinschaft klargestellt. Wohl trat dieses Recht noch nicht in organisierter Form auf, es war zunächst stärkstens durch Tradition und die bewußt oder scheinbar auf der Tradition aufbauende Gewohnheit gestützt, aber es war vorhanden.[5] Daß die einzelnen Christen das Bewußtsein hatten, verbindlichen Normen unterworfen zu sein, die sich von denen der staatlichen Gewalt unterschieden, ist aus den historischen Quellen eindeutig zu erweisen.[6] Der Grundsatz, daß Gott zu geben sei, was Gottes ist, und dem Kaiser, was des Kaisers,[7] hatte auch zum Ausdruck gebracht, daß hier zwei verschiedene Bereiche von Normen existierten.

Wenn auch die Urkirche aus der Umwelt des jüdischen Rechts entstanden ist, so übte dieses niemals entscheidenden Einfluß auf die rechtsgeschichtliche Entwicklung des Kirchenrechts aus. Schon die Tatsache, daß die Heidenchristen nicht auf das jüdische Gesetz verpflichtet wurden, förderte diese Tendenz. Von weit größerer Bedeutung aber war der Umstand, daß die Kirche im Orbis Romanus lebte und die herrschende Kraft dieses Rechts daher auch den stärksten Einfluß ausübte. Allerdings war der Einfluß des römischen Rechts zu dieser Zeit noch nicht so stark, da die christliche Gemeinde infolge ihres Monotheismus mit dem Staat und somit mit dem römischen Recht nicht im Einklang stand. Nichtsdestoweniger ist auch hier der Einfluß des römischen Rechts nicht von der Hand zu weisen.

3. Die geschichtliche Nähe der Gründung der Kirche hielt die Überlieferungen so lebendig, daß eine *Sammlung der Normen* zunächst nicht wesentlich für ihre Befolgung gewesen war. Dazu kommt, daß

die Autorität und das Ansehen der Apostel und ihrer unmittelbaren Schüler auch für die nachfolgenden Generationen von unbestreitbarer Bedeutung waren. Daher wurden die ersten zusammenfassenden Aufzeichnungen der urchristlichen Normen den Aposteln zugeschrieben. Es handelt sich bei diesen ersten angeblichen apostolischen Sammlungen nicht um Fälschungen von Apostelrecht, sondern um echte oder apokryphe[8] Normen aus der nachapostolischen Zeit der Kirche. Zu den wissenschaftlich als pseudo-apostolische Rechtssammlungen bezeichneten Texten gehören folgende Rechtssammlungen:

*Zwölf-Apostel-Lehre (Diadache, Doctrina duodecim Apostolorum):* Es handelt hier sich um eine kurze Sammlung von Vorschriften für die Unterweisung der Katechumenen[9] und für einige Materien der kirchlichen Organisation. Hinsichtlich der Entstehungszeit gehen die Meinungen weit auseinander. Funk und Minasi verlegen sie an das Ende des 1. Jahrhunderts; Harnack, Bryennios und andere in die Zeit zwischen 120 und 160, während wieder andere, darunter Robinson, Connolly und Muilenberg die Zeit um die Wende des 2. zum 3. Jahrhunderts annehmen. Audet nimmt die Mitte des ersten Jahrhunderts (50–70) an. Der Diadache kam zwar in der Frühkirche große Bedeutung zu, sie erlangte jedoch nie den Charakter eines kirchlichen Rechtsbuches.[10]

*Apostolische Tradition (Traditio Apostolica):* Sie wurde von dem römischen Presbyter Hippolytus um 218 nach der vorherrschenden Meinung in Rom in griechischer Sprache verfaßt. Das Werk besteht aus 32 Kapiteln, die ältestes kanonisches Recht enthalten. Die Vorschriften betreffen überwiegend den Bereich des Personenrechts. Darüber hinaus befassen sich die Normen mit den Gnadenmitteln, Einführung in die christliche Gemeinschaft, Fasten und Gebet, Eucharistie und Begräbnis.[11]

*Diadaskalie der Apostel (Diadascalia, auch Doctrina duodecim Apostolorum et sanctorum discipulorum nostri Salvatoris):* Das Werk gliedert sich in 26 Kapitel, die eine ziemlich vollständige Zusammenfassung des im 3. Jahrhundert geltenden Kirchenrechts darstellen. Cicongani nennt sie daher den vielleicht frühesten Versuch der Verfassung eines Corpus Iuris Canonici. Sie behandelt Disziplin,

Liturgie, Hierarchie, Caritas, Buße, Häresien und Fragen, die sich aus der damals akuten Kirchenverfolgung ergaben. Inhaltlich greift die Sammlung auf die ältere Diadache zurück, während sie andererseits wieder zu einem wesentlichen Bestandteil eines späteren Werkes, der Apostolischen Konstitutionen, wird.[12]

*Apostolische Konstitutionen (Constitutiones Apostolorum):* Sie sind die beachtenswerteste Sammlung dieser Gruppe. Der Zeitpunkt der Abfassung liegt nach dem neuesten Forschungsstand um 400. Das Werk ist sehr umfangreich und besteht aus drei Teilen. Der erste Teil befaßt sich mit der Verfassung der Kirche. Der zweite Teil ist eine Bearbeitung der Didache und enthält eine Christenlehre. Der dritte Teil umfaßt drei Unterabteilungen und steht unter dem Einfluß der Traditio Apostolica sowie möglicherweise anderer Werke, deren Verfasser Hippolytus war.[13]

In ihrer Gesamtheit betrachtet, gruppieren sich die pseudo-apostolischen Sammlungen um die Zwölf-Apostel-Lehre und die Apostolischen Konstitutionen, aus denen die übrigen Sammlungen schöpfen. Ihre Bedeutung darf jedoch nicht überschätzt werden, wenn auch die Kirchenrechtsforschung die pseudo-apostolischen Sammlungen lange für besonders wichtig erachtet hat. In der Erforschung der frühkirchlichen Rechtsentwicklung stellen sie heute nur mehr ein Teilgebiet der zur Verfügung stehenden Quellen dar.[14]

4. *Die Entwicklung des Kirchenrechts:* Die Erhebung des Christentums zur Reichsreligion durch Theodosius den Großen im Jahre 380 brachte allerdings auch die Entwicklung zur Staatskirche mit sich.[15] Wie der Christ seine Haltung zum Staat nicht unmittelbar aus der Lehre Jesu abzuleiten vermochte, konnte er andererseits aus demselben Grund die staatliche Organisation auch nicht grundsätzlich ablehnen. Vielmehr ging er von der Anerkennung der staatlichen Obrigkeit aus, die ja mit dem römischen Kaiser identisch war. Der Lehre des Apostels Paulus zufolge war jeder einzelne Christ und jede Gemeinde ein Glied oder Organ des mystischen Leibes des Herrn (corpus Christi mysticum).[16] Das wesentlichste verbindende Element der Christen mit ihrer Gemeinde und der Christengemeinden untereinander war die communio.[17] Dieser Körperschaftsbegriff war eine bedeutende Stütze der Entwicklung des Rechts- und Sozialbegriffes Kirche und trug bestimmend dazu bei, daß das römische

Recht zur christlichen Gemeinde in Beziehung treten konnte.[18] Das Konzil von Nicaea (325) – dessen Canones als ein Grundgesetz des kirchlichen Rechts gelten[19] – leitete eine ganz neue Periode der Kirchengeschichte ein, die durch ihren engen Zusammenhang mit dem römischen Rechts- und Kulturkreis charakterisiert wird. Die Christianisierung des Abendlandes stellte zugleich einen der wichtigsten kulturhistorischen Vorgänge dar, die zur Prägung seines Wesens beitrug. Es ist besonders bemerkenswert, daß im Zeitalter des Verfalls des Römischen Reiches der römische Geist im Christentum seinen stärksten Rückhalt fand.[20] Die Kirche wurde von den Germanen, den Herren des neuen Zeitalters, als römische Institution empfunden und rechtlich anerkannt. Das Ribuarische Volksrecht (um 630) enthält den berühmten Satz: ecclesia vivit lege romana,[21] der in diesem Zusammenhang von Adalbert Erler folgendermaßen übersetzt wird: Römisches Recht ist das Recht der Kleriker. Mit anderen Worten: Wie der Franke nach dem fränkischen, der Langobarde nach dem langobardischen Recht, so wird der Geistliche nach dem römischen Recht beurteilt. Folglich hat die germanische Rechtsauffassung selbst dazu beigetragen, durch die Kirche dem römischen Recht den Weg in das neue Zeitalter zu ebnen.[22]

Als die Burgunder im 5. Jahrhundert zwischen Rhone und Saône ihr Reich gründeten, brachten sie zwar den Arianismus[23] mit und trugen zu dessen Verbreitung bei, beließen jedoch andererseits den katholisch verbliebenen Römern und dem Klerus den Gebrauch des römischen Rechts. Das für die Römer und den Klerus geltende römische Recht wurde zwischen 515 und 535 in der Lex Romana Burgundiorum zusammengefaßt.[24]

Das Gesetzgebungsrecht wurde in dieser Periode für das gemeine Recht sowohl von den allgemeinen Konzilien als auch in ständig zunehmendem Maße von den Päpsten ausgeübt. Das Partikularrecht erging von den Partikularkonzilien und den Bischöfen. Seit der zweiten Hälfte des 4. Jahrhunderts erschienen päpstliche Gesetze als Dekretalen (decretalia constituta), eine Bezeichnung, die vorderhand noch neben anderen auftrat (epistola, pagina, scriptum, privilegium, decretales u. a.). Jedoch nicht alles kirchliche Recht war ursprünglich von kirchlichen Gesetzgebern erlassen. Der große Einfluß des römischen Rechts brachte es mit sich, daß einzelne Materien vom kirchlichen Gesetzgeber ausdrücklich die Verbindlichkeit im kirchlichen Rechtsbereich erhielten. Für die Promulgation der kirchlichen

Gesetze gab es noch keine gemeinrechtliche Regelung. Die Quellen führen als gebräuchlich an, daß die Gesetze in den Kirchen verlesen wurden. Das Gleiche traf auf die Konzilien zu, auf denen die von anderen Kirchen erlassenen Gesetze kundgemacht wurden.[25]

5. *Kirchenrechtsquellen* sind die Ergebnisse der rechtssetzenden Tätigkeit der kirchlichen Gesetzgeber für die Kirche.[26] Wie schon oben erwähnt, ist an dieser Stelle noch einmal auf eine Eigenart der kirchlichen Rechtsquellen hinzuweisen. Die Kirche hat zu keinem Zeitpunkt ihrer Geschichte in ihre Rechtsquellen lediglich rechtliche Normen aufgenommen. Stets fanden sich darin auch historische, dogmatische, liturgische, sittliche und andere Texte. Im Folgenden werden einige der wichtigsten kirchlichen Rechtsquellen, die in der Zeit nach dem großen Schisma von 1054 entstanden sind, dargestellt.

*Das Dekret Burchards von Worms:* Unter Sammlungen der vorhergehenden Periode, die sich noch immer großen Ansehens und weiter Verbreitung erfreuten, ist besonders das Dekret Burchards von Worms (ca. 965–1025, die römische Fassung entstand um 1060) hervorzuheben. Das Werk umfaßt 20 Bücher und 1785 Kapitel. Es ist gekennzeichnet durch Fülle des Materials, aber ungenügende systematische Ordnung.[27]

*Die Sammlung des Anselm von Lucca:* Die Reformbestrebungen, die um die Mitte des 11. Jahrhunderts einsetzten und ihren markantesten Ausdruck in der Persönlichkeit Gregors VII. (1073–1085) fanden, wirkten sich auch auf die Sammlungen kirchlicher Rechtsquellen aus. Vielleicht eine der wichtigsten Sammlungen, die infolge der gregorianischen Reformbestrebungen entstanden, ist die Sammlung des Anselm von Lucca (1036–1086). In 13 Büchern mit 1150 Kapiteln werden die Hauptgegenstände der Reform und die Mittel ihrer Durchsetzung behandelt. Die Quellen waren u. a. die 74-Titel-Sammlung, das Dekret Burchards, die pseudo-isidorischen Dekretalen. Das Werk umfaßte nahezu das gesamte kanonische Recht und bot es in logischer Ordnung dar. Diese Sammlung übte wegen ihres Umfangs, ihrer inneren Ordnung und ihrer neuen Darstellungsmethode größten Einfluß auf die nachfolgenden Sammlungen aus.[28]

*Die drei Sammlungen des Ivo von Chartres:* Nach dem Tode Gregors VII. spielten die drei Sammlungen des Ivo von Chartres (1040–1116) eine große Rolle. Sie tragen den Stempel einer Geistesrichtung, die zwischen den Forderungen der Gregorianischen Reform und dem vorhergehenden Kirchenrecht einen Mittelweg zu finden sucht. In Ivos Werk wird das kanonische Recht mit zahlreichen Texten der Kirchenväter und des römischen Rechts bereichert. Man unterscheidet drei verschiedene Sammlungen (Collectio Tripartita, Decretum und Panormia), deren Reihenfolge und Zusammenhang bis heute umstritten sind.[29]

6. *Das Dekret Gratians:* Die Rechtssammlungen, wie sie sich entwickelt hatten, gaben ihren Benutzern manche Fragen auf. Ihr Material war mitnichten homogen. Nicht nur Rechtstexte wurden aufgenommen, sondern auch Äußerungen von Rechtsgelehrten sowie andere Quellen. Seit der Mitte des 9. Jahrhunderts griffen die Päpste immer mehr auf das römische Recht zurück. Von bedeutendem Einfluß auf die Fortentwicklung der Sammlungsmethode sollte die große Epoche der Rechtswissenschaft sein, die mit der Auffindung der Digesten Justinians um 1070 anhob.[30] Damit wurde das Rechtsdenken und die Rechtswissenschaft auf ein Fundament gestellt, das im abendländischen Geistesleben seinen unverrückbaren Platz bewahren sollte. Für die kirchenrechtlichen Sammlungen hatte dies deswegen eine nicht mindere Bedeutung, weil auch die Glossatoren des römischen Rechts mit Irnerius und seinen großen Nachfolgern Bulgarus, Martinus und Hugo sich methodisch einer kritischen Untersuchung der Texte zugewandt hatten, ja in ihren Anfängen zeitlich sogar etwas den Theologen voraus waren.[31] Die kirchlichen Autoritäten waren jedoch nicht imstande gewesen, eine Harmonie zwischen den divergierenden Rechtsmassen und Rechtssammlungen herzustellen. Das Verlangen nach innerer (widerspruchsfreier) und äußerer (in einer einzigen Sammlung gefundener) Einheit der Normen wurde daher immer stärker. Der erste, der diese doppelte Aufgabe löste, war der Kamaldulenser-Mönch Johannes Gratian in Bologna. Er schuf um 1140 eine systematische Versöhnung der Normen und eine einheitliche, allgemeine Rechtssammlung, welche die Namen Concordia discordantium canonum, Nova Collectio, Decreta oder Decretum erhielt.
Damit beginnt eine neue Epoche des Kirchenrechts. Keine Sammlung erreichte je einen ähnlichen Erfolg wie das Dekret Gratians.

Diese allgemeine, umfassende, systematische Sammlung der kirchlichen Rechtsnormen machte die vorhergehenden Sammlungen überflüssig. Sie wurde de facto zu der einzigen Sammlung. Bildete das gesatzte Recht in der Mitte des 12. Jahrhunderts nur einen relativ schwachen Teil des Kirchenrechts, so gewann es von nun an wachsende Bedeutung und drängte das bis dahin vorherrschende Gewohnheitsrecht zurück. Beginnend mit Gratians Dekret, drang das römische (justinianische) Recht immer stärker in das kanonische Recht ein. So werden z.B. die Entführer von Jungfrauen und Witwen nicht nur mit Exkommunikation belegt, es wird nun ein Canon eingefügt, der außer der Entführung auch jeglichen tätlichen Angriff auf eine Frau, um sie zu heiraten, mit Todesstrafe belegt.[32] Das römische Recht war also immer dort mit dem kanonischen Recht ebenbürtig, wo keine Gegensätze zu verzeichnen waren, so der Grundsatz von Gratian. Das römische Recht schien ihm so eine ergänzende Quelle darzustellen.[33] Es bestehen heute keine Zweifel darüber, daß das römische Recht spätestens ab der zweiten Hälfte des 12. Jahrhunderts fortschreitend und langsam in das Dekret eingedrungen ist. Die Berufung der Kanonisten auf das römische Recht hatte zwei Gründe: Der eine war politischer Natur. Einerseits wollte die Kirche die Annahme eines laizistischen Rechts, genauer des Rechtes der römischen Kaiser nicht, anderseits jedoch zögerten die Kanonisten nicht, sich auf das römische Recht zu berufen; denn seit jeher gilt: „ecclesia sub lege romana vivit". Aber der wesentliche Grund lag darin, daß das römische Recht sich den Juristen quasi aufdrängte. Die Kanonisten verstanden es, die überlegene juristische Technik des römischen Rechts in den Dienst des Kirchenrechts zu stellen.[34]
Die von der Kirche ausgehenden Rechtssätze waren für Gratian canones, und seinem Beispiel folgend, bezeichneten die Dekretalisten als kanonisches Recht die Gesamtheit des Kirchenrechts. Trotz verschiedener Abgrenzungsversuche blieb diese Begriffsbestimmung für die mittelalterliche Rechtswissenschaft von allgemeiner Bedeutung. Das Werk Gratians wurde zum Lehr- und Handbuch der neuen Wissenschaft des kanonischen Rechts. Es erfreute sich jahrhundertelang größter Wertschätzung in der Kirche, war und blieb jedoch eine Privatarbeit, die niemals zu einer authentischen Sammlung erhoben wurde.
Das Dekret Gratians ist in der Folgezeit nicht durch andere Sammlungen ersetzt, sondern lediglich verbessert, fortgeführt und ergänzt

worden. Dies hatte zur Folge, daß an Stelle der Mannigfaltigkeit von Sammlungen durch das große Werk Gratians eine einzige Sammlung eigener Art trat, die nach und nach durch die späteren Bearbeiter oder Gesetzgeber zum Corpus Iuris Canonici erweitert wurde. Obwohl dieses Corpus als Ganzes nie die päpstliche Approbation erhielt, wurde es doch das Quellenwerk des kirchlichen Rechts.[35]

7. *Der Liber Extra:* Die ersten nachgratianischen Dekretalensammlungen brachte die beginnende Blütezeit der Kanonistik mit sich. Fünf von den in dieser Zeit entstandenen Sammlungen, die sich alle mehr oder weniger um das Dekret gruppieren, gewannen eine Sonderstellung, die ihnen den wissenschaftlichen Namen der Quinque Compilationes Antiquae eintrug. Diese Sammlungen waren jedoch weder vollständig noch widerspruchsfrei. Daher veranlaßte Gregor IX. (1227–1241) seinen Kaplan und Pönitentiar, den Dominikaner Raimund von Peñafort (ca. 1180–1275), einen früheren Magister der Schule von Bologna, eine neue Sammlung päpstlicher Dekretalen zu veranstalten. Das zwischen 1230 und 1234 verfaßte Werk wurde durch Übersendung an die Universitäten Bologna und Paris mit der Bulle Rex pacificus vom 5. September 1234 promulgiert. Der Stoff der neuen Sammlung wurde in fünf Bücher, diese wurden in Titel, die Titel in Kapitel eingeteilt. Die Quellen sind vornehmlich päpstliche Dekretalen, aber auch Texte der Kirchenväter sowie Schriften aus dem römischen und germanischen Recht. Von den vielen Namen, die dieser Kompilation gegeben wurden, haben sich jene des Liber Extra oder Decretales Gregorii IX gehalten.[36]

Die von der Rechtswissenschaft ausgehende Tendenz, ähnlich wie das römische Recht das Kirchenrecht zu gliedern, fand auch in der Gesetzgebung Eingang. Seit der amtlichen Einteilung des kanonischen Rechts in fünf Bücher nach den allgemeinen Gesichtspunkten iudex – iudicium – clerus – connubia (sponsalia) – crimen in der Dekretalensammlung Gregors IX., blieb es bei diesem systematischen Gerüst.[37]

8. *Der Liber Sextus:* Die nach Erlaß des Liber Extra erschienenen Dekretalen wurden erneut in amtlichen und privaten Sammlungen zusammengefügt. Dabei wurden allerdings weder Vollständigkeit noch Widerspruchsfreiheit erreicht.

Papst Bonifatius VIII. (1294–1303) faßte den Plan, die Ergänzung des Liber Extra in die Hand zu nehmen. Er beauftragte damit drei Kanonisten: Wilhelm de Mandogoto, Berengar Fredoli und Richard Petronius von Siena. Ihre Arbeit vollzog sich in den Jahren 1296 bis 1298. Die Promulgation erfolgte durch Versendung an die Universitäten mit der Bulle Sacrosanctae vom 3. März 1298. Bonifaz VIII. gab der Sammlung den Namen Liber Sextus und kennzeichnete sie so als Ergänzung der Fünf Bücher Dekretalen Gregors IX. Der Liber Sextus ist selbst wieder in fünf Bücher eingeteilt. Angeschlossen ist eine Kollektion von 88 Rechtsregeln (regulae iuris), die Bonifaz VIII. wahrscheinlich selbst unter Mitwirkung des Professors des Zivilrechts an der Universität von Bologna, Dinus Mugelanus, in Anlehnung an das römische Zivilrecht zusammengestellt hat.[38] Der Liber Sextus kommt einer Kodifikation sehr nahe, er ist eine authentische Sammlung, d. h. alle in ihm vereinigten Texte rechtlicher Art sind durch die Aufnahme allgemeine päpstliche Gesetze geworden, auch wenn sie zuvor lediglich partikular verbindlich waren. Das Partikulargesetz wird jedoch nur dann berührt, wenn es ausdrücklich erwähnt wird.[39] Die Konstitutionen, die nach der Promulgation des Liber Sextus von Bonifaz VIII. ergingen, wurden lediglich in nichtamtlicher Weise veröffentlicht.

9. *Die Klementinen:* Clemens V. (1305–1314) veranlaßte erneut eine Sammlung jüngeren Rechtsstoffes in dem von ihm so genannten Liber Septimus, der jedoch erst durch seinen Nachfolger, Johannes XXII. (1316–1334), mit der Bulle Quoniam nulla vom 25. Oktober 1317 promulgiert wurde. Es behauptete sich der Name Constitutiones Clementinae oder Clementinae. Die Klementinen sind wie der Liber Sextus in fünf Bücher eingeteilt, sie sind zwar eine authentische, einheitliche und gesamtkirchliche Sammlung, sie sind aber nicht eine ausschließliche Sammlung, d. h. die Dekretalen, die nach der Promulgation des Liber Sextus erlassen, aber in die Klementinen nicht aufgenommen wurden, werden nicht außer Kraft gesetzt.[40]

10. *Die Extravaganten:* Da die Klementinen keine exklusive Gesetzessammlung waren, wurden weiterhin Versuche unternommen, die nicht aufgenommenen Dekretalen zu Sammlungen zu vereinen. Dabei entstanden zwei private Sammlungen, die Extravaganten Johan-

nes' XXII. (13./14. Jahrhundert) und die Extravagantes communes (15. Jahrhundert). Die beiden Extravagantensammlungen entbehren des Charakters einer authentischen Sammlung mit Rechtswirksamkeit, weil sie Privatarbeiten sind.[41]

11. *Corpus Iuris Canonici:* Die Gesamtheit der erwähnten mittelalterlichen Rechtssammlungen vom Dekret Gratians über den Liber Extra, den Liber Sextus und die Klementinen bis zu den Extravaganten erhielt den Namen Corpus Iuris Canonici. Nach dem Sprachgebrauch der römischen Juristen bezeichnete „Corpus Iuris" eine vollständige und abgeschlossene Gesetzessammlung. Das Corpus Iuris Canonici ist jedoch als solches keine authentische oder ausschließliche Rechtssammlung. Seine Teile sind vielmehr unabhängig voneinander und nur unter dieser Bezeichnung zusammengefügt worden; sie behalten den rechtlichen Charakter, den sie in sich haben.[42]

12. Das kanonische Recht dieser Periode erhielt nicht nur inhaltlich durch die kirchlichen und kurialen Tendenzen der gregorianischen Reform und die sich ausbreitenden Ansprüche der machtvollen Päpste bis ins 14. Jahrhundert eine wesentliche Ausweitung, sondern wurde auch durch die *Rezeption des römischen Rechts,* vor allem auf dem Weg der wissenschaftlichen Behandlung durch die Schule weitgehend befruchtet. Die Schule sah im römischen Recht eine Ergänzung, was übrigens von einzelnen Päpsten bestätigt wurde.[43] Grundsätzlich galt, daß das römische Recht überall dort herangezogen werden konnte, wo es ausdrücklich rezipiert war, wo zwischen den kanonischen und römischen Normen kein Widerspruch bestand, und wo es subsidiär – mangels eigener kanonischer Vorschriften –, jedoch ohne Widerspruch zu den kirchlichen Rechtsgrundsätzen Anwendung finden konnte.
Die enge Beziehung zwischen Kirche und Staat im Römischen Reich wirkte sich auch auf die Gestaltung des Rechts aus. Hierbei muß man zwischen dem Einfluß der Kirche auf das römische Recht und jenem des Staates auf das Kirchenrecht unterscheiden. Beispielsweise führte die Schaffung staatlicher Normen in kirchlichen Angelegenheiten zum ersten Mal zur Entwicklung eines christlichen Staatskirchenrechts. Das geschah, indem der Staat Vorschriften in kirchlichen Angelegenheiten erließ oder kanonische Rechtsvor-

schriften anerkannt und promulgiert und sie dadurch im weltlichen Rechtsbereich zu staatlichen Normen erhoben hat.[44]

Der Einfluß des römischen Rechtsdenkens auf die Formung des universalen Kirchenrechts ist von nachhaltender Wirkung. Aus ihm gewinnt das Kirchenrecht einen der stärksten Impulse. Seine Züge prägten sich dauernd dem Kirchenrecht ein und sind auch im modernen kanonischen Recht unverkennbar. Die Kirche übernahm teils bewußt, teils unbewußt aus dem System des römischen Rechts charakteristische Einrichtungen, vor allem auf dem Gebiet der Organisation und der Verwaltung, die auch in der Fortbildung der späteren Zeit nicht mehr verlorengingen. Dafür gibt es genügend Beispiele, wobei die wichtigsten und die bekanntesten den Prozeßgang betreffen, weil hier die Überlegenheit der römischen Technik besonders deutlich war (beispielsweise bei den Fristen). So kam es zur Begründung des römisch-kanonischen Prozesses.[45] Der Weg zu dieser Entwicklung war wohl schon in der Frühzeit gelegt worden. Nunmehr aber drang der römisch-rechtliche Einfluß tiefer ein. Von gleichfalls weittragender Bedeutung war die Verleihung des öffentlich-rechtlichen Charakters an die Kirche durch den römischen Staat. Dadurch wurde das kanonische Recht zum öffentlichen Recht erhoben, ein Wesenszug, der ursprünglich dem staatskirchlichen Denken des Römischen Reiches entsprang, aber dann, am stärksten fühlbar im Westen, durch den Kampf der Kirche um die Freiheit und Unabhängigkeit von der Staatsautorität zu einem entscheidenden Element der Sicherung des eigenständigen kirchlichen Rechtsbereichs wurde.[46]

13. Der *Einfluß der Kirche auf die Entwicklung des römischen Rechts* war gleichfalls von nicht zu unterschätzender Bedeutung, wenngleich die Theorien über das Ausmaß auseinander gehen. Zweifellos kann von einer Christianisierung des römischen Rechts gesprochen werden, was sich sowohl in den Fundamentalsätzen als auch in der Fortentwicklung und Ausbildung einzelner Rechtsinstitute unverkennbar ausdrückt. Verschiedene Rechtsanschauungen des vorchristlichen römischen Rechts und damit auch einzelne, der christlichen Lehre entgegenstehende Institute wurden entweder gänzlich ausgeschieden oder erfuhren eine Milderung und Umbildung im Sinne der christlichen Doktrin.[47]

Mit dem Vordringen und der Konsolidierung der von den neuen Völkern gegründeten Staatswesen im damals christlichen Europa trat eine langsame Veränderung ein. Der Übergang war erst kaum bemerkbar und wurde durch den Grundsatz, daß die Kirche nach dem römischen Recht lebe, noch verzögert. Nach und nach aber verblaßte der römische Charakter und erhielt durch die Einwirkung der Partikularrechte eine neue Färbung, die erst der nächsten Periode ihr eigenes Gepräge gaben. Nur im insularen Recht trat diese Eigenart schon früher deutlich hervor. Alle diese Erscheinungen aber sind ein Beweis dafür, daß das Kirchenrecht kein abstraktes Gebilde, sondern ein lebendiges, den Menschen und ihrer Zeit nahes Recht ist.[48] Schließlich muß auf den grundsätzlich universalen Charakter des Kirchenrechts dieser Zeit verwiesen werden. Wohl vermochte der Partikularismus immer wieder erfolgreiche Vorstöße zu unternehmen, die den Tendenzen eines allgemeinen kanonischen Rechts zuwiderliefen, doch vermochten sie nicht die Ausbreitung eines allgemeinen Kirchenrechts aufzuhalten. Hierzu trugen zwei wesentliche Momente bei, die jedoch nicht immer gemeinsamen Zielen dienten: Das eine war der staatskirchliche Einfluß des Römischen Reiches, der in den staatlichen Gesetzen in kirchlichen Angelegenheiten, wie sie von den römischen Herrschern erlassen wurden, und im kaiserlichen Einfluß auf die Gestaltung des kanonischen Rechts auf den ökumenischen Konzilien zum Ausdruck kam; das andere war das an Wirkung und Umfang sich steigernde päpstliche Gesetzgebungswerk.[49]

14. *Das Kirchenrecht der Gegenwart:* Im späteren Mittelalter lag die Entwicklung des gemeinkirchlichen Rechtes hauptsächlich beim Papsttum. Die Tätigkeit des Heiligen Stuhls in Gesetzgebung, Verwaltung und Rechtsprechung seit Abschluß des Corpus Iuris Canonici war umfangreich und vielfältig. Auch die Gerichtshöfe des Heiligen Stuhls trugen zur Entwicklung des Rechts bei. Vom 14. bis zum 18. Jahrhundert entfaltete die Sacra Romana Rota[50] eine umfangreiche Tätigkeit. Ihre Entscheidungen wurden regelmäßig als vorbildlich für die Erklärung und die Anwendung des Rechtes angesehen.[51] Da aber noch keine ausschließliche Gesetzessammlung des Kirchenrechts existierte, erhob sich bereits auf dem Konzil von Trient der Wunsch nach Erstellung einer neuen Rechtssammlung. Die Lage am Anfang des 19. Jahrhunderts war so, daß die Praxis ebenso wie die Wissenschaft auf das Corpus Iuris Canonici, mit dem man bestenfalls ins 15. Jahrhundert gelangte, und auf die spätere, in

zahllosen, häufig privaten Publikationen zerstreute Gesetzgebung angewiesen waren.[52] Es lag also eine ähnliche Situation vor, wie sie Gratian zu seiner Zeit vorgefunden hatte, aber noch erschwert durch die Menge der Texte. Daher wurden immer mehr Stimmen laut, die nach einer Kodifikation des kanonischen Rechts verlangten.

Der Gedanke der Kodifikation wurde Pius X. durch Pietro Gasparri nahegelegt. Am 4. August 1903 beschloß der Papst die Kodifikation und betraute damit Gasparri (am Anfang Sekretär der Kommission). Es wurde eine Kommission eingesetzt, die das Werk schaffen sollte. Sie bestand aus Kardinälen, verfügte über einen Sekretär, zog Konsultoren und Mitarbeiter aus allen Ländern heran und beteiligte den gesamten Episkopat an den Arbeiten. Die Arbeit vollzog sich in der Zeit von 1904 bis 1914. Im Konsistorium vom 4. Dezember 1916 gab Benedikt XV. bekannt, daß das Werk vollendet sei. Durch die am 27. Mai 1917 unterzeichnete Konstitution Providentissima Mater Ecclesiae promulgierte der Papst den neuen Codex Iuris Canonici.[53]

Der CIC war von den früheren Rechtssammlungen völlig verschieden, denn etwas ähnliches gab es in der Kirche bis dahin nicht. Der CIC war wirklich eine Sammlung von Gesetzen und nicht von Entscheidungen einzelner Fälle. Die Rechtsregeln wurden in abstrakter und systematischer Weise geboten. Des weiteren war der CIC eine authentische Sammlung, weil von der höchsten kirchlichen Autorität approbiert und promulgiert.[54] Diese Sammlung leitete ihre rechtliche Verbindlichkeit vom Papst ab, sie verpflichtete die gesamte lateinische Kirche und war in diesem Sinne eine universale Sammlung. Alle Gesetze, die darin enthalten waren, waren gleichzeitig und vom selben Gesetzgeber erlassen, dabei stellte der CIC eine ausschließliche Sammlung dar, insofern nach den canones 1–6 entgegenstehendes allgemeines Recht aufgehoben wurde. Der CIC wurde in der Kirche überwiegend positiv aufgenommen, denn die Kodifikation bedeutete trotz gewisser Mängel, die dem CIC anhafteten, eine große Erleichterung für die Verwaltung der Kirche.[55] Auch nach Erlaß des CIC von 1917 ging die Entwicklung des Kirchenrechts selbstverständlich weiter. Die Gesetzgebung des CIC/1917 blieb im wesentlichen stabil bis 1959. Die Situation wandelte sich schlagartig mit dem Pontifikat Johannes' XXIII. Er kündigte am 25. Januar 1959 die Einberufung eines Ökumenischen Konzils und die Revision des CIC/1917 an und bekräftigte diese Absicht in der Enzyklika Ad Petri Cathedram vom 26. Juni 1959.[56] Die Ankündigung des Konzils erschütterte das Recht der Kirche bis in die Grundfesten. Mit dem Beginn des Konzils (Vaticanum II) begann eine allgemeine Rechtsunsicherheit. In diesem II. Vatikanischen Konzil sollten lediglich die Grundsätze niedergelegt, dagegen die Einzelheiten der künftigen Revision des CIC überlassen werden. Die Ausarbeitung des neuen CIC vollzog sich in mehreren Phasen, die sich teilweise überschnitten. In der ersten Phase (1963–1965) wurde die Kommission bestellt und von Johannes XXIII. eingesetzt. Die Kommission beschloß jedoch, ihre Arbeit erst nach Beendigung des II. Vatikanischen Konzils aufzunehmen. In der zweiten Phase (1966–1976) wurden die Entwürfe des neuen CIC und der Lex Ecclesiae Fundamentalis ausgearbeitet. Als oberstes Prinzip für die Reform gab Paul VI. die Anpassung des Kirchenrechts an die Grundsätze des II. Vatikanischen Konzils an. In der dritten Phase (1969–1978) wurden die Entwürfe den Bischofskonferenzen, den Behörden der römischen Kurie, den kirchlichen Universitäten und Fakultäten sowie den höheren Ordensoberen zur Stellungnahme zugeleitet, deren Bemerkungen in die weitere Arbeit einbezogen wurden. In der vierten Phase (1978–1983) prüfte die Kommission die Bemerkungen und arbeitete die Entwürfe um, bis dann schließlich am 29. Juni 1980 der Entwurf des gesamten CIC fertiggestellt war. In der Folgezeit wurde noch einmal darüber beraten. Am 25. März 1982 lag das leicht veränderte Schema vor. In der fünften und letzten Phase wurde das Schema von 1982 von einem kleinen Gremium unter Vorsitz des Papstes zum letzten Mal durchgegangen. Am 25. Januar 1983 unterzeichnete Johannes Paul II. die Apostolische Konstitution Sacrae disciplinae leges, die den neuen CIC promulgierte. Der Öffentlichkeit wurde der Text am 3. Februar 1983 vorgestellt. Der neue CIC trat am 21. November 1983 in Kraft.[57]

Der neue CIC ist eine Kodifikation, d.h. eine systematische, authentische, einheitliche und universale Sammlung von Rechtsvorschriften. Der CIC ist ein Gesetzbuch für die lateinische Kirche, er unterscheidet sich von seinem Vorgänger (CIC/1917) wesentlich. Der CIC/1917 wird durch den neuen CIC/1983 vollständig außer Kraft gesetzt. Der neue CIC ist nicht eine überarbeitete Fassung des CIC/1917, sondern ein originäres Werk, das in sieben Bücher eingeteilt ist.[58]

15. *Fragen nach der theologischen Begründung des Kirchenrechts und nach der Funktion des Rechts in der Kirche:* Daß das Kirchenrecht eine Realität ist, daß es Kirchenrecht gibt, kann niemand ernsthaft bezweifeln. Die Existenz des Kirchenrechts wird auch nicht von den modernen antijuristischen Strömungen in Frage gestellt. Auch die Notwendigkeit des Kirchenrechts wird nicht angezweifelt. Die Faktizität des Kirchenrechts befreit allerdings nicht davon, auch die Frage nach der theologischen Legitimität des Kirchenrechts zu stellen. Die Aufgabe der Theologie des Kirchenrechts ist unter anderem die Frage nach der Begründung des Kirchenrechts, sowie die Frage nach der Funktion des Rechts in der Kirche.[59]

Betrachtet man das Kirchenrecht in seinem innigen Zusammenhang mit Religion und Christentum, so erheben sich alsbald schwierige Fragen über das Wesen des Kirchenrechts. Rein formal könnte man etwa definieren: Kirchenrecht (ius ecclesiasticum) ist die Gesamtheit der Rechtsnorm, die entweder das Leben innerhalb der Kirche ordnen (inneres Kirchenrecht, in der Katholischen Kirche auch Kanonisches Recht, ius canonicum), oder das Verhältnis des Staates zur Religion oder zu den Religionsgesellschaften regeln (äußeres oder Staatskirchenrecht).[60]

Für die theologische Begründung des Kirchenbegriffes hat Augustinus die wesentlichen Grundlagen geschaffen. Wie er in seinem „Gottesstaat" darstellt, ist die Kirche die sichtbare Verkörperung des himmlischen Reiches auf Erden. Sie ist die durch Christus gestiftete Gemeinschaft der Getauften, die dadurch den Charakter der Einigkeit, Heiligkeit und Unfehlbarkeit erhält. Ihrem unsichtbaren Wesen nach ist die Kirche der mystische Leib Christi. Diese theologische Begründung betraf die Gesamtkirche in ihrem übernatürlichen und natürlichen Aufgabenbereich. In der Frage der Rechtsstellung war der Einfluß des römischen Rechts unverkennbar. Durch Konstantin den Großen hatte sie Rechtsbestand erhalten für den Bereich des weltlichen Rechts. Die Kirche und ihr Recht waren somit zu einer Angelegenheit des öffentlichen Rechts geworden. Diese Rechtsstellung verblieb der Kirche auch in den neuen Volksrechten und damit die römisch-rechtlichen Grundsätze, da die Volksrechte den Anstaltsbegriff im damaligen Zeitpunkt noch nicht entwickelt hatten. Das römische Recht, nach dem die Kirche lebte, wurde auch zum Schutz seiner Rechtsstellung, die die Völkerwanderung überdauerte.[61]

16. Als spezifische Disziplin wurde die *Theologie des Kirchenrechts* erst seit der Mitte des 18. Jahrhunderts im Rahmen des ius publicum ecclesiasticum behandelt.[62] Auf dem II. Vatikanischen Konzil wurde die Kirche als institutionelles und somit rechtlich verfaßtes Volk Gottes dargestellt. Die Tatsache, daß die Kirche Volk Gottes war, hatte für die Christen von Anfang an eine konkrete und strukturierende Bedeutung.[63] Die nachkonziliaren Bemühungen um die theologische Orts- und Wertbestimmung des Kirchenrechts haben öfters den Charakter einer Grundlegung gehabt. Auf den ersten Blick könnte man glauben, daß das Kirchenrecht keine Grundlegung benötigt, weil dieses Recht existiert. Da das Recht aber ein normatives System ist, ist die theologische Erklärung des Kirchenrechts für seine Wirksamkeit von großer Bedeutung. Eine Analyse der kanonistischen Literatur aus der Zeit nach dem Verfassen des CIC von 1917 zeigt, daß man von einem bestimmten Kirchenbild ausgeht – nämlich von der societas perfecta – und darin die Grundlage des Kirchenrechts sieht.[64] Das II. Vatikanische Konzil verwendet jedoch die Bezeichnung societas perfecta nicht mehr für die Kirche, lehrt aber mit aller Klarheit, daß die Kirche zwar eine societas ist, aber in ihr die irdische Gesellschaft und die communio der Gnade eins und untrennbar sind.[65] M. a. W. sind „sichtbare" und „unsichtbare" Kirche ein und dieselbe Realität. Auf den Vorstellungen des II. Vatikanischen Konzils aufbauend, wurden viele verschiedene Versuche einer theologischen Grundlegung des Kirchenrechts unternommen. Die wichtigsten Vertreter auf diesem Gebiet sind Aymanns, Rouco Varela, Corecco, Krämer u. a.[66] Die Frage, ob es eine plausible oder theologisch vertretbare Begründung des Kirchenrechts für die katholische Theologie gibt, ist noch offen.

Ein bedeutender Teil der Reformarbeit am Kirchenrecht (II. Vatikanisches Konzil) war dem Thema „Verbesserungen der Struktur der kirchlichen Rechtsordnung, Rechtsschutz und Grundrechte" gewidmet. Hier hat sich auch hinsichtlich der Frage nach der Funktion des Rechts in der Kirche ein Wandel vollzogen. Das neue Kirchenrecht steht nicht mehr primär im Dienste der Lehre und des Amtes, es steht auch und gerade im Dienste der einzelnen Christgläubigen, deren Rechte es schützen soll. Kirchenrecht hat die Kirche als Gemeinschaft zu unterstützen bei der Erreichung ihrer Ziele. Das Kirchenrecht hat es in seiner diakonischen und pastoralen Funktion dem Gläubigen zu ermöglichen, in der Gemeinschaft des Volkes

Gottes seinen Weg zum Heil in eigener Verantwortung und in freier Entscheidung zu gehen.[67]

In diesem Zusammenhang ist auch darauf hinzuweisen, daß der neue Codex in verstärktem Maße auf die kanonische Billigkeit und auf die salus animarum als das höchste Ziel kirchlichen Rechtes hinweist, und dies an mehreren Stellen.[68] Diese Frage wird von der Kanonistik unter dem Begriff Elastizität des Kirchenrechts behandelt. Die Elastizität des Kirchenrechts ermöglicht es, im Einzelfall eine Entscheidung zu treffen, die weit über das anzuwendende Gesetz hinaus oder auch gegen dieses eine richtige und gerechte Fallösung ermöglicht. Im Kirchenrecht kann es ja nicht auf die Erfüllung des Buchstabens des Gesetzes ankommen, sondern wegen der diakonischen Funktion des Kirchenrechts muß eine gerechte und richtige Lösung im Einzelfall gefunden werden. Im Laufe der Jahrhunderte sind verschiedene „Techniken" entwickelt worden, die eine elastische Handhabung positiver Kirchenrechtsvorschriften legitimieren, sowohl für die Obrigkeit wie auch für den einzelnen Gläubigen. Zu erwähnen sind hier insbesondere Dispens (Aufhebung einer Gesetzesverpflichtung im Einzelfall) und Epikie (meist mit Milde, Nachsicht übersetzt; ein Akt der Gerechtigkeit, dessen Zweck es ist, die Anwendung des Gesetzes auszugleichen, zu korrigieren oder zu vervollständigen).[69]

1   *Bleicken, Jochen,* Verfassungs- und Sozialgeschichte des Römischen Kaiserreiches, Band 2, Paderborn 1978, S. 140.
2   *Bleicken* (Anm. 1), S. 141.
3   Mt 5,17.
4   *Plöchl, Willibald,* Geschichte des Kirchenrechts, Band 1, Das Recht des ersten Jahrtausends – von den Urchristen bis zum großen Schisma, 2. Auflage, München 1960, S. 105.
5   *Erdö, Péter,* Die Kirche als rechtlich verfaßtes Volk Gottes, in: Handbuch des katholischen Kirchenrechts, *Listl J. / Schmitz H.* (Hrsg.), 2. Auflage, Regensburg 1999 S. 12 ff.
6   *Wenger, Leopold,* Zur christlichen Begründung des Naturrechts, in: Zeitschrift der Savigny-Stiftung für Rechtsgeschichte, Kanonische Abteilung, Band 69, 1983, S. 132.
7   Lk 20,25.
8   Apokryph (gr.-lat.): „verborgen", 1. unecht, fälschlich jmdm. zugeschrieben, 2. zu den Apokryphen gehörend.; Apokryph(en): nicht in den Kanon aufgenommenes, jedoch den anerkannten biblischen Schriften formal und inhaltlich sehr ähnliches Werk.
9   Katechumene (gr.-mlat.): (erwachsener) Taufbewerber im Vorbereitungsunterricht.
10  *Plöchl* (Anm. 4), S. 107 f.
11  *Plöchl* (Anm. 4), 108.
12  *Plöchl* (Anm. 4), S. 109.
13  *Plöchl* (Anm. 4), S. 109 f.
14  *Plöchl* (Anm. 4), S. 106 ff.
15  *Plöchl* (Anm. 4), S. 118.

16  *Aymanns, Winfried,* Die Kirche – Das Recht im Mysterium Kirche, in: Handbuch des katholischen Kirchenrechts, *Listl J. / Schmitz H.* (Hrsg.), 2. Auflage, Regensburg 1999, S. 6 f.
17  *Aymanns* (Anm. 16), S. 9.
18  *Hertling, L.,* Communio und Primat, Miscellanea Historiae Pontficiae, Vol. VII, Rom 1943, S. 67.
19  *Maasen, Friedrich,* Geschichte der Quellen und der Literatur des kanonischen Rechts im Abendlande, 1. Band, Die Rechtssammlungen bis zur Mitte des 19. Jahrhunderts, Graz 1956, S. 8.
20  *Plöchl* (Anm. 4), S. 117.
21  Lex Ribuaria, Kapitel 58, 1.
22  *Erler, Adalbert,* Kirchenrecht, 5. Auflage, München 1983, S. 21.
23  Die Lehre des um 280 geb. Arius aus Lybien, der seit 318 mit einer eigenen Trinitätslehre auftrat.
24  *Plöchl* (Anm. 4), S. 121.
25  *Plöchl* (Anm. 4), S. 127 f.
26  *May, Georg,* Kirchenrechtsquellen I, in: Theologische Realenzyklopädie, Band 19, Berlin/New York 1990, S. 1.
27  *May* (Anm. 26), S. 14.
28  *May* (Anm. 26), S. 17.
29  *Plöchl, Willibald,* Geschichte des Kirchenrechts, Band 2, Das Kirchenrecht der abendländischen Christenheit – 1055 bis 1517, 2. Auflage, München 1960, S. 464 f.
30  *May* (Anm. 26), S. 20 f.
31  *Plöchl* (Anm. 29), S. 468.
32  *Gaudement, J.,* Das römische Recht in Gratians Dekret, in: Österreichisches Archiv für Kirchenrecht, 12. Jahrgang, Wien 1961, S. 184.
33  *Van Hove,* Decretum Gratiani, S. 325 ff., zitiert nach: *Gaudement* (Anm. 32), S. 179.
34  *Gaudement* (Anm. 32), S. 182.
35  *Plöchl* (Anm. 29), S. 470.
36  *May* (Anm. 26), S. 28 f.; Plöchl (Anm. 29), S. 477 ff.
37  *Plöchl* (Anm. 29), S. 78 f.
38  *Plöchl* (Anm. 29), S. 478 f.
39  *May* (Anm. 26), S. 29 f.
40  *Plöchl* (Anm. 29), S. 479 f.
41  *May* (Anm. 26), S. 30 f.
42  *May* (Anm. 26), S. 31 f.; *Plöchl, Willibald,* Geschichte des Kirchenrechts, Band 5, Das katholische Kirchenrecht der Neuzeit, 3. Teil, 2. Auflage, München/Wien 1960, S. 267 ff.
43  Zum Beispiel Honorius III., 1219, Decretale Super specula, c. 28 X, V, 33.
44  *Plöchl* (Anm. 4), S. 122.
45  *Jacobi, Erwin,* Der Prozeß im Dekretum Gratiani und bei den ältesten Dekretalisten, in: Zeitschrift der Savigny-Stiftung für Rechtsgeschichte, Kanonische Abteilung, Band 34, Weimar 1913, S. 223–333.
46  *Plöchl* (Anm. 4), S. 123.
47  *Plöchl* (Anm. 4), S. 123.
48  *Plöchl* (Anm. 4), 123 f.
49  *Plöchl* (Anm. 4), S. 122 f.
50  Das Tribunal Rotae Romanae, dessen Ursprung im 13. Jahrhundert liegt, ist ordentliche Berufungsinstanz, sorgt für einheitliche Rechtsprechung und unterschtützt durch eigene Urteile die Untergerichte.
51  *May* (Anm. 26), S. 33 f.
52  *May* (Anm. 26), S. 34.
53  *May* (Anm. 26), S. 36 f.

54 *Plöchl, Willibald,* Geschichte des Kirchenrechts, Band 3, Das katholische Kirchenrecht der Neuzeit, 3. Teil, 2. Auflage, München/Wien 1960, S. 44 f.

55 *May* (Anm. 26), S. 36ff.

56 Praefatio – Vorrede, in: Codex Iuris Canonici – Codex des kanonischen Rechts, 3. Auflage, Kevelaer 1989, XXX (L XIII); *Listl, Joseph,* Kirche im freiheitlichen Staat, in: ders., Schriften zum Staatskirchenrecht und Kirchenrecht, Band 2, Berlin 1996, S. 1061f.;

57 *May* (Anm. 26), S. 39 f.

58 *May* (Anm. 26), S. 122 f.

59 *Puza, Richard,* Katholisches Kirchenrecht, Heidelberg 1986, S. 39 f.

60 *Erler* (Anm. 22), S. 2.

61 *Plöchl* (Anm. 4), S. 126 f.

62 *Erdö, Péter,* Theologische Grundlegung des Kirchenrechts, in: Handbuch des katholischen Kirchenrechts, *Listl J. / Schmitz H.* (Hrsg.), 2. Auflage, Regensburg 1999, S. 23.

63 *Erdö* (Anm. 5), S. 27.

64 *Puza* (Anm. 59), S. 41.

65 Vatikanum II, Lumen Gentium Art. 8.

66 *Puza* (Anm. 59), S. 48.

67 *Puza, Richard,* Die diakonische Funktion des Kirchenrechts – Gewandeltes Rechtsverständnis im neuen CIC?, in: Archiv für katholisches Kirchenrecht, Band 151, 1982, S. 130–139.

68 Billigkeit (cc. 19, 221 § 2, 1752). Seelenheil (cc. 1452 § 1, 1752).

69 *Puza* (Anm. 59), S. 63 ff.

# Bis zum ausgehenden Mittelalter

# Teufelsverbündete im Corpus iuris canonici

*von Roland Graf*[1]

1. Das *Corpus Iuris Canonici* (CorpIC) ist die wichtigste Sammlung des mittelalterlichen Kirchenrechts, die bis zum Codex Iuris Canonici (CIC) von 1917 von Wissenschaft und Kirche benützt wurde. Sie ist gemäß ihrer Entstehung in sechs Teile gegliedert (Decretum Gratiani, 1140/42; Liber Extra Gregors IX., 1234; Liber Sextus Bonifatius VIII., 1298; Clementinen, 1317; Extravagantes, 1500; Extravagantes Communes, 1503).[2]

Nach einer allgemeinen Revision der Texte erfolgte 1582 eine Promulgation durch Gregor XIII., die sich allerdings nur auf die vereinheitlichte Textfassung bezog. Die Ausgabe wurde damit für den praktischen Gebrauch im Studium und vor Gericht als solche anerkannt. Damit änderte sich aber nichts am rechtlichen Charakter der verschiedenen Einheiten innerhalb des CorpIC. Die zeitliche Abfolge und ihr innerer Gesetzeswert müssen somit stets berücksichtigt werden.[3] Die Bedeutung des CorpIC ist jeweils im Vorwort der CIC von 1917 und von 1983 gewürdigt worden. Im CIC/1917 gibt es kaum einen Kanon ohne Verweis auf das CorpIC.[4]

Aufgrund der ungeschmälerten Bedeutung des CorpIC als Rechtssammlung über einen Zeitraum von 335 Jahren (von der Promulgation durch Papst Gregor XIII. 1582 bis zur Einführung des Codex Iuris Canonici 1917) ist dieses Werk in vielen Editionen herausgekommen. Mir stand eine von Paul Lancelot herausgegebene Fassung des CorpIC von 1605 zur Verfügung.[5] Die letzte Ausgabe, nach der das Werk meistens zitiert wird, stammt von Emil Friedberg in zwei Bänden (1879 bzw. 1881). Der erste umfaßt das Decretum Gratiani, während die anderen zum CorpIC gehörenden Teile im zweiten Band herausgegeben worden sind.[6]

Die Promulgation der gesamten Textform des CorpIC darf nicht darüber hinwegtäuschen, daß der Text nicht fehlerfrei ist. Friedberg hat aufgrund von Handschriften falsche Zuordnungen (z.B. Honorius III. statt Innozenz III.), Abweichungen vom Originaltext und Auslassungen festgestellt.[7] Zudem gibt es in den beiden Extravagantensammlungen Dekretalen, die in beide Sammlungen aufgenommen worden sind; trotzdem sind von der Herkunft identische Passagen gelegentlich voneinander abweichend.[8]

2. *Was sind Teufelsverbündete?* Bei näherer Betrachtung der Dekretalien Gratians kommt der Charakter dieser Sammlung zur Geltung. Gratian hat rund 4000 Quellenstellen, welche Bibelstellen, Aussagen von Kirchenvätern, Konzilstexte, päpstliche Verlautbarungen und römische Rechtsgesetze umfassen, verarbeitet. Widersprüchliche Belege hat er bewußt einander gegenübergestellt. Nicht umsonst trägt der erste Teil den Titel „Concordia discordantium canonum ac primum de iure naturae et constitutionis".

Wer nur den Begriff „Teufelsverbündete" im CorpIC sucht, wird, soweit ich festgestellt habe, auf Anhieb nicht fündig. Der Begriff „Teufelsverbündete", der entweder einen stillschweigenden oder ausdrücklichen Vertrag mit dem Teufel meint, ist zur Zeit der Sammlung des Decretum Gratiani noch nicht systematisch entwikkelt worden.

Tatsächlich gibt es Belege im Decretum Gratiani, wie im später noch zu besprechenden Canon Episcopi, wo mindestens ein Pakt mit dem Teufel gemeint ist oder Begriffe verwendet werden, die der späteren Systematisierung dienten. Gratian gibt eine Stelle von Augustinus († 430) aus dem Buch „De Doctrina Christiana" wieder, die von Wahrsagerei handelt, die mittels gewissen „Verträgen über Verhandlungen, die mit dem Teufel besprochen und geschlossen sind" (pacta quedam significationum cum demonibus placita atque foederata) zustande kommen.[9] Im selben Kapitel wird, ebenfalls Augustinus zitierend, auf Apostelgeschichte 16,16 verwiesen, wo der Apostel Paulus den Wahrsagegeist einer Frau austreibt, mit deren Wahrsagerei ihre Herren große Gewinne machten. Alle diese Künste, heißt es anschließend, stammten aus einer bestimmten verderblichen Verschwörung von Dämonen und Menschen, „die gleichsam Pakte des Unglaubens und trügerischer Freundschaft seien" (ex quadam pestifera societate hominum et demonum quasi pacta infidelis et dolosae amicitiae constituta).[10] Somit ist schon in diesem Kapitel aufgrund der Lehre des Augustinus die Grundlage für das vorhanden, was später Thomas v. Aquin als „pactus expressus" (ausdrücklicher Pakt) und „pactus tacitus" (stillschweigener oder impliziter Pakt) bezeichnet hat.[11]

3. *Lose legen (sortilegus, von „sors" und „legere", Losstäbchen auflesen):* Die Kapitel unter Questio II Causa 26 geben biblische Beispiele an, die verwerfliches aber auch legitimes Loselegen bezeugen. Es ist durchaus möglich, daß sich Befürworter solcher Praktiken mit bestimmten Bibelstellen rechtfertigen wollten. Im Buch Josua wird die Eroberung Jerichos beschrieben. Die ganze Kriegsbeute war dem Untergang geweiht, doch Achan behielt etwas von dem, was hätte vernichtet werden sollen. Um den Schuldigen herauszufinden, ließ Josua alle Stämme Israels antreten. Der Herr bezeichnete aus dem Volk Israel zuerst den Stamm, dann die Sippe, dann die Großfamilie bis zum Mann, bei dem etwas war, das dem Untergang geweiht war.[12] Wörtlich lautet der Auftrag des Herrn an Josua: „Bei wem man dann etwas findet, das dem Untergang geweiht ist, der soll mit allem, was er hat, verbrannt werden, weil er sich am Bund des Herrn vergangen und in Israel eine Schandtat verübt hat" (Josua 7,15). Das Los – wie die alte Vulgata übersetzt – bezeichnete schließlich Achan. Nachdem die unrechtmäßig gestohlene Beute bei ihm gefunden wurde, steinigten sie ihn und er wurde mit Hab und Gut verbrannt.[13] Mir scheint diese Stelle nicht ohne Bezug zur Inquisition und Hexenverfolgung zu sein. Man beachte aber, daß in diesem Fall der Beweis für die Schuld Achans zweifelsfrei erbracht wurde und das Los wirklich den Schuldigen getroffen hatte.

Als weiteres Beispiel wird Saul (1 Samuel 14,41) erwähnt, dessen Sohn Jonathan durch das Los als Schuldiger ermittelt wurde. Auch der Prophet Jona wurde als Verantwortlicher für den Sturm auf dem Meer durch das Los herausgefunden und auf eigenen Wunsch ins Meer geworfen. Jene, die in diesem Fall das Losziehen veranlaßten, waren aber vermutlich Heiden (Jona 1,1–16). Auch im Buch der Sprüche oder in den Psalmen gibt es Stellen, die sich auf das Los beziehen.[14]

Diese alttestamentlichen Stellen entkräftet Gratian damit, daß früher, bevor das Evangelium leuchtete, vieles erlaubt gewesen war, was zur Zeit einer besseren Disziplin nach und nach verschwand.[15] Das Gesetz der Kirche, so Gratian weiter, „untersagt das Loselegen eindringlich" (ecclesiastica tamen lege penitus interdicitur). Das Verbot schützt den Glauben, damit nicht unter dem Anschein von Weissagungen zu altertümlichem Götzendienst (Idolatria) zurückgekehrt wird.[16] Damit wird die Hauptsorge ausgedrückt, welche all diesen Bestimmungen zugrundeliegt. Allerdings wird nicht unterschlagen, daß die Wahl des Apostels Matthias ebenfalls durch Lose erfolgte (Apostelgeschichte 1,26). Als Erklärung dieser Tatsache wird angegeben, daß den Aposteln zu jenem Zeitpunkt der Beistand des Heiligen Geistes noch nicht gegeben war.[17] Später bestimmten sie die Diakone nicht mehr auf diese Weise, sondern wählten sie (elegerunt).[18] Ausdrücklich werden Orakel (oracula) mit Bezug auf Augustinus abgelehnt: „Zu heidnischen göttlichen Orakeln sollen wir uns nicht hinwenden."[19]

## 4. Wahrsagerei und Hexerei (ariolos = hariolos bzw. incantatrix):

Für Hexen und Zauberer werden meistens folgende Bezeichnungen verwendet: lamiae, striges, malefici, venefici, sortilegii, magi, phitonici,[20] wobei mir in den Texten des CorpIC die Begriffe „striges", „lamiae" und „phitonici" nicht begegnet sind. Unter Causa 26, Questio 5 wird im Decretum Gratiani eine ganze Reihe verwerflicher Praktiken beim Namen genannt. Dazu gehören: Die Wahrsagerei (ariolos),[21] die Opferbeschauung (incantatores), das Verehren der Elemente des Mondes, der Sterne, der Luftbahnen in ihren Werken[22], die Magie (magos) und schließlich Hexerei (incantatores)[23]. Den Bischöfen und Priestern wird ausdrücklich untersagt, Zauberer oder Hexen (aruspices) zu befragen.[24] Klerus, Mönche oder Laien, die sich der Wahrsagerei, Hexerei oder Loslegerei anschließen, werden exkommuniziert.[25] Erwähnt und verworfen wird auch der Schadenszauber (maleficium).[26]

Grundsätzlich läßt sich diese Haltung, die von Partikularkonzilien, wie Ancyra (314), Laodicea (343–381), Cartagena IV (ca. 401), Agatha (506), Orleans I (511) und Toledo IV (633) geäußert wurde, auf Deuteronomium 18,10–11 zurückführen.

Natürlich gibt es im Alten Testament eine Vielzahl anderer Stellen, die von verwerflichen Praktiken handeln.[27] Diese drangen unter dem Einfluß des Heidentums immer wieder in das Volk Israel und mündeten schließlich in Götzendienst (idolatria). Auch das Neue Testament äußert sich dazu unmißverständlich. Der Apostel Paulus schreibt: „Die Werke des Fleisches sind deutlich erkennbar: Unzucht, Unsittlichkeit, ausschweifendes Leben, Götzendienst, Zauberei, Feindschaften, Streit, Eifersucht, Jähzorn, Eigennutz, Spaltungen, Parteiungen, Neid und Mißgunst, Trink- und Eßgelage und ähnliches mehr. Ich wiederhole, was ich euch schon früher gesagt habe: Wer so etwas tut, wird das Reich Gottes nicht erben."[28]

In der Apostelgeschichte gibt es weitere Stellen, die Zauberei als verwerflich erweisen.[29] Die Belegstellen, welche Gratian gesammelt hat, lassen darauf schließen, daß die Christenheit eigentlich immer mit solchen Problemen zu kämpfen hatte, sonst wären diese Verlautbarungen der Konzilien und Päpste nicht notwendig gewesen. Diesbezüglich sind die Probleme des Mittelalters und Spätmittelalters nicht neu. Der große Unterschied besteht wohl im Ausmaß dieser Probleme.

## 5. Hexenverfolgung – das ausschließliche Phänomen des Mittel- und Spätmittelalters?

Die Verfolgung des Tatbestandes der Hexerei in Verbindung mit Ketzerei ist schon im 4. Jahrhundert nachweisbar. Priscillian wurde im Jahr 385 zusammen mit sechs Gefährten wegen Schadenszauber (maleficium) verurteilt und hingerichtet.[30] Zuvor verurteilte die Synode von Bordeaux (384/385) seine häretischen Anschauungen und magischen Praktiken. Priscillian appellierte an das kaiserliche Gericht und wurde darauf von der staatlichen Gewalt verurteilt und durch das Schwert hingerichtet.[31] In einem Brief Leo I. an Bischof Turribuius von Astorga vom 21. Juli 447 wird dieser Sachverhalt bestätigt.[32] Leo I. der Große hält fest, daß die Kirche blutige Strafen meide, aber von den strengen Bestimmungen christlicher Fürsten unterstützt werde. Offensichtlich setzt er auf die Abschreckungswirkung der harten Strafen durch die staatlichen Gerichte. Der Brief scheint mir eine Rechtfertigung für die Verurteilung Priscillians zu sein, denn dessen Verurteilung zum Tod erregte damals unter den Zeitgenossen großes Aufsehen und löste heftigen Protest aus. Im Jahr 574 beschäftigte sich die Kirche übrigens immer noch mit den Priscillianisten, die erneut von der Synode von Braga mit dem Anathema belegt wurden.[33] Aus einer Stelle, die Gratian anführt, geht hervor, daß jenen, die Hexereien und Wahrsagereien betreiben, ebenso wie den Feinden Christi, Verfolgung gebührt.[34] Gratian faßt wie folgt zusammen: „Den vorausgehenden Autoren ist zu entnehmen, daß Wahrsager, Opferbeschauer, Zauberer, Losleger und dazu die übrigen Arten von Anhängern von der Kirche zu entfernen und lebenslänglich auszustoßen sind, es sei denn, sie würden abschwören."[35] Mit Berufung auf Augustinus[36] und den Canon Episcopi hält er den Hexenflug für nicht real.

6. *Die fatale Mißinterpretation des Canon Episcopi:* Eine Textpassage, welche vom Hexenflug der Göttinnen Herodiana und Diana handelt und in den Dekretalien Gratians enthalten ist, hat viel zu denken gegeben. Gratian gibt das Konzil von Ancyra (314) als Quelle an. Michael Siefener hingegen schreibt, dieses Stück entstamme „wahrscheinlich einem fränkischen Capitulare", das als Canon Episcopi bezeichnet werde. Burchard von Worms habe ihn in seine Rechtssammlung aufgenommen. Später habe er in die Sammlung des Ivo von Chartres und in das Decretum Gratiani Eingang gefunden.[37] Allerdings gibt er keine Gründe an, um diese Wahrscheinlichkeit zu stützen. Ohne die Berücksichtigung des Stückes durch Gratian wäre gemäß Harmening der Bericht des Hexenfluges mittels Diana und Herodiana nicht in die Hexen-Topik gelangt.[38] Dies ist nicht abzustreiten, aber dennoch aus heutiger Sicht schwer nachvollziehbar, werden doch im selben Text solche Berichte auf „teuflische Täuschungen und Phantasien" (demonum illusionibus et fantasmatibus) zurückgeführt.[39] Dem Canon Episcopi wäre m. E. allein als Text im Dekret Gratians keine hervorragende Bedeutung beizumessen, wenn er nicht von vielen Autoren vom Mittelalter bis heute zitiert und kommentiert worden wäre. Dazu hat wohl die Autorität der Dekretalien Gratians als private, aber doch bedeutende Sammlung kirchlichen Rechtsmaterials wesentlich beigetragen. Wenn Thomas von Aquin in seinen Werken das Decretum Gratiani insgesamt 98mal mit präziser Stellenangabe zitiert, spricht das ebenfalls für das hohe Ansehen dieser Sammlung.
Wir finden im Canon Episcopi wesentliche Elemente, die mit dem Teufelsbund zusammenhängen. Doch die Wirkungsgeschichte des Canon Episcopi stimmt m. E. keineswegs mit der Absicht der Autoren des Textes überein. Aus diesen Gründen möchte ich den Canon Episcopi im Wortlaut und in einer eigens erstellten Übersetzung anführen:

*Item ex Concilio Anquirensi,*[40] *c. 1.* [Ebenso aus dem Konzil von Ancyra, Canon 1.]
*Episcopi, eorumque ministri omnibus uiribus elaborare studeant, ut perniciosam et a zabulo inuentam sortilegam et magicam artem ex parrochiis suis penitus eradicent, et si aliquem uirum aut mulierem huiuscemodi sceleris sectatorem inueniunt, turpiter dehonestatum de parrochiis suis ieciant.* [Die Bischöfe und ihre Priester mögen

sich mit allen Kräften darauf verwenden, daß die gefährliche und vom Teufel erfundene Kunst der Wahrsagerei und Zauberei aus ihren Pfarreien völlig getilgt werden, und wenn sie irgendeinen Mann oder eine Frau als Betreiber dieses Verbrechens finden, sollen sie ihn der Ehre entblößt aus ihren Pfarreien ausstoßen.]

*Ait enim Apostolus: „Hereticum hominem post primam et secundam correctionem deuita, sciens, quia subuersus est qui eiusmodi est." Subuersi sunt et a diabolo captiui tenentur qui relicto creatore suo diaboli suffragia querunt, et ideo a tali peste debet mundari sancta ecclesia.* [Der Apostel sagt nämlich: „Wenn du einen Häretiker einmal und ein zweites Mal ermahnt hast, so meide ihn. Ein solcher Mensch stiftet Aufruhr" (Titus 3,10–11a). Diejenigen, welche ihren Schöpfer verlassen haben und auf die Hilfe des Teufels bauen, sind verworfen und befinden sich in den Fängen des Teufels, und deshalb muß die heilige Kirche von einer solchen Pest gereinigt werden.]

*§. 1. Illud etiam non est omittendum, quod quedam sceleratae mulieres retro post sathanam conuersae, demonum illusionibus et fantasmatibus seductae, credunt se et profitentur, cum Diana nocturnis horis dea paganorum, uel cum Herodiade, et innumera multitudine mulierum equitare super quasdam bestias, et multa terrarum spacia intempestae. noctis silentio pertransire, eiusque iussionibus obedire uelut dominae, et certis noctibus euocari ad eius seruicium. Sed utinam he solae in perfidia sua perissent, et non multos secum ad infidelitatis interitum pertraxissent. Nam et innumera multitudo hac falsa opinione decepta uera esse credunt, et credendo a recta fide deuiant, et errore paganorum inuoluuntur, cum aliquid diuinitatis aut numinis extra unum Deum arbitrantur.* [§. 1. Man möge daran denken, daß gewisse ruchlose Frauen sich dem Satan verschrieben haben, und von den Täuschungen und Trugbildern der Teufel verführt, glauben sie und bekennen auch, mit der heidnischen Göttin Diana oder mit Herodias und einer unzählbaren Menge an Frauen zu nächtlichen Stunden auf gewissen Tieren zu reiten und in der Stille der Nacht große Räume zu durchfliegen und ihren Anordnungen wie denjenigen einer Gebieterin zu gehorchen und in bestimmten Nächten zu deren Dienst gerufen zu sein. Würden doch diese in ihrem Unglauben sterben und nicht viele mit sich in den Untergang der Gottlosigkeit ziehen. Denn eine unzählbare Menge ist von dieser irrigen Anschauung betrogen und glaubt, daß dies wahr sei, und indem sie es glauben, irren sie vom richtigen Glauben ab, und wer-

den vom Irrtum der Heiden befallen, weil sie meinen, daß neben
dem einzigen Gott irgend etwas Göttliches (sei).]

*Quapropter sacerdotes per ecclesias sibi conmissas populo Dei
omni instantia predicare debent, ut nouerint hec omnino falsa esse,
et non a diuino, sed a maligno spiritu talia fantasmata mentibus fi-
delium irrogari.* [Deshalb müssen die Priester[41] in den ihnen anver-
trauten Kirchen dem Volk Gottes mit allem Nachdruck einschärfen,
daß sie all das als falsch erkennen und sich solche Phantastereien
nicht vom Heiligen Geist, sondern vom Teufel dem Verstand der
Gläubigen aufdrängen.]

*§. 2. Siquidem ipse sathanas, qui transfigurat se in angelum lucis,
cum mentem cuiusque mulieris ceperit, et hanc per infidelitatem sibi
subiugauerit, illico transformat se in diuersarum personarum spe-
cies atque similitudines, et mentem, quam captiuam tenet, in somp-
nis deludens, modo leta, modo tristia, modo cognitas, modo incog-
nitas personas ostendens, per deuia queque deducit, et, cum solus
spiritus hoc patitur, infidelis hoc non in animo, sed in corpore eu-
enire opinatur. Quis enim non in somniis et nocturnis visionibus
extra se educitur, et multa videt dormiendo, que numquam viderat
vigilando?[42] Quis uero tam stultus et hebes sit, qui hec omnia, que in
solo spiritu fiunt, etiam in corpore accidere arbitretur? cum Ezechiel propheta uisiones Domini in spiritu, non in corpore uidit?*
[§. 2. Weil sich der Satan in einen Lichtengel verwandelt, wenn er
sich des Geistes einer solchen Frau bedient und sie durch Apostasie
sich dienstbar macht, gibt er sich gleichzeitig den Anschein verschiedener Personen und täuscht den Geist im Schlaf manchmal
durch freudige und manchmal durch traurige (Angelegenheiten),
durch Präsentation bald bekannter bald unbekannter Personen, und
entführt sie durch Abwegiges, und derweil der Satan nur ein Geist-
wesen ist, meint der Abergläubige, dies geschehe nicht im Geiste,
sondern wirklich. Wer sollte im Schlaf bei nächtlichen Visionen
etwa nicht entführt werden, der beim Schlaf Dinge sieht, die er im
wachen Zustand niemals gesehen hat? Welcher Dummkopf und
wirre Geist meint, alles was nur im Geiste ist, würde sich körperlich
ereignen? Nachdem schon der Prophet Ezechiel die Gesichter nur
im Geiste sah, ohne sie leiblich zu sehen und zu hören?]

*(Et Ioannes Apostolus Apocalypsis sacramentum in spiritu, non in
corpore vidit, et audivit, sicut ipse dicit?)*[43] *„Statim"* inquit, *„fui in
spiritu".* [(Hat nicht auch der Apostel Johannes die Schau der Of-

fenbarung im Geiste gehabt und nicht leiblich gesehen noch gehört, wie er selber sagt:) „Ich war im Geiste entrückt"? (Offenbarung 4,2)]

*Et Paulus non audet dicere se raptum in corpore. Omnibus itaque publice annunciandum est, quod qui talia credit et his similia fidem perdit, et qui rectam fidem non habet, hic non est eius, sed illius, in quem credit, id est diaboli.* [Nicht einmal Paulus wagte zu sagen, er wäre körperlich entrückt gewesen. Allen ist öffentlich zu verkünden, daß wer solches glaubt und diesem den Glauben verleugnet und deshalb den richtigen Glauben nicht hat, dieser gehört nicht zu Christus, sondern zum anderen, auf welchen er vertraut, das heißt dem Teufel.]

*Nam de Domino nostro scriptum est: „Omnia per ipsum facta sunt." Quisquis ergo credit fieri posse, aliquam creaturam aut in melius aut in deterius inmutari, aut transformari in aliam speciem uel in aliam similitudinem, nisi ab ipso creatore, qui omnia fecit, et per quem omnia facta sunt, proculdubio infidelis est, et pagano deterior.* [Unsere Schrift sagt nämlich vom Herrn: „Alles ist durch ihn gemacht" (Johannes 1,3). Wer also glaubt, daß irgendein Geschöpf entstehen oder zum Guten oder zum Schlechten sich verändern könne, oder sich einen anderen Charakter oder ein anderes Aussehen geben könne – ohne seinen Schöpfer, der alles geschaffen hat, und durch welchen alles geworden ist, der ist ohne Zweifel ein Apostat, und schlechter als ein Heide.]

Im ersten Teil ist zu beachten, daß ausdrücklich von Männern und Frauen die Rede ist, die Wahrsagerei und Zauberei betreiben. Sie sind aus den Pfarreien auszutilgen, worauf Bischöfe und Priester zu achten haben. Durch das Zitat aus dem Brief des Apostels Paulus an Titus wird zudem der Tatbestand der Wahrsagerei und Zauberei mit jenem der Häresie verknüpft. Das begründet ein aktives Vorgehen gegenüber solchen Teufelsverbündeten und ist für die rechtliche Behandlung solcher Fälle wichtig, weil sie mit der Häresie gleichgestellt werden.

In § 1 wird eine Formulierung „mulieres retro post sathanam conversae" (Frauen, die sich dem Satan verschrieben haben) verwendet, die man durchaus mit dem Begriff „Teufelsverbündete" übersetzen darf. Gemeint ist wohl ein ausdrücklicher Bund mit dem Teufel, wobei auch ein stillschweigender Bund nicht zwingend ausgeschlossen ist.

Die Geschichten vom Hexenflug werden anschließend ganz klar ins Reich der Phantasie und der Täuschung verbannt. Wer solches glaubt, wird als vom wahren Glauben abgefallen bezeichnet. Zwischen den Zeilen ist die Sorge zu entnehmen, daß diese Geschichten dazu führen, daß sich die Gläubigen dem Aberglauben zuwenden, den Hexenflug als wahr betrachten und von diesem Phänomen fasziniert werden.

In § 2 werden die letzten Zweifel an einer Realität des Hexenfluges ausgeräumt. Er geschieht nicht wirklich mit dem Körper, sondern ist etwas, das sich im Geist der Betreffenden abspielt.[44] Es geschieht unter dem Einfluß des Teufels. Nicht das Phänomen des Hexenfluges ist ernstzunehmen, sondern die teuflischen Einflüsse, die sich bei Personen ereignen, die sich dem Teufel verschrieben haben.

Michael Siefener weist in seiner Dissertation denn auch nach, daß es Autoren der frühen Neuzeit gab, die den Hexenflug als Einbildung betrachteten. Der Theologe Johann Nider (ca. 1380–1438) habe sich ausdrücklich in diesem Sinne geäußert. Eine ganze Reihe von Autoren scheint anderer Auffassung gewesen zu sein. Johannes Turrecremata (1388–1468), der sogar beauftragter Theologe des Konzils von Basel war, erachtete es in seinem Kommentar zum Canon Episcopi als nicht unmöglich, daß sich Magier vom Teufel von Ort zu Ort tragen ließen. Die Aussage des Canon Episcopi schränkte er insofern ein, daß lediglich der Ritt mittels der Göttinnen Diana und Herodiana sowie mittels Tieren auf Vorspiegelungen des Teufels zurückzuführen sei. Der Inquisitor Nicolaus Jacquier zog einen Unterschied zwischen jenen Hexensekten seiner Zeit und dem, was der Canon Episcopi beschrieb. Heinrich Kramer (Institoris; ca. 1430–1505) zitiert den Canon Episcopi in seinem Hexenhammer, soweit ich feststellen konnte, elfmal. Nach Kramer ist ein geträumter Flug denkbar, aber auch eine körperliche Ausfahrt übersteigt die Möglichkeiten des Teufels nicht. Damit setzt er sich in seinem Werk nicht weniger als siebenmal über die Aussagen des Canon Episcopi hinweg, indem er sie umdeutet und anderen Autoren eine gewichtigere Bedeutung zugesteht.[45] Bemerkenswert ist in diesem Zusammenhang die Tatsache, daß in der Hexenbulle von 1484 „Summis desiderantes affectibus" von Papst Innozenz VIII. sowohl Hexenflug als auch Hexensabbat unerwähnt blieben, während Heinrich Kramer diesen „Phänomenen" im Hexenhammer viel Platz eingeräumt hat.[46] Dies läßt darauf schließen, daß die hochoffizielle Instanz der Kirche diesem (irrealen) Phänomen nicht jene Bedeutung beigemessen hat, wie etwa Inquisitor Kramer. Auch bei den Autoren, die zwischen 1574 bis 1608 das Thema behandelten, stellt Siefener kontroverse und widersprüchliche Thesen bezüglich Hexenflug und Hexensabbat fest.[47]

Der weit verbreitete Glaube an Hexenflug und Hexensabbat hat sich wohl deshalb als fatal erwiesen, weil bei den Verhören unter Folter oftmals weitere Teilnehmer des Hexensabbates verraten wurden. Bei der Annahme eines Hexenfluges wurde zudem jedes Alibi hinfällig. Dies müßte m. E. die Frage aufwerfen, ob nicht gerade dieser gemäß Canon Episcopi ungerechtfertigte Glaube von Inquisitoren und weiten Kreisen der Bevölkerung zum verheerenden Hexenwahn sowie seinen fatalen Auswirkungen geführt hat. Ist das Teuflische jener Zeit nicht gerade im Glauben an jenes Phänomen zu suchen, das der Canon als irreal hingestellt und dessen Glaube er ganz klar als verwerflich eingestuft hat?

7. *Ordale – Canonica purgatio – Prozeßverfahren:* Ein nicht zu unterschätzendes Problem für die Inquisitoren und staatlichen Gerichtsbarkeiten war die Wahrheitsfindung. Die Feuer- und Wasserproben, die zur Ermittlung des Tatbestandes der Hexerei und anderer Verbrechen durchgeführt wurden, rufen zu Recht beim aufgeklärten Christen des 21. Jahrhunderts ungläubiges Kopfschütteln hervor. Das Staunen wandelt sich in Entsetzen, wenn man bedenkt, daß in bestimmten Gegenden der Schuldbeweis gegeben war, wenn der ins Wasser geworfene Prüfling schwimmen blieb, und in anderen gerade umgekehrt, wenn er unterging.[48] Deshalb ist es bedeutend, was das Recht der Kirche von solchen Prozeduren hielt.

Wesentliche Aussagen befinden sich schon in den Kapiteln von Causa 2 im Decretum Gratiani.[49] Aus einer ganzen Reihe von Kapiteln läßt sich schließen, daß die Kirche das Gericht des siedenden Wassers und mit glühendem Eisen verbietet.[50] Für die Verurteilung sollen Verfahren angewendet werden, welche die Wahrheit mit großer Wahrscheinlichkeit ermitteln. Konsequenterweise verbietet die Kirche auch das Duellieren von Klerikern.[51]

Zur Wahrheitsfindung dienen namentlich Zeugen und die Prüfung der Verdächtigten durch unvermittelte Fragen (Kreuzverhör). Als biblisches Beispiel wäre das Salomonische Urteil anzuführen (1 Könige 3,25). Mit Blick auf ein Ordal in Numeri 5,12–28, wo Moses angewiesen wird, einer des Ehebruches verdächtigten Frau einen fluchbringenden Trunk verabreichen zu lassen, welche im Falle ihrer Schuld zum Anschwellen ihres Bauches und zur Unfruchtbarkeit führt, hält Gratian fest, daß die Ehebrecher mit spontanen Zeugen und nicht mit Ordalen überführt werden müßten.[52] Rechtlich von größerem Gewicht sind natürlich die Aussagen des 4. Laterankonzils (1215). Schließlich handelt es sich um authentische Sammlungen, die durch päpstliche Bullen promulgiert wurden. Deshalb werde ich mich nun vorwiegend auf diese Quellen beziehen. Die entsprechenden Bestimmungen sind im Liber Extra zu finden.[53] „Duelle und volkstümliche Proben sind verboten, denn durch sie wird vielfach der zu Lösende verdammt, und Gott scheint geprüft zu werden."[54] Unter dem Titel „De Sortilegiis" (Von den Wahrsagern) steht unter Kapitel 1 geschrieben, daß Vermutungen in Bezug zu einem Delikt nicht durch Willkürlichkeit oder Wahrsagerei erhärtet werden sollen. Wer dagegen handelt, wird bestraft. „Diebstähle sind nicht aus Wahrsagerei oder Büchern oder sonst zu ermitteln, und es soll auch niemand irgendwelche Vermutungen über irgendwelche Sachverhalte ernstzunehmen wagen. Wer zuwiderhandelt, soll 40 Tage Buße tun." Damit wird die Denunziation angesprochen, die offenbar einem Inquisitor wie Heinrich Kramer allein schon ausreichte, um eine Person wegen Hexerei zu verurteilen. Im Liber Sextus steht unter dem Titel „De accusationibus, inquisitionibus et denunciationibus" (Von den Anklagen, Untersuchungen und Beschuldigungen), daß der Sünder aus seinem eigenen Bekenntnis vor dem Inquisitor, der über gewisse Vergehen nachforscht, bestraft werden muß.[55] Wenn der Schuldige geschwiegen hat, wird über den schlechten Ruf nichts untersucht. Das Verfahren ist einzustellen, wenn die Verdachtsmomente nicht erhärtet werden konnten.[56] Auch in diesen Dekretalien wird wiederholt, daß sich die Inquisitoren beim Feststellen einer Häresie nicht selber auf Vermutungen und Wahrsagerei einlassen dürfen.[57] Die Verbindung zwischen Häresie und Zauberei wurde schon im Decretum Gratiani gezogen. Liber Extra und Liber Sextus ändern m. E daran nichts. Für beide Tatbestände sind deshalb die einschlägigen Stellen über die Bestrafung zu beachten.

8. *Die Bestrafung von Häretikern und Teufelsverbündeten:* Im Liber Sextus werden *juristische Regeln (De regulis iuris)* aufgeführt, de-

ren konsequente Einhaltung bestimmt die Auswüchse im Zusammenhang mit den Inquisitions- und Hexenprozessen verhindert hätte. Als Beispiel sei Regel 23 angeführt: „Ohne Schuld, wenn kein Tatbestand vorliegt, ist niemand zu bestrafen."[58] Die Blindheit Kramers wird deutlich, wenn man bedenkt, daß er sich nicht scheut, gerade diese Regel in seinem Hexenhammer zu zitieren.[59] Als Regel ist schon den Dekretalien Gratians zu entnehmen, daß die Kirche kein Blut vergießt. „Die Kirche wird niemals von den weltlichen Gesetzen im Handeln bestimmt werden. Sie hat kein Schwert, es sei denn das geistliche; sie tötet nicht, sondern macht lebendig."[60] Gemäß dem Liber Extra werden Priester, die das Blutgericht ausüben, ihre Amtes enthoben und exkommuniziert, wenn sie auf Mahnung nicht davon ablassen.[61] Auch weltliche Ämter werden ihnen verboten. Nicht nur die Todesstrafe ist untersagt, sondern auch jede körperliche Verstümmelung. Gratian hält fest: „Die Schlechten müssen durch Geißelung gezüchtigt werden und nicht durch Abschlagen von Gliedern oder zeitlichen Tod."[62] Leider ist damit das Thema Todesstrafe nicht einfach ad acta gelegt, vielmehr sind im CorpIC andere Bestimmungen zu finden, die den oben angegebenen Normen widersprechen. Maceratine Ruggero spricht deshalb von zwei sich widerstreitenden Prinzipien. Das Liber Extra enthält eine Bestimmung, aus der hervorgeht, daß Häresie ein „crimen laesae maiestatis divinae" (Verbrechen gegen die göttliche Majestät) ist.[63] Die Häresie und damit zwangsläufig auch der Teufelsbund verletzen die ewige Majestät Gottes. Im staatlichen Recht wurden Majestätsverbrechen (crimen laesae maiestatis) durchaus mit dem Tod bestraft. Im Zusammenhang mit dem Majestätsverbrechen durften die Bürger auch gefoltert werden, um Geständnisse zu erreichen. Folter und Todesstrafe gehen auf römisches Recht zurück und wurden bei den Inquisitionsprozessen wegen den oben behandelten Kanones von den weltlichen Behörden vollstreckt.[64] Aufgrund dieses Sachverhaltes scheint die Logik aus damaliger Sicht leider zwingend, daß auch jene mit dem Tod bestraft werden müssen, die durch ihre Taten Gott beleidigen. Zudem wiegt dieses Vergehen viel schwerer. Dabei ist auch an Sakrilegien (Hostienschändung) zu denken, die bei Hexereien vorkommen. Der Einfluß des staatlichen Rechtes auf die Kirche ist an diesem Beispiel deutlich abzulesen. Die Kirche hätte ihrerseits auf den Staat einwirken müssen, damit sich das

Prinzip, kein Blut zu vergießen, hätte durchsetzen können.[65] Das Problem besteht folglich darin, daß zwar die Kirche das erste Prinzip durchhält, und nicht direkt Blut vergießt. Doch indem sie Häretiker und Zauberer der staatlichen Gewalt übergab, mußte sie mindestens damit rechnen, daß diese mit dem Tod bestraft werden. Gelegentlich wurde die staatliche Gerichtsbarkeit darum gebeten, Milde walten zu lassen. Dies scheint aber oft nur eine leere Floskel gewesen zu sein. Zudem kam es vor, daß die staatliche Gewalt durch kirchliche Strafsanktionen bedroht wurde, falls sie der Kirche nicht gehorchen wollte.[66] Die weltliche Macht hatte sich gemäß des CorpIC der Kirche zu unterwerfen. Über ganze Ländereien oder Grundstücke konnte das Interdikt verhängt werden, was für die Gläubigen damals eine schwere Strafe bedeutete. Die weitgehenden Vollmachten, die im Liber Extra und im Liber Sextus den Inquisitoren eingeräumt werden, wurden in den Clementinen etwas zurückgebunden, da sie ohne Einverständnis des zuständigen Bischofs keinen Prozeß mehr durch Urteil abschließen durften.[67]

9. *Schlußfolgerungen:* Aus dieser Untersuchung folgt, daß bei den Inquisitions- und Hexenprozessen des Spätmittelalters das Kirchenrecht in der Form des CorpIC sicher nicht peinlich genau befolgt wurde. Viele vermeintliche Teufelsverbündete wären sonst nicht der staatlichen Gewalt und somit der Todesstrafe übergeben worden. Problematisch war vor allem, daß nicht darüber reflektiert wurde, was das formelle Mitwirken an der Vollstreckung der Todesstrafe durch das Urteil der Inquisitoren und die Auslieferung an die staatliche Gewalt schon aus damaliger moralischer Sicht bedeutete. Indirekt wurden die kanonischen Bestimmungen unterlaufen. Insofern ist eine moralische Mitschuld festzustellen. Die Mitschuld der Kirche an dieser formellen Mitwirkung gilt es nicht nur in Hinblick auf die Vergangenheit zu bekennen, sondern auch bezüglich gegenwärtiger ethisch relevanter Fragen zu bedenken.
Die Ursachen der Hexenverfolgung sind nicht in erster Linie in der Lehre der Kirche zu suchen, sondern vielmehr in der Tatsache, daß diese nicht befolgt wurde. Die Praxis hatte sich offensichtlich von der Lehre der Kirche und auch von ihrem Stifter Jesus Christus entfernt. Etliche seiner Aussagen lassen sich mit der damaligen Praxis überhaupt nicht in Einklang bringen. Deshalb möchte ich diese Ar-

beit mit einigen Bibelstellen abschließen. Aus ihnen läßt sich able-sen, was in die finstere Zeit der Inquisitions- und Hexenprozesse hätte Licht bringen können.

Ezechiel 33,11: „So wahr ich lebe – Spruch Gottes, des Herrn –, ich habe kein Gefallen am Tod des Schuldigen, sondern daran, daß er auf seinem Weg umkehrt und am Leben bleibt. Kehrt um, kehrt um auf euren bösen Wegen!"

Matthäus 18,15–17: „Wenn dein Bruder sündigt, dann geh zu ihm und weise ihn unter vier Augen zurecht. Hört er auf dich, so hast du deinen Bruder zurückgewonnen. Hört er aber nicht auf dich, dann nimm einen oder zwei Männer mit, denn jede Sache muß durch die Aussage von zwei oder drei Zeugen entschieden werden. Hört er auch auf sie nicht, dann sag es der Gemeinde. Hört er aber auch auf die Gemeinde nicht, dann sei er für dich wie ein Heide oder ein Zöllner."

Matthäus 5,44–45: „Ich aber sage euch: Liebt eure Feinde und betet für die, die euch verfolgen, damit ihr Söhne eures Vaters im Himmel werdet; denn er läßt seine Sonne aufgehen über Bösen und Guten, und er läßt regnen über Gerechte und Ungerechte."

Lukas 6,27–28: „Euch, die ihr mir zuhört, sage ich: Liebt eure Feinde; tut denen Gutes, die euch hassen. Segnet die, die euch ver-fluchen; betet für die, die euch mißhandeln."

Jakobus 5,20: „Wer einen Sünder, der auf Irrwegen ist, zur Umkehr bewegt, der rettet ihn vor dem Tod und deckt viele Sünden zu."

---

1   Dieser Artikel wurde in der Zeitschrift Forum für Katholische Theologie erstveröffent-licht. Er enthält Korrekturen und Ergänzungen: *Graf, Roland*, Teufelsverbündete im Cor-pus iuris canonici, Forum für Katholische Theologie 16 (2000), S. 185–200.

2   Die Angaben sind weitgehend dem Artikel entnommen worden: *Stickler, Alfons M.*, Cor-pus Iuris Canonici, in: Lexikon für Theologie und Kirche, Band 3., 2. Auflage, Sp. 65–69. Die 3. Auflage des Lexikons für Theologie und Kirche (LThK) bringt nichts Neues.

3   Erstaunlicherweise werden in der neuen Ausgabe des LThK (Anm. 2) die detaillierten Angaben über den unterschiedlichen rechtlichen Charakter der Sammlungen weggelas-sen. Vgl. *Puza Richard*, Corpus Iuris Canonici (CorpIC). In: LThK (Anm. 2), Band 2, 3. Auflage, Sp. 1321–1323.

4   Vgl. Codex Iuris Canonici. Rom 1918. XX–XXV; vgl. Codex Iuris Canonici. Vatican 1983, XXX und XXXII.

5   *Lanzelot, Paul*, Corpus Iuris Canonici, Lyon 1605.

6   *Friedberg, Emil*, Corpus Iuris Canonici, Band I., Leipzig 1879, ND Graz 1955; Band II., Leipzig 1881, ND Graz 1955.

7   *Friedberg, Emil*, Ueber meine neue Ausgabe der Decretalen-Sammlungen und der Quin-que Compilationes Antiquae, Zeitschrift für Kirchenrecht 18 (1883), S. 118–165, hier S. 124–125.

8 *Friedberg* (Anm. 7), S. 156.
9 C 26, q. 2, c. 6. *Augustinus,* De Doctrina Christiana. 2, cc. 19., 20., 21.
10 C 26, q. 2, c. 6. *Augustinus,* De Doctrina Christiana. 2, 23.
11 Summa Theologiae II– II. q 95 a. 2: „Ad secundum dicendum quod huiusmodi divinatio pertinet ad cultum daemonum, inquantum aliquis utitur quodam pacto tacito vel expresso cum daemonibus." 
12 Jos 7,14 „Cedetisque mane singuli per tribus vestras et quamcumque tribum sors invenerit accedet per cognationes suas et cognatio per domos domusque per viros."
13 Vgl. Jos 7,1–24; 22,20.
14 Weitere interessante Stellen: Spr 16,33; 18,18; Sir 34,5; Ps 31,16.
15 C. 26, q. 2, c. 1 Gr. p.
16 C. 26, q. 2, c. 1 Gr. p.
17 C. 26, q. 2, c. 4.
18 Apg 6,1–7.
19 C. 26. q. 2, c. 3.
20 *Siefener, Michael,* Hexerei im Spiegel der Rechtstheorie: Das crimen magiae in der Literatur von 1574 bis 1608, Frankfurt/M. 1992. (Rechtshist. Reihe, Band 99), S. 29.
21 C. 26, q. 5, c. 1.
22 C. 26, q. 5, c. 3; vgl. C. 26, q. 1, c. 1. Dort wird ausdrücklich auf den Galaterbrief hingewiesen: Gal 4,9–11; C. 26, q. 7, c. 16 und 17. Ebenfalls mit Bezug auf Gal 4,9–11 wird das Befolgen von Tagen, Monaten und Jahren als eine schwere Sünde bezeichnet.
23 C. 26, q. 5, c. 4.
24 C. 26, q. 5, c. 5.
25 C. 26, q. 5, c. 9.
26 C. 26, q. 5, c. 7.
27 Dtn 18,10–12 und weitere Belegstellen im Alten Testament, die von Schadenszauber handeln: Ex 7,11; 9,11; 22,18; Dtn 18,14; Lev 19,26; Chr 33,6; Mi 5,11; Nah 3,4; Mal 3,5; Jes 47,12; Dan 2,2.
28 Gal 5,19.21, vgl. 1 Kor 6,9; Offb 9,21; 18,23; 21,8; 22,15.
29 Apg 8,9–11; 13,6–8; 19,19.
30 *Martin, Josef,* Priscillian, in: LThK (Anm. 2) Band 8, 2. Auflage, Sp. 768–769.
31 Almut Neumann gibt an, Priscillian sci verbrannt worden, was aber nicht korrekt ist: *Neumann, Almut,* Verträge und Pakte mit dem Teufel. Antike und mittelalterliche Vorstellungen im „Malleus maleficarum". St. Ingbert 1997, S. 66; *Denzinger, Heinrich / Hünermann, Peter* (Hrsg.), Kompendium der Glaubensbekenntnisse und kirchlichen Lehrentscheidungen. 37. Auflage, Freiburg i. Br. 1991, Nr. 283. (abgekürzt DH 283); vgl. *Nigg, Walter,* Das Buch der Ketzer. Zürich 1949, S. 231.
32 Vgl. DH 283 (Anm. 31).
33 Vgl. DH 460 (Anm. 30) und DH 205.
34 C. 26, q. 5, c. 8.
35 C. 26, q. 5, c. 13, gr.
36 *Augustinus,* De Civitate Dei., 18, cc.17, 18.
37 *Siefener* (Anm. 20), S. 62: Er gibt an, der Canon Episcopi befinde sich im CorpIC: c. 12 § 1 C XXVI qu. V. Er verweist auf *Nicolas Remy* (ca. 1525–1612), der zwar die Herkunft des Canon Episcopi vom Konzil von Ancyra nicht bezweifelt, hingegen der Autorität dieses Provinzialkonzils keine große Bedeutung beimißt. *Siefener* (Anm. 20), S. 77. Die gleiche Position wie *Siefener* vertritt *Neumann* (Anm. 31), S. 97.
38 Vgl. *Harmening, Dieter,* Hexenbilder des späten Mittelalters – Kombinatorische Topik und ethnographischer Befund, in: *Segl, Peter,* Der Hexenhammer. Entstehung und Umfeld des Malleus maleficarum von 1487, Köln 1988, S. 177–194, hier S. 186–187.
39 C. 26. q. 5, c. 12, § 1.
40 Note 1 „Anquirensi. Sic etiam in vetustis. Burchardus, et Iue habent, Ancyrensi. Verum tamen in concilio Ancyrano graeco, aut latino neque, impresso, neque manuscripto est in

ventum: licet qui tomos conciliorum ediderunt, asserant haberi in quodam vetusto codice 16.librorum partialum." (In den Konzilsakten von Ancyra ist es weder lateinisch noch griechisch geschrieben, jene die die Konzilsakten ediert haben, haben es in einem alten Buch gefunden.)

41 Gemäß den Begriffen, die das kirchliche Recht verwendet, bedeutet in diesem Zusammenhang „sacerdos" der Bischof, und „ecclesia" das Bistum.

42 *Friedberg* (Anm. 6) schreibt hier wohl weniger präzis: „Quis enim in somnis et nocturnis uisionibus se non extra ipsum educitur, et multa uidet dormiendo, que uigilando numquam uiderat?"

43 *Friedberg* (Anm. 6) läßt diese Passage vollständig weg, was auch durch das fehlende Fußnotenzeichen 294 erkennbar ist. Es wird der falsche Eindruck erweckt, das folgende Schriftzitat stamme von Ezechiel.

44 Vgl. Augustinus, De Civitate Dei, 18, cc.17, 18.

45 *Sprenger Jakob / Institoris Heinrich,* Der Hexenhammer (Malleus maleficarum). Aus dem Lateinischen übertragen und eingeleitet von *J. W. R. Schmidt.* München 14. Auflage 1999. Die folgenden Stellen beziehen sich allein auf den Hexenflug: I, 4; I, 12; I, 149; II, 30; II, 41; II, 51; II, 125. Weiter zitiert Kramer bezüglich anderer Themen ebenfalls den Canon: I,110; I,146; II, 88; III, 10. Vgl. Siefener (Anm. 20), S. 64–66.

46 Vgl. *Möhring, Hannes,* Diskussionsbericht, in: *Segl* (Anm. 38), S. 245.

47 *Siefener* (Anm. 20), S. 71–88.

48 *Siefener* (Anm. 19), S. 197–198.

49 C. 2, q. 5, cc. 20–26.

50 C. 2, q. 5, c. 20.

51 C. 2, q. 5, c. 12.

52 C. 2, q. 2, c.21, gr. p.

53 X, 5, 35, 1–2; Coelestinus III. (1191–1198), Innozenz III. (1198–1216). *Friedberg* (Anm. 6) weist diese Canones dem 4. Laterankonzil (1215) zu. CorpIC 1605 verweist auf: Summa theologiae II–II, q 95, art. 8, ad 3. arg.; X, 3, 50, 9.

54 X, 5, 35, 1.

55 VI, 5, 1, 1: „De accusationibus, inquisitionibus et denunciationibus", Can I.

56 VI, 5,1, 2.

57 VI, 5, 2, 8, § 4.

58 VI, 5, De regulis iuris, Regula 23: „Sine culpa, nisi subsit causa, non est aliquis puniendus."

59 *Sprenger/Institoris,* (Anm. 45), I, 192.

60 C. 33, q. 2, c. 6; vgl. *Maceratine, Ruggero,* Grundrechte und Ketzer im Corpus Iuris Canonici. In: *Corecco, Eugenio / Herzog, Nikolaus / Scola, Angelo* (Hrsg.), Die Grundrechte des Christen in Kirche und Gesellschaft. Akten des IV. Internationalen Kongresses für Kirchenrecht. Freiburg (Schweiz) 6.–11.X.1980. Freiburg i. Br. 1981, S. 763–771, hier S. 769.

61 X, 3, 50, 5.

62 C. 23, q. 5, c. 7, gr. p.; vgl. Moses: Ex 22,18; Lev 20,15.

63 X, 5, 7, 10; vgl. *Maceratini* (Anm. 60), S. 769.

64 *Trusen, Winfried,* Von den Anfängen des Inquisitionsprozesses, in: *Segl, Peter* (Hrsg.), Die Anfänge der Inquisition im Mittelalter: mit einem Ausblick auf das 20. Jahrhundert und einem Beitrag über religiöse Intoleranz im nichtchristlichen Bereich. Köln 1992, S. 39–76, hier S. 54 und S. 72. Dies blieb die Regel, wenn auch schon ab 1256 Fälle von Inquisitoren bekannt sind, die sich gegenseitig absolvieren durften, um rechtlichen Folgen wegen der Ausübung der Folter zu entgehen; ebd. S. 73.

65 Wie schwierig das ist, zeigen die aufgekommenen Diskussionen über die Todesstrafe.

66 Diese Bestimmung stammt aus der päpstlichen Dekretale „Ad abolendam" vom 4. Nov. 1184. Sie enthält Verfahrensgrundsätze zur Ketzerverfolgung, X, 5, 7, 9.

67 Clementinen 5, 3, 1. Vgl. *Trusen* (Anm. 64), S. 76.

# Scholastik und Hexerei

*von Andreas Tepper*

1. Folgt man Josef Pieper, so sieht man in der Scholastik den „beispiellosen Lernvorgang"[1] derjenigen „‚barbarischen' Völker"[2], die nach dem Zusammenbruch des römischen Imperiums zum Träger von Macht und Kultur in Europa wurden. In diesem Lernvorgang, den Pieper auch als „eine durch mehrere Jahrhunderte durchgehaltene schulische Veranstaltung von ungeheurem Ausmaß"[3] bezeichnet, versuchten diese Völker, sich das Wissen der antiken Philosophen und Gelehrten, aber auch die Werke der Kirchenväter anzueignen und vor allem systematisch zu durchdringen. Richard Heinzmann vertritt die Ansicht, daß der Begriff der Scholastik inzwischen „obsolet geworden"[4] sei. Seiner Argumentation nach ist es nicht möglich, die inhaltliche Vielfalt der mittelalterlichen Philosophie durch den Begriff Scholastik auszudrücken. Gleichwohl solle der Terminus nicht ganz verworfen werden, „denn ursprünglich meint Scholastik den formal-methodischen Aspekt, und unter diesem Gesichtspunkt bezeichnet der Begriff ein Spezifikum der mittelalterlicher Wissenschaft. Von der Schule, schola, und der dort geübten Methode wurde das Wort übernommen und dazu verwendet, ganz allgemein, nicht auf Philosophie und Theologie beschränkt, die Gestalt der Wissenschaft jener Zeit näher zu kennzeichnen. In diesem Verhältnis sollte der Begriff ‚Scholastik' auch beibehalten werden."[5] Auch Ulrich G. Leinsle bezweifelt, ob man univok ausdrücken kann, was der Begriff Scholastik ist.[6] Er spricht sich dafür aus, Scholastik durch ihre Charakteristika zu umschreiben.

2. Kennzeichnend für die Scholastik kann sein, daß sie sich aus einer Art Schullehre herausgebildet hat. Sie hat den Ursprung in den Kloster- und Kathedralschulen und später in den Universitäten. So steht z.B. die scholastische Theologie im Gegensatz zu einer spirituellen oder monastischen Theologie.
Ein weiterer Aspekt der Scholastik ist eine spezifische Diskussions- und Arbeitsmethode. Diese zeichnet sich dadurch aus, daß bei einer

113

bestimmten Fragestellung zunächst nach den Ansichten von sog. Autoritäten gesucht wird. Solche Autoritäten können z.B. Stellen der Bibel, die Kirchenväter oder -lehrer (z.B. Augustinus, Thomas von Aquin) oder auch antike Philosophen (z.B. Aristoteles) sein. Diese Aussagen werden nun nach dem Schema „sic et non" – „Ja und Nein" gegenübergestellt. Schließlich wird dem wichtigsten und richtigsten Argument zugestimmt oder eine eigene Lösung nach Abwägung der Argumente erarbeitet.

Die Scholastik hat einen starken Bezug zur christlichen Theologie, was sich schon aus dem Ziel der Scholastik ergibt: Der Verbindung von christlichem Glauben (fides) und dem menschlichen Verstand (ratio). Es wurde versucht, den christlichen Glauben durch den Einsatz des Verstandes genauer erkennen zu können.

3. Mehrheitlich wird Boethius (480–525) als erster Scholastiker bezeichnet, und William von Ockham (vor 1300–1349) soll die Scholastik beenden. Einzuteilen ist die Scholastik in drei Phasen: die Früh-, Hoch- und Spätscholastik. Für diese Arbeit besonders zu beachten ist die Hochscholastik. In letzterer treten jene bedeutenden Vertreter der Scholastik auf, die in bezug auf die Hexenverfolgung die relevantesten Aussagen getätigt haben: Petrus Lombardus (nach 1100–1160), Albertus Magnus (ca. 1197–1280), Bonaventura (1221 –1274) und vor allem Thomas von Aquin (ca. 1225–1274).

4. Der Glaube an den Teufel, Dämonen und Hexen war im Mittelalter weit verbreitet. Er gehörte quasi mit zum mittelalterlichen Weltbild. Auch die führenden Personen der Scholastik zweifelten nicht an der realen Existenz von Teufeln, Dämonen und Hexen. Die Möglichkeit, durch die Anrufung von Dämonen Magie zu betreiben, war für sie nichts Absurdes. Die Tatsache, daß auch die scholastischen Kleriker an böse Kräfte glaubten, kann aus ihren eigenen Aussagen entnommen werden: So ist bei Albertus Magnus zu lesen, daß die Zauberer durch Bündnisse mit Dämonen Wunder wirken.[7] Damit der Glaube an Hexen, Teufel und Dämonen in den Traditionsstrang der scholastischen Philosophie und Theologie Einzug halten konnte, bedurfte es gemäß der scholastischen Methode einer Autorität. Diese war der hl. Augustinus, vornehmlich in seinen Werken „De civitate Dei" und „De doctrina christiana". Entscheidend sind das Konzept der zwei „Staaten" und die Lehre vom „Dämonenpakt".

5. Der hl. Augustinus war einer der bedeutensten Lehrer der Patristik. Sein Einfluß als Kirchenlehrer auf die christliche Theologie ist auch heute noch sehr groß. Sein Lebensweg kann anhand seiner „Confessiones" nachvollzogen werden, wo er ihn bis zu seiner Bekehrung zum Christentum beschrieb. Augustinus gehörte vorher, bis zu seinem 28. Lebensjahr, den Manichäern als „Hörer" an. Seine Loslösung von diesem Glauben begann mit der Begegnung mit einem Manichäer-Bischof, von dessen intellektuellen Fähigkeiten er nicht sonderlich beeindruckt war und ihm einige religiöse Fragen nicht beantworten konnte, und endete mit der Begegnung mit Ambrosius, der ihn schließlich zum Christentum bekehrte.

Im Kern der manichäischen Lehre steht ein stark dualistisches Prinzip. Es wurde die schon seit ewigen Zeiten andauernde Existenz zweier unabhängiger, widerstreitender Mächte angenommen: Eine gute Macht, das Lichtreich, und eine schlechte Macht, das Reich der Finsternis. Alles Irdisch-Stoffliche fiel unter die Macht des Bösen, alles Geistige unter die Macht des Guten. Dies war auch der Grund, warum bei den Manichäern die Sexualität und die Ehe als verwerflich angesehen wurden. Auch das Essen von Fleisch war zumindest für die perfecti (die Auserwählten), eine Art Priesterkaste, verpönt. Nur durch Askese konnte der Manichäer die Erlösung erlangen[8].

In den Jahren 375–383 ist Augustinus Lehrer für Rhetorik in Tagaste und Karthago. Er geht dann nach Rom und wird dort 383 n. Chr. Rhetoriklehrer. Diese Tätigkeit setzt er 384 in Mailand fort, wo er auch den bereits erwähnten Bischof Ambrosius kennen lernt. Von dem Charisma dieses Mannes ist er so begeistert, daß er sich wieder mehr dem Christentum zuwendet. Jetzt beginnt für Augustinus eine Zeit der inneren Einkehr und des Nachsinnens über seine Glaubenswelt. Er zieht sich mit einigen Freunden auf sein Landgut Cassiciacum bei Mailand zurück. 387 läßt er sich von Ambrosius taufen. Anschließend kehrt er nach Thagaste zurück und errichtet in seinem Haus eine Art Kloster. 391 wird er nicht ganz freiwillig und auf den Druck der Bevölkerung zum Priester geweiht. Im Jahr 395 wird Augustinus Bischof von Hippo. Während 430 Hippo von den Vandalen belagert wird, stirbt Augustinus.

6. In seinem Werk „Vom Gottesstaat" („De civitate Dei") entwirft Augustinus seine berühmte Konzeption der zwei Staaten. Seiner

Vorstellung nach ist die Wirklichkeit geprägt durch das Gegenüberstehen von zwei „Staaten": dem Gottesstaat (civitas Dei) und dem Weltenstaat (civitas terrena) bzw. Teufelsstaat (civitas diaboli). Beide sind jedoch keine Staaten im herkömmlichen Sinn, sondern stellen Gemeinschaften dar, in denen Irdisches und Überirdisches mystisch miteinander verbunden ist. Im Gottesstaat vereinigt sich alles Gute. Hier sind die guten Engel mit den guten Menschen vereint. Sie stehen auf der Seite Gottes, den sie verehren. Der Teufelsstaat ist die Union der schlechten Menschen mit den heidnischen Göttern und den Dämonen, an deren Spitze der Teufel steht. Hier verehren die schlechten Menschen nicht Gott, sondern die heidnischen Götter oder die Dämonen.

Wie man sieht, hat auch dieses Modell stark dualistische Züge. Hier scheint sich der Einfluß des Manichäismus auf Augustinus zu zeigen. Ein gutes Prinzip steht einem schlechten gegenüber. Dieser scheinbare Dualismus würde aber sowohl dem christlichen Monotheismus als auch dem Schöpfungsglauben, demnach ja ein guter Gott am Anfang alles gut geschaffen hat, widersprechen. Das Konzept der zwei Staaten könnte also mit der christlichen Lehre nicht vereinbar sein, da hier einem guten Gott der Teufel bzw. die Dämonen als Gegengötter gegenüberstehen würden. Dieses Problem löst Augustinus so: Auch die Dämonen sind ursprünglich von Gott geschaffen worden, als gute Engel. Später haben sie sich aus Hochmut und Eigenliebe gegen Gott aufgelehnt. Zur Strafe wurden sie von Gott aus dem Himmel gestürzt und bis zum endgültigen Strafgericht in den Luftraum verbannt. Hier versuchen sie nun aus Neid die Menschen von Gott abzubringen, um sie so mit ins Verderben zu stürzen. Sie wollen, daß der Mensch sie verehrt, nicht Gott. Zu beachten ist auch, daß die Dämonen den Menschen nicht von vornherein übergeordnet sind, sondern im Gegenteil den guten Menschen untergeordnet sind, da diese durch ihre Hinwendung zu Gott den Teuflischen ethisch überlegen sind. Erst durch die Verehrung der Dämonen ordnen sich die schlechten Menschen ihnen unter.

Eben dadurch wird ein Dualismus ausdrücklich verneint, daß in dieser Vorstellung die Dämonen ausdrücklich von Gott geschaffen wurden und sie die Menschen nur versuchen können, weil Gott dies zuläßt, um den Menschen zu prüfen. Eine Zugehörigkeit zu beiden „Staaten" ist nicht möglich.

Die Vorstellung, die Augustinus von den Dämonen hat, entspricht der der antiken Mythologie. Er stellt sie sich mit einem Luftleib vor, lebendig, affektbewegt, vernünftig und ewig. Für die Entwicklung der Lehre vom Pakt mit den Dämonen gibt Augustinus verschiedene Anknüpfungspunkte. Diese sind zum einen Bibelstellen, zum anderen das in der Antike übliche Verhältnis des „do ut des", d.h. die Relation zwischen Mensch und Göttern als Verhältnis von menschlicher Leistung und göttlicher Gegenleistung. Der in der Bibel dargestellte Bund zwischen dem Volk Israel und Gott legte die Möglichkeit eines Vertragsschlusses auch zwischen menschlichen und dämonischen Wesen nahe.[9]

Der Wille, mit den Dämonen einen Pakt zu schließen, drückt sich durch die Verehrung heidnischer Götter und die Ausübung von Magie und Wahrsagerei aus. Hierzu sagt Augustinus: „Alles das ist Aberglaube, was von den Menschen eingerichtet wurde und sich auf die Herstellung und Verehrung von Götzenbildern bezieht oder auf die Verehrung eines Geschöpfes oder eines Teils eines Geschöpfes wie Gott oder auf Beratschlagungen oder gewisse Abmachungen („pacta") von Zeichen, die mit Dämonen abgeschlossen wurden, wie es die Bemühungen der magischen Künste sind."[10] Diese magischen Künste sind u. a. die Eingeweide- und Vogelschau, die Deutung der Nativität und allgemein die Astrologie. In „De civitate Dei" stellt Augustinus klar, daß derjenige, der sich einmal den Dämonen zugewandt hat, für immer ein Feind des Gottesstaates sein wird. In einem anderen Werk entwirft er eine umfangreiche Dämonenlehre, in „De divinatione daemonum". Beide Werke werden Eingang in die Lehre der mittelalterlichen scholastischen Theologie finden und durch die Untersuchungen der Scholastiker wegweisend sein für die Inquisition und den Ausbruch des Hexenwahns.

7. Bei der Genese der Lehren von den zwei Staaten und des Dämonenpakts konnte sich Augustinus auch auf einige Bibelstellen berufen. Hier eine Auswahl: Psalm 96,5: „Alle Götter der Heiden sind Dämonen." 1. Korintherbrief 10,20: „Was man dort opfert, opfert man nicht Gott, sondern den Dämonen. Ich will jedoch nicht, daß ihr Gesellen der Dämonen werdet." Den Versuch eines Vertragsschlusses könnte Augustinus auch in der Versuchung Jesu durch den Teufel gesehen haben. Matthäus 4,1–11: „Das alles will ich dir geben, wenn du dich vor mir niederwirfst und mich anbetest." Die später

oft anzutreffende Ansicht, daß die Dämonen mit Menschen in sexuellen Kontakt treten könnten, könnte Augustinus einer Geschichte aus Genesis 6,1–4 entnommen haben, in der geschildert wird, daß sog. Gottessöhne mit irdischen Frauen Kinder zeugten. Schließlich ist nicht zu übersehen, daß Augustinus auch von den antiken Vorstellungen über Dämonen geprägt wurde, die in seinem Umfeld noch immer weit verbreitet waren.

8. Schließlich nehmen Augustinus' Lehren über die Dämonen über die „Etymologiae" des Bischofs Isidor v. Sevilla (ca. 600–636), der seine Aussagen aus „De doctrina christiana" übernimmt, Augustinus aber nicht namentlich nennt, und durch das Werk des Fuldaer Abtes Hrabanus Maurus (780–856) „Über die magischen Küste", welches im wesentlichen eine Zusammenstellung aus „De divinatione daemonum" und der „Etymologiae" ist, Eingang in die Lehre der lateinischen Kirche. Durch das Werk des Johannes Gratianus, das „Decretum Gratiani" (um 1142), werden die Aussagen Augustinus' ins Kirchenrecht übernommen. Als sich schließlich Petrus Lombardus, der Autor der Sentenzen, folgendermaßen über Hexerei äußert, sind die augustinischen Lehren in den Traditionsstrang der scholastischen Theologie aufgenommen: „Die magischen Künste wirken aufgrund des Wissens des Teufels, die ihm von Gott gegeben sind, um die Schlechten zu betrügen oder die Guten zu mahnen oder zu prüfen."[11]

9. Wir haben gezeigt, daß die Lehre der Scholastiker über Hexen, Dämonen und den Teufel wohl größtenteils auf die Lehren des Augustinus zurückgeht. Durch ihre Aussagen (siehe Petrus Lombardus, Albertus Magnus; auch bei Bonaventura wäre Ähnliches zu lesen[12]) läßt sich belegen, daß sie an Hexen glaubten.
Besonderen Einfluß auf die Inquisition scheint Thomas von Aquin gehabt zu haben. Er war einer der angesehensten und bedeutensten theologischen und philosophischen Institutionen jener Zeit. Thomas beschäftigte sich, gerade auch in seiner Summa theologiae, mit der Hexerei, welche bei ihm oftmals mit einem Einlassen auf den Teufel und die Dämonen verbunden ist.
Thomas äußert sich in seiner Summa theologiae (im zweiten Teil des zweiten Teils in Frage 95) über die Wahrsagerei durch das Anrufen eines Dämons wie folgt:[13] *Respondeo dicendum quod omnis divinatio quae fit per invocationes daemonum est illicita, duplici ra-*

*tione. Quarum prima sumitur ex parte principii divinationis, quod scilicet est pactum expresse cum daemone initum per ipsam daemonis invocationem. Et hoc est omnino illicitum.* [Ich sage, daß jede Wahrsagerei, die durch Anrufungen von Dämonen geschieht, unrechtmäßig ist, dies aus doppeltem Grund. Der erste ergibt sich aus dem Wesen der Wahrsagerei, die nämlich ausdrücklich ein Pakt mit einem Dämon ist, der durch die bloße Anrufung des Dämons eingegangen wird. Und dies ist überhaupt Unrecht.]

Hier begegnet uns also bei Thomas die augustinische Lehre vom Dämonenpakt wieder. Es wird auch deutlich gemacht, daß die Zauberkünste nur mit Hilfe der Dämonen bzw. des Teufels ausgeübt werden können. Tat man dies aber, so war man nicht länger ein „Bürger des Gottesstaates" sondern wurde zu einem Mitglied der „civitas diaboli". Man fiel, sofern man schon Christ war, vom wahren Glauben ab. Die Ausübung der Wahrsagerei durch die Anrufung der Dämonen war also ein Akt der Apostasie. Des weiteren beschäftigte er sich auch mit dem Losewerfen, dem Wahrsagen durch das Lesen von Eingeweiden, dem Vogelschauen und der Astrologie.

10. All jene, die nicht an die Hexerei glauben, begeben sich in die Nähe der Ketzerei, da sie den Kirchenvätern widersprechen und somit vom „wahren Glauben" abfallen. Und tatsächlich wurde später das Leugnen des Teufels von Institoris als Abfall vom Glauben gewertet.

Die Aussagen des Thomas von Aquin haben später reichlich Eingang gefunden in die Literatur der Hexenverfolgung. Allein im „Hexenhammer", dem späteren Handbuch der Inquisitoren, wird er über achtzigmal zitiert. Scheinbar wurde keine Autorität der Scholastik mehr durch die Inquisition in Beschlag genommen als Thomas von Aquin.

11. Zunächst war das Problem der Hexen für die Kirche nicht das dringlichste. Zur Zeit des Thomas von Aquin kam dem Umgang mit den Häretikern, den Ketzern größere Bedeutung zu. Nicht zuletzt wurden mit der (zunächst verbalen) Bekämpfung der Ketzer zwei Orden beauftragt: die Dominikaner, denen Thomas angehörte, und die Franziskaner, denen Bonaventura angehörte.

Wie man mit den Ketzersekten, z.B. den Waldensern, umgehen sollte, war in der Kirche zunächst umstritten. Einige plädierten für einen friedlichen Disput. Man solle versuchen, die Ketzer durch Wortgefechte wieder in die Kirche zu integrieren. Andere sprachen sich für eine gewaltsame Bekämpfung der Häresie aus. Schließlich wurde die Möglichkeit geschaffen, Ketzer zum Tode zu verurteilen. Diese Möglichkeit ging nicht zuletzt auf die Argumentation des Thomas von Aquin zurück. Diese ist relativ ausführlich als Beleg zitiert. Dies hat erstens den Grund, daß sie ein hervorragendes Beispiel für die scholastische Methode des Argumentierens ist; wichtiger aber ist, daß zur Hochzeit der Hexenverfolgung die Hexerei mit der Ketzerei gleichgesetzt wurde. Thomas Aussagen wurden damit zur Legitimation der Gewaltanwendung und der Todesstrafe nicht nur gegen Ketzer, sondern auch gegen vermeintliche Hexen.

12. Gewaltanwendung ist nach Thomas nur unter gewissen Umständen statthaft: Während Nichtchristen keinesfalls mit Gewalt oder auch nur Zwang zur Taufe genötigt werden dürfen,[14] fordert er für vom Glauben Abgefallene aufgrund der Schwere des Vergehens die ganze Strenge des Gesetzes: „Ich antworte darauf, indem ich sage, daß im Zusammenhang mit den Häretikern zweierlei zu bedenken ist: Zum einen im Hinblick auf sie selbst, zum andern im Hinblick auf die Kirche. Was sie selbst angeht, ist es eine Sünde, durch die sie es verdienen nicht nur von der Kirche durch Exkommunikation getrennt zu werden, sondern durch den Tod aus der Welt ausgeschlossen zu werden. Denn um wie viel schwerwiegender ist es, den Glauben zu vernichten, der das Leben des Geistes darstellt, als Geld zu fälschen, das dem irdischen Leben dient. Wenn also Falschmünzer und andere Verbrecher durch weltliche Herren sogleich und mit Recht dem Tode überantwortet werden, um wie viel mehr können Häretiker, sobad sie der Häresie überführt sind, nicht nur exkommuniziert, sondern mit Recht getötet werden. Im Hinblick auf die Kirche ist das Erbarmen bei Bekehrung des Irrenden zu bedenken. Und deshalb verurteilt sie nicht sofort, sondern erst nach der ersten und zweiten Mahnung, so wie es der Apostel lehrt (Titus 3,10)."[15] Da schon vergleichsweise harmlose Delikte wie Falschmünzerei die Todesstrafe nach sich ziehen, muß ein gravierendes Delikt, bei dem es unter Umständen um das ewige Heil geht, konsequenterweise entsprechend geahndet werden. Freilich mahnt Thomas auch an, dies nur an Unbußfertigen zu vollziehen.

13. Wir haben festgestellt, daß auch die Scholastiker, so wie die meisten ihrer Zeitgenossen, dem Glauben an Teufel, Dämonen und Hexen verfallen waren. Ihre Bedeutung für den Fortgang der Hexenverfolgung lag in ihrer großen philosophischen und theologischen Autorität. Die Inquisition setzte sich gerade auch aus Dominikanern und Franziskanern zusammen. Welchen Grund hätten diese Männer gehabt, an Bonaventura und Thomas zu zweifeln? Hinzu kommt noch die Tatsache, daß die Aussagen der führenden Scholastiker, weil sie Autoritäten waren, in der scholastischen Literatur und auch in den Traktaten und Handbüchern der Inquisition häufig wiederholt wurden. Dies war der Grund für die weite Verbreitung ihrer Aussagen. Die Bedeutung der Scholastiker für die Hexenverfolgung war groß. Fraglich erscheint jedoch, ob ohne die Aussagen der Scholastiker die Hexenverfolgung nicht trotz allem stattgefunden hätte. Martin Luther lehnte die scholastische Methode ausdrücklich ab, war aber von der Existenz von Hexen und Teufel als realen Personen überzeugt.

Fritz Erik Hoevels vergleicht in seinem Vorwort zu I. R. Grigulevics Werk[16] die Ketzer- und Hexenverfolgung mit den Greultaten des Nazi-Staates. Dies mag zwar für einige Bereiche der Inquisition richtig sein, aber es wäre doch vermessen, Thomas von Aquin als den Goebbels der Inquisition zu bezeichnen. Dies lehne ich ab. Hier wird außer acht gelassen, daß die Scholastiker nicht unsere Kenntnisse in den Naturwissenschaften hatten. Die Menschen der Moderne wissen, daß eine Sonnenfinsternis natürliche Ursachen hat. Für den Menschen des Mittelalters, auch den gelehrten Theologen, war ein solches Phänomen fast unerklärlich. Zwar lehnt Thomas diese Ansicht, wie oben dargelegt, ausdrücklich ab, aber die meisten Menschen des Mittelalters glaubten eben deshalb an Übernatürliches, weil sie sich ihre Umgebung sonst nicht hätten erklären können. So war eine Antriebsfeder der Scholastiker in ihrem Wirken gegen die Teufel, Hexen und Dämonen, die Angst vor ihrer Umwelt, und nicht der Hass auf Rassen, wie im Nazi-Staat. Außerdem glaube ich, daß ein weiterer Grund für die ausgedehnte, exzessive Verfolgung von Hexen und Häretikern die Tatsache war, daß das Hab und Gut der Verurteilten an die das Verfahren Leitenden fiel. Für diese Praktiken kann man Menschen wie Thomas von Aquin nun wahrlich nicht die Schuld geben.

1 *Pieper, Josef,* Scholastik: Gestalten und Probleme der mittelalterlichen Philosophie, 4. Auflage, München 1998, S. 28.

2 *Pieper* (Anm. 1), S. 26.

3 *Pieper* (Anm. 1), S. 28.

4 *Heinzmann, Richard,* Philosophie des Mittelalters, 2. durchgesehene und ergänzte Auflage, Stuttgart/Berlin/Köln 1998, S. 141.

5 *Heinzmann* (Anm. 4), S. 141.

6 *Leinsle, Ulrich G.,* Einführung in die scholastische Theologie, Paderborn/München/Wien/Zürich 1995, S. 5–9.

7 *Götz, Roland,* in: *Schwaiger, Georg* (Hrsg.), Teufelsglaube und Hexenprozesse, 4. durchgesehene Ausgabe, München 1999, S. 77.

8 Genauere Informationen bei *Heinzmann* (Anm. 4), S. 30–31.

9 *Götz* (Anm. 7), S. 70.

10 *Götz* (Anm. 7), S. 72.

11 *Götz* (Anm. 7), S. 77.

12 *Bonaventura,* Sentenzenkommentar zu liber II, distinctio VII: pars II, articulus II, quaestio III, Quaracchi 1885.

13 *Thomas v. Aquin,* Summa theologiae II–II, q. 95, a. 4.

14 *Thomas v. Aquin,* Summa theologiae II–II q. 10 a. 12.

15 „Respondeo dicendum quod circa haereticos duo sunt consideranda: unum quidem ex parte ipsorum; aliud ex parte Ecclesiae. Ex parte quidem ipsorum est peccatum per quod meruerunt non solum ab Ecclesia per excommunicationem separari, sed etiam per mortem a mundi excludi. Multo enim gravius est corrumpere fidem, per quam est animae vita, quam falsare pecuniam, per quam temporali vitae subvenitur. Unde si falsarii pecuniae, vel alii malefactores, statim per saeculares principes iuste morti traduntur; multo magis haeretici, statim cum de haeresi convincuntur, possent non solum excommunicari, sed iuste occidi. Ex parte autem Ecclesiae est misericordia, ad errantium conversionem. Et ideo non statim condemnat, sed post primam et sedundam correctionem, ut Apostolus docet (Tit. 3,10)." *Thomas v. Aquin,* Summa theologiae II–II q. 11 a. 3.

16 *Fritz Erik Hoevels,* in: *Grigulevic, Iosif R.,* Ketzer, Hexen, Inquisitoren, Freiburg i. Br. 1995, Vorwort.

122

# Ecclesia abhorret a sanguine – Die Kirche schreckt vor dem Blute zurück

*von Miriam Pfarr*

1. Bei dem Stichwort Zuständigkeit denkt der juristisch geschulte Mensch der heutigen Zeit an die Aufgliederung in sachliche, örtliche und funktionelle Zuständigkeit. Daß er diese Aufgliederung wie selbstverständlich vornimmt, liegt daran, daß wir allgemeingültige Gesetze haben, die uns den Weg der Gerichtsbarkeit vorgeben. Zu denken ist dabei insbesondere an die Zivil- und Strafprozeßordnung, die Verwaltungsgerichtsordnung sowie an das Gerichtsverfassungsgesetz. Um diese Entwicklung des Rechts zu erreichen, bedurfte es eines langen Weges. Bei dieser heute vorherrschenden Ordnung und abschließenden Zuweisung ist es daher schwer vorstellbar, daß all dies einmal anders gewesen sein soll.

Zwischen der kirchlichen und weltlichen Gerichtsbarkeit gab es viele Spannungen, die sich zeitweise jedoch auch in ein freudiges Miteinander der Machtausübung auflösten. Schwierig war jedoch stets die Frage, wer nun tatsächlich wofür und in welchen Formen zuständig war. Es gab vielerlei Ansätze und ernsthafte Versuche, die Gerichtsbarkeit zu regeln, aber nicht zuletzt aufgrund machtpolitischer Umstände waren all diese Versuche von nicht allzu großem Erfolg gekürt. Die gesamte Zuständigkeitsproblematik erschließt sich insbesondere im Zusammenhang mit den Hexenprozessen.

*2. Die Inquisition als Wegbereiter des Hexenprozesses:* Der Hexenprozeß des Mittelalters und der Neuzeit ist letztendlich eine besondere Spielart des von der Inquisition durchgeführten Ketzerprozesses. Die Inquisition läuft in die Hexenverfolgung aus.[1] Zur Ketzerei und damit zum Gedanken des Teufelspaktes trat bei der Hexenverfolgung der Vorwurf des Schadenszaubers hinzu. Dem Inquisitor Bernhard von Como zufolge läßt sich der Vorgang der Vermischung in die erste Hälfte des 14. Jahrhunderts datieren.[2] Das traurige Verdienst, das Ketzer- und Zauberwesen zu dem Ganzen der Hexerei theoretisch vereinigt und die Hexenprozesse in Gang gebracht zu haben, gebührt den Inquisitoren.[3] Es ist daher unerläßlich, zunächst einen Blick auf die Entwicklung der Inquisition zu werfen.

Die Inquisition war eine kirchliche Institution. Aufgabe der Inquisition war es, die Einheit der Kirche zu hüten, die man darin sah, daß sich der Gläubige der Lehre der Kirche unterwarf.[4]

Bereits um das Jahr 1000 sind Katharerverfolgungen belegt. Im Jahre 1183 nahm die Geschichte der Kirche eine schicksalsträchtige Wende. Papst Lucius III. versammelte sich zusammen mit Kaiser Friedrich und einer Anzahl von Prälaten in Verona und diskutierte die Problematik der Ketzerei in Frankreich und das zu deren Ausrottung anzuwendende Verfahren. Bisher hatte man zwischen den Irrlehren unterschieden und nur Ketzerei von größerer Bedeutung mit Strafe bedroht. Nun wurde jedoch geltend gemacht, daß jeder Glaubenssatz auf der Autorität der Kirche und somit dem Papsttum beruhe. Jede Abkehr von der Lehre der Kirche sei eine Verleugnung der Autorität des Papstes, und jegliche Form der Ketzerei sei fluchwürdig und gleichermaßen strafbar.[5] Grundlegende Bestimmungen des Vorgehens wurden durch das IV. Laterankonzil 1215 und das Konzil von Toulouse 1229 manifestiert. Durch zahlreiche päpstliche Bullen wurden diese Bestimmungen im 13. Jahrhundert noch weiter ausgebaut.[6]

Es war in erster Linie die Kirche, die sich um die Einführung der Inquisition bemühte. Die weltliche Gewalt, nur mittelbar von der Kirche beeinflußt, hat dieser die Hand zu Unterstützung geboten.[7] Vor allem waren es aber die Päpste, welche durch zahlreiche Ketzerbullen der Inquisition den Boden bereiteten. Diese Bullen wurden jedoch erst durch Nachrichten aus Deutschland selbst veranlaßt. Die verschiedenen Bullen Gregors IX., die zur Unterstützung der Tätigkeit des Inquisitors Konrads von Marburg aufgrund von dessen Berichterstattung erlassen wurden, verdeutlichen dies. Bullen waren stets sowohl an die geistlichen als auch an weltliche Behörden gerichtet.

So wurde die systematische Hexenverfolgung wesentlich durch die Bulle „Summis desiderantes" vom 3. Dezember 1484 mitveranlaßt. Die Bischöfe waren durch ihre Stellung dazu verpflichtet, den Willen Roms in ihren Sprengeln auszurichten und somit auch den päpstlichen Ketzerbullen Geltung zu verschaffen. Aufgrund des Konzils zu Toulouse war die Inquisition wesentlich als eine bischöfliche geordnet worden, und somit hatten die Bischöfe ein besonderes Inquisitionsrecht und eine Pflicht zum inquisitorischen Vorgehen.[8]

Auch politische und persönliche Gründe haben die Verfolgung veranlaßt. Nicht selten sahen sich die Bischöfe durch das Sektenwesen in ihrer Selbständigkeit persönlich bedroht. So ist es dann auch kaum verwunderlich, daß die Bischöfe sich gegenseitig zur Ketzerverfolgung anregten, und infolgedessen auch den nachgeordneten Klerus.

Die weltliche Gewalt unterstützte die Bemühungen um die Einführung der Inquisition durch verschiedene Ketzergesetze. Schon in der altchristlichen Kirche hatten die Bischöfe die Pflicht, gegen Ketzer mit Strafen bis zur Exkommunikation vorzugehen. Nachdem das Christentum zur Staatsreligion geworden war, traten zu den kirchlichen Strafen bürgerliche, weil die Ketzerei als ein Verbrechen gegen den Staat galt. Angesehene Kirchenväter, wie Augustinus und Leo der Große, billigten die Anwendung von Zwangsmaßnahmen gegen die Ketzer. Die Todesstrafe wurde von Theodosius dem Großen zuerst angedroht und an Priscillian 385 n. Chr. erstmals vollzogen.

Friedrich I. hatte 1184 die alten Ketzergesetze erneuert, und Kaiser Otto IV. hatte dem Papst am 22. März 1209 das Versprechen gegeben, die Ketzer zu verfolgen. Daß dies am Tage seiner Krönung geschah, zeigt wiederum, wie eng verbunden politische Fragen mit der Kirche waren. Letztendlich war es Friedrich II., der der Inquisition in Deutschland die Daseinsberechtigung verschaffte. Durch das Ketzergesetz von Ravenna im März 1232 wurde der bisher nur gewohnheitsrechtlich bestehenden Todesstrafe für Ketzerei eine gesetzliche Grundlage gegeben. Durch weitere Erlasse in den Jahren 1238 und 1239 wurde die Verbrennung der Ketzer als weltliche Strafe im ganzen Reich angeordnet.[9] Alle Fürsten, Bischöfe, Äbte, Herzöge, Markgrafen, Vögte, Ministerialen und Amtleute des Reichs wurden zum Schutz der Inquisitoren dazu verpflichtet, diese als Getreue des Kaisers aufzunehmen und sie bei ihrer Arbeit zu unterstützen.[10]

Durch diese Gesetze besaß die Kirche einen Rechtstitel für die Einführung der Inquisition in Deutschland. Unterstrichen wurde diese Gesetzgebung dadurch, daß sie auch in zeitgenössische regionale Rechtsaufzeichnungen, wie beispielsweise den Sachsenspiegel von 1225, aufgenommen wurde. Im 14. Jahrhundert war es Karl IV., der durch seine Gesetzgebung die Inquisition unterstützte.

Das Recht, Inquisitoren zu bestimmen, stand an sich dem Papst zu. Doch bereits ab dem 13. Jahrhundert wurde das Ernennungsrecht den Bischöfen übertragen, mit der Begründung, daß diese genauere Kenntnis der für das Amt geeigneten Personen hätten. Die Bischöfe sind entweder selbst gegen die Ketzer vorgegangen oder sie haben zu diesem Zweck eigene Inquisitoren benannt. Auswahlkriterium war, daß der Inquisitor ein einsichtiger, ehrenhafter, sittenreiner und gebildeter Kleriker sein sollte.[11] Die Vertrautheit mit heimatlichen Verhältnissen war sicherlich ein entscheidender Faktor bei der Ernennung der Inquisitoren. Hinsichtlich der Ordenszugehörigkeit war den Dominikanern das Inquisitionsgeschäft schon 1248 förmlich übertragen worden. Daneben finden sich auch vereinzelt Franziskaner, Augustiner, Benediktiner und Zisterzienser.

3. Sowohl die kirchliche als auch die weltliche Gerichtspraxis erhielt durch die Inquisition ein ganz neues Gesicht.
Die Kirche hatte sich von Anfang an das von ihr vorgefundene römische Recht angeeignet. Daher kannte das kanonische Recht bis zum 12. Jahrhundert, ebenso wie das römische Recht, keinen anderen Prozeß als den auf wirklicher Anklage beruhenden „Akkusationsprozeß". Die vom Kläger eingereichte Klage war die eigentliche Basis des gesamten Prozeßverfahrens.[12] Im Gegensatz hierzu war in der Kirche aufgrund des Bedürfnisses der kirchlichen Disziplin schon frühzeitig ein anderes Strafverfahren, das der „Inquisitio", erwachsen, welches später insbesondere durch Papst Innozenz III. und durch die Beschlüsse des oben bereits erwähnten Laterankonzils von 1215 bestimmter geregelt wurde. Das Strafverfahren der Inquisitio machte die Aufspürung und Bestrafung der Ketzer zu einer Hauptaufgabe der Bischöfe. Die geistlichen Gerichte wurden dazu ermächtigt, „ex officio" und somit von Amts wegen einzuschreiten, wenn kein Ankläger aufgetreten war.
Da das auf dem Akkusationsprozeß beruhende kanonische Recht außerdem gegenüber Geistlichen nicht genügte, weil die Erhebung einer Anklage durch einen Laien oder einen niedriger stehenden Kleriker ausgeschlossen war, bestand weiterer Handlungsbedarf.[13]
Dem Papsttum in Rom war schon bei der ersten Einleitung von Ketzerprozessen klar geworden, daß mit dem bisher geltenden Akkusationsprinzip eine wirksame Aufdeckung und Verfolgung von Ketzern nicht möglich ist. Daher setzte das Papsttum die bisherige kirchliche Rechtsordnung hintan und regelte sie für den Inquisitionsprozeß neu. Für den Prozeß wurden folgende Vorschriften er-

lassen: (1) Der Akkusationsprozeß wird durch den Inquisitionsprozeß ergänzt. (2) Alle Erwachsenen sind eidlich zur Anzeige der ihnen bekannten Ketzer verpflichtet. (3) Für den Inquisitionsprozeß wird die Geheimhaltung der Namen der Zeugen angeordnet. (4) Durch die Bulle „Ad exstirpanda" von Papst Innozenz IV. aus dem Jahre 1252 wird die Anwendung der Folter zur Erpressung von Geständnissen angeordnet. (5) Die Verurteilung der überführten nichtreuigen Ketzer zum Feuertod wird angeordnet.

Zwischen dem Inquisitionsrecht und dem bis dahin geltenden germanischen Strafverfahrensrecht besteht eine große Diskrepanz. Im germanischen Recht ist ein Verfahren selbst dann, wenn es im öffentlichen Interesse steht, nur mit einem Kläger möglich, der vor Gericht offen und frei seine Klage formuliert und vertritt. Das Inquisitionsrecht dagegen kennt keinen Anklageprozeß, sondern gründet vielmehr auf Denunziation. Dort (germanisches Recht) wartet der Richter darauf, daß der Kläger den Beklagten überführt. Hier (Inquisitionsrecht) setzt der Richter selbst alle Hebel in Bewegung, um zu einer Verurteilung des Verdächtigen zu kommen. Im germanischen Recht ist stets die Tat und nicht der Wille des Beklagten strafbar. Der Inquisitor fragt wesentlich nach der Gesinnung des Beklagten.

Dort ist der Richter nur Richter und nicht zugleich Ankläger. Der Richter leitet die Verhandlung und läßt das Urteil durch Schöffen als ständige Urteilsfinder fällen. Der Richter darf die Strafe weder schärfen noch mildern. Hier, im Inquisitionsverfahren, ist der Inquisitor Richter und Kläger in einer Person. Die Beisitzer haben, wenn solche überhaupt zum Verfahren beigezogen werden, über das Urteil so gut wie keine Gewalt. Das Urteil kann der Inquisitor je nach Gutdünken mildern oder verschärfen.

Dort dürfen nur schöffenbarfreie Männer Zeugen sein. Nicht zum Zeugnis zugelassen werden Unehrliche, Gebannte, Verwandte, Kinder, Frauen und Gesinde. Hier macht nicht einmal die Exkommunikation unfähig zum Zeugnis. Dort wird das Verfahren in deutscher Sprache öffentlich und mündlich durchgeführt. Hier sind die wesentlichen Verfahrensschritte der Öffentlichkeit verborgen. Das Recht wurde in unterirdischen Folterkammern gefunden oder nur im versiegelten Briefverkehr mit juristischen Fakultäten, die um eine Begutachtung gebeten wurden, ohne den Beklagten jemals gehört oder gesehen zu haben.

Nach germanischem Recht hat der Beklagte nach dem Urteilsspruch die Möglichkeit, ein Beweisverfahren durchzuführen und sich somit zu entlasten. Eine solche Möglichkeit kennt das Inquisitionsrecht nicht.

Auch die Strafen waren andere: Für Straftaten, die nach der Auffassung dieses als eine Störung der allgemeinen Ordnung galten, hält das germanische Recht die Fronung oder die Hinrichtung des Täters bereit. Neben der Todesstrafe gab es zahlreiche Formen der Leibesstrafe, welche meist spiegelnde Strafen waren. Alle peinlichen Strafen waren jedoch bis auf wenige Ausnahmen durch Geld lösbar. Daher beinhalteten die Volksrechte auch zahlreiche Bußgeldkataloge. Auf den vom Inquisitor überführten, nichtreuigen Ketzer wartete stets der Tod. Da das Inquisitionsrecht also in allen wesentlichen Punkten in völligem Gegensatz zum germanischen Recht stand, ist es auch erklärlich, daß die Einführung der Inquisition mit besonderen Schwierigkeiten verbunden war.

Das neue kanonische Prozeßverfahren stand nun zu dem germanischen Recht in ebenso großem Gegensatz wie zu dem bisherigen Kirchenrecht. Die deutschen Volksrechte, die Kapitularien der fränkischen Könige und die Rechtsbücher des Mittelalters setzten sämtlich den Anklageprozeß als das alleinig rechtsgültige Verfahren voraus. Wollte sich die Kirche, die ja zur Durchführung der Inquisitionsprozesse der Mithilfe des Staates in großem Maße bedurfte, trotz dieser Widersprüchlichkeit der Inquisition im Reiche Eingang verschaffen, so konnte dies nur dadurch geschehen, daß die kirchlichen Bestimmungen gegen Ketzerei reichsgesetzlich förmlich anerkannt wurden.[14] Dies geschah durch den Erlaß zahlreicher Ketzergesetze.

Daran ist zu erkennen, daß die weltlichen Machthaber nicht nur Hand in Hand mit der Kirche arbeiteten, sondern auch, daß die Kaiser die Ordnung des Inquisitionsverfahrens zu ihrem Nutzen zusammengefaßt haben.

Die kirchlichen Bestimmungen wurden größtenteils sogar noch verschärft. Der Papst wiederum sorgte dafür, daß die über die seinerzeitigen kirchlichen Anordnungen hinausgehenden kaiserlichen Bestimmungen, soweit irgend möglich, in den Bullen vom 9. Juni 1371, 28. Mai 1372 und 5. Januar 1373 kirchlich approbiert wurden.[15] Das kirchliche Recht und die kaiserlichen Gesetze bildeten somit die Rechtsgrundlage für das inquisitorische Verfahren.

4. *Der Hexenprozeß:* Der Hexenprozeß war die Fortsetzung des inquisitorischen Prozeßverfahrens, das die Inquisitoren zur Verfolgung der Ketzer benutzt hatten.[16] Während sich die Ketzerprozesse hauptsächlich auf Männer bezogen, wurde bei der Hexenverfolgung der Blick mit einigen Ausnahmen und nicht selten überwiegend auf das weibliche Geschlecht gerichtet. Als gravierender Unterschied zwischen Ketzer- und Hexenprozeß kann angeführt werden, daß das Verfahren gegen Ketzer wesentlich milder ablief und die Rate der Todesurteile längst nicht so hoch war wie in den Hexenprozessen.[17]

Die Hexenprozesse erhielten ihre kirchliche Grundlage durch die sogenannte Hexenbulle „Summis desiderantes affectibus" Papst Innozenz' VIII. vom 5. Dezember 1484, der hierbei einer Anregung der beiden deutschen Dominikaner Jakob Sprenger und Heinrich Institoris (Kramer) folgte.[18] Diese waren im letzten Viertel des 15. Jahrhunderts für Oberdeutschland und für die Rheingegend als Inquisitoren bestellt worden. Sie mußten jedoch schon bald feststellen, daß sie allein aufgrund ihrer Theorien vielfach nicht genügend Autorität und Überzeugungskraft aufbringen konnten, und ihre Vorgehensweise auf großen Widerstand, nicht nur seitens der weltlichen Macht, stieß.

So hielt der Bischof von Brixen den Inquisitor Institoris wegen seiner Ansichten für „wegen hohen Alters kindisch geworden".[19] Sprenger und Institoris wandten sich daher im Jahre 1484 an Papst Innozenz VIII., um von höchster Instanz den „Segen" und vor allem die Absicherung für ihr Handeln zu erhalten.[20] Die vom Papst daraufhin erlassene Bulle ist deswegen von entscheidender Wichtigkeit, da sie im Widerspruch zu dem bis dahin geltenden „Canon Episcopi" aus dem 10. Jahrhundert steht. Dieser findet sich in den aus der Feder des Abt Regino von Prüm stammenden „Zwei Büchern über die Kirchenzucht" und sieht vor, daß diejenigen, die sich der Ausübung magischer Künste strafbar gemacht haben, aus der Kirchengemeinde auszuschließen sind und vertrieben werden müssen.[21]

Die Hexenbulle gab der Lehre von der Häresie des Zauberwesens und dem Inquisitionsverfahren gegen die Zauberei eine neue und für manche Punkte sogar erste päpstliche Sanktionsgrundlage und hat die Verbreitung der Hexenverfolgung wesentlich gefördert.[22] Durch sie wurden Sprenger und Institoris dazu ermächtigt, als Inquisitoren gegen das Verbrechen der Zauberei einzuschreiten, die Täter mit

Einkerkerung oder sonstigen Strafen zu belegen und zudem von der Kanzel herab das Volk über das Unheil des Hexenwesens zu belehren. Aufgrund dieser Arbeitsgrundlage erstellten sie mit ihrem im Jahre 1487 in Straßburg gedruckten Hexenhammer einen Kodex des Hexenprozesses: den „Malleus maleficarum" als „Anwendungsbuch zur gezielten und systematischen Verfolgung und Ausrottung der teuflischen Frauen".[23]

Der Hexenhammer stellt jedoch nur das Ende einer Entwicklung dar, welche durch die um 1320 verfaßte „Practica inquisitionis haereticae pravitatis" des Inquisitors Bernardus Guidonis eingeleitet wurde, und durch das „Directorium inquisitorium" von Nicolaus Eymericus von 1376 sowie dem „Flagellum haereticorum" des Nicolaus Jacquier von 1458 zum Hexenhammer hinführte.[24]

Den Fortschritten der Druckkunst ist es zu verdanken, daß eine weite Verbreitung dieses Werkes in insgesamt 49 Auflagen möglich war. Der Hexenhammer wird vielerorts zum Leitfaden und zur Gebrauchsanweisung für die Hexenverfolgung bei zivilen und kirchlichen Gerichten. Rückgreifend auf das römische Recht verlangt der Hexenhammer als Bestrafung für das Verbrechen der Hexerei als eines „crimen exceptum" die Todesstrafe. Das Buch enthält ausnahmslos negative Aussagen in Bezug auf das weibliche Geschlecht.

5. In der Bestrafung der Ketzerei arbeitete die Kirche mit der weltlichen Macht Hand in Hand. Die Zauberei war zwar nicht dasselbe wie die Ketzerei, wurde aber doch als eng zusammenhängend betrachtet. Durch die bereits erläuterte Gesetzgebung Friedrichs II. wurde die Verbrennung der Ketzer als weltliche Strafe angeordnet. Im Reichslandfrieden Heinrichs VII. von 1224 (Treuga Henrici) heißt es, daß „heretici, incantatores, malefici" vom Richter nach Ermessen zu strafen seien. Dies schloß wohl auch für die Hexerei empfindliche Strafen mit ein.[25] Über die Ketzerverfolgung der Kirche hatte die Todesstrafe für Zauberei wieder Einzug in die gesellschaftlichen Strafbestimmungen gefunden. Aus diesen neubegründeten weltlichen Sanktionsmechanismen resultierte dann auch die weitere Ausbildung der Hexenprozesse und deren rechtliche Grundlagen.

In der Bambergischen Halsgerichtsordnung „Bambergensis" von 1507 wurde der Schadenszauber mit Ketzerei ausdrücklich gleichgesetzt und mit dem Feuertode bedroht. Diese Bestimmung wurde in den Markgrafschaften Ansbach und Bayreuth durch Artikel 113 der „Brandenburgica" übernommen. In der von Kaiser Karl V. als Reichsgesetz erlassenen „Constitutio Criminalis Carolina" aus dem Jahre 1532 wurde die Bestimmung aus der „Bambergensis" in Artikel 109 übernommen. Entgegen der „Bambergensis" wurde in der Carolina jedoch der Hinweis auf die Ketzergesetzgebung aufgegeben, indem der Passus „Gleich der Ketzerey" weggelassen wurde. Die Carolina war gültiges Reichsgesetz noch beim Untergang des alten Reiches im Jahre 1806. Aufgrund ihrer salvatorischen Klausel galt sie jedoch nur subsidiär, und es blieb den Kurfürsten, Fürsten und Ständen überlassen, das neue Strafrecht in ihren Territorien einzuführen oder nicht.[26] Die Carolina wurde durch entsprechende Landesrechte, wie zum Beispiel die bayerische Malefizordnung von 1616, ergänzt.[27]

Trotz der weiten Verbreitung der Carolina sind jedoch stets die territoriale Zersplitterung des Reiches und die sich aus dieser Zersplitterung ergebenden, mannigfaltigen Regelungen des Strafprozesses und des materiellen Strafrechts zu berücksichtigen. Bis zur Mitte des 16. Jahrhunderts haben die weltlichen Rechte nur den Schadenszauber bestraft.

Anfang der 1540er Jahre setzte sich beispielsweise das englische Parlament mit dem Begriff der Zauberei im „Witchcraft Act" auseinander und erhob die Zauberei zum Kapitalverbrechen, ohne dabei jedoch auf den Teufelspakt als Kern des Hexenverbrechens einzugehen.[28]

Erstmals begegnet uns eine reine Hexengesetzgebung im schottischen „Witchcraft Act" aus dem Jahre 1563, in deren Mittelpunkt nun nicht mehr allein die Zauberei, sondern die Übereinkunft mit dem Teufel stand. England folgte dieser Hexengesetzgebung im Jahre 1604 durch den Erlaß der „Witchcraft Statute".

Das Fundament für eine Hexengesetzgebung wurde in Deutschland durch eine heftige Debatte des Reformators Johannes Brenz aus Stuttgart und dem jülisch-klevischen Hofarzt Johann Weyer im Jahre 1565 gelegt. Brenz war der Ansicht, daß Hexen zwar kein Wetter machen, nicht durch die Luft fahren und letztendlich überhaupt nicht zaubern können, jedoch wegen ihrer Absicht, dies zu tun und einen Pakt mit dem Teufel zu schließen, verbrannt werden müssen. Weyer bezeichnete diese Ansicht als logisch inkonsequent. Eine solche Ansicht sei rechtlich unhaltbar, da niemand aufgrund einer Tat hingerichtet werden könne, die er gar nicht habe durchführen können.[29]

Weyer konnte sich jedoch trotz dieser aus heutiger Sicht logischen Ansicht nicht durchsetzen. Selbst Brenz stellte durch seine Aussagen den Straftatbestand des Artikel 109 der Carolina schlichtweg in Frage. Er wollte nicht die Zauberei bestraft sehen, sondern den aus der Inquisition sich ergebenden Vorgang des Teufelspakts. Die erste vom Schadenszauber abgehobene Hexereigesetzgebung für Deutschland findet sich in der Sechsten Württembergischen Landesordnung aus dem Jahre 1567. 1572 stellten die Kursächsische Kriminalordnung und schließlich 1611 das bayerische Hexenmandat allein den Teufelspakt ohne die Zauberei unter Todesstrafe.

6. Auch wenn der Hexenprozeß die Fortsetzung des während der Inquisition herausgearbeiteten Prozeßverfahrens darstellt, so darf nicht übersehen werden, daß der Hexenprozeß insbesondere unter dem Gesichtspunkt der Zuständigkeit in Deutschland einschneidende Veränderungen mit sich brachte.

Zuständig für die Ketzerprozesse war die kirchliche Gerichtsbarkeit. Der Inquisitor informierte sich über die Sektenverhältnisse, sammelte genügend Material zur Einleitung des Verfahrens, ließ die Verdächtigen vorladen und hatte den gesamten Prozeßverlauf in seinen Händen. Der Inquisitor war befugt, alle Funktionen des Inquisitionsgerichts allein auszuüben. Selbst wenn er, wie es auch von David von Augsburg verlangt wurde, Beisitzer zugezogen hatte, war er an deren Meinung nicht gebunden.[30] Der Inquisitor leitete die Gerichtsverhandlung, verhörte den Angeklagten und ordnete gegebenenfalls die Folter an. Das Urteil wurde entweder nach seinem Willen oder nach vorhergehender Besprechung mit theologischen und juristischen Beisitzern gefällt. Bei der Verkündung der verhängten Strafe wurde stets darauf hingewiesen, daß die Kirche nie den Tod des Ketzers wollte, sondern nur um sein Seelenheil besorgt war, um ihn dann anschließend doch ohne Zögern an die weltliche Macht zum Vollzug der leiblichen Strafe auszuliefern.

Nach dem dritten Teil des „Malleus maleficarum", welcher das anzuwendende gerichtliche Verfahren behandelt, ist die Hexerei ein „crimen fori mixti" und gehört somit vor den geistlichen wie auch weltlichen Richter.[31] Schloß die Hexerei die Verehrung des Teufels mit ein, so sah man darin einen Abfall vom christlichen Glauben, also Ketzerei, welche der Bestrafung kirchlicher Gerichte unterlag. Daher wurden zunächst auch viele Hexen von Inquisitoren oder bischöflichen Gerichten abgeurteilt. Von Anfang an beteiligten sich jedoch auch die weltlichen Gerichte an der Hexenverfolgung, in dem sie entweder mit kirchlichen Gerichten zusammenarbeiteten oder nicht zuletzt aufgrund des Hexenhammers selbst Prozesse durchführten. Sehr geschickt hatten die Verfasser des Malleus in ihren Ausführungen darauf hingewiesen, daß das pflichtgemäße Einschreiten der Inquisitoren auf die Fälle beschränkt ist, in denen die Zauberei einen ketzerischen Charakter aufweist. In allen anderen Fällen wurde die Kompetenz auf weltliche Gerichte übertragen. Diese Kompetenzverteilung war jedoch nur eine scheinbare, da sich die Inquisitoren das Recht vorbehielten, anhängige Sachen je nach Belieben an sich zu ziehen und zu Ende zu bringen.[32] So wurde in anderem Gewand die alte Problematik des Investiturstreits und der kirchlicherseits behaupteten Überordnung wieder deutlich. Diese Überordnung der geistlichen Gerichtsbarkeit wurde jedoch in Deutschland von der weltlichen Gewalt nicht anerkannt.

Als im 16. und 17. Jahrhundert die Zahl der Hexenverfolgungen zunahm, wurde die kirchliche Gerichtsbarkeit unter gleichzeitiger Ausdehnung der weltlichen Gerichtsbarkeit allmählich zurückgedrängt.[33] Der Grund für diese Zuständigkeitsverlagerung lag zum einen im Niedergang der päpstlichen Inquisition und somit der päpstlichen Autorität im Ausgang des 15. und frühen 16. Jahrhunderts. Insbesondere die Wirren der Reformationszeit und die damit gepaarte Ablehnung der päpstlichen Vormachtstellung durch die Protestanten leiteten diesen Umbruch ein. Zum anderen trug der vermehrte Erlaß von Hexengesetzen durch die weltlichen Herrscher zu dieser Entwicklung maßgeblich bei. Durch diese Gesetzgebung wurde das vom Malleus herausgearbeitete Verbrechen der Hexerei allgemein bekanntgemacht und dessen Verfolgung erleichtert.[34] Diese Übernahme der gerichtlichen Zuständigkeit bedeutete jedoch nicht, daß die Kirche weniger an der Hexenverfolgung interessiert war als zuvor. Der Klerus ging der weltlichen Macht zur Hand, half dieser bei den Prozessen und hielt das Volk von der Kanzel herab dazu an, Hexen zu verfolgen. Zusätzlich darf nicht übersehen werden, daß im Mittelalter und in der frühen Neuzeit Kleriker zugleich weltliche Machthaber waren und als Erzbischöfe, Fürstbischöfe und

Fürsterzbischöfe den Vorsitz über weltliche Gerichte hatten. Aufgrund der Möglichkeiten, in ihren Territorien das Strafprozeßrecht und das materielle Strafrecht eigenverantwortlich durch Gesetzgebung zu regeln, wirkte die scheinbar zurückgedrängte kirchliche Gerichtsbarkeit über Hexen mittelbar fort.

7. *Der Verlauf eines Hexenprozesses:* An den Prozeßverlauf der Hexenprozesse darf man keinesfalls den Anspruch einer allerorts eingehaltenen, einheitlich geltenden prozeßrechtlichen Systematik stellen. Das Heilige Römische Reich bestand aus etwa 300 relativ autonomen politischen Einheiten. Die richterliche Zentralgewalt im Reich war nur sehr schwach ausgebildet. Jedes Territorium verfügte über seine eigenen Gerichte, und es lag in der Entscheidungsgewalt der jeweiligen Obrigkeit, ob kaiserliche Gesetze – hier insbesondere die Carolina – in die territoriale Gesetzgebung aufgenommen wurden oder nicht. Schwere Straftaten urteilte zumeist der Inhaber der hohen Strafgerichtsbarkeit ab, der diese aber durch Verleihung des Blutbanns je nach Belieben auf andere kleinere Gerichte übertragen konnte. Die Zusammensetzung der Gerichte regelte sich ebenso wie die Zuständigkeitsfrage vielerorts vorwiegend nach Gewohnheitsrecht. Der Vorstand und somit das Richteramt war meist einem Adeligen zugewiesen, an dessen Seite eine Reihe von bürgerlichen Laienschöffen als Urteiler fungierten. Einen Instanzenzug im heutigen Sinne gab es nicht, da gegen Strafurteile eine Appelation nicht zulässig war.[35]
Wenn nun im Folgenden versucht wird, den Prozeßverlauf zu skizzieren, so sollte bedacht werden, daß aufgrund dieser territorialen Zersplitterung oftmals abweichende Prozeßformen gewählt wurden. Des Weiteren ist darauf hinzuweisen, daß die Gesetzgebung und Rechtsaufzeichnung in früheren Zeiten meist erst das schriftlich festgehaltene Resultat eines bis dahin gewohnheitsrechtlich praktizierten Prozeßrechts und materiellen Strafrechts darstellte.

7. a) Durch die Einführung des inquisitorischen Verfahrens hatte der Richter nun die Möglichkeit, jemanden aufgrund von Informationen (Denunziationen), die er erhalten hatte, oder auch nur aufgrund eines Gerüchtes vor Gericht zu stellen. Im Rahmen dieses als Generalinquisition bezeichneten Verfahrensabschnitts wurde der Verdächtige festgenommen und ins Gefängnis gebracht.[36] Die Carolina ver-

suchte durch ihre in Art. 1–44 aufgeführten Regelungen der bis dahin meist unkontrollierten und formlosen Voruntersuchung eine gewisse Reihenfolge zu geben. Artikel 44 bestimmt dabei die „redliche Anzeige" für die Zauberei.[37]

Das sich an diese Voruntersuchung anschließende Vorverfahren vor Gericht wird als Spezialinquisition bezeichnet und beinhaltet den ganzen Prozeß bis hin zur Urteilsverkündung. Die Carolina sah einen „processus ordinarius" (ordentlichen Prozeß) vor, nachdem der Verdächtige nicht wahllos und völlig beliebig befragt und gefoltert werden durfte. Aufgrund der Tatsache, daß der Hexereivorwurf durch die Heimlichkeit nur sehr schwierig zu beweisen war, wurde das Hexereiverbrechen zu einem „crimen exceptum" erklärt, für das die Einschränkungen des normalen Prozeßverfahrens gelockert wurden, und somit der Überschreitung von gesetzlichen Schranken Tür und Tor geöffnet wurde.[38] Der Beklagte hatte grundsätzlich die Möglichkeit, einen Rechtsbeistand beizuziehen. Dieser hatte jedoch nach dem Hexenhammer ein glaubenseifriger Mann zu sein, welcher ausdrücklich davor gewarnt wurde, daß er sich durch die Begünstigung des Bösen selbst strafbar mache. Wie sich daher die Anwälte verhielten, liegt auf der Hand. Auch vor weltlichen Gerichten konnte ein Advokat herangezogen werden. Doch was konnte schon ein Anwalt bewirken, wenn erst einmal der Mechanismus des Hexenprozesses in Gang gekommen war?

Der Richter vernahm üblicherweise zunächst die Zeugen. Entgegen den Vorschriften der Carolina (Art. 62–67) konnte im Hexenprozeß jedermann als Zeuge aussagen.[39] Die Namen der Zeugen wurden dabei den als Hexe Angeklagten nicht genannt. Daran anschließend wurden die Verdächtigen gütlich verhört. Bei diesem Verhör waren meist der Richter, zwei Gerichtsschöffen sowie ein Schriftführer anwesend.[40] Eine ordentliche und detaillierte Protokollführung war aufgrund der noch zu behandelnden Aktenversendungspraxis für die Urteilsfindung von erheblicher Wichtigkeit. Die Befragung sollte nach einem zuvor bereits festgelegten Frageschema (Interrogatorium) durchgeführt werden. Der Hexenhammer beinhaltet dazu einen beispielhaft ausgearbeiteten Fragenkatalog. Als Eröffnungsfrage sieht der Hexenhammer die Frage danach vor, ob die Verdächtige glaube, daß es Hexen gebe. Schon einer Verneinung dieser Frage konnte die Verurteilung als Ketzer folgen.

7. b) Dreh- und Angelpunkt des Verfahrens der Carolina war das Beweissystem. Zur Verurteilung des Beschuldigten war ein Geständnis des Beschuldigten oder dessen Überführung durch zwei einwandfreie Augenzeugen notwendig.[41] Indizien galten zwar als Teilbeweis, waren jedoch für eine Verurteilung nicht ausreichend. Die Besonderheiten des Hexereidelikts brachten es mit sich, daß es so gut wie keine Augenzeugen gab. Letztendlich blieb daher als einziger Beweis das Geständnis, welches in der Hierarchie der Beweise allgemein den höchsten Rang einnahm und die eigentliche Seele des ganzen Prozesses war. Hatte der Beschuldigte im gütlichen Verhör ein solches nicht abgelegt, so wurde zur Folter übergegangen, welche auch peinliche Befragung genannt wurde.

Ab dem 13. Jahrhundert gehörte die Folter zum normalen Strafverfahren der Kirche und wurde in die weltliche Gesetzgebung durch die Aufnahme des Inquisitionsprozesses eingeführt. Alexander III. erteilte den Inquisitoren durch seine Dekretale „Ut negotium" aus dem Jahre 1256 sogar die Erlaubnis, die Folter selbst durchzuführen.[42] Zuvor war die Folter an sich durch die Bulle „Ad exstirpanda" 1252 förmlich eingeführt worden.[43] Dies stand in ziemlicher Spannung zu dem, was die Kirche vom Untergang des weströmischen Reiches bis zur Inquisition vertreten hatte. Papst Nicolaus I. (856–867) ist in seinen Antworten „Ad consulta vestra" an die Bulgaren vom 13. November 866 der Strenge der Staatsgewalt entgegengetreten, indem er sich ausdrücklich gegen die Anwendung der Folter aussprach. Er führte aus: „Dies läßt weder das göttliche noch das menschliche Gesetz in irgendeiner Weise zu, da ein Geständnis nicht ungewollt, sondern freiwillig sein muß, und nicht gewaltsam herauszulocken, sondern willentlich vorzubringen ist".[44]

Die peinliche Befragung und deren Anwendungsvoraussetzungen wurden in der Carolina (Art. 45–61) beschrieben, um den bis dahin verübten Mißbrauch einzuschränken. Entgegen der Vorschriften der Carolina wurden im Hexenprozeß während der Folter oft Suggestivfragen gestellt, um dem Beschuldigten neben dem Geständnis noch Namen anderer der Hexerei verdächtiger Personen herauszulocken, die dann in der Folgezeit meist ebenfalls angeklagt wurden.[45] Durchgeführt wurde die Folter durch den Scharfrichter unter Beisein der oben genannten Gerichtspersonen.

Ein wesentlicher Mangel der Carolina war es, daß sie Dauer, Art und Intensität der Folter nicht geregelt hatte.[46] All dies wurde in das Ermessen des Richters gestellt (Art. 58). Das peinliche Verhör läßt sich in fünf Grade unterteilen. Zunächst wurde dem Beklagten unter Vorführung der Folterwerkzeuge mit der Folter gedroht (Verbalterrition). Führte dies nicht zu einem Geständnis, so wurden ihm die Folterinstrumente angelegt (Realterrition), um dann die drei Grade der Torturen vorzunehmen.[47] Verwendet wurden Daumenschrauben, Spanische Stiefel, trockener Zug, Spannen, Strecken, Nadelprobe, gespickter Hase, Brennen etc.

Gestand der Beklagte und widerrief er sein Urteil später nicht, so waren nach Art. 60 der Carolina die Voraussetzungen einer Verurteilung gegeben. Wurde jedoch kein Geständnis abgelegt, und lagen keine neuen Indizien vor, so war der Beklagte endgültig freizusprechen (Art. 99 u. 201). Der Freigesprochene wäre jedoch mit seinen zerfolterten Gliedern ein in Freiheit umherwandelnder Krüppel und somit ein schrecklicher Vorwurf für die Obrigkeit gewesen.[48] In der Praxis wurde daher meist nur ein vorläufiger Freispruch erteilt („absolutio ab instantia"), der es dem Gericht ermöglichte, den Beklagten beim Auftauchen neuer Indizien erneut vorzuladen und der Tortur zu unterziehen. Im Hexenprozeß erlaubte man sich – es war ja ein „crimen exceptum" – hinsichtlich Zeitdauer und Wiederholung der Folter viele Freiheiten.[49] Dabei wurde die Wiederholung spitzfindigerweise als Fortsetzung bezeichnet. Es dürfte daher kaum verwunderlich sein, daß selbst die leidensfähigsten und standhaftesten Beklagten sämtliche ihnen vorgeworfenen Taten gestanden. Am Ende ihrer körperlichen Widerstandskraft diktierten sie dem Protokollführer die wildesten Dinge in die Feder, um ihrem Leiden ein Ende zu setzen.


7. c) Um der Tatsache gerecht zu werden, daß die meisten Gerichte mit Laienrichtern und Laienschöffen besetzt waren, und daher vielerorts gegen das Recht und die Vernunft gehandelt wurde, weist die Carolina die Gerichte in ihrer Vorrede und in zahlreichen Artikeln an, Rat zu suchen. Dieser sollte bei dem Verbrechen der Zauberei bei Juristenfakultäten, Schöppenstühlen sowie einzelnen Rechtsgelehrten eingeholt werden (Art. 219).[50] Was zunächst nur gut gemeint war, hatte jedoch, wenn überhaupt Akten versandt wurden, für den Hexenprozeß schwerste Folgen. Ohne den Beschuldigten jemals gesehen zu haben, waren die Rechtsgelehrten ausschließlich auf die Glaubwürdigkeit der ihnen von den Laienrichtern übersandten Zeu-

gen und Folterprotokolle angewiesen. Und wie sollte es den Rechtsgelehrten gelingen, einen eventuellen Mißbrauch der Folter nachzuweisen, wenn sie bei dieser nicht anwesend waren, und zudem das
protokollierte Vorgehen nicht der Wirklichkeit entsprechen konnte?
Nach dem Studium der Akten wurde die Entscheidung gefällt,
schriftlich niedergelegt und an das ratsuchende Gericht zurückgeschickt.

7. d) Nachdem also das Urteil gefunden worden war, wurde es auf
dem „endlichen Rechtstag" feierlich verkündet. Der endliche Rechtstag stellte den ersten und einzigen öffentlichen Akt des Verfahrens dar
und glich oftmals einem Volksfest, zu dem sich die Menschen in
Scharen versammelten. Widerrief der Beklagte auf dem endlichen
Rechtstag sein Geständnis, „so hat des beclagten verneinen nitt statt".
Hierbei berief man sich kurzerhand nicht auf Artikel 91 der Carolina,
sondern auf den leichter zu handhabenden Artikel 107 der Bambergensis.[51] Der Beklagte war in jedem Falle zu verurteilen und dem
Henker zu übergeben.

8. Hexerei wurde mit der Verbrennung auf dem Scheiterhaufen bestraft. Dies war zunächst die traditionelle Bestrafung für rückfällige
Ketzer gewesen, denen Hexen nun gleichgesetzt wurden, da beide
als Diener des Teufels galten. Dazu kam wohl auch die Vorstellung
von der reinigenden Wirkung des Feuers und die Angst der Richter,
daß die Hexe mit Hilfe der Zauberei wieder lebendig werden
könne.[52] Die Anordnung der Verbrennung stützte sich auf den Bi-
belspruch: „Wer nicht in mir bleibt, der wird weggeworfen wie eine
Rebe und verdorrt, und man sammelt sie und wirft sie ins Feuer, und
sie müssen brennen" (Johannes 15,6).[53] Nur wer ist mit „man" gemeint, wer „sammelt" und wer „wirft sie ins Feuer"? Woraus ergibt
sich die scheinbare Rechtmäßigkeit der Todesstrafe, und ist die Kirche wirklich vor dem Blut zurückgeschreckt?
Blickt man zunächst auf die Rechtmäßigkeit der Todesstrafe an sich,
so ergibt sich diese nach den Jesuiten Martin Delrio und dessen „disquisitiones magicae" von 1599 aus den ungeschriebenen und geschriebenen Gesetzen, der Praxis der Inquisitoren und nicht zuletzt
aus dem kanonischen Recht.[54] Tatsächlich konnte kirchlicherseits
die Notwendigkeit und somit Rechtmäßigkeit der Todesstrafe auf
das Gebot: „Die Zauberinnen sollst du nicht am Leben lassen" (Exo-

dus 22,17) gestützt werden. Das Alte Testament bezeugt in etlichen Vorschriften die Todesstrafe als rechtliche Institution.[55] Jahwe selbst fordert die Todesstrafe für das Vergießen von Menschenblut (Genesis 9,5 ff.). Auch gebietet er in einigen Fällen die Blutrache (Genesis 4,15. 24).[56] Im Neuen Testament wird die Todesstrafe nur ihrer Existenz nach erwähnt, wobei selbstverständlich das Verbot des Mordens seine Gültigkeit behält (Matthäus 5,21 ff.; Markus 10,19). Unter juristischen Gesichtspunkten ist es dabei interessant, daß es in Exodus 20,13 ursprünglich entgegen der heutigen Fassung nicht hieß: „Du sollst nicht töten", sondern: „Du sollst nicht morden". Mord ist dabei ähnlich den heutigen in § 211 Abs. 2 StGB angeführten Mordmerkmalen zu definieren.

Was den Vollzug der Todesstrafe angeht, so wird angeführt, daß sich das Papsttum allzeit gesträubt habe, die Bestrafung am Leben ausdrücklich zu fordern und zu vollziehen.[57] Innozenz III. schrieb in seinem Brief „Eius exemplo" vom 18. Dezember 1208 an den Erzbischof von Tarragonna: „Was die weltliche Macht betrifft, so erklären wir, daß sie ohne Todsünde ein Bluturteil vollstrecken kann".[58] Damit wird den weltlichen Richtern hinsichtlich des „Ob" formal ein Ermessen eingeräumt. Betrachtet man jedoch wiederum die damalige auf Gott gerichtete Gesellschaft und den engen Zusammenhang von Kirche und Staat, so ist dieses „Kann" wohl eher als „Muß" zu lesen. Zudem waren die weltlichen Behörden bei der Strafandrohung der Exkommunikation dazu verpflichtet, von der Kirche gefällte Urteile ohne Nachprüfung zu vollstrecken.[59] Durch die Ketzergesetze Friedrich II. von Ravenna war diese sogenannte „debita poena" die Todesstrafe, seit 1239 der Feuertod.

9. Der Satz „ecclesia abhorret a sanguine" (Die Kirche schreckt vor dem Blut zurück.) bestätigt sich insofern, als selbst im vollständig vom Inquisitor durchgeführten Ketzerprozeß die Todesstrafe stets von der weltlichen Macht vollzogen wurde. Der Grundsatz „ecclesia non sitit sanguinem" (Die Kirche dürstet nicht nach Blut) ist darauf zurückzuführen, daß die zeitliche Strafe im Unterschied zum göttlichen Endgericht ganz der staatlichen Gewalt zugeordnet wird, weil sie Statthalter Gottes ist (Römer 13,1). Der Staat ist in seinem göttlichen Amt somit ausschließlich zum Vollzug der Todesstrafe zum Schutze der Gemeinschaftsordnung berechtigt, denn die Obrig-

keit ist „Gottes Dienerin, dir zugut. Tust du aber Böses, so fürchte dich; denn sie trägt Gottes Schwert nicht umsonst: Sie ist Gottes Dienerin und vollzieht das Strafgericht an dem, der Böses tut" (Römer 13,4).[60] Die Todesstrafe stellt kein menschliches Richten dar, sondern ist ein Zornesgericht Gottes, daß durch das staatliche Amt stellvertretend vollzogen wird (Matthäus 5,21).[61]

Äußerlich blieb der Grundsatz, daß die Kirche nicht nach Blut dürstete, immer gewahrt.[62] Das ändert jedoch nichts daran, daß die Übergabe des kirchlich Verurteilten an das weltliche Gericht mit der Forderung nach Vollziehung der Todesstrafe unter Androhung der Exkommunikation die Mitwirkung an der Blutsgerichtbarkeit nicht zu eliminieren vermag.[63]

Auch ist anzumerken, daß es den Inquisitoren seit dem „Ut negotium" von Alexander III. erlaubt wurde, die Folter selbst durchzuführen, nachdem Innozenz IV. 1252 die Folter an sich eingeführt hatte. Durch die von Papst Urban IV. 1261 erlassene Bestimmung hatten die Geistlichen zudem die Möglichkeit, sich im Falle der Tötung des Beklagten in der Tortur gegenseitig zu absolvieren und so die bis dahin angedrohte Exkommunikation zu umgehen.[64]

10. *Das Ende der Hexenverfolgung:* Die juristisch-theologische und aufgeklärte Kritik an Verfahrensfragen, insbesondere der Anwendung der Folter, führten zeitlich unterschiedlich zur endgültigen Abschaffung des Straftatbestandes der Hexerei im 19. Jahrhundert. Zu dieser Entwicklung haben neben Johann Weyer im Wesentlichen zwei Männer beigetragen: Der Theologe Friedrich von Spee (1591–1635) stellte in seiner anonym herausgegebenen „Cautio criminalis" zwar noch nicht das Delikt der Hexerei in Frage, griff jedoch die Ungereimtheiten des Hexenprozesses und den verderblichen Charakter der Folter an. Der Jurist Christian Thomasius (1655–1728) ging in seiner Dissertation „De crimine magiae" noch einen Schritt weiter, in dem er erstmals die Grundlosigkeit des Hexenverbrechens darlegte.

Die tragenden Säulen des Hexenprozesses waren brüchig geworden. Zunehmend wurden Thomasius' Ansichten in gelehrten Kreisen übernommen und die ausgeklügelte Konstruktion des Hexenprozesses kam ins Wanken. Mit der letzten Hexenverbrennung im Jahre 1782 im Schweizer Kanton Glarus stürzte das „Hexengebäude" schlußendlich in sich zusammen.

Großer Respekt gebührt Johannes Paul II., der am 12. März 2000 im Petersdom zu Rom sein großes Schuldbekenntnis abgegeben hat. Dieses sich auf die gesamte Geschichte der römisch-katholischen Kirche beziehende „mea culpa" kann zwar die im Namen und zu Ehren Gottes verübten Greueltaten nicht wieder gut machen, jedoch ist das persönliche Anliegen von Papst Johannes Paul II., nach der langen Zeit des kirchlichen Schweigens um die Vergebung von Schuld für Menschen zu bitten, die selbst kein Schuldbewußtsein hatten, zu bewundern.

---

1   *Flade, Paul,* Das römische Inquisitionsverfahren in Deutschland, Leipzig 1902, Neudruck: Aalen 1972, S. 13.
2   *Behringer, Wolfgang,* Zur Geschichte der Hexenforschung, in: Hexen und Hexenverfolgung im deutschen Südwesten, Ostfildern bei Stuttgart 1994, S. 93.
3   *Soldan, Wilhelm Gottlieb / Heppe, Heinrich,* Geschichte der Hexenprozesse, Band I, Nachdruck der 3. Auflage, Köln 1999, S. 170.
4   *Flade* (Anm. 1), S. 14.
5   *Soldan/Heppe* (Anm. 3), S. 183.
6   *Flade* (Anm. 1), S. 1.
7   *Flade* (Anm. 1), S. 19.
8   *Flade* (Anm. 1), S. 22.
9   *Behringer* (Anm. 2), S. 33.
10  *Flade* (Anm. 1), S. 9.
11  *Flade* (Anm. 1), S. 35.
12  *Soldan/Heppe* (Anm. 3), S. 187.
13  *Soldan/Heppe* (Anm. 3), S. 187.
14  *Flade* (Anm. 1), S. 8.
15  *Flade* (Anm. 1), S. 10.
16  *Soldan/Heppe* (Anm. 3), S. 311.
17  *Pracht, Hans-Peter,* Täntze, Todt und Teuffel: Die grausame Spur der Hexenverfolgung in der Eifel, 2. Auflage, Aachen 1993, S. 9.
18  *Hoke, Rudolf,* Österreichische und Deutsche Rechtsgeschichte, Wien/Köln/Weimar 1992, S. 123.
19  *Behringer* (Anm. 2), S. 94.
20  *Pracht* (Anm. 17), S. 23.
21  *Soldan/Heppe* (Anm. 3), S. 88.
22  *Soldan/Heppe* (Anm. 3), S. 247.
23  *Soldan/Heppe* (Anm. 3), S. 257.
24  *Behringer, Wolfgang,* Mit dem Feuer vom Leben zum Tod, 1. Auflage, München 1988, S. 38.
25  *Behringer* (Anm. 24), S. 33.
26  *Sellert, Wolfgang / Rüping, Hinrich,* Studien und Quellenbuch zur Geschichte der deutschen Strafrechtspflege, Band 1, Aalen 1989, S. 194.
27  *Mitteis, Heinrich / Lieberich, Heinz,* Deutsche Rechtsgeschichte, 19. Auflage, München 1992, S. 401.
28  *Behringer* (Anm. 24), S. 51 und 52.
29  *Behringer* (Anm. 24), S. 63.
30  *Flade* (Anm. 1), S. 63.
31  *Soldan/Heppe* (Anm. 3), S. 311.

32  *Soldan/Heppe* (Anm. 3), S. 261 und 311.
33  *Levack, Brian P.*, Hexenjagd: Die Geschichte der Hexenverfolgung in Europa, 2. Auflage, München 1999, S. 91.
34  *Behringer* (Anm. 2), S. 95; Soldan/Heppe (Anm. 3), S. 394.
35  *Döhring, Erich*, Geschichte der deutschen Rechtspflege seit 1500, Berlin 1953, S. 14 ff.
36  *Pracht* (Anm. 17), S. 27.
37  *Pracht* (Anm. 17), S. 27.
38  *Hoke* (Anm. 18), S. 427.
39  *Soldan/Heppe* (Anm. 3), S. 335.
40  *van Dülmen, Richard*, Theater des Schreckens: Gerichtspraxis und Strafrituale in der frühen Neuzeit, München 1985, S. 24.
41  *Rüping, Hinrich*, Grundriß der Strafrechtsgeschichte, 2. Auflage, München 1991, S. 40.
42  *Peters, Edward*, Folter: Geschichte der Peinlichen Befragung, Europäische Verlagsanstalt 1991, S. 98.
43  *Flade* (Anm. 1), S. 89.
44  *Denzinger, Heinrich*, Kompendium der Glaubensbekenntnisse und krichlichen Lehrentscheidungen, 37. Auflage, Freiburg im Breisgau 1991, S. 298.
45  *Lorenz, Sönke*, Der Hexenprozeß, in: Aufsatzband Hexen und Hexenverfolgung im deutschen Südwesten, Ostfildern bei Stuttgart 1994, S. 72.
46  *Rüping* (Anm. 41), S. 40.
47  *Lorenz* (Anm. 45), S. 73.
48  *Schild, Wolfgang*, Die Geschichte der Gerichtsbarkeit: 1000 Jahre Grausamkeit, Hamburg 1997, S. 162.
49  *Soldan/Heppe* (Anm. 3), S. 341.
50  *Lorenz* (Anm. 45), S. 70.
51  *Lorenz* (Anm. 45), S. 75.
52  *Schild* (Anm. 48), S. 204.
53  *Levack* (Anm. 33), S. 94.
54  *Soldan/Heppe* (Anm. 3), S. 392.
55  Evangelisches Kirchenlexikon: Internationale theologische Enzyklopädie, 4. Band S–Z, Dritte Auflage, Göttingen 1996, S. 901.
56  Theologische Realenzyklopädie: Bibel–Böhmen Mähren, Band VI, Berlin 1980, S. 729.
57  *Soldan/Heppe* (Anm. 3), S. 392.
58  *Denzinger* (Anm. 44), S. 354.
59  *Plöchl, Willibald M.*, Geschichte des Kirchenrechts, Band II: Das Kirchenrecht der abendländischen Christenheit 1055 bis 1517, 2. Auflage, München 1962, S. 361.
60  *Galling, Kurt* (Hrsg.), Die Religion in Geschichte und Gegenwart: Handwörterbuch für Theologie und Religionswissenschaft, 6. Band, 3. Auflage, Tübingen 1962, S. 926.
61  Weltkirchenlexikon: Handbuch der Ökumene, Stuttgart 1960, S. 1463.
62  *Galling* (Anm. 60), S. 287.
63  *Plöchl* (Anm. 59), S. 361.
64  *Soldan/Heppe* (Anm. 3), S. 191.

# Das Inquisitionsverfahren –
# Vom Ketzer- zum Hexenprozeß

*von Bettina Dafler*

Zauberwahn und Aberglaube waren seit jeher ein Bestandteil jeder Weltanschauung, welche der Menschheit durch die jeweilige Religion vermittelt worden ist. Wurden kleinere Glaubensgemeinschaften schon vorher verfolgt und Formen der Zauberei unter Strafe gestellt, so begann in der Geschichte jedoch in dem Augenblick eine neue Epoche, als die römische Kurie in den kirchlichen Strafprozeß die unter dem Namen der Inquisition bekannten besonderen päpstlichen Ketzergerichte einführte. Besonders erörtert werden muß dabei, ob und weswegen der Hexenprozeß seinen Ausgangspunkt im frühen Ketzerprozeß genommen hat.

## Der Ketzerprozeß

1. *Sektentum:* Zu einer Zeit, als nur die eine Kirche den wahren Glauben und den rechten Weg beanspruchte, mußte jeder als Ketzer oder als Sektierer angesehen werden, der das Christentum anders verstand oder es nach eigenen Vorstellungen zu verwirklichen suchte. Es war zunächst der Kampf der Kirche gegen die Katharer, der die päpstliche Inquisition, das besondere päpstliche Ketzergericht, hervorgerufen hat.[1]

Seit dem 10. Jahrhundert hatte sich die gnostisch-manichäische Sekte der Katharer (griech. katharoi: die Reinen) von den südslavischen Ländern über Oberitalien nach Frankreich verbreitet.[2] In ihrem dualistischen Religionssystem ist nicht Gott, sondern der Teufel bzw. das Böse der Schöpfer der Materie, das gute Prinzip Schöpfer des Geistes. Sie verwarfen das Alte Testament und die Sakramante und bejahten die Seelenwanderung.[3] Die Katharer waren somit Bekenner einer Lehre, die dem von der Kirche Gelehrten widersprach, und wurden daher auf dem Laterankonzil 1215 zu todeswürdigen Ketzern erklärt.

Von dem Begriff der Katharer leitete sich sehr schnell der deutsche Begriff des „Ketzers" ab.[4] Ein Ketzer ist nach dem deutschen Franziskaner David von Augsburg (1200/1210–1272) „jeder, der eine Häresie lehrt oder öffentich verteidigt; der ketzerische Lehren für wahr hält und Häretiker für gute Menschen, obgleich er es doch besser weiß; der sich an ihren Versammlungen beteiligt und ihre Bräuche übt, den Glauben und die Sitten der Kirche aber verachtet; endlich der, der daran zweifelt, ob der katholische Glaube wahr sei."[5] In der Tat wurden seit dem 13. Jahrhundert alle Häretiker, d. h. alle diejenigen zu deutsch Ketzer genannt, die nach kirchlichem Urteil Irrgläubige waren und sich zwar auf das Evangelium und Apostelschriften beriefen, diese aber anders verstanden und befolgten. Man unterschied diese von den Ungläubigen, Heiden, Juden und Mohammedanern. Es bestand auch eine starke Neigung dazu, jede neu auftauchende Irrlehre unter die bereits bekannten Häresien einzuordnen, welche nicht nur durch die Worte von Paulus im Neuen Testament („Denn es muß Parteiungen [haereses] geben unter euch; nur so wird sichtbar, wer unter euch treu und zuverlässig ist." 1. Korintherbrief 11,19), sondern auch durch die Ketzerkataloge der Patristik und alte Konzilsakten bekannt waren.[6]

Wie bereits erwähnt bestand das Verbrechen der Ketzer in der Häresie, also dem Bekenntnis zu einer Lehre, die den von der Kirche gelehrten Dogmen widersprach. Dabei machte es keinen Unterschied, ob sich der Widerspruch auf irgendeine erhobene Lehre der Kirche oder irgendeinen von der Kirche erhobenen Anspruch bezog. Den Verdacht der Ketzerei rief allerdings schon die Apostasie – der Abfall vom Glauben – hervor.[7] Im Einzelnen machte man den Ketzern – die eben durch Verfolgung gezwungen wurden, sich heimlich zu ihren Gottesdiensten zu treffen – den Vorwurf des sogenannten Ketzersabbats: „synagoga Satanae". Bei diesen Zusammenkünften sollen die Ketzer die Sakramente verhöhnt, dem in irgendeiner Gestalt erschienenen Teufel gehuldigt und rituelle Unzucht geübt haben.[8] Bereits 1190 schrieb der in Frankreich lebende Engländer Walter Mapes: Sie versammelten sich danach beim Einbruch der Nacht in ihren Synagogen; an einem an der Decke befestigten Seil stieg dann ein großer schwarzer Kater zur Gemeinde herab; sobald dieser erschien, wurden die Lichter gelöscht und jeder suchte den Kater als seinen Herrn zu küssen, vor allem an ekelhafter Stelle; dann gab man sich allgemeiner Unzucht hin. Auch der Pariser Bischof Wilhelm schreibt 1230 von der zu seiner Zeit üblichen Idolatrie, Luzifer in der Gestalt eines Katers oder einer Kröte zu verehren und zu küssen.[9]

Unter den Begriff Ketzer fiel auch die Sekte der Waldenser, der von Petrus Valdes († zw. 1184 u. 1218) in Lyon begründeten Laienbewegung der radikalen Armut, deren Anhänger bereits 1215 zu todeswürdigen Ketzern erklärt worden waren. Die waldensische Bewegung ist gekennzeichnet durch ein Festhalten an der Heiligen Schrift. Jedoch hat sie der allegorischen Erklärungsweise der Kirche bewußt die wörtliche Auslegung entgegengesetzt.[10] Aufgrund ihrer Laienfrömmigkeit war ihre Botschaft vom Gesetz Christi vorwiegend ethisch ausgerichtet. Während die Kirche des Mittelalters dem Ideal einer reichen und mächtigen Kirche huldigte, die nach außen Ansehen gewann, war die Bewegung der Waldenser dem Ideal des armen Christentums zugewandt, das in seiner Verachtetheit einen um so größeren inneren Reichtum besitze.[11] Die Waldenser zählten neben den Katharern zu den großen Ketzerbewegungen des Mittelalters. In den Kreisen der Waldenserbewegung ist auch die erste deutsche Bibelübersetzung entstanden.[12]

Neben den großen Bewegungen der Katharer und später der Waldenser richtete sich die Inquisition auch gegen andere „ketzerische Irrlehren". In Verdacht gerieten nicht selten die Beginen, eine im 12. Jahrhundert für religiöse und wohltätige Zwecke gegründete, ordensähnliche Gemeinschaft von Frauen, die vor allem in Belgien und den Niederlanden heimisch war. Der sich später herausbildende männliche Zweig nannte sich Begharden (seit 1230).[13] Der Begriff des Beginentums wurde jedoch schnell auf die verschiedensten neuartigen religiösen Gemeinschaften angewandt, um auch diese der Häresie zu bezichtigen.[14] Die Hussiten, Anhänger des böhmischen Reformators Jan Hus, forderten den Laienkelch, d.h. die Kommunion unter beiden Gestalten, und freie Predigt, hielten aber ansonsten an der Transsubstantiationslehre der katholischen Kirche fest.[15] Auch die Brüder des freien Geistes wurden hartnäckig als Ketzer verdächtigt. Gründer der Bewegung war Joachim von Fiore, dessen Trinitätslehre bereits auf dem Laterankonzil 1215 als Irrlehre verurteilt wurde.[16]

Zu Beginn des hohen Mittelalters kam es zu einer für die Kirche beängstigenden Ausbreitung der Ketzerbewegungen. In manchen Gegenden soll die Zahl der Häretiker größer gewesen sein als die Zahl der Gläubigen. Die römische Kirche fühlte sich durch die immer größer werdenden Ketzerbewegungen bedroht. Fraglich bleibt, ob diese Bewegungen wirklich jemals eine Gefahr darstellten. Zum ei-

nen fehlt es, von den Hussitenkriegen im 15. Jahrhundert abgesehen, an wirklichen Aufständen der Ketzer, von denen nach Röhrich
nur in den ersten Jahrzehnten des 14. Jahrhunderts vorübergehend in
Österreich, Schlesien und Böhmen die Rede ist.[17] Zum anderen bestanden diese Sekten aus einfachen Leuten wie Bauern oder Hand-
werkern und haben die Protektion der Mächtigen selten genossen.
Als Ausnahme werden nach David von Augsburg ein Fürst (evt.
Friedrich von Österreich),[18] der Graf von Fürstenberg 1396, Johann
von Blumstein 1400[19] und der Ritter von Maggenberg 1429 als Sektengenossen genannt. Die größte Angst, die die Kirche vor den Sekten hatte, gründete sich wohl auf deren Überlebenskraft.

2. *Ketzerinquisition:* Ursprünglich war es die Sache des Bischofs,
als ordentlicher Richter über alle kirchlichen Vergehen zu urteilen.
So fiel die Aufspürung und Aburteilung von Ketzern zunächst den
Bischöfen zu, wobei bis um das Jahr 1000 die Häresie ausschließlich als kirchliches Verbrechen aufgefaßt wurde. Die Kirche ging
gegen dieses mit Bußmitteln vor und verhängte grundsätzlich keine
Todesstrafe, sondern drohte höchstens mit Exkommunikation und
lebenslänglicher Haft. Die staatlichen Gewalten hatten in dieser Angelegenheit Toleranz geübt.[20] Seit die Ketzergesetze spätrömischer
Kaiser nicht mehr galten, gab es keine Rechtsnorm mehr für die Verurteilung und Bestrafung von Ketzern. Doch kam es seit dem frühen
11. Jahrhundert zur gewohnheitsmäßigen Einführung der Todesstrafe, mit der von der durch die Kirche beeinflußten weltlichen
Seite gegen die Ketzerei vorgegangen wurde.[21] So sind die in Orléans im Jahre 1022 von König Robert von Frankreich „mit Zustimmung aller" verbrannten Ketzer die Ersten, von denen diese Art der
Todesstrafe durch Quellen überliefert ist.[22] 1034 wurden die Katharer von Monteforte bei Turin auf den Schauterhaufen geschickt. In
Limoges, Toulouse, Urras, Cambrai (1025, 1077) schlossen sich
weitere Verfolgungen an. Gelegentlich kam es auch zur Lynchjustiz
durch das Volk.[23] Papst Lucius III. machte es allen Bischöfen zur
Pflicht, jährlich ein- oder zweimal in allen Pfarreien ihrer Diözese,
wo Ketzereiverdacht bestand, zuverlässige Leute zu befragen, alle
Beschuldigten zu verhören und sie zu bestrafen, falls sie sich nicht
„reinigen könnten". Wer den Eid verweigerte, sollte als Ketzer gelten. Überdies wurde die weltliche Obrigkeit – allen voran Friedrich I. – ersucht bzw. eidlich verpflichtet, gegen die Ketzer vorzuge-

hen. Damit sollte eine stetige bischöfliche Ketzerinquisition eingeführt und die Laiengewalt auf ihre Unterstützung vereidigt werden.[24]
1215 wurden die Katharer ebenso wie die Waldenser auf dem Laterankonzil exkommuniziert und für todeswürdige Ketzer erklärt.
Da trotz der getroffenen Maßnahmen die Ketzerei immer weiter an-
wuchs, fühlte sich Papst Gregor IX. zum Handeln gezwungen. Er
ging 1227 dazu über, unmittelbar Personen mit der Aufspürung und
Verfolgung der Ketzer zu betrauen und diesen als „Inquisitores haereticae pravitatis" (Ermittler der häretischen Verderbtheit) päpstliche Vollmacht zu übertragen.[25] Mit dieser Aufgabe wurden die neu-
gegründeten Orden der Dominikaner und der Franziskaner betraut.
Später wurde diese Aufgabe jedoch vorwiegend den Dominikanern
zugewiesen. Augustiner, Benediktiner, Zisterzienser und andere Or-
denszugehörigkeiten finden sich nur vereinzelt unter den päpstlich
Bevollmächtigten.[26] Die Hauptarbeitsgebiete dieser päpstlichen Inquisitoren waren sowohl Oberitalien als auch Languedoc, Toulouse
und andere Gebiete Südfrankreichs, da sich in diesen Gegenden der
Katharismus am besten organisiert und festgesetzt hatte.[27] Durch die
Reichsgesetzgebung Kaiser Friedrichs II., später selbst als Ketzer
gebannt, wurden 1238 die weltlichen Gerichte des ganzen Reiches
angewiesen, den Strafvollzug für die kirchlichen Inquisitionsgerichte und somit die Vollstreckung der Todesurteile durchzuführen.
Für Deutschland sanktionierte er zu gleicher Zeit das Verfahren der
Inquisition, wodurch nun auch von weltlicher Seite gesetzlich festgelegt war, daß an Stelle der alten ordentlichen Richter – den Bischöfen – den vom Papst bevollmächtigten Inquisitoren die Aufspürung und Aburteilung der Ketzer zustehen solle.[28]

3. *Inquisitoren:* Die Ernennung eines Inquisitors stand dem Papst
zu, wobei in Deutschland 32 solcher päpstlicher Inquisitoren namentlich bekannt sind. Im 13. Jahrhundert wurde dieses Ernennungsrecht den Ordensoberen anvertraut, da sie genauere Kenntnis
der für das Amt geeigneten Personen hatten. Dennoch haben sich
die Päpste durch die Übertragung des Ernennungsrechts nicht die
Möglichkeit genommen, selbst Inquisitoren zu benennen. Das zeigt
z.B. die Anweisung Gregors XI. an Walter Kerlinger, als Inquisitor
gegen den Bischof von Halberstadt vorzugehen.[29] Daneben sind Bischöfe vereinzelt selbst gegen Ketzer vorgegangen, so z.B. Johann
von Neumarkt 1380 in der Breslauer Diözese.[30] Auch haben die Bi-

schöfe besondere Kommissare ernannt, die zum Teil nicht die Bezeichnung eines Inquisitors trugen. Von diesen Ausnahmen abgesehen waren bischöfliche „Inquisitoren" aber eine übliche Einrichtung.[31]
Die Inquisitoren hatten zunächst kein festes Einkommen. Zumindest ist im Kommentar des Eymericus noch keine entsprechende Bestimmung zu finden. 1355 befahl Innozenz VI. den deutschen Erzbischöfen, jährlich 580 Goldgulden für Johannes Schandelaut aufzubringen, der sich beklagt hatte, sein Amt nicht nutzbringend ausüben zu können. 1364 gab Urban V. den Erzbischöfen und Bischöfen die Anordnung, jährlich 200 Goldgulden für neuzuernennende Inquisitoren abzuliefern. Sichergestellt wurde das inquisitorische Einkommen aber erst durch Karl IV. Im Gesetz vom 17. Juni 1369 wurde unter Strafandrohung festgelegt, daß dem Inquisitor ein Drittel vom eingezogenen Ketzervermögen zustehe. Dieses Gesetz bestätigte der Papst am 28. Mai 1372. Weitere Einnahmen bildeten den Verurteilten auferlegte Geldstrafen, Kautionen, die die Inquisitoren von Verdächtigen stellen ließen und die bei deren Flucht verfielen sowie großzügige Geschenke der betreffenden Städte.[32]

4. *Rechtliche Voraussetzungen:* Die Inquisition war eine kirchliche Institution. In den Bestimmungen des IV. Laterankonzils (1215) und des Konzils von Toulouse (1229) sind die Grundzüge des Verfahrens vorgegeben, welche durch besondere Bullen im 13. Jahrhundert weiter ausgebaut wurden. Ergänzungen erfuhr das inquisitorische Verfahren 1317 durch die Clementinen Papst Clemens' V. und einer Anzahl von Ketzerbullen im 14. und 15. Jahrhundert.[33] Dabei hat weder die Kirche die im Laufe der Zeit erlassenen Inquisitionsvorschriften zusammengefaßt, noch hat die weltliche Gewalt die Ketzerbullen zusammengeschrieben. Daher sind für den Ablauf des Inquisitionsprozesses vor allem die Traktate gegen die Ketzer und die im 14. Jahrhundert verfaßten systematischen Inquistionslehrbücher von Bedeutung: Als Inquisitionskodex des Mittelalters galt z. B. das um 1359[34] verfaßte dreiteilige „Directorium Inquisitorum" des Generalinquisitors Eymericus.[35] Bekannt war ebenfalls die „Practica Inquisitionis haereticae pravitatis" des hochangesehenen Inquisitors Bernardus Guidonis († 1331) aus dem Predigerorden.[36]
Die Trennung der weltlichen von der kirchlichen Gerichtsbarkeit war zeitgeschichtlich gesehen im hohen Maße abhängig von der tat-

sächlichen Durchsetzung des Herrschaftsanspruchs und somit vom Aufstieg und Niedergang der päpstlichen Gewalt. Während die Freiheit der Kirche von der weltlichen Jurisdiktion im 13. Jahrhundert ihren Höhepunkt erreichte, wurde der Kompetenzanspruch der Kirche von der weltlichen Gewalt im 14. Jahrhundert wieder in die Defensive gedrängt.[37] In der Strafgerichtsbarkeit unterstanden dem Klerus in persönlicher und sachlicher Zuständigkeit alle kirchlichen Verbrechen (crimina ecclesiastica), worunter auch die Häresie zählte.[38] Somit war das Vorgehen gegen die Häresie im 13. und 14. Jahrhundert keine Sache des Staates, sondern allein der Kirche. Prozesse wurden „secundum formam ecclesiae" (gemäß der Führung der Kirche) geführt. So verweist der Schwabenspiegel von 1275/76 wie auch der Traktat eines Passauer Anonymus von 1318 darauf, daß die Häresie vor das geistliche Gericht gestellt werden muß.[39] Es gab natürlich auch Fälle, in denen die Kirche mit der staatlichen Gewalt Hand in Hand ging.

Interessant ist jedoch, daß das römische Inquisitionsrecht und das damals herrschende deutsche Recht sich stark unterschieden. Nach deutschem Recht war nur die Tat strafbar, nicht der Wille. Prozesse waren Anklageprozesse. Der Kläger hatte den Beklagten zu überführen. Nahe Verwandte oder Gebannte konnten keine Zeugen sein. Kläger und Richter waren personenverschieden. Das Verfahren war mündlich. Es waren Geldstrafen vorgesehen. Nach römischem Inquisitionsrecht hingegen war die Glaubensansicht entscheidend. Die Verfahren wurden duch Denunziation eingeleitet. Der Richter versuchte selbst, den Beklagten zu überführen. Exkommunizierte und Familienmitglieder wurden als Zeugen zugelassen. Die Aufgaben von Kläger und Richter lagen in einer Person. Das Verfahren wurde schriftlich geführt. Überführten Ketzern drohte die Todesstrafe. Als Folge dieser Unterschiede regte sich in Deutschland naturgemäß Widerstand gegen dieses andersartige römische Inquisitionsverfahren: Als gewalttätiger Widerstand sind z.B. 1252 die Ermordung des Dominikaners Petrus in Bayern[40] und 1318 des Dominikanerpriors Arnold in Krems[41] bekannt. 1407 zieht sich Jacob von Soest von Köln nach Bacharach zurück, um in Sicherheit zu sein.[42] Nachdem Torso, der Genosse des Inquisitors Konrad von Marburg ermordet worden ist, schärft der Rat von Straßburg den Dominikanern ein, sie sollen die Leute durch Predigten überzeugen und sie nicht „so straks unverhört verbrennen".[43]

Um die Inquisition trotz des aufkommenden Widerstandes in Deutschland effektiv durchsetzen zu können, bedurfte es auch einer förmlichen gesetzlichen Grundlage von staatlicher Seite. Durch eine Reihe von Ketzergesetzen und kaiserlichen Erlassen hat der Staat unter dem Einfluß der Kirche der Inquisition eine rechtliche Grundlage geschaffen. Bereits 1184 wurden alte Ketzergesetze durch Friedrich I. erneuert. Den ersten tatsächlichen Rechtsgrund für die Einführung der Inquisition wurde aber durch Friedrich II. geschaffen. In einem Erlaß vom 22. November 1220 belegte er die Ketzer mit dem Reichsbann und erließ im März 1232 das „Ketzergesetz von Ravenna": Darin war das schärfste Vorgehen gegen Häretiker angeordnet sowie der Schutz der Inquisitoren durch das Reich sichergestellt. Durch Erlasse vom 14. Mai 1238, 22. Februar 1239 und 14. Mai 1239 wurden die Gesetze weiter verschärft und erneuert. Fürsten, Bischöfe, Herzöge und Vögte wurden verpflichtet, die Inquisitoren zu unterstützen und ihnen freies Geleit zu gewähren. Anzeigen gegen die Ketzer wurden von allen Gläubigen gefordert, inbesondere auch von Kindern gegen ihre Eltern, die ansonsten mit dem Verlust aller Lehen und Güter bestraft werden sollten. Widerrufende Häretiker sollten mit lebenslanger Kerkerhaft, nicht widerrufende mit dem Tode bestraft werden. 1238 wird erstmals der Feuertod für das ganze Reich als weltliche Strafe für die Ketzer festgelegt. 1292 wurden die Gesetze durch Rudolph I. und 1312 durch Heinrich VII. erneuert und verschärft. Im 14. Jahrhundert erfuhr die Inquisition durch Karl IV. in den Gesetzen vom 9., 10., 13., und 17. Juni 1369, 7. Juni 1371 und 17. Februar 1373 eine weitere bedeutende gesetzliche Grundlage, die sich wiederum ausdrücklich auf die Ketzergesetze Friedrichs II. bezog. Dieses Gesetz nannte zwar ausdrücklich nur die Beginen und Begarden, jedoch war der Begriff Beginen- und Begardentum zur Ketzerbezeichnung schlechthin geworden.[44] Daß die Inquisition nun nicht nur von kirchlicher, sondern auch von weltlicher Seite mit einer Rechtsgrundlage versehen war, zeigt auch das Greifswalder Handbuch, in dem es heißt, daß der Inquisitor sein Amt „secundum formam juris et secundum formam canonum super hoc editorum et legum imperialium"[45] (gemäß den kirchenrechtlichen Bestimmungen und darüber hinaus den kaiserlichen Erlassen und Gesetzen) führen soll.

5. *Das Inquisitionsverfahren im Ketzerprozeß:* Der päpstliche Inquisitor mußte sich zunächst an den Landesherrn und Bischof wenden,

in dessen Gebiet er tätig werden wollte und hatte sich durch eine Berufungsurkunde auszuweisen bzw. deren Empfehlungsbriefe zu erbitten. Diese „epistolae conductus" sollten sicherstellen, daß die weltlichen und geistlichen Herren den erforderlichen Anweisungen des Inquisitors Folge leisteten.[46]

Um sich nun über die örtlichen Sektenverhältnisse zu informieren, konnte der Inquisitor einen Blick in alte Prozeßunterlagen werfen. Auch konnte er sich des Dienstes ehemaliger Ketzer bedienen, die in das Gefolge der Inquisition aufgenommen worden waren. Ehemalige Ketzer wie Robert le Bourge in Frankreich und Rainer in Italien haben es sogar zu Inquisitoren gebracht.[47]

Nachdem der Inquisitor feierlich in die betreffende Stadt eingezogen war, hielt er vor dem Volk eine eindrucksvolle Predigt, in der der Inquisitor alle Anwesenden aufforderte, ihm binnen weniger Tage bei Strafe der Exkommunikation alles, was sie über der Ketzerei verdächtige Personen wüßten, zur Anzeige zu bringen. Ketzern, die sich innerhalb einer Monatsfrist selbst anzeigten, wurde eine mildere Bestrafung zugesichert (Verschonung vor lebenslanger Haft und der Todesstrafe).[48]

Nach dem Einlaufen der Denunziationen eröffnete der Inquisitor das speziell für den Ketzerprozeß erfundene, ausnahmsweise und summarische Verfahren, welches auf alle strengen Formalitäten verzichtete.[49] Das Verfahren beim Inquisitionsprozeß sah aufgrund des Beweisrisikos von dem alten Verfahren der Anklage ganz ab. Im Falle eines Freispruchs des Angeklagten hatte der Ankläger seinerseits eine entsprechende Buße zu leisten.[50] Üblich war daher vielmehr die Form der Denunziation, um ein Verfahren zu eröffnen. Das ebenso gebräuchliche Inquisitionsverfahren als Prozeßform, das eingeleitet wurde, wenn dem Inquisitor nur allgemeine Angaben vorlagen, lief jedoch meist ebenso auf Denunziation hinaus, da sich der Inquisitor oft vor der Ladung des Beschuldigten mehr Informationen durch Befragung ihm vertrauenswürdiger Personen beschaffte.[51] In beiden Fällen eröffnete der Inquisitor das Verfahren „ex officio", also von Amts wegen. Das Inqusitionverfahren gliederte sich in ein Vorverfahren, die „inquisitio generalis sive praeparatoria" (Generalinquisition), eine allgemeine, durch Gerücht oder Anzeige veranlaßte Verfolgung von verbrecherischen Taten und die „inquisitio specialis" (Spezialinquisition), der Beweiserhebung gegen eine bestimmte Person wegen eines bestimmten Verbrechens.[52]

Da die Häresie ein „crimen exceptum" (Ausnahmedelikt) darstellte, waren als Zeugen auch Meineidige, Exkommunizierte, Mitschuldige und die nächsten Verwandten zugelassen. 1478 müssen sich in Brandenburg Frauen, deren waldensische Männer geflüchtet sind, verpflichten, diese bei ihrer Rückkehr anzuzeigen.[53] Durch diese Art der Prozeßeröffnung stieg die Zahl der Denunzierten unglaublich an und öffnete der Rachsucht und Gier Tür und Tor. So sollen im Jahre 1393 in Augsburg 280 Personen eingezogen worden sein.[54]

Der Beschuldigte konnte nur durch ein Geständnis oder durch die übereinstimmende Aussage zweier Zeugen überführt werden. Jedoch wurde der Verdächtige von vornherein als schuldig befunden. Die Zeugenaussagen konnte er nur entkräften, wenn er nachwies, daß zwischen ihm und dem Zeugen eine Todfeindschaft besteht. Die Verteidigung war dem oft ungebildeten Beschuldigten auch deswegen kaum möglich, da ihm im Inquisitionsverfahren (seit den Ketzergesetzen von Ravenna 1232) weder ein Rechtsbeistand zustand, noch die Möglichkeit bestand, die Namen der Belastungszeugen zu erfahren.[55]

Verdächtige, die flohen – was vielfach geschah, wie das Beispiel 1393 in Augsburg zeigt, wo ganze Familien flüchteten[56] –, wurden exkommuniziert und deren Habe eingezogen. Stellten sie sich nicht innerhalb einer Jahresfrist, wurden die Betreffenden als Ketzer verurteilt. Durch die Unterstützung des weltlichen Arms begann der Inquisitor nach den Flüchtigen zu fahnden. Nach den Bestimmungen des Konzils zu Vienne konnten Fluchtverdächtige auch als Untersuchungsgefangene in Einzelhaft genommen werden, bevor sie überhaupt zum Verhör geführt wurden.[57]

Im Prozeßverlauf war der Inquisitor grundsätzlich unabhängig und an die Meinung anderer nicht gebunden. Beisitzer waren jedoch hinzuzuziehen, wenn darüber entschieden werden sollte, ob die Namen der Denunzianten verheimlicht werden sollten. Nach David von Augsburg sollte jedoch das Inquisitionsgericht aus einer Zahl „auserlesener gebildeter Personen weltlichen und geistlichen Standes" bestehen. Auch Eymericus schreibt, daß neben dem Inquisitor zwei Beisitzer und ein Notar anwesend sein sollten. Ausnahmsweise waren auch bischöflich ernannte Kommissare anwesend; üblicherweise spielten der Bischof und seine Vertreter aber nur eine untergeordnete Rolle.[58] Bei dem Verfahren waren auch sogenannte „Gerichtszeugen" anwesend. Nach dem Greifswalder Formelbuch wurden diese Gerichtszeugen in Konsultoren, theologische und juristische Fachleute, und Assessoren, zuverlässige kirchliche Männer, die aber das Urteil nicht beeinflussen konnten, unterteilt.[59] Insgesamt war die Hinzuziehung solcher Personen ohne Belang, da der Inquisitor allein über die Schuld des Betroffenen zu urteilen hatte. Als Ausnahme sei jedoch der Fall des Johann Münsinger genannt, den das Inquisitionsgericht unter dem Vorsitz des Inquisitors Arnoldi 1385 zur Verantwortung an die Prager Universität übersandte.[60] Der Angeklagte mußte sich durch einen Eid verpflichten und erklären, daß er alles wahrheitsgemäß beantworten und sich jeder Buße willig unterziehen werde.[61] Diesem Eid mißtrauten die Inquisitoren einerseits, „da die Häretiker nur zu leicht durch allerlei Kunstgriffe ihn für sich unverbindlich zu machen suchten",[62] andererseits versuchte man gerade unter Mißbrauch dieses Mittels, die Verurteilung des Verdächtigen herbeizuführen.[63] So war es z.B. bei dem der Ketzerei Verdächtigten Johann Malkaw, der während des Verhörs unter Drohungen des Inquisitors zugegeben hatte, die Unwahrheit gesagt zu haben. Bei späteren Aussagen wurde er daher immer für meineidig und unglaubwürdig gehalten, obwohl er vorbehaltlos hinzugefügt hatte, die Wahrheit zu sagen.[64]

Üblicherweise begann das Verhör mit der Feststellung der Personalien.[65] Danach wurde der Verdächtigte sofort gefragt, ob er sich schuldig bekenne und wer ihn in die Sekte eingeführt habe. Anschließend erfolgte ein Artikelverhör. Artikel waren die in kurzen Sätzen zusammengefaßten, dem Verdächtigten zur Last gelegten Irrlehren bzw. Anschuldigungen. Es wurden dabei nicht jedesmal neue Artikel zusammengestellt, vielmehr wurden die bereits zusammengestellten Artikelformulare für Angehörige derselben Sekte verwendet. Die Anzahl der Artikel war sehr unterschiedlich, so enthalten z.B. die Formulare für Waldenser zwischen 5 und 98 Artikel. Der Inquisitor legte mit seinen Fragestellungen dem Gefangenen die Schuld quasi in den Mund. So hat im Freiburger Prozeß der kranke und schwache Johann von Wesel, der es mit der Dialektik des Inquisitors durchaus aufnehmen konnte, gerufen: „Wie ihr mit mir verfahrt, so würde auch Christus, wenn er hier wäre, als Ketzer verdammt werden." [66]

Waren nicht die Aussagen zweier Zeugen vorhanden und gelang es bei dem Verhör nicht, ein Geständnis zu erlangen, war ein wirksames Mittel, um ein Geständnis herbeizuführen, die Untersuchungs-

153

haft in einem öffentlichen oder bischöflichen Gefängnis. Der Zustand der deutschen Gefängnisse war im 13. Jahrhundert so schlecht, daß die Päpste 1238 und 1310 gegen die Verkürzung der vorgeschriebenen Nahrungsrationen der Gefangenen besondere Bestimmungen erließen.[67] Nach Krauss „liegen [die Gefangenen] in tiefen Türmen, kalt und von Schlangen und Kröten wimmelnd, und niemals, heißt es, kommt ein Tröster zu jenen Unglücklichen außer den grausamsten Peinigern, die sie schrecken und foltern." [68] Allerdings empfiehlt David von Augsburg in seinem Traktat, daß man Häretiker durch karge Kost (panis doloris, aqua tristitiae) mürbe machen soll.[69] Papst Bonifatius VIII. (1235–1303) schließlich gab den Inquisitoren das Recht, Ketzer nach ihrem Willen strenger oder milder zu behandeln. Clemens V. erteilte die Erlaubnis, den Gefangenen Fußeisen und Handschellen anzulegen. Es scheint auch üblich gewesen zu sein, Beauftragte des Inquisitors oder sogar ehemalige Ketzer als Spione in die Gefängnisse einzuschleusen, die sich dann als Sektengenossen ausgaben und den Gefangenen zu einem Geständnis überrreden sollten. Daher empfiehlt David von Augsburg: („es wird nämlich gesagt, daß ein Hauswolf später zur Jagd anderer Wölfe nützlicher ist als ein Hund"[70]). Nachdem die Kerkerhaft derartig qualvoll war, gestanden die meisten der Ketzerei Verdächtigten schon nach kürzester Zeit. Selbstmorde waren nichts Ungewöhnliches.[71]

Noch im 12. Jahrhundert war es eine Regel des kanonischen Rechtes, daß durch die Folter keine Geständnisse erpresst werden durften. Insoweit hat sich die Kirche der Folter widersetzt. Im 13. Jahrhundert hielt sie aber zunächst in Italien Einzug, wobei es nach Nigg als Fortschritt gilt, wenn an der Stelle des Gottesurteils durch die Feuer- oder Wasserprobe zumindest ein Geständnis durch die Folter des Angeklagten erstrebt wird.[72] Als Inquisitionsmittel zur Erlangung eines Geständnisses wurde die Folter erstmals unter Papst Innozenz IV. durch die Bulle „Ad exstirpanda" 1252,[73] 1265 unter Papst Clemens IV. ausdrücklich anerkannt und durch die Clementinen, einen Teil des kanonischen Kirchenrechts, endgültig in den Ketzerprozeß eingeführt.[74]

Der Inquisitor mußte vor der Anwendung der Folter zunächst die Zustimmung des Bischofs einholen.[75] Die Methode, den Beschuldigten zu einem Geständnis zu veranlassen, erfolgte dann stufenweise: Zunächst wurde der Betroffene in die Folterkammer gebracht, wo man versuchte, ihn durch den Anblick der grausamen Folterinstrumente zu einem Geständnis zu veranlassen (territio verbalis). War dies umsonst, wurde zunächst langsam mit einer leichteren Folterart begonnen (meist Daumenstock) und dann mit den schwereren fortgeschritten (territio realis).[76] Außer im Falle neuer Indizien und Verdachtsmomente, war eine erneute Folter untersagt. Eine öftere Anwendung der Folter, die etwa mehrere Stunden dauerte, wurde deswegen als „Fortsetzung" der vorhergehenden bezeichnet.[77] Unter der Prozedur wurde der Gefolterte immer wieder aufgefordert zu bekennen. Dies taten die meisten schon um den Qualen zu entgehen. Gestand der Betroffene trotz aller Folter nicht, war er zu entlassen. Bei einem Bekennenden mußte das Geständnis nach der Folter wiederholt werden und wurde dann als freiwillig eingestuft.[78]

Da nicht sehr viele Fälle nachweisbar sind, in denen die Folter angewendet wurde (z.B. wird 1429 ein Mann in Freiburg in den Stock gelegt und eine Frau mit dem Seil gefoltert), scheint dieses Zwangsmittel im Ketzerprozeß noch nicht die Regel gewesen zu sein. Vielmehr genügte eine lange, quallvolle Kerkerhaft, um Geständisse zu erlangen.

Beim Schuldspruch und der Strafzumessung kam es entscheidend darauf an, ob der Betroffene überführt werden konnte und wenn, ob er Reue zeigte oder hartnäckig bzw. rückfällig war. Als nicht überführt anzusehen war nach kirchlichem Recht einer, der auf der Folter kein Geständnis ablegte, sich durch die kirchliche Reinigung (Purgation) als unschuldig herausstellte, wenn geringe Verdachtsgründe vorlagen oder der Verdächtige auch nicht durch Zeugenaussagen überführt werden konnte. Die Purgation bestand darin, daß ausgewählte Personen dem Eid des Verdächtigten, der seine Unschuld bekräftigte, Glauben schenkten. Der Unschuldige wurde dann absolviert.

Reuige Ketzer, denen dringend Verdächtige oder Personen, die exkommuniziert waren, weil sie über ein Jahr lang die Flucht ergriffen hatten, gleichzusetzen waren, wurden mit Kirchenbußen bestraft. Entsprechende Strafen waren die öffentliche Geiselung, Wallfahrten oder das Tragen von üblicherweise blauen Bußkreuzen, welche die Betroffenen in ihre Kleider einnähen und ständig mit sich herumtragen mußten. Ein normales Leben wurde so gekennzeichneten Menschen unmöglich, da der Umgang mit diesen natürlich gemieden wurde. Auch wurden die Häuser der Häretiker gekennzeichnet oder in besonders schlimmen Fällen vollständig zerstört. Oft wurden

Geldstrafen auferlegt oder das ganze Vermögen des Ketzers konfisziert. Möglich waren natürlich auch kürzere oder lebenslängliche Gefängnisstrafen, wobei letztere in Deutschland nur sehr selten verhängt wurden. Bei der milderen Form der Gefängnisstrafe wurden gelegentliche Besuche der Verwandten gestattet. Bei der härteren Form der Gefangennahme sprach man vom „lebendigen Grab".[79] Rückfällige Ketzer waren wie diejenigen zu verurteilen, die die kirchliche Reinigung nicht leisten konnten, die schon vorher wegen dringenden Verdachts exkommuniziert worden waren oder nur durch Zeugen überführt erschienen. Im letzteren Fall wurde jedoch mit der Übergabe an die weltliche Gewalt ein Jahr gewartet, um noch ein Geständnis zu erzielen.[80] Hartnäckige oder rückfällige Ketzer wurden feierlich exkommuniziert und dem weltlichen Arm zum Strafvollzug übergeben. Seit den Konstitutionen von Ravenna (1232) war die „debita poena", die Todesstrafe, üblich, seit 1238 war es der Feuertod.[81] Insgesamt war die Zahl der als Ketzer Verbrannten gering im Gegensatz zu den Opfern der Hexenprozesse. Nach Flade sind in Deutschland 500 Verbrennungen nachweisbar.[82]

Das Urteil wurde nach vorhergegangener Beratung und Abstimmung vom Inquisitionsgericht gefaßt. Der Inquisitor war an den Willen der Beisitzer keineswegs gebunden und konnte unabhängig und selbständig entscheiden. Die Verdächtigen, denen nichts nachzuweisen war, wurden entlassen, ohne daß dies Außenstehenden bekannt gemacht worden wäre. Die Urteile der überführten Ketzer wurden immer öffentlich verkündet und vollstreckt. Die Urteilverkündung bildete den Höhepunkt des Inquisitionsverfahrens. Dies war auch eine Gelegenheit für die Kirche, die Schandtaten der verfolgten Sekten aufzuzeigen und die Anwesenden von der Richtigkeit der kirchlichen Lehren zu überzeugen. Dieser Akt war daher ein Ereignis, zu dem nicht nur Würdenträger, Grafen und Fürsten kamen, sondern auch das schaulustige niedere Volk. Feierlich zogen die Mitglieder des Inquisitionsgerichtes an den betreffenden Platz. Der Verurteilte wurde in der Mitte geführt und war meist durch ein Spottkleid besonders gekennzeichnet. So trug z. B. der Veruteilte Friedrich von Braunschweig eine mit einem Strick umgürtete Minoritenkutte, auf der sich die Inschrift „Apostata" (Abtrünniger, Glaubensabfälliger) und „Haeresiarcha" (Erzketzer, Erzhäretiker) befand. Nachdem der Zug angekommen war, hielt der Inquisitor eine eindrucksvolle Predigt. War der Verurteilte ein Geistlicher, wurde er durch einen Bischof und nach dem Greifswalder Handbuch bei ausgelöschten Kerzen und unter Anschlagen der Glocken degradiert. Es folgte dann die Verlesung des Urteils durch den Inquisitionsnotar, wonach der Verurteilte – aussichtslos – Einspruch erheben konnte. Sich daran anschließende Disputationen führten regelmäßig zum Sieg des Inquisitors. Dann mußte der Verurteilte feierlich und eidlich Widerruf leisten oder wurde als Hartnäckiger dem weltlichen Arm zur Vollstreckung übergeben. Den Anwesenden wurde ein Ablaß von 20–40 Tagen zugesprochen.[83]

## Der Übergang zu den Zauberprozessen

Der wichtigste Schritt auf dem Weg vom Ketzer- zum Hexenprozeß war, daß sich der Zusammenhang zwischen der Zauberei und der Ketzerei immer mehr festigte, bis schließlich auf die Zauberei die strengen Verfahrensregeln des Ketzerprozesses angewandt wurden. Von dem Begriff des Zauberers wurde zum Begriff der Hexe übergeleitet.

1. Während im alten Römerreich Zauberei nur strafbar war, wenn diese angewendet wurde, um Leben, Gesundheit oder Vermögen eines anderen zu schädigen (Schadenszauber), wurde in der späteren Kaiserzeit auch Liebeszauber unter Strafe gestellt. Und nachdem nun die christliche Kirche als Staatsreligion (im 4. Jahrhundert) anerkannt worden war, ging der Staat davon aus, daß sich das Volk an die alten Götterdämonen und somit nach christlichem Verständnis an den Teufel wende, um Dinge zu erreichen, die Gott ihnen nicht gewähre. Im 4. Jahrhundert gingen dann die christlichen Kaiser wie Konstantin, Valentin und Valens gegen heidnische Bräuche mit der gleichen Strenge vor, wie vorher gegen die Zauberei. Zudem bediente sich die Kirche des weltlichen Arms und startete eine Verfolgung der Heiden in Syrien-Palästina und Ägypten unter dem Vorwand des Vorgehens gegen die Zauberei.[84] Deutliche Einflüsse germanischer Vorstellungen über die Zauberei lassen sich im „Poenitentiale Burgendense" aus dem 8. Jahrhundert und im „Poenitentiale" von Bischof Halitgar von Cambrai erkennen. Bedeutsam ist vor allem der sog. „Canon Episcopi" des Abtes Regino von Prüm (906),

der die Vorstellungen der Zauberei in das Reich des Unglaubens verweist und anordnet, gegen die vom Teufel erfundene Wahrsage- und Zauberkunst vorzugehen. Interessant ist, daß das Nachtfahren hier zum ersten Mal im geschriebenen Recht erscheint und bereits mit der schadensstiftenden Frau in Verbindung gebracht wird. „Es darf nicht außer Acht gelassen werden, was einige verdorbene Weiber, vom Teufel und dämonischen Bildern und Vorspiegelungen verführt, glauben und bekennen; daß sie zu nächtlicher Zeit mit Diana, der Göttin der Heiden, und einer großen Schar Weibern auf gewissen Tieren reiten, weite Strecken des Landes in der Stille tiefer Nacht überwinden, ihren Befehlen, als sei sie ihre Herrin, gehorchen und in bestimmten Nächten zu ihrem Dienst gerufen werden."[85] Im Gegensatz zu der späteren Einstellung bezüglich der Existenz von Hexen kämpfte die Kirche hier nur gegen einen Irrglauben, den sie selbst nicht teilte: Zwar traten in diesen älteren Vorstellungen bereits bestimmte Züge auf, die das spätmittelalterliche Hexenbild bestimmten. Allerdings sah die ältere Zauberkritik in Zauberei und anderen Formen des Aberglaubens nur Reste des Heidentums und heidnischer Kultpraktiken. Der dort erhobene Vorwurf bezog sich auf Götzendienst, Polytheismus. Das späte Mittelalter hingegen entwickelte einen paraliturgisch-sakramentalischen Zaubereibegriff, der nicht unter dem Gesichtspunkt heidnischer Relikte, sondern unter dem der Sicherung des kirchlichen Christentums zu sehen ist.[86]

2. Die „offizielle" christliche Dämonenlehre war im Mittelalter entstanden. Die Anfänge gehen jedoch auf Augustinus (354–430) zurück. Er hatte unter dem Einfluß orientalisch-spätantiker Traditionen die Theorie des Dämonenpaktglaubens entwickelt. Danach verbündete sich der Teufel mit den Menschen, um sie zu „malefici", magischen Untaten, anzustiften. Thomas von Aquin (1224–1274), bedeutendster Kirchenlehrer des Mittelalters, baute auf diesen Vorstellungen auf und vertrat die Ansicht, daß Männer und Frauen sexuell mit dem Teufel verkehren könnten. Diese Zauberer und Zauberinnen würden dann auf eine Weisung des Teufels hin schädigenden Zauber ausführen.[87] Thomas von Aquin vertrat dabei die Ansicht, daß die Auffassung, Zauberei bestehe nur in der Phantasie und Furcht der Menschen, dem wahren Glauben, der die tatsächliche Existenz der gefallenen Engel, also der Teufel, lehre, widerspreche.[88]

3. Es ließ sich nicht vermeiden, daß mit der beginnenden Tätigkeit der Inquisitoren die Zauberei mit der Ketzerei in Verbindung gebracht wurde. Von Anfang an wurden von den Inquisitoren magische Delikte mituntersucht. Diese bildeten jedoch keinen Schwerpunkt der Untersuchung. So wurde bereits den Katharern, die im Jahre 1022 in Orléans verbrannt wurden, die Anwendung eines Zauberpulvers nachgesagt. Auch in Deutschland befand 1233 Papst Gregor IX. bei der Untersuchung gegen die Stedinger Bauern, daß sie zauberische Wachsbilder anfertigten und Wahrsagerinnen besuchten.[89] Im 13. Jahrhundert festigte sich schließlich der Zusammenhang zwischen Häresie und Zauberei immer mehr.

Den Zauberern wurde nun auch die Teilnahme an „Sabbat-Orgien" zur Last gelegt. So gestand erstmals im Jahre 1275 eine Angeklagte in Toulouse in einem Verfahren gegen Ketzer und Zauberer, „den Sabbat" gewohnheitsmäßig besucht zu haben. Dieser Vorwurf gegen Zauberer festigte sich im 14. Jahrhundert immer mehr.[90] Wie bereits erwähnt, machte man den Ketzern den Vorwurf der „synagoga Satanae" und folgerichtig des „Ketzer-Sabbats". Der Vorwurf derartiger Versammlungen, den die Kirche bereits in römischer Zeit gegen die mit den Katharern nahe verwandten Manichäer erhoben hatte, wurde sofort zu Beginn der Verfolgung der Katharer lebendig: Bereits 1022 wird über die Katharer in Orléans berichtet, daß sie bei Versammlungen Christus verleugnet und unsagbare Schandtaten der Unzucht verübt hätten.[91]

Die genannten Anschuldigungen warf man schließlich auch den Waldensern vor, die, wie bereits erwähnt, ebenso wie die Katharer, 1215 zu todeswürdigen Ketzern erklärt worden waren. Da man die Waldenser mit den Katharern gleichstellte, war man von der Vorstellung überzeugt, auch sie würden dämonische Kulte betreiben. Obwohl David von Augsburg schreibt, er glaube persönlich nicht daran, daß der von anderen Zeitgenossen gegen die Waldenser erhobene Vorwurf des Teufelsdienstes und der Unzucht auf dem Sabbat richtig sei,[92] waren andere, wie Papst Johannes XXII. (Papst 1316–1334) und der um 1338 schreibende Schweizer Historiker Johann von Winterthur von den schändlichen Orgien und den unsittlichen Zusammenkünften der Waldenser überzeugt. Schließlich sind auch die Templer in den Zusammenhang mit der Ketzerei und dem Ketzer-Sabbat gebracht worden und wurden vorwiegend 1307–1314 nach katharischem Muster in Prozessen abgeurteilt und verbrannt.[93]

Da nun den Zauberern und den Ketzern derselbe juristische Vorwurf gemacht wurde, nämlich die Teilnahme an Sabbaten, näherten sich das Zauberei- und das Ketzereidelikt immer mehr einander an. Ein weiterer wesentlicher Schritt für die spätere Hexenverfolgung war, daß zunächst die Ketzerei und schließlich die Zauberei mit dem Flug des Menschen durch die Lüfte in Zusammenhang gebracht wurde. Dabei soll nach Hansen die Verbindung zwischen dem Flug durch die Lüfte und der Ketzerei bzw. Zauberei nicht über die alt-überlieferten Volksvorstellungen vom Fliegen der sog. Strigen und der Genossinnen der Diana und Herodias hergeleitet worden sein, sondern vielmehr durch die Vorstellung von der körperlichen Entrückung: Im 13. und 14. Jahrhundert wurde die schon seit frühesten Zeiten[94] bestehende Vorstellung in Prozessen verwertet, daß die Seele sich aus dem schlafend zurückbleibenden Körper entfernen und ihre Tätigkeit außerhalb des Körpers entfalten könne.[95] So soll in einem 1239 stattfindenden Ketzerprozeß in Mont Nimé eine Frau gestanden haben, sie sei am Karfreitag nachts nach Mailand zu einer Versammlung der Katharer entführt worden und habe bei ihrem Mann einen Dämon zurückgelassen, der die Gestalt ihres Körpers angenommen habe.[96] Später ging man dazu über, das nächtliche Herumschweben zu den Tätigkeiten des Ketzers zu zählen. Da den Ketzern die Teilnahme am Sabbat vorgeworfen wurde, stellte sich die Frage, wie die Beschuldigten wohl zu dieser Versammlung gelangt sein mochten. Nach Hansen ist anzunehmen, daß die Gefolterten selbst den Ort des Sabbats möglichst weit weg verlegten, um ihnen bekannte Personen nicht als an der Versammlung anwesend beschuldigen zu müssen. Bei der Erklärung, wie sie dorthin gelangt seien, werden sie deswegen zu dem Flug durch die Lüfte gegriffen haben.[97] Als man aber anfing, den Zauberer als Ketzer anzusehen und ihm ebenfalls Teilnahme an Sabbat-Orgien vorwarf, war im Bereich des Strafrechts auch die Verbindung zwischen der Zauberei und dem Flug durch die Lüfte hergestellt, welcher dann später den Hexen vorgeworfen wurde.[98]

4. Die Inquisition nahm wie erwähnt von vornherein einen Zusammenhang zwischen den Ketzern und Zauberern an, indem sie die Zauberei als eine Art Begleiterscheinung der Ketzerei betrachtete.[99] Diese Neigung, die Zauberei in den Bereich ihrer Tätigkeit zu ziehen, ist vor allem ersichtlich aus den Interrogatorien (Frage-

schemata) und den Formularen für Verhöre in dem Hand- und Formelbuch für Ketzerrichter „Practica inquisitionis haereticae pravitatis" von Bernardus Guidonis. Darin forderte dieser, daß der Beschuldigte allen Irrtümern und jeder Ketzerei abschwören solle, insbesondere auch jeglicher Anfertigung und Taufe zauberischer Bilder
aus Blei oder Wachs und anderer Gegenstände. Ausdrücklich werden diese Verfehlungen als „nach Häresie schmeckend" bezeichnet
und kommen daher für die Inquisition in Betracht. Man sieht also
deutlich, daß nicht jede Art der Zauberei in den Kompetenzbereich
der Inquisitoren fallen sollte. In der Praxis war es jedoch so, daß die
Inquisitoren oft jede Art der Zauberei untersuchten, wodurch sich
die Bischöfe in ihrer Gerichtsbarkeit verletzt fühlten.[100] Schließlich
wurde dieser Streit durch Weisungen des Papstes Alexander IV. am
13. Dezember 1258 und am 10. Januar 1260 an die Inquisitoren aus
dem Franziskaner- und Dominikanerorden entschieden. Er erklärte,
daß das „negotium fidei" (die Tätigkeit für den rechten Glauben),
das die mit so großen Privilegien ausgestatteten Inquisitioren zu
pflegen hätten, zu wichtig sei, als daß es durch andere Beschäfti-
gungen beeinträchtigt werden dürfe. Die Inquisitoren sollten sich
also mit Divinationen (divinatio, Weissagen) und Sortilegien (sorti-
legium, Loselegen) nur dann befassen, wenn diese deutlich nach
Häresie „schmeckten".[101] Andere Zaubereien unterlagen der reinen
Jurisdiktion der Bischöfe und den Bestimmungen des kanonischen
Rechts gegen Zaubereien und den statutarischen Ergänzungen, welche die späteren Synoden für die Bezirke erlassen hatten. Die Abgrenzung der Tätigkeiten von Inquisition und Bischöfen war aber
nicht unbedingt eindeutig.
Während des Pontifikats des extrem zaubergläubigen Papstes Johannes' XXII., der als 72jähriger in sein Amt gesetzt wurde, trat die
vorangehend beschriebene Entwicklung in ein neues Stadium. Dieser fühlte sich ständig zauberischen Anschlägen ausgesetzt und ließ
schon 1317 den Bischof seiner Geburtsstadt Cahors als Ketzer auf
dem Scheiterhaufen verbrennen. Am 22. August 1320 ließ er durch
den Kardinal Wilhelm von Sabina den Inquistoren zu Carcassonne
und Toulouse mitteilen, daß die „malefici" aus dem Hause Gottes zu
vertreiben seien und befahl ausdrücklich die Anwendung des Ketzerprozesses auf die Zauberer. Schließlich erließ er 1326 „Super illius specula", eine für alle Zeiten und für die ganze Kirche mit voller Gesetzeskraft ausgestattete Konstitution, welche die Bestrafung

der Zauberer nach dem Recht für Häretiker bestimmte.[102] In Abgrenzung zur kirchlichen Gerichtsbarkeit sei erwähnt, daß in den weltlichen Prozessen gegen Zauberer vor 1400 die Vorstellungen von der Teufelsbuhlschaft, dem Sabbat, dem Flug durch die Lüfte und der Zusammenhang zwischen Zauberer und Hexen noch gar keine Rolle spielten. Es handelte sich nur um die Bestrafung einzelner Personen und die Ahndung von Zaubereien mit giftigen Mitteln, Liebestränken und Wachsbildern.[103]

## Der Hexenprozeß

1. Durch die Verschmelzung der Elemente der Ketzerei und der Zauberei und des Volksglaubens vom nächtlichen Flug durch die Lüfte bildete sich langsam die Vorstellung von einem neuen Kumulativdelikt heraus, dem der Hexerei. Wenn auch meist in Prozessen von Zauberei die Rede war, bedeutete dies keinen inhaltlichen Unterschied, da dieser Vorwurf gerade einen Teil des Hexereiverbrechens darstellte. Dieses wurde immer mehr als eigenständiges Delikt aufgefaßt, die Hexen als neue ketzerische Sekte systematisch verfolgt.[104] Dabei bildeten sich die Vorstellungen über das Hexereidelikt nicht in den Köpfen des Volkes, sondern formierten sich vielmehr in denen der gelehrten Theologen und Juristen. Dieser Personenkreis trug seine Ansichten z.B. durch Predigten in das Volk hinein. Sehr bedeutend für die Verbreitung der Vorstellungen über die neue „Hexensekte" war aber die Erfindung des Buchdrucks (ca. 1450), welcher durch entsprechende Holz- und Kupferstiche zur Bildung einer Massenideologie beitrug.[105]

2. Wie Inquisitor Bernhard von Como 1508 schrieb, der die Dokumente des Inquisitionsarchivs von Como einsehen konnte, begann die Verfolgung der neuen Hexensekte 150 Jahre vor seiner Zeit, also etwa um 1360.[106] Dennoch scheint das sich verselbständigende Hexereidelikt erst zu Beginn des 15. Jahrhunderts größere Bedeutung erlangt zu haben. So wird erstmals 1420 bei Waldenser- und Hexenverfolgungen in Savoyen und Burgund das neue Verbrechen der Hexerei systematisch geahndet.[107] Laut einer Schrift griffen die Hexenverfolgungen, die parallel dazu in der französischen Schweiz stattgefunden hatten, 1428 erstmals auch auf die deutschsprachigen

Täler im Wallis über. In der Schweiz (Luzern) tauchte 1419 erstmals der deutsche Begriff der Hexe, „hexereye", auf. Seit den 1450er Jahren häufen sich die Hexenprozesse in der Schweiz.[108] Erste bedeutende Hexenprozesse im deutschsprachigen Raum werden in Ravensburg (nach 1480), Straubing (Agnes Bernauer 1435) und Heidelberg (1446/47 und 1475) durchgeführt.[109] Der Schwerpunkt der europäischen Hexenverfolgungen lag in Frankreich, der Schweiz und Deutschland,[110] wobei die Verfolgung des Hexereideliktes von Frankreich, Spanien und Italien in einer Zangenbewegung auf den deutschsprachigen Raum übergegriffen hat.[111] Den Höhepunkt erreichte der Hexenbrand in Europa in den Jahren zwischen 1560 und 1630.

Frankreich war Ursprungsland der Verfolgungen, wobei es in Süd- und Westfrankreich zu Massenverfolgungen kam. Eine große Verfolgungswelle im Süden läßt sich zwischen 1580 und 1600 feststellen. Eine zweite um 1640 erfaßte Burgund, die Champagne, die Franche-Comté und Languedoc, eine dritte Welle um 1670 die Normandie, Béarn und die Guyenne. Die Opfer der Hexenprozesse im 16. und 17. Jahrhundert im Gebiet des heutigen Frankreichs belaufen sich auf mehrere Tausend. Im Verhältnis zu ihrer Größe und der Bevölkerungszahl wurde in Europa die Westschweiz am stärksten von Verfolgungen heimgesucht. Dort sollen 5417 Hexenhinrichtungen stattgefunden haben. In Deutschland setzten die Verfolgungen erst in der zweiten Hälfte des 15. Jahrhunderts ein, dafür aber umso heftiger. Prozeßarme Zonen waren der Norden, Osten (Niederrheingebiet, nord- und ostdeutsche Tiefebenen) und Südosten. Kernzone der Hexenprozesse waren der Südwesten, das Rheinland, Saarland, Franken, Teile Hessens und der sächsischen Herzogtümer, das Herzogtum Westfalen und kleinere nordwestdeutsche Territorien.[112] Auffallend ist, daß sich die Kernzonen mit dem Raum der größten territorialen Zersplitterung decken. Kleinstterritorien konnten umfangreiche Verfolgungen durchführen, ohne durch übergeordnete Instanzen gebremst zu werden.[113]

3. Die Prozeßführung im Hexenprozeß orientierte sich am Grundmuster des summarischen Ketzerprozesses. Genaue Anweisungen, wie ein solcher Hexenprozeß zu führen war, konnte dem „Malleus maleficarum" („Hexenhammer"), dem von den Inquisitoren Heinrich Institoris (1430–1505) und Jakob Sprenger (1436/1438–1495)

verfaßten Handbuch der Hexenverfolgung entnommen werden, welche die Führung eines solchen Prozesses sowohl für die kirchliche, als auch für die weltliche Justiz zusammengestellt hatten.[114] Da das Verfahren im Ketzerprozeß bereits ausführlich dargestellt wurde, soll nun auf die besonderen Regeln, die im Hexenprozeß galten, eingegangen werden.

Die Einleitung des Verfahrens beruhte meist auf Denunziation. Diese genügte zur Prozeßeröffnung, jedoch bedurfte es aufgrund der Schwere der Strafe, die das Hexereiverbrechen nach sich zog, der Aussage mindestens zweier Zeugen. Das Verbrechen der Hexerei galt jedoch als heimliches Verbrechen, was das Vorhandensein von Zeugen zu einer seltenen Ausnahme machte. Vielmehr war es das Geständnis, das den Angeklagten der Hexerei überführen sollte.

Auch bei Hexenprozessen mußten die Regeln des „processus ordinarius", des ordentlichen Prozesses, eingehalten werden. Wie in den Ketzerprozessen erfolgte daher die Befragung nach vorher festgelegten Frageschemata, den Interrogatorien. Vorschläge hierfür sind im „Malleus maleficarum" zu finden.[115] Zunächst wurde dem Angeklagten die Frage gestellt, ob er an Hexerei glaube. Jede Antwort wurde der betroffenen Person zum Verhängnis. Die Verneinung der Frage galt ohne weiteres als Beweis für das angelastete Verbrechen. Bei Bejahung wurde die angeklagte Person zunächst in ein Gewirr von Fragen verstrickt. Der Hexenhammer riet den Inquisitoren dabei ausdrücklich, die angeklagte Person mit Redensarten wie derjenigen, daß man ihr mehr geben werde als sie selbst erbitte, zur Vertrauensseligkeit zu verlocken.[116]

Vor, während oder nach der Folter wurden oft die sogenannten Hexenproben praktiziert. Häufig angewendet wurde die Nadelprobe. Dabei wurde die Angeklagte zunächst nach dem Hexenzeichen untersucht. Zu diesem Zweck zog man die betreffende Person aus und rasierte ihr alle Haare ab, um an irgendeiner Stelle Warzen, Leberflecke oder Muttermale zu finden, mit welchen der Teufel seine Ergebenen nach Abschluß des Paktes angeblich zeichnen würde. Waren die betreffenden Male schmerzunempfindlich oder bluteten nicht beim Einstich mit dem sogenannten Hexenstecher, galt dies als Zeichen für den vollzogenen Teufelsbund. Wurde kein Hexenzeichen am Körper sichtbar, übergab man die angeklagte Person sogleich dem Folterknecht.[117] Bei der Wasserprobe wurden der angeklagten Person die Hände mit den Füßen kreuzweise zusammengebunden und anschließend dreimal in den Fluß getaucht. Da eine Hexe von „luftigen Dämonen" leichter sei, galt das Schwimmen als Indiz der Schuld. Das Untergehen war zwar ein Anzeichen für Unschuld, jedoch ertranken die meisten bei dieser Tortur. Interessant ist aber, daß diese Hexenprobe auch unter Hexenverfolgern als sehr unsicheres Mittel galt und daher stark umstritten war.[118] So wurde sie von der Obrigkeit wie z.B. von Wilhelm III. (1539–92) im Herzogtum Jülich gesetzlich verboten.[119]

Im Gegensatz zum Ketzerprozeß war die Anwendung der Folter im Hexenprozeß die Regel.[120] So wurden alte Foltermethoden wiederbelebt oder neue entwickelt. Als Beispiele seien der Aufzug auf dem „Gespickten Hasen", das Brennen mit Fackeln und geweihten Kerzen, Beträufeln mit brennendem Pech, Ausbrechen der Arme aus den Gelenken erwähnt. Bereits Zeitgenossen kritisierten, daß das Überstehen solcher Torturen unmöglich sei und nicht der Wahrheitsfindung diene.[121] Bei der Folter wurde darauf geachtet, ob die betreffende Person weinen könne, da man davon ausging, Hexen wären nicht in der Lage, eine Träne zu vergießen.[122] Wie beim Ketzerprozeß war erneute Folterung nur beim Vorliegen neuer Indizien möglich. Um juristisch besser gegen das „crimen atrocissimum et occultissimum" (das äußerst verwerfliche und heimliche Verbrechen) vorgehen zu können, wurde eine Art Notstandsrecht konstruiert. Das Hexereidelikt wurde in dieser Zeit zum „crimen exceptum" (Ausnahmedelikt) erklärt, für welches die normalen Prozeßbedingungen außer Kraft gesetzt wurden. Daher genügte der bloße Verdacht, um die betreffende Person zu verhaften und die Folter anzuwenden. Dabei sollte die Folter so lange, so oft und mit solchen Mitteln ausgeübt werden, daß ein Geständnis unweigerlich erzielt werden konnte. So gab denn auch der „Malleus" den Rat, die Wiederholung der Tortur als Fortsetzung zu bezeichnen, um der Widerrechtlichkeit des Vorgehens zu entgehen.[123] Unter der exzessiven Folter nannten die betreffenden Personen dann Namen bekannter oder verwandter Personen und trugen so zur Ausdehnung der Verfolgung bei.[124] Ganz allgemein waren im Ketzerprozeß, im Gegensatz zu den sonstigen Strafprozessen, die Komplizen zum Zeugnis zugelassen. Somit war die Aussage von Hexen gegen Hexen nicht nur zulässig, sondern führte, wie der Umstand der exzessiven Folter und der Vorwurf des Hexensabbats, ebenfalls zum Massencharakter der Hexenverfolgungen.

Mit der Ausführung der Folter betraut wurde der Berufsstand der Scharfrichter. Vertreter der Obrigkeit waren verplichtetet, den Folterverhören in Hexenprozessen persönlich beizuwohnen, so in Augsburg die Stadträte und in Regierungsorten Beamte im Ministerrang, Mitglieder der Fürstenfamilie, des hohen Landadels oder des hohen Klerus.[125]

Die in der Tortur gestandenen Verbrechen der Hexerei konnten nur mit dem Tod, vornehmlich dem Feuertod, bestraft werden, wobei vorangehendes Enthaupten eine Privilegierung darstellte. Juristische Probleme ergaben sich natürlich, wenn es sich um eine reuige Hexe handelte. Wie bereits dargestellt, konnte der Ketzerrichter die Auslieferung an das weltliche Gericht zur Verbrennung nur vornehmen, wenn es sich um hartnäckige oder rückfällige Ketzer handelte. Nach Hansen gab es jedoch drei Möglichkeiten, diese Schwierigkeit zu umgehen: Zum einen konnte das Gericht versuchen, die Reumütigkeit der Hexe als ungenügend zu bezeichnen oder sich auf den Standpunkt stellen, die Vergehen der Hexen seien so groß, daß sie auch bei Bußfertigkeit keinen Anspruch auf Gnade hätten. Die Hexe wurde dann trotz Beteuerung der Reue wegen ihrer schweren und fortgesetzten Verbrechen als hartnäckige Ketzerin dem weltlichen Arm ausgeliefert.[126] Hansen betont jedoch, daß dieser Standpunkt ungewöhnlich war, wie die Auslieferung der 1431 wohl wegen politischer Gründe verurteilten Jungfrau von Orléans an den weltlichen Arm veranschaulicht. Da sie sich reumütig zeigte, mußte hinterlistigerweise ein Rückfall konstruiert werden.[127] Die zweite Möglichkeit bestand darin, zu behaupten, daß die Hexen solche Verbrechen begingen, welche auch die weltliche Justiz bestrafte, wie Kindermord, Malefizien oder Gotteslästerung. Probleme ergaben sich jedoch daraus, ob eine doppelte Verurteilung wegen des Hexenverbrechens überhaupt zulässig sei. Jedoch finden sich Beispiele der doppelten Verurteilung, wie im Genfer Prozeß am 13. April 1527.[128]

Letztlich konnte auch der Standpunkt vertreten werden, daß es sich bei dem Hexereiverbrechen um ein Delikt „mixti fori" (mit weltlicher und geistlicher Zuständigkeit zur Aburteilung) handele und es gleichgültig sei, ob die geistliche oder die weltliche Gewalt zuerst einschreite, Hauptsache die Vernichtung der Verbrecher war sichergestellt. Voraussetzung war natürlich, daß die weltliche Gewalt dann mit äußerster Härte gegen die Hexen vorgehen würde. Problematisch für den Standpunkt der Kirche war jedoch, daß man dem ketzerischen Verbrechen einen gemischten Charakter zugestand, während die Kirche stets vertreten hatte, sie habe das Urteil über das „crimen mere ecclesiasticum" (Verbrechen nach rein kirchlichem Maßstab) auszuführen.

Geschlechtsverteilung, Altersstruktur und Sozialstruktur der Prozeßopfer variierten sowohl regional als auch zeitlich beträchtlich. Während nach Behringer bei den ersten großen Hexenverfolgungen um 1590 der Frauenanteil über 90 Prozent gelegen hat, lag er bei der letzten großen süddeutschen Verfolgung um 1680 nur bei 30 Prozent, wobei mehr als 70 Prozent der Personen jünger als 22 Jahre waren. Es ist festzustellen, daß mit Ausdehnung der Verfolgungen immer mehr jüngere Frauen zu Opfern der Prozesse wurden. Daß der Anteil der Frauen zunächst so hoch war, ist sicherlich auch dadurch verursacht worden, daß man vornehmlich das weibliche Geschlecht in Verbindung mit der Hexerei brachte.[129]

Im 16. Jahrhundert kommt es zur Entwicklung von Hexenprozessen gegen Kinder. Während diese früher nur als passive Zeugen des Geschehens gesehen wurden, treten sie nun in den Mittelpunkt des Geschehens. So schreibt der Domikaner Silvester Prieria(s), durch gutes Zureden und Belehrung sei es Inquisitoren gelungen, die Kinder zu bekehren und zu veranlassen, von ihren hexischen Praktiken zu erzählen.[130] Nach Wolf ist es naheliegend, daß die bei den Erwachsenen geführten Gespräche über Hexen und den Teufel ein so zentrales Thema waren, daß die Kinder schon mit diesem Wahn aufwuchsen. Daß diese mit dem Thema nicht ernsthaft, sondern spielerisch umgingen, ist verständlich. So soll die achtjährige Tochter eines Schmieds aus Möhringen gesagt haben, daß sie eine Hexe sei und sich freue, wenn sie auf dem Besen fortfahren könne. Nach dieser Aussage wird sie in den Turm gesperrt und zusätzlich mit einer Geldbuße bestraft.[131] Wie viele Prozesse belegen, war es aber auch üblich, bereits Kinder mit dem Tod zu bestrafen, so wird z.B. 1650 in Amsterdam ein Mädchen verbrannt, das vorgegeben hatte, Kühe von der Wiese hexen zu können, oder 1667 eine 12jährige mit dem Schwert gerichtet, weil sie mit der Mutter angeblich an Hexenkonventen teilgenommen hatte.[132]

4. *Übergang zur Weltlichen Gerichtsbarkeit:* Wie festgestellt, hätten reuige Hexen nach kanonischem Strafrecht mit lebenslänglichem Gefängnis bestraft werden müssen. Die Verfasser des „Malleus"

vertraten die Ansicht des Nicolaus Jaquier, daß Reue die Hexen nicht vor dem Tod bewahren dürfe. Sie vertraten daher die oben dargestellte Ansicht, daß Hexen auch nach weltlichem Recht den Tod verdienten.[133] Im Gegensatz zur Auffassung von Eymericus und seinen Vorgängern, daß Apostasie gerade den Verdacht der Ketzerei hervorrufe, vertraten Institoris und Sprenger die Ansicht, daß die Verleugnung des christlichen Glaubens der Hexen zwar Apostasie, aber gerade keine Häresie sei, und daß zauberische Handlungen wie das Anbeten der Dämonen und das Taufen von Bildern nur Ketzerei sei, wenn ein „error in intellectu" hinzutrete, der Glaube, daß die Dämonen Götter seien.[134] Die weltliche Gewalt sollte somit gegen die „malefici" nach den Grundsätzen des säkularen römischen Strafrechts einschreiten. So waren denn auch die Anweisungen im „Malleus" für das Führen von Hexenprozessen sowohl für die geistliche als auch für die weltliche Justiz zusammengestellt. Sollte der weltliche Richter den Prozeß führen, so empfehlen die Verfasser ein genau dem Inquisitionsverfahren gegen Ketzer entsprechendes Verfahren.[135] In Deutschland endete die Tätigkeit der Inquisition seit Anfang des 16. Jahrhunderts fast ganz. Bei den weltlichen Prozessen handelt es sich zunächst um Einzelprozesse, die aber schließlich an Zahl stark zugenommen haben.[136]

5. Natürlich wurde das neu aufgekommene Hexereidelikt in die diversen Strafgesetze aufgenommen. So wird in der 1532 verabschiedeten Constitutio Criminalis Carolina (CCC), welche Gültigkeit für das gesamte Reich besitzt, zum Zentralgesetz zur Beurteilung des Zaubereidelikts.[137] In Deutschland ist seit 1570 eine neue Qualität des Hexenproblems zu erkennen: 1572 stellte erstmals eine Territorialgesetzgebung nicht nur den Schadenszauber, sondern bereits den Teufelspakt unter die Todesstrafe.[138]
In den Jahren der großen Hexenverfolgung zwischen 1585 und 1593 entwickelte sich auch die Gesetzgebung gegen Hexen weiter. In der Legislation schritt man 1588 zunächst im katholischen Baden-Baden voran. Das Herzogtum Bayern, welches über eine äußerst qualifizierte Verwaltung verfügte, ging 1590 den Weg der grundsätzlichen Beratung der Hexenfrage mit dem Ziel der ordentlichen Legislation, wie einst 1570 in Kursachsen. Ansbach und andere lutherische Territorien orientierten sich 1591 an Bayern. Dabei ist in der Gesetzgebung allerdings ein gegensätzlicher Ansatz zu sehen:

Durch die Legislation sollten die Verfolgungen befördert werden, aber gleichzeitig war man über die Auswüchse der Verfolgungen so schockiert, daß man versuchte, die Flut von Verdächtigen und Prozessen einzudämmen.

Anfang des 18. Jahrhunderts wurde z.B. in Preußen, in der zweiten Hälfte des 18. Jahrhunderts in Österreich die Folter aufgehoben, was dem Hexenprozeß die Grundvoraussetzung entzog.[139] Gesetzgebungen, wie die Gerichtsordnung Kaiser Josephs I. von 1707 und der „Codex juris Bavarici criminalis" von 1752, schränkten das Delikt der Hexerei zwar ein, hielten aber prinzipiell an der Sanktionsdrohung fest. England hob 1736 die Hexengesetzgebung formell auf. Gesetzgebungen anderer Länder folgten im späten 18. Jahrhundert bzw. frühen 19. Jahrhundert nach.[140]


## Schlußbemerkung

Wenn sich das Bild der Hexe großenteils in ein modernes gewandelt hat, so sollte nicht vergessen werden, welches in die Abgründe der menschlichen Seele blickende Phänomen die Menschen in Europa jahrhundertelang in seinem Bann gehalten hat. Ein Brief der Nördlinger Zahlmeistersfrau Rebekka Lemp,[141] den sie aus dem Gefängnis an ihren Mann schrieb, dokumentiert die Not einer der Hexerei Angeklagten: „Mein auserwählter Schatz, soll ich mich so unschuldig von Dir scheiden müssen, das sei Gott immer und ewig geklagt! Man nöthigt Eins, es Eins ausreden, man hat mich so gemartert, ich bin aber so unschuldig als Gott im Himmel. Wenn ich im Wenigsten ein Pünktlein um solche Sache wüßte, so wollte ich, daß mir Gott den Himmel versagte. O Du herzlieber Schatz, wie geschieht meinem Herzen! O weh, o weh meine armen Waisen! Vater, schick mir Etwas, daß ich sterb; ich muß sonst an der Marter verzagen. Kommst heut nicht, so thue es morgen. Schreib mir von Stund an. O Schatz, Deinr unschuldigen Rebekka! Man nimmt mich Dir mit Gewalt! Wie kann's doch Gott leiden! Wenn ich ein Unhold bin, sei mir Gott nicht gnädig. O wie geschieht mir so unrecht. Warum will mich doch Gott nicht hören?" Rebekka Lemp wurde am 9. September 1590 als Hexe verbrannt.

1 *Hansen, Joseph,* Zauberwahn, Inquisition und Hexenprozeß im Mittelalter und die Entstehung der großen Hexenverfolgung, München/Leipzig 1900, S. 214.

2 *Hansen* (Anm. 1), S. 214.

3 Universallexikon, Band 3, Bergisch Gladbach/Klagenfurt 1993, S. 753.

4 *Hansen* (Anm. 1), S. 216, Universallexikon, Band 3 (Anm. 3), S. 753.

5 *Preger* nach: *Flade, Paul,* Das römische Inquisitonsverfahren in Deutschland bis zu den Hexenprozessen, Leipzig 1902, S. 14.

6 *Grundmann,* Die Kirche in ihrer Geschichte: Ketzergeschichte des Mittelalters, Göttingen 1963, S. 1.

7 *Hansen* (Anm. 1), S. 215 f.

8 *Hansen* (Anm. 1), S. 226 f.

9 *Hansen* (Anm. 1), S. 228, 229.

10 *Nigg, Walter,* Das Buch der Ketzer, Zürich 1949, S. 218.

11 *Nigg* (Anm. 10), S. 222.

12 *Haupt* nach: *Flade* (Anm. 5), S. 14.

13 Universallexikon, Band 1 (Anm. 3), S. 135.

14 *Grundmann* (Anm. 6), S. 48.

15 Universallexikon, Band 3 (Anm. 3), S. 642.

16 *Nigg* (Anm. 10), S. 249; *Grundmann* (Anm. 6), G 42.

17 *Röhrich* nach: *Flade* (Anm. 5), S. 24.

18 *Haupt* nach: *Flade* (Anm. 5), S. 15.

19 *Preger* nach: *Flade* (Anm. 5), S. 15.

20 *Hansen* (Anm. 1), S. 212, 220.

21 *Behringer, Wolfgang,* Hexen und Hexenprozesse, München 1988, S. 73; *Grundmann* (Anm. 6), G 34.

22 *Hansen* (Anm. 1), S. 222, 214; *Grundmann* (Anm. 6) G 34.

23 *Hansen* (Anm. 1), S. 221.

24 *Grundmann* (Anm. 6) G 35.

25 *Behringer* (Anm. 21), S. 73; *Hansen* (Anm. 1), S. 212.

26 *Flade* (Anm. 5), S. 37; vgl. auch *Nigg* (Anm. 10), S. 235

27 *Behringer* (Anm. 21), S. 73.

28 *Hansen* (Anm. 1), S. 223.

29 *Schmidt,* Päpstliche Urkunden und Regesten II., S. 276 nach: *Flade* (Anm. 5), S. 33

30 *Wattenbach* nach: *Flade* (Anm. 5), S. 33, Fn. 3.

31 *Flade* (Anm. 5), S. 34.

32 *Flade* (Anm. 5), S. 41 ff.

33 *Flade* (Anm. 5), S. 1.

34 Schäfer setzt die Abfassung um 1376 an. *Schäfer, Ernst,* Geschichte des spanischen Protestantismus und der Inquisition im sechzehnten Jahrhundert, 1. Band, Gütersloh 1902, S. 38 f.

35 Auch Nicolas Eymerich, Generalinquisitor, geboren um 1320 in Gerona, trat 1334 in den Dominikanerorden ein und fungierte seit 1357 über 30 Jahre lang als Generalinquisitor. Das allzu strenge Vorgehen gegen Raimundus Lullus brachte ihm Verbannung ein. Er starb am 4. Januar 1399 in seiner Heimatstadt; *Schäfer* (Anm. 34), S. 38 f.

36 *Hansen* (Anm. 1), S. 243.

37 *Plöchl,* Geschichte des Kirchenrechts, Band II, 170 f., 305.

38 *Plöchl* (Anm. 37), S. 306.

39 *Flade* (Anm. 5), S. 3.

40 *David von Augsburg* nach: *Flade* (Anm. 5), S. 6.

41 *Haupt* nach: *Flade* (Anm. 5), S. 6.

42 *Haupt* nach: *Flade* (Anm. 5), S. 7.

43 *Speklin* nach: *Flade* (Anm. 5), S. 7.

44 *Flade* (Anm. 5), S. 8 ff.

45 *Wattenbach* nach: *Flade* (Anm. 5), S. 13.

46  *Hansen* (Anm. 1), S. 217; *Flade* (Anm. 5), S. 45.
47  *Flade* (Anm. 5), S. 48 f.
48  *Hansen* (Anm. 1), S. 217, 218.
49  *Hansen* (Anm. 1), S. 219, 319.
50  *Flade* (Anm. 5), S. 52; *Plöchl* (Anm. 37), S. 317.
51  *Hansen* (Anm. 1), S. 218 f.; *Flade* (Anm. 5), S. 52 f.
52  *Plöchl* (Anm. 37), S. 317.
53  *Wattenbach* nach: *Flade* (Anm. 5), S. 55.
54  *Röhrich* nach: *Flade* (Anm. 5), S. 55.
55  *Nigg* (Anm. 10), S. 238; vgl. auch *Flade* (Anm. 5), S. 71 ff., 77 ff.
56  *Tadra* und *Haupt* nach: *Flade* (Anm. 5), S. 57.
57  *Flade* (Anm. 5), S. 57 ff.
58  *Flade* (Anm. 5), S. 64.
59  *Henner* nach: *Flade* (Anm. 5), S. 65.
60  *Schellhorn,* nach: *Flade* (Anm. 5), S.66.
61  *Nigg* (Anm. 10), S. 237; *Hansen* (Anm. 1), S. 219.
62  *David von Augsburg* nach: *Flade* (Anm. 5), S. 75.
63  *Hansen* (Anm. 1), S. 219; *Flade* (Anm. 5), S. 76.
64  *Haupt* nach: *Flade* (Anm. 5), S.77.
65  z. B. *Eymericus* nach: *Flade* (Anm. 5), S. 77.
66  *Wattenbach* nach: *Flade* (Anm. 5), S. 84.
67  *Hinschius* nach: *Flade* (Anm. 5), S. 86 f.
68  *Krauss* nach: *Flade* (Anm. 5), S. 87.
69  *David von Augsburg* nach: *Flade* (Anm. 5), S. 87
70  *David von Augsburg* nach: *Flade* (Anm. 5), S. 88.
71  *Lea* nach: *Flade* (Anm. 5), S. 89.
72  *Nigg* (Anm. 10), S. 238.
73  *Nigg* (Anm. 10), S. 238 f.; *Flade* (Anm. 5), S. 89.
74  *Hansen* (Anm. 1), S. 219.
75  *Hansen* (Anm. 1), S. 219.
76  *Nigg* (Anm. 10), S. 239.
77  *Hansen* (Anm. 1), S. 220; *Nigg* (Anm. 10), S. 239.
78  *Eymericus* nach: *Flade* (Anm. 5), S. 90.
79  *Nigg* (Anm. 10), S. 239, 240; *Flade* (Anm. 5), S. 92–94, 113.
80  *Flade* (Anm. 5), S. 94.
81  *Flade* (Anm. 5), S. 114.
82  *Flade* (Anm. 5), S. 116 f.
83  *Flade* (Anm. 5), S. 103 ff.
84  *Hansen* (Anm. 1), S. 50 f., 23, 24.
85  *Wolf, Hans-Jürgen,* Geschichte der Hexenprozesse, Schwarze Messen, Kinderhexen, Zeitdokumente, Hexenwahn bis heute, Hamburg 1998, S. 49; *Hansen* (Anm. 1), S. 80 f.
86  *Blauert, Andreas,* Ketzer, Zauberer Hexen: Die Anfänge der europäischen Hexenverfolgungen, 1. Auflage, Frankfurt am Main 1990, S. 85, 86.
87  *Hortzitz-Ernst,* Hexenwahn in Deutschland im 15.–18. Jahrhundert: Ausstellung in der Stadtsparkasse Augsburg vom 3. bis 28. Mai 1991, S. 17.
88  *Hansen* (Anm. 1), S. 156.
89  *Behringer* (Anm. 21), S. 73.
90  *Hansen* (Anm. 1), S. 234.
91  *Hansen* (Anm. 1), S. 227.
92  *David von Augsburg* nach: *Hansen* (Anm. 1), S. 232.
93  *Hansen* (Anm. 1), S. 233, 234.
94  So schon bei Paulus, 2 Kor 12,2.
95  *Hansen* (Anm. 1), S. 235.

96  *Hansen* (Anm. 1), S. 236.
97  *Hansen* (Anm. 1), S. 235, 238.
98  *Hansen* (Anm. 1), S. 235, 238.
99  *Hansen* (Anm. 1), S. 241.
100 *Hansen* (Anm. 1), S. 244, 245.
101 *Hansen* (Anm. 1), S. 246.
102 *Behringer* (Anm. 21), S. 74; *Hansen* (Anm. 1), S. 251 ff.
103 *Hansen* (Anm. 1), S. 396.
104 *Behringer* (Anm. 21), S. 74.
105 *Wolf* (Anm. 85), S. 43, 46.
106 *Hansen* (Anm. 1), S. 337, 419.
107 *Behringer* (Anm. 21), S. 76.
108 *Behringer* (Anm. 21), S. 76.
109 *Wolf* (Anm. 85), S. 43; *Behringer* (Anm. 21), S. 76 f.
110 *Behringer* (Anm. 21), S. 189.
111 *Wolf* (Anm. 85), S. 43.
112 *Hortzitz-Ernst* (Anm. 87), S. 38; *Behringer* (Anm. 21), S. 191 f.
113 *Behringer* (Anm. 21), S. 191f.
114 *Hortzitz-Ernst* (Anm. 87), S. 29; *Hansen* (Anm. 1), S. 496.
115 *Behringer* (Anm. 21), S. 269.
116 *Nigg* (Anm. 10), S. 316.
117 *Hortzitz-Ernst* (Anm. 87), S. 31; *Nigg* (Anm. 10), S. 316.
118 *Hortzitz-Ernst* (Anm. 87), S. 31.
119 *Wolf* (Anm. 85), S. 606.
120 *Flade* (Anm. 5), S. 91.
121 *Behringer* (Anm. 21), S. 270.
122 *Nigg* (Anm. 10), S. 316.
123 *Behringer* (Anm. 21), S. 268 f.
124 *Hortzitz-Ernst* (Anm. 87), S. 32.
125 *Behringer* (Anm. 21), S. 271.
126 *Hansen* (Anm. 1), S. 464.
127 *Lea* nach: *Hansen* (Anm. 1), S. 464.
128 *Hansen* (Anm. 1), S. 465.
129 *Behringer* (Anm. 21), S. 272.
130 *Prieria* nach: *Wolf* (Anm. 110), S. 954.
131 *Wolf* (Anm. 110), S. 960.
132 *Wolf* (Anm. 110), Tabelle (beispielhaft), S. 972–973.
133 *Hansen* (Anm.1), S. 491 ff.
134 *Hansen* (Anm.1), S. 493.
135 *Hansen* (Anm.1), S. 496.
136 *Hansen* (Anm.1), S. 504.
137 *Wolf* (Anm. 85), S. 34 f.
138 *Behringer* (Anm. 21), S. 135.
139 *Hortzitz-Ernst* (Anm. 112), S. 45.
140 *Behringer* (Anm. 21), S. 405, doc. 264, 265.
141 Aus *Horztitz-Ernst* (Anm. 112), S. 54.

# Wege der Beschuldigung und Ingangsetzen des Verfahrens

*von Hedwig Spatz*

1. Die Hexenverfolgungen sind keine Erscheinung „des Mittelalters", sondern der Zeit von 1480–1700. In diesen beiden Jahrhunderten sind – nach allerdings höchst unsicheren Schätzungen – mehrere hunderttausend bis vielleicht eine Million Frauen, aber auch Männer, auf den Scheiterhaufen gebracht worden, davon ein sehr großer Teil in Deutschland und der Schweiz.[1] Die Hexenverfolgungen ereigneten sich in Wellen. Gerhard Schormann stellte fest, daß diese Wellen in vielen Gebieten um 1590, um 1630 und um 1660 zu beobachten sind.[2] Besonders verfolgungsintensive Gebiete waren u. a. Lothringen, Kurtrier, das Herzogtum Westfalen (heutiges Sauerland), Minden, Schaumburg und verschiedene Bistümer, darunter auch Bamberg. Verfolgungsarm waren das Niederrheingebiet, die nord- und ostdeutschen Tiefebenen und Bayern.[3]

Das Wort „Hexe", das sich im deutschen und nordischen Raum als Bezeichnung für die neuen Ketzer durchsetzte, ist ein Sammelbegriff, der die Betroffenen als ketzerisch, dämonisch und zauberkundig auswies.[4] Um 1420 ist der Begriff „hexereye" erstmalig in Luzern im Zusammenhang mit einem Zaubereiprozeß nachgewiesen.[5] Von „unholden" und „hegksen" sprach Heinrich Institoris im Jahre 1494 in einer kleinen Schrift, die die Argumente des Hexenhammers und der päpstlichen Bulle „Summis desiderantes" aufgriff, um die Bedenken des Nürnberger Rates gegen die Verfolgung der neuen Ketzer zu zerstreuen.[6] Das Wort „Hexe" leitet sich her von dem althochdeutschen hagazussa, das im Niederdeutschen walriderske, im Oberdeutschen zunrite und hochdeutsch Zaunreiterin bedeutet. Noch im Mittelalter saß die Hagazussa, diese unheimliche Dämonin, „auf dem Hag, der Hecke, dem Zaun, der hinter den Gärten verlief und das Dorf von der Wildnis abgrenzte".[7] Aus den westmünsterischen Quellen läßt sich schließen, daß sich das Wort „Hexe" erst sehr spät in der Bevölkerung durchsetzte, wenn es auch von offizieller Seite gelegentlich gebraucht wurde. Beispielsweise teilte der Drost des Amtes Ahaus, Heidenreich Droste zu Vischering, den münsterischen Räten im Januar des Jahres 1609 mit, die Borkener hätten mit ihren „hexenn" kurzen Prozeß gemacht und sie allesamt enthauptet oder verbrannt.[8] In der Bevölkerung scheint, soweit die Quellen Aufschluß geben, der Begriff „Hexe" vor der Mitte des 17. Jahrhunderts kaum als Schimpfwort vorzukommen. Sehr vielfältig waren dagegen Beschimpfungen in Verbindung mit Schadenszauber, an den allgemein geglaubt wurde.[9]

2. In den Städten hatte sich die Situation der Bevölkerung seit 1470 ständig verschlechtert. Stark steigende Preise und nur mäßig wachsende Löhne hatten die Grundnahrungsmittel für die Stadtbewohner fast unbezahlbar gemacht. So stieg der Getreidepreis zwischen 1470 und 1620, dem sog. „Zeitalter der Preisrevolution", um 260 Prozent, die Löhne hingegen nur um 120 Prozent, so daß schließlich 70 Prozent des Gesamteinkommens für den Kauf von Grundnahrungsmitteln aufgewendet werden mußten. Ursache für diese inflationäre Verteuerung war die Vervierfachung des Edelmetallumlaufs in Europa durch die beträchtlichen Gold- und Silberimporte aus Süd- und Mittelamerika, die Vermehrung des Buchgeldes durch modernere Finanzierungs- und Buchungsmethoden und ein Zuwachs der Bevölkerung um 70 Prozent, der zu einer Nachfragesteigerung führte, die von der erreichten Produktionssteigerung in der Landwirtschaft nicht aufgefangen werden konnte.[10] Die wirtschaftliche Lage der damaligen, sehr agrarorientierten Landbevölkerung hing stark vom Wetter ab. Die auftretende Klimaverschlechterung wirkte sich sehr auf die Ernten aus, was eine Häufung der Mißernten in den letzten drei Jahrzehnten des 16. Jahrhunderts mit sich brachte. So waren beispielsweise zwischen 1581 und 1592 nur zwei Jahre mit durchschnittlichen Erträgen.[11] Die Bauern mußten deshalb auch Einkommenseinbußen hinnehmen. Zwar waren Preise und Nachfrage nach landwirtschaftlichen Produkten, insbesondere Grundnahrungsmitteln, gestiegen; einer Erhöhung des bäuerlichen Einkommens stand jedoch noch entgegen, daß kaum über den Eigenbedarf hinausgehende Überschüsse erzielt wurden und die Zunahme der Produktivität durch eine schleichende Erhöhung der Feudallasten abgeschöpft wurde. So machte sich auch in ländlichen Regionen eine Minderung des Realeinkommens bemerkbar.[12] Aber auch ein seit über 100 Jahren anhaltendes Bevölkerungswachstum hatte die Landwirtschaft in Europa an ihre Grenzen gebracht, mit Ausnahme

von England und Holland, wo Hungersnöte keine große Rolle spielten (vielleicht wurde auch aus diesem Grund weniger intensiv nach Hexen gesucht). In der zweiten Hälfte des 16. Jahrhunderts nahmen die Zahlen an entwurzelten, nicht seßhaften Personen, Bettlern und Landfahrern ein beträchtliches Ausmaß an. Obwohl diese Zeit keine allgemeine Verarmung kannte, kommt dadurch eine zunehmende Differenzierung und Polarisierung des gesellschaftlichen Reichtums zum Ausdruck. Den Pauperisierungstendenzen auf der einen Seite stand der Gewinn derer gegenüber, die von der Agrarkonjunktur profitieren konnten: Großbauern, Klöster, Teile des Adels, Händler, Kreditgeber und Spekulanten.[13] Die zunehmende gesellschaftliche Hierarchisierung und ideologische Homogenisierung könnte zu der feststellbaren Verhärtung der Beziehungen der Menschen untereinander geführt haben. Diese Verhärtungen in den verschiedenen Bereichen der Gesellschaft korrespondieren in der zweiten Hälfte des 16. Jahrhunderts mit einem radikalen Mentalitätswandel, der sich offenbar weitgehend unabhängig von der konfessionellen Zugehörigkeit vollzog. Dies bedeutete eine Abkehr von einer weltoffenen, lebenszugewandten, genußfreudigen und diesseitsorientierten „Renaissance-Mentalität" mit weitverbreiteter volkstümlicher Festfreudigkeit und eine Hinwendung zu dogmatischen, konfessionell-religiösen, asketischen und jenseitsorientierten Denk- und Verhaltensweisen, die in einer als prekär empfundenen Situation Halt zu geben versprachen.[14] Die Menschen der frühen Neuzeit waren sehr abergläubisch; sie lebten in einer von guten und bösen Geistern dominierten Welt. Jedes Naturereignis, jede Ungeschicklichkeit oder Zufälligkeit galt als Vorzeichen im positiven oder negativen Sinn, wurde analysiert und in das starre System der Zeichendeutung eingeordnet.[15] Dies änderte sich ab dem 16. Jahrhundert, als anstelle des zauberischen Aberglaubens der Teufelsglaube tritt. Es erfolgte eine Dämonisierung der altbekannten Zauberei wie des Zauberers bzw. der Zauberin in der Weise, daß die traditionelle Überzeugung, ein Zauberer könne allein kraft seiner persönlichen Fähigkeit zaubern, zugunsten der Vorstellung, daß allein der Teufel so etwas vermag, zurückgedrängt wird.[16] Die Menschen können aus sich selbst weder Heil noch Unheil stiften, entweder folgen sie dem Auftrag Gottes oder dem des Teufels. Der Teufelsglaube geriet somit immer mehr in den Vordergrund des Denkens.

Im Zuge von Reformation und katholischer Reform wurde die Bevölkerung dazu angehalten, an der Verchristlichung der Gesellschaft mitzuwirken. Es schien deshalb eine systematische Ausrottung der Hexen, der „Feinde Gottes", als unabdingbar, um diesen schwierigen Prozeß nicht zu gefährden.[17] Durch Hexenpredigten riefen katholische wie protestantische Prediger zur Hexenverfolgung auf und bestärkten damit die bäuerliche Bevölkerung in ihrem Verfolgungsverlangen. Es gab unter anderem auch landesherrliche Anweisungen, solche Hexenpredigten zu halten; dies ging bis hin zur Verkündung von vollstreckten Todesurteilen gegen Hexen und Zauberer. Beispielsweise wurden die 300 innerhalb eines Jahres vollstreckten Todesurteile von der Kanzel des Würzburger Domes im Jahre 1617 verkündet.[18]

3. Zu Beginn der Hexenverfolgungen, d.h. etwa um 1430, zeigt sich, daß das Klischee der Märchenhexe den damaligen Vorstellungen einer Hexe recht nahe kommt. Als Hexen kamen deshalb normalerweise nur Frauen in Betracht; ein Mann als Hexe war für die Menschen zu dieser Zeit nahezu ausgeschlossen. Außerdem mußten diese Frauen alt und häßlich sein, um von den Mitmenschen „erkannt" zu werden. Demnach konnte eine junge Frau wohl kaum eine Hexe sein. Sie wirkten auf die Mitmenschen auch etwas eigenartig, was überwiegend auf ihr Aussehen zurückzuführen sein dürfte. Die als Hexen denunzierten Personen gehörten selten der Oberschicht an.[19]

4. Man war früher der festen Überzeugung, daß es auch Hexen gibt, die ihre Fähigkeiten zum Wohle der Gemeinschaft benutzten. Gegen Ende des 16. Jahrhunderts findet man erste Versuche einer vorsichtigen Unterscheidung. Thomas Pickering unterscheidet die Hexen in seinem Werk „Discovery of the Damned Art of Witchkraft" (1610) in gute und böse Hexen. Die böse Hexe, ob Mann oder Frau, steht mit dem Teufel im Bunde, sie bittet ihn um Hilfe bei ihren Missetaten und wird allgemein auch als verwünschende Hexe bezeichnet. Gute Hexen schaden, quälen, verfluchen und töten nicht, sondern entfernen das Leid, das böse Hexen über Mensch und Tier gebracht haben und werden deshalb auch „fluchlösend" genannt.[20] Unter die guten Hexen kann man jene Frauen fassen, die sich heilkundig betätigten. Die heilkundigen Hexen, deren Praxis auf empirischer For-

schung basierte, waren oft die einzigen praktischen Ärzte für das Volk, das von bitterer Armut und Krankheit heimgesucht war. Sie versuchten vor allem mit Pflanzen hausgemachte Allheilmittel herzustellen, die für alle möglichen Leiden, von einfachen Rückenschmerzen bis hin zu geistiger Umnachtung, angewandt wurden. Diese Hexen hatten einen Schatz an Heilmitteln, die in jahrelangem Gebrauch erprobt waren. Viele der von den Hexen verwendeten Kräuterheilmittel haben heute noch ihren festen Platz in der modernen Pharmakologie. Sie erkannten schmerzstillende, verdauungsfördernde und entzündungshemmende Mittel. Bspw. benutzten sie Ergot (Mutterkorn) gegen die Geburtsschmerzen zu einer Zeit, als einige Theologen lehrten, daß die Schmerzen bei der Geburt Gottes gerechte Strafe für Evas Ursünde seien. Auch Belladonna – welches heute noch als krampflösendes Mittel in Gebrauch ist – wurde von den damaligen Hexen angewandt, um eine drohende Fehlgeburt zu verhindern. Ein weiteres Beispiel ist die Entdeckung von Digitalis (Fingerhut) durch eine englische Hexe.[21] Zweifellos waren viele Mittel der Hexen bloßer „Zauber" und wirkten – wenn überhaupt – nur Dank des Glaubens an ihre Heilkraft. Die heilenden Hexen kümmerten sich nicht nur um die Heilung von Menschen, sondern auch um das Wohlergehen des Viehs. So wurden sie von den Bauern oft zu Rate gezogen, um auch die durch die „bösen" Hexen verursachten Krankheiten am Vieh zu heilen.

Doch soll es der guten Hexe nicht besser als der schlechten gegangen sein. Sie wurde sogar noch mehr gefürchtet, da sie der Seele schade. Ein von ihr geheilter Arm oder Fuß konnte niemals sagen: Gott hat mich gesund gemacht. Ein solcher Körperteil war verdammt, er verhinderte die Erlösung des übrigen Leibes. Aufgrund dieses Glaubens wurden die guten genauso wie die bösen Hexen mit schweren Strafen verfolgt und niemand dachte daran, jenen Dankbarkeit zu bezeugen, die schwerste Krankheiten geheilt und wahres Mitgefühl gezeigt hatten, solange der Verdacht bestand, daß der Ursprung dieser Kräfte nicht geheuer war oder daß die verwendeten Arzneien mächtiger waren als die normalen.[22] Hierbei ist jedoch anzumerken, daß man als Heilkünstler der Aufmerksamkeit der Hexenjäger entgehen konnte, wenn man sich zu entschiedenen Gegnern der Hexen erklärte, was zum Beispiel ein Handel mit Zaubersprüchen und Amuletten, die die Ränke der Hexen zunichte machen sollte, belegte.[23] Dies war aber vor allem bei Bauersfrauen nicht oft der Fall.

5. Man ging davon aus, daß ein Schaden, wodurch die Menschen mittelbar oder unmittelbar betroffen wurden, nur durch das Handeln einer Hexe hervorgerufen werden konnte. Krankheiten, die für den frühneuzeitlichen Menschen zu einem beträchtlichen Teil nicht naturwissenschaftlich erklärbar und effektiv bekämpfbar waren, bildeten eine starke Belastung für den einzelnen und die sozialen Gefüge, da nicht nur Arbeitskräfte ausfielen, sondern diese zudem von der reduzierten Zahl arbeitsfähiger Gruppenmitglieder mitversorgt werden mußten. Bestimmte Gebrechen und Leiden – wie etwa der Hexenschuß – wurden von vornherein auf das Wirken böser Mächte zurückgeführt. Bei anderen Krankheiten suchte man eine Erklärung durch das Wirken von Hexen erst, nachdem sich bewährte Hausmittel als unwirksam erwiesen hatten. So ereignete sich ein Fall im österreichischen Bartholomäberg, wo ein Kind plötzlich erkrankt war und die Eltern schon mit allen möglichen Mitteln erfolglos versucht hatten, ihr Kind zu heilen. Dann wurde bei der Familie durch andere Frauen im Dorf der Verdacht erweckt, daß die Krankheit nur von „bösen leüthen" kommen kann. Das bedeutete nun für die Familie, den Verursacher bzw. die Verursacherin zu bitten, die von ihr angezauberte Krankheit wieder zurückzunehmen. Die Mutter sprach dann die Frau an, ihrem Kind zu helfen. Diese nahm jedoch jenes Ritual zunächst nicht ernst. Als sie dann aber wenige Tage später auf Geheiß ihres Mannes zu den Eltern des Kindes ging, um ein Pfund Schmalz als ihren verdienten Arbeitslohn abzuholen, wurde sie sofort als Hexe verdächtigt und dann auch angeklagt.[24] Außerdem wurden Menschen von Hexen angeblich durch Getränke oder Gifte getötet, oder unter vielfältiger Anwendung der Salbe krank und lahm gemacht.[25] Die Hexensalben, die sich die Frauen zusammenmischten, bestanden oft aus giftigen Substanzen wie z.B. das in der Tollkirsche enthaltene Belladonna, Bilsenkraut, die Wurzel des Eisenhuts und noch anderen Drogen. Man vermutete, daß oft auch nur ein böser Blick, Be- und Verrufen, Anblasen oder Berühren durch eine Hexe Ursachen für die Krankheiten waren.[26]
Aber nicht nur die Erwachsenen schienen vor den Hexen nicht sicher, sondern auch die ungetauften Kinder. Dies bedeutete, daß Hebammen sehr oft der Hexerei verdächtigt wurden, wenn die Frauen Fehlgeburten hatten, die Kinder nicht gesund zur Welt kamen (Behinderung u.ä.) oder auch nach der Geburt starben. Beim Tod eines Kindes vor, bei oder nach der Geburt ging man damals da-

von aus, daß die Hebamme den Neugeborenen den Dämonen opferte.[27] Falls das Neugeborene bei der Geburt nicht gestorben war, befürchtete die Mutter, daß die Hexe ihr Kind den Dämonen geweiht habe; was auf folgende Weise geschehen sein könnte: Ist das Kind geboren, trägt es die Hebamme, scheinbar um es zu wärmen, aus der Kammer heraus, opfert es aber in Wirklichkeit, indem sie es über dem Küchenfeuer in die Höhe hebt. Wurde also ein solcher Vorgang beobachtet, oder ging die Hebamme auch nur mit dem Kind hinaus, hatte sie rasch einen Ruf als Hexe.[28] Die Bevölkerung glaubte auch, daß die Hexen der Kindbetterin bei der Geburt einen tödlichen Trank verabreichten. Außerdem glaubte man, daß Hexen nach der Geburt die Kinder austauschten.

Auch wilde Tiere und Haustiere konnten von Hexen krank gemacht werden, indem sie diese entweder berührten oder durch ihren Blick verhexten. Manchmal legten sie auch unter die Schwelle der Stalltüre oder dort, wo die Tiere zur Tränke zu gehen pflegten, irgendein Hexenwerk. Wenn die Bauern ein solches dann auffanden, schlossen sie sofort auf das Handeln einer Hexe, die sie wegen ihres Werkes beschuldigen konnten.[29] Die Hexe konnte – nach dem Glauben der Landbevölkerung – mit Kräutern den ganzen Stall verhexen, so daß das ganze Stallvieh krank wurde, oder sie konnte es durch ihre Hexensalben lähmen. Mit Teufelsmücken schädigte sie angeblich die Schafe oder riß in Wolfsgestalt ganze Herden, deren Fleisch sie dann zusammen mit anderen Hexen verzehrte.[30]

6. Ein Phänomen, das geeignet war, soziale Ordnungen zu (zer-)stören, bildeten unkontrollierbare Leidenschaften, insbesondere erotischer oder sexueller Natur. Der „Hexenhammer", das berüchtigte Verfolgungshandbuch vom Ende des 15. Jahrhunderts, bezog sich auf den Volksglauben, daß die Liebe auf zauberische Weise erzwungen werden konnte, wenn er den durch Behexung hervorgerufenen Liebeswahnsinn „wegen seiner allgemeinen Verbreitung für gar bedeutend" erachtet.[31] Die Anwendung des Liebeszaubers war aber nicht nur auf Frauen beschränkt, sondern sie war auch von Männern eindeutig bezeugt. Bei einem Fall in der Nähe von Graubünden soll in der Mitte des 17. Jahrhunderts ein Schwager die Ehefrau seines Bruders gegen ihren Willen auf zauberische Weise für sich gewonnen haben, so daß sie „nicht einmal mehr wußte wie es ihr ging".[32] Die Hexen wurden aber auch für die Im-

potenz bei Männern oder deren Unfruchtbarkeit verantwortlich gemacht.[33] Desweiteren konnten die Hexen für Unfrieden und Zank zwischen Ehepaaren und in der Nachbarschaft verantwortlich sein.[34] Auch klagte man eine Frau als Hexe an, wenn man vermutete, sie verabreiche empfängnisverhütende Mittel und treibe ab.[35]

7. Der Hexenglaube suchte auch Ursachen für eigene wirtschaftliche Probleme, vor allem für damals existenzbedrohende landwirtschaftliche Ausfälle. Die Kühe waren nämlich das beliebteste Ziel der Hexenkunst, wie auch folgendes Zitat zeigt: „So findet man ja schließlich nicht das kleinste Dörfchen, wo die Weiber nicht unaufhörlich gegenseitig die Kühe behexen, sie der Milch berauben und sie sehr oft umbringen."[36] Wenn bspw. der Bauer von den Kühen beim Melken nicht so viel Milch erhalten hatte, wie es normalerweise der Fall war, oder wenn Milch gestohlen worden war und deshalb fehlte, so wurde dies oft auf das zauberische Melken einer Hexe zurückgeführt.[37] Außer der Milchgewinnung war die Schmalzzubereitung, die eine längerfristige Verwertung der gewonnenen Milch ermöglichte, ein Bereich des bäuerlichen Wirtschaftslebens, der durch Einwirkungen von Hexen besonders gefährdet erschien.[38] Oft ließ sich die Milch ohne ersichtliche Gründe einfach nicht verarbeiten. Dann war es naheliegend, dafür böse Absichten einer anderen Person als Ursache anzunehmen. Um die schuldige Person feststellen zu können, die die Tiere so verhext hatte, daß deren Milch nicht mehr zu Schmalz weiterverarbeitet werden konnte, wurde Milch der Tiere der vermuteten Hexe mit der Milch der eigenen Tiere vermischt. Als man daraufhin wieder schmalzen konnte, war der Beweis der Täterschaft erbracht, und man glaubte wieder eine Hexe entdeckt zu haben.[39]

8. Zu den Ursachen vieler wirtschaftlicher Probleme vor allem der Landbevölkerung zählten die schlechte Witterung und punktuelle Unwetter wie Gewitter und Hagelschlag. Besonders verbreitet war die Überzeugung, daß die Hexen schlechtes Wetter machen könnten: „Sie machen Wetter, unzeitigen Regen, Wind, Donner, Hagel, Schnee, Reif, Frost, Raupen, Käfer und anderes Ungeziefer, damit Korn, Wein, Eicheln und andere Früchte auf dem Felde und in den Wäldern verderben."[40] Um aufgrund dessen eine bestimmte Frau

der Hexerei zu beschuldigen, haben die Leute oft aufgrund ihrer Prophezeihungen von schlechtem Wetter bei dessen tatsächlichem Eintreten einen Rückschluß auf die Hexerei gezogen. Zum Wetterzauber zählte aber nicht nur die Fähigkeit, Unwetter hervorzurufen. Für den Alltag viel bedeutsamer waren Möglichkeiten, mittels kirchlicher Rituale oder Magie günstiges Wetter zu erzeugen oder schlechte Witterung fernzuhalten. Leute, die sich mit dem Wetterbannen befaßten, gerieten jedoch leicht in den Ruf, auch Unwetter erzeugen zu können. Aber dies reichte nicht aus, um in den Ruf einer Hexe zu gelangen, sondern es mußte noch ein anderer Grund vorliegen, etwa, daß das Wetter immer gut ist, wenn bei der Verdächtigen geheut oder geerntet wird. Die Bauern achteten auf dergleichen ganz besonders, da ihr Handeln stark wetterabhängig war.[41] Die verdächtigen Hexen wurden nicht ganz allgemein des Wettermachens beschuldigt, sondern eine Anzeige erfolgte immer aufgrund ganz bestimmter Ereignisse.[42]

9. Wenn eine Person gegen die Riten oder Sitten der Kirche verstoßen hatte, war dies ein Anlaß zur Beschuldigung als Hexe. Denn diese Person diente dann nicht Gott, sondern konnte nur auf der Seite des Teufels stehen. Eine Anzeige konnte beispielsweise erfolgen, wenn eine Frau am Fasttag selbst Fleisch verzehrt hatte, oder aber auch ihrem Mann insgeheim Fleisch zu essen gab.[43] Weiterhin wurde man der Hexerei bezichtigt, wenn man magische Mittel benutzte, wie z.B. ein Segenskreuz, auf dem noch andere Buchstaben standen, die nichts mit der christlichen Religion zu tun hatten, da diese angeblich allein zur Verführung der Einfältigen und zu „verkehrtem Mißbrauch des heiligen Kreuzes" durch den Teufel dienen sollten.[44]

10. Während der Hauptphase der Hexenverfolgungen, in der es den Hexenjägern auf eine möglichst große Anzahl von Denunziationen angekommen ist, stellte man den Angeklagten häufig Befreiung von der Folter in Aussicht, wenn sie eine für das Gericht befriedigend große Zahl von Mitschuldigen nannten. Hierbei ist noch zu erwähnen, daß diese Versprechen in den seltensten Fällen eingehalten wurden.[45] Da man davon ausging, daß jede Hexe am Sabbat teilnimmt, also mit vielen anderen Hexen zusammentrifft, versuchte man die sogenannten Mittäter durch Geständnisse auf der Folter

herauszufinden. Aus Verzweiflung und unsagbaren Schmerzen heraus nannten die Verurteilten angebliche Teilnehmer des Hexensabbats.[46] Die angebliche Teilnahme an solch einer Orgie, die auf der Folter erpreßt wurde, führte zu einer Prozeßlawine, da man von der behaupteten Anwesenheit der „Hexen" überzeugt war. Zahlreiche Frauen wurden aufgrund dessen als Hexen beschuldigt. Auf der Folter wurden aber auch Menschen der Hexerei beschuldigt, weil man über deren Taten berichtete, wie z. B. einen Diebstahl, den die Gefolterte angeblich gesehen hatte.

11. Es gab auch Fälle, in denen eine Person freiwillig sich selbst als Werkzeug des Teufels bezeichnete. Sie brauchte dies nur in Anwesenheit anderer Personen getan haben, und selbst ihre Freunde beschuldigten sie aus Angst öffentlich der Hexerei und zeigten sie an.[47] Bei einem Fall in Bludenz kam ein Altarbauer im Zuge seiner Tätigkeit beim Neubau eines Gästetrakts des Klosters mit der Obrigkeit in Konflikt, weil er sich öfters in einer Weise über den Teufel geäußert hatte, daß alle Leute sehr entsetzt waren. Unter anderem hatte er verlautbaren lassen, „der teüfel seye sein cammerad". Daraufhin wurde als Hexer beschuldigt.

12. Wenn man jemanden nicht einer bestimmten zauberischen Handlung beschuldigen wollte oder konnte, bestand auch die Möglichkeit, ihn als Hexe zu bezeichnen, ohne daß man sich dabei auf konkrete Verdächtigungen bezog. Solche Beschimpfungen verfolgten meist das Ziel, die derart Bescholtenen aus ihren gesellschaftlichen Bindungen herauszulösen, die Solidarität von Verwandten sowie Bekannten zu erschweren oder unmöglich zu machen und so eine Polarisierung von sozialen Gruppen zu verhindern. Die gängigste Formulierung war dabei die Bezeichnung als Hexe(r). Manchmal wurde jemand auch mit einer ehrlosen oder als ehrlos bezeichneten Person verglichen, z. B. mittels der Formulierung „die ... ist eine Hexe wie die ...". Eine andere, gesteigerte Form der Diffamierung bestand darin, daß man beteuerte, eine bestimmte Person sei schlimmer als andere Hexen.[48]

13. Man ging damals davon aus, daß die Hexen als die Untertanen des Teufels diesem auch noch mehr „Kunden und zupflichtige Untertanen" zubringen wollten. Deshalb konnten die Töchter der

Hexerei beschuldigt werden, wenn deren Mütter bereits als Hexen galten. Die Hexerei galt nämlich als vererbbar und konnte somit von einer Generation auf die nächste übertragen werden.[49] Als weitere ganz allgemeine Gründe für eine Beschuldigung als Hexe galten große und schnell erworbene Kenntnisse, ein wüstes und unstetes Leben oder aber die Heimatlosigkeit.[50] Bei den ersten großen Hexenverfolgungen der Welle um 1590 lag der Frauenanteil höher als 90 Prozent.[51] In dieser Zeit galten hauptsächlich Frauen als Hexen, da diese „aufgrund ihrer Leichtgläubigkeit (wegen der Beweglichkeit ihres Naturells der Geisterwelt leichter zugänglich) und Schwatzhaftigkeit" sehr zur Dämonenanfälligkeit neigten.[52]

14. Bei der letzten großen süddeutschen Verfolgung, dem Salzburger Zauberer-Jackl-Prozeß um 1680 betrug der Anteil der Frauen dagegen nur noch ca. 30 Prozent. Am Ende der großen Hexenjagden findet man Opfer, die sozusagen idealtypisch das Gegenstück zur Märchenhexe waren. Die Beschuldigten waren reiche Männer, die dem gehobenen Stand angehörten und auch sozial integriert waren, wie z.B. der Bamberger Bürgermeister Junius. Wie sich nachweisen läßt, benutzten später viele die Möglichkeit der Hexenbeschuldigung bewußt, um nach den von ihnen erpreßten Geständnissen aus eigenem Antrieb – um auch ein Ende der Verfolgungen herbeizuführen – Angehörige der gesellschaftlichen Oberschichten in den Strudel der Verfolgung hineinzureißen. Denn auch bei den Hexenverfolgungen hatten die unterprivilegierten Schichten das Prinzip der Klassenjustiz schnell erkannt: Sobald die Beschuldigungen die Oberschichten bedrohten, endeten die Prozesse.[53]

15. Wie kamen nun die Verfahren in Gang? Die Gemeinde wurde seit dem hohen Mittelalter die übliche Form lokaler Vergesellschaftung in Stadt und Dorf mit lokalen Institutionen für die Wahrung von Recht und Frieden. Jedes Gemeindemitglied war mitverantwortlich für die Aufrechterhaltung der gemeindlichen Ordnung in Haus, Gasse, Anger und in der Flur. Verstöße gegen die Besitzordnung und gegen das Friedensgebot mußten von den Augenzeugen oder den Geschädigten bei den dafür zuständigen gemeindlichen Amtsträgern angezeigt werden. Die Gemeindebürger waren bestrebt, die verdächtigen Hexen zu melden bzw. anzuzeigen, da die Pfarrer (Priester) oder Richter der Grafschaft oft eine entsprechende

Bekanntmachung erlassen hatten. Diese konnte folgendermaßen lauten: „Man soll es uns innerhalb der Frist von zwölf Tagen offenbaren, wenn jemand weiß oder gehört hat, daß eine Person ein Ketzer oder eine Hexe sei, oder wenn jemand solcher Praktiken besonders verdächtigt wird, die Menschen, Vieh oder die Früchte des Feldes zum Nachteil des Staates verderben."[54] Jeder, der es unterließ, eine Hexe anzuzeigen, mußte mit seiner Exkommunikation und einer langen Liste irdischer Strafen rechnen. Aber auch in der Peinlichen Gerichtsordnung Kaiser Karls V. von 1532 (Constitutio Criminalis Carolina) werden die Leute aufgefordert, bei Verdacht, Vermutung und wenn man jemanden kennt, der mit Zauberei zu tun hat oder dieser hierüber berüchtigt ist, diesen mündlich bei der zuständigen Behörde anzuzeigen, d.h. zu melden (Art. 44, 19 der Carolina).[55] In der Constitutio Omnipotentis vom 20. März 1623, der letzten Anordnung der päpstlichen Gesetzgebung in Betreff der Hexerei, hat Gregor XV. für jeden die Denunziation von Hexen- und Zauberverbrechen an den jeweiligen Bischof oder Inquisitor zur Pflicht gemacht.[56] In Bayern gab es ab 1611/12 das „Landtgebott wider Aberglauben, Zauberey, Hexerey und andere sträffliche Teuffelskünste". Dieses auf der Carolina aufbauende Gesetz definierte ausführlich, welche magischen Praktiken verboten waren. Außerdem wurde dort auch auf die vom Volk zu tätigende Anzeige hingewiesen, um ein Verfahren einzuleiten.[57]

Die Gemeindebürger meldeten (durch mündliche Mitteilung) die der Hexerei verdächtige Person bei den zuständigen Justizbehörden, die daraufhin den Fall untersuchten und über eine Anklage entschieden.[58] Sie konnten aber auch Mitglieder des dörflichen Rates, die Kirchenältesten oder die örtlichen Magistrate (Amtmann) bitten, gegen die verdächtigen Hexen vorzugehen. Diese Mitglieder waren Männer, die zu einer Art dörflicher Elite gehörten, einer Schicht zwischen den Bauern einerseits und der Aristokratie und den Richtern an den Zentralgerichten andererseits. Diese Elite war dann im späteren Verfahren für die Verhaftung und das erste Verhör des Beschuldigten verantwortlich. In den meisten Fällen führten diese Männer aber nicht den eigentlichen Prozeß durch.[59] Nachdem diesen Personen die Beschuldigungen mitgeteilt wurden, konnten sie die verdächtigen Hexen dem zuständigen Gericht (Stadtgericht, herrschaftliches Gericht) melden bzw. dort Anklage erheben. Interessant ist, daß in Franken die Suche nach Hexen dadurch gesteigert wurde, daß jeder Denunziant 10 Gulden für eine Anzeige bekam; und wenn sich die Verdächtigung als gerechtfertigt erwiesen hatte, war dem Anzeigenden eine weitere Geldquote vom Vermögen der verbrannten Hexe sicher.[60]

16. Neben den Anzeigen der Gemeindebürger, die am häufigsten vorgekommen sind, bestand auch die Möglichkeit einer privaten Anklage. Die Anklagen wurden von den Gemeindebürgern selbst erhoben. Dazu waren durchaus auch Kinder in der Lage. Im Abteigebiet von Luxeuil waren bspw. die meisten Denunzianten und Hauptankläger in den Hexenprozessen Kinder.[61] In den Akten des Würzburger Malefizamtes findet sich die Klage eines zehnjährigen Jungen aus Birkenfeld (Landkreis Marktheidenfeld) gegen eine Wagnersfrau wegen Verleitung zur Zauberei aus dem Jahre 1725.[62] In der Regel zog ein kollektiver Schaden, wie dies zum Beispiel bei Hagel oder anderen Unwettern der Fall war, kollektive Anklagen nach sich, die oft von ganzen Gemeinden, bei denen dann die Magistrate als deren Vertreter handelten,[63] oder von Ausschüssen bei dem zuständigen Gericht erhoben wurden.[64] Bspw. im Saarraum, im geistlichen Kurfürstentum Trier und in der Herrschaft Sponheim ging die Initiative bei der Hexenverfolgung seit den 1590er Jahren weitgehend von den ländlichen und städtischen Gemeinden aus. Diese bildeten Ausschüsse, die als Inquisitions- und Anklageinstanzen fungierten und die Mittel für die entstehenden Kosten bereitstellten.[65] Hierbei ist anzumerken, daß die Aktionen der Hexenausschüsse in der Tradition gemeindlicher Zuständigkeit stand, da einige Gemeinden früher selbst eine Gerichtsbarkeit besaßen (die Mehrzahl war jedoch über ihre Schöffen an der Ausübung der herrschaftlichen Hochgerichtsbarkeit in den einzelnen Gerichtsbezirken beteiligt).[66]

17. Bei den großen Hexenprozessen während der Hauptzeit der Verfolgungen erlangt man weitere der Hexerei verdächtige Personen dadurch, daß diese von einer sich auf der Folter befindlichen Person angegeben wurden. Manche Angeschuldigte gaben auf der Folter eine Unzahl von Gehilfen an (50, 60 über 100).[67] Es wurden dort oft auch einfach nur Personen genannt, von denen das Gerücht umging, daß sie Hexen oder Zauberinnen seien. Die Beschuldigung einer geständigen Hexe, diese oder jene Person beim Hexensabbat oder einem

anderen Hexentreffen gesehen zu haben, genügte, um die Angeschuldigte sofort verhaften und ihr Geständnis erpressen zu lassen.[68]

18. Die Hexen konnten nach dem inquisitorischen Verfahren von
Amts wegen verfolgt werden. Dies war beispielsweise dann der
Fall, wenn eine Hexe aufgrund ihres üblen Leumunds bekannt
war.[69] Ein Verfahren konnte auch in Gang gesetzt werden, wenn ein
Mitglied des Gerichts, der gelegentlich als Fiskal bezeichnete öffentliche Ankläger oder der Richter selbst, eine Information erhalten
hatte, oder auch nur ein Gerücht, das in den Gemeinden verbreitet
wurde. Denn dann waren diese nach dem inquisitorischen Strafverfahren befugt, die verdächtige Person vor Gericht zu stellen.[70]

19. Zusammenfassend kann man feststellen, daß eine Bezichtigung
als Hexe am ehesten als ein Aspekt des sozialen Handelns und des
Sozialprestiges, als ein Mittel der sozialen Ausgrenzung zu verstehen ist.

1    *Sievernich, Michael,* Friedrich von Spee, Frankfurt am Main 1986, S. 35.
2    *Schormann, Gerhard,* Hexenprozesse in Deutschland, Göttingen 1981, S. 147.
3    *Saatkamp, Marlies,* Bekandt daß sie ein Zaubersche were, Band 2, Vreden 1993, S. 52.
4    *Saatkamp* (Anm. 3), S.54.
5    *Behringer, Wolfgang,* Hexen und Hexenprozesse, 2. Auflage, München 1988, S. 124.
6    *Saatkamp* (Anm. 3), S.54.
7    *Saatkamp* (Anm. 3), S.55.
8    StA Münster, Altertumsverein Nr. 317c, Bl. 89.
9    *Saatkamp* (Anm. 3), S.55.
10   *Baumgarten, Achim,* Hexenwahn und Hexenverfolgung im Naheraum, Frankfurt 1987,
     S. 404.
11   *Abel, Wilhelm,* Massenarmut und Hungerkrisen im vorindustriellen Deutschland, Mün-
     chen 1972, S. 37–45.
12   *Baumgarten* (Anm. 10), S.405.
13   *Behringer* (Anm. 5), S.129.
14   *Behringer* (Anm. 5), S.130.
15   *Baumgarten* (Anm. 10), S.376.
16   *Dülmen, Richard van,* Hexenwelten, 1987, S. 128.
17   *Wilbertz, Gisela / Schwerthoff, Gerd / Schäffler, Jürgen,* Hexenverfolgung und Regional-
     geschichte, Bielefeld 1994, S.66.
18   *Schormann* (Anm. 2), S. 32 f.
19   *Behringer* (Anm. 5), S. 272.
20   *Hainig, Peter,* Hexen, Oldenburg 1977, S. 28.
21   *Ehrenreich, Barbara / English, Deirdre,* Hexen, Hebammen und Krankenschwestern,
     11. Auflage, München 1984, S.19.
22   *Hainig* (Anm. 20), S. 28.
23   *Hainig* (Anm. 20), S. 90.
24   *Tschaikner, Manfred,* Magie und Hexerei, Konstanz 1997, S. 40 f.

25  *van Dülmen* (Anm. 16), S. 125.
26  *Baumgarten* (Anm. 10), S. 366.
27  *Hortzitz, Nicoline,* Hexenwahn, Stuttgart 1990, S. 70.
28  *Hortzitz* (Anm. 27), S. 73.
29  *Heinemann, Evelyn,* Hexen und Hexenglauben, Frankfurt 1986, S. 64 f.
30  *van Dülmen* (Anm. 16), S. 125.
31  *Sprenger, Jakob / Institoris, Heinrich,* Hexenhammer, Teil 2, München 1982, S. 214.
32  *Tschaikner* (Anm. 24), S.49.
33  *Heinemann* (Anm. 29), S. 64.
34  *Dülmen* (Anm. 16), S. 125.
35  *Ehrenreich/English* (Anm. 21), S. 15 f.
36  *Heinemann* (Anm. 29), S. 65.
37  *Dülmen* (Anm. 16), S. 125.
38  *Tschaikner* (Anm. 24), S. 58 f.
39  *Tschaikner* (Anm. 24), S. 58 f.
40  *Heinemann* (Anm. 29), S. 63.
41  *Tschaikner* (Anm. 24), S.62.
42  *Tschaikner* (Anm. 24), S. 62.
43  *Tschaikner* (Anm. 24), S. 126.
44  *Tschaikner* (Anm. 24), S. 90.
45  *Heinemann* (Anm. 29), S. 74 f.
46  *Heinemann* (Anm. 29), S. 75.
47  *van Dülmen* (Anm. 16), S. 100.
48  *Tschaikner* (Anm. 24), S. 109 f.
49  *Wolf, Hans-Jürgen,* Geschichte der Hexenprozesse, Erlensee 1995, S. 24 f.
50  *Heinemann* (Anm. 29), S. 74.
51  *Behringer* (Anm. 5), S. 272.
52  *Saatkamp* (Anm. 3), S. 46 f.
53  *Behringer* (Anm. 5), S. 273.
54  *Ehrenreich/English* (Anm. 21), S. 13.
55  *Radbruch, Gustav,* Die Peinliche Gerichtsordnung Kaiser Karls V. von 1532 (Carolina), Stuttgart 1967, S. 38, 50.
56  *Merzbacher, Friedrich,* Die Hexenprozesse in Franken, 2. Auflage, München 1969, S. 113.
57  *Behringer, Wolfgang,* Mit dem Feuer vom Leben zum Tod, München 1988, 165 ff.
58  *Levack, Brian,* Hexenjagd (Geschichte der Hexenverfolgung in Europa), München 1995, S. 78.
59  *Levack* (Anm. 58), S. 163.
60  *Merzbacher* (Anm. 56), S. 112.
61  *Merzbacher* (Anm. 56), S. 114.
62  StA Würzburg, Misc. 2892.
63  *Levack* (Anm. 58), S. 160.
64  *Behringer* (Anm. 5), S. 267.
65  *Wilbertz/Schwerhoff/Schäffler* (Anm. 17), S. 65.
66  *Wilbertz/Schwerhoff/Schäffler* (Anm. 17), S. 67.
67  *Merzbacher* (Anm. 56), S.112.
68  *Merzbacher* (Anm. 56), S. 112.
69  *Levack* (Anm. 58), S. 80.
70  *Levack* (Anm. 58), S. 78.

# Hexenhammer

*von Michael Johannes Pils*

## Die Autoren

„Henricus Institoris de Sletstadt" [1] wurde wohl spätestens 1430 in der Straßburger Diözese in Schlettstadt geboren. Schon früh in das dortige Dominikanerkloster eingetreten, kam er um 1460 nach Rom [2] und entging nur knapp als Magister artium und Lektor der Theologie einer Strafe wegen Beschimpfung Kaiser Friedrichs III. im Jahr 1473. Nichtsdestoweniger war er seit 1474 als „inquisitor haereticae pravitatis" (Inquisitor über die ketzerische Verderbtheit) im Dienste des Papstes tätig. Er verwaltete die Ordensprovinz Teutonia – Oberdeutschland und die Rheingegend bis Köln und hat sich dort wohl vornehmlich mit Hexenprozessen beschäftigt. [3] Seit 1475 konnte er in der Curie Roms Fuß fassen, so daß ihm 1481 von Papst Sixtus IV. die Vollmacht erteilt wurde, mehrere Ablaßhändler von der Exkommunikation des Bischofs von Teano freizusprechen. Des hier ihm zuteil gewordenen Vertrauens wegen ist es um so interessanter, daß derselbe Papst kurze Zeit später, am 2. April 1482, dem Bischof von Augsburg den Befehl erteilte, Kramer gefangenzunehmen. Anlaß dazu war, daß jener Geld und Silberschmuck gestohlen hatte. Geschickt manövrierte sich Kramer aus dieser mißlichen Lage und wurde Prior seines Heimatklosters. Wegen zu heftiger Beschimpfung seines Ordensbruders Andreas Zamometic wurde ihm am 23. April 1483 vom Ordensgeneral die Exkommunikation angedroht. Nach seiner Rückkehr nach Deutschland um 1480 bemühte sich Kramer in den folgenden sechs Jahren um eine Intensivierung der Hexenverfolgung und verbrannte in der Diözese Konstanz 48 angebliche Hexen. Nach anfänglicher Duldung in Tirol und Salzburg konnte Kramer seine Befragungen nicht weiterführen: Die ihm vom Papst Innozenz VIII. übergebene Hexenbulle „Summis desiderantes" wurde zwar in Tirol am 23. Juli 1485 veröffentlicht, so daß bereits am 14. Oktober 1485 die Verfolgung beginnen konnte, [4] jedoch empörte sich die Bevölkerung sehr schnell: Der Innsbrucker Hexenprozeß scheiterte am verständigen Eingreifen des Brixener Bischofs

Georg Golser, welcher dem bis zum Februar 1486 unbelehrt durch sein klägliches Fiasko in Innsbruck ausharrenden Kramer den Stuhl vor die Türe setzte.[5] Auch der Tiroler Landtag vom August 1487 im Inntaler Hall klagte, daß „viele Personen gefangen, gemartert und ungnädiglich gehalten worden seien, was doch merklich wider Gott und Sr. Fürstl. Gnaden Seelen Seligkeit und wider dem Glauben ist"[6] Nur im Amtsbereich des Bischofs von Straßburg, Albert von Bayern, welcher in der Bulle „per apostolica scripta" (durch apostolische Schreiben) als Helfer und Beschützer bezeichnet wurde, konnte jener seinen Dienst verrichten.[7] Kramer starb entweder in Olmütz oder in Brünn im Jahr 1505.

Jacobus Sprenger, welcher einer Notiz der Basler Universitätsbibliothek zufolge um 1436 bzw. 1438 geboren wurde,[8] wurde im Alter von ca. 15 Jahren 1452 ins Basler Dominikanerkloster als Novize aufgenommen, wo er ein Jahr später sein Gelübde ablegte. Auf Empfehlung des Ordensgenerals Martialis Auribelli (1453–1473) wurde er dem Kölner Kloster überstellt. Am 6. April 1467 ließ er sich nach der Matrikel in die Kölner Universität einschreiben. Nach einer Romreise wurde er im Dezember 1471 Licentiat und ca. drei Jahre später Doktor der Theologie. Im Dienst der Theologischen Fakultät und seit 1478 Professor, wurde er am 30. Juni 1480 zum Dekan gewählt. In der Zwischenzeit hatte er genug Gelegenheiten, sich im Orden zu profilieren; ihm soll sogar die Madonna erschienen sein. Als Autor schaffte sich Sprenger durch sein Büchlein über die Prozeßion Kaiser Friedrichs III. anläßlich des drohenden Beginns des Neusser Krieges weitreichenden Ruhm.[9] Sprenger starb nach 1494 und wurde von Innozenz VIII. für seinen Einsatz gegen die Hexerei gelobt.

## Die Bulle „Summis desiderantes"

Am 5. Dezember 1484 veröffentliche Papst Innozenz VIII. die Hexenbulle „Summis desiderantes",[10] welche den mit seiner Vollmacht ausgestatteten Inquisitoren Heinrich Kramer und Jacob Sprenger systematisches Vorgehen gegen die Hexerei erlaubte. Die Bulle drückt den Wunsch aus, „daß der katholische Glaube (…) und jede ‚haeretica pravitas' [ketzerische Verderbtheit] aus den Gebieten der Gläubigen fernab vertrieben werde".[11] Des Papstes Wunsch sei es, daß alle Irrtümer im Glauben und Hexereiverbrechen ausgerottet werden. Am schlimmsten sei, daß Gott mit frevlerischem Munde gelästert werde. Trotz der eifrigen Bemühungen Kramers und Sprengers gebe es noch genug an schändlichen Beispielen für Hexerei. Deswegen ist es den Inquisitoren erlaubt – „indem wir alle und jede Hindernüsse, durch welche die Verrichtung des Amts derer Inquisitoren auf irgend eine Weise verzögert werden könnte, aus dem Wege räumen" [12] – ihr Amt im Auftrag des Glaubens zu verrichten: Sie sollen die Hexen „nach ihrem Verbrechen züchtigen, in Hafft nehmen, am Leib und Vermögen straffen".[13] Des weiteren ist es nach der Bulle bei Gottes Strafen nicht gestattet, gegen ihren Wortlaut oder ihre Absicht zu handeln.

Aufgrund der päpstlichen Vollmacht konnten die Inquisitoren Sprenger und Kramer zunächst ihr Amt ausüben: Binnen fünf Jahren wurden in der Diözese Konstanz und im Städtchen Ravensburg 48 Personen – weil sie Dämonen als Inkuben (Geschlechtspartner) zugelassen haben sollen – auf den Scheiterhaufen gebracht. Allerdings stellte sich bald heraus, daß die Bulle zwar zum Eingreifen legitimierte, aber von den Fürsten und von der Bevölkerung weder geduldet noch begünstigt wurde, da „die methodisch betriebene Hexenverfolgung überall in Deutschland weder nach dem Sinn der Hierarchie, noch nach dem des Volkes war".[14]

## Die Entstehung des Hexenhammers

Der literarisch gebildete Kramer war zwar sicher der richtige Mann für die harte Realität der Inquisition, konnte aber nur schwer als Autor auftreten: „Ein Mann wie Kramer, welcher der Verhaftung und Bestrafung wegen Unterschlagung von Ablassgeldern nur mit Mühe und Not entgangen war (...), darf nicht den Anspruch erheben, ein Retter der Seelen zu sein".[15] Daher gab er in der „Apologia" [16] zum Hexenhammer Sprenger als Autor aus. Die weite Verbreitung und die Bedeutung des Malleus spiegelt sich an der großen Anzahl der aufgelegten Drucke wieder, die von Hansen erstmals untersucht wurden.[17] Die Druckausgaben der Jahre 1487 bis 1520 finden sich in mehreren Bibliotheken.[18] Eine Handschrift des Malleus ist nicht bekannt, in den Jahren 1487 bis 1520 erschienen nicht weniger als 13 oder 14 und von 1574 bis 1669 weitere 16 Ausgaben, von einer polnischen Übersetzung aus dem Jahr 1614 abgesehen. Der Hexenhammer wurde – nicht zuletzt wegen der gefälschten Approbation – in weniger als 200 Jahren insgesamt 25mal aufgelegt und hat in dieser Zeit bei den Juristen das Ansehen eines Gesetzbuches genossen.[19] Insbesondere die späteren Erscheinungen zeichnen sich dadurch aus, daß viele Autoren quasi als Ergänzung angeführt sind. Vorbild des Malleus war das ca. 100 Jahre zuvor erschienene „Directorium inquisitorum" des Nicolaus Eymericus von 1376.

## Propaganda – getarnt als geistiger Kampf um Wahrheit

Ausgehend von der Trübsal der Welt, die wegen des Teufelssturzes Gottes Zorn büßen muß, betont die Apologia, daß es angesichts der Knappheit der Zeit die Aufgabe des Christen sei, Hexen zu bekämpfen: „Denn weil sie mit der Hölle einen Bund, und mit dem Tod einen Vertrag gemacht, so unterwerfen sie sich, um ihre unreinen Begierden zu erfüllen, der schändlisten Dienstbarkeit".[20] Diese Übeltaten werden im ersten Teil des dreiteiligen Werkes dem Leser vor Augen geführt, gleichzeitig hat Sprenger aus „einer gottseligen und traurigen Gemütsbewegung"[21] erwogen, im zweiten Teil Heilmittel gegen die Behexten zu beschreiben. Zweck des Werkes sei, daß es als Leitfaden für den Hexenprozeß, dem dritten Teil, diene. Daß das düstere Werk Anklang gefunden hat, ist sicherlich das Verdienst der Autoren. Nur durch ihre aufhetzenden Haßtiraden gegen Hexen und die Gegner ihrer Verfolgung – gestützt mit Belegen von Autoritäten und mit Bibelzitaten in scholastischer Manier – konnte der Eindruck der Bosheit und des Schändlichen („pravitas") hervorgerufen oder verstärkt werden.

An dieser Stelle sei ein kurzer Exkurs über die Argumentationsweise im Hexenhammer gegeben:[22] Völlig abwegig sei es, die Existenz der Hexen zu bezweifeln. Diese Irrlehre sei ein Produkt ketzerischer Lehre, welche erstens auf Argumenten von Thomas von Aquin basiere, zweitens die Hexen nur in der Phantasie gelten lasse und drittens auf den Canon Episcopi 26,5 zurückgreife.[23] Es könne aber hieraus nicht gefolgert werden, daß es sich mit der Hexerei generell so verhalte. Vielmehr verstoße diese Lehre gegen göttliches, kirchliches und weltliches Recht: Die Hl. Schrift sagt selbst, daß Hexen zu meiden und zu töten sind.[24] Vor allem Geistliche sollen sich hüten, Hexerei zu verneinen: „Die Ausstreuung des himmlischen Samens ist uns gegeben: wehe, wenn wir ihn nicht streuen, wehe, wenn wir schweigen!" (I., S. 16 [Anm. 22]). Gleich zu Beginn des I. Buches – in der 3. und 4. Frage – behandelt Kramer das Thema des Inkubats. Da die Dämonen einen durch die Subtilität der Natur, langjährige Erfahrung und Eingebung seitens höherer Geister geschärften Verstand haben, können sie den menschlichen Verstand indirekt beugen: Des Teufels „Stärke beruht nämlich in den Lenden und dem Nabel (…) Denn der Sitz der Üppigkeit ist bei den Männern in den Lenden, weil von hier der Same abgesondert wird, wie bei den Weibern aus dem Nabel" (I., S. 46 [Anm. 22]). Zudem spreche Jesaja 13,21 von den Feldgeistern, welche den Griechen als Paniti, den Römern als Incubi (incubare – Unzucht treiben) bekannt sind. Die Zeugung sei zwar ein körperlicher Akt, doch könne der Dämon als Incubus Samen durch den Geschlechtsverkehr injizieren, so daß dadurch ein menschliches Kind, Wechselbalg genannt, gezeugt wird. Der Hexenhammer betrachtet dabei das Inkubat als eine Art Krankheit. Die Heilmittel werden im II. Buch, II. Hauptfrage, Kapitel 1 beschrieben: Da die Unterwerfung unter einen solchen Dämon freiwillig, durch einen Hexenmakler oder durch sexuelle Belästigung, insbesondere bei Jungfrauen, geschehen kann, ist diese Art der Behexung schwer heilbar: In Koblenz wurde ein Mann auf die Weise behext, daß er immer wieder mit seiner Frau schlafen mußte. Absolute Abhilfe gegen diese Begierde ist intensives Beichten, Schlagen des Kreuzeszeichens, Engelsgruß, Exorzismen, Ortsveränderung, vorsichtige Exkommunikation, und nach Caesarius hilft grundsätzlich ein Gebet zu Gott oder das Besprengen mit Weihwasser. Falls dies sich alles als wirkungslos erweist, „dann ist in der Tat eine solche Beunruhigung seitens des Dämons eine den Sünden genügetuende Strafe" (II., S. 205 [Anm. 22]). Die allgemeine Misogynie der damaligen Zeit hanebüchen überbietend wird beispielsweise im I. Buch, Frage 7 der Charakter der Frau beschrieben: Bei den Frauen – „ohne das Geschlecht zu verachten, in welchen Gott stets Großes schuf, um Starkes zu verwirren" (I., S. 93 [Anm. 22]) – finden sich besonders viele Hexen. Gute Frauen sind eher die Ausnahme,[25] da „in den jetzigen Zeiten jene Ruchlosigkeit mehr unter den Weibern, als unter den Männern [ist]" (I., S. 98 [Anm. 22]). Selbst die Autoritäten nebst den Literaten sind sich einig, daß das schwache Geschlecht stark im Bösen ist.[26] Außerdem gibt es mannigfache Belegstellen für den wankelmütigen Verstand in den antiken Schriften.[27] Das Wort „Femina" komme von Fe (i.e. fides) und mina (i.e. minus), so daß „Femina" weniger Glauben haben bedeutet. Die Frau sei e natura schlecht – was auch biologisch zu beweisen ist: Sie wurde aus der gekrümmten Rippe Adams geschaffen: „Aus diesem Mangel geht auch hervor, daß, da das Weib nur ein unvollkommenes Tier ist, es immer täuscht" (I., S. 99 [Anm. 22]). Ergänzend dazu sei die Frau ob ihrer seelischen Beschaffenheit wutschäumend und falsch[28], was schließlich zu der Hexerei führe. Die Herrschaft der Frau ist ebenfalls unheilvoll, wie man mit Autoritäten[29] und geschichtlichen Beispielen[30] belegen könne. Daher geschehen alle Untaten aus der fleischlichen Begierde der Frau heraus – „und gepriesen sei der Höchste, der das männliche Geschlecht vor solcher Schändlichkeit bis heute so wohl bewahrt" (I., S. 106 f. [Anm. 22]).

## Grundüberlegungen zum Hexenprozeß und die Zuständigkeitsfrage

Der dritte Hauptteil behandelt vornehmlich allgemeine prozeßuale Fragen sowie die Bestrafung. Dies wird in 35 „Fragen" erörtert.

Hexen, deren Gönner und Anhänger sind zur Entlastung des geistlichen Gerichts dem weltlichen Richter zu unterstellen. Der geistliche Richter ist nach dem Malleus nämlich zuständig, wenn Ketzerei als geistliches Verbrechen, z.B. in Form von Götzendienst,[31] vorliegt. Allerdings geschehen die Taten der Hexen meistens ohne Ketzerei (III., S. 2 [Anm. 22]), da Ketzerei einen Glaubensirrtum voraussetzt, im Glauben irrende Hexen aber selten sind: Man irre nicht, wenn man den Leib Christi mit Dreck besudle (III., S. 2 f. [Anm. 22]). Hexenwerk könne folglich ohne Irrtum im Glauben, „wenn auch nicht ohne große Sünde, geschehen" (III., S. 3 [Anm. 22]). Dem widerspricht nicht, daß alle Hexen den Glauben angeblich leugnen: Wer leugnet, irrt nicht, und ist daher als „Apostat" zu beurteilen. Da sich aber „Ketzer" und „Apostat" gegenseitig ausschließen, kann bei Hexerei in Form der Apostasie regelmäßig nur das weltliche Gericht tätig werden (III. S. 3 [Anm. 22]).

Bischöfe und Diözesanen sollen zwar gegen Hexen vorgehen, jedoch den Richtern ihre Bestrafung überlassen. Dies folge schon aus den kirchlichen Rechtsquellen (Decretum Gratiani 2,26,5,12 und Decretalium Liber Sextus, 5,2,18, Prohibemus), die es verbieten, Hexerei als rein kirchliches Delikt zu verstehen: „Es folgt also, daß, wo das Verbrechen (...) nicht rein kirchlich ist, [die Hexe] (...) wegen der zeitlichen Schäden (...) vom weltlichen und nicht vom geistlichen Richter bestraft werden müssen" (III., S. 4 [Anm. 22]).[32] Selbst wenn man, entgegen der obigen Darstellung, zwischen Ketzern und Apostaten keinen Unterschied sehe, müsse man wegen der eindeutigen, kirchlichen Rechtsquellen zu diesem Ergebnis kommen (III., S. 4 f. [Anm. 22]). Die Zuständigkeit des weltlichen Gerichts ergebe sich auch aus der allgemeinen Rechtsüberzeugung, daß derjenige, der gegen den Glauben handelt, körperlich bestraft werden muß. Da der Strafvollzug Aufgabe des Richters ist, müsste er folglich die den Glauben leugnenden Hexen bestrafen – zumal ein juristischer Streit über die Einordnung des Hexereidelikts – sei es nun Ketzerei oder sei es Apostasie – nicht das Volk beunruhigen dürfe (III., S. 5 [Anm. 22]). Ferner müssesn bekanntlich Untersuchung, Urteil und Strafe (bei Hexerei: Todesstrafe) in einer Hand liegen.

Die Bestrafung könne auf den geistlichen Richter übertragen werden, da bei einem im Kirchenrecht kodifizierten Verbrechen gemeinsam entscheiden werden müsse. Daher mag der weltliche Richter das Urteil vollziehen, der Geistliche sei aber dadurch nicht gehindert, selbst die Untersuchung vorzunehmen (III., S. 6 f. [Anm. 22]). Das Hauptanliegen des Werkes sei es folglich, „uns Inquisitoren (...) zu entledigen, indem wir sie [die Hexen] ihren [weltlichen] Richtern zur Bestrafung überlassen, und zwar wegen der Beschwerlichkeit des Geschäfts, wobei jedoch für die Unversehrtheit des Glaubens und das Heil der Seele um nichts weniger gesorgt würde, (...) wobei wir den Richtern selbst die Art der Untersuchung, Entscheidung und Urteilssprechung überlassen" (III., S. 7 f. [Anm. 22]).

Dieser Theorie stehe die Meinung der spanischen Inquisitoren mit ihren geistlichen und weltlichen Richtern entgegen, die betonen, „daß (...) weder der [weltliche Richter] (...) ohne den Bischof, noch der Bischof ohne den [weltlichen Richter] (...) vorzugehen habe" (III., S. 8 [Anm. 22]) – mit der Konsequenz, daß den Inquisitoren zuviel an Verantwortung aufgebürdet wird, „während der Richter (...) weniger sorglos wird" (III., S. 9 [Anm. 22]). Gestützt auf die Glossatoren der Canones und auf Aussprüche namhafter Theologen (Thomas von Aquin, Albertus Magnus, Bonaventura, Formel „sapiunt heresim manifeste"[33]), geht die spanische Inquisition davon aus, daß vom geistlichen und weltlichen Gericht lediglich die Ketzerei untersucht werden dürfe (III., S. 9 [Anm. 22]). Ketzerei liege aber nur dann vor, wenn fünf Prüfungspunkte bejaht werden können: Erstens muß ein Irrtum im Denken bestehen, welcher zweitens im Glauben besteht und drittens auch im katholischen Glauben als Irrtum gilt. Ferner muß viertens feststehen, daß irgendeine Wahrheit Christi anerkannt wird, da sonst der Betreffende zu den Apostaten zähle. Schließlich müßte der Irrtum „mit verstocktem Willen erwählt und befolgt" (III., S. 13 [Anm. 22]) werden:[34] Kein Ketzer ist derjenige, welcher kirchliche Verbote verletzt – ausgenommen er meint, man dürfe diese verletzen.[35] Um als Ketzer zu erscheinen, müsse ein Pakt mit einen Dämon für ein bestimmtes Ziel vorliegen. Wer einen Dämonen anbetet, ist – wenn er ihn in der Meinung verehrt, „daß ihm der Kultus der Idolatrie darzubringen sei" (III., S. 16 [Anm. 22]) – ein Ketzer. Ferner sei derjenige ein Ketzer, der selbst einen Ketzer anbetet. Ein Mensch, der beispielsweise den Leib Christi mit Füßen tritt, muß auch zwangsweise schlecht von Christus denken und im Glauben irren: Wer Böses tut, ist nach den Philosophen „unwissend oder irrend" (III., S. 17 [Anm. 22]).

Gegen die Auffassung der spanischen Inquisition mit der für Kramer unbefriedigenden Konsequenz, daß ein Großteil der Hexen wegen fehlender Zuständigkeit des Gerichts ungestraft davonkommt und daß, da eine die Ketzerei gestehende und bußfertige Hexe von beiden, zusammenarbeitenden Gerichten milde beurteilt werden muß, selbst die zu Inquirierenden kaum tödliche Strafe zu befürchten hatten, spricht, daß nur Gott das Innere eines Menschen hinsichtlich des Irrtums und der Einstellung beurteilen kann. Der Mensch dagegen könne „der Natur der Sache nach" (III., S. 17 [Anm. 22]) auf einen Glaubensirrtum schließen: „Das zu entscheiden geht mehr die Kanonisten als die Theologen an" (III., S. 18 [Anm. 22]). Vielmehr verhalte es sich doch so: Nur wenn bei Hexerei zugleich Ketzerei vorliege, könne das geistliche Gericht entscheiden. „Und es wird uns Inquisitoren genügen, uns bezüglich derjenigen Ketzer einzumischen, die auf Grund des natürlichen Sachverhalts infiziert sind, während wir die übrigen [Hexen] ihren [weltlichen] Richtern überlassen" (III., S. 19 [Anm. 22]). Die enge Untersuchungsmöglichkeit der Hexerei, welche die spanischen Inquisitoren vorsahen, wird geschickt damit übergangen, daß unstrittig Ketzerei grundsätzlich von der geistlichen Gerichtsbarkeit untersucht wird, daß aber separat Hexerei vom weltlichen Richter festgestellt werden kann. Diese Ansicht steht nicht im Widerspruch zur Hexenbulle Innozenz' VIII., weil nicht ausgeschlossen wird, „daß auch die Bischöfe ebenfalls bis zum endgültigen Urteilsspruch (...) gegen sie [die Hexen] vorgehen können" (III., S. 20 [Anm. 22]).[36]

Nochmals wird der (kleine) Unterschied zwischen Apostaten und Ketzern als Kriterium für den entsprechenden Rechtsweg hervorgehoben. Zu den Apostaten zählen regelmäßig diejenigen, welche wegen Armut und Not dem Teufel die Seele überantworten. Viele dieser Leute kehren aber zum rechten Glauben zurück. Zu den Herzensapostaten – wie Julianus Apostata einer war (III., S. 24 [Anm. 22]) – gehört man, wenn man von dieser Teufelsverschreibung nicht ablassen will. Die Gnade der Wiederaufnahme in die Glaubensgemeinschaft unter Buße wird auch den Hexen gewährt, welche aber „wegen der von ihnen angetanen zeitlichen Schädigungen" (III., S. 26 [Anm. 22]) dem weltlichen Gericht verfallen sind. Dagegen muß bei Ketzerei der Glaubensirrtum hartnäckig und verstockt sein, weshalb man nach Hieronymus Ketzerei auch Auswählen (electio) nennt. Jemand, welcher unwissend einer falschen Lehre nachfolgt und sich bei Erkenntnis seines Fehlers umgehend bessert, ist folglich kein Ketzer, sondern ein Apostat.[37] Demzufolge muß im Vorfeld der Inquisition genau untersucht werden, wer Ketzer im juristischen oder im offensichtlichen Sinn ist. Dennoch „folgt (...) deshalb nicht, daß der Bischof ohne den Inquisitor nicht bis zur endgültigen Urteilsfällung gegen sie vorgehen oder sie zur Strafe der Haft bringen oder der Folter aussetzen könne" (III., S. 27 [Anm. 22]). Wiederum wird betont, daß die Urteilsfindung bezüglich Glaubensaberrationen Aufgabe der geistlichen Richter ist, die Aburteilung aber unter die weltliche Gerichtsbarkeit fällt.

*Der Prozeßbeginn – „Frage 1":* Der Prozeß wird angestrengt, wenn erstens jemand wegen Ketzerei angeklagt oder zweitens denunziert oder drittens aufgrund des Gerüchts der Hexerei verdächtigt wird, so daß dies von Amts wegen verfolgt werden muß. Dabei wird die direkte Anklage wegen der Probleme in der Beweisfindung nicht gerne vom Richter vorgenommen – zumal sie nicht ungefährlich für die Zeugen ist. Falls jemand denunziert, muß dieser betonen, daß er „mit Rücksicht auf das verhängte Urteil der Exkommunikation oder aus Glaubenseifer und zum Besten des Staatswesen" (III., S. 34

[Anm. 22]) auftreten will. Dann muß der Richter einen Notar und zwei ehrenwerte Personen vorladen und dem Denunzianten befehlen, schriftlich oder mündlich auszusagen. Darauf ist dann der Denunziant zu befragen, was die Hexe wann, wo, wie, mit wem, etc. Schändliches gemacht hat.[38] Falls in der Stadt das Gerücht der Hexerei umgeht, der Richter aber ohne Vorladung vorgehen will, muß der Richter das Gerücht beschreiben.[39]

*Die Zeugenanzahl – „Frage 2“:* Bei Zeugenbestellung müssen die üblichen Formalien eingehalten werden. Obwohl grundsätzlich de iure zwei Zeugen ausreichen, so müssen es doch wegen der besonderen Art des Verbrechens mehr als nur zwei sein. Für den bloßen Verdacht genügen jedoch zwei Zeugen. Der Richter aber soll sich von Amts wegen über das Verhältnis der Zeugen zum Angeklagten erkundigen und eventuelle Feindschaften aufklären. Selbst wenn zwei Zeugenaussagen identisch sind, ist dem Angeklagten „nur“ Buße aufzulegen. „Denn es scheint nicht sicher, auf das Wort zweier Zeugen hin einen Menschen von gutem Rufe wegen eines so großen Verbrechens zu verurteilen“ (III., S. 40 [Anm. 22]). Falls jedoch der Angeklagte schon öfters der Hexerei bezichtigt wurde (III., S. 40 [Anm. 22]), dann muß der Bischof zwei bis drei Zeugen auf ihre Aussage vereidigen. Genausowenig kann der Richter aufgrund von Aussagen singulärer Zeugen und Infamie ein Urteil fällen, „da in Verbrechen die Beweise (…) klarer als der Tag sein müssen“ (III., S. 40 [Anm. 22]).

*Der Zeugniszwang und die erneute Befragung – „Frage 3“:* Der Richter kann die Zeugen mehrmals befragen, er muß sogar die Aussage vereidigen, da sonst das Zeugnis unwirksam ist. Ferner muß sich bei einer Anklage wegen Gerüchten der Bischof in der betroffenen Gegend sorgsam umhören.[40] Außerdem hat der Richter die Pflicht, bei widersprüchlichen Aussagen die Zeugen erneut zu vernehmen. „Denn das kann er mit gutem Rechte tun“ (III., S. 42 [Anm. 22]).

*Die Art der Zeugen – „Frage 4“:* Grundsätzlich sind keine Standesunterschiede bei den Zeugen zu beachten. Meineidige können dann aussagen, wenn sie Buße getan haben und sie „aus Eifer um den orthodoxen Glauben ihre Aussage verbessern und jetzt, was sie früher verschwiegen hatten, zugunsten des Glaubens enthüllen wollen“ (III., S. 43 [Anm. 22]). Wegen der Größe des Verbrechens wird sogar Knechten, Verbrechern und Infamen die Aussage gestattet.

*Todfeinde als Zeugen – „Frage 5":* Todfeinde sind nicht als Zeugen zugelassen. Geklärt werden muß jedoch, wer alles als Todfeind zu bezeichnen ist. Es muß sich – dem Wortlaut gemäß – um eine „tödliche" Feindschaft handeln, d. h. daß „der Tod entweder tatsächlich zwischen die Betreffenden gebracht worden ist oder beabsichtigt worden ist, ihn zwischen sie zu bringen" (III., S. 44 [Anm. 22]). Dabei muß grundsätzlich die Verkehrtheit und Bosheit des Zeugen bekannt sein, als wenn „er (…) auch dadurch versuchen würde, daß er ihm dieses Verbrechen der Ketzerei zur Last legte" (III., S. 44 [Anm. 22]). Andere Feindschaften schwächen die Zeugenaussagen nur ab. Ferner soll der Richter den Angeklagten fragen, wen er als seinen Feind verdächtige. Wenn sich dessen Bezeichnung mit Aussagen anderer deckt, „wird er mit Sicherheit einen solchen Zeugen zurückweisen können" (III., S. 45 [Anm. 22]). Wenn jedoch der Angeklagte von gelegentlichen Zänkereien berichtet oder eine unklare Aussage macht, dann darf der Richter nicht auf die Zeugenaussage der angeblich Verfeindeten verzichten.

## Das gerichtliche Verfahren

*Die Vernehmung der Zeugen unter Aufsicht – „Frage 6":* Der Hexenprozeß ist grundsätzlich so einfach wie möglich abzuhalten. Da bei der ersten Art des Prozesses – dem Anklageprozeß – sich der Ankläger nicht wie bei anderen gerichtlichen Streitereien verteidigen kann, muß der Richter dem Ankläger raten, „das Wort der Anklage zurückzunehmen und das der Denunzierung zu hinterlegen; und zwar wegen der schwersten Gefahr für den Ankläger" (III., S. 47). Dann werden die Zeugen nach dem Verhältnis zu dem Angeklagten, der Ursache der Bekanntschaft und nach der Dauer der Freundschaft befragt. Ferner wird nach dem Leumund gefragt, „was des Glaubens ist, (…) daß er hinsichtlich der Moral ein Mensch von gutem oder schlechtem Rufe sei" (III., S. 48 [Anm. 22]). Danach wird das Gerücht der Hexerei näher beschrieben.[41] Des weiteren muß der Angeklagte angeben, ob er Umgang mit Hexen hat. Auch muß beantwortet werden, ob der Betreffende seine Aussage über Hexen dem Anschein nach eher im Scherz gemacht hatte. Ebenso muß der Denunziant seine Motive für seine Aussage darlegen, insbesondere, ob er dem Angeklagten freundlich oder feindlich gesonnen ist. Selbstverständlich ist der Zeuge zu vereidigen. Wenn sich durch das Verhör der Verdacht bestärkt, soll der Richter bei Fluchtgefahr den Angeklagten festnehmen. Zuvor ist dessen Haus nach Auffälligkeiten zu durchsuchen. Danach formuliert der Richter weitere Fragen. Hierauf wird der Angeklagte vom Untersuchungsrichter vereidigt „auf die vier körperlich berührten Evangelien Gottes" (III., S. 51 [Anm. 22]). Nach der Aufnahme seiner Personalien (Wohnort, Eltern, Tod der Eltern) wird er nach seiner Verwandtschaft[42] und seinem sozialen Umfeld gefragt – immer hinblickend auf die Hexerei. Ferner muß er gefragt werden, ob er an Hexen glaube und was er von deren Verurteilung denke. Wird deren Existenz geleugnet, so verstärkt sich sofort der Verdacht auf Hexerei.[43] Ferner muß der Richter bei der Untersuchung wegen eines Gerüchtes detailliert nach dessen Ursache forschen. So muß der Angeklagte zu seiner gesellschaftlichen Stellung, seinem schlechten Ruf, seinen Schmähungen gegen andere, (…) befragt werden. Genauso ist zu fragen, warum auf die Drohung einer Hexe ein empfindliches Übel eingetreten ist. Falls die Hexe alles abstreite, „werde sie wegen anderer, anderen Zeugen angetanen Behexungen befragt (…) am Vieh oder an den Kindern" (III., S. 53 [Anm. 22]). Der Aufenthaltsort der Hexe zur Zeit des schädigenden Ereignisses muß angegeben werden.

*Das Verfahren bei Widersprüchen und evidenter Hexerei –* „*Frage 7*": Falls der Angeklagte alles abstreitet, muß der Richter die einzelnen Aussagen miteinander vergleichen. Wenn mehrere Tatindizien vorhanden sind (behexte Kinder, Haustiere), so steht zumindest fest, „daß sie als Hexe verdächtig sei" (III., S. 55 [Anm. 22]).[44] Nach Bernardus wird man durch die Evidenz der Tat, durch gesetzmäßige Beweise durch Zeugen oder durch eigenes Geständnis als offenkundig der Ketzerei überführt. Dabei sind die Tatindizien problematisch, „weil der Teufel nicht offenkundig, sondern im Verborgenen tätig ist" (III., S. 56 [Anm. 22]).[45] Wenn jemand der Ketzerei überführt ist, diese gesteht, dennoch aber nicht bußfertig ist, hat er die Todesstrafe oder lebenslange Sicherheitsverwahrung verdient. Da man in Glaubenssachen anders vorgehen darf wie bei weltlichen Verbrechen, kann der Richter nach seinem Gutdünken die Ungeständige zeitweise einkerkern lassen, „ob sie vielleicht nach einem Jahre, von der Schauerlichkeit des Kerkers niedergedrückt, ihr Verbrechen gestehen möchte" (III., S. 57 [Anm. 22]).

*Das Einkerkern und Verhaften der Hexer – „Frage 8“:* Nach Ansicht einiger sind ungeständige Hexen keinesfalls gegen Kaution aus der Haft zu entlassen, wenn sie ohnehin offenkundig als Hexen ertappt wurden. Andere dagegen vertreten die Meinung, daß man die Eingekerkerte – falls sie einen „angesehenen“ Bürgen stellt – freilassen kann: „Wenn sie die Flucht ergriffen, [würden] sie dann für überführt gehalten [werden]“ (III., S. 58 [Anm. 22]). Ferner besagen dritte, daß man nach dem jeweiligen konkreten Einzelfall entscheiden soll. Welcher Ansicht man auch folgen will, grundsätzlich ist das Hexenhaus zu durchsuchen; außerdem ist die Hexe getrennt von ihrer Magd einzukerkern. Bei der Festnahme in der Wohnung ist darauf zu achten, „daß (…) keine Zeit gelassen wird, in die Kammer zu treten, (…) weil sie dann zur Erlangung der Verschwiegenheit gewisse Hexenmittel zu nehmen und bei sich zu tragen pflegen“ (III., S. 59 [Anm. 22]). Ferner ist es erlaubt, die Hexen in einem Hexenkäfig abzuführen. Der Kerker dient einerseits zum Strafvollzug, andererseits zur Bewachung und Verhinderung weiterer Schändlichkeiten.[46]

*Das weitere Vorgehen nach der Verhaftung – „Frage 9“:* Nach der Verhaftung kann der Richter entscheiden, ob der Angeklagte sich verteidigen darf oder das Verhör unter Vorzeigung der Folterwerkzeuge fortgesetzt wird. Falls der Angeklagte seine Unschuld beteuert und den Ankläger sehen will, verlangt er Verteidigung. Allerdings muß der Richter die Anonymität der Ankläger „wegen der Gefahr für die Angeber“ (III., S. 63 [Anm. 22]) wahren.[47] Wegen der Macht der Bosheit hat die Hexe zahlreiche Kontakte zu anderen Hexen, die dann die Zeugen mundtot machen können. Ferner sind die Zeugen zur strikten Geheimhaltung verpflichtet – bei Strafe der Exkommunikation. Auch derjenige ist zu bestrafen, der die Namen der Zeugen veröffentlicht. Das gleiche Verfahren gilt zudem für die weltlichen Richter, wenn diesen die Befugnis zum Richten gegeben wurde.

*Verteidigung durch einen Anwalt – „Frage 10“:* Dem Angeklagten ist zur Verteidigung und wegen der Geheimhaltungspflicht bzgl. der Namen der Zeugen ein Anwalt zu geben. Jener soll für den Angezeigten verhandeln, „jedoch ohne Ärgernis des Glaubens und ohne Schaden für die Gerechtigkeit“ (III., S. 65 [Anm. 22]). Der Anwalt wird vom Richter gestellt, welcher zu beachten hat, daß der Anwalt den Fall dahingehend untersucht, ob er gerecht ist, da „er sich sorg-

sam hüten muß, eine ungerechte und verzweifelte Sache zu übernehmen" (III., S. 66 [Anm. 22]). Ferner muß er, wenn er das Unrecht
während des Prozesses bemerkt, seinen Lohn zurückzahlen.[48] Der
Anwalt muß bescheiden, wahrheitsliebend und angemessen im
Preis sein. Zudem wird er vom Richter über die Gefahr der ihm bei
Verstößen gegen den Glauben drohenden Exkommunikation belehrt.[49]

*Die Aufgabe des Anwaltes – „Frage 11":* Der Richter weist dem
Anwalt die notwendigen Informationen und Prozeßakten (Kopien)
zu. Jener kann damit den Angezeigten unterrichten und ihn zur Geduld ermahnen. Falls der Klient ihn jedoch drängt, die Zeugen zu
nennen, so soll ihm der Anwalt aufgrund der gestandenen Tatsachen
die Namen darzulegen versuchen. Ziel dieser Strategie ist es, daß
der Angeklagte Feindschaften aufdeckt oder den Sachverhalt richtigstellt. Der Richter muß darauf die Feindschaften untersuchen und
die Zeugenaussagen erneut prüfen. Falls keine Indizien der Tat vorliegen und sich die Zeugen als Feinde des Angeklagten erweisen,
„ist [der Angeklagte] gänzlich loszusprechen und freizulassen unter
der gebührenden Kautel, sich nicht rächen zu wollen etc., wie es
Sitte bei Gericht ist" (III., S. 70 [Anm. 22]). Wenn ein Indiz der Tat
vorgebracht wird, aber gleichzeitig Feindschaft besteht, wird die
Anklage fallengelassen. Jedoch hat der Angeklagte beim Vorliegen
einer unnatürlichen Krankheit kanonisch seine Unschuld zu beweisen. Bei Verdacht auf Feindschaft muß der Richter die Denunzierung zurückweisen. Allerdings kann der Richter bei Verdacht aufgrund von Indizien den Angeklagten in Haft behalten und verurteilen.[50] Die Hexe wird wegen Indizien der Tat bei Geständnis und
Wille zur Besserung vom geistlichen Richter zu lebenslänglichem
Kerker verurteilt. Der weltliche Richter kann aufgrund des zeitlichen Schadens die Hexe dennoch dem Feuer übergeben. Falls der
Angeklagte jemanden verflucht hat, indem ein Übel angekündigt
wurde, so folgt nicht, daß deswegen der Angeklagte als der Hexerei
überführt gelten kann. Dies kann der Anwalt anführen. Der Richter
hat festzustellen, ob eine mit natürlichen Mitteln zu heilende Krankheit vorliegt oder ob die Krankheit angehext wurde – weshalb „sie
nach dem Urteil der Ärzte als angehexte Krankheit, im Volksmunde
,Nachtschaden' beurteilt wird" (III., S. 73 [Anm. 22]).

*Weitere Differenzierungen der Todfeindschaft – „Frage 12":* Des
Anwalts einzige Möglichkeit, seinen Mandanten zu retten, ist es,

Todfeindschaft nachzuweisen. Indem der Anwalt den Angeklagten informiert, kann aufgeklärt werden, wer ihm feindlich gesonnen sein könnte. Falls der Angeklagte am Ende des zweiten Verhörs nicht die Frage nach eventuellen Todfeindschaften beantworten kann, kann er zu einem späteren Zeitpunkt eine erneute Aussage machen. Demnach ist es klug, den Angeklagten am Ende des zweiten Verhörs zu fragen, ob er den kennt, der ihn mit einer schweren Aussage belastet. Falls der Angeklagte es verneint, kann er aufgrund der Vereidigung später nicht mehr sagen, er habe ihn gekannt. Falls er denjenigen kennt, so ist nach seiner Beziehung zu ihm zu fragen.[51] Der Advokat kann natürlich bei der Belehrung Vermutungen aufstellen, wer diese Aussage gegen seinen Mandanten gemacht hat, so daß sich dieser auf einen Feind besinnt. Wenn er dies beweisen kann, wird er von dessen Aussage entlastet. Ist der Richter nicht sicher, ob Todfeindschaft besteht, so kann er „einen Rat erfahrener Männer jedweder Fakultät (Befähigung)" (III., S. 78 [Anm. 22]) einberufen, welche über die Feindschaft urteilen sollen.

*Vorüberlegungen zur Folter – „Frage 13":* Strafe bedarf eines Geständnisses – außer wenn die Tat evident ist. Falls ein solches fehlt, ist der Hexer unter Folter zu befragen. Die Hexe darf jedoch nicht leichtfertig gefoltert werden, da „sie so unempfindlich gegen jene Schmerzen gemacht wird, daß sie sich eher Glied um Glied zerreißen läßt als etwas von der Wahrheit gestehen zu können" (III., S. 82 [Anm. 22]). Zudem prüft der Teufel bisweilen die Hexen, ob sie standhaft sind und ihren „Glauben" bewahren können. Ferner erhängen sich Hexen manchmal, um verzweifelt ihr Heil im Tod zu suchen, „damit sie nicht durch sakramentale Beichte Verzeihung von Gott erlangen" (III., S. 83 [Anm. 22]) können. Folglich ist es – ähnlich wie beim Exorzismus – schwer, durch Folter Hexen zum Heil Gottes zu bringen und Erkenntnisse über die Hexerei zu gewinnen.

*Die Folter am ersten Tag – „Frage 14":* Der Richter muß sicher sagen können, daß er aufgrund der Indizien die Folter befürworte.[52] Dazu ist es notwendig, daß der Angeklagte sich bereits im Gefängnis und nicht mehr in Bewachung, z.B. im Rathaus, befindet. Zunächst werden ihm die Folterwerkzeuge gezeigt. Darauf wird er belehrt, „daß er der Bestrafung entginge und vielleicht dem Tode nicht überantwortet würde, wenn er die Wahrheit gesteht" (III., S. 84 f. [Anm. 22]). Wenn er aber trotz angemessener Bedenkzeit nicht gestehen will, ist er „peinlich in mäßiger Weise, nämlich ohne Blut-vergießen" (III., S. 85 [Anm. 22]) zu befragen. Dazu wird der An-geklagte zunächst entkleidet, um die (meist aus den Körperteilen ei-nes ungetauften Knaben hergestellten) Hexenwerkzeuge zu beseiti-gen. Nach erneuter Befragung durch den Richter ist der Ungestän-dige auf die Streckbank zu legen oder mit anderen Werkzeugen zu behandeln. Erneut soll er danach in Güte gefragt werden. Ob der Richter einem durch die Tat dem Tod geweihten Hexer dennoch das Leben versprechen darf, ist streitig. Nach einer Ansicht ist es er-laubt, dem eigentlich Überführten zu versprechen, daß er „zu le-benslänglichem Kerker bei Wasser und Brot verurteilt wird" (III., S. 86 [Anm. 22]). Andere meinen, man solle – falls diese Be-gnadigung zugesichert wurde – sich einige Zeit daran halten, dann aber die Hexe verbrennen. Die dritte Meinung ist, daß der Richter persönlich Leben versprechen kann, wenn er das Urteil von einem anderen fällen läßt. Falls der Angeklagte ungeständig bleibt, muß er erneut unter ständiger Befragung gefoltert werden. Dabei muß mit den leichteren Verbrechen begonnen werden, „weil das Leichte schneller zugegeben wird als das Schwerere" (III., S. 88 [Anm. 22]). Das eventuelle Geständnis muß an einem anderen Ort wiederholt werden, damit nicht der Anschein entsteht, „daß (...) [der Richter] es nicht nur mittels der Macht der Folterungen vernommen habe" (III., S. 88 [Anm. 22]). Ferner ist der Ungeständige ständig zu be-wachen, um nicht vom Teufel besucht zu werden oder sich zu er-hängen – die „Seele" des Hexers müsse mit allen Mitteln gerettet werden (III., S. 89 [Anm. 22]).

*Die Fortsetzung der Folter und Hexenzeichen – „Frage 15":* Wie es bei Krankheiten verschiedene Heilmittel gibt, muß auch die Ketze-rei unterschiedlich behandelt werden. Ebenso gibt es keine strikte Vorgehensweise, um die Verschwiegenheit der Hexen zu brechen. Folglich hat der Richter auf alle Umstände bei der Befragung der Hexe zu achten. Wenn z.B. der Angeklagte vor dem Richter zu wei-nen beginnt, ist dies ein sicheres Zeichen dafür, daß er keine Hexe ist.[53] Es kann jedoch auch vorkommen, daß erst nachdem der Rich-ter sich entfernt hat, der Angeklagte die Tränen der Unschuld ver-gießen kann. Unbußfertige Hexen können nämlich nicht weinen, da Tränen zu den göttlichen Gaben gehören.[54] Nichtsdestoweniger kann der Teufel mit Gottes Zulassung eventuell eine Hexe zum wirklichen Weinen bewegen, „da ja weinen, spinnen und betrügen zur Eigenart der Weiber gehören soll" (III., S. 90 [Anm. 22]). Diese Hexe müßte dann nach Gottes Willen, der sich dem menschlichen Verstand entzieht, freigesprochen werden. Ferner müssen Richter jeden körperlichen Kontakt mit der Hexe vermeiden. Hilfreich ist, sich ein Medaillon aus geweihtem Salz, Kräutern und Wachs um den Hals zu hängen, da diese Mittel nicht nur Krankheiten heilen, sondern auch gegen böse Einflüsse vorbeugen. Man möge sich auch davor hüten, von Hexen direkt angeblickt zu werden, da – wie zahlreiche Beispiele beweisen – „ein solcher Richter oder die anderen, seine Beisitzer, in ihren Herzen so entfremdet wurden, daß sie allen Unwillen, wenn sie welchen gehabt hatten, verloren und sie selbst auf keine Weise zu belästigen unternahmen, sondern sie frei weggehen ließen" (III., S. 93 [Anm. 22]). Des weiteren muß der Vorsicht wegen jedes Haar vom Körper des Angeklagten entfernt werden, da selbst an den verborgensten Stellen des Körpers Amulette aufbewahrt werden. Der Teufel hat nämlich durch diese Amulette einen so starken Einfluß, daß er ihren Willen härten kann.[55] Die Verstocktheit kommt damit aus einer geistigen Härte, aus Hexenmittel[56] oder aus Kontakt mit anderen Hexen: Die teuflische Hilfe geht sogar soweit, daß zum Flammentod verurteilte Hexen manchmal nicht verbrennen, obwohl keinerlei Amulette gefunden wurden. Abgeraten wird, für die Wahrheitsfindung zu einer Wahrsagerin zu gehen, weil genügend andere Möglichkeiten bestehen, „sei es in der eigentlichen, sei es in einer gleichwertigen Form des Gewünschten, so daß auf jeden Fall die Wahrheit erfahren wird, sei es aus ihrem Munde, daß sie eingeäschert werden kann, sei es, daß sie Gott aus dem Wege schafft, indem er einen anderen Tod bei ihr zuläßt" (III., S. 97 [Anm. 22]). Der Richter soll daher mehrmals peinlich befragen,[57] andere um Rat bitten oder fromme Personen aufsuchen und die Heiligen anrufen oder zum Fasten und Gebet auffordern.

*Die weitere Befragung nebst Vorsichtsmaßnahmen – „Frage 16":*
Den Angeklagten an hohen kirchlichen Feiertagen (z.B. am Karfreitag, III., S. 100 [Anm. 22]) zu verhören, wobei ihm geweihtes Salz „samt den sieben Worten, die Christus am Kreuze aussprach" (III., S. 99 [Anm. 22]) umzuhängen sind, ist besonders wirksam. Nach dem Angebot des Richters, die Zeugen hereinzuführen, ist jener weiter zu befragen, indem er vom Fußboden gehoben wird und die Fragen nebst den Zeugenaussagen vom Richter vorgelesen werden. Will jener immer noch nicht gestehen, soll der Richter fragen,

ob der Angeklagte mit dem Gottesurteil des glühenden Eisens einverstanden ist: Dies bejahen Hexen, welche „durch die Dämonen vor einer Verletzung bewahrt werden" (III., S. 100 [Anm. 22]). Zahlreiche Hexen leugnen jedoch standhaft. Eine solche soll der Richter – unter größter Vorsicht – aus dem Strafgefängnis hinausführen, ohne sie gegen Kaution in die Freiheit zu entlassen. Sie soll dann gute Speisen bekommen und sich mit ehrenwerten Männern unterhalten, die ihr Vertrauen gewinnen. Ferner soll der Richter unter Anwesenheit des Notars Gnade versprechen, wobei gesagt werden darf, „es werde ihr mehr werden als sie selbst erbeten habe" (III., S. 101 [Anm. 22]). Die Angeklagte muß unbedingt über die Verwendung des bei ihr gefundenen Hexenwerkzeugs befragt werden. Kann trotz dieses ausgefeilten Kreuzverhörs kein Geständnis erwirkt werden, so soll der Richter einen Freund abends zu ihr bringen, welcher bei ihr unter dem Vorwand, „es sei viel zu spät zur Heimkehr" (III., S. 102 [Anm. 22]) übernachten soll. Das Gespräch wird von Spitzeln belauscht, „wenn es nötig sein sollte, sei ein Schreiber bei ihnen" (III., S. 102 [Anm. 22]). Sobald die Angeklagte geständig ist, muß der Richter die Aussage ohne Unterbrechung protokollieren, da ansonsten die Hexe wiederum zu leugnen beginnt. Falls alle diese heimtückischen Methoden versagen, wird der Angeklagte ins Gefängnis wieder zurückgeführt und dann von einem Kastellan oder Freunden besucht, die ihn bitten, „sie (…) über gewisse Experimente [zu] belehren" (III., S. 103 [Anm. 22]). Sicherlich lasse sich auf diese Weise (ohne physische Folter) ein Geständnis erzwingen.

## Das Urteil

*Das Gottesurteil mittels Eisenproben* – *„Frage 17":* Für das Gottesurteil mit glühenden Eisen scheint zu sprechen, daß – da nach Thomas von Aquin im Kriminalprozeß der Zweikampf erlaubt ist – auch das Gottesurteil zulässig sein muß. Zumal werde beim Zweikampf immer einer getötet, während bei der Eisenprobe[58] nur die Hände versengt werden. Ferner kann man kleinere Übel in Kauf nehmen, wenn man dafür höhere Güter, wie das Allgemeinwohl, rettet.[59] Dagegen wird argumentiert, daß man das Böse vollkommen bekämpfen muß.[60] Die Eisenproben sind nämlich einerseits deswegen verboten, weil „sie zur Beurteilung verborgener Dinge angeordnet werden, die dem göttlichen Urteil vorbehalten bleiben", anderseits, „weil ein derartiges Urteil nicht von göttlicher Autorität noch auch von Dokumenten der heiligen Väter gestützt ist" (III., S. 106 [Anm. 22]). Der Unterschied zwischen Zweikampf und Eisenprobe besteht darin, daß sich beim Zweikampf zwei ebenbürtige Kämpfer gegenüberstehen und „Zweikämpfe sich mehr dem allgemeinen Verhältnis der Orakelsprüche nähern" (III., S. 107 [Anm. 22]).[61] Fraglich ist außerdem, ob die Eisenprobe die Schuld der Hexen beweisen kann: Wie die Naturforscher lehren, können durch gewisse Kräutertinkturen die Hände vor Verbrennungen geschützt werden. Da zudem die Hexen in Verbindung mit einem Dämon stehen, sind sie oft gegen körperliche Schmerzen immun.[62]

*Der endgültige Urteilsspruch – „Frage 18":* Da das Verbrechen der Hexerei sowohl unter die geistige als auch weltliche Zuständigkeit fällt, müsse beachtet werden, daß auch die weltliche Gerichtsbarkeit strafen darf. Nach Augustinus muß das Urteil ein Geständnis in Form eines endgültigen und vorschriftlichen Zwischenspruchs enthalten. Ferner muß der Urteilsspruch in völliger Übereinstimmung mit dem Recht geschlossen werden. Da es sich jedoch um ein „crimen exceptum" handelt, kann man summarisch und einfacher vorgehen. Der Richter muß das Urteil sitzend und untertags an einem öffentlichen Ort fällen, wobei keine strengen Anforderungen an die Form zu stellen sind. Bei Schwangeren darf das Urteil erst nach der Niederkunft vollstreckt werden.

*Das Urteil aufgrund eines Verdachtes – „Frage 19":* Der Angeklagte ist als überführt zu erachten, wenn er de iure, durch Evidenz der Tat, durch Auslegung des Rechtes oder durch heftigen Verdacht als überführt gilt. Dabei versteht man unter „Verdacht" nicht „Willkür", wohl aber „mit an Sicherheit grenzende Wahrscheinlichkeit". Ist jemand heftig verdächtigt, so kann er „iuris" oder „de iure" verdächtig sein.[63] Der Ketzerei kann man mäßig, stark oder sehr stark verdächtig sein: Mäßig ist verdächtig, wer heimliche Konventikel abhält oder von den allgemeinen Sitten abweicht. Auch andere Quellen geben detailliert an, was „mäßig verdächtig" (suspicio levis) bedeutet.[64] Ein starker oder gewaltiger Verdacht (suspicio vehemens)[65] liegt dann vor, wenn er nur „durch gewaltige und starke Verteidigungen zurückgewiesen" werden kann (III., S. 117 [Anm. 22]) – so z.B. wenn man mit Ketzern verkehrt oder Tiere behext. Als sehr stark verdächtig wird bezeichnet (suspicio violens), wenn der Richter fast zweifelsfrei überzeugt ist, daß Ketzerei vorliegt. Zu dieser Stufe zählen diejenigen, welche Ketzer anbeten.[66] Beachtet werden muß zusätzlich, daß „der Teufel die Menschen oder das Vieh ohne Ansehen oder Berühren seitens der Weiber behexen [kann] (...), wenn Gott es zuläßt" (III., S. 119 [Anm. 22]). Die als leicht verdächtigt eingestuften Hexen müssen kanonisch gereinigt werden, nachdem sie für eine gewisse Zeit exkommuniziert wurden. Nach den Umständen des Einzelfalls reicht manchmal auch eine formelle Abschwörung aus. Bei schwerem Verdacht sind grundsätzlich die Strafvorschriften gegen die leichte Ketzerei entsprechend anzuwenden. Bei erneuter Verweigerung der Abschwörung ist der Angeklagte als offenkundig in der Ketzerei ertappt zu beurteilen. Wer sehr stark verdächtig ist, ist ein Ketzer. Wer gesteht und abschwört, ist als Bußfertiger milder zu bestrafen.[67] Als Bußfertiger hat man lebenslange Haft verwirkt – es sei denn, der weltliche Richter bestimmt wegen der zeitlichen Schädigung anderes: „Und der geistliche soll ihn nicht hindern, der jenen zwar nicht zur Bestrafung übergibt, aber doch überlassen kann" (III., S. 124 [Anm. 22]).

*Das Urteil bei Unschuld – „Frage 20":* Der Malleus Maleficarum zählt nun die einzelnen Kombinationen auf, wann man sich schuldig gemacht hat oder wann man unschuldig ist (III., S. 125 [Anm. 22]). Die völlige Unschuld ist sorgsam zu prüfen: Dann erst liegt nämlich Unschuld vor, wenn sie durch den Rat erfahrener Männer sowie wegen offensichtlicher Widersprüche in den Zeugenaussagen festgestellt wird. Der Richter hat in seinem Urteilsspruch zu beachten, daß nicht betont wird, der Angeklagte sei schuldlos, sondern daß betont wird, „daß gesetzmäßig gegen ihn nichts bewiesen worden sei, weil, wenn er später im Verlaufe der Zeit wiederum angezeigt und (etwas gegen ihn) gesetzmäßig bewiesen wird, er verurteilt werden kann, ohne daß das vorgenannte freisprechende Urteil dem entgegensteht" (III., S. 127 [Anm. 22]).[68] Dieses Urteil kann auch vom weltlichen Richter im Auftrag des Bischofs gefällt werden.

*Das Urteil bei übler Beleumundung – „Frage 21":* Die zweite Urteilsart ist zu wählen, wenn der Angeklagte sich als übel beleumundet herausstellt. Dies ist der Fall, wenn Bescholtenheit nachgewiesen werden kann – z.B. wegen Drohung mit anschließendem Eintritt des Übels. Ein Beleumundeter ist kanonisch zu reinigen. Nach dem richterlichen oder bischöflichen Urteilsspruch hat der Verurteilte sich der kanonischen Reinigung zu unterziehen, bei welcher ihm die Reinigungshelfer[69] aus seinem Stand zur Seite stehen.[70] Falls sich der Verurteilte weigert, so muß er exkommuniziert werden. Als Ketzer muß er verurteilt werden, wenn er nicht die erforderliche Zahl der Helfer aufbringen kann. Die Anzahl der Reinigungen ergibt sich aus den einschlägigen „Canones". Bei der Reinigung muß der Verurteilte schwören, daß er das, was er getan hat, nicht mehr machen wolle.[71]

*Das Urteil bei übler Beleumundung und Folter – „Frage 22":* Der Glaubenprozeß kann damit beendigt werden, daß der Betreffende übel beleumundet ist und daher gefoltert werden mußte. Da wegen der Folter ein Zwischenurteil zu fällen ist, muß dieses Urteil zusammen mit dem Schlußurteil gefällt werden – wobei im Endurteil die Aussage unter Folter aufzunehmen ist. Folter ist nur subsidiär anzuwenden, d. h. „beim Versagen anderer Beweise" (III., S. 134 [Anm. 22]): Erst sollen alle Mittel – wie Beugehaft und gutes Zureden – ausgeschöpft werden und die Wartefrist verstrichen sein. Falls die erste peinliche Befragung keine neuen Erkenntnisse zutage fördert, muß der Richter ein neues Zwischenurteil fällen.[72] Bis zu der erneuten peinlichen Befragung soll der zu Verhörende erneut ermahnt werden, geständig zu sein. Wenn der Angeklagte der Ketzerei ertappt wurde oder sonstige Indizien ihn als Ketzer identifizieren, ist Folter unnötig. Wenn aber Fragen offen bleiben, welche die Folter rechtfertigen, so ist er dementsprechend zu verhören (III., S. 137 [Anm. 22]).

*Das Urteil bei mäßiger Verdächtigung – „Frage 23":* Wenn der Angeklagte nur als leicht verdächtig befunden wird, so muß er abschwören.[73] Der Richter hat bei öffentlicher Verdächtigung in seinem Urteil die öffentliche Abschwörung des Irrglaubens als Strafe festzuhalten, was vom Angeklagten auch sofort zu vollziehen ist.[74] Wenn dies öffentlich geschehen ist, so ist – falls der Betreffende sich als bußfertig erweist – dieser nicht der weltlichen Gerichtsbarkeit zu überantworten (III., S. 139 [Anm. 22]). Das Urteil ist dann entsprechend abzuändern, wenn der Angeklagte vor dem Richter oder Bischof in deren Amtsräumen abschwört.[75] Die Urteilsvollstreckung ist vom Notar ins Protokoll aufzunehmen (III., S. 141 [Anm. 22]).

*Das Urteil bei heftiger Verdächtigung – „Frage 24":* Ferner kann der Hexenprozeß dadurch beendet werden, daß der Angeklagte der Ketzerei für heftig verdächtig gehalten wird. Dazu darf er als „gesetzmäßig nicht ertappt" befunden werden. Jener muß öffentlich oder geheim abschwören und ist bei erneuter Verhaftung wegen Ketzerei der weltlichen Gerichtsbarkeit zu übergeben. Zur Abschwörung soll der Prediger sonntags zuvor eine allgemeine Predigt halten, welche von einem Kleriker oder einem Notar dem Angeklagten vorgelesen werden soll. Daraufhin fordert der Richter den Verurteilten zur Abschwörung auf.[76] Ferner muß er – falls er der Hexerei verdächtig ist – diese widerrufen.[77] Beim Urteil[78] ist zu beachten, „daß die der Ketzerei Verdächtigen, aber nicht Ertappten (...) nicht lebenslänglich eingekerkert noch lebenslänglich eingemauert werden dürfen, weil das die Strafe für diejenigen ist, welche Ketzer gewesen und dann bußfertig geworden sind" (III., S. 146 (Anm. 22)).

*Das Urteil bei sehr starker Verdächtigung – „Frage 25":* Des weiteren wird der Hexenprozeß dadurch beendet, daß jemand der Ketzerei als sehr stark verdächtig befunden wird – z. B. wenn man trotz gerichtlicher Vorladung nicht erscheint.[79] Falls die verhängte Exkommunion beim Angeklagten nichts bewirkt, ist er stark verdächtig. Bei dieser Verdachtsstufe kann der Unschuldsbeweis nicht mehr erbracht werden (III., S. 148 [Anm. 22]). Ein stark verdächtiger, unbußfertiger Angeklagter wird der weltlichen Gerichtsbarkeit überantwortet. Der Richter kann bei beständigem Leugnen – was vor allem Frauen „in heftiger, weibischer Leidenschaft" (III., S. 150 [Anm. 22]) zu tun pflegen – darauf bestehen, daß weiterhin peinlich befragt wird. Falls der Ungeständige verstockt bleibt, sei er „ein Jahr lang mindestens im Schmutz des Kerkers festzuhalten und zu peinigen" (III., S. 150 [Anm. 22]). Wenn der Richter trotzdem nichts erreicht, soll er die Hexe zur „purgatio" mit 20 oder 30 Reinigungshelfern verurteilen. Zu bedenken ist ferner, daß – „weil die weltlichen Richter sich ihrer verschiedenen Weise in Strenge bedienen und nicht immer nach Billigkeit vorgehen – (...) ihnen eine unfehlbare Regel und Weise nicht so wie dem geistlichen Richter bestimmt werden [kann], der die Abschwörung unter lebenslänglicher Pönitenz (...) annehmen kann" (III., S. 151 [Anm. 22]).[80] Dies muß vom Notar ebenfalls bezeugt werden. Danach ist der Bußfertige von der Exkommunikation freizusprechen, indem er ein Gewand in der Art der Mönche mit einem Kreuz zu tragen hat und an kirchlichen Feiertagen anwesend sein muß. Ferner behält sich das Gericht – aufgrund der Schwere des ketzerischen Verbrechens – weitere Vorgehensweisen vor. Natürlich muß der Bischof prüfen, ob der Delinquent es wert ist, durch die Gnade der Freisprechung von der Exkommunikation wieder in die Glaubensgemeinschaft aufgenommen zu werden.[81]

*Das Urteil bei Verdächtigung und übler Beleumundung –* „*Frage 26*": Der Glaubensprozeß wird dadurch abgeschlossen, daß jemand der Ketzerei verdächtig und als übel beleumdet befunden wird. Dazu müssen sich Indizien gegen ihn finden. Zunächst muß sich der Beleumundete kanonisch reinigen und darauf der Ketzerei abschwören, indem er die Hand auf das Evangelium legt.[82] Falls man für mäßig verdächtig befunden wird, so reicht es aus, die einzelnen Punkte abzuschwören. Dies hat der Notar zu bezeugen. Danach kann der Richter das Urteil sprechen, welches detailliert beschreiben soll, welche Buße auferlegt wird (z.B. was der Angeklagte am Sonntag während der Messe zu beachten hat, daß er sich in bleifarbene Gewänder kleiden muß, ...). Der Richter kann jedoch zum späteren Zeitpunkt die Strafe aufheben – „je nachdem es das Geschäft, die Besserung des Bußfertigen und seine Demut (...) erfordern".[83]

*Das Urteil bei einem bußfertigen Geständigen – „Frage 27"*: Der Hexenprozeß wird fernerhin dadurch beendet, daß ein Urteil wegen ketzerischer Verkehrtheit, gemildert durch Bußfertigkeit, gefällt wird. Dies ist dann der Fall, wenn der Angeklagte eidesstattlich seine Beziehung zur Ketzerei gesteht, gleichzeitig jedoch wieder zur Kirche zurückkehren und deshalb den Irrlehren abschwören will. Liegt dies entsprechend lange zurück, so kann nach dem Befinden des Richters auf weltliche Bestrafung verzichtet werden – Kleriker müssen jedoch degradiert werden. Wenn der Ketzerei abgeschworen wurde, so ist der Angeklagte zu lebenslänglicher Haft zu verurteilen – wobei ihm „die Wohltat der Absolution erteilt" (III., S. 162 [Anm. 22]) wird. Dabei muß ausgeschlossen werden, daß der Angeklagte nicht durch heuchlerische Verstellung zum richtigen Glauben zurückzukehren scheint – da er dann der weltlichen Gerichtsbarkeit zu übergeben ist. Die Abschwörung ist mit Auflagen zu versehen: Der Angeklagte muß öffentlich und an einem hohen Feiertag abschwören. Vorhergehend befragt ihn der Offizial über seine Fehler, danach wird kniend um Vergebung gebeten. Der Bischof erteilt ihm die Absolution;[84] sodann verurteilt er den Angeklagten zur Kerkerhaft unter Wasser und Brot. Darauf wird das Urteil vollstreckt, der Gefangene wird „zur Frühstücksstunde" (III., S. 166 [Anm. 22]) in den Kerker geführt.

*Das Urteil bei bußfertigen, rückfälligen Geständigen – „Frage 28“:*
Der Prozeß findet sein Ende, wenn der Angeklagte die Ketzerei gestanden hat, bußfertig ist, aber dennoch rückfällig wurde. Dies ist vor
allem dann der Fall, wenn der Unglückliche früher schon abgeschworen hat, dann erneut zur Hexerei sich bewegen ließ. „Einem solchen
nämlich sind, wenn er demütigst bittet, die Sakramente der Buße und
des Abendmahls nicht zu verweigern“ (III., S. 167 [Anm. 22]). Dennoch kann die Reue nicht darüber hinwegtäuschen, daß hier ein
„Wiederholungstäter“ vor Gericht steht. Dem im Kerker eingesperr-
ten Angeklagten soll der Bischof oder Richter zwei oder drei recht-
schaffene Männer schicken, zu welchen der Angeklagte schon Vertrauen hat und welche ihm bei passender Gelegenheit den Glanz
Gottes darlegen sollen, da der Unglückliche den Tod verwirkt hat.
Einige Tage danach muß der Richter den örtlichen Vogt beauftragen,
an einem festgelegten Ort und Tag den Schuldigen zu übernehmen.
Ferner ist durch Ausrufe allgemein bekannt zu machen, daß das Urteil an einem solchen Schuldigen vollstreckt werde. Ein Mann der
Kirche ist zu degradieren und von seinen Ämtern zu befreien. Erst
danach ist der Unglückliche der weltlichen Gerichtsbarkeit zu überantworten „oder für seine ketzerische Verkehrtheit auf Lebenszeit
einzumauern“ (III., S. 169 [Anm. 22]). Bei der Urteilsverkündigung
ist zu beachten, daß jener nicht vorgeführt, sondern von rechtschaffenen Männern über den bevorstehenden Tod aufgeklärt und getrö-
stet wird, um zu vermeiden, daß der Unglückliche wieder zurück-
fällt. Das Urteil ist nicht an einem Feiertag und in der Kirche, sondern außerhalb an einem Werktag zu vollstrecken (III., S. 173 f.
[Anm. 22]).

*Das Urteil über nur unbußfertige Geständige – „Frage 29“:* Als
weitere Möglichkeit kann der Glaubensprozeß durch ein Urteil
wegen unbußfertiger, allerdings für nicht rückfällig befundener Ketzerei beendet werden. Bischof und Richter müssen allerdings über
mehrere Monate versuchen, den Unglücklichen zur Buße und Reue
zu bewegen. Erst bei völliger Uneinsichtigkeit des Angeklagten hat
der Richter ihn der weltlichen Gerichtsbarkeit zu überantworten und
dem Vogt die Hinrichtung an einem Werktag außerhalb der Kirche
zu befehlen. Dies wird ebenfalls öffentlich durch Ausrufung bekannt gemacht. Selbst dann muß sogar vom weltlichen Richter versucht werden, den Angeklagten zu bekehren. Im Urteil wird betont,
daß der Verstockte verhört und mehrfach aufgefordert wurde, die

gestandenen Irrtümer zu bereuen. Jetzt habe jedoch der Unbußfertige den schlimmsten Höllentod der Seele zu befürchten, so daß er zu exkommunizieren und von der Glaubensgemeinschaft zu trennen ist. Es solle jedoch ein mäßiges Urteil „diesseits der Blutvergießung und Todesgefahr" (III., S. 177 [Anm. 22]) vom weltlichen Richter gefällt werden.[85]

*Das Urteil über unbußfertige, rückfällige Geständige – „Frage 30":*
Daneben besteht die Möglichkeit der Prozeßbeendigung durch ein Urteil über einen Angeklagten, welcher die Ketzerei gestanden hat, unbußfertig bleibt und für rückfällig befunden wird. Über offensichtliche Ketzerei soll in Anwesenheit des Bischofs und der Richter ein Urteil gefällt werden: Darin wird festgehalten, daß der Angeklagte durch Zeugenaussagen oder eigenes Geständnis der Ketzerei überführt wurde, jedoch wegen Uneinsichtigkeit wiederum rückfällig wurde und nun zum Leidwesen der Richter unbußfertig bleibt, so daß der Angeklagten der weltlichen Gerichtsbarkeit überlassen werden muß.[86] Wiederum werden die Höllenqualen dem Angeklagten verdeutlicht.

*Das Urteil bei ableugnenden der Ketzerei Ertappten – „Frage 31":*
Zum Abschluß gelangt der Prozeß wegen Hexerei dann, wenn die Ketzerei durch Evidenz der Tat oder wegen Zeugenaussagen ohne Geständnis der Person als erwiesen erachtet wird, der Angeklagte aber weiter alles ableugnet. Ein solch hartnäckiger Lügner soll in Fußschellen und Ketten eingekerkert werden: Dabei kann dem Angeklagten vom Offizial gezeigt werden, daß man Gnade vor Recht walten lasse, wenn er seinen Irrtum einsieht. Leugnet nun der Angeklagte eine gewisse Zeit lang beständig seine Untaten, so soll er von rechtschaffenen Männern belehrt werden „und wenn er sich scheue, solle er es ihnen wenigstens heimlich sagen, damit nicht der Angezeigte ungerechterweise sterbe" (III., S. 182 [Anm. 22]). Ebenfalls sollen Bischof, Offizial und Richter sorgsam sich um die Wahrheit bemühen, indem sie sein Gewissen durchforsten: Ziel dabei ist, daß die Aussagen der Zeugen sich als hieb- und stichfest erweisen. Es gab nämlich auch Fälle, in denen sich Zeugen aus Bosheit zusammenschlossen, um einen Unschuldigen der Hexerei zu bezichtigen. Folglich „muß man mit dem Urteile (…) längere Zeit warten, ein Jahr oder mehrere" (III., S. 183 [Anm. 22]). Ist jedoch eine angemessene Wartezeit verstrichen und gesteht der Angeklagte seine Schuld, dann ist nach dem Gutdünken des Bischofs und der Richter

Buße zu leisten. Wenn der Angeklagte aber nicht entlastet werden kann, muß der Richter ihn dem weltlichen Arm überlassen. Dem Leugner sind Männer seines Vertrauens zu schicken, welche ihm schonend erklären, daß er sein Leben verwirkt hat. Danach ist der Vogt zu unterrichten, daß er den Angeklagten außerhalb der Kirche unter Polizeischutz abhole und dessen Hinrichtung ausrufen lasse. Dazu soll der Prediger in der Hl. Messe eine Predigt über den Glauben halten. Wenn der Termin der Urteilsvollstreckung dann herangerückt ist, soll auch der Angeklagte nochmals die Predigt über den Glauben hören. Der Bischof soll an der Stelle der Urteilsverkündigung einen erhöhten Platz einnehmen und das Urteil verkünden, wobei der Verdammte erneut von rechtschaffenen Männern zu ermahnen ist, die Wahrheit zu gestehen. Zu bedenken ist, daß meistens aus Todesangst plötzlich gestanden wird. Natürlich können die auf diese Weise geständigen Ketzer von der weltlichen Gerichtsbarkeit wegen der zeitlichen Schädigung verurteilt werden (III., S. 188 [Anm. 22]). Dies ist getrennt vom Urteil des Bischofs grundsätzlich immer zu beachten.[87]

*Das Urteil über einen flüchtigen Überführten – „Frage 32":* Die letzte Möglichkeit, einen Hexenprozeß zu beenden, ist ein Urteil wegen Ketzerei und Flucht zu fällen. Dabei ist der Angeklagte so zu beurteilen, wie wenn er als leicht verdächtig verurteilt wurde, wegen Weigerung exkommuniziert und nun trotzdem hartnäckig sich vom Prozeß fernhält. Man ist auch dann so zu verurteilen, wenn man direkt oder indirekt das gerechte Urteil des Bischofs verhindert hat, wiederum deswegen exkommuniziert wurde und trotzdem flüchtig und verstockt bleibt. Doch zunächst ist der Betreffende vorzuladen.[88] Falls der Angeklagte erscheint bzw. das Jahr der Exkommunikation verstrichen und jener bußfertig ist, sind die oben genannten Urteilsformen anzuwenden. Bei Weigerung ist er im Urteil[89] als hartnäckiger Ketzer der weltlichen Gerichtsbarkeit zu überantworten (III., S. 197 [Anm. 22]).

*Das Urteil über von Hexen angezeigte Personen – „Frage 33":* Fernerhin ist zu überlegen, wie man das Urteil über eine von einer für schuldig befundenen und zu verbrennenden Hexe angezeigte Person zu fällen hat. Man kann auf die oben beschriebenen Arten angezeigt werden: Die Rechtsfolgen richten sich je nachdem nach den vorher beschriebenen Urteilen. Zunächst kann eine festgenommene Hexe gestehen, mit anderen Umgang zu haben: Eine übel beleumundete

Person kann von ihr angezeigt werden. Der Richter muß bedenken, daß die Hexen oft andere grob beschuldigen (III., S. 199 [Anm. 22]). Daher ist der Aussage nur dann zu folgen, wenn sich der üble Leumund der bescholtenen Person verschlimmert hat. Jene ist dann der kanonischen Reinigung etc. zu unterwerfen. Die Hexe kann jemanden anzeigen, dessen übler Ruf sich durch die Anschuldigungen seitens der Hexe verschlimmert hat. In diesem Fall sind die Aussagen gegenüberzustellen und abzuwägen. Wenn der Richter eine signifikante Abweichung feststellt, so ist der Angeklagte zu foltern. Falls ein von der Hexe Angezeigter für leicht verdächtig gehalten wird, muß beachtetet werden, daß es Leute gibt, „welche Hexenweiber um Rat gefragt haben (…) wenn sie z.B. zwischen Ehegatten, die sich gegenseitig haßten, Liebe erzeugt (…) haben" (III., S. 201 [Anm. 22]). Diese sind zu exkommunizieren. Ratsam ist, jene abschwören und kanonisch reinigen zu lassen. Zudem kann der Angezeigte für heftig verdächtig erachtet werden. Diese Verdächtigen müssen aller Ketzerei abschwören. Zu diesem Personenkreis zählen oft die Familienangehörigen der Hexe, „da die Hexen auch die eigenen Kinder nach der Unterweisung seitens der Dämonen diesen darzubringen und daher auch zweifellos in allen möglichen Schandtaten zu unterweisen haben" (III., S. 203 [Anm. 22]). Außerdem kann die Hexe einen anzeigen, welcher sehr stark verdächtig ist – worauf aber Indizien der Tat hinweisen müssen. Nach den Kanonisten ist jener bei Hartnäckigkeit ein Jahr lang zu exkommunizieren und im Laufe dieses Jahres zu beobachten.[90] Daneben kann der von der Hexe Angezeigte sich wegen Indizien leicht oder heftig verdächtig machen, weil er beispielsweise in enger Beziehung zur Hexe stand. Jener ist kanonisch zu reinigen und muß abschwören. Wenn die angezeigte Person ihren Bezug zur Ketzerei gesteht, ist sie bußfertig. Der Zivilrichter kann nach den normalen Gesetzen vorgehen oder bei Unklarheiten „selbst und sich (…) gemäß entscheiden" (III., S. 207 [Anm. 22]).

*Urteile über „Hexenheiler", Hexenbogenschützen und Hexenhebammen – „Frage 34":* Zu urteilen ist auch über diejenigen, welche zu unerlaubten Mitteln greifen und somit keine Verehrer Christi sind (III., S. 208 [Anm. 22]). Falls jemand behauptet, Erlaubtes zu verwenden, ist er vom Richter zu befragen.[91] Wer seine abergläubischen Methoden geheim hält, ist als Wahrsager und Hexen zu beurteilen: Erstens wissen sie die Ursache der Verletzung oder der Behexung, zweitens helfen sie dem einen, dem anderen nicht,[92] drittens pflegen sie Einschränkungen in ihrer Heilfähigkeit zu machen,[93] viertens veranstalten sie abergläubische Zeremonien (Heilung bei Sonnenaufgang). Ferner sind die Hexenbogenschützen[94] samt ihrer Hehler und Gönner zu verurteilen. Natürlich muß bedacht werden, daß ein Irrender kaum Wiederstand leisten kann, so „daß solche Hexer (…) nicht in die Hände des Glaubensrichters zum Verhör oder zur Bestrafung kommen" (III., S. 212 [Anm. 22]). Ebenso sind die Gönner der Hexenbogenschützen zu verurteilen, welche diese Hexen durch Unterlassen der Anklage oder durch aktives Tun (Freilassen ohne Erlaubnis) begünstigen und damit den Prozeß, das Urteil oder den Spruch direkt oder indirekt hindern. Als Hehler bezeichnet man diejenigen, „welche derartige Hexenbogenschützen oder sonstwelche Waffenbeschwörer, Nigromantiker oder Hexenketzer (…) aufnehmen" (III., S. 214 [Anm. 22]). Diejenigen, die öfters Hexen aufnehmen (receptare), nennt man „receptator" (Hehler). Diese können darüber irren, daß die Aufnahme von Hexen erlaubt ist. Fürsten, welche die Hexenbogenschützen aufnehmen, heißen Hexenhehler und sind zu exkommunizieren. Die anderen fallen unter die Personen der „receptores". Auf die Gefährlichkeit der Hexenhebammen wird besonders hingewiesen, „von denen es auch eine so große Anzahl gibt, (…) daß kein Dörfchen existiert, wo derartige sich nicht finden" (III., S. 212 [Anm. 22]). Die Hexenhebammen und andere Behexende sind sofort zu verdammen und abzuurteilen.

*Berufungs- und Gnadenverfahren – „Frage 35":* Bei Glaubensgeschäften muß summarisch, einfach und ohne Formalitäten verfahren werden. Insbesondere ist der Prozeß nicht in die Länge zu ziehen oder aufzuschieben – weshalb auch die Berufung erschwert ist.[95] Falls der Richter einen Termin festlegt, hat er den Abgabebericht mit Benennung des Tages dem Appellanten zuzuschicken. Der Richter darf so lange nichts Neues unternehmen, bis der Appellant seinen Bericht eingereicht hat. Oft wird durch die Berufung versucht, der Bestrafung zu entgehen. Falls der Richter es nicht schafft, bis zu dem genannten Termin den Abgabebericht vorzulegen, kann er bis zum 30. Tag die Sache aufschieben. Hat er dagegen den Bericht schon vor dem Termin fertig, so kann er gleich die Verhandlung einberufen.[96] Nach einem negativen Abgabebericht ist der Appellant sofort zu verhaften „und dann schicke er jenen mit den geschlossenen und versiegelten Akten auf Treu und Glauben, unter sicherer Bewachung, und, falls es nötig ist, gegen geeignete Bürgschaft an den vorgenannten Richter zurück" (III., S. 225 [Anm. 22]).[97] Der Richter soll trotz der Appellationen nicht weich werden: „Und zwar schlägt dies alles dem Glauben und der heiligen Kirche Gottes zu großem Nachteil aus, vor deren jedem der Bräutigam der Kirche diese selbst zu bewahren geruhen möge" (III., S. 228 [Anm. 22]).

## Kritische Würdigung des Hexenhammers

Die Auffassung, daß nach Meinung der meisten Autoren Hexerei unter den Arm der geistlichen Gerichtsbarkeit fällt, steht im Widerspruch zum Malleus Maleficarum, dessen Hauptanliegen es ist, die Inquisitoren „propter arduitatem negotii" (wegen der Heftigkeit des Amtes) zu entlasten. Das Werk ist vornehmlich als Leitfaden für weltliche Richter gedacht,[98] welche z.B. im III. Teil auf fertige Urteile zurückgreifen können, deren materielle Begründetheit leicht in den anderen Büchern zu finden ist und nur weniger Worte bedarf. Die Dreiteiligkeit des Werkes soll gewährleisten, daß alle Aspekte der Hexe beachtet werden. Um den geistlichen Richtern die Belastung eines Prozesses abzunehmen, wird deren Zuständigkeit auf die „reine" Untersuchung und die Mitwirkung am Prozeß beschränkt. Damit rückt die weltliche Judikative in den Vordergrund: Mit der juristischen Konstruktion des Hexereidelikts als „crimen mixti fori" begründete der Hexenhammer die grundsätzliche Zuständigkeit der weltlichen Gerichtsbarkeit, welche zeitliche Schäden der Hexen zu sanktionieren hatte. Schreckliche Konsequenz war, daß Kramer auf diese Weise die Aburteilung sicherstellen konnte. Die geistliche Gerichtsbarkeit war in gewisser Weise subsidiär: Sie hatte den Glaubensabfall mittels der kanonischen Rechtsinstitutionen festzustellen und nach ihnen zu verurteilen. Dieses „Abwälzen der Verantwortlichkeit"[99] – ecclesia abhorret a sanguine (die Kirche schreckt vor Blutstrafe zurück) – erklärt sich damit, daß „mit dem Expansionsbedürfnis der kirchlichen Jurisdiktion (…) die Gefahr [besteht], einen Großteil der Inquirierten wegen Reue laufen lassen zu müssen. Darum führte das fanatische Bestreben der Verfasser (…), die (…) Hexen auf den Scheiterhaufen zu bringen, zu einem direkten Appell an die weltlichen Behörden, ihre Jurisdiktionsgewalt über das Crimen magiae in Anspruch zu nehmen".[100]

Zusammenfassend läßt sich damit feststellen, daß nach Kramer Zauberei Verstöße gegen weltliches und kirchliches Recht enthält, wobei für die weltlichen Verbrechen der weltliche, für die geistlichen der geistliche Richter zuständig ist.

Im prozeßualen Teil des Malleus fallen vor allem zwei Dinge auf: Erstens ist der Hexenprozeß stark durchstrukturiert, er soll einfach, effizient und rechtlich einwandfrei abgehalten werden.[101] Die Kompetenzen des Richters sind festgelegt, die Urteile formuliert und die Tatbestandsmerkmale des Hexendeliktes sind – zumindestens de iure – klar gefaßt. Wie ein Gesetzbuch unterscheiden die einzelnen Fragen in Tatbestand und Rechtsfolge (Urteil). Im Prozeß wird vor allem der Aspekt der „Einfachheit" oder „Schnelligkeit" im Verfahren betont. „Prozeßökonomie" schien der materiellen Gerechtigkeit vorzugehen: Je schneller und unkomplizierter die Hexe abgeurteilt werden konnte, desto weniger bestand die Gefahr, daß an der Rechtmäßigkeit des Verfahrens gezweifelt wurde.

Erstaunlicherweise haben die Verfasser die Gefahr der Folter für die Rechtsfindung erkannt. Die Folter darf nur unter ganz bestimmten Umständen angewandt werden – „mäßig und ohne Blutvergießen". Die Folter ist gegenüber anderen Ermittlungsmethoden subsidiär: Befragung durch Freunde, Einkerkern und Gnadenversprechungen bei Geständnissen etc. Gottesurteile sind sogar gänzlich abzulehnen, da sich Hexen ohnehin davor schützen. Anstelle einer physischen Folter tritt psychischer Terror und Beschränkung der Verteidigungsmöglichkeiten. Der Anwalt wurde vom Richter beispielsweise gestellt. Die subjektive Beurteilung durch den Richter steht im Vordergrund. Die Rechtsfolgen sind zudem für den Betroffenen unerträglich hart. Selbst der Freispruch schützte vor nochmaliger Anklage nicht – dann wurde man sogar als „Rückfälliger" behandelt. Kramer weist mehrmals darauf hin, daß ein Notar die jeweiligen Verdachtsstufen (suspicio levis, vehemens, violens) protokollieren muß, um später die härtere Strafe verhängen zu können. In dem sehr komplizierten Stil des Malleus ist eine weitere Form der Perversion festzustellen: Oft wird nicht deutlich, was der Richter zu untersuchen hat und wie die einzelnen Tatbestandsmerkmale zu unterscheiden sind. Verständnisschwierigkeiten und die geforderte „Eile" des Verfahrens führten dann in der Praxis zu „Verweisungen" auf den Malleus, ohne im einzelnen genau zu zitieren – mit dem erschreckenden Ergebnis, daß verklausulierte und formalisierte Willkür regieren mußte.

Mag vielleicht die Psychologie Kramers gewisse Erklärungsversuche für dessen Bestreben liefern, ein solches Werk zu schreiben,[102] es bleibt ein (geistes)wissenschaftlicher Schrecken vor dem, was Menschen vermögen: „Zu der schonungslosen und unerbittlich konsequenten Brutalität dieser (…) [Menschen], ihrer an Stumpfsinn grenzenden aber mit theologischer Eitelkeit durchsetzten Dummheit tritt hier noch ein kaltblütiger und geschwätziger Cynismus, ein erbärmlicher und nichtswürdiger Hang zur Menschenquälerei, der beim Leser immer wieder den Grimm und die äußerste Erbitterung über die Väter dieser eklen Ausgeburt religiösen Wahns wachruft".[103]

---

1   Eine Untersuchung mit Quellen zu den Autoren bietet *Hansen, Joseph,* Quellen und Untersuchungen zur Geschichte des Hexenwahnes und der Hexenverfolgung im Mittelalter, Bonn 1901. Ein Überblick bietet auch *Jerouscheck, Günter,* Heinrich Kramer (Institoris), Der Hexenhammer: Malleus Maleficarum, Kommentierte Neuübersetzung, München 2000, S. 40 ff. Das psychologisch-historische Profil der Autoren wird ausführlich behandelt in *Jerouscheck, Günter,* Der „Nürnberger Hexenhammer": Der „Malleus Maleficarum" und seine deutschsprachige Bearbeitung durch den Verfasser Heinrich Kramer O.P. aus dem Jahre 1491. Ein Beitrag zur Psychohistorie der Hexenverfolgung, Diss. phil., Hannover 1988, S. 31 m. w. H. Die Namensbezeichnung „Institoris" ist nach neuester Auffassung (ebenda S. 32 f.) falsch: Vielmehr hieß „Heinrich Institoris" Heinrich Kramer, da der Autor am 2.10.1491 in der eigens für Nürnberg verfaßten deutschen Übersetzung des Hexenhammers in der Approbation mit „Heinrich Kramer" unterzeichnete (Staatsarchiv Nürnberg, Sign. ad D-Akten Nr. 251). Zur Person von Heinrich Kramer: *Segl, Peter,* Heinrich Institoris. Persönlichkeit und literarisches Werk, in: ders. (Hrsg.), Der Hexenhammer. Entstehung und Umfeld des Malleus Maleficarum von 1487, Köln/Berlin 1988, S. 102 ff.

2   Er heilte dort angeblich einen Besessenen, wie er ausführlich im II. Buch des Malleus, I. Hauptfrage, Kapitel 10 beschreibt. *Hansen, Joseph,* Quellen und Untersuchungen zur Geschichte des Hexenwahnes und der Hexenverfolgung im Mittelalter, Bonn, 1901, S. 381; *Segl, Peter,* Heinrich Institoris, Persönlichkeit und literarisches Werk, in: ders. (Hrsg.) Der Hexenhammer, Köln/Berlin 1988. S. 104.

3   *Hansen* (Anm. 2), S. 384. Hinsichtlich seiner Tätigkeit in Heidelberg, Trient, Ravensburg, Konstanz, vgl. *Jerouscheck,* Kramer (Anm. 1) S. 41 ff.

4   Vgl. *Rapp, Ludwig,* Die Hexenprozesse und ihre Gegner aus Tirol, Innsbruck, 1874, S. 5 f; vgl. auch Zeitschrift des Ferdinandeums für Tirol und Vorarlberg, III., Folge XXXIV, Innsbruck 1890, S. 1 ff.

5   Er schreibt am 8. Februar dieses Jahres: „Mich verdreust des Münchs, ich find in des Papstes Bullen, daß er bei viel Päpsten ist vor Inquisitor gewesen, er bedunkt mich aber propter senium kindisch sein geworden, als ich ihn hier zu Brixen gehört habe mit dem Kapitel" aus: *Soldan/Heppe,* Geschichte der Hexenprozesse, Bd. 1, München, 1911, S. 253. „Ich hab Im geraten, daß Er in sein Closter ziehen und da beleiben: ipse realiter mihi delirare videtur"; weitere Nachweise bei *Sinnacher, Franz Anton,* Beiträge zur Geschichte der Bischöflichen Kirche Säben und Brixen in Tyrol, Brixen 1828, S. 627 ff. Ebenso *Jerouscheck* (Anm. 1), S. 36.

6   *Rapp* (Anm. 4), S. 12 f.

7   Bezüglich des weiteren Schaffens sei auf *Hansen* (Anm. 2), S. 243 ff. verwiesen. Die

Tätigkeiten Kramers in Schlettstadt, gegen die frommen Frauen in Augsburg, in den Diözesen Basel, Straßburg, Konstanz und Brixen werden zusammfassend und vertiefend dargestellt in: *Jerouscheck,* 2000 (Anm. 1), S. 44 bis S. 63.

8   *Meyer,* Der Aberglaube des Mittelalters, Basel 1884, S. 312; *Längin Georg,* Religion und Hexenprozesse, Leipzig, 1888, S. 6.

9   Weitere Hinweise zur Vita, *Hansen* (Anm. 2), S. 243 ff.

10  Zur Quelle: *Hauber,* Bibliotheca sive Acta et Scripta Magica I, S. 1; *Schmidt J.W. R.,* Der Hexenhammer, 14. Auflage, 1999, S. XXXII ff. In deutscher Übersetzung auch bei: *Jerouscheck* (Anm. 1), S. 101 ff.

11  *Schmidt* (Anm. 10), S. XXXVII ff.

12  *Schmidt* (Anm. 10), S. XXXVIII.

13  *Schmidt* (Anm. 10), S. XXXIX.

14  *Soldan/Heppe* (Anm. 5), S. 251.

15  *Schmidt* (Anm. 10), S. XLII. Den Hauptteil des Werkes hat wohl auch Kramer, und nicht Sprenger geschrieben: *Jerouscheck,* 1988 (Anm. 1), S. 42 f.

16  Zum Wortlaut vgl. *Schmidt* (Anm. 10), S. XLII ff.; *Jerouscheck,* 2000 (Anm. 1), S. 117 ff.

17  *Hansen, Joseph,* Der Malleus Maleficarum, seine Druckausgabe und die gefälschte Kölner Approbation vom Jahr 1487, S. 123, Westdeutsche Zeitschrift für Geschichte und Kunst, Trier 1898, *Jerouscheck,* 1988 (Anm. 1), S. 43 f. weist aber darauf hin, daß entgegen Hansen die Erstausgabe in der Offizin Peter Drachs zu Speyer (vor dem 9.4.1487) gedruckt wurde.

18  Die einzelnen Orte sind bei *Hansen* (Anm. 17), S. 123.

19  *Hansen* (Anm. 17), S. 120. Zur Übersetzungsgeschichte des Malleus sei auf *Jerouscheck,* 2000 (Anm. 1), S. 88 ff. verwiesen. – Das sog. „Notariatsinstrument" – die Kölner Approbation – wurde erstmals bei *Hansen,* (Anm. 17) untersucht; ebenso *Schmidt,* S. XVI ff. (Anm. 10). *Hansen* stellte fest, daß hier zwei getrennte Gutachten geschickt zusammen gefügt wurden, so daß beim flüchtigen Lesen der Eindruck einer Approbation entstand. Grund war, daß sich die Autoren wegen ihrer Mindermeinung bzgl. der Realität des Hexenfluges und des prozessualen Teils ohne eine Approbation der Theologischen Fakultät der Universität Köln nur mühsam durchsetzen konnten. Daß sich die Theologische Fakultät zu Lebzeiten Kramers nicht von der Fälschung distanzierte, mag daran liegen, daß damals Kramer Dekan war: „Seine Stellung als Dekan der Theologischen Fakultät würde auch erklären, weshalb der Lehrkörper den öffentlichen Skandal scheute, den ein Publikwerden der Fälschung mit Sicherheit ausgelöst hätte, wozu der durchschlagende Erfolg des Malleus auf dem Buchmarkt ein übriges getan haben wird" (*Jerouscheck,* 1988 [Anm. 1], S. 48). Erst um 1600 wurde von Arnold von Tongern und Jakob von Hochstraten im aufgeklärten Sinn eine Gegendarstellung verfaßt.

20  *Schmidt* (Anm. 10), S. XLV.

21  Nach *Schmidt* (Anm. 10), S. XLV.

22  Die Zitierung „I., S." bedeutet: I. Buch, S. in der Schmidt'schen Übersetzung (Anm. 10). Weiterhin sei auf *Jerouscheck,* 1988 (Anm. 1), S. 14 ff. hingewiesen: Dort werden einzelne Aspekte des Werkes untersucht. Mag auch die von mir zu Grunde gelegte Schmidt'sche Übersetzung „wegen ihres unlesbaren Stils, der zahlreichen Auslassungen und ihrer teilweisen bis zur Lächerlichkeit sinnentstellenden Fehler von Anfang an heftig angegriffen worden sein" (*Jerouscheck,* 2000 [Anm. 1], S. 91 m. w. H.), so ist sie doch wegen ihrer versuchten Gliederung teilweise vorzugswürdig. Die genaueste Übersetzung mit zahlreichen Hinweisen ist m. E. Jerouschecks im September 2000 herausgegebenes Werk (Anm. 1).

23  Der Canon Episcopi 26,5 (vgl. *Leutenbauer, Siegfried,* Hexerei- und Zaubereidelikte in der Literatur von 1450 bis 1550, Berlin 1972, Anhang II, S. 177 f. [Quelle], Erörterung, S. 28 ff.) – hält im § 1 die Flugkunst für bloße Einbildung der Frauen. § 2 hält zudem die Verwandlung in Tiere für unmöglich. Kramer muß diese Quelle widerlegen: Er greift sie gleich zu Beginn im I. Buch Frage 1 an; des weiteren: I., S. 110, 146, 149, 152; II., S. 30, 41, 51, 88, 125; III., S. 10, (Anm. 22).

24 Lev 20,27: „Männer oder Frauen, in denen ein Toten- oder ein Wahrsagergeist ist, sollen mit dem Tod bestraft werden. Man soll sie steinigen, ihr Blut soll auf sie kommen" (z. B.: I. S. 5 f. (Anm. 22).

25 1 Kor 7,13: „Denn der ungläubige Mann ist durch die Frau geheiligt, und die ungläubige Frau ist durch ihren gläubigen Mann geheiligt"; Sir 26,1: „Eine gute Frau – wohl ihrem Mann! Die Zahl seiner Jahre verdoppelt sich" (I., S. 97 [Anm. 22]); zur EVA – AVE – Symbolik, vgl. I., S. 98 (Anm. 22).

26 Allgemein: Sir 25,15 f.: „Kein Gift ist schlimmer als Schlangengift, kein Zorn schlimmer als Frauenzorn. Lieber mit einem Löwen oder Drachen zusammenhausen, als bei einer bösen Frau".

27 Spr 11,22: „Ein goldener Ring im Rüssel eines Schweins ist ein Weib, schön, aber sittenlos" (I., S. 99 [Anm. 22]).

28 Es werden u. a. Beispiele von Valerius, Sokrates und Theophrastus angeführt (I., S. 101 ff. [Anm. 22]). *Jerouscheck,* 2000 (Anm. 1), S. 233 mit weiteren Belegen.

29 *Cicero,* Paradoxa V II. 36; weitere Beispiele, I., S. 103 f. (Anm. 22) *Jerouscheck,* 2000 (Anm. 1), S. 234 ff. mit weiteren Belegen.

30 Troja wurde bekanntlich wegen Helena zerstört (I., S. 104 [Anm. 22]).

31 Als Beispiel aus der Bibel wird der König von Babylon genannt, Ezechiel 21,23 ff.

32 Grundsätzlich ist es „den (…) zeitigen Herrn und Vorständen samt ihren Offizialen" (III., S. 4 [Anm. 22]) verboten, über die Verbrechen der Ketzerei zu urteilen, vgl.: im Hexenhammer Buch III., S. 4 (Anm. 22).

33 Diese Formel wird z. B. von *Johannes Andrea,* Kommentar zum Decretalium liber sextus 5,2,8, Sane ausgelegt: Nach Ketzerei schmeckt man, wenn man z. B. an den Altären der Götzen gottlose Gebete spricht, opfert, Dämonen befragt ... (III., S. 10 [Anm. 22]). Weitere Autoren, III., S. 10 f. (Anm. 22) *Jerouscheck,* 2000 (Anm. 1), S. 609 f.

34 *Augustinus,* De utilitate credendi 1,1: „Ein Ketzer ist derjenige, welcher neue und falsche Meinungen entweder aufbringt oder befolgt" (III., S. 13 [Anm. 22]). *Jerouscheck,* 2000 (Anm. 1), S. 612.

35 „Weil zum Ergebnis der Ketzerei notwendigerweise der Irrtum im Verstande erfordert wird, macht keine Tat schlechthin, ohne Irrtum im Verstande, einen Ketzer" (III., S. 14 [Anm. 22]).

36 Zudem sei die Bulle eher als Anregung zu verstehen (III., S. 20 [Anm. 22]).

37 Zitiert wird Augustinus: „Ich werde irren können; ein Ketzer werde ich nicht sein" (III., S. 26 [Anm. 22]). Ob jemand vom Vorwurf der Ketzerei freigesprochen wird, muß von der Kirche festgestellt werden.

38 Dabei muß ein Notar gegenwärtig sein (III., S. 36 [Anm. 22]). Zur Formulierung: III., S. 37 (Anm. 22).

39 Der Text dafür findet sich in III., S. 37 f. (Anm. 22).

40 „Wenn aber vielleicht welche von diesen die Verpflichtung, einen Eid zu leisten, (…) [störrisch] nicht schwören wollen, sollen sie schon deshalb als Ketzer erachtet werden" (III., S. 41 [Anm. 22]).

41 So muß der Angeklagte beantworten, „ob aus seiner Blutsverwandtschaft schon einmal einige wegen Behexungen eingeäschert worden wären oder für verdächtig gehalten würden" (III., S. 48 f. [Anm. 22]).

42 Dabei ist zu bemerken, „daß die Hexen meistens die eigenen Kinder den Dämonen darbringen (…) und gewöhnlich die ganze Nachkommenschaft infiziert ist" (III., S. 51 [Anm. 22]).

43 Unbelastend ist nur die Antwort. „Ob es Hexen gibt (…), überlasse ich Höheren" (III., S. 52 [Anm. 22]).

44 Zumal steht bei einer geeigneten Zeugenzahl „z. B. sechs, acht, oder zehn" (III., S. 55 [Anm. 22]).

45 Ein klares Indiz für Hexerei ist „Hexenwerkzeug" oder eine Schädigung mittels diesem (III., S. 56 [Anm. 22]).

46 „Wenn es aber leichte Vergehen sind, um derentwillen sie angeklagt ist, so daß sie nicht übel beleumdet wäre (…), dann werden sie nach Hause zurückgeschickt" (III., S. 61 [Anm. 22]).

47 Nach Papst Bonifaz VIII. ist die Namensnennung verboten, da damit die Angeklagten Macht über die Ankläger bekommen (III., S. 62 f. [Anm. 22]). Hexen haben „die Macht der Abstammung und Familie, die Macht des Geldes und die Macht der Bosheit" (III., S. 63 [Anm. 22]).

48 Ein Anwalt, der arglistig seinen Klienten über den Erfolg der Verteidigung täuscht, muß ihm den Schaden ersetzen (III., S. 67 [Anm. 22]), was aber angesichts der drohenden Strafen eher zynisch scheint.

49 Zum Ganzen: III., S. 67 f. (Anm. 22).

50 „Nämlich der Strafe der kanonischen Reinigung (…) zur Abschwörung wegen des Verdachtes (…) und (…) zu den verschiedenen Abschwörungen" (III., S. 71 [Anm. 22]).

51 „Wenn sie aber antwortet, sie wisse nichts von ihm, dann werde sie gefragt, ob er ihr Freund ist; sogleich wird sie antworten, Freund, weil es nicht angeht, einen als Feind zu bezeichnen, von dem sie nichts Schlimmes weiß" (III., S. 77 [Anm. 22]): In diesem Fall kann der Angeklagte später den Freund als Feind bezeichnen.

52 Formulierung für den Richter: III., S. 84 (Anm. 22).

53 Oft versuchen Hexen, Richter durch „weinerliche Laute" zu gewinnen. Der Richter kann durch Beschwörung leicht feststellen, welche Art von Tränen vergossen wird (Formel in III., S. 90 f. [Anm. 22]).

54 Wenn „Bernardus behauptet, daß eine demütige Träne in den Himmel steige und einen Unbesiegbaren besiege, so ist es niemandem zweifelhaft, daß sie auch dem Feinde des Heiles (…) gar sehr mißfällt (…), [so] daß er sie (…) zu verhindern sucht, damit (…) Unbußfertigkeit erzielt werde" (III, S. 91).

55 Angeführt wird eine Geschichte aus Hagenau (II., S. 37 [Anm. 22]).

56 Beispielsfall aus Innsbruck (III., S. 95 [Anm. 22]).

57 2 Kor 9,8: „In seiner Macht kann Gott alle Gaben über euch ausschütten, so daß (…) ihr noch genug habt, um Gutes zu tun" (III., S. 97 [Anm. 22]).

58 Kaiser Heinrich wendete Eisenprobe an, um seiner Frau Kunigunde den Ehebruch zu beweisen.

59 Nach *Augustinus,* lib. Arbitrium, sind die Huren in der Stadt notwendigerweise zu dulden: „Beseitige die Huren, und du wirst alles durch die Lust in Verwirrung stürzen" (III., S. 105 f. [Anm. 22]).

60 1 Thess 5: Die Vermeidung von Sünden ist Christenpflicht.

61 Als Beleg wird z. B. David und Goliath (1 Sam 17) genannt, III., S. 108 f. (Anm. 22).

62 Als Tatsachenbeleg wird ein Beispiel aus der Diözese Konstanz angeführt, III., S. 110 (Anm. 22).

63 „De iure" ist man verdächtig, „wenn das Recht aufgrund einer Tatsache etwas annimmt und festsetzt" (III., S. 115 [Anm. 22]) – dies wird mit einem Vergleich bekräftigt: Die Ehe ist dann vollzogen, wenn der Wille zu Hochzeit und zugleich eine Vereinigung vorliegt. „Iuris" ist man dagegen verdächtig, „wenn das Recht etwas annimmt, aber nicht festsetzt" (III., S. 115 [Anm. 22]) – was man jedoch widerlegen kann.

64 *Hostiensis,* Summa, tit. de praesumptione (= *Henricus de Segusio,* Summa aurea, 2,23,4; *Jerouscheck,* 2000 (Anm. 1), S. 702): „Es ist zu beachten, daß, obschon Ketzer aufgrund eines leichten Argumentes entlarvt werden, nämlich mit Bezug darauf, daß sie für verdächtig gehalten werden, sie doch nicht wie Ketzer zu halten sind" (III., S. 117 [Anm. 22]).

65 „Es wird jemand der Ketzerei angeklagt oder verdächtigt, gegen den wegen dieses Verbrechens ein großer und gewaltiger Verdacht entstanden war" (III., S. 117 [Anm. 22]).

66 Belege dafür in III., S. 119 (Anm. 22).

67 Dabei ist zu beachten, daß „ein ungestümer Verdacht (…) zur Aburteilung [genügt] und (…) keinen Beweis für das Gegenteil zu[läßt]" (III., S. 124 [Anm. 22]).

68 Zum Freispruch bzgl. der Form: III., S. 126 f. (Anm. 22).

69 Zur Anzahl: „Sieben, zehn, zwanzig oder dreißig, je nachdem er mehr oder weniger und in mehreren oder nur wenigen, mehr oder minder ansehnlichen Orten übelbeleumdet gewesen ist" (III., S. 130 [Anm. 22]).

70 Zur Formulierung der purgatio: III., S. 129 f. (Anm. 22). Zur Auswahl der Reinigungshelfer, III., S. 130 (Anm. 22).

71 Wenn der Verurteilte an mehreren Orten einen üblen Ruf hat, muß er seinen Glauben dort öffentlich bekennen vgl.: De purg. Canon inter solicitudines (= Decretales *Gregorii IX.*, 5, 34, 10; *Jerouscheck,* 2000 [Anm. 1], S. 714); III., S. 131 f. (Anm. 22).

72 Der Urteilstext wird in III., S. 135 (Anm. 22) genannt.

73 Falls der Hexer erneut als Rückfälliger angeklagt wird, „wird er nicht mit der einem Rückfälligen gebührenden Strafe bestraft, mag er dann schwerer zu bestrafen sein, als wenn er nicht schon vorher abgeschworen hätte" (III., S. 138 [Anm. 22]).

74 Er kann sich wiederum der Formulierung aus III., 138 f. (Anm. 22) bedienen.

75 Zur Form des Urteils: III., S. 140 f. (Anm. 22).

76 Der Verurteilte muß die Hand auf das Evangelium legen und – sofern er lesekundig ist – den Schwur laut und verständig vorlesen: Vorschlag in III., S. 143 (Anm. 22).

77 Zum Widerruf-Schwur: III., S. 143 f. (Anm. 22).

78 Vorschlag für das Urteil in III., S. 145 f. (Anm. 22).

79 Beim Nichterscheinen zum Prozeß wird man auf ein Jahr exkommunizjert.

80 Schwurformel in III., S. 151 f. (Anm. 22).

81 Zur Rekommunikation: III., S. 153 ff. (Anm. 22).

82 Schwurformel in III., S. 156 f. (Anm. 22).

83 Aufheben der Strafe nach der Formulierung in Urteilsform: III., S. 158 ff. (Anm. 22).

84 Der Urteilstext wird in III., S. 162 ff. (Anm. 22) vorgeschlagen.

85 Zum Urteil, vgl.: III., S. 175 ff. (Anm. 22).

86 Vorschlag für dieses Urteil in III., S. 178 ff. (Anm. 22) – dieses Urteil ist das längste im Hexenhammer.

87 Zum Urteil, vgl. III., S. 186 ff. (Anm. 22).

88 Eine Form findet sich in III., S. 191 ff. (längere Fassung [Anm. 22]) und in III., 192 f. (Kurzversion [Anm. 22]).

89 Die beiden Urteile sind unterschiedlich lang (längeres III., S. 195 ff. [Anm. 22]; kürzeres III., S. 194 [Anm. 22]).

90 Beispielsfall in III., S. 205 (Anm. 22).

91 „Wenn sich welche zusammen mit abergläubischen Mitteln finden, wie sie gemeiniglich gefunden werden, sind die betreffenden Frauen wegen der schrecklichen, von den Canones verhängten Strafen auf keinen Fall zu dulden" (III., S. 209 [Anm. 22]). Zu den Strafvorschriften, *Jerouscheck,* 2000 (Anm. 1), S. 782 ff, Anm. 470 ff.

92 Beispielsfall einer Hexe in Zunhofen (Diözese Speyer), III., S. 210 (Anm. 22).

93 Beispielsfall aus Speyer, III., S. 211 (Anm. 22).

94 Zu den Hexenbogenschützen, II. Buch 1. Hauptfrage, Unterfragen 16.

95 Zur weiteren, III., S. 219 (Anm. 22).

96 Zum Wortlaut, vgl. III., S. 223 f. (Anm. 22).

97 Geschickt ist es, wenn der Richter beachtet, daß nach Ausfertigung eines Abgabebericht de facto nichts mehr mit dem nach Rom zu schickenden Prozeß zu tun hat (III., S. 227 [Anm. 22]).

98 Dazu *Leutenbauer* (Anm. 23), S. 61 f.

99 *Lea, Henry Charles,* Geschichte der Inquisition im Mittelalter, 3 Bände, Bonn 1901, Bd. 3, S. 575.

100 *Byloff, Fritz,* Das Verbrechen der Zauberei (crimen magiae), Graz 1902, S. 350.

101 Dementsprechend ist auch die Berufung eingeschränkt, („Frage 35"). *Jerouscheck,* 1988 (Anm. 1), S. 27 ff. spricht hierbei von „Unrecht im Recht".

102 Sehr zu schätzen sind Jerouschecks psychologische Deutungsversuche (*Jerouscheck ,* 1988 (Anm. 1), S. 62 ff., in denen die zahlreichen Ansätze deutlich und umfassend herausgearbeitet worden sind. Hier ist aber vornehmlich die strafprozessuale Seite betrachtet worden.

103 *Schmidt* (Anm. 10), S. XLVI f.

# Neuzeitliche Phasen
# der Hexenverfolgung

# Das Hexereidelikt im Weltbild der frühen Neuzeit

*von Melanie Knab*

1. Das Wort Hexerei erscheint 1419 zum ersten Mal in einem Strafverfahren in der Schweiz; allerdings wurde Ende des 13. Jahrhunderts in einem Gedicht des Hugo von Lahnstein mit dem Titel „Martina" die Hauptfigur als „hegxe" und „hexse" – für Zauberin – bezeichnet.[1] In der lateinischen Gelehrtensprache, in der die Bücher der Autoren über die Hexenprozesse verfaßt waren, verwendete man verschiedene Ausdrücke aus der Zeit des Altertums, die aber den Sinn nicht völlig erfaßten. Der Bibel läßt sich ebenso kein passender Ausdruck entnehmen; ein der Hexe entsprechendes Wort kommt darin nicht vor.[2] Die Hexenverfolger beriefen sich zwar auf das 2. Buch Mose, 22. Kap., das Luther folgendermaßen übersetzte: „Die Zauberinnen sollst Du nicht leben lassen", aber dem wurde entgegen gehalten, daß hier Frauen gemeint seien, die durch verbotene Künste wahrsagten. Eine solche Frau tritt im 2. Buch Samuel, 28. Kap. auf und auf diese Frau – die „Hexe von Endor" genannt – beriefen sich die Hexenjäger.[3] Die Jagd auf Hexen setzte im 15. Jahrhundert ein, nahm in der zweiten Hälfte des 16. Jahrhunderts an Intensität zu, und erreichte um 1620 ihren Höhepunkt, um im späten 17. und frühen 18. Jahrhundert abzuebben.[4]

Der theologische Begriff der Hexerei bezeichnet diese als Todsünde, als freiwilligen Verstoß gegen das Erste Gebot des Dekalogs.[5] Sünden wurden zunächst ausschließlich von den kirchlichen Instanzen geahndet, die dem Reumütigen durch bessernde Bußauflagen die Absolution erteilen konnten. Die Inquisitionsbehörden sollten Häretiker aufspüren und zur Umkehr bringen. Brachte dies aber keinen Erfolg, wurden sie aus der Kirche ausgeschlossen. Schon das römische Recht bestrafte Ketzerei mit der Todesstrafe. Dieses Recht wurde ab dem 12. Jahrhundert rezipiert und prägte vor allem Friedrich II., der Ketzergesetze erließ. 1231 erkannte Gregor IX. die Todesstrafe an, die die weltliche Macht des Staates seit den Ketzergesetzen Friedrichs II. verhängte. Der Staat sah in den Ketzern rebellische Terroristen, die die äußere Ordnung des Staates störten, indem sie Verrat an Gott und indirekt an dem begnadeten Herrscher ein crimen laesae majestatis (divinae) begingen. Am 5. Dezember 1484 verlieh Innozenz VIII. durch seine Bulle „Summis desiderantes" der Lehre den päpstlich-apostolischen Segen.[6] Indem die Hexerei mit der Ketzerei immer mehr auf eine Stufe gestellt wurde, war eine Bestrafung durch weltliche Gerichte mit der Todesstrafe möglich geworden.

2. Unter Hexerei wird die Ausübung unheilbringender, schwarzer oder bösartiger Magie verstanden, die Ausübung böser Taten mittels einer außergewöhnlichen, geheimnisvollen, okkulten, außernatürlichen oder übernatürlichen Macht.[7] Dazu gehörten beispielsweise die Tötung eines Menschen durch Durchstoßen einer ihm nachgebildeten Puppe. Ebenso die Übertragung einer Krankheit auf ein Kind durch einen Zauberspruch, die Schädigung der Ernte durch Verbrennen verzauberter Substanzen, das Auslösen eines Feuers, indem ein verhextes Schwert in einem Raum abgelegt wurde, sowie die Unfruchtbarmachung eines Bräutigams durch Verstecken eines Stücks verknoteten Leders in seiner Nähe. Diese Taten wurden im Lateinischen als maleficia bezeichnet, im Englischen als witchcraft.[8] Die Leute, die diese Taten verübten, wurden als malefici oder maleficae bezeichnet und diese Bezeichnung wurde in der Frühen Neuzeit zur Bezeichnung der Hexen verwendet.

3. Magie im engeren Sinne ist eine Fähigkeit, die vom Menschen selbst aktiviert und kontrolliert wird. Die Macht des Magiers ist zum Großteil die Kraft des Magiers, die er einsetzt, um unmittelbar zu beobachtende, konkrete Ergebnisse im Diesseits zu erzielen.[9] Die Magie ist in schwarze und weiße Magie zu unterteilen. Die lateinische Bezeichnung schwarzer Magie[10] als maleficia läßt auf unheilbringende und nicht wohltuende Taten der Hexen schließen. Sie sollen körperliches Ungemach, Krankheit, Tod, Armut oder anderes Unglück bringen. Früher wurde diese Kunst Nekromantie genannt – von nekros, dem Leichnam (griech.) abgeleitet – doch aufgrund eines Übersetzungsfehlers wurde dieses Wort zum lateinischen niger (schwarz) umgestaltet und fortan als schwarze Magie bezeichnet.[11] Es muß ein Unterschied zur weißen Magie gemacht werden. Weiße Magie kann durchaus positiv sein, z.B. das Wachsen der Feldfrüchte beschleunigen oder einen Kranken heilen, sie kann schützen, indem sie Unheil abwendet oder einen bösen Geist oder eine Hexe ab-

schreckt. Die heilenden Praktiken der weißen Magie wurden von der Kirche toleriert, während alle übrigen magischen Praktiken als Formen der schwarzen Magie verworfen wurden.[12] Eine exakte Abgrenzung zwischen diesen beiden Formen der Magie ist jedoch schwierig, da die Grenzen fließend sind. Vor allem die Fälle, in denen der Magier jemandem schadet, um sich selbst zu schützen, oder jemanden heilt, indem er die Krankheit auf einen anderen überträgt, sind schwer zu beurteilen. Weiße Hexen wurden in der Praxis jedoch oft viel milder behandelt als schwarze Hexen. In England wurden sie viel öfter von kirchlichen Gerichten als von weltlichen verurteilt, dabei wurde ihnen nur Kirchenbuße auferlegt. In manchen Gegenden wurden sie nicht einmal angeklagt.

4. Eine allgemein akzeptierte Definition für die Ausführung der Hexerei existiert nicht, aber beinahe ausnahmslos wird damit die Ausübung von Magie durch eine gewisse Art von mechanischer, manipulativer Handlung verstanden.[13] Hexerei ist eine erworbene Fähigkeit. Der Erwerb der Fähigkeit kann auf zwei verschiedene Arten und Weisen geschehen: Hohe Magie ist eine ausgeklügelte, spekulative Kunst, die ein gewisses Maß von Bildung voraussetzt.[14] Beispiele hierfür sind die Alchimie, die Wahrsagerei oder die Beschwörung. Auf diese Arten der Magie ist aber nicht näher einzugehen, da Hexen überwiegend wegen Ausübung niederer Magie beschuldigt wurden. Niedere Magie erfordert hingegen keine oder nur geringe formale Kenntnisse und kann durch mündliche Tradition, eine Lehrzeit oder sogar durch individuelles Experimentieren erlernt werden. Sie ist allerdings auf einfache Zaubersprüche beschränkt.[15] In der frühen Neuzeit sind die Mehrzahl der Hexen der Kategorie der niederen Magie zuzuordnen, wohl auch deshalb, weil die meisten Hexen der Unterschicht angehörten und außerdem der größte Teil der hohen Magie der weißen Magie zugerechnet wurde. Allerdings wurden teilweise auch Ausübende der weißen Magie angeklagt, sowie die Ausübung der Wahrsagerei durch viele Hexengesetze verboten.

5. Der Hexenhammer, das in der frühen Neuzeit bedeutendste Werk zur Hexenlehre, wurde von Heinrich Institoris (Kramer) und Jakob Sprenger verfaßt und erschien im Jahre 1487. Das Hexereidelikt setzt sich dieser Schrift zufolge aus den Elementen des Schadens-

zaubers, des Teufelspaktes, der Teufelsbuhlschaft und der Teilnahme am Hexensabbat kumulativ zusammen.[16] Heinrich Kramer betonte die Realität des Schadenszaubers, um die weltlichen Behörden für die Taten der Hexen zuständig zu erklären, wohl auch daher, weil er den kirchlichen Instanzen zu wenig Verfolgungseifer bezüglich des Teufelspaktes zutraute.[17]

6. Die Constitutio Criminalis Carolina (Carolina, CCC) setzte an die Stelle der bisher im deutschen Strafrecht allgemeinen Bezeichnungen des Verbrechens in vielen Fällen einen fest umrissenen Tatbestand. Es wurde die Schuldhaftung, sowie eine Unterscheidung zwischen Vorsatz und Fahrlässigkeit eingeführt. Das Strafsystem zeigte aber immer noch die Härte der mittelalterlichen Strafrechtspflege.[18] Die Carolina wurde auf dem Reichstag zu Regensburg von 1532 verabschiedet. Die CCC enthält in ihrem Artikel 109 keine genaue Definition der Zauberei, woraus sich schließen läßt, daß die einschlägige Hexenliteratur zum damaligen Zeitpunkt bereits hinreichend bekannt gewesen sein muß.[19] Es wird lediglich pauschal von Schadenszauberei gesprochen. 1507 bereits benannte die Constitutio Criminalis Bambergensis eine Gleichsetzung des Schadenszaubers mit der Ketzerei und dessen gleichwertige Bestrafung. Die Carolina von 1532, die für Schadenszauber die Feuerstrafe vorsah, verlangte bei sonstigem Zauber eine Bestrafung nach Abwägung des Falles und mit Einholung eines Gutachtens einer Juristenfakultät.[20] Obwohl die Carolina nur subsidiär galt, wurde sie von etlichen Landesherrschaften übernommen. Es gab jedoch auch Länder, die auf jede Strafe bei Zauberei verzichteten. Der Schadenszauber oder maleficium als strafbare Handlung basierte auf dem Glauben an die Wirksamkeit von Magie. Versuche, durch magische Rituale und Mittel Einfluß auf Gedeihen und Fruchtbarkeit von Menschen, Tieren und Feldfrüchten zu nehmen, waren in der frühneuzeitlichen Gesellschaft allgemein üblich.[21] Magiekundige Menschen sollten demnach ihr Wissen und ihre Fähigkeiten zum Schaden oder Nutzen einsetzen können. In diesem Zusammenhang ist auch das veneficium zu erwähnen. Darunter wird außer dem bloßen Schadenszauber auch der Flugzauber verstanden. Daneben versteht man darunter noch den Giftmord, ohne einen Zusammenhang mit Zauberei herzustellen.[22] Die Doppeldeutigkeit des Begriffes ergibt sich aus seiner Entwicklung. Die Vergiftung wurde in der römischen lex Cornelia

de sicariis als spezielles Tötungsdelikt angesehen, im Mittelalter trat der Charakter der verräterischen Tötung in den Vordergrund. In der frühen Neuzeit tritt wieder eine Trennung der Delikte ein.[23]

7. Die Hexe übte nicht nur schadensstiftende Magie aus, sondern schloß auch einen Pakt mit dem Teufel und verehrte diesen. Die Hexerei war daher Satanskult, da mit ihr eine Anbetung des Teufels verbunden war. Der Glaube an den Teufelspakt findet sich schon in Schriften des heiligen Augustinus, verbreitete sich in Westeuropa jedoch erst ab dem 9. Jahrhundert.[24] In diesen Pakten soll eine vertragsähnliche Vereinbarung getroffen worden sein, nach welcher der Teufel im Austausch gegen Dienstleistungen oder den Besitz der Seele nach dem Tod dem Vertragspartner Wohlstand oder eine andere Art irdischer Macht verschaffte, wozu manchmal auch die Macht der Magie gehörte. Thomas von Aquin griff die von Augustinus entwickelte Lehre vom Dämonenpakt auf und wendete sie auf die Magie an. Er traf dabei eine Unterscheidung zwischen einem pactum expressum, wenn beide Teile den Vertrag unterzeichneten, und einem pactum tacitum, einem einseitigen Kontraktverhältnis, bei dem wohl der Teufel, aber nicht der Mensch sich gebunden hatte.

Der Teufelspakt ist die Basis und Bedingung, auf der die ganze Hexerei beruht.[25] Die Hexerei und der Satanskult waren eng miteinander verbunden. Diese Ansicht entstammte theologischen Schriften seit dem 4. Jahrhundert, die nachzuweisen suchten, daß Magie nur mit dämonischer Kraft ausgeübt werden könne.[26] Im Laufe des Mittelalters veränderte sich diese Vorstellung. Zeremonielle Magie drang, so nahm man an, vor. Deshalb gingen die Scholastiker davon aus, daß die Magier mit dem Satan persönlich paktierten und deshalb Häretiker und Abtrünnige seien. Des weiteren mutmaßten sie, daß die Magier auf Hexensabbaten Satan wie einen Gott verehrten. Dort sollen sie sich auch lustvollen, obszönen, kindermörderischen und kannibalistischen Praktiken hingegeben haben, die gegen die moralischen Normen der Gesellschaft verstießen. Ihr Treiben erschien – auch durch den Vergleich mit Häretikern und Abtrünnigen – im späten 15. Jahrhundert weitaus vorsätzlicher, organisierter und bedrohlicher für die Gesellschaft.

8. Der Hexenhammer hatte ein neues Verständnis des maleficium nahegelegt. Die Hexen würden demzufolge mala de fide sentire, aus

schlechtem Glauben und mit bösem Willen handeln. Durch die Betonung des Willenselementes wurde der schädigende Wille in den Vordergrund gestellt, und dieser Wille drückte sich im Teufelspakt aus.[27] Eine Schädigung wurde hierbei im geistigen Sinne gesehen, da der Pakt Verrat an Gott bedeutete. Die Menschen hatten Angst vor einer Rache Gottes, insbesondere befürchteten sie, daß es zu Katastrophen und Hungersnöten wie im Alten Testament kommen könne. Die Todesstrafe für den Teufelspakt wurde 1572 in der Kursächsischen Kriminalordnung unter Aufgabe der Regelung in der Carolina manifestiert.[28] Dabei wurde bei der Festlegung des Tatbestands ausdrücklich auf den freien Willen des Täters abgestellt. Diese wurde von anderen Staaten übernommen. Eines der bekanntesten Werke ist das bayrische Hexenmandat von 1611.

9. Das Willensmoment wurde von manchen Theologen als so wichtig erachtet, daß selbst diejenigen, die sich den Teufelspakt nur einbildeten, zu bestrafen seien, da sie den bösen Willen hatten. Auf die Voraussetzungen einer Tat konnte daher verzichtet werden, bestraft werden sollte der böse Wille als solcher.[29] Es trat eine Verselbständigung des Delikts ein. Das weltliche Recht trennte sich vom kirchlichen. Der Staat gab nunmehr vor, wer wegen Hexerei zu bestrafen sei. Das Strafrecht wurde als Mittel zur Ausschaltung von Feinden verwendet. Hochverrat zum Beispiel galt als Vorbereitungsdelikt, bei dem dringender Handlungsbedarf angeraten war und zwar auf den feindlichen Willen des Verräters. Ein Abwarten von Taten war überflüssig.[30] Die beiden Tatbestandsmerkmale der Hexerei, die Ausübung des maleficium und der Satanskult, waren beide eng miteinander verbunden, was dazu führte, daß bei Feststellung des einen Tatbestands der jeweils andere als selbstverständlich vorausgesetzt wurde.[31] Gelegentlich gab es aber auch Anklagen, die nur eine der beiden Merkmale betraf. Die Vorstellungen vom Satanskult waren überwiegend bei Gelehrten, Juristen und Magistraten verbreitet, also in der gebildeten und herrschenden Gesellschaftsschicht. Freilich, auch die unteren Gesellschaftsschichten kannten den Teufelspakt und die Satansverehrung, und während der großen Hexenpaniken wurde die Bevölkerung sogar von Klerikern über diese instruiert.[32]

10. Unter Teufelsbuhlschaft wurde seit dem 13. Jahrhundert die Beziehung magieausübender Personen zu dem beschworenen Dämon

als eine Art Vertragsverhältnis verstanden.[33] Des weiteren betonte er ausdrücklich die Möglichkeit einer geschlechtlichen Vereinigung zwischen Dämonen und Menschen.[34] Das Bündnis mit dem Teufel wurde durch den Geschlechtsverkehr sozusagen besiegelt. Der Teufel konnte sich durch dieses Bündnis auch der Seele des Menschen bemächtigen, und ihn wie ein Werkzeug lenken.[35] Es wurde dabei die Theorie vertreten, daß der Teufel sich erst einem Manne als Sukkubus hingibt[36] und dann die in diesem Beischlaf aufgenommenen Samen auf eine Frau überträgt, der er als Inkubus erscheint[37]

11. Ferner wurde geglaubt, daß die Hexen untereinander in Verbindung standen und eine Sekte bildeten. In diesem Zusammenhang fand die Vorstellung von nachtfahrenden Frauen Verwendung und wurde als Flug zum Hexensabbat gedeutet.[38] Ohne Hexenflug war der Sabbat nicht denkbar.[39] Die Hexe soll demnach zum Ausfahren eine Salbe aus den Gliedmaßen von vornehmlich ungetauften Kindern hergestellt haben, womit sie ihr Gefährt bestrich und dann flog.[40] Den Flug durch die Luft dachte man sich auf Tieren oder Gegenständen, besonders auf einem Stecken.[41] Auf den Hexensabbaten wurden ekelhafte Speisen, wie z. B. schlechter Fisch, Mistlachenwasser etc. verspeist – als besonderer Leckerbissen galten kleine Kinder, die hier scheinbar geschlachtet wurden und bald nachher wirklich sterben mußten.[42] Der Tanz ums Feuer oder eine Hexe, die als Lichtstock diente, erfolgte nach außen gekehrt. Der Glaube an den Hexensabbat, der erst im Spätmittelalter aufgekommen war, weitete die Hexerei zu einem Verbrechen von ganzen Banden oder Sekten aus, bei dem es selten bei einem Verfahren gegen nur eine Person blieb.[43] Des weiteren ist hier die Fähigkeit der Hexen zur Verwandlung in Tiere zu nennen. Diese Verwandlung geschah durch Einreiben mit einer Zaubersalbe.[44] Die praktische Folge dieser Vorstellungen war, daß viele nicht wegen der Ausübung von maleficia beschuldigt wurden, sondern wegen der Verehrung Satans. Viele wurden ausschließlich wegen ihrer Teilnahme am Hexensabbat beschuldigt und nicht wegen der Ausübung bestimmter Akte der Magie.[45]

12. Schadenszauber geschah auf mancherlei Weise: Die Kunst des Wettermachens stand im Mittelpunkt der Malefizien.[46] Zur Kunst des Wettermachens gehörte auch die Tötung von Menschen oder

Tieren durch Blitzschlag. In ländlichen Gegenden war Wetterzauberei besonders gefürchtet und geriet daher immer stärker in den Mittelpunkt des Verfahrens. Das Wettermachen wurde eigentlich nur Gott zugeschrieben, daher konnte eine Hexe nur mit Hilfe des Teufels auf das Wetter einwirken.[47] Das Wettermachen sollte unter Anrufung des Teufels und Opferung eines Fohlens erfolgen, woraufhin der Teufel einen Diener aussende, der die Wünsche der Hexe erfülle.[48] Erwähnt wird aber, daß die Gewitter nicht immer die von den Hexen gewünschte Zerstörung hervorriefen, da diese Gegenden unter dem Schutz Gottes standen.

Ein Tatverdacht der Vermögensbeschädigung entstand meist aufgrund eines schon bestehenden Gerüchts, Verwandtschaft oder wegen Umganges mit Hexen. In der dörflichen Bevölkerung war der Butter- oder Milchzauber das am häufigsten vermutete magische Delikt.[49] Dabei spielte nicht nur die eigene mangelhafte Produktion, sondern auch der besondere Erfolg des Beschuldigten eine große Rolle. Der Milchzauber wurde in zwei Formen dargestellt:[50] Zum einen sollten die Hexen für das Versiegen der Euter gesorgt haben. Zum anderen wurde ein Diebstahl dieser bei den Kühen des Opfers nun nicht mehr fließenden Milch angenommen, und zwar durch heimliches nächtliches Melken der fremden Kühe – in Tiergestalt oder unsichtbar oder unter Verwendung des Teufels – und Wegbringen der so gewonnenen Milch. Ebenso soll die Milch auch durch eine in die Stallwand eingeschlagene Axt – aus der dann die Milch floß – durch die Täterin entfernt werden können. Die Tatbestände sind auf die Vorstellung zurückzuführen, daß von den Menschen in der frühen Neuzeit geglaubt wurde, in der Gesellschaft herrsche ein statistisches Gleichgewicht, wonach das, was einem genommen wurde, einem anderen – in diesem Fall der Hexe – zufließen müßte.

Mit dem Milchzauber stand der Butterzauber in enger Verbindung. Mit der gestohlenen Milch soll die Hexe Butter hergestellt haben, aufgrund magischer Kunst ungewöhnlich viel. Der Fall der Groten Grete[51] – der bekanntesten Butterhexe – verdeutlicht die Auswirkungen. Zeugen beschuldigten sie, bei ihren Kühen zauberische Praktiken angewendet zu haben und den Butterzauber anderen gelehrt zu haben. Die Anklage warf ihr vor, sie bekomme von zwei Kühen so viel Milch, daß sie diese im Wert von 30 Talern jährlich verkaufen konnte. Verschiedene Zeugen aber besagten, daß alle, die

Butter brauchten, zu ihr geschickt wurden. Es existierte in der Bevölkerung aber auch ein Gegenzauber gegen den Butterzauber, nämlich das Herzeigen des nackten Gesäßes, das die schädigenden Zauberkräfte abzuwehren geeignet sein sollte.[52] In ähnlicher Weise gestaltete sich der Weinzauber. Durch diesen drangen die Hexen, teils in Tiergestalt, in die Keller, tranken die Fässer aus und ersetzten den Wein durch Wasser oder Urin.[53]

Den Hexen wurde des weiteren die Fähigkeit zugeschrieben, eine schmerzhafte Bewegungsunfähigkeit in die Glieder zu schießen, den noch heute bekannten „Hexenschuß". Dies konnte durch den bösen Blick, durch Handauflegen oder Zischen von Worten sowie Auftragen verderblicher Salben geschehen.[54] Ein häufiger Fall von Gesundheitsbeschädigungen war auch das Anhexen von Impotenz oder Unfruchtbarkeit.[55] Auch Liebeszauber wurde in gewissem Maße als Schädigung des Betroffenen angesehen, da er eine Ausübung von Zwang auf andere darstellte.[56] Der Giftmord wurde als spezifische Form weiblicher Gewaltkriminalität angesehen und insbesondere Hexen zugeschrieben. Er galt als Beweis der Existenz weiblicher Kriminalität, weil er mit der einzigartigen weiblichen Scheu vor offener Gewalt und der Neigung zu List und Tücke in Verbindung zu bringen ist.[57] Dies wird mit dem Monopol der Frau bei der Nahrungszubereitung in Verbindung gestanden haben.

13. Über die soziale und wirtschaftliche Stellung der Hexen und ihrer Berufstätigkeit gibt es nur sehr dürftige Belege. Trotzdem kann man davon ausgehen, daß die Mehrzahl der Hexen aus der unteren Bevölkerungsschicht stammte.[58] Die Kommentare der Autoren deuten darauf hin, daß die Hexen in Erwartung eines materiellen Gewinns einen Teufelspakt abschlossen. Arme Leute wurden besonders oft zu Sündenböcken gestempelt.[59] Es wurden sowohl Frauen als auch Männer der Hexerei beschuldigt. In der Realität waren fast drei Viertel der Hingerichteten Frauen, wobei die Quote der Männer und Kinder gegen Ende anstieg.[60] In den europäischen Ländern stand die Frau mehr als der Mann im Ruf der Ausübung von schwarzer Magie.[61] Dies ist wohl auch darauf zurückzuführen, daß Frauen seit jeher die Fähigkeit zugesprochen wurde, leichter mit der Dämonenwelt zu kommunizieren. Die Frau hatte in der frühen Neuzeit dem Mann gegenüber eine untergeordnete und lediglich unter-

stützende Stellung.[62] Schadenszauber wurde bis zum Beginn des 17. Jahrhunderts ausschließlich Frauen angelastet.[63] Dem weiblichen Körper als Gefäß wurden magische Kräfte zugesprochen, die in Berührungen, Atem, Blick vollzogen werden konnten.[64] Da alle Frauen das zum Schadenszauber nötige Wissen potentiell besaßen, waren sie qua Geschlecht vom Zaubereivorwurf bedroht.[65] Vor allem Heilkundige sowie Köchinnen gerieten leicht in den Verdacht Hexen zu sein, da sie sich der Kräuter bedienten. Ebenso wurden Hebammen sowie Kinderfrauen oft der Hexerei verdächtigt, wenn ein Säugling bei der Geburt oder am damals noch weitverbreiteten Kindstod starb.[66] Die meisten Hexen waren über 50 Jahre alt, also für die damalige Zeit schon sehr alt.[67] Diesen Frauen wurde aufgrund ihrer Gebrechlichkeit eine hohe Tendenz zur Anrufung des Teufels um Schutz nachgesagt. Junge Frauen wurden eher des Liebeszaubers bezichtigt. Kinder waren vor Anschuldigungen auch nicht gefeit, in Würzburg waren zum Beispiel 25 Prozent der zwischen 1627 und 1629 Hingerichteten Kinder.

Aufgrund des Frauenüberschusses – hervorgerufen durch die Kriege – bestand eine Furcht vor unverheirateten oder ledigen Frauen.[68] Verheiratete Frauen hingegen scheinen deshalb verdächtigt worden zu sein, weil es zur damaligen Zeit nicht möglich war, Mißbilligung gegenüber der Ehefrau, Mutter oder Kindern offen zum Ausdruck zu bringen, ohne die Ächtung der Gesellschaft auf sich zu ziehen.[69]

14. Welche Indizien sprachen für Hexerei? Beim Hexentanz suchten die Verfolger nur mit sehr geringem Aufwand nach Beweisen. Vielleicht auch deshalb, weil schon allein das Wissen um den Tanz verdächtig machte, da man möglicherweise mit dabei war. Bei Befragung der Zeugen nach verdächtigen Worten, Werken und Gebärden wurde wiederum inkonsequent gehandelt. Viele sagten aus, daß man danach bei der Verdächtigten nicht gesucht habe, wobei sie den Widerspruch dadurch milderten, daß sie behaupteten, sie verstünden sich nicht darauf. Widersprüchlichkeit lag auch beim Umgang vor. Der Umgang mit Hexen galt als verdächtig. Die Zeugen mußten im Prozeß häufig einräumen, daß sie mit einer Angeklagten Umgang hatten, der wiederum der Umgang mit einer Berüchtigten vorgeworfen wurde. Hieraus wurde jedoch die Schlußfolgerung gezogen, daß bloßer Umgang nicht verdächtig war. Fluchen galt als Indiz für Hexerei. Zeugen gaben oftmals zu, daß sie selbst schon geflucht hat-

ten, schwächten ihre Aussage aber dadurch ab, daß sie einräumten, man dürfe daraus keine Gewohnheit machen.

15. Ehe die Hexenjagd beginnen konnte, mußten bestimmte Kriterien erfüllt sein. Insbesondere waren der Hexenglaube der jeweiligen Bevölkerung, die Gesetze und juristischen Institutionen des jeweiligen Landes und die Stimmungslage entscheidend. Der Hexenglaube existierte bereits vor der Ausformulierung des kumulativen Konzepts und wurde von Predigern ohne Schwierigkeiten neu belebt, wenn sie glaubten, in ihrer Gemeinde betätigten sich Hexen. In Südspanien hingegen war der Hexenglaube nur schwach ausgebildet, weshalb sich dort praktisch keine Hexenverfolgungen ereigneten.[70] Folgenreicher war jedoch der Hexenglaube der Eliten und Behörden. Diese kontrollierten die Justiz und deren Hexenglaube bildete eine wesentliche Voraussetzung jeder Hexenjagd.

Die meisten Hexen in der frühen Neuzeit stammten vom Land, weshalb im folgenden näher auf die Konflikte im Dorf einzugehen ist. Ein Grund für das vermehrte Aufkommen auf dem Lande war wohl die zahllose Möglichkeit von Konflikten und die Nähe oder Verwandtschaft.[71] Der Hexenglaube der Landbevölkerung[72] unterschied sich in mehrerlei Hinsicht von dem Hexenglauben, den die Kirche durch ihre Hexenlehre intendierte. Primär für den Hexenglauben blieben die traditionellen Vorstellungen aus dem Bereich der volksmagischen Kultur, der mündlichen Erzählungen und religiösen Vorstellungswelt. Die Hexe war daher eher die böse Zauberin geblieben als die Teufelsbuhlerin. Die Hexenkünste bewegten sich dabei im Rahmen der Gesetzmäßigkeiten der volkstümlichen Magie. Die Hexe war daher eine beobachtbare Bewohnerin des Dorfes, die kontrollierbar, identifizierbar, bekämpfbar und sogar vernichtbar war. Aspekte der Kirchenlehre außerhalb des Schadenszaubers, wie Hexenflug oder Verhältnis zum Teufel, fehlten ganz. Im Mittelpunkt des dörflichen Hexenglaubens stand die das Leben, die lebenserhaltende Nahrung und lebensnotwendige Sicherheiten zerstörende Hexe.[73] Ihre Bedrohlichkeit ging von ihrer ständigen Präsenz aus, daher war die Hexe letzlich eine größere und lebensgefährlichere Bedrohung als jeder Krieg, jede Epidemie oder jedes Unwetter. Des weiteren muß beachtet werden, daß die dörfliche Gemeinschaft ein einfaches Sozialsystem darstellte, das Konflikte durch direkte Interaktion[74] bewältigte. Der Konflikt wird dort nicht nebenbei erledigt, sondern es muß die volle Konzentration auf diesen gerichtet werden.

16. Da die europäische Hexenjagd ein zeitlich begrenztes Phänomen war, liegt es nahe, sie als Folge des tiefen sozialen und ökonomischen Wandels in diesem Zeitraum zu sehen. Im 16. Jahrhundert setzte ein europäisches Wirtschafts- und Bevölkerungswachstum ein.[75] Während dieser Zeit herrschte in der Bevölkerung – trotz der Reformation und der Kriege – ein aufs Diesseits bezogener, lebensbejahender Optimismus. Ab etwa 1560 begann der Lebensstandard der ländlichen Bevölkerung jedoch zu sinken. Es folgte ein radikaler Mentalitätswandel hin zu einer dogmatischen, konfessionell-religiösen, asketischen und jenseitsorientierten Denk- und Verhaltensweise, die Halt zu geben versprach und sich offenbar weitgehend unabhängig von der Konfession vollzog.[76] In den 1580er Jahren kam es zu Mißernten, auf die Hungersnöte und Seuchen folgten. Die Pest, die gelegentlich grassierte, führte allerdings nur selten zu Hexenprozessen.[77] 1600 wurde die Krise noch durch eine schwere Agrardepression verschärft. Die ökonomische Entwicklung stagnierte schließlich, und die politischen Spannungen wuchsen. Die Preise für Lebensmittel stiegen mit bis dahin ungekannter Geschwindigkeit. Die Zahl und die Größe der Städte nahm zu, und in vielen Gebieten formierte sich ein Handels- und Agrarkapitalismus. In sozialpsychologischer Hinsicht ist zu beachten, daß es zwar keine allgemeine Verarmung gab, jedoch eine zunehmende Differenzierung und Polarisierung des gesellschaftlichen Reichtums.[78] Die Beziehungen der Menschen untereinander verhärteten sich, daraus entwickelte sich eine gesellschaftliche Hierarchisierung und ideologische Homogenisierung, als deren Ursache die bemerkbare Verknappung der Ressourcen vermutet wurde.[79] All diese Veränderungen beeinflußten die Hexenverfolgung. Sie erzeugten Spannungen in den Gemeinden und steigerten eine allgemein verbreitete Angst, welche die Grundlage für die Hexenjagden bildete.

17. Religiöse Gründe für die Spannungen in der frühen Neuzeit, die zu den Hexenprozessen führten, lagen weniger im sozialen Wandel als vielmehr in der Natur des Hexenglaubens, in dem alle gesellschaftlichen Schichten erfassenden Wissen über Hexerei, in der Möglichkeit, ein erfolgreiches Rechtsverfahren anzustrengen, und

in den Auswirkungen der Reformation. Um 1600 glaubte der über-
wiegende Teil der Bevölkerung fest an die vom Christentum gesetz-
ten dogmatischen und ethischen Normen; daraus ist wohl auch zu
folgern, daß die äußere Not als Strafgericht Gottes ausgelegt wurde,
und die Menschen aus Angst um ihr Seelenheil nicht untätig bleiben
konnten. Im katholischen wie im protestantischen Europa war es
Sache der Theologen, die Wechselfälle des Lebens zu erklären.[80] Sie
deuteten die Not als Überdruß Gottes, der die Sünden bestrafen
wolle. Man könne der Strafe nur durch Buße und Reue entgehen
und solle fortan ein gottgefälliges Leben führen. Protestantische
Theologen, bei denen die Eschatologie einen großen Einfluß gewann, sahen in den Zeichen der Zeit einen Beweis dafür, daß das
Ende der Weltordnung gekommen war und die Erlösung von allem
irdischen Übel bevorstand.[81] Alle Anhänger der Eschatologie waren
überzeugt, die Endzeitnot, in der sie lebten, sei ein Werk des Teufels,
der als personifizierter Antichrist zum Entscheidungskampf gegen
Gott antrat.

Im Gegensatz zu den Christen, die an die Endzeit glaubten, hatte der
Teufel nach Ansicht der Anhänger des Hexenglaubens aber ein Heer
von Helfern, nämlich jene Männer und Frauen, die mit ihm paktiert
hatten und in seinem Namen Böses anrichteten.[82] Daraus folgte, daß
derjenige ein guter Christ war, der gegen die Hexen vorging und somit versuchte, dem Teufel Einhalt zu gebieten. Denn im Kampf gegen die Hexen dachten sie ein Werk des Glaubens zu vollbringen
und Feinde Gottes zu vernichten. Ein weiterer Punkt mag wohl sein,
daß im Gegensatz zum Glauben an Gottes Weltregierung, der vom
Vertrauen auf die überpersönliche Allmacht lebt, der Glaube an Hexenwerk konkret war. Die Urheber der Not konnten identifiziert, ge-
jagt und gefaßt werden. Die Jagd schaffte dadurch direkte Befriedigung. Des weiteren verlangte der Hexenglaube auch keine einschneidende Veränderung des Lebensstils – anders als der Glaube.[83]
Bei Betrachtung all dieser Punkte ist es nicht verwunderlich, daß der
Hexenglaube so populär war. Seine Anhänger waren in allen
Schichten zu finden. Die Hexen wurden an allem Mißgeschick und
Unglück für schuldig erklärt, für das man keine andere Erklärung
wußte oder dessen eigentliche Ursachen zu unbequem waren.

18. Hexenpraktiken sind schwer nachzuweisen. Die Hilfsmittel für
ihre Hexereien wurden selten vor Gericht vorgeführt, und da die He-

xen in der Regel nicht allzu gebildet waren, ist nicht davon auszugehen, daß sie Bücher über Magie besaßen. Die Beweisführung erfolgte durch Geständnisse der Hexe und Aussagen der Nachbarn, die Beschuldigungen erhoben hatten. Die Geständnisse wurden jedoch oftmals mit Folter erzwungen und haben daher keinen allzu großen Beweiswert. Die Zeugenaussagen wurden oft von der feindseligen Gegenpartei vorgebracht. Was den Tatbestand des Satanskultes anbetraf, war es nicht schwierig, diesen nachzuweisen, da die Hexen den Beweis durch ihre Geständnisse selbst lieferten oder von ihren angeblichen Komplizen angeschuldigt wurden. Oftmals wurde von Zeugen behauptet, die Hexe wäre durch die Luft geflogen. Aber nicht ein einziges Mal konnte von jemandem bezeugt werden, daß er gesehen hätte, wie ein Pakt vonstatten ging. Ebenso konnte kein unbeteiligter Zeuge von solch einem Ereignis berichten. Die Aussagen der Hexen bezogen sich am Anfang der Untersuchung fast immer nur auf das maleficium, nicht auf den Teufelskult. Erst wenn die Folter angewendet wurde, kam die Anklage des Satanskults auf. Daher liegt es nahe, daß die Folter in gewissem Sinne die Hexerei hervorbrachte, zumindest aber die mit dem Satanskult verbundene Hexerei. Die Menschen wollten ihre Folterqualen durch ein Geständnis abkürzen. Des weiteren bewirkte die Aussicht auf soziale Isolierung und kollektiven Haß im Falle eines Freispruchs so manches Geständnis. Ebenso ist zu beachten, daß einige Beschuldigte schon alt waren und daher senil. Auch muß beachtet werden, daß im 16./17. Jahrhundert die Verwendung einer atropinhaltigen Salbe gebräuchlich war, weil diese als für den Flug notwendig galt. Es scheint daher möglich, daß durch den Einfluß von Drogen das Empfindungsbewußtsein gestört war und es dadurch zu falschen Geständnissen kam.

Alle diese Interpretationen liefern keinen Beweis für einen Satanskult. Vielmehr ist von einer Phantasievorstellung der Menschen auszugehen, da die Existenz des Teufels nicht wissenschaftlich nachgewiesen werden kann. Eines aber ist klar, die eingebildete Bedrohung durch angebliche Hexen genügte den Gerichten zur Verfolgung.

---

1 *Schild, Wolfgang,* Die Maleficia der Hexenleut, Schriftenreihe des mittelalterlichen Kriminalmuseums Rothenburg o.d.T., Nr. 1, 1997, S. 7.
2 *Baschwitz, Kurt,* Hexen und Hexenprozesse, Die Geschichte eines Massenwahns und seiner Bekämpfung, München 1963, S. 53.

3  *Baschwitz* (Anm. 2), S. 53.
4  *Levack, Brian,* Hexenjagd, Die Geschichte der Hexenverfolgung in Europa, München 1997, S. 154.
5  *Schild* (Anm. 1), S. 123.
6  *Schönhuth, Michael,* Das Einsetzen der Nacht in die Rechte des Tages, Hexerei im symbolischen Kontext afrikanischer und europäischer Weltbilder, Münster/Hamburg 1992, S. 32.
7  *Levack* (Anm. 4), S. 14.
8  *Levack* (Anm. 4), S. 14.
9  *Levack* (Anm. 4), S. 14.
10  *Levack* (Anm. 4), S. 14.
11  *Schild* (Anm. 1), S. 28.
12  *Labouvie, Eva,* Magie und Imagination, in: *Dülmen, Richard van* (Hrsg.), Hexenwelten, Frankfurt 1987, S. 57.
13  *Levack* (Anm. 4), S. 17.
14  *Levack* (Anm. 4), S. 18.
15  *Levack* (Anm. 4), S. 18.
16  *Floßmann/Putschögl,* Hexenprozesse, Seminar zur Geschichte der Strafrechtspflege, Linz 1987, S. 52.
17  *Schild* (Anm. 1), S. 128.
18  *Floßmann/Putschögl* (Anm. 16), S. 28.
19  *Floßmann/Putschögl* (Anm. 16), S. 54.
20  *Schild* (Anm. 1), S. 128.
21  *Arendt-Schulte,* in: *Gerhard, Ute,* Frauen in der Geschichte des Rechts, München 1997, S. 200.
22  *Leutenbauer, Siegfried,* Hexerei- und Zauberdelikt in der Literatur von 1450–1550, Berlin 1972, S. 9.
23  *Leutenbauer* (Anm. 22), S. 10.
24  *Levack* (Anm. 4), S. 44.
25  *Soldan/Heppe,* in: *Bauer, Max* (Hrsg.), Geschichte der Hexenprozesse, Band 1, Reprint der Originalausgabe von G. Müller, München 1911, S. 295.
26  *Levack* (Anm. 4), S. 20.
27  *Schild* (Anm. 1), S. 129.
28  *Schild* (Anm. 1), S. 129.
29  *Schild* (Anm. 1), S. 130.
30  *Schild* (Anm. 1), S. 131.
31  *Remy, N.,* in: *Summers, M.* (Hrsg.), Demonolatry, London 1930, S. VII.
32  *Levack* (Anm. 4), S. 23.
33  *Ahrendt-Schulte* (Anm. 21), S. 201.
34  *Jerouschek, Günter,* Die Hexen und ihr Prozeß, Die Hexenverfolgung in der Reichsstadt Esslingen, Esslingen 1992, S. 28.
35  *Schild* (Anm. 1), S. 69.
36  *Soldan/Heppe* (Anm. 25), S. 159.
37  *Wolf, Hans-Jürgen,* Hexenwahn und Exorzismus, Kriftel/Ts. 1980, S. 450.
38  *Ahrendt-Schulte* (Anm. 21), S. 202.
39  *Siefener, Michael,* Hexerei im Spiegel der Rechtstheorie, Band 99, Frankfurt/Bern/New-York/Paris 1992, S. 64.
40  *Siefener* (Anm. 39), S. 67.
41  *Jilg, Waltraut,* in: *Georg Schwaiger* (Hrsg.), Teufelsglaube und Hexenprozesse, München 1999, S. 47.
42  *Soldan/Heppe* (Anm. 25), S. 285.
43  *Decker, Rainer,* Die Hexen und ihre Henker, Ein Fallbericht, Freiburg 1994, S. 296.
44  *Jilg* (Anm. 41), S. 48.

45  *Levack* (Anm. 4), S. 22.
46  *Heinemann,* Hexen und Hexenglauben, Eine historisch-sozialpsychologische Studie über den europäischen Hexenwahn des 16./17. Jahrhunderts, Frankfurt/New York 1986, S. 63.
47  *Heinemann* (Anm. 46), S. 64.
48  *Wolf* (Anm. 37), S. 179.
49  *Walz, Rainer,* Hexenglaube und magische Kommunikation im Dorf der frühen Neuzeit, Die Verfolgung in der Grafschaft Lippe, Paderborn 1993, S. 307.
50  *Schild* (Anm. 1), S. 18.
51  *Walz* (Anm. 49), S. 308.
52  *Schild* (Anm. 1), S. 20.
53  *Schild* (Anm. 1), S. 20.
54  *Schild* (Anm. 1), S. 14.
55  *Heinemann* (Anm. 46), S. 64.
56  *Ahrendt-Schulte* (Anm. 21), S. 200.
57  *Schnabel-Schüle,* in: *Gerhard, Ute,* Frauen in der Geschichte des Rechts, München 1997, S. 196.
58  *Levack* (Anm. 4), S. 145.
59  *Levack* (Anm. 4), S. 146.
60  *Schild* (Anm. 1), S. 94.
61  *Labouvie* (Anm. 12), S. 52.
62  *Schnabel-Schüle* (Anm. 57), S. 194.
63  *Ahrendt-Schulte* (Anm. 21), S. 214.
64  *Ahrendt-Schulte* (Anm. 21), S. 212.
65  *Ahrendt-Schulte* (Anm. 21), S. 213.
66  *Levack* (Anm. 4), S. 138.
67  *Levack* (Anm. 4), S. 139.
68  *Heinemann* (Anm. 46), S. 26.
69  *Levack* (Anm. 4), S. 144.
70  *Kittredge, G. L.,* Witchcraft in Old and New England, Cambridge, Mass. 1929, S. 389.
71  *Walz* (Anm. 49), S. 50.
72  *Labouvie* (Anm. 12), S. 90.
73  *Labouvie* (Anm. 12), S. 92.
74  *Walz* (Anm. 49), S. 56.
75  *Lehmann,* in: *Degn/Lehmann/Unverhau,* Hexenprozesse, Deutsche und skandinavische Beiträge, Neumünster 1983, S. 14.
76  *Behringer, Wolfgang* (Hrsg.), Hexen und Hexenprozesse, München 1988, S. 130.
77  *Levack* (Anm. 4), S. 161.
78  *Behringer* (Anm. 76), S. 129.
79  *Behringer* (Anm. 76), S. 130.
80  *Lehmann* (Anm. 75), S. 16.
81  *Lehmann* (Anm. 75), S. 16.
82  *Lehmann* (Anm. 75), S. 17.
83  *Lehmann* (Anm. 75), S. 18.

# Hexerei und Reformation

*von Andrea Gottlieb*

Das Zeitalter der Reformation fiel mit einer intensiven Phase der Hexenverfolgung zusammen. Das gleichzeitige Auftreten beider Phänomene wirft die Frage auf, in welcher Beziehung sie gestanden haben könnten.

1. *Reformation:* Die Reformation wird üblicherweise auf den Zeitrahmen zwischen 1520 und 1650 datiert. Sie führte zu tiefgreifenden religiösen Veränderungen im frühneuzeitlichen Europa, da die scheinbare Einheit der mittelalterlichen Christenheit zerstört wurde. Unabhängige protestantische Kirchen wurden gegründet, die sich Rom nicht unterwarfen. Millionen von Katholiken kehrten der römischen Kirche den Rücken und bekannten sich zum Protestantismus. In Teilen Deutschlands, der Schweiz, der Niederlande, in England, Schottland, den skandinavischen Königreichen und in einigen Gebieten Frankreichs, Ungarns und Polens wurde der Protestantismus sogar zur dominierenden Religion.

Martin Luther, Johannes Calvin, Ulrich Zwingli und Martin Bucer können als die bedeutendsten Reformatoren bezeichnet werden. Ihr Hauptanliegen bestand in der Rückführung der Kirche zur frühchristlichen Reinheit. Die Wirksamkeit des Ablasses wurde bestritten, die Sakramente wurden in neuer Weise interpretiert, die römisch-katholische Messe wurde erheblich verändert, wobei dem Klerus eine neue Rolle zukam. Ihrer Meinung nach war das individuelle Gewissen autonom. Zwischen dem Menschen und Gott bestand eine unmittelbare Beziehung. Jeder Gläubige sollte durch selbständige Lektüre der Bibel den rechten Glauben erkennen. Diese Vorstellungen standen in einem solch eklatanten Gegensatz zur römisch-katholischen Kirche, daß ein Bruch beider Glaubensrichtungen unumgänglich wurde.

Mit der Reformation ist untrennbar die Gegenreformation verbunden. Diese Reformationsbewegung ging von der katholischen Kirche aus. Sie war aber nicht einfach eine Reaktion auf die Reformation. Forderungen nach Reformen wurden schon vor der Tätigkeit der Reformatoren geäußert. Erneuerungen sollten aber ausdrücklich nur unter Beibehaltung der bestehenden kirchlichen Strukturen erfolgen. Ziele waren die Bekämpfung der Korruption in der Kirche, eine gute Ausbildung des Klerus, die Erneuerung des Glaubens der Laien und später die Rückgewinnung der Menschen, die im Wege der Reformation verlorengegangen waren. Es entstand ein Konflikt zwischen Katholiken und Protestanten, der sich nicht selten in einer kriegerischen Auseinandersetzung entlud.

2. *Das Hexenbild der Reformatoren:* Der kritische Umgang der Reformatoren mit katholischen Glaubensinhalten legt die Vermutung nahe, daß sie auch ein eigenständiges Hexenbild entworfen haben. Dem war aber keineswegs so. Ihr Hexenbild entsprach den Vorstellungen ihrer katholischen Zeitgenossen, die von den Lehren der spätmittelalterlichen Dämonologen über das Wesen und die Macht des Teufels geprägt waren.[1] Der Beitrag der Reformatoren bestand lediglich darin, daß sie gewisse Aspekte auf feste biblische Grundlagen stellten. Untersucht man die diesbezüglichen Äußerungen und Tätigkeiten der Reformatoren, so kann nicht von der Hand gewiesen werden, daß sie zur Verschärfung der Hexenverfolgung beigetragen haben könnten.

2. a) Martin Luther etwa bejahte die Hexenprozesse.[2] Die Verbrennung der Hexen war für ihn rechtmäßig und geboten, da sie mit dem Teufel einen Bund geschlossen hatten.[3] Er bezeichnete sie in einer Kirchenpostille von 1522 als „böse teuffelshuren"[4], die beträchtlichen Schaden anrichteten. Sogar von der Kanzel aus forderte er wiederholt zur Tötung von Hexen auf und exkommunizierte am 22. August 1529 nach der Nachmittagspredigt einige Hexen.[5] Die Prozesse waren seiner Ansicht nach zu lasch. Er forderte den schnellen Einsatz von Folter[6] und bemängelte die umfangreiche Beweisführung der Juristen, da er in diesem Vorgehen eine Verachtung des göttlichen Gesetzes aus Exodus 22,17 sah.[7] Außerdem forderte Luther auch die Verfolgung der weißen Magie, folglich der Hexen, die mit Segen, Beschwörungen, Weissagungen und Heilzauber umgingen.[8] Dies geschah aufgrund einer neuen Beurteilung des Aberglaubens, dem er die weiße Magie zuordnete, unter Heranziehung von theologischen Kriterien. Danach war wegen Zauberei zu bestrafen, wer bewußt gegen Gottes Willen handelte, welcher sich wiederum

aus der Heiligen Schrift ergab. Nach dieser Beurteilung konnten auch römisch-katholische Riten als Aberglauben eingestuft werden, wenn sie mit der Heiligen Schrift nicht in Einklang standen. Ihre kirchlich-päpstliche Legitimation änderte daran nichts.[9] Allerdings bezog er sich dabei immer auf die Verfolgung von Hexen durch die Obrigkeit. Hexenprozesse aufgrund von Beschuldigungen aus der Bevölkerung, die ihr Unheil dem Wirken einer Hexe zuschrieben, lehnte Luther ab. In solchen Fällen zog er Hiob heran. Der leidende Mensch sollte den Grund bei sich selbst suchen und den Ursprung seines Leids in Gott sehen und nicht in einer anderen Person, der vermeintlichen Hexe.[10] Ihm ging es bei der Bestrafung der Hexen nicht entscheidend um den angerichteten Schaden bei den Mitmenschen, sondern um ihre Häresie.[11]

Möglicherweise wurzelte aber sein entschiedenes Befürworten der Verfolgung der Hexen, die er als „böse teuffelshuren" bezeichnete, in einer von Abneigung geprägten Einstellung gegenüber Frauen. In seinen Tischreden brachte er häufig unmißverständlich zum Ausdruck, welche Rolle der Frau zukam und sprach kritisch von ihrer Schwäche und Ängstlichkeit,[12] die sie für den Einfluß des Teufels zugänglicher mache.[13] In gewisser Hinsicht war die Frau dem Mann seiner Meinung nach unterlegen. Eine allgemeine feindliche Einstellung gegenüber Frauen läßt sich daraus aber nicht herleiten. Auch die These, daß mit der Hexenverfolgung die Ausrottung weiblichen Heilwissens bezweckt wurde, läßt sich auf die Äußerungen Luthers nicht stützen, denn die Heilkunst der Frauen setzte er nicht der Hexerei gleich. Lediglich wenn er im sogenannten Heilwissen einen versteckten, durch den Teufel bewirkten Aberglauben zu entdecken glaubte, kämpfte er mit Leidenschaft dagegen an.[14] Wer sich vom Teufel lenken ließ, war vom rechten Glauben abgekommen. Entscheidend für ihn war auch in diesem Punkt die Bekämpfung der Häresie.

2. b) Auch Johannes Calvin befürwortete Hexenprozesse unter Berufung auf Exodus 22,17. Er vertrat die Meinung, daß damit Gott selbst die Todesstrafe für Hexen festgesetzt habe, wonach die Ablehnung der Hexenverbrennung als Verachtung der göttlichen Worte zu betrachten sei und den Ausstoß aus der Gesellschaft nach sich ziehen müsse.[15] Die weiße Magie betrachtete er als im Gebot zur Verfolgung ebenfalls eingeschlossen.[16] Bei Anwendung der Folter

in Hexenprozessen erhob er keinen Einspruch.[17] Eine gegenteilige Haltung Calvins ist zu beobachten. Die durch Folter erpreßten Selbstbeschuldigungen von Männern und Frauen, die der Ausbreitung der Pest in Genf verdächtigt wurden, hielt er für wahr, ihren nachträglichen Widerruf hingegen für unwahr.[18] Ein weiterer dahingehender Beweis ergibt sich aus Calvins Eingreifen in die Hexer- und Hexenprozesse von Peney im Jahre 1545. Er rühmte den Eifer der Prozeßführer und wies auf die Existenz von weiteren Häretikern hin, deren Verfolgung und Ausrottung er verlangte. Für ihn war es eine Sünde, solche Menschen am Leben zu lassen.[19] Er forderte eine schonungslose und grausame Durchführung der Folter, da damit erreicht werden konnte, daß möglichst viele Hexen und Hexer entlarvt und ihrer gerechten Strafe auf dem Scheiterhaufen zugeführt wurden.[20] Im Gegensatz zu staatlichen Gerichten, die eine Bestrafung nur bei gleichzeitigem Vorliegen eines sozialen Verbrechens vornahmen, verlangte Calvin die Tötung des Angeklagten auch dann, wenn kein Schaden für Mensch und Tier entstanden war. Zu bestrafen war also nicht nur der Schadenszauber, sondern auch andere magische Künste wie beispielsweise die Wahrsagerei.[21] Da Calvin sich bei solchen Forderungen immer auf das Gebot der Bibel in Exodus 22,17 stützte und er in Fragen der Auslegung der Bibel als Autorität galt, blieben seine Eingriffe in die Prozeßtätigkeit nicht wirkungslos.[22]

2. c) Ulrich Zwingli teilte ebenfalls den Hexenglauben seiner Zeit und erhob bei Hexenverbrennungen keinen Einspruch.[23] Trotzdem lehnte er die Bestrafung oder gewaltsame Beeinflußung von Ketzerei ab. Der Staat durfte und mußte über den Körper urteilen, ein Urteil über die Seele eines Menschen jedoch fiel nach seiner Ansicht nicht in den Machtbereich des Staates.[24]

3. Trotz grundsätzlich einhelliger Meinungen zu den Hexenverfolgungen in den Reihen der Reformatoren widmete sich keiner von ihnen ernsthaft der Beschäftigung mit Hexen. Eine große Rolle hingegen spielte der *Teufel* in ihren Lehren. Sie betonten immer wieder seine allgegenwärtige Präsenz, der jeder Mensch ausgesetzt war. Ihm zu widerstehen, war für sie eine der wichtigsten Aufgaben jedes Gläubigen. Die Hexe fand Erwähnung, wenn es darum ging, vor dem Wirken des Teufels auf Erden zu warnen, denn für sie bestand

zwischen dem Teufel und der Hexe entsprechend der damals allgemein vertretenen Vorstellungen eine unmittelbare Beziehung. Es kann beobachtet werden, daß diejenigen Reformatoren, deren Teufelsglaube ganz stark ausgeprägt war, vehement die Verfolgung der Hexen forderten.

Luthers Teufelsglaube war von sehr plastischen Teufelsvorstellungen geprägt, mit denen er schon als Kind im Elternhaus konfrontiert wurde. Noch als Erwachsener wußte Luther von einer ehemals im Nachbarhaus wohnenden Hexe zu berichten, die einen Prediger durch Zauberei umbrachte und seine Mutter quälte.[25] Für Luther war der Teufel genauso real wie Christus.[26] Er berichtete von einem körperlichen Kampf mit dem Teufel. Nach Luther herrschte der Teufel auf der ganzen Welt und bedrohte den Menschen sowohl physisch als auch geistig.[27] Er sprach dem Teufel eine große Macht zu, der auch vor der Täuschung des gläubigsten Menschen nicht zurückschreckte. Im Gegenteil, der starke Glaube zog das Wirken des Teufels geradezu an, um die Widerstandskraft des Gläubigen auf die Probe zu stellen und damit zu stärken. Die Gefahr, Schaden zu nehmen, bestand jederzeit und für jeden. Damit fügte er der mittelalterlichen Teufelsvorstellung einen neuen Aspekt hinzu, da der Teufel nicht nur im Bereich der Sünde anzutreffen war.[28]

Die Zauberei betrachtete Luther in allen ihren Formen als ein Werk des Teufels.[29] Als solche mußte sie bekämpft werden. Folglich wertete er die Verfolgung von Hexen als rechtmäßig. Es muß aber beachtet werden, daß Luther der Ansicht war, daß der Teufel nur insoweit wirken konnte, als Gott dies zuließ. Damit hatten für ihn der Teufel und erst recht die Hexe keinerlei eigenständige Macht. Es bestand somit für den standhaften gläubigen Menschen kein Grund zur Angst vor dem Teufel.[30]

Calvin betonte ebenfalls die Herrschaft des Bösen in der Welt, dessen Bekämpfung zur Pflicht eines wahren Christen gehörte.[31] Das Wirken des Teufels hatte aber auch bei ihm seinen Ursprung im Willen Gottes. Die Bedrohung eines Menschen durch den Teufel konnte nur geschehen, wenn Gott dies wollte. Der Teufel diente Gott als willenloses Werkzeug.[32]

Zwingli hatte die Existenz des Teufels nie bestritten. Auch er war der Ansicht, daß er neben Gott bestand und daß er sein Wirken einsetzte, um den Menschen von der Befolgung der Gebote Gottes abzubringen. Aber noch stärker als bei den anderen Reformatoren war

bei ihm der Glaube ausgeprägt, daß Gottes Macht über der des Teufels stand. Er maß dem Teufel die geringste Wirkung bei und zeigte sich gegenüber Hexen milder als Luther und Calvin.[33]
Ein weiterer Grund für die Bejahung der Hexenverfolgung lag darin, daß die Reformatoren jeder Form des Aberglaubens den Kampf ansagten. Sie bemühten sich auch um die Christianisierung der Unterschichten, wobei es ihnen ein großes Anliegen war, daß auch die neu bekehrten Christen die Elemente des wahren Christenglaubens kannten und befolgten. Dafür war die Befreiung des Glaubens von abergläubischen Vorstellungen und Praktiken, von Heidentum und Magie unbedingt notwendig. Verurteilt wurden einfache volkstümliche Segensformeln, Exorzismen, die sich an mittelalterlichen liturgischen Praktiken orientierten, die Benutzung von Weihwasser, Zaubersprüchen und Amuletten, von Heilpraktiken, Wahrsagerei und Liebeszauberei, die alle sowohl Inhalt von Beschwörungen als auch Gebeten sein konnten.[34]
Obwohl die Reformatoren betonten, daß sich auch im Wirken des Teufels die Allmacht Gottes zeigte, konnten sie nicht verhindern, daß ihre allzu lebendigen Teufelsvorstellungen zur verstärkten Furcht der Gläubigen vor dem Teufel führten und daraus resultierend zur erhöhten Bereitschaft, gegen seine Erscheinung auf Erden erbarmungslos vorzugehen. Die Hexe wurde bei einer entsprechenden Beschuldigung als Handlanger des Teufels betrachtet und mit größter Entschiedenheit bekämpft.[35]
Die Bemühungen der Reformatoren, den Glauben vom Aberglauben zu säubern, führte zur Zunahme der Hexenverfolgungen, da damit zunehmend auch solche Menschen zu Opfern von Anklagen wegen Hexerei wurden, die weiße Magie betrieben. Zur Vermehrung der Hexenprozesse trug das Vorgehen der Reformatoren zum anderen deshalb bei, weil sie dadurch den Opfern von Hexen die Waffen nahmen, die sie zum Schutz gegen Hexen einzusetzen gewohnt waren, wie z. B. das Machen eines Kreuzzeichens, das Besprengen des Hauses mit Weihwasser oder das Aufhängen von Heiligenbildern. Die ihrer Schutzmittel beraubten Opfer sahen sich nun häufig zum Heranziehen juristischer Mittel genötigt, um sich zur Wehr zu setzten. Somit stiegen die Anklagen und damit auch die Verurteilungen wegen Hexerei an.[36]
Die Lehren der Reformatoren blieben auf die katholische Lehre nicht ohne Einfluß. Der Entschluß der Reformatoren, alle Formen

volkstümlichen Aberglaubens auszurotten, übertrug sich auch auf katholische reformwillige Kleriker. Die Inquisition begann ebenfalls gegen Aberglauben und weiße Magie vorzugehen, wobei aber keine explizite Anklage wegen Hexerei erhoben wurde.[37] Allerdings muß dabei beachtet werden, daß Personen, die mit einer solchen Anklage belastet waren, der Vorwurf der Hexerei eher traf. Während der Reformationszeit erfolgte auch bei Katholiken eine verstärkte Betonung des Wirkens des Teufels, so daß auch sie zur Steigerung der Furcht beitrugen.[38]

4. *Gründe der Hexenverfolgung zur Reformationszeit:* Sowohl Zwingli[39] als auch Calvin[40] vertraten eine stark ausgeprägte Prädestinationslehre. Wer zu den Auserwählten gehörte, war von Anfang an bestimmt.[41] Daraus ergab sich aber die Pflicht, ein moralisch vorbildliches Leben zu führen und für die eigene Erlösung selbst Verantwortung zu übernehmen. Es genügte nicht, bestimmte religiöse Mindestanforderungen formaler Art zu erfüllen. Alle Menschen wurden aufgefordert, aktive, moralisch bewußte Christen zu werden. Dem Auserwählten mußte die Fähigkeit gegeben sein, eine untadelige Lebensführung aufrechtzuerhalten. Diese hohen Anforderungen blieben auf die Hexenverfolgung nicht ohne Auswirkung. Wenn die Menschen diesen Ansprüchen nicht gerecht werden konnten, empfanden sie Schuld und moralische Minderwertigkeitsgefühle, welche die Entwicklung eines tiefen Sündenbewußtseins hervorriefen. Ein Ausweg bot sich ihnen in der Übertragung der eigenen Schuld auf andere. Die Hexe stellte ein ideales Objekt für eine solche Projektion dar.[42]

Dies zeigt sich in der Dokumentation der Hexenverfolgung in England im 16. und 17. Jahrhundert von Alan Macfarlane. Er zeigt, daß Anklagen wegen Hexerei oft in Nachbarschaftsverhältnissen vorgenommen wurden. Beispielsweise klagte jemand seinen Nachbarn der Hexerei an, nachdem er diesem eine Bitte abschlug. Die Mißgeschicke, die ihm nach diesem Fehlverhalten zustießen, führte er auf das Wirken des Nachbarn zurück, da ihn selbst sein schlechtes Gewissen plagte.[43] Von Schuldprojektionen zeugen auch die Untersuchungen der Hexenverfolgungen in Salem/Massachusetts durch Paul Boyer und Stephen Nissenbaum. Sie untersuchten das spannungsreiche Verhältnis zwischen Salem Town und Salem Village. Kommerzieller Ehrgeiz und strenge soziale und moralische Wertvorstellungen standen im Konflikt. Ein Prozeß des sozialen Wandels bahnte sich an. Diejenigen, die sich durch den ökonomischen Aufstieg in ihren alten Wertvorstellungen bedroht sahen, suchten durch Anklagen wegen Hexerei Abhilfe zu schaffen. Sie dachten nicht an politische Lösungen, sondern betrachteten sich als Opfer von Hexerei, die sie zur Abkehr vom rechten Weg lockte.[44] Die Schuldprojektion auf andere war aber nicht die einzige Folge. Das Empfinden des Sündenbewußtseins durchdrang manche Frauen so sehr, daß sie während der Hexenprozesse zu der ernsthaften Überzeugung kamen, eine Hexe zu sein, und nur in ihrer gerechten Bestrafung eine Erlösung für sich sahen.[45] Andere gingen sogar so weit, sich selbst wegen des Pflegens von sündhaften Beziehungen zum Teufel der Hexerei anzuklagen.[46]

Durch die Reformation hatte sich außerdem eine Mentalität herausgebildet, die wesentlich dazu beitrug, daß zahlreiche Hexengesetze entwickelt wurden. Dem Staat wurde die Verpflichtung auferlegt, den Willen Gottes mit den ihm zur Verfügung stehenden Mitteln durchzusetzen. Es sollte eine Gesellschaft nach den Prinzipien eines verantwortlichen Christentums geformt werden, weshalb vom Untertan absoluter Gehorsam verlangt wurde.[47] Dies führte zur Bildung eines auf diese Aufgabe abgestimmten Spionage- und Strafsystems.[48] Zur Verwirklichung ihrer Hauptziele, der Läuterung der Gesellschaft und der Förderung der individuellen Moral, bedienten sich die Reformatoren vornehmlich der Predigt und Katechese. Die Verfolgung von Moralverstößen fiel zwar traditionell den kirchlichen Gerichten zu, der allgemeine Niedergang der geistlichen Gerichtsbarkeit führte jedoch dazu, daß vermehrt der Einsatz von weltlichen Institutionen als notwendig erachtet wurde. Die legislative Gewalt des Staates sollte die Durchsetzung religiöser Ziele als eine auch ihr zustehende Aufgabe anerkennen. Um die Wahrung der moralischen Integrität bemühte sich der Staat unter Anwendung der neu entstandenen Hexengesetze durch seine weltlichen Institutionen. Die Kirche, vor allem aber die Reformatoren, drängten darauf, daß der Staat diese Aufgabe gewissenhaft durchführte, da die Stärke ihrer Institutionen durch die Reformation gelitten hatte. Der Einsatz weltlicher Behörden ermöglichte eine umfangreichere Hexenverfolgung.[49]

Für die Protestanten galt schließlich die Bibel als einzige Quelle religiöser Erkenntnis. Die Heilige Schrift wurde in die wichtigsten westeuropäischen Sprachen übersetzt. Die Reformatoren machten sich die Auslegung der biblischen Schriften zur Aufgabe, damit jeder selbst die Möglichkeit haben sollte, Bibelstellen wörtlich zu verstehen. Dadurch erlangte Exodus 22,17 für die Hexenverfolgung eine bedeutende Rolle: „Die Zauberin sollst du nicht am Leben lassen." In allen westeuropäischen Sprachen wurde jedoch bei der Übersetzung nicht das Wort „Zauberin", sondern das jeweils entsprechende Wort für „Hexe" verwendet. Dadurch wurde der biblische Text mit der zeitgenössischen Hexenvorstellung der frühen Neuzeit aufgeladen. Prediger und Richter rechtfertigten ihr Vorgehen gegen Hexen mit dieser Bibelstelle. Viele sahen sich durch die Bibel in ihrem Hexenglauben bestärkt. Der englische Jurist William Blackstone schrieb beispielsweise, und das noch im späten 18. Jahrhundert, als der Hexenglaube in intellektuellen Kreisen kaum noch vertreten wurde: „Die Möglichkeit oder gar die Existenz von Hexerei und Zauberei zu leugnen, bedeutet ganz offensichtlich, dem von Gott offenbarten Wort zu widersprechen."[50] Infolgedessen verstärkte sich die Hexenverfolgung, da sich die Verfolger durch das biblische Gesetz nicht nur in ihrem Vorgehen bestätigt sahen, sondern nach ihrer Ansicht geradezu einer Verpflichtung nachkamen.

Darüber hinaus kam dem aktiven Predigerdienst der Schüler Luthers und Calvins bei der Verbreitung und Akzeptanz der reformatorischen Lehren eine erhebliche Bedeutung zu, da die Protestanten der Predigt einen hohen Stellenwert beimaßen. Die Lehren erfuhren deshalb eine schnelle und breite Ausdehnung ihres Wirkungskreises. Die lutherischen Prediger verbreiteten ihre Lehre zunächst in Dänemark, in den sechziger Jahren des 16. Jahrhunderts in Brandenburg, Württemberg, Baden, Bayern und Mecklenburg. Calvinistische Prediger brachten ihre Lehre nach Siebenbürgen und Schottland. Auf Druck protestantischer Geistlicher wurde 1563 in Schottland erstmals ein Hexengesetz erlassen, dem ein Jahrhundert schlimmster Hexenverfolgungen folgte.[51] Lutherische Kleriker setzten ihren Einfluß auf die weltliche Gesetzgebung ebenfalls ein. 1572 erließ Kurfürst August der Fromme in Sachsen ein neues Strafgesetzbuch, wonach jede Art von Hexerei wegen des Paktes zwischen Teufel und Hexe mit Verbrennung bestraft werden mußte, auch wenn kein Schadenszauber erfolgt war. Zur Aufnahme dieses Tatbestandes trugen lutherische Kleriker bewußt bei.[52]

5. *Religiöse Konflikte und die Hexenverfolgung:* Die Reformation führte häufig zu heftigen Auseinandersetzungen zwischen Katholiken und Protestanten. Ziel der Protestanten war die Anerkennung des reformierten Glaubens in ganz Europa. Dem leisteten die Katholiken nicht nur Widerstand, sondern versuchten nicht selten die Protestanten für den Katholizismus wiederzugewinnen. Selbst zwischen den verschiedenen protestantischen Gruppierungen entstanden Konflikte. Die religiösen Konflikte entfachten oft Bürgerkriege oder internationale Kriege. Fraglich ist damit, ob die Glaubenskämpfe zur Verschärfung der Hexenverfolgung beitrugen.

Zunächst ist die Entwicklung der Hexenverfolgung in Ländern mit einheitlicher Konfession zu untersuchen. Zu diesen gehörten beispielsweise Spanien und Italien, die während der Reformationszeit katholisch blieben. Hier fanden zwar Hexenverfolgungen statt, ihre Anzahl erhöhte sich jedoch gegenüber derjenigen der vorreformatorischen Zeit nicht merklich. Es sind auch keine panikartigen Verfolgungswellen zu verzeichnen. Außerdem endeten die Prozesse relativ selten mit einer Hinrichtung. Ähnliche Entwicklungen können im katholischen Irland und im treu lutherischen Skandinavien beobachtet werden.[53]

Religiös gespaltene Gebiete waren einerseits solche, in denen große religiöse Minderheiten innerhalb eines Staates lebten, aber auch Gebiete, in denen die Einwohner eines Staates bzw. Territoriums und seines Nachbarstaates verschiedenen Konfessionen angehörten. Solche Gebiete waren das heutige Deutschland, die Schweiz, Frankreich, Polen und Schottland. In Deutschland beispielsweise bestimmte der jeweilige Landesherr die Konfession seiner Untertanen in den mehreren Hunderten politischer Einheiten. In der Schweiz wurden sechs Kantone protestantisch, während sieben katholisch blieben. Frankreich blieb zwar an sich katholisch, viele bekannten sich jedoch zum Calvinismus. Dies führte zu Religionskriegen, denen erst 1598 das Edikt von Nantes ein Ende setzte, in dem allen Franzosen Religionsfreiheit gewährt wurde. Damit war der calvinistischen Minderheit in Frankreich, den Hugenotten, bis zum Widerruf des Edikts 1685 die Existenz gesichert. In Schottland war der Zustand noch komplizierter, da sich eine calvinistische Kirche etablierte, die aber die presbyterianische Form übernahm, die wiederum von der katholischen episkopalen Struktur geprägt war. Folglich entstanden rivalisierende protestantische Parteien. Außerdem blieben zahlreiche Menschen vor allem in Nordschottland katholisch. Die religiösen Konflikte trugen zur politischen Instabilität und zur Gewaltanwendung in allen diesen Gebieten bei. In Deutschland kam es zu langen Auseinandersetzungen zwischen dem Kaiser und protestantischen Fürsten, zum Dreißigjährigen Krieg und 1648 schließlich fast zum Zerfall des Reiches. Auch in den anderen Ländern fanden aufgrund der religiösen Konflikte kriegerische Auseinandersetzungen statt.[54] In der Tat können in solchen konfliktreichen Grenzgebieten bedeutende Ausbrüche des Hexenwahns und die Verschärfung der Hexenverfolgung beobachtet werden.[55] Trotz des parallelen Auftretens beider Phänomene kann ein unmittelbarer Kausalzusammenhang nicht ohne weiteres angenommen werden. Vielmehr müssen Umstände, die für eine kausale Verbindung sprechen könnten, näher beleuchtet werden, denn die möglichen Gründe der Hexenverfolgung sind sehr vielfältig.[56]

Die verstärkte Hexenverfolgung kann möglicherweise darauf zurückgeführt werden, daß sie in Zeiten religiöser Konflikte zur Bekämpfung religiöser Gegner eingesetzt wurde. So bezeichnete Luther beispielsweise das Papsttum als ein Werk des Teufels.[57] Auch in England und Schottland wurden Katholiken von den Protestanten als Verbündete des Teufels und damit auch der Hexen betrachtet.[58] In Dänemark erklärte der protestantische Bischof Palladius alle diejenigen in seiner Diözese, die katholische Segnungen und Gebete sprachen, zu Zauberern und Hexen und forderte ihre Verbrennung.[59] Der ab 1585 in Münster amtierende katholische Fürstbischof Ernst von Bayern machte sich wiederum die Ausrottung des Protestantismus zur Hauptaufgabe. Der Protestantismus war in seinen Augen Ketzerei, den er in gleichem Maße wie die Zauberei der Hexen als Teufelswerk wertete. Die protestantischen Prediger wurden verjagt, die Gemeinde hingegen gewaltsam zum Katholizismus zurückgeführt.[60] 1580 wurden in Venedig 80 Prozent der Inquisitionsprozesse wegen des Bekenntnisses zum lutherischen Glauben oder wegen des Praktizierens anderer Formen sogenannter protestantischer Verhaltensweisen geführt.[61] Es ist also durchaus die Tendenz zu beobachten, daß die Anhänger der beiden Konfessionen sich gegenseitig als Ketzer betrachten und als solche auch bekämpfen. Das ketzerische Verhalten einer Hexe wurde aber ganz klar als völlige Abkehr vom Christenglauben und Schließen eines Paktes mit dem Teufel definiert. Dies war ein fest umgrenzter Tatbestand, von dem sich die Häresie des Andersgläubigen deutlich abgrenzte. Es handelte sich um zwei verschiedene Anklagen. Dabei muß allerdings beachtet werden, daß für Menschen, die wegen einer Form der Ketzerei verdächtigt oder verurteilt wurden, eine spätere Anklage wegen Hexerei sehr viel wahrscheinlicher war als für andere. Denn Delrio, eine angesehe Persönlichkeit des Katholizismus, vertrat die Ansicht, daß die Hexerei der Ketzerei mit Sicherheit folge.[62] Auffällig ist auch, daß in Mitteleuropa die schlimmste Hexenverfolgung in den zwanziger Jahren des 17. Jahrhunderts erfolgte, zu einem Zeitpunkt, als die katholische Kirche verlorene Gebiete zurückgewann.[63] Daß die Katholiken bei der Bemühung um die Rückgewinnung der Bevölkerung für den katholischen Glauben die Hexenverfolgung als Mittel benutzt hatten, kann nicht nachgewiesen werden. Genauso kann aber nicht ausgeschlossen werden, daß die vermehrten Hexenverfolgungen zumindest auch Auswirkungen der katholischen Restauration waren.[64] Die bewußte Nutzung der Hexenverfolgung zur Verfolgung religiöser Gegner kann jedoch nicht gefolgert werden.[65]

Die aus den religiösen Konflikten resultierenden Religionskriege könnten Auslöser der Hexenverfolgung gewesen sein.[66] Die Religionskriege und die europäische Hexenverfolgung fielen zeitlich zusammen. Kriegerische Auseinandersetzungen führten aber eher zur Abschwächung der Hexenverfolgung. In den dreißiger Jahren des 17. Jahrhunderts beendeten in Lothringen und in der Franche-Compté die Franzosen die Hexenjagd, in Mecklenburg, Franken und Bayern die Schweden, in Schottland in den fünfziger Jahren des 17. Jahrhunderts die Engländer. Sie lebte jedoch jeweils gleich wieder auf, nachdem der Rückzug der Fremdherrschaft erfolgte.[67] Für diesen Umstand können verschiedene Gründe aufgeführt werden. Zum einen lähmten Kriege die Tätigkeit des Justizapparats, der für die Hexenverfolgung benötigt wurde. Zum anderen fiel die Rechtsprechung nach einer Eroberung in die Hände der neuen Obrigkeit. Diese sah in der Hexerei meist keine Bedrohung für sich, weshalb sie sich auch nicht mit der Verfolgung von Hexen beschäftigte. Außerdem machte die Anwesenheit fremder Soldaten den Einsatz von Hexen als Sündenböcken überflüssig. Bei Schwierigkeiten und Leid im Alltag behalfen sich die Einwohner eines Ortes mit der Anklage eines Menschen wegen Hexerei. Befanden sich aber fremde Soldaten, also der Feind, mitten unter ihnen, dann war der Grund ihres Leidens offensichtlich. Die Hexen mußten nicht als Sündenböcke herhalten. Der Krieg konzentrierte die aus Unannehmlichkeiten erwachsenen feindseligen Gefühle hauptsächlich auf den Kriegsgegner und entlastete die Hexenverfolgung.[68] Langfristig betrachtet könnten die Kriege aber durchaus zur Zunahme der Hexenverfolgung geführt haben. In manchen Gebieten waren jedenfalls die Hexenverfolgungen nach dem Ende der Fremdherrschaft schlimmer als davor.[69] Durch einen Krieg wurde die Wirtschaft des Landes geschwächt, die Bevölkerungszahlen sanken, die Zusammensetzung der Bevölkerung änderte sich und häufig wurden Krankheiten eingeschleppt. Der Krieg zog also erhebliche soziale und wirtschaftliche Probleme nach sich. In dieser allgemeinen Not suchten die betroffenen Menschen nach Schuldigen. Daß Hexenverfolgungen dann als Ventil benutzt wurden, erscheint sehr wahrscheinlich.[70] Allerdings waren langfristige Auswirkungen von Kriegen nicht nur die Folge von Religionskriegen. Allein die kriegerischen Auseinandersetzungen um die Religionen konnten also nicht Auslöser der Hexenverfolgung sein.[71]

Religiöse und moralische Veränderungen lösten bei der Bevölkerung meist Furcht aus. Sie waren geneigt, darin das Wirken Satans zu sehen, das es zu bekämpfen galt. In Gebieten mit verschiedenen rivalisierenden Konfessionen war diese Angst größer, denn die Präsenz der gegnerischen Religion hielt die Bedrohung aufrecht, vor allem da der Übertritt in manchen Fällen auch unter militärischem Einsatz erzwungen worden ist. In Lothringen und in den drei geistlichen Kurfürstentümern des Rheinlands herrschte zum Beispiel eine relativ kämpferische religiöse Einstellung. Zahlreiche Hexenprozesse wurden durchgeführt. Jedes dieser Gebiete grenzte jeweils an protestantische Länder.[72] Die Unsicherheit, daß ihnen das, was sie in der Nachbarschaft beobachteten, selbst widerfahren konnte, war dort also stärker. Da aber der Teufel für einen Konfessionswechsel verantwortlich gemacht wurde, mußte er präsent sein und konnte vielfältig gefährlich werden. Ein weiteres Zeichen für die Präsenz des Teufels stellte die Hexerei dar, die unmittelbar und leichter bekämpft werden konnte. Das war zwar nicht das einzige Wirken Satans, auch konnten dadurch Konfessionswechsel nicht verhindert bzw. rückgängig gemacht werden, aber die Verfolger sahen darin eine Möglichkeit, sich vor verderblichen Einflüssen zu schützen. Den Erfolg bei der Hexenverfolgung werteten die jeweiligen Gemeinden als Bestätigung dafür, daß sie sich auf der Seite Gottes befanden. Die Hexenverfolgung wurde in religiös gespaltenen Ländern eine Alternative zur Ketzerverfolgung, denn beide verfolgten denselben Zweck: Der vom Teufel bewirkte religiöse Umsturz sollte verhindert bzw. bekämpft werden. Die gemeinsame Zielsetzung äußerte sich darin, daß Hexenprozesse häufig eingeleitet wurden, nachdem Ketzerprozesse abnahmen. Diese Entwicklung war allerdings nicht überall zu beobachten. In manchen Gebieten wurden Hexenprozesse zuerst und vornehmlich durchgeführt, in anderen wiederum fanden beide Prozesse während desselben Zeitrahmens statt. Es existierten auch Gebiete, in denen überhaupt keine Hexenverfolgung stattfand.[73] Festzuhalten bleibt, daß mit beiden Prozeßarten das Wirken des Teufels eliminiert werden sollte, was in Gebieten mit rivalisierenden Religionen einen reicheren Nährboden bot, da dort die Tätigkeiten der anderen Konfessionsangehörigen unmittelbar beobachtet werden konnten und daher als dringende Bedrohung empfunden wurden.

Ein Kausalzusammenhang zwischen den religiösen Konflikten und den Hexenverfolgungen im Sinne einer conditio sine qua non scheint unwahrscheinlich, denn Hexenverfolgungen gab es auch in Gebieten, in denen keine religiösen Konflikte verzeichnet wurden. Inwieweit religiöse Spannungen zur Verschärfung der Hexenverfolgungen beitrugen, läßt sich nicht mit Sicherheit ermitteln, da sehr vielfältige Entwicklungen beobachtet werden können. Die Annahme, daß die Hexenverfolgungen ausgeblieben wären, wenn es keine Reformation gegeben hätte, kann ausgeschlossen werden. Hexenverfolgungen hatte es sowohl vor als auch nach der Reformation gegeben. Die religiösen Konflikte griffen allerdings feststehende Autoritäten an, wodurch bei der Bevölkerung eine Verunsicherung eintrat. Feste Orientierungswerte wurden in Frage gestellt oder gingen sogar verloren. Daß solche Umwälzungen Angstzustände hervorzurufen vermochten, welche die Bereitschaft zum Einsatz selbst grausamer Mittel erhöhte, erscheint sehr wahrscheinlich. Eine Wechselbeziehung zwischen religiösen Konflikten und verschärften Hexenverfolgungen kann somit bejaht werden, nicht aber ein regelrechter Kausalzusammenhang zwischen beiden Phänomenen.

6. *Die Bedeutung der Reformation für die Beendigung des Hexenwesens:* Das Christentum akzeptierte die Existenz der bösen Macht des Teufels; trotzdem war sie eine monotheistische Religion, die an

der Allmacht Gottes unumstößlich festhielt. Der Teufel war Gott nicht ebenbürtig. Sowohl Luther[74] als auch Calvin[75] versäumten nicht zu betonen, daß der Teufel bei all seiner Macht auf die Zulassung Gottes angewiesen war. Der Mensch mußte die Begründung für sein Leiden bei sich selbst suchen und Gott als seine Ursache erkennen, sein Unglück letztlich geduldig im Sinne Hiobs erdulden.[76] Aus diesem Grunde verlangte Luther nicht nur, daß der Leidende die Schuld nicht auf seine Mitmenschen abwälzte, sondern auch, daß er seine Angst vor dem Wirken des Teufels und seiner Helfer ablegte.[77] Gott bediente sich des Teufels und damit auch der Hexen, um die Frömmigkeit der Gläubigen immer wieder aufs Neue auf die Probe zu stellen. Sogenannte Wunder, wie die Hagelstürme, wurden aus dem Machtbereich des Teufels und somit auch aus dem Tatbestand der Hexerei ausgeschlossen.[78] In der Hauptphase der Hexenverfolgung führte dies aber nicht zur Abnahme der Hexenverfolgung in protestantischen Ländern, da ein Ausgleich dadurch erreicht werden konnte, daß Hexen häufiger der Schluß eines Teufelspaktes vorgeworfen wurde. Letztlich gerieten durch die Betonung der Allmacht Gottes im Protestantismus jedoch sämtliche Aspekte der Hexerei ins Schwanken, was dazu führte, daß immer häufiger von Hexenverfolgungen Abstand genommen wurde.[79]

Der Prozeß der Christianisierung führte zunächst wie bereits oben erörtert zu einer Zunahme der Hexenverfolgung. Die stringente Bekämpfung von Magie und Aberglauben zeigte aber bei der Bevölkerung Erfolg, so daß die Ausübung abergläubischer Praktiken langfristig seltener wurde, was auch die Anklagen wegen Hexerei reduzierte.[80]

Die Betonung des Verfolgungsauftrags in Exodus 22,17 führte zunächst auch zu einer Verschärfung der Hexenverfolgung. Allerdings trug gerade Luther, wenn auch ungewollt, dazu bei, daß die Begründung der Hexenverfolgung durch die Heilige Schrift ins Wanken geriet. Für ihn durfte ausschließlich die Schrift bei der Begründung des Hexenbildes und des Rechtsverständnisses herangezogen werden.[81] Bei der Auslegung von Bibelstellen wie Genesis 6,1–4 hielt Luther zwar an scholastischen Gedanken von Inkubus und Sukkubus fest, lehnte aber den Bezug zur Bibelstelle ab. Auch die Übersetzung und Kommentierung von Deuteronomium 18,10 f. war mit großer Unsicherheit verbunden. Calvin deutete wiederum bei der Auslegung von Deuteronomium 18,10 f. die „Papisten" als Zauberer und Wahr-

sager, wodurch die Bibelstelle als allein für interkonfessionelle Auseinandersetzungen geltend betrachtet werden konnte. Bei der Auslegung von Exodus 7 f. leugnete Calvin das eigenständige Wirken von
Dämonen.[82] In den Schriften der Bibel war also von einem Bündnis
mit dem Teufel, vom Hexensabbat und selbst von der Verbrennung
der Hexe nichts zu lesen. Es zeigte sich bei der Auslegung der
Schriften durch die Reformatoren, daß der kumulative Hexenbegriff
(Verbindung von Teufelspakt und Magie/Zauberei) nicht mit ihnen
vereinbar war. Da die Schriften aber infolge der reformatorischen
Schriftenlehre in ihrer Normativität eine Steigerung erfuhren,
konnte die Anwendung des kumulativen Hexenbegriffs nicht ohne
weiteres mit dem Auftrag der Bibel begründet werden.[83] Hinzu kam,
daß Luther die Vorschriften des Pentateuch für Protestanten nur insofern als verpflichtend betrachtete, soweit sie einem Naturrecht
entsprachen. Ob nun die Zaubereigesetze zum Beispiel als ein solches Naturrecht zu behandeln waren, bedurfte der Interpretation.
Somit konnten gerade die Auslegung und Kommentierung der Heiligen Schrift und die Betonung ihrer Stellung im gesellschaftlichen
Leben durch die Reformatoren den Gegnern der Hexenverfolgung
in ihrem Kampf dienen und zur Reduzierung der Verfolgung beitra-
gen.[84]
Selbst die Auseinandersetzungen zwischen Katholiken und Protestanten übten mittelbar auf die Beendigung der Hexenverfolgung
eine Wirkung aus. Dies zeigt sich vor allem in der rivalisierenden
Haltung beider Konfessionen, soweit es um die Dämonenaustreibung ging. Durch die Dämonenaustreibung sollte die Rechtgläubigkeit dokumentiert werden. Die Katholiken setzten die Eucharistie
ein und sahen darin den Beweis, daß Christus in der Hostie gegenwärtig war, was die calvinistische Lehre ablehnte. Die Protestanten
verwendeten ausdrücklich nicht-katholische Mittel, um zu beweisen, daß Gott auf ihrer Seite stand. Dabei stießen sowohl die Besses-
senen als auch die Exorzisten auf großes Mißtrauen. Viele betrachteten die Besessenheit als vorgetäuscht und den Exorzismus als
Scharlatanerie. Dieses Mißtrauen schlug auch auf die Hexenverfolgung über, denn sie wurde mit der Dämonenaustreibung in Verbindung gebracht, indem viele Besessene ihren Zustand beim Exorzismus dem Wirken einer Hexe zusprachen. Vor allem durch die
Exorzisten erfolgte dann eine Beschuldigung wegen Hexerei, die
aber ebenfalls auf Mißbilligung stieß. Den Kritikern der Hexenver-

folgung lieferte diese Rivalität bei der Dämonenaustreibung damit zusätzliches Argumentationsmaterial und förderte deren Erfolg.[85]

7. Letztlich zeigt sich, daß die *Reformation sowohl negative als auch positive Auswirkungen auf die Hexenverfolgung hatte,* wobei die negativen jedoch überwiegen. Die eindeutige Bejahung der Hexenverfolgung durch die Reformatoren, die häufig geradezu als Aufforderung formuliert wurde, konnte nicht wirkungslos bleiben. Vor allem die Betonung der Hexenverfolgung als ein durch göttliches Gesetz bestimmtes Gebot mußte den Staat zum Tätigwerden anregen, was sich in der Entwicklung zahlreicher weltlicher Hexengesetze auch zeigte. Es entstand sozusagen eine doppelte Legitimation. Die gewissenhafte Verfolgung von Hexen durch den Staat entsprach durchaus dem Willen der Reformatoren, wie ihr Ruf nach einem in jeder Hinsicht verantwortlichen Staat zeigte. Die Katholiken mußten sich in der Richtigkeit ihres Umgangs mit Hexen bestätigt fühlen, da die Protestanten in diesem Punkt neben sonst herber Kritik mit ihnen übereinstimmten.

Der heftige Angriff auf etablierte Gewohnheiten und die Auferlegung großer Verantwortung erzeugte im Kreis der Gläubigen Furcht, Verunsicherung und Orientierungslosigkeit. Die Menschen, deren innere Stabilität in starkem Maße erschüttert wurde, nahmen jede Gegenmaßnahme dankbar an, vor allem wenn sie solch namhafte Befürworter fand, und setzten sie auch ein. Daß die Reformatoren mit ihrer Lehre keineswegs Orientierungslosigkeit und Instabilität erzeugen, sondern vielmehr ein Christentum mit selbstbewußten und eigenverantwortlichen Christen schaffen wollten, kann nicht entscheidend sein. Fest steht, daß sie zumindest in der Anfangsphase eine eher gegenteilige Wirkung erzielten. Die Gläubigen mußten zunächst den Umgang mit der neu auferlegten Verantwortung lernen. Die religiösen Spannungen und Auseinandersetzungen zeigen ähnliche Wirkungen. Beim Volk bewirkten sie Furcht und Unsicherheit, denn durch sie war die Bedrohung noch viel gegenwärtiger. Sie lösten Krisensituationen aus, deren langfristige Wirkungen nicht unterschätzt werden dürfen. Daß die Hexenverfolgung zur Bekämpfung religiöser Gegner eingesetzt wurde, kann nicht mit Sicherheit ausgeschlossen werden. Es ist jedoch eher von seltenen Fällen auszugehen. Die positiven Auswirkungen der Reformation dürfen dagegen nicht als sehr bedeutend bewertet werden, da sie alle nur mittelbar wirkten, außerhalb einer bewußten dahingehenden Absicht.

Festzuhalten bleibt, daß die Reformation angesichts der Komplexität des Phänomens der Hexenverfolgung nicht als ihre alleinige Ursache betrachtet werden kann. Eine unerläßliche Vorbedingung war sie ebenfalls nicht, da Hexenverfolgungen schon vorher und auch in Gebieten, die kaum von der Reformation betroffen waren, stattfanden. Sie intensivierte jedoch den Verlauf der Hexenverfolgung, auch wenn dies von den Reformatoren so nicht gewollt war. Mit der Verbreitung ihrer Lehre trugen sie zu einer Entwicklung bei, die sie mit hoher Wahrscheinlichkeit weder vorhersahen noch beabsichtigten.

---

1 *Lehmann, Hartmut,* Hexenverfolgungen und Hexenprozesse im Alten Reich zwischen Reformation und Aufklärung, in: Jahrbuch des Instituts für deutsche Geschichte VII (1978), S. 13 (18).

2 *Haustein, Jörg,* Martin Luthers Stellung zum Zauber- und Hexenwesen, in: *Schwaiger, Georg / Weitlauff, Manfred* (Hrsg.), Münchner Kirchenhistorische Studien, Band 2, Stuttgart 1990, S. 181.

3 *Wolf, Hans-Jürgen,* Hexenwahn, Hexen in Geschichte und Gegenwart, 3. Auflage, Dornstadt 1989, S. 152.

4 *Haustein* (Anm. 2), S. 171; *Wolf* (Anm. 3), S. 150.

5 *Pfister, Oskar,* Das Christentum und die Angst, 2. Auflage, Olten 1975, S. 313.

6 *Haustein* (Anm. 2), S. 181.

7 *Wolf* (Anm. 3), S. 152.

8 *Trevor-Roper, Hugh,* Religion, Reformation und sozialer Umbruch: Die Krise des 16. Jahrhunderts, Frankfurt/M./Berlin 1970, S. 134.

9 *Haustein* (Anm. 2), S. 175.

10 *Haustein* (Anm. 2), S. 181.

11 *Wolf* (Anm. 3), S. 152.

12 *Maron, Gottfried,* Vom Hindernis zur Hilfe: Die Frau in der Sicht Martin Luthers, in: Theologische Zeitschrift 39 (1983), S. 272 (276).

13 *Haustein* (Anm. 2), S. 179.

14 *Haustein* (Anm. 2), S. 177 f.

15 *Pfister* (Anm. 5), S. 358.

16 *Rueb, Franz,* Hexenbrände: Die Schweizergeschichte des Teufelswahns, Zürich 1995, S. 164.

17 *Pfister* (Anm. 5), S. 365 f.

18 *Pfister* (Anm. 5), S. 358.

19 *Pfister, Oskar,* Calvins Eingreifen in die Hexer- & Hexenprozesse von Peney: 1545 nach seiner Bedeutung für Geschichte & Gegenwart, Ein kritischer Beitrag zur Charakteristik Calvins & zur gegenwärtigen Calvin-Renaissance (Calvins Eingreifen), Zürich 1947, S. 34 f.

20 *Pfister* (Anm. 19), S. 37.

21 *Pfister* (Anm. 19), S. 36.

22 *Pfister* (Anm. 19), S. 49.

23 *Pfister* (Anm. 5), S. 334.

24 *Farner, Alfred,* Die Lehre von Kirche und Staat bei Zwingli, Darmstadt 1973, S. 86 f.

25  *Obermann, Heiko A.,* Luther, Mensch zwischen Gott und Teufel, Berlin 1982, S. 108.
26  *Obermann* (Anm. 25), S. 111.
27  *Luther, Martin,* Dr. Martin Luthers sämtliche Schriften (Sämtliche Schriften), 9. Band, *Walch, Joh. Georg* (Hrsg.), Groß Oesingen 1987, Sp. 255–257.
28  *Obermann* (Anm. 25), S. 109 f.
29  *Luther* (Anm. 27), Sp. 255.
30  *Haustein* (Anm. 2), S. 172.
31  *Levack, Brian P.,* Hexenjagd: Die Geschichte der Hexenverfolgungen in Europa, 2. Auflage, München 1999, S. 106.
32  *Pfister* (Anm. 5), S. 357 f.
33  *Pfister* (Anm. 5), S. 334.
34  *Thomas, Keith,* Religion and the Decline of Magic, London 1971, S. 27–50.
35  *Levack* (Anm. 31), S. 106.
36  *Thomas* (Anm. 34), S. 497 f.
37  *Monter, William,* Ritual, Myth and Magic in Early Modern Europe, Brighton/Sussex 1983, S. 66 f.
38  *Levack* (Anm. 31), S. 108.
39  *Pfister* (Anm. 5), S. 329.
40  *Pfister* (Anm. 5), S. 355 f.
41  *Pfister* (Anm. 5), S. 330.
42  *Levack* (Anm. 31), S. 109.
43  *Kriedte, Peter,* Die Hexen und ihre Ankläger: Zu den lokalen Voraussetzungen der Hexenverfolgungen in der frühen Neuzeit – Ein Forschungsbericht, in: Zeitschrift für historische Forschung 14 (1987), S. 47 (49).
44  *Boyer, Stephen/Nissenbaum, Paul,* Salem Possessed: The Social Origins of Witchcraft, Cambridge/Massachusetts 1974, S. 103–109.
45  *Monter, William,* Witchcraft in France and Switzerland: The Borderlands during the Reformation, Ithaca/N.Y. 1976, S. 140.
46  *Pfister* (Anm. 5), S. 404.
47  *Kriedte* (Anm. 43), S. 68 f.
48  *Pfister* (Anm. 5), S. 362.
49  *Levack* (Anm. 31), S. 113 f.
50  *Blackstone, William,* Commentaries on the Laws of England, Book the Fourth, London 1809, S. 60.
51  *Trevor-Roper* (Anm. 8), S. 135.
52  *Tevor-Roper* (Anm. 8), S. 137.
53  *Levack* (Anm. 31), S. 117.
54  *Levack* (Anm. 31), S. 115–117.
55  *Trevor-Roper* (Anm. 8), S. 138; *Lehmann* (Anm. 1),S. 33.
56  *Levack* (Anm. 31), S. 117.
57  *Diefenbach, Johann,* Der Hexenwahn in Deutschland, Mainz 1886, S. 293.
58  *Diefenbach* (Anm. 57), S. 299.
59  *Trevor-Roper* (Anm. 8), S. 138 f.
60  *Soldan, Wilhelm Gottlieb / Heppe, Heinrich,* Geschichte der Hexenprozesse, *Bauer, Max* (Hrsg.), Band 2, 3. Auflage, Hanau 1969, S. 29.
61  *Monter* (Anm. 37), S. 65.
62  *Soldan, Wilhelm Gottlieb / Heppe, Heinrich,* Geschichte der Hexenprozesse, *Bauer, Max* (Hrsg.), Band 1, 3. Auflage, Hanau 1968, S. 425.
63  *Trevor-Roper* (Anm. 8), S. 148.
64  *Riezler, Sigmund,* Paul Laymann und die Hexenprozesse: Zur Abwehr, in: Historische Zeitschrift 84 (1900), S. 244 (247 f.).
65  *Levack* (Anm. 31), S. 119.
66  *Trevor-Roper* (Anm. 8), S. 139 f.

67  *Trevor-Roper* (Anm. 8), S. 152.
68  *Levack* (Anm. 31), S. 119.
69  *Trevor-Roper* (Anm. 8), S. 152.
70  *Lehmann* (Anm. 1), S. 37.
71  *Levack* (Anm. 31), S. 120.
72  *Monter* (Anm. 37), S. 84.
73  *Levack* (Anm. 31), S. 120 f.
74  *Haustein* (Anm. 2), S. 172.
75  *Pfister* (Anm. 5), S. 357 f.
76  *Lehmann* (Anm. 1), S. 24 f.
77  *Haustein* (Anm. 2), S. 181.
78  *Lehmann* (Anm. 1), S. 25.
79  *Levack* (Anm. 31), S. 122.
80  *Levack* (Anm. 31), S. 122 f.
81  *Haustein* (Anm. 2), S. 182.
82  *Haustein, Jörg,* Bibelauslegung und Bibelkritik: Ansätze zur Überwindung der Hexen-
    verfolgung, in: *Lorenz, Sönke / Bauer, Dieter R.* (Hrsg.), Das Ende der Hexenverfolgung,
    Hexenforschung 1, Stuttgart 1995, S. 249 (263).
83  *Haustein* (Anm. 82), S. 264.
84  *Haustein* (Anm. 82), S. 266.
85  *Levack* (Anm. 31), S. 123 f.

# Das „Crimen magiae" am Beispiel des großen Schongauer Prozesses von 1589 bis 1592

*von Rudolf Rupprecht*

1. Mit der vorliegenden Arbeit wird der Versuch unternommen, die Entwicklung des crimen magiae und seiner prozeßualen Behandlung im ausgehenden 16. Jahrhundert anhand des Beispiels des großen Schongauer Prozesses der Jahre 1589–1592 nachzubilden. In dieser Zeit erlebte das Herzogtum Bayern[1] seine erste große Hexenverfolgungswelle, die in den Jahren 1608–1617 und 1629/1630 ihre weiteren Höhepunkte erreichte.[2] Erstmals in der bayerischen Geschichte der Hexenprozesse zeichnete sich, nachdem alle vorangegangenen Prozesse im wesentlichen Einzelprozesse waren, eine Massenhysterie ab. Trotzdem läßt sich die vielfach bediente Klischeevorstellung, daß Bayern die Wiege und der Hort des Hexenwahns gewesen ist, nicht bestätigen.[3] Siegmund Riezler schätzte 1896 für das eigentliche Herzogtum Bayern die Gesamtzahl aller Opfer vom 16. bis zur Mitte des 18. Jahrhunderts auf 1000 bis 2000.[4] Die Mitarbeiter des nationalsozialistischen Hexen-Sonderkommandos haben rund 500 Opfer ermitteln können.[5] Auf Grundlage dieser Opferzahlen kann angesichts der territorialen Ausdehnung Bayerns von einer ungewöhnlich intensiven Hexenverfolgung auf bayerischem Boden nicht die Rede sein.

Der Schongauer Prozeß war der größte seiner Art im südostdeutschen Raum. Ihm fielen etwa 63 Menschen in Gruppen von je vier bis sechs zum Opfer. Auslösendes Moment der Hexenhysterie war eine Vielzahl vorausgegangener Mißernten, die durch Unwetter verursacht worden waren.[6] Ganze Gemeindevertretungen traten vor den Landrichter und forderten Abhilfe durch Verbrennung der Zauberinnen, die für das Unglück verantwortlich zeichneten.

2. Der Hexenglaube ist keineswegs die Erfindung der Epoche des 15. bis 17. Jahrhunderts, sondern war schon früher und ist auch in unserer heutigen Zeit[7] ein Bestandteil des menschlichen Lebens, der in verschiedengestaltigen Erscheinungsformen auftreten kann. Be-

reits im Alten Testament wurde Zauberei, Wahrsagerei und Zeichendeutung als Götzendienst betrachtet und mit der Todesstrafe durch Steinigung belegt.[8] Ebenso griff das älteste römische Gesetzgebungswerk, das Zwölftafelgesetz (451/450 v. Chr.), das später in einzelnen Teilen in die für die römische Rechtsentwicklung wesentlichen Digesten übernommen wurde, den Hexenglauben auf und bedrohte Hexen, die Feldfrüchte verdarben, mit schweren Strafen. Auch die Kirche befaßte sich frühzeitig mit der Erscheinung der Hexerei und verordnete auf der Kirchenversammlung von Agde (506), daß alle Frauen, welche behaupten, mit den Dämonen durch die Luft reiten zu können, mit dem Banne zu belegen seien. In dieser Zeit wurde seitens der Kirche mit besonderem Nachdruck versucht, den vorausgegangenen Dämonenglauben heidnischen Ursprunges umzudeuten und an dessen Stelle den christlichen Glauben zu festigen.[9] Selbst im ältesten bayerischen Gesetzbuch, der lex Bajuvariorum[10] (entstanden 733–740), heißt es in Titel XIII, daß derjenige mit einem bestimmten Geldbetrag zu strafen ist, der die Ernte eines anderen mit Zauberkünsten besprochen hat. Außerdem war der Schädiger verpflichtet, des anderen Gesinde, dessen ganze Wirtschaft und Vieh bis übers Jahr zu verpflegen und den bleibenden Schaden zu erstatten.

Der Glaube, daß durch Zauberei dem Menschen Heil oder Unheil bereitet werden kann, beruhte zum Teil auf der Vorstellung, daß die Seelen der Verstorbenen ein für das menschliche Auge nicht wahrnehmbares, aber dem leiblichen Leben ähnliches Dasein fortführen und einerseits die Naturkräfte beherrschen, andererseits die Fähigkeit besitzen, in Menschen, Tieren, Pflanzen, Steinen und anderen Dingen körperliche Gestalt anzunehmen. Der Zauberglaube läßt sich seit alters in seinen Wesenszügen in drei Vorstellungsgruppen unterteilen,[11] die in ihren Grundaussagen das gesamte Zeitalter der Hexenverfolgung überdauerten. Die sogenannten maleficae (Übeltäterinnen) sollen von bösen Geistern die Macht erhalten haben, Menschen, Tieren und der Natur Böses zu tun. Die zweite Gruppe schloß sich an den Glauben an, daß gewisse Frauen (strigae) nach der Behandlung mit einer Hexensalbe auf Ziegenböcken, Mistgabeln und Besenstielen umherfliegen könnten. Die dritte Gruppe schließlich gründete auf der Vorstellung, daß es Menschen gebe, die sich in Tiere verwandeln könnten, um den Menschen Unheil zu bringen.[12] Von Anbeginn des Hexenglaubens wurde zwischen guten

Geistern (Holden) und bösen Geistern (Unholden) unterschieden. Die Grenzen zwischen „weißer" und „schwarzer" Magie waren jedoch fließend. Nicht selten traten Personen auf, die der verbotenen, „teuflischen" Magie bezichtigt wurden, obwohl sie in Ausübung der „natürlichen" Magie,[13] die damals in der Medizin eine große Rolle spielte und als unverdächtig galt, Heilung brachten. Nur so läßt sich erklären, daß unter den in Schongau als Hexen verurteilten Frauen einige Hebammen und Kräuterweiblein zu finden waren, denen heilschaffende Befähigung nachgesagt wurde, welche sie zum Schaden ihrer Mitmenschen mißbraucht hätten.

Im 13. Jahrhundert lebte die Vorstellung wieder auf, daß es möglich sei, mit dem Teufel einen Pakt einzugehen. Die Theorie vom Dämonenpakt wurde bereits in der Spätantike von Augustinus (354–430) entwickelt,[14] dessen Religionsverständnis das gesamte Mittelalter beherrschte und den Hexenverfolgern das notwendige Vorstellungsmaterial zur Verfügung stellte, um Hexenprozesse durchzuführen und die Hexen gleich den Ketzern zu behandeln. Die theologische Begründung wurde in dem durch den Teufelspakt bewirkten Bruch des Taufgelübdes und dem darin zum Ausdruck kommenden Willen, sich von der Kirche Gottes zu trennen, gesehen. Jenes Kirchendogma fand schließlich seinen Niederschlag in der weltlichen treuga Heinrici von 1224, die die Bestimmung der Strafart und Strafhöhe dem Richter überließ. Die damit bewirkte Angleichung der weltlichen Rechtsüberzeugung an die der kirchlichen bereitete den Rechtsboden für die bis zum Beginn des 16. Jahrhunderts währende Zweispurigkeit der Hexenverfolgung.

3. Die systematische Durchsetzung der Hexenverfolgung wurde erst durch die aus dem Jahre 1484 stammende Hexenbulle „Summis desiderantes affectibus" des Papstes Innozenz VIII. (1484–1492) eingeleitet.[15] Veranlaßt wurde die Bulle durch die in Deutschland tätigen Inquisitoren Heinrich Institoris und Jakob Sprenger – beide Dominikaner –, die den Papst um eine rechtssichere Handhabe gegen den Widerspruch ersuchten, dem sie sich bei der Ausübung ihres Amtes gegenübersahen. Dieser erklärte daraufhin, daß gegen die Zauberer beiderlei Geschlechts, die mit Dämonen fleischlich verkehrten, Maleficien jeder Art an Leib und Leben, am Besitz, an Haustieren, an Saaten und Früchten ihrer Mitmenschen verübten und ihren christlichen Glauben verleugneten, in allen Fällen mit allen Mitteln vor-

gegangen werden soll.[16] Eine weitere und endgültige Manifestation des neuen Hexenwahns ergab sich im Jahre 1487 durch den Hexenhammer (malleus maleficarum),[17] dessen Verfasser die nämlichen Institoris und Sprenger waren. Der Hexenhammer enthielt die zu jener Zeit geltenden Erkenntnisse über Zauberei und Hexerei und bildete als Bibel der Hexenrichter die theoretische Grundlage für die anschließenden epidemischen Hexenprozesse. Den kirchlichen Gerichten die Zuständigkeit bei dem Verbrechen der Zauberei ebenso zu sichern wie dies bei dem Verbrechen der Irrlehre bereits der Fall war und die Inquisition als bewährtes Mittel zur Erforschung der materiellen Wahrheit für den Hexenprozeß zu instrumentalisieren, war die Intention des Hexenhammers. Unter Verwerfung des Akkusationsprinzips wurde das Inquisitionsverfahren durch Einschreiten von Amts wegen oder durch Denunziation angeraten. Ausschlaggebend für die Beweisfindung waren zunächst die Aussagen der Zeugen, der Ruf der Beschuldigten und eine eventuelle Evidenz der Tat. Zur Begründung des Verdachts genügten ein übler Ruf und die Aussagen von zwei Belastungszeugen, wobei mit wenigen Ausnahmen auch Todfeinde Zeugnis ablegen durften. Die Aufhebung jeglicher Rechte des Angeklagten und die Zulassung der uneingeschränkten Folterung zur Erlangung eines unwiderrufbaren Geständnisses beweisen den Unrechtscharakter und die Bedeutsamkeit dieses Rechtsbuches für die Hexenprozesse. Auf diese Weise erlangte das Hexenverbrechen die Rechtsqualität eines crimen exceptum, das in eine unnachgiebige und zwangsläufige Bestrafung des Beklagten mündete. In den Mittelpunkt der wissenschaftlichen Studie rückte das maleficium, der Schadenszauber, der rechtlich als delictum mixti fori definiert wurde, das von der kirchlichen als auch von der weltlichen Strafgerichtsbarkeit gleichermaßen abgeurteilt werden konnte. Zur rechtsdogmatischen Begründung wurde angeführt, daß der Hexe nicht nur der völlige Abfall vom Glauben, also Apostasie vorgeworfen werden könnte, die in den Zuständigkeitsbereich der geistlichen Inquisition fiel, sondern mit dem maleficium auch ein schadenstiftendes, weltliches Element hinzutrat, das dem Hexenverbrechen seinen weltlichen Charakter verlieh.[18] Der durch diese Doppelnatur des Hexenverbrechens bedingten Gefahr der Doppelbestrafung wurde mit der Ausschließlichkeit der jeweils mit der Entscheidung befaßten Gerichtsbarkeit begegnet. Nur bei zu verhängenden gleichartigen Strafen wurde im ausgehenden 15. Jahrhundert dem geistlichen Richter das Vorrecht eingeräumt.[19]

Die entsprechenden weltlichen Strafbestimmungen ließen nicht lange auf sich warten. Im Jahre 1507 veröffentlichte der Hofrichter Johann von Schwarzenberg die Constitutio Criminalis Bambergensis, die Vorläufer einer reichsgesetzlichen Regelung des Strafprozesses war und sich unter anderem mit der prozessualen Behandlung des Zaubereideliktes befaßte. Die in ihrem räumlichen Geltungsbereich beschränkte Constitutio Bambergensis unterschied zwischen der schädlichen Zauberei, für die der Feuertod als Strafe galt, und der unschädlichen Zauberei, deren Bestrafung im freien richterlichen Ermessen stand.[20] Der Bambergensis folgte in der Rechtsentwicklung die Peinliche Halsgerichtsordnung Constitutio Criminalis Carolina (CCC) Kaiser Karls V. von 1530 und 1532, die eine für das ganze Reich geltende Kodifikation des Strafrechts und des Strafprozeßrechts zum Gegenstand hatte. Durch die Carolina sollten für das Beweisrecht vernunftgerechte Normen gesetzt werden, indem die die Folter allein rechtfertigenden Anzeigungen herausgearbeitet wurden, wodurch eine möglichst gerechte Strafrechtspflege erzielt werden sollte.[21] Die Carolina erklärte den Inquisitionsprozeß für maßgebend, verordnete die Wahrheitsfindung von Amts wegen, die Schriftlichkeit der protokollarischen Vernehmungsakten als alleinige Grundlage der Urteilsfindung (quod non est in actis, non est in mundo), die Verurteilung nur aufgrund eines Geständnisses und die Folterung zur Erzwingung des Geständnisses.[22] Die Strafbestimmung der Carolina über Zauberei war identisch mit der der Bambergensis.[23] Die wichtigste Vorschrift stellte Art. 109 CCC dar, der den Schadenszauber mit dem Feuertod belegte. Art. 109 CCC unterschied zwischen Schadenszauber und unschädlicher Zauberei, was in der unterschiedlichen Strafandrohung zum Ausdruck kam. Daneben fanden die Vorschriften der Art. 106, 116 CCC Anwendung, die die Gotteslästerung, die mit dem Teufelsbündnis verwirklicht war, und die Sodomie beim Geschlechtsverkehr mit dem Teufel (Teufelsbuhlschaft) mit der Todesstrafe belegten. In die regionalen Hexenprozesse wirkten neben der Carolina wegen ihrer subsidiären Geltung, die durch die salvatorische Klausel in der Vorrede angeordnet war, die Territorialrechte hinein.

4. Der alltägliche Umgang mit dem Schadenszauber vollzog sich in einer als magisch zu bezeichnenden Volkskultur, die die Zauberei

als nichts Absonderliches empfand, sondern als ihren festen Bestandteil ansah. In Anbetracht dessen kann der Ansatz, den Hexenwahn als Folge des gesteigerten Aberglaubens der Volksmassen zu interpretieren, nicht geteilt werden, da ein solcher Anstieg der Volksmagie quantitativ nicht bewertbar und die Anlage einer Hexenhysterie im Volksaberglauben nicht feststellbar ist.[24] Der Gang zum Gericht stellte sich folglich nicht als zwangsläufiges Moment in der Rechtswirklichkeit dar, sondern diente in jener Zeit als Maßnahme gegen wesentliche, die persönlichen Belange betreffende Veränderungen – etwa Erntevernichtung, Tod oder Krankheit von Familienangehörigen oder als machterhaltendes Instrumentarium der staatlichen und kirchlichen Obrigkeit. Nachfolgend werden die Rechtsquellen dargestellt, die den Verlauf des Schongauer Prozesses im wesentlichen bestimmten, ohne jedoch den Einfluß der vorbenannten Regelwerke vor dem Hintergrund der damaligen gesetzlichen Gemengelage in Deutschland zu negieren.

Die beginnende Rezeption des römischen Rechts in Bayern und der damit einsetzende Zersetzungsprozeß des altdeutschen Gerichtsverfahrens fiel mit dem neuen Landrecht Kaiser Ludwig des Bayern von 1346 zusammen, das durch die Landrechtsreformation von 1518 eine Erneuerung und systematische Erweiterung erfuhr. Der Mangel des Verfahrens nach der Landesrechtsreformation von 1518 bestand aber in seiner Formlosigkeit und in seiner Ausrichtung an polizeilichen Zweckmäßigkeitserwägungen, die den Verfahrensgang zu Lasten der Gerechtigkeit in erheblichem Umfang beschleunigten. Der damit verbundenen Gefahr ihrer willkürlichen Handhabung wurde durch die Malefizordnung von Herzog Maximilian im Jahre 1616 Einhalt geboten,[25] in deren Geiste und Sinne der Schongauer Prozeß in der Verfahrenspraxis durchgeführt wurde.[26] Die Malefizordnung rückte die verstärkte Formalisierung des Gerichtsverfahrens in den Mittelpunkt ihrer Bestimmungen. Danach überantwortete sie die Leitung und Überwachung der Hexenprozesse dem jeweiligen Landesherrn und seinen Zentralbehörden und machte die Anwendung der Folter von der vorherigen Anordnung des Hofrats bzw. der Regierung abhängig. So läßt sich die intensive Korrespondenz zum Verfahrensfortgang zwischen dem Landrichter Hörwarth, der für den Schongauer Gerichtsbezirk zuständig war, und dem damaligen Herzog Ferdinand erklären.[27]

Der Landrichter hatte die aufgezeichneten Aussagen der Beschuldigten („Urgichten") an den Münchner Hofrat zu senden und weitere Befehle abzuwarten. Hielt der Hofrat weitere Maßnahmen für erforderlich, so traf er eine prozessuale Zwischenentscheidung, anderenfalls entschied er in der Sache, wobei die Urteilsfassung und deren Vollzug dem Richter überlassen blieb. Im herzoglichen Hofrat wirkten gelehrte Universitätsprofessoren der Landesuniversität Ingolstadt mit, deren Sachkunde die rechtliche Qualität des peinlichen Gerichtsverfahrens garantieren sollte. Mit der Einengung der richterlichen Selbständigkeit und der Überantwortung des Verfahrens an die übergeordneten Zentralbehörden sowie an die Regierung[28] wurde der richterlichen Willkür Schranken gesetzt und eine einheitliche Rechtsanwendung sichergestellt. Die Abhängigkeit des weiteren Verfahrensganges vom Einvernehmen mit den übergeordneten Stellen und die beschnittene Entscheidungsgewalt des Landrichters veranschaulicht beispielsweise eine den Akten beiliegende Vormerkung Hörwarths,[29] welche einige Artikel bezüglich des laufenden Hexenprozesses enthält, für die eine allgemeine Weisung oder eine ordentliche Instruktion beantragt werden soll. Die Artikel betrafen die Fragen, (1) ob man bei den Verhafteten gleich „auf des Scharfrichter gewöhnliche und gefundene Signa" Prozeß führen oder erst um Bescheid bei Herzog Ferdinand anfragen soll, (2) ob und wie man in Schwabsoien, wo dem Herzog die Blutgerichtsbarkeit zusteht und die Gemeinde die Kosten übernehmen will, vorgehen soll, (3) ob man bei vermögenden hingerichteten Personen aus Schwabsoien die entstandenen Unkosten aus ihren vorhandenen Gütern einziehen soll, (4) wie man gegebenenfalls bei Widerruf oder Nichtwiderruf dieser Personen verfahren soll.

5. Auf dem Höhepunkt der Hexenverfolgungswelle im Herzogtum und unter dem Eindruck des großen Schongauer Prozesses erließ Wilhelm V. mit dem Beinamen „der Fromme" im Jahre 1590 eine „Gemeine General Instruction" für alle Beamte. Die Instruction, die auf zwei Rechtsgutachten der Theologischen sowie Juristischen Fakultät der Landesuniversität Ingolstadt beruhte, sollte den Richtern zur Erkennung, Verhaftung und Behandlung von Hexen dienen.[30] Die Instruktion umfaßte drei Abschnitte: Im ersten wurden Hinweise gegeben, wie bei einer Anzeige in Sachen Hexerei zu verfahren war und welche Indizien den Verdacht der Hexerei begründeten;

der zweite Abschnitt enthielt einen Fragekatalog, der entweder gütlich oder unter Anwendung von Folter vom Verdächtigen zu beantworten war; der letzte Abschnitt befaßte sich mit dem Prozeßverlauf vom Geständnis bis zur Hinrichtung. Die Instruktion ordnete für alle Untertanen eine unbedingte Anzeigepflicht an, die selbst bei Gerüchten einschlägig war. Dennoch sollte der Richter darauf achten, daß die Anzeigung nicht auf niederen Beweggründen beruhte und von glaubwürdigen Zeugen stammte. Die Hexerei war als Versuch verblendeter Menschen definiert, mit Hilfe des Teufels die menschliche Vernunft übersteigende Mittel und Wege zu finden. Die Gemeine Instruction vermochte auf den laufenden Schongauer Prozeß nur noch im verminderten Umfang Einfluß zu nehmen, da bis Mitte des Jahres 1590 die Mehrheit der verurteilten Hexen bereits getötet war.

Materiellrechtlich wurde die Zauberei erstmals 1506 unter die „Viztumshändel" gerechnet;[31] doch auf die genaue Stellung dieses Deliktes unter den Viztumshändeln einigte man sich erst auf den Landtagen von 1507 und 1516. Als Viztumshändel waren solche hohen Gerichtsfälle und Delikte bezeichnet, die mit der Todesstrafe bedroht waren. Die rechtliche Einordnung des Hexendeliktes unter diesen Deliktstypus nahm dem jeweils zuständigen Richter das Recht zur eigenverantwortlichen Entscheidung; nach der zentralisierten Landgerichtsorganisation Bayerns oblag deren rechtliche Beurteilung dem Landesherrn, der seine Strafgewalt in der Praxis auf den herzoglichen Hofrat delegierte. Auf die Viztumshändel wurde in schweren Fällen die Todesstrafe verhängt, in leichteren Fällen konnte die Leibesstrafe in Geldstrafe umgewandelt werden. In der Landesordnung von 1553 wurde der Deliktkatalog von 1516 unverändert beibehalten. Die in ihrer Anwendung subsidiäre Carolina nahm neben den territorialen Gesetzen keine besondere Bedeutung im Schongauer Prozeß ein und konnte sich in Bayern bis zum Beginn des 17. Jahrhunderts nicht durchsetzen.[32]

6. Infolge des im Inquisitionsprozeß geltenden Amtsermittlungsgrundsatzes bedurfte es keiner Klage mehr, um das Verfahren einzuleiten. Es genügte, daß die Organe des Sicherheitswesens irgendwie – auch durch Denunziation – von einer Verdächtigung Kenntnis erhielten. Der Inquisitor selbst sammelte die Informationen, die er benötigte; er war Strafverfolger und Richter in einer Person. Im

Schongauer Prozeß sah sich der im Schongauer Gerichtsbezirk amtierende Richter Hörwarth unter dem Eindruck der jüngsten Unwetter auf Weisung des damaligen Gerichtsherren Herzog Ferdinand veranlaßt, Nachforschungen nach Leuten anzustellen, die verdächtig sein konnten, Schadenszauber ausgeübt zu haben und das Volk zu Buße und Besserung zu ermahnen.[33]

Dennoch hielt sich die Bevölkerung, sofern die Hexerei durch geeignete, offene Taten nicht offensichtlich war, mit Hexereiverdächtigungen unter Offenlegung der Identität zurück, denn jede unbeweisbare Behauptung in dieser Richtung fiel auf den Anzeigenden zurück, der dann mit empfindlichen Strafen zu rechnen hatte.[34] Nur den Personengruppen der Narren und Kinder hielt man ihre fehlende Selbstbeherrschung und Einsichtsfähigkeit zugute mit der Folge, daß Fremdbeschuldigungen meist älterer Frauen durch Kinder Anlaß für weitverbreitete Hexenverfolgungen waren.[35]

Aber nicht nur die Denunziation durch andere, sondern auch die Selbstbezichtigung von Personen, die ihrer Einschätzung nach vom Dämon besessen waren, lösten Hexenprozesse aus. Während der Schongauer Verfolgung stellte sich 1590 eine Frau freiwillig dem Hexengericht, ohne daß dies von ihr verlangt worden wäre oder gar ihr Dorf von Hexendenunziationen vorher betroffen gewesen war.[36] Selbst die von einer Hexe ausgesprochene Denunziation galt wegen der schweren Nachweislichkeit des Hexenverbrechens als vollwertige Zeugenaussage.

7. Aufgrund der besonders schwierigen Beweissituation bildete die Bewertung der Indizien die Kernfrage des Hexenprozesses; sie entschieden über Schuld oder Unschuld des Verdächtigen und ihre Wertigkeit bestimmte das weitere Vorgehen im Gerichtsverfahren.[37]

Da die Hexerei das geheimste aller Verbrechen war, weckte der geringste Anlaß den Verdacht der Bevölkerung. Trat unerwartet ein Schaden ein, so wurden Personen, deren Verhalten mit dem eingetretenen Schaden angeblich im Zusammenhang stand, der Hexerei bezichtigt. Besonders beliebte Opfer dieser Schuldzuweisungen waren Personen, die im Ruf standen, genaue Kenntnisse über Kräfte und Wirkungen der Natur zu besitzen oder deren Lebenswandel nach Ansicht der Bevölkerung als unstet und wüst galt. Ein womöglich ungewöhnliches äußeres Erscheinungsbild und ungewöhnliche Fähigkeiten, die nicht erklärbar waren, ließen sie zu Randständigen werden und brachten Gerüchte in Umlauf, die die Sicherheitsorgane zur Beruhigung der Massen zum Handeln veranlaßten.

Die General Instruction von 1590 führte als wesentliche Indizien die Hellseherei, den Schaden- und Wetterzauber, das heißt die Schädigung von Mensch und Vieh durch Krankheiten oder die Erzeugung von Unwetter, Regen, Donner und Hagel, aber auch Wunderheilungen oder sonstige vergleichbare Begabungen an.[38] Einen weiteren, wichtigen Auslöser bildeten Drohungen, auf die für die Bedrohten ein tatsächlicher Schaden folgte. In diesem Fall erschien in den Augen der Bevölkerung und der Obrigkeit die Hexenklage plausibel zu sein. Einem besonderen Verdacht ausgesetzt waren im Schongauer Prozeß Personen, die bei einem schweren Unwetter noch auf den Feldern gesichtet wurden. So wurde eine Frau aus Schongau verdächtigt, die während des Hagelunwetters in der Nähe des Hexentanzplatzes (Peißenberg) gesehen worden war und die das Mißtrauen gegenüber ihrer Person dadurch erhöhte, daß sie sich ungefragt dafür entschuldigte und ihre Begründung sich nicht als stichhaltig erwies.[39] Als weiteres Beispiel kann ein Bauer aus Peiting genannt werden, dessen Ernte durch Hagelschlag vernichtet wurde, während die Felder des Nachbarn verschont geblieben sind, weil dieser nach der Darstellung des Geschädigten das um Almosen bittende Bettelweib nicht abgewiesen hatte.[40] Einen anderen Ausgang nahm das Schicksal der Frau des Richters von Schwabsoien, der ihre prognostischen Bemerkungen über Unwetter und Ernteerwartungen zum Verhängnis wurden. Weil sie vorhersagte, daß es in diesem Jahr kein großes Wetter mehr geben werde, wurde ihr ein Einfluß auf das Wetter unterstellt und sie zur Hauptschuldigen für die Mißernten durch Unwetterschäden der vergangenen Jahre gestempelt.[41]

Auch allein der Besitz verdächtiger Sachen, die für Hexereikunst unverzichtbar waren, reichte aus, um den Verdacht der Hexerei zu begründen. So fanden sich im Inventar einer als Hexe ermittelten Frau Salben, Pulver, Kräuter, Wurzeln und Früchte.[42] Ein wichtiges Mittel bei der Erhärtung eines Zaubereiverdachts waren des weiteren die Aussagen eines Wahrsagers. Auch wenn dessen Orakel selbst als Zauberei angesehen wurde, so verschafften seine Prophezeiungen den Klägern die subjektive Gewißheit über deren Verdacht. Wahrsager standen auch im Mittelpunkt des Schongauer Prozesses. Bereits 1575 und 1587 waren Frauen durch Wahrsager als Hexen ermittelt worden, zum einen durch den hexenkundigen Scharfrichter von Kaufbeuren, zum anderen durch die weithin berühmte Wahrsagerin Els von Ettringen in der bayerischen Herrschaft Schwabeck. In beiden Fällen waren die Beschuldigten bereits im Verdacht gewesen, die Wahrsager hatten ihn jeweils soweit erhärtet, daß Klage erhoben wurde.[43] Überhaupt waren frühere Verdächtigungen ein wesentliches Indiz für die Wiederholungstäterschaft von Hexen.

8. Erschienen dem zuständigen Richter die gemeldeten Verdachtsgründe als schwerwiegend, so veranlaßte er zur Sicherung des Verfahrens ex officio sofort die Verhaftung durch die zuständigen Stellen. Die Verhaftung wurde durch den Gerichtsdiener auf Anweisung des Richters durchgeführt. Die Bestellung eines Verteidigers war nach dem einschlägigen Prozeßrecht zwar vorgesehen, jedoch fanden sich selten Verteidiger, die dem Richter genehm waren oder sich bewußt dem Verdacht der Förderung des Bösen aussetzen wollten. Die genaue Lage des Verwahrungsortes der beschuldigten Frauen läßt sich nicht mit Sicherheit bestimmen. In Anbetracht des von Margreth Leutter abgelegten Geständnisses,[44] in dem sie ihren Verwahrungsort als feulen Turm bezeichnete, kann angenommen werden, daß die Hexen im Fällturm von Schongau untergebracht waren, der für die Schwerverbrecher, die sich der Viztumshändel schuldig gemacht hatten, vorbehalten war. Die Frauen müssen in Einzelzellen inhaftiert und mindestens zeitweise in Eisen gelegt gewesen sein. Ein Bündel Stroh als Liegestatt, ein Krug Wasser als Getränk und ein Kübel für dringende Bedürfnisse dürften das gesamte Mobiliar der Zellen gewesen sein. Im besonderen war man darauf bedacht, den Kontakt unter den Hexen zu unterbinden, um den meist tödlichen Ausgang des Prozesses vor den übrigen Gefangenen geheimzuhalten.

9. Selbst wenn der Beweis des Hexenverbrechens durch die vorliegenden Indizien als erbracht galt, kam dem Geständnis als regina probationum, als Königin des Beweisrechts, eine bestimmende Funktion im Hexenprozeß zu, denn eine Verurteilung nur aufgrund von Indizien bildete eher den Ausnahmefall. Um zu einem Geständnis zu gelangen, stellte die Folter das probate Mittel dar. Die Folter als Mittel zur Geständniserzwingung war Ausdruck einer obrigkeitlichen Strafverfolgung, wie sie durch die Rezeption des römischen

Rechts in den Gerichtsalltag Eingang gefunden hatte und löste den im germanischen Rechtsgang üblichen Schwerpunkt auf formalen Beweismitteln ab.[45]

Die Folter durfte nach dem Inhalt der Malefizordnung von 1616, die bereits im Schongauer Prozeß ihre Vorwirkungen entfaltete, erst angewandt werden, wenn das gütliche Verhör durchgeführt war, die Beschuldigte durch Geständnis oder Beweis nicht überführt war, ein Tatbeweis vorlag, ausreichende Indizien vorhanden waren, die Folter der Wahrheitsfindung diente und eine Prüfung stattfand, ob die Beschuldigte von der Folter befreit war.[46] Von dem gütlichen Verhör durfte abgesehen werden, wenn die Zauberei sicher durch die zum Hexenwerk gehörenden Utensilien und sonstigen erdrückenden Beweismittel nachgewiesen war.

Normalerweise durften die Verdächtigen nur einmal der Folter unterzogen werden; die zweite Folter bedurfte der ausdrücklichen Genehmigung durch die höhere Instanz, wobei letztere im Schongauer Prozeß großzügig erteilt wurde. Sowohl beim gütlichen als auch beim peinlichen Verhör im Schongauer Prozeß wurden den Beschuldigten immer dieselben Suggestivfragen gestellt, die sich im wesentlichen auf das Wettermachen, das Töten von Tieren durch Beschmieren mit der Hexensalbe, das Ausgraben und Sieden von toten Kindern zum Zwecke der Bereitung dieser Salbe, den geschlechtlichen Umgang mit Teufeln, die nächtlichen Ausfahrten auf Heugabeln zu teuflischen Festen bezogen.[47]

Sowohl die gütlichen als auch die peinlichen Fragen wurden im Beisein des Richters, des Gerichtsschreibers und des Nachrichters gestellt. Der Gerichtsschreiber hatte die Aussagen des Verhörten, die Indizien, die Zeugenaussagen und die Stimmen bei der Urteilsfassung zu protokollieren. Der Nachrichter, auch Scharfrichter genannt, bestimmte den Umfang und den Hergang der Folter. Traurige Berühmtheit erlangte zu jener Zeit Meister Jörg Abriel, Nachrichter aus Schongau, dessen Wirken in der Folgezeit nicht nur auf den Schongauer Gerichtsbezirk beschränkt war, sondern dank seiner Erfahrungen im Schongauer Prozeß und seiner besonders ungewöhnlichen Folterpraktiken im gesamten Herzogtum das Schicksal der Hexen besiegelte. Die besondere Brutalität des Meisters Jörg Abriel drückte sich in dem Protest der als Hexe angeklagten Lucia Dietterin aus Schongau aus, die 1590 zu Protokoll gab: „Unser Herr Gott werde dem Meister Jergen wol zahlen, daß er well aus Frauen weittere Unholden (…) machen".[48] Nach der auch den Schongauer Prozeß beeinflußenden Bambergensis vollzog sich die Folter in fünf Stufen: Bindung, Anlegung von Daumenschrauben, Anlegung von Beinschrauben, Leiterzug (Streckung), Rutengeißelung.[49] Von der Folter verschont sollten lediglich schwangere Frauen und Kinder unter 14 Jahren bleiben, woran man sich jedoch nicht immer hielt. Konnte der Beschuldigten trotz der peinlichen Fragen keine Schuld nachgewiesen werden, so wurde sie aus der Haft entlassen; vorher mußte sie sich durch den Schwur der „Urfehde" verpflichten, ewigliches Stillschweigen über die Inquisitionsmaßnahmen zu wahren und keine spätere Vergeltung zu üben. Dieser Brauch fand in Art. 106 CCC Eingang. Bei Bruch der Urfehde drohte dem Delinquenten das Abschlagen der Schwurfinger.[50] Im Schongauer Prozeß ist nur der Fall der Bauersfrau Geiger bekannt, die im Vorfeld des großen Schongauer Prozesses bei ihrer zweiten Verhaftung im Jahre 1587 der Folterung mittels Daumenschrauben trotzte und anschließend entlassen wurde.[51]

10. Da im Hexenprozeß kein mit tatsächlichem Erfolg verübtes Verbrechen angeklagt war, sondern die schädliche Einstellung einer Person mit Strafe bedroht wurde, mußten neben den Indizien noch weitere Hilfsmittel zur Verfügung gestellt werden, die geeignet waren, den Angeklagten seiner Schuld zu überführen. Diese Funktion erfüllten die Hexenproben,[52] die ursprünglich als gewichtiges Indiz für die Schuld der Beschuldigten galten, alsbald jedoch die Rolle eines Beweises übernahmen. Im Laufe der Hexenprozesse kristallisierten sich verschiedenste Hexenproben heraus, mit deren Hilfe sich die Inquisitoren versprachen, die wahren Hexen zu erkennen. Die Wasserprobe, auch Hexenbad oder Schwemmen genannt, gründete auf dem altheidnischen Volksglauben, daß ein so reines Element wie das Wasser einen Verbrecher nicht aufnehme. Gingen die Hexen unter, dann waren sie unschuldig. Schwammen sie hingegen auf der Wasseroberfläche, so war es ein sicheres Anzeichen für die Hexeneigenschaft, denn Hexen waren wegen des mit dem „luftig Geist"[53] gefüllten Leibes leichter als gewöhnliche Menschen. Letzlich machte die Erwiesenheit der Schuld oder Unschuld für den Betroffenen keinen praktischen Unterschied, denn die meisten, die mit kreuzweise zusammengebundenen Händen und Füßen ins Wasser gelassen wurden, bezahlten die Probe mit ihrem Leben.

Die Wiegeprobe hat ihren Ursprung ebenfalls in der Vorstellung, daß Hexen leichteren Gewichts sind und daher das Gewicht nicht im rechten Verhältnis zu Größe und Körperform steht. Es war fester Glaube, daß der Teufel, mit dem die Hexe im Bunde stand, das Gewicht so verringern würde, daß diese schwimmen könne. Das Wiegen wurde in der Praxis regelmäßig auf der Viehwaage durchgeführt, die bei dem relativ geringen Gewicht des Menschen nichts anzeigte.

Die Nadelprobe,[54] die am häufigsten angewandt wurde, zielte auf das Finden des Hexenzeichens am Körper der Beschuldigten. Man unterstellte, daß der Teufel das Hexenmal aufgedrückt hat und dieses weder schmerzempfindlich war noch Blut enthielt. Zu diesem Zwecke wurden die Frauen entkleidet und sämtliche Behaarung wurde entweder abrasiert oder abgesengt. Als Hexenmale galten alle Unregelmäßigkeiten auf der Haut, in die zur Überführung der Hexe eingestochen wurde. Gerade dem Nachrichter Jörg Abriel wurde die besondere Befähigung zugesprochen, die Hexenmale zu erkennen. Seine Kenntnis war von großer Bedeutung, denn die allgemeine Regel, daß Hexenmale unempfindlich seien und beim Hineinstechen nicht bluten, reichte in der Gerichtspraxis nicht aus. Daher oblag es dem Scharfrichter, über die Anwendung der Folter und über die Aussagekraft der Indizien zu befinden.

Die eher selten angewandte Tränenprobe sollte die Unfähigkeit der Hexe, Tränen zu vergießen, feststellen. Der Priester oder der Richter legten der Angeklagten die Hand auf den Kopf und verlangten, nach dem Vorbild des Heilandes am Kreuze Tränen zu vergießen. War nun die Angeklagte nicht in der Lage, Tränen zu vergießen, so war sie als Hexe überführt. Weinte sie, so hatte ihr der Teufel zum Schein die Augen angefeuchtet. Daneben wurde als weiteres Beweismittel der Kesselfang oder die Probe des heißen Wassers zugelassen. Die Beschuldigte mußte einen Ring vom Boden eines mit siedendem Wasser gefüllten Behälters herausholen, ohne irgendwelche Verbrennungen zu erleiden. Die Unschuld konnte auch dadurch bewiesen werden, daß die Angeklagte mit einem wachsgetränkten Hemd durch ein Feuer schritt, ohne daß ein Wachstropfen vom Hemd fiel.

11. Bereits die Gesetzeswerke des 15. und 16. Jahrhunderts verlangten Richter, die diese Vorschriften ihrem Sinn und Gehalt entsprechend auslegen und anwenden konnten. Hierzu waren gelehrte Juri-

sten in der Lage, die ihre juristische Ausbildung entweder an den italienischen Universitäten von Padua, Bologna und Pavia oder auch an den deutschen Universitäten erfahren hatten. Die rechtsprechenden Strafgerichte waren aber im Untersuchungszeitraum nicht mit Juristen besetzt, sondern mit Laienrichtern, die über kein juristisch fundiertes Wissen verfügten.[55] Diesem Defizit in der Rechtsprechung sollte nach dem einschlägigen Art. 219 CCC dadurch begegnet werden, daß in zweifelhaften Fällen Rechtsverständige angegangen werden mußten. Daraus entwickelte sich das Institut der Aktenversendung, das durch das Prinzip der Schriftlichkeit im Inquisitionsprozeß gefördert wurde.

Große Aufmerksamkeit erlangte im April 1590 ein Fakultätsgutachten der Landesuniversität Ingolstadt, die als Vorlage für die Hexengesetzgebung von 1590 diente, in dem im Abschnitt über die Prozesse in Hexensachen verlangt wurde, den Angeklagten ihre Verteidigung zu belassen und die Advokaten anzuhören.[56] Das Grundsatzgutachten wandte sich des weiteren gegen den Mißbrauch der Vorspiegelung falscher Tatsachen durch den Verhörrichter und verbot, den Hexereiverdacht auf die Aussagen von Wahrsagern zu stützen. Trotz einiger positiver Ansätze wurde aber in diesem Gutachten zu schärfster Hexenverfolgung aufgerufen. Die hexerischen Fähigkeiten waren nicht auf das Malefiz beschränkt, sondern erstreckten sich auf andere besondere Fähigkeiten; bei geringem Verdacht sollte bereits verhaftet werden, zur Tortur sollte wegen der Heimlichkeit des Hexenverbrechens leichter gegriffen werden können. Dem Geständnis unter Anwendung von Folter wurde absoluter Beweiswert zugeordnet. Dabei ließ man sich von der tiefen Überzeugung leiten, daß Gott die Tötung Unschuldiger nicht dulden werde. Die Konfliktsituation, in der sich die Gutachter befanden, fand jedoch in der Forderung Ausdruck, möglichst vorsichtig bei der Verurteilung zu verfahren, um den Tod eines in Wahrheit Unschuldigen zu meiden.[57]

12. Nach Abschluß des Beweisverfahrens wurden die gefangenen Beschuldigten in die Gerichtsdienerstube geführt, in der ihnen ihre Aussagen noch einmal vorgelesen und sie gefragt wurden, ob sie bei ihren Geständnissen blieben. Verlangten die Beschuldigten keine Berichtigung ihrer Geständnisse, so wurde ihnen auf den übernächsten Tag das öffentliche Malefizrecht – das Recht der Obrigkeit zur Vollstreckung des Todesurteils – angekündigt, um in der Zwischen-

zeit beichten und kommunizieren zu können. Am Malefiztag selbst verlas der Gerichtsschreiber auf dem Richtplatz das Geständnis und die Taten der Verurteilten sowie das zur Vollstreckung anstehende Urteil.

Nach der Carolina (Art. 109 CCC) mußten Zauberer und Hexen mit der Todesstrafe belegt werden, wenn Schadenshandlungen nachgewiesen werden konnten. Im Schongauer Prozeß ist das Todesurteil gegen vier Hexen urkundlich erwähnt,[58] die erst mit dem Schwert vom Leben zum Tode gestraft und deren tote Körper anschließend durch Feuer verbrannt wurden. Letzteres geschah im Prozeß von Schongau selbst mit dem Leichnam einer Frau, die sich im Gefängnis aus Verzweiflung erhängt hatte. Bei einer anderen im Gefängnis Verstorbenen wollten ihr Beichtvater und ihr Vetter, der Spitalkaplan, die Verbrennung verhindern, da die Angeklagte ihr Geständnis widerrufen hatte. Daraufhin erteilte ihnen der Münchner Hofrat einen scharfen Verweis, da ihnen kein Urteil über die Kraft des Widerrufes zustehe.[59] Die vorherige Tötung der Verurteilten durch Schwert oder Erwürgen stellte im Verhältnis zum Feuertod eine Privilegierung dar, mit deren Inaussichtstellen man gelegentlich der Hexe ein Geständnis abzuringen suchte.

13. Wie es jedem Gerichtsverfahren eigen ist, entstanden auch in den Hexenprozessen Gerichtskosten, die sich aus den Personal- und Sachkosten zusammensetzten. Überdies standen die persönlichen Aufwendungen und die Spesen der Verhandlungsführer zum Ausgleich. Vorrangig schuldeten die unmittelbar Betroffenen und deren Hinterbliebene die Gerichtskosten.[60] Waren diese jedoch mittellos oder scheiterte eine private Kosteneinigung mit den Hinterbliebenen, was in der Regel auf deren eigene Bedürftigkeit zurückzuführen war und mit der Einweisung in das Schuldgefängnis belegt wurde, versuchte die strafverfolgende Obrigkeit, wie es im Schongauer Prozeß berichtet wird, die Kosten der von der Hexenverfolgung betroffenen Gemeinde aufzuerlegen.[61] Diese wiederum verteidigte sich mit dem Einwand, daß nach der Carolina die zuständige Stelle die Kosten selbst zu tragen hätte.

Ungeachtet dessen war es aber zur Zeit der großen Hexenverfolgung verbreitet, daß die betroffene Gemeinde dem Landrichter die Entlohnung seiner Mühen versprach, um sich von dem gemeinschädlichen Hexenwesen zu befreien. Richter Hörwarth ließ sich beispielsweise von der Gemeinde Peiting den Nießbrauch zweier gemeindeeigener Höfe für die Dauer seiner Amtstätigkeit einräumen.[62] Zu Beginn des Schongauer Prozesses boten sogar die Gemeinden von sich aus der Obrigkeit an, auf eigene Kosten den Scharfrichter von Biberach anreisen zu lassen, wenn sich dadurch die Verfolgung beschleunigen ließe.[63]

14. Die von den angeklagten Frauen im Schongauer Prozeß abgelegten Geständnisse lassen sich nach dem damaligen Rechtsverständnis in wiederkehrende Deliktstypen unterteilen.

Der Vorwurf des Teufelspaktes beschreibt das Vertragsverhältnis zwischen der geständigen Hexe und dem Teufel, welches nach herrschender Meinung unabdingbare Voraussetzung für jede schädliche und zauberische Handlung war. Die Hexe wurde gegen Einsatz ihres Seelenheiles und unter Abschwörung Gottes vom Teufel mit übernatürlichen Kräften und Begabungen ausgestattet, was sie verpflichtete, ihren Mitmenschen Schaden zuzufügen.[64] Dieser Pakt wurde in Form einer Eheschließung geschlossen, mehrheitlich vollzogen durch den Geschlechtsverkehr, und manifestierte sich äußerlich erkennbar in dem Hexenmal (striga diabolicum), das der Teufel seinem neuen Partner einbrannte. War der Verführte männlichen Geschlechts, so stand vornehmlich nicht der Geschlechtsakt als vertragsbegründender Vorgang im Mittelpunkt, sondern es kam ein formeller Vertrag zustande, der mit dem Blut des Abtrünnigen unterzeichnet wurde.

Unter der Teufelsbuhlschaft als weiterem wichtigen Anklagepunkt war der Geschlechtsverkehr zwischen dem Menschen und dem Teufel zu verstehen. Diese Theorie erhielt in der Scholastik ihre wissenschaftliche Festigung durch die Ausbildung der Incubus- und Succubuslehre, denen beiden die Vorliebe des Teufels für die sexuelle Verführung und die Unzucht mit dem schwachen Menschengeschlecht gemein war.[65] Die Teufelsbuhlschaft diente aber auch als theoretische Begründung für die exzessive Vernichtung des Hebammenstandes, der in seiner Eigenschaft als Geburtshelfer mit dem Teufel in Kontakt stand. Im Schongauer Prozeß wurde der aus Schongau stammenden Walburga Perenheitter vorgeworfen, daß sie in ihrer Eigenschaft als Hebamme zwei Kindern im Mutterleib den Hals bzw. das Hirn eingedrückt habe.[66]

Die Teilnahme am Hexensabbat[67] war im 16. Jahrhundert ein fester Bestandteil des Hexenwesens und vermutete Folge des

Bündnisses mit dem Teufel. Man unterstellte, daß die Hexen auf Besen, Backtrögen, Dreschflegeln oder Mistgabeln, die sie vorher mit der Hexensalbe bestrichen hatten, zum Sabbat flogen. Gerade das Konstrukt des Hexensabbats führte infolge seines kollektiven Charakters zu einer Prozeßlawine, denn es wurde unterstellt, daß jede Hexe am Hexensabbat teilnimmt und ihr die Identität der anderen Hexen bekannt ist.[68] Darüber hinaus förderte der Vorwurf des Hexensabbats die Denunziation der sozial höhergestellten Personen, die entweder sich als Angehörige der Oberschicht normalerweise einer Strafverfolgung entziehen konnten oder für die Prozeßführung selbst mitverantwortlich gewesen sind. Bei der Schongauer Verfolgung wurde die Frau des Richters von Schwabsoien, deren Mann zur Verfolgung öffentlich aufgerufen hatte, von den übrigen Beschuldigten einstimmig als Meisterin aller Hexen ausgerufen.[69]

Im Blickpunkt des Hexenverbrechens stand seit jeher das Maleficium,[70] der Schadenszauber, worunter die Befähigung zu verstehen war, unter Anleitung des Teufels schädliche Handlungen an den Mitmenschen zu begehen. Grundlage dieser Begabung bildete das mit dem Teufel eingegangene Bündnis. Die Art des Schadenszaubers hing von den Lebensumständen der Angeklagten ab. Auf dem Lande wurde insbesondere die Kunst des Wettermachens gefürchtet. Bereits eine der ersten geständigen Hexen im Schongauer Prozeß sagte aus, sie habe das Wetter, welches alles Getreide erschlagen habe, gemacht.[71]

Gegen einen Zauberer und dessen Schadenszauber ging man mit einem Gegenzauber vor, was strafrechtlich insoweit nicht unbedenklich war, als der Gegenzauber im Prinzip ebenfalls unter die Kategorie des Maleficium fiel. Dennoch rechtfertigte man dieses Vorgehen mit der angeblichen Notwehrsituation des Geschädigten. Gleichzeitig erfüllte der Gegenzauber eine gewisse Indizfunktion, die bei ersichtlicher Wirkung in vollem Umfang zur Geltung kam. Beispielhaft sei ein Bauer aus einem Dorf bei Schongau genannt, der wegen der Erkrankung seines Viehs mehrere Wahrsager aufgesucht hatte, von denen schließlich einer den passenden Gegenzauber fand: „Darauf hab ime ainer gelernet, er soll einem viech den Kopf abhauen unnd denselben mit deme maul uber sich auf das feuer hengen, alls dann werde er wissen, wer Ime solche ursach zufiege".[72]

Das Bündnis mit dem Teufel und der damit verbundene vollständige Abfall von den christlichen Überzeugungen legte den Vorwurf der Gotteslästerung nahe. Diese schändliche Gesinnung drückte sich aus in dem Mißbrauch von religiösen Gebrauchsgegenständen und der Verunehrung der heiligen Sakramente. Ebenso wurden die Hexen der Gotteslästerung bezichtigt. Gerade in diesen Tatbeständen des Hexenverbrechens kamen die Relikte der Ketzerinquisition zum Ausdruck.

Die Bestrafung des Wahrsagens und der Gesundbeterei stand wegen ihrer unschädlichen Auswirkung nach dem Wortlaut der Carolina, die zwischen Schadenszauber und unschädlichem Zauber unterschied, im freien richterlichen Ermessen. Die Urteile fielen regelmäßig relativ mild aus. Unter dem Einfluß der Hexenhysterie gegen Ende des 16. Jahrhunderts waren jedoch diese Vorwürfe ebenso geeignet, die Todesstrafe zu begründen.

Nach dem Ende des Schongauer Prozesses hob der Landrichter Hörwarth in einem Bericht an Herzog Ferdinand hervor,[73] welch hoher Ruhm dem Herzog aus dem Prozeß erwachsen sei und mit welcher Beispielhaftigkeit dieser Prozeß geführt worden sei. Infolge dieser Strenge sei jetzt seit drei Jahren weder Mensch noch Vieh Schaden geschehen und das Getreide wieder reichlich gewachsen. Er stellte den Antrag, der Obrigkeit zum Ruhm in Schongau ein Denkmal zu errichten.

15. Schon im 16. Jahrhundert traten Menschen unter persönlicher Lebensgefahr und gegen den Widerstand fanatischer Richter gegen den Hexenwahn auf. Als bekannteste Verfolgungsgegner zu jener Zeit sind Johannes Weyer (1516–1588), der sich mit seinen öffentlichen Schriften der Jahre 1550 und 1563 gegen die Hexenprozesse stellte und Georg Gödelmann (1584), ein Jurist aus Rostock, der für den Rechtsgrundsatz in dubio pro reo eintrat, zu nennen.[74] Auch während des Schongauer Prozesses regte sich öffentlicher Widerspruch gegen den Hexenprozeß als solchen. So taten sich ein Beichtvater, der wahrscheinlich aus dem nicht weit entfernten Landsberger Jesuitenkolleg stammte, und ein Spitalkaplan aus Schongau hervor, die nicht nur den Widerruf von Geständnissen entgegennahmen, sondern sich darüber hinaus noch ein eigenes Urteil erlaubten und ihre Überzeugung von der Unschuld der Betroffenen öffentlich kundtaten.[75]

16. Trotz breiter Zustimmung in der Bevölkerung und des Übergewichts der Verfolgungsbefürworter setzte dank des entschiedenen Auftretens einiger Kritiker eine anfangs zögerliche, später sich verstärkende Diskussion über die Sinnhaftigkeit der Hexenprozesse ein, die im Hexenmandat von 1611/12 nach Auffassung der Verfasser ihren vorübergehenden Abschluß finden sollte. Das Hexenmandat suchte einen Ausgleich zwischen den widerstreitenden Interessen und sollte der Forderung nach einer klaren gesetzlichen Festlegung des Hexenthemas entsprechen. Das Hexenmandat[76] erkannte die Notwendigkeit eines Indizienbeweises nach Art. 44 CCC vollständig an und unterschied deutlich zwischen Aberglauben und Zauberei/Hexerei. Bei „normaler" Aberglaubenspraxis war Tortur nicht zwingend vorgeschrieben und das Strafmaß bewegte sich im erträglichen Rahmen. Im besonderen sah das Hexenmandat eine milde Bestrafung des sehr häufigen Umganges mit abergläubischen Gegenständen vor und trug damit der ungebrochenen Volksmagie Rechnung.

Dennoch vermochte das Mandat den anhaltenden Konflikt nicht zu durchbrechen. Zum einen wurde seine Veröffentlichung durch die Gegner behindert oder doch zumindest in erheblichem Umfang beschränkt, zum anderen behielt das Mandat für alle Formen der Hexerei die unnachgiebige Todesstrafe bei und drückte sich bei der Spezifizierung der unschädlichen Formen des Aberglaubens so unbestimmt aus, daß die Strafwürdigkeit des Handelns für den Betroffenen nicht erkennbar war. Erst um 1630 konnten sich die Verfolgungsgegner im maßgeblichen Entscheidungsgremium des kurfürstlichen Hofrats durchsetzen, was eine Eindämmung und Entschärfung des Hexenthemas zur Folge hatte, ohne jedoch den Hexenwahn endgültig zum Erliegen zu bringen. Erst die Aufklärung konnte das Ende der schrecklichen Menschenvernichtung besiegeln.

**Quellen:** *Stadtarchiv München,* Urkundensammlung des Historischen Vereins von Oberbayern, Urkunden Nr. 1996–2088. *Hauptstaatsarchiv München,* Urkunden Rottenbuch, Hexenakten, Nr. 1 Allgemeine Verordnungen und Gutachten betreffend Hexenwesen 1560/1577/1620, Nr. 9a Bayer. Kriminalakten; Hochstift Augsburg, Neuburger Abgabe, Akten Nr. 2629; Kurbayern, Äußeres Archiv Nr. 1913.

1 Bis 1623 Herzogtum ohne Kurwürde, danach Kurfürstentum.
2 Nicht zufällig deckten sich die großen Verfolgungswellen Bayerns mit den Regierungsjahren der Herzöge Wilhelm V. (1579–1597) und Maximilian I. (1598–1651), die die katholische Reform, die Ausbreitung des jungen Jesuitenordens, dem besondere Verantwortung für die Hexenverfolgung zugewiesen werden muß, und eine aktive politische Gegenreformation betrieben. Daraus folgt die ungewöhnlich intensive Hexengesetzgebung dieser Jahre in Bayern, die dem Herzogtum eine gewisse Sonderrolle in der Hexenverfolgung zuschreibt; hierzu ausführlich *Riezler, Siegmund,* Geschichte der Hexenprozesse in Bayern, Stuttgart 1896, Neudruck Aalen 1968, S. 187, 208–219, 272–275.
3 *Schormann, Gerhard,* Hexenprozesse in Deutschland, Göttingen 1981, S. 66 m. weit. Nachw.
4 *Schormann* (Anm. 3), S. 66; Riezler (Anm. 2), S. 241 f.
5 Auf Anweisung Heinrich Himmlers wurde eine Arbeitsgruppe von ca. acht Mitarbeitern eingerichtet, deren alleinige Aufgabe darin bestand, zur Zeit der NS-Diktatur in deutschsprachigen Archiven nach Hexenprozessen zu suchen. Hierzu ausführlich Schormann (1981), 8–15. BundesA Ast Frankfurt, Bestand F 215–Zsg. 2/1–f; gemäß dem Material des „H-Sonderkommandos" wurden in Franken viermal mehr Hexen hingerichtet als im Herzogtum Bayern, worüber eine gewisse Irritation bestand, da die Mitarbeiter die in der Literatur vertretene Ansicht, nach der das alte Herzogtum Bayern ein Kernland der Hexenverfolgung gewesen sei, nicht bestätigen konnten; *Behringer, Wolfgang,* Hexenverfolgung in Bayern, München 1987, S. 42.
6 Konkret wird mitunter ein katastrophaler Hagelschlag vom 26. Juni 1588 genannt, der an einigen Orten die gesamte Getreideernte zerstörte und sogar zum Ankauf von Saatgetreide zwang. Stadtarchiv (StadtA) München, Hist. Ver. Urk. 2051; Bayerisches Hauptstaatsarchiv (HstAM), Hochstift Augsburg, NA, Akten Nr. 2629 berichtet über den Streit zwischen dem Hochstift Augsburg und dem Herzogtum Bayern wegen eines bewaffneten Überfalls des Landrichters von Schongau zur Verhaftung von Hexen; ebd., Nr. 1201, fol. 106–107 (Hagelschlag).
7 Vgl. *Schöck, Inge,* Hexen heute, in: *von Dülmen, Richard* (Hrsg.), Hexenwelten, Frankfurt/Main 1987, S. 282, die als Beispiel einen Prozeß gegen eine selbsternannte „Hexe" in Augsburg 1983 (!) nennt, in dem eine Ehefrau ihr Freund wegen versuchten Mordes an dem Ehemann angeklagt waren. Im Mittelpunkt der Berichterstattung über dieses Strafverfahren standen trotz des weltlichen Vorgehens gegen den Ehemann vorwiegend die angeblichen magischen Fähigkeiten der Frau, die sich selbst in Prospekten als Hexe angepriesen hatte und darin behauptete, bereits 20 Ehemänner auf Bestellung erfolgreich totgehext zu haben.
8 Exemplarisch der Bericht über Saul (um 1000 v. Chr.) in 1 Kön 28,7ff., siehe weitere Beispiele *Braun, Reiner,* Teufelsglaube und Heilige Schrift, in: *Schwaiger, Georg* (Hrsg.), Teufelsglaube und Hexenprozesse, München 1999, S. 12ff.
9 *Wolf, Hans-Jürgen,* Hexenwahn, Darmstadt, 1989, S. 51 zeigt weitere wesentliche Kirchenentscheidungen auf.
10 *Vogel, Hubert,* Der große Schongauer Prozeß und seine Opfer, 1989, S. 9.
11 *Jilg, Waltraut,* Hexe und Hexerei als kultur- und religionsgeschichtliches Phänomen, in: *Schwaiger* (Anm. 8), S. 44; *Hansen, Joseph,* Zauberwahn, Inquisition und Hexenprozeß im Mittelalter und die Entstehung der großen Hexenverfolgung, Leipzig 1900, S. 9.
12 Eine genauere Beschreibung folgt unter der Darstellung der im Hexenprozeß meisterhobenen Anschuldigungen.
13 Die teuflische Magie ist eine dem menschlichen Geschlecht höchst schädliche Wissenschaft, die auf des Menschen eigenen Seelen- und des Nächsten Leibesverderben gerichtet ist, während die natürliche Magie die Philosophie der alten Weisen ist, die durch Worte, durch auf bestimmten Materialen gedruckte Zeichen oder durch Auflage von Heilmitteln die Krankheiten vertreiben soll; *Martius, J.N.,* Unterricht von der wunderbaren Magie und derselben medicinischen Gebrauch, Frankfurt/Leipzig, Neudruck Freiburg 1978, S. 17, 40, 88ff.

14  *Götz, Roland,* Der Dämonenpakt, in: *Schwaiger* (Anm. 8), S. 70 ff.

15  *Baschwitz, Kurt,* Hexen und Hexenprozesse, München 1963, S. 89 f.

16  *Riezler* (Anm. 2), S. 84.

17  *Nesner, Hans-Jörg,* Hexenbulle (1484) und Hexenhammer (1487), in: *Schwaiger* (Anm. 8), S. 85, 89 f.

18  Ausführliche Erörterung bei *Leutenbauer, Siegfried,* Hexerei- und Zauberdelikt in der Literatur von 1450–1550, Berlin 1972, S. 47 ff.

19  *Leutenbauer* (Anm. 18), S. 90 f.

20  *Schmidt, Eberhard,* Einführung in die Geschichte der deutschen Strafrechtspflege, 3. Auflage, Göttingen 1965, S. 109; *Merzbacher, Friedrich,* Die Hexenprozesse in Franken, München 1970, S. 23.

21  *Christel, G.,* Die Malefizordnung des Codex Maximilianeus von 1616, dargestellt in ihrem Verhältnis zu Carolina und den Rechtsquellen des 16. Jahrhunderts in Bayern, Diss. jur. Regensburg 1975, S. 33.

22  *Schmidt* (Anm. 20), S. 127 f., 210 f.

23  Die Bambergensis wird deshalb auch als mater Carolinae bezeichnet.

24  *Behringer* (Anm. 5), S. 96; *Janssen, Johannes/Pastor, Ludwig,* Culturzustände des deutschen Volkes seit dem Ausgang des Mittelalters bis zum Beginn des Dreißigjährigen Krieges, 8. Bde., Freiburg 1885–1894, VII, 359–441, der den Ausfall der kirchlichen Autorität zu jener Zeit für die Rückkehr der Bevölkerung zum Heidentum und für die Vertiefung der Volksmagie verantwortlich macht.

25  Die Malefizordnung war in einem umfangreichen Sammelband enthalten, der die Bayerische Landrechtreformation von 1616 beschrieb; hierzu ausführlich *Christel* (Anm. 21), S. 7 ff., 47 ff.

26  *Vogel* (Anm. 10), S. 31, der nach intensivem Aktenstudium zu dieser Erkenntnis gelangt.

27  Herzog Ferdinand nahm seine Aufgabe als Gerichtsherr sehr ernst und ließ sich von Richter Hörwarth sämtliche Vorgänge im Zusammenhang mit dem Schongauer Hexenprozeß genauestens schildern; Hist.Ver. Urk. Nr. 2061, 2083, 2084, Kurbayern 1913. Der Inhalt der Korrespondenz ist bei *Vogel* (Anm. 10), S. 35 ff. dargestellt.

28  Die Regierung wurde „Viztumamt" oder „Rentamt" genannt; *Behringer* (Anm. 5), S. 52.

29  StadtA München Hist.Ver.Urk. Nr. 2051

30  *Behringer* (Anm. 5), S. 148; *Hartmann, Annemarie,* Der Hexenwahn im Herzogtum und Kurfürstentum Bayern im 16. und 17. Jahrhundert, in: *Schwaiger* (Anm. 8), S. 103, 106.

31  Hierzu gehörten die Münzdelikte, Notzucht, widernatürliche Unzucht, Falscheid, Diebstahl, Raub und Kirchhofdelikte. vgl. *Leutenbauer* (Anm. 18), S. 97–99.

32  *Christel* (Anm. 21), S. 26, 56.

33  HStAM Kurbayern 1913.

34  Kläger, die falsche Verdächtigungen aussprachen, mußten mit empfindlichen Geldstrafen, Haftstrafen oder sogar mit der Androhung der Landesverweisung rechnen.

35  Beispiele werden bei *Behringer* (Anm. 5), S. 175 f. genannt.

36  StadtA München, Hist. Ver. Urk. 2048.

37  Genaue Darstellung der Indizienlehre bei *Soldan, Wilhelm Gottlieb / Heppe, Heinrich,* Geschichte der Hexenprozesse, Hanau 1912, S. 325.

38  *Behringer* (Anm. 5), S. 111.

39  StadtA München, Hist.Ver. Urk. 2067.

40  StadtA München, Hist.Ver. Urk. 2067.

41  StadtA München, Hist.Ver. Urk. 2018.

42  StadtA München, Hist.Ver. Urk. 2069. Inventar der bei Agnes Weiß gefundenen Sachen; siehe Auflistung bei *Vogel* (Anm. 10), S. 23.

43  StadtA München, Hist.Ver. Urk. 2029–42.

44  StadtA München Hist.Ver. Urk. 2047, 2048.

45  Schmidt (Anm. 20), S. 91.

46  *Vogel* (Anm. 10), S. 30.

47  Oberbayr. Archiv XI, 356 f.
48  StadtA München Hist.Ver.Urk. 2067.
49  *Vogel* (Anm. 10), S. 47; *Diefenbach, Johann,* Der Hexenwahn vor und nach der Glaubensspaltung in Deutschland, Mainz 1886, Neudruck Leipzig, 1985, S. 131 f.; nach dem maßgeblichen Art. 44 der Carolina war der Gebrauch der Folter an gewisse materielle Voraussetzungen gebunden, die jedoch wegen ihrer Subsidiarität keine allgemeine Verbindlichkeit für die rechtsanwendenden Stellen nach sich zogen. Der Sondercharakter des Hexereideliktes trug ebenfalls zur Nichtbeachtung der Carolina bei.
50  *Merzbacher* (Anm. 20), S. 130.
51  Ein Hexenprozeß zu Schongau vom Jahr 1587. Nach den Originalacten geschichtlich dargestellt, in: Oberbayr. Archiv XI (1850) 128 f.
52  Die Hexenproben waren eine bestimmte Art von Gottesurteilen, die im germanischen Rechtsgang für die Bestrafung ausreichten; vgl. *Merzbacher* (Anm. 20), S. 122.
53  *Hammes, Manfred,* Hexenwahn und Hexenprozesse, Frankfurt 1977, S. 111 ff.
54  *Hammes* (Anm. 53), S. 118 f.
55  *Schmidt* (Anm. 20), S. 135.
56  Weitere Ausführungen bei *Vogel* (Anm. 10), S. 69 f.
57  HStAM, Hexenakten 1, Prod. 1, fol. 3 v., 11 v.; *Behringer* (Anm. 5), S. 148.
58  StadtA München Hist.Ver.Urk. 2008, 2075; *Vogel* (Anm. 10), S. 77.
59  Oberbayr. Archiv XI, 356 f.
60  So wird die finanzielle Bereicherung der Richter als wichtiger Grund für die Durchführung der Verfahren genannt, vgl. *Soldan/Heppe* (Anm. 37), 1912 Bd. 1, S. 438 ff., *Hammes* (Anm. 53), S. 243 ff.
61  HStAM Hochstift Augsburg Akte Nr. 2629; Vogel (Anm. 10) nennt als Beispiel die von der Hexenplage heimgesuchte Gemeinde Schwabsoien; vgl. S. 80 ff.
62  HStAM Rottenbuch 1590 I 20.
63  HStAM Hochstift Augsburg, NA, Akten Nr. 2629; StadtA München Hist.Ver.Urk. 2051.
64  *Hammes* (Anm. 53), S. 77 ff.; *Hansen* (Anm. 11), S. 172, 173.
65  *Hansen* (Anm. 11), S. 179 ff.
66  StadtA München Hist.Ver.Urk. 2012, 2016.
67  *Schöck* (Anm. 7), S. 351.
68  *Hammes* (Anm. 53), S. 102 f.
69  HStAM, Hochstift Augsburg, NA, Akten Nr. 2629.
70  *Merzbacher* (Anm. 20), S. 9 ff.
71  StadtA München Hist.Ver.Urk. 2043, 2044.
72  StadtA München Hist,Ver,Urk. 2018.
73  StadtA München Hist.Ver.Urk. 2005, fol. 1 v.
74  Auf die großen Gegner des Hexenprozesses des 17. Jahrhunderts soll im einzelnen nicht eingegangen werden, da deren Wirken auf den Schongauer Prozeß keinen Einfluß nahm; genannt werden müssen der Jesuit Friedrich Spee von Langenfeld (1591–1635), der 1631 seine „cautio criminalis" veröffentlichte, in der er den Irrsinn und die Abscheulichkeit des Hexenprozesses anprangerte, ohne jedoch die Existenz des Zauberglaubens in Zweifel zu ziehen, und Christian Thomasius (1655–1728), der sich in seiner Dissertation „De crimine magiae" zum Gegner der Hexenverfolgung erklärte. *Wolf* (Anm. 9), S. 174–179, 222; *Schormann* (Anm. 3), S. 34–40.
75  *Behringer* (Anm. 5), S. 210; StadtA München, Hist.Ver.Urk. Nr. 2058.
76  Eine Darstellung des Mandats findet sich bei *Riezler* (Anm. 2), S. 208–212.

282

# War Benedikt Carpzov der Kronjurist der Hexenverfolgung?

*von Johannes Berlinger*

1. *Benedict Carpzov* wurde am 27. Mai 1595 in der Stadt Wittenberg geboren, in der sein Vater als Professor an der Juristenfakultät wirkte.[1] Mit 15 Jahren begann er in Wittenberg seine rechtswissenschaftlichen Studien, die er später in Leipzig und Jena fortsetzte und im Jahre 1619 mit der Promotion zum Doktor der Rechte abschloß. Auf einer anschließenden Studienwanderung, die ihn nach Italien, Frankreich und England führte, vervollständigte und vertiefte er seine Ausbildung. Nach seiner Rückkehr nach Sachsen wurde Carpzov zum Adjunkt am Leipziger Schöppenstuhl ernannt. Die Aufgabe des Schöppenstuhls bestand darin, auf die zum Verspruch eingesandten Akten Rat zu erteilen, nach dem die Gerichte dann verfuhren.[2] Dort sammelte er als Hilfskraft der Schöppen die ersten praktischen juristischen Erfahrungen. 1623 stieg Carpzov zum Beisitzer – also zu einem der sieben Schöppen – und 1633 zum Senior des Schöppenstuhls auf. Damit wurde er für die Geschäftsleitung dieser Spruchstelle verantwortlich sowie ihr Vertreter nach außen hin, insbesondere gegenüber der Landesregierung.

Im Jahre 1644 erfuhr seine Leipziger Tätigkeit eine erste kurze Unterbrechung, als er zum Hofrat ernannt und an den Hof Johann Georg I. nach Dresden berufen wurde. Jedoch hielt es ihn dort nicht lange, so daß er 1645 nach Leipzig zurückkehrte. Dort übernahm er seine alte Position am Schöppenstuhl und dazu eine Reihe zusätzlicher Ämter. Er wurde Dekan an der Juristenfakultät in Leipzig. Damit gewann er entscheidenden Einfluß auf die Spruchtätigkeit der beiden wichtigsten Gerichtshöfe im Kurfürstentum Sachsen. Daneben war er als erster Beisitzer beim Oberhofgericht tätig. Nachdem Carpzov 1653 zum zweiten Male in Dresden – diesmal als geheimer Rat – tätig war, wurde er nach seiner ersehnten Rückkehr 1661 noch einmal zum Senior seines Schöppenstuhles ernannt. Er durfte dieses Amt bis zu seinem Tode am 30. August 1666 innehaben.[3]

Trotz der starken Inanspruchnahme durch seine verschiedenen Ämter fand Carpzov immer noch Zeit, sich als juristischer Schriftsteller zu betätigen. Er behandelte in seinen Werken alle wichtigen Rechtsgebiete. Seine nachhaltigste Wirkung und seinen Ruhm erwarb er im Strafrecht. Innerhalb der kriminalrechtlichen Erörterungen nahm die Darstellung des Strafprozesses, insbesondere des Inquisitionsverfahrens, einen breiten Raum ein. Hier herrschten in der Praxis viele Unklarheiten, die zu Willkür und Verwirrung Anlaß gaben. Carpzov wollte diese Lücke durch seine Werke schließen. Sein wissenschaftliches Arbeiten ist durch eine tiefe Frömmigkeit im Sinne lutherischer Orthodoxie gekennzeichnet. Die Bibel, die er im Laufe seines Lebens 53mal gelesen hatte, war ihm letzte geschriebene Rechtsquelle.[4] Es ist Carpzov als Verdienst anzurechnen, daß er nicht allein die großen und weniger bedeutenden Juristen Italiens und Frankreichs als Autoritäten anerkannte, sondern deutsche Rechtsgelehrte ebenso in die Reihen aufnahm, wie er das deutsche Recht – insbesondere die Carolina[5] und die sächsischen Konstitutionen – und den einheimischen Gerichtsgebrauch als Grundlagen seiner rechtlichen Erörterungen heranzog. Dadurch trug er zur Verbreitung und Durchsetzung des gemeinen Strafrechts bei.[6] Er erwarb sich sogar den Ruf, der Begründer des deutschen Strafrechts zu sein.[7]

Carpzov arbeitete nach dem Prinzip der Induktion. Er war ein Anhänger des Empirismus. Er kam aus der Praxis und schrieb für die Praxis. Seine Darstellungsweise ist stark kasuistisch, an Einzelfragen ausgerichtet und auf Einzelentscheidungen aufgebaut.[8] Großes Ansehen erlangte er insbesondere durch seinen Kommentar über die Konstitutionen des Kurfürsten August von 1572 mit dem Titel „Jurisprudentia forensis Romano-Saxonica" (Leipzig 1638), ebenso durch sein wichtigstes Werk, die „Practica nova imperialis Saxonica rerum criminalium" (Wittenberg 1635), einer Zusammenfassung des geltenden Strafrechts, des weiteren durch die „Decisiones Saxonicae" (Leipzig 1646), worin er die deutschrechtlichen Anschauungen im Zivilrecht zur Geltung brachte und die „Jurisprudentia ecclesiastica" (Leipzig 1649), durch welche er der Hauptbegründer des Episkopalsystems in der evangelischen Kirche Deutschlands geworden ist. Sein „Peinlicher Inquisitions- und Achtprozeß", ein auf deutsch geschriebenes Handbuch für den Richter, später vielfach wegen seiner Härte getadelt, genoß lange Zeit in Sachsen hohes Ansehen. Durch seine bereits erwähnte Practica nova, die fast den Rang einer Kodifikation des gemeinen Strafrechts hatte, wurde er zur höchsten Instanz des Kriminalrechts.[9]

Carpzovs strafrechtliche und strafprozessuale Ansichten sind durch seine Vorstellung vom Staat und seinen Gesetzen sowie von dem Verhältnis des einzelnen zum Staate geprägt.

2. Die *Grundlagen für die Staatslehre* des strenggläubigen, tief in den Lehren der Reformation verwurzelten Carpzov sind bei Luther und Melanchthon zu suchen. Die Staatsaufassung beider Reformatoren geht von der These aus, daß jede Obrigkeit – also auch der Tyrann – von Gott eingesetzt sei.[10] Gott habe die Obrigkeit gestiftet, weil erst sie ein menschenwürdiges Dasein ermögliche, indem sie jene äußere Ordnung schaffe, die Voraussetzung eines höheren geistigen und sittlichen Lebens sei.[11] So betont Carpzov, der ganz auf dem Boden der protestantischen Staatslehre stand, immer wieder, daß der Staat seine Herrschaft über die Untertanen kraft göttlichen Auftrages ausübe.[12] Seine Rechtfertigung ergab sich für ihn aus dem Wort des Apostel Paulus:[13] „Jedermann sei Untertan der Obrigkeit, die Gewalt über ihn hat, denn es ist keine Obrigkeit ohne von Gott; wo aber Obrigkeit ist, die ist von Gott verordnet."[14]

So wie Carpzov sich die protestantische Strafauffassung zu eigen gemacht hatte, übernahm er auch die von der Reformation entwickelte Straftheorie: Die Lehre von der religiös begründeten Vergeltungsstrafe. Aber nicht nur seine religiöse Überzeugung wies ihm diesen Weg, sondern auch die enge Bindung an die Autorität des geltenden Rechts, vor allem der Carolina, führte ihn der absoluten Straftheorie zu.[15] Nach Carpzov ist das eigentliche Ziel der Strafe die Versöhnung Gottes durch das Opfer des Verbrechers. Der Verbrecher hat sich gegen die Gesetze der Obrigkeit aufgelehnt und damit gegen Gott selbst vergangen. Jedes Verbrechen versteht sich als unmittelbare oder mittelbare Beleidigung Gottes, die nach einer Sühne verlangt.[16] Während dem Strafzweck der Spezialprävention, also dem Erziehungsgedanken, bei Carpzov keine besondere Bedeutung zukommt, nimmt die Abschreckung als weiterer Strafzweck neben der bereits erwähnten Vergeltung bei Carpzov eine hervorragende Stellung ein. Nach Carpzov ist die Vergeltung die Antwort auf die Frage nach dem „Warum" der Strafrechtspflege, wohingegen die Frage nach dem „Wie" unter starker Berücksichtigung der Generalprävention beantwortet wird.

Die wichtigste Aufgabe der Obrigkeit ist nach Carpzov die Bekämpfung der Verbrechen, die ihr durch göttlichen Auftrag übertragen ist. So muß es Ziel eines jeden Strafverfahrens vom Standpunkt der religiös begründeten Vergeltungsstrafe sein, unter allen Umständen den Täter zu ermitteln und zu bestrafen. Dazu ist erforderlich, daß der Verfolgte der Obrigkeit möglichst weitgehend ausgeliefert wird. Es kann somit nur eine treibende Kraft im Verfahren geben: die Obrigkeit.[17]

Anzumerken ist, daß der Inquisitionsprozeß sich erst bei Carpzov richtig durchgesetzt hat. Bisher bestanden Akkusationsverfahren und Inquisitionsverfahren nebeneinander. Carpzov hatte also die Inquisitionsmaxime nicht erst in den deutschen Strafprozeß eingeführt. Die Carolina hatte den Inquisitionsprozeß bereits zugelassen, allerdings nur hilfsweise, wenn sich kein Ankläger fand.[18] Damit wurde das Gesetz einem Bedürfnis der Praxis gerecht, da das Akkusationsverfahren, so wie es in der Carolina geregelt war, keine große Bedeutung erlangen konnte, da es für den Privatmann nicht ungefährlich war, die peinliche Klage zu erheben:[19] Er trug nicht nur die Beweislast, sondern auch im Falle einer Nichtüberführung die Kosten des Verfahrens und mußte den Angeklagten für alle Leiden voll entschädigen.[20] Carpzov hat die Anerkennung und Verbreitung der Inquisitionsmaxime stark vorangetrieben. In seiner „Practica Nova" erörtert er nur noch den Inquisitionsprozeß eingehend. Nur durch die Inquisition sah Carpzov seinen Grundsatz als gesichert, daß alles getan werde, damit kein Verbrechen ungestraft davonkommt („ne crimina remaneant impunita").[21]

3. Aus seiner religiösen Staats- und Strafauffassung heraus ergab sich für Carpzov eine bestimmte *Grundhaltung zum Kriminellen*. Dieser war für ihn nicht nur ein Verbrecher, der ein staatliches Gebot oder Verbot nicht befolgt hatte, sondern ein Frevler, ein Sünder, der sich gegen Gott aufgelehnt hatte. Carpzov sieht sich nicht nur als Bewahrer der Rechtsordnung des besorgten Staates, sondern auch einem zürnenden Gott gegenüber. Die Strafe hat die doppelte Aufgabe, den Verstoß gegen Gott zu vergelten und den beleidigten Herrn zu versöhnen. Diese Grundgedanken spiegeln sich in seinen Prozeßregeln wieder.[22]

4. Carpzov behandelt die Blasphemie, die Ketzerei, den Meineid und die Zauberei als besondere Fälle des *Verbrechens der beleidigten göttlichen Majestät (crimen laesae maiestatis divinae)*.

286

Die Blasphemie, d. h. die Schmähung Gottes ist nach Carpzov die schrecklichste, verruchteste und scheußlichste Begehungsform des Oberdeliktes crimen laesae maiestatis. Kein anderes Verbrechen könne gleich schwer genannt werden.[23] Den Rechtsgrund dafür, daß der irdische Richter Beleidigungen Gottes bestrafen dürfe, sucht Carpzov in Levitikus 24,13–14.16: „Und der Herr redete mit Mose und sprach: Führe den Flucher hinaus vor das Lager und laß alle, die es gehört haben, ihre Hände auf sein Haupt legen und laß ihn die ganze Gemeinde steinigen (…) Welcher des Herrn Namen lästert, der soll des Todes sterben; die ganze Gemeinde soll ihn steinigen." Darauf gestützt fordert Carpzov für die Gotteslästerung die Todesstrafe.

Nach Carpzov liegt dann eine Ketzerei vor, wenn jemand auf einer Auslegung von Glaubensartikeln beharrt, die von der rechtgläubigen Lehre abweicht.[24] Dieses Delikt beeinträchtigt damit die Grundlage der christlichen Frömmigkeit: den rechten Glauben, ohne den ein gottgefälliges Leben unmöglich sei.[25] Carpzov hält den Landesherren für verpflichtet, um das Seelenheil seiner Untertanen besorgt zu sein. Den Rechtsgrund für eine strafrechtliche Verfolgung der Ketzerei sucht er im Alten Testament: „Gott hat der Obrigkeit die Obhut und Sorge für das ganze Gesetz anvertraut, d. h. für beide Gesetzestafeln: die eine Tafel (mit den ersten vier Geboten) hat das Seelenheil der Gläubigen zum Gegenstand, die andere Tafel (mit den folgenden sechs der zehn Gebote) ihr irdisches Wohlergehen." Carpzov fordert deshalb für eine Ketzerei, die den öffentlichen Frieden stört oder eine Gotteslästerung enthält, die Strafe des Schwertes.[26]

Carpzov glaubte an die Existenz der Hexerei und Zauberei, da ihn die Bibel von der Leibhaftigkeit des Teufels und die Möglichkeit, sich mit ihm zu verbinden, überzeugte. Er bezeichnet sie als schwerste Verbrechen, da sie wie die Blasphemie unmittelbar gegen die Person Gottes gerichtet waren.[27] Die Hinrichtung der Hexen war für ihn ein göttliches Gebot. Heißt es doch in Exodus 22,17:[28] „Die Zauberinnen sollst du nicht am Leben lassen." Und so warf er den Gegnern der Hexenbekämpfung vor, daß jene den Teufel entfachen.[29]

5.a) Carpzov ist sehr autoritätsgläubig, was nicht zuletzt durch seine *Staatsauffassung* zu erklären ist. So stellt sich nicht nur der Verbrecher gegen Gott, wenn er die Gesetze übertritt. Auch der Gelehrte hat das geltende Recht zu achten, es hinzunehmen, wie es ist. Denn die Gesetze sind von der Obrigkeit im Auftrage Gottes erlassen, so daß jede Kritik an ihnen Kritik am Höchsten ist. Der Vorwurf, die Obrigkeit habe ein ungerechtes Gesetz erlassen, war in Carpzovs Augen eine Ungeheuerlichkeit, ein Sakrileg.[30] So ist es nur konsequent von Carpzov, daß er für all seine rechtlichen Erörterungen neben der Bibel das geltende deutsche Recht – insbesondere die Carolina und die sächsischen Konstitutionen – und den einheimischen Gerichtsgebrauch heranzog. Umgekehrt vermied er es, aus eigenen, von der geltenden Lehre abweichenden Meinungen neue Grundsätze aufzustellen. So darf bei seinen teils revolutionären Auffassungen bezüglich einzelner Stadien des Inquisitionsverfahrens nicht gefolgert werden, er habe neue Grundsätze aufgestellt. Carpzov ging gewöhnlich kasuistisch vor: Seine einzelnen Erklärungen galten für den Einzelfall; aus ihnen darf ein allgemeiner Grundsatz, den er eben aus seiner Autoritätsgläubigkeit heraus in einer Allgemeingültigkeit nicht anerkennen wollte, nicht geschlossen werden.

5.b) Carpzov war sich der Fragwürdigkeit der Folter voll bewußt: Er bezeichnete sie als grausam und gefährlich und zweifelte sehr stark daran, ob sie überhaupt die Wahrheit an den Tag bringe. Denn manch Unschuldiger gestehe lieber, als die Tortur erdulden zu müssen.[31] An der bestehenden und geltenden Institution der Folter zu zweifeln oder gar auf eine Änderung zu drängen, war für Carpzov aufgrund seiner religiös bedingten Autoritätsgläubigkeit jedoch undenkbar. Stattdessen taucht hier wieder sein Leitgedanke „ne crimina impunita remaneant" auf: der Täter solle gefoltert werden, damit er der verdienten Strafe nicht entgehe.[32] Als Fazit der Folter stellt er also fest, daß diese zwar ein sehr fragwürdiges, grausames Mittel, aber ein Gebot der Notwendigkeit ist, dessen Anwendung die Gesetze, der göttliche Strafauftrag und die Einstellung zum Verbrecher rechtfertigen.

5.c) Bei all der Grausamkeit und Fragwürdigkeit der von Carpzov gebilligten Strafen darf man nicht verkennen, daß er die Abwendung der grausamsten der peinlichen Strafen förderte, daß er unter den Todesstrafen die Hinrichtung mit dem Schwert in den Vordergrund stellte und vor allem die Verwendung von Rad und Feuer sowie das Ertränken, Enthäuten und Begraben nur noch bei schweren Straftaten zuließ. Mehr als diese Förderung der evolutionären Humanisierung der Todesstrafen war von Carpzov nicht zu erwarten, zumal sämtliche Todesstrafen im geltenden Recht – insbesondere in der Carolina – noch vorgesehen waren. Ein revolutionierender Schritt lag seinem Wesen völlig fern.

5.d) Ein schwerwiegendes Problem auch für Carpzov war die Frage, ob die Rechtfertigung der Todesstrafe überhaupt mit der Heiligen Schrift, mit dem Gebot der christlichen Nächstenliebe und dem Verbot zu töten, vereinbar ist. Dabei ist sein Ergebnis aufgrund seiner Autoritätsgläubigkeit gegenüber den Verfassern des geltenden Rechts wie beispielsweise der Carolina wieder vorgegeben. Sein Ansatz ist hierbei, daß man streng zwischen den Beziehungen der Bürger untereinander und zum Staate unterscheiden müsse.[33] Im ersten Verhältnis verstößt eine Durchsetzung der Todesstrafe gegen die Pflicht, den Nächsten zu lieben. Anders ist es aber, wenn der Staat zur Erhaltung des öffentlichen Friedens eingreift. Gemäß seiner Straftheorie hat Gott der Obrigkeit – also dem Staat – das „Recht des Schwertes" (ius gladii) verliehen. Somit ist es die Aufgabe des Staates, die Verbrecher gemäß des Gesetzes zu bestrafen. Wer der Obrigkeit das Recht abspricht, eine Todesstrafe zu verhängen, verurteilt damit die göttliche Weltordnung und ist zu bestrafen. Denn das göttliche Recht befiehlt, den menschlichen Gesetzen zu gehorchen und deshalb ist umgekehrt jeder, der nach diesen Gesetzen (z.B. Carolina) zum Tode verurteilt wird, kraft göttlichen Rechts verurteilt, auch wenn die Bibel für sein Vergehen nicht ausdrücklich die Todesstrafe vorsieht wie etwa beim Totschlag.[34]

6. *Der Inquisitionsprozeß als „außerordentlicher Regelprozeß":* Carpzov nennt den Inquisitionsprozeß noch den „außerordentlichen", den Anklageprozeß den „ordentlichen" Prozeß. Gleichwohl hat er den außerordentlichen Inquisitionsprozeß als Regel und den ordentlichen Anklageprozeß als Ausnahme erachtet.[35] Zwar hält Carpzov noch an dem Satz fest, daß der Anklageprozeß den Inquisitionsprozeß verdrängt.[36] Aber dieser Satz war schon unter der Herrschaft der Carolina zu einer leeren Formel geworden. Zunächst deshalb, weil die Carolina die Voraussetzungen für das „Annemen der übelthetter von der oberkeyt unnd ampts wegen" (Prozeßeröffnung von Amts wegen, auch ohne Kläger) sehr erleichtert hatte, indem sie insbesondere nicht mehr den Tatbeweis durch

Vorliegen des corpus delicti forderte, das die Einleitung der Inquisition gegen eine bestimmte Person bei den Italienern so sehr erschwert hatte.[37] Zum anderen deshalb, weil die Verfahrensstellung des Geschädigten als Ankläger durch die Bestimmungen in der Carolina erschwert worden war. Dadurch wurde der Geschädigte mehr und mehr seiner Aufgabe als privater Ankläger entzogen und die Einleitung und Durchführung des Prozesses in die Hände staatlicher Inquisition gelegt.[38] Trat aber ein Ankläger gar nicht erst in Erscheinung, so konnte nach sächsischer Praxis zumindest bei schweren Delikten inquisitorisch verfahren werden.[39]

Darüber hinaus ging nach Ansicht Carpzovs der ordentliche Prozeß immer dann im außerordentlichen Inquisitionsprozeß auf, wenn der Ankläger dem Gericht solche Indizien unterbreitet hatte, bei deren Vorliegen der Angeklagte der Folter zu unterwerfen war.[40]

7. Der grundsätzliche *Aufbau des Beweisrechts* bei Carpzov gliedert sich nach dem äußeren Verfahren in drei Stufen. In der ersten wird festgestellt, ob die beweisrechtlichen Voraussetzungen zur Einleitung der Inquisition gegeben sind, in der zweiten, ob die Folter zulässig ist und in der dritten, ob alle Beweismittel zusammen die Verurteilung rechtfertigen. Dieser Aufbau schließt die Zweiteilung des Beweisverfahrens in eine dem Tat-Beweis gewidmete Generalinquisition und in eine dem Täterschafts-Beweis gewidmete Spezialinquisition, wie sie zuvor von den Italienern gehandhabt wurde, aus.[41] Stattdessen wirft Carpzov die Frage nach dem Tatbeweis und dem Täterschaftsbeweis in jeder der drei Beweisstufen gesondert auf, ohne sie allerdings einer solchen Lösung zuzuführen, die eine Trennung des Tatbeweises vom Täterschaftsbeweis erzwingt. Er fordert für die Einleitung der Inquisition und für die Anwendung der Folter zwar den Beweis für das Vorliegen einer Tat, verlangt hierfür jedoch nicht das corpus delicti nach der italienischen Lehre als körperliches Augenscheinobjekt, sondern gibt sich wie die Carolina mit Indizien zufrieden. Dabei trennt er diese Indizien nach der ihnen innewohnenden Beweiskraft in geringfügige Indizien, die irgendeinen Funken Wahrheit besitzen[42] und in glaubwürdige, gewichtige und unzweifelhafte Indizien.[43] Erstere reichen zur Einleitung der Inquisition, letztere zur Anwendung der Folter. Dazu stellt er die Forderung auf, daß die Indizien, die den Beweis der Tat erbringen, in ihrer Beweiskraft den Indizien entsprechen müssen, die den Beweis der Täterschaft liefern und umgekehrt.[44]

Zur Verurteilung fordert Carpzov grundsätzlich den Beweis durch zwei Zeugen oder das Geständnis. Dabei legt Carpzov dem Zeugenbeweis lediglich sekundäre Beweiskraft bei. Das Geständnis kann nur den Beweis der Täterschaft erbringen, daher ist zum Beweis der Tat zusätzlich das „constare de delicto" erforderlich. Damit ist nach einem Nachweis dafür gefragt, daß sich überhaupt ein Verbrechen ereignete. Namentlich ist ein körperliches Augenscheinsobjekt notwendig. Es mußte entweder dem Richter vorgelegt oder von Zeugen gesehen worden sein. Problematisch ist es allerdings bei den geheimen und schwer nachweisbaren Delikten[45] wie z. B. beim Ehebruch, bei der Vergewaltigung, bei der Unzucht mit Tieren, Giftmord, Zauberei und Hexerei, bei denen es in der Natur der „Sache" liegt, daß das Erfordernis eines corpus delicti in der Form eines körperlichen Augenscheinsobjektes nur schwer zu bekommen ist. Bei diesen Delikten, die Carpzov als „crimina excepta" bezeichnete, fixierte sich durch Carpzov der in der weltlichen Gerichtspraxis gängige Grundsatz, daß der Richter bei verborgenen und schweren Verbrechen nicht daran gebunden sei, sich an den strengen Gang des ordnungsmäßigen Beweisverfahrens zu halten;[46] ganz nach dem Leitsatz: außerordentliche Delikte erfordern außerordentliche Verfahren.

Wenn Carpzov also die Scheidung von Tatbeweis und Täterbeweis anklingen läßt, so steht doch die italienische Lehre vom corpus delicti nur im Hintergrund. Zumindest für die Einleitung der Inquisition und Anwendung der Folter, den ursprünglichen Anwendungsgebieten dieser Lehre, macht er mit ihrer Anwendung keinen Ernst. Denn wenn er auch den Beweis der Tat als Voraussetzung für den Beweis der Täterschaft fordert, so verzichtet er doch andererseits auf das corpus delicti als körperliches Augenscheinsobjekt und gibt sich mit Indizien zufrieden. Dagegen greift Carpzov bei der Darstellung der Voraussetzungen zur Verurteilung auf die italienische Lehre vom corpus delicti zurück. Damit ist aus dem corpus delicti als ursprünglicher Voraussetzung zum Beginn der Spezialinquisition eine Voraussetzung zur Verurteilung geworden.[47]

8. *Die Rechte des Inquisiten:* Der Inquisit besaß eine Reihe von Rechten. Beispielsweise hatte er einen Anspruch darauf, zu dem gegen ihn erhobenen Verdacht gehört zu werden. Daneben stand ihm auch ein Recht auf Verteidigung, die „defensio", zu. Carpzov sah in

der „defensio" ein „ius naturale", das als solches unantastbar sei, das weder Kaiser noch Landesherr dem Inquisiten entziehen könnten.[48] Nach Carpzov hatte der Inquisit bei unzulässiger Inhaftierung oder Folter, also bei Amtspflichtverletzungen des Inquirenten, Regreßansprüche in Form von Schadensersatz.[49] Zuweilen kam es vor, daß ein Inquisit gefoltert wurde, der schon durch zwei klassische Zeugen überführt worden war. Wenn dieser nun in der Folter leugnete, war nach einer weit verbreiteten Ansicht der überführte Inquisit zu einer ordentlichen Strafe zu verurteilen. Der Umstand, daß der Beschuldigte die Folter überstanden hatte, blieb dabei unberücksichtigt, da die Tortur unzulässig gewesen sei und daher keine rechtserheblichen Wirkungen gehabt haben könne.[50] Carpzov folgte dieser Meinung nicht: Er griff zu der außerordentlichen Strafe („poena extraordinaria").[51] Sie ermöglichte zwar auch eine Bestrafung des überführten Inquisiten, gab aber zugleich die Gelegenheit, durch eine Milderung der Strafe die erlittenen Schmerzen in Rechnung zu stellen. Ferner hatte der Inquisit die Möglichkeit, mit dem Richter oder der Obrigkeit Verträge zu schließen, aus denen er Ansprüche gegen diese ableiten konnte. Der wichtigste derartige Fall war die Vereinbarung des Geleits, die auch nach Carpzov als gegenseitiger Vertrag aufgefaßt wurde.[52] Auch die Möglichkeit, mit der Obrigkeit einen Vergleich zur Abwendung einer Bestrafung zu schließen, ist dazu zu rechnen.[53] Der Genuß solcher Rechte und die Möglichkeiten, Vereinbarungen zu treffen, verbieten es, den Inquisiten nur als Prozeßobjekt anzusehen. Der Inquisit war also ein Prozeßsubjekt. Die Rolle, die er während der Inquisition zu spielen hatte, war aber über weite Teile des Verfahrens passiver Natur. Aktiver Teil war der Inquirent. Die Stellung des Inquisiten war ganz auf Abwehr eingestellt. Der Gang des Verfahrens wurde vom Richter bestimmt. Der Inquisit hatte darauf – abgesehen von der Möglichkeit der defensio – keinen Einfluß.

9. Carpzov wendet sich mit seiner Practica nova an die *Richter*. Er versuchte, den Inquirenten an feste Regeln zu binden und legte großen Wert auf eine möglichst eingehende Überwachung durch die Spruchkörper. So stellte Carpzov teils strengere Anforderungen an verwertbare Indizien als andere Juristen seiner Zeit. Er legte es dem Richter ans Herz, sorgfältig abzuwägen, ob der Verdacht wirklich für den Schritt der Spezialinquisition ausreichte und mahnte ihn, in

Zweifelsfällen den Rat einer Spruchstelle einzuholen und nicht leichtfertig mit dem Verdächtigen zu verfahren.[54] Des weiteren hielt er die Richter dazu an, den Inquisiten nicht durch das Versprechen, die Strafe zu lindern oder gar völlige Begnadigung zu gewähren, zum Geständnis zu locken. Ebenso sollten sie nicht durch Drohung mit Folter das Geständnis erpressen. Vielmehr sollten sie nach Carpzov darum bemüht sein, bei der Ausgestaltung des Verhörs eine möglichst neutrale, der Wahrheitsfindung zuträgliche Atmosphäre zu schaffen.[55] Daneben diente es dem Schutz des Inquisiten, daß Carpzov die Ausschließung von Zeugen recht konsequent beachtet wissen wollte, daß er nur Zeugen, die aus eigenem Gewissen aussagten, zuließ, daß die Zeugen ihre Aussagen zu begründen und zu beeiden hatten und daß Carpzov auf eine genaue Protokollierung Wert legte.[56] Carpzov lehnt des weiteren eine ganze Reihe von Todesstrafen, die damals in Gebrauch waren als zu grausam ab und sah sie für den sächsischen Raum sogar als unzulässig an. Dazu gehörten das Häuten, das Steinigen, das Begraben und Pfählen Lebendiger, das Zerreißen durch wilde Tiere und die Hinrichtung im Nagelfaß.[57] Auch Leibesstrafen wie das Blenden, Abschneiden von Ohren und Nasen lehnte er als zu grausam ab.[58] Carpzov lieferte auch anscheinend als erster eine wissenschaftliche Darstellung eines Gnadenrechts in seiner Practica nova.[59] Dieses durfte nur von den Behörden ausgeübt werden. Nur wer die Befugnis hatte, Gesetze zu erlassen, durfte sich über sie hinwegsetzen und im Einzelfall auf sie verzichten.[60]

10. *Carpzov – ein Hexenverfolger?* Im Schrifttum wird ein vom Hexenwahn verdüsterter Carpzov meist mehr dargestellt, als dessen eigentliches Verdienst, das in einer geordneten Zusammenfassung des gesamten geltenden Strafrechts bestand.
Da die Hexerei, so Carpzov, geheim und so schwer zu entdecken sei, dürfe man sich in den Fällen, in denen der Beweis der Schuld nicht erbracht werden könne, mit den einfachen Vermutungen begnügen und daraufhin auf der Folter das Geständnis erzwingen.[61] Aus welchen Vermutungen und Anzeigen aber die Gewißheit einer vollführten Hexerei festgestellt werden könne, lasse sich nicht genau bestimmen, sondern müsse durchaus der Einsicht und dem Ermessen des Richters überlassen werden. Für dieses Vorgehen erfand Carpzov die widersinnige Bezeichnung des „Vermutungsbeweises".[62] So

ist es nicht ganz ohne Grundlage, daß Carpzov vielfach wie z.B. von Baschwitz als der furchtbarste Hexenverfolger auf der protestantischen Seite bezeichnet wird, da er dem Hexenprozeß dadurch den Anschein einer juristisch festen Grundlage verschafft hat.[63] Auch nach Soldan/Heppe war Carpzov ein gnadenloser Hexenverfolger, dessen „Urteile eines blutriefender als das andere" gewesen seien.[64] Carpzov wird weiter vorgeworfen, daß bei den Hexenurteilen „sein blinder, zuweilen dummer Religionseifer seinen Verstand umnebelt" hatte.[65]

Bei all diesen Vorwürfen darf nicht unerwähnt bleiben, daß Sachsen ein nur allzu günstiger Nährboden für die Hexenangst war, die dann in Carpzovs Practica nova alle Rechtsbedenken überwucherte. Schon viel früher hatte die von Kurfürst August von Sachsen im Jahre 1572 erlassene Kriminalordnung vorgeschrieben, daß Hexen und Zauberer unter allen Umständen hinzurichten seien, auch wenn sie mit ihren Künsten niemanden geschädigt hätten.[66] Obwohl dies schon länger als ein Jahrhundert zurücklag, war es kennzeichnend für das geistige Klima in Sachsen. Daher kann auch gesagt werden, daß Carpzov ganz ein Kind seiner Zeit war und auch er vom Hexenglauben erfaßt wurde; nicht anders als die Theologie – und zwar beider großer christlicher Konfessionen –, die Philosophie, die Naturwissenschaften und die Jurisprudenz.[67] Auch Benedikt Carpzov als orthodoxer Protestant, der seine strafrechtlichen Lehren ganz auf religiöse Grundlagen stellte, vermochte sich diesem Aberglauben nicht zu entziehen. Wie aber Carpzovs Practica nova zur Grundlage des Strafprozesses geworden war, so fand sie insbesondere auch in den Hexenprozessen Anwendung. Und gerade dies trug Carpzov manch herbe Kritik ein. Die Gegner des Hexenglaubens wurden damit zugleich zu Gegnern Carpzovs, in dem sie ihren einflußreichsten Widersacher sehen mußten.[68]

Man darf sich aber durch Carpzovs Hexenglauben nicht den Blick für die wirklichen Leistungen und die wissenschaftliche Bedeutung dieses Gelehrten trüben lassen, zumal während seiner Wirkungszeit in Leipzig selbst nicht eine Hexe verbrannt wurde, wohl aber mehrere der Hexerei bezichtigten Frauen dem Scheiterhaufen entgingen.[69]

1  *Stinzing, Roderick,* Geschichte der deutschen Rechtswissenschaft: Stammtafel des Theologen- und Juristengeschlechts, Band I, München und Leipzig 1880, S. 72.

2  *Boehm, Ernst,* Der Schöppenstuhl zu Leipzig und der sächsische Inquisitionsprozeß, in: Zeitschrift für die gesamte Strafrechtswissenschaft, Band 60, 1941, S. 195.

3  *Bollmann, Klaus,* Die Stellung des Inquisiten bei Carpzov, Dissertation Marburg 1963, S. 37 f.

4  *Soldan, Wilhelm Gottlieb / Heppe, Heinrich,* Geschichte der Hexenprozesse, 3. Auflage, Band II, neu bearbeitet von Max Bauer, München 1911, S. 212.

5  Constitutio Criminalis Carolina – das erste große deutsche Gesetzgebungswerk auf dem Gebiet des Strafrechts wurde 1532 von den Reichsständen verabschiedet.

6  *Schaffstein, Friedrich,* Die allgemeinen Lehren vom Verbrechen in ihrer Entwicklung durch die Wissenschaft des gemeinen Strafrechts, Berlin 1930, S. 10.

7  *Stinzing* (Anm. 1), S. 72.

8  *Bollmann* (Anm. 3), S. 43.

9  *Soldan/Heppe* (Anm. 4), S. 212.

10  *Mayer, Hellmuth,* Die Straftheorie bei Luther und Melanchthon, in: Festgabe für Julius Binder, Berlin 1930, S. 95.

11  *Bollmann* (Anm. 3), S. 49.

12  *Bollmann* (Anm. 3), S. 50.

13  *Carpzov, Benedict,* Practica nova imperialis Saxonica rerum criminalium, Wittenbergae 1652, 3. Auflage, Pars III, Quaestio 77, Nr 19; im folgenden nur nach Quaestio (Qu) und Nr. (n) zitiert; vgl. auch *Bollmann* (Anm. 3), S. 51.

14  *Paulus,* Römer 13, 1.

15  *Nagler, Johannes,* Die Strafe, Leipzig 1918, S. 246.

16  Qu 1 n 2 ; Qu 41 n 1; Qu 44 n 1; Qu 77 n 19; vgl. auch *Bollmann* (Anm. 3), S. 56.

17  *Bollmann* (Anm. 3), S. 63.

18  Art. 6 CCC (Anm. 5): Annehmung der Übeltäter von Amts wegen.

19  *Fehr, Hans,* Deutsche Rechtsgeschichte, 4. Auflage, Berlin 1948, S. 213.

20  *Bollmann* (Anm. 3), S. 65.

21  Qu 108 n 11; Qu 113 n 20; vgl. auch Bollmann (Anm. 3), S. 66 f.

22  *Bollmann* (Anm. 3), S. 62.

23  Qu 45 n 1; vgl. auch *Polley, Rainer,* Die Lehre vom gerechten Strafmaß bei Karl Ferdinand Hommel (1722–1781) und Benedikt Carpzov (1595–1666), Dissertation Darmstadt 1972, S. 53.

24  Qu 44 n 4; vgl auch *Polley* (Anm. 23), S.60.

25  Qu 44 n 2; vgl auch *Polley* (Anm. 23), S.60.

26  Qu 44 n 41; vgl. auch *Polley* (Anm. 23), S. 60.

27  Qu 48 n 52; vgl. auch *Bollmann* (Anm. 3), S. 57.

28  Qu 48 n 40; vgl auch *Bollmann* (Anm. 3), S. 321.

29  „Satanam eos inspirasse", Qu 48 n 13.

30  Qu 77 n 25; vgl. auch *Bollmann* (Anm. 3), S. 62.

31  Qu 117 n 6, 7; vgl auch *Bollmann* (Anm. 3), S. 219.

32  Qu 117 n 8; vgl auch *Bollmann* (Anm. 3), S. 225.

33  Qu 101 n 42 ff.; vgl auch *Bollmann* (Anm. 3), S. 60.

34  Qu 101 n 33,37; vgl auch *Bollmann* (Anm. 3), S. 61.

35  *Döring, Wilhelm,* Der Anklage- und Inquisitionsprozeß bei Carpzov, Dissertation Göttingen 1935, S. 95.

36  Qu 107 n 38.

37  Überschrift in Art. 6 Carolina (Anm. 5).

38  *Schoetensack, August,* Der Strafprozeß der Carolina, Leipzig 1904, S. 96–100.

39  Qu 107 n 45, 53, 54 (Anm. 13); vgl. auch *Heitsch, Bernhard,* Beweis und Verurteilung im Inquisitionsprozeß Benedikt Carpzov's, Dissertation Göttingen 1964, S. 26.

40  Qu 107 n 58; vgl. *Heitsch* (Anm. 39), S. 26.

41  *Heitsch* (Anm. 39), S. 28.
42  Sog. „indicia levia, quae colorem aliquem veritatis habent".
43  Sog. „indicia certa, graviora ac indubitata", Qu 108 n 50; vgl. *Heitsch* (Anm. 39), S. 33, 37.
44  *Heitsch* (Anm. 39), S. 32.
45  Sog. „delicta occulta et difficilis probationis".
46  *Soldan/Heppe* (Anm. 4), S. 213.
47  *Heitsch* (Anm. 39), S. 11.
48  Qu 115 n 4; Vgl. auch *Bollmann* (Anm. 3), S. 175.
49  *Bollmann* (Anm. 3), S. 137, 257 f.
50  Qu 125 n 19.
51  Qu 125 n 21, 23.
52  *Bollmann* (Anm. 3), S. 146 ff.
53  *Bollman* (Anm. 3), S. 313 ff.
54  Qu 108 n 61; vgl. auch *Bollmann* (Anm. 3), S. 118 f.
55  *Bollmann* (Anm. 3), S. 160 ff.
56  Bollmann (Anm. 3), S. 172 f.
57  Qu 128 n 15–30.
58  Qu 129 n 49.
59  *Hippel, Robert von,* Deutsches Strafrecht, Band I, Berlin 1925, S. 235.
60  Qu 150 n 15, 16.
61  Qu 49 n 60 ff.; vgl auch *Soldan, Wilhelm Gottlieb / Heppe, Heinrich,* Geschichte der Hexenprozesse, 3. Auflage, Band I, neu bearbeitet von *Max Bauer,* München 1911, S. 322.
62  *Baschwitz, Kurt,* Hexen und Hexenprozesse, München 1972, S. 432.
63  *Baschwitz* (Anm. 62), S. 431.
64  *Soldan/Heppe* (Anm. 4), S. 120.
65  *Malblanc,* Geschichte der peinlichen Halsgerichtsordnung Kaiser Karls V., Nürnberg 1783, in: *Soldan/Heppe* (Anm. 4), S. 213.
66  *Baschwitz* (Anm. 62), S. 433.
67  *Soldan/Heppe* (Anm. 83), S. 414 – 418.
68  *Bollmann* (Anm. 3), S. 321.
69  *Wieacker, Franz,* Privatgeschichte der Neuzeit, Göttingen 1952, S. 116; *Boehm, Ernst,* Der Schöppenstuhl zu Leipzig und der sächsische Inquisitionsprozeß, in: Zeitschrift für die gesamte Strafrechtswissenschaft, Band 59, 1940, S. 395 ff.

# Zeitgenössischer Meinungskampf um die Hexenverfolgung

# Aufklärungsschriften gegen die Hexenverfolgung

*von Jörg Allmendinger*

Da die Hexenverfolgungen zu keinem Zeitpunkt kritiklos hingenommen worden sind, ist auch die Zahl der Schriften fast unübersehbar groß. Die Schriften stammen in erster Linie von Theologen, Juristen, Philosophen, Gelehrten, kurz, der geistigen Elite der damaligen Zeit. Zunächst sei der Zeitraum eingeschränkt, über den berichtet werden soll. Das Zeitalter der legalen Hexenverfolgungen begann in Europa um 1430 und endete spätestens um 1780. Der Höhepunkt der Hexenverfolgungen ereignete sich in den Jahrzehnten zwischen 1560 und 1630, mit absoluten Verfolgungsspitzen in den 80er Jahren des 16. Jahrhunderts und von 1626–1630.[1] Diese besonders intensiven Verfolgungswellen riefen naturgemäß auch die meisten Kritiker auf den Plan.

1. *Johannes Weyer* veröffentlichte etwa zeitgleich mit dem Einsetzen der Verfolgungsspitzen (um 1560) im Jahr 1563 sein bekanntestes Werk „De praestigiis daemonum" (Über Wunder der Dämonen).[2] Es handelte sich dabei um ein häufig nachgedrucktes und weit verbreitetes Standardwerk, das eine ganze Fülle von theologischen, juristischen und medizinischen Argumenten beinhaltete, warum hexereiverdächtige Menschen nicht hingerichtet werden dürften. Weyer wurde 1515/1516 in Grave (Brabant) geboren. Er war Doktor der Medizin, der sich später den latinisierten Namen Wierus zulegte. Weyer war ein weltoffener, gebildeter Mann.
Mit 35 Jahren wurde er Leibarzt des Herzogs Wilhelm I. von Cleve. Möglicherweise wurde Weyer erst durch diese Bekanntschaft mit seinem berühmtesten Patienten zu einem scharfen Gegner der Hexenverfolgungen. Aus seinen Schriften geht hervor, daß Weyer voll Bewunderung, ja regelrechter Verehrung für Herzog Wilhelm war. Dieser hielt nicht viel von Hexenprozessen. Er ließ sich sämtliche Prozesse zur Entscheidung vorlegen und verfuhr mit den Beschuldigten deutlich milder und nachsichtiger als es in anderen Gegenden üblich war und griff nur dann zu harten Strafen, wenn er überzeugt

war, daß es sich bei der Hexe um eine Giftmischerin handelte.[3] Diesen Unterschied zwischen Giftmischerinnen – veneficii – und Hexen – lamii – greift Weyer in seiner zweiten bedeutenden Schrift aus dem Jahr 1586 mit dem Titel „De lamiis" auf. Schon im Untertitel geht er auf den „Unterschied zwischen Hexen, Unholden, und den Giftbereitern im Strafen" ein. Während Giftmischer mit dem Tode bestraft werden sollen, dürfte diese Strafe auf Hexen, die beim Hexenflug gesichtet worden seien, nicht angewendet werden. Die Vorstellung, daß Hexen auf Besen durch die Lüfte reiten, sei Ausgeburt einer kranken Phantasie, wie sich unzweifelhaft aus dem „Canon episcopi" ergebe.[4]

Bedeutender noch ist jedoch seine erste, fünfbändige Schrift „De praestigiis daemonum", weil auch daraus schon hervorgeht, wie er zum „Superverbrechen" des Teufelspakts steht. Johann Weyer glaubt an den Teufel, er glaubt, daß der Teufel den Menschen schaden will und kann, und auf der Erde sein böses Werk betreibt. Dagegen glaubt er nicht an die leibliche Existenz des Teufels. Damit ist für ihn auch der Teufelspakt hinfällig. Wenn der Teufel keine leibliche Gestalt annehmen kann, so kann er auch den Hexen keine magischen Fähigkeiten durch den Geschlechtsakt oder die Blutsbrüderschaft verleihen. Der Teufelsbund wird den Menschen durch den Teufel nur vorgespiegelt.

Über den Teufelspakt:[5] „So ist derselbige, recht davon zu reden, anders nichts, denn ein falscher, betrüglicher, untüchtiger und kraftloser Bund, welchen der Teufel aus seiner Arglistigkeit durch viel und mancherlei Betrug und Verblendung anzettelt." An anderer Stelle im Buch heißt es:[6] „Ich zweifle gar nicht, daß alle rechtschaffenen Christen des leidigen Satans Betrug und Täuscherei desto besser merken, und daß er nicht so viel vermöge, wie bisher dafür gehalten worden, wohl erkennen können. Auch wird hinfürder desto weniger unschuldiges Blut vergossen, nach welchem sonst den leidigen Teufel, als er ein Mörder von Anbeginn an gewesen, ohne Unterlaß hungert und dürstet." Wenn man sich die zitierten Stellen und Weyers Teufelsglauben vor Augen hält, stellt sich die Frage: Worin besteht das böse Werk des Teufels?

Nicht darin, daß er den Hexen magische Fähigkeiten durch den Teufelspakt verleiht, denn das vermag er nicht. Das Böse liegt in der Folterung und Tötung Unschuldiger. Das Pikante daran ist, daß ausgerechnet die Inquisitoren und Richter, die mit den Hexenverfolgungen ja auch die Macht des Teufels auf Erden bekämpfen wollen, durch die Tötung Unschuldiger das böse Werk des Teufels vollenden. Sie werden von ihm getäuscht und damit zu seinen Gehilfen degradiert.

Interessant ist auch Weyers Definition von Hexen:[7] „Hexen sind Weibsbilder, mehrtheils schwache Geschirr, betagtes Alter, ihrer Sinnen auch nicht aller Dinge bei ihnen selber, in welcher arbeitseliger, elenden Vetteln Phantasei und Einbildung, wann sie mit einer Melancholei beladen oder sonst etwa zaghaft sein, der Teufel sich als ganz subtiler Geist einschleicht und verkreucht, und bildet ihnen durch seine Verblendung und Täuschereien allerlei Unglück, Schaden und Verderben anderer Leut so stark ein, daß sie nicht anders meinen, dann sie haben's getan, da sie doch der Sachen allerdings unschuldig sein."

Bemerkenswert daran ist, daß Weyer sich auch dann gegen die Folterung und Bestrafung wendet, wenn Frauen sich selbst als Hexen bezichtigen und Verbrechen zugeben. Diese Argumentation von der Melancholie der Frauen und der Verblendung durch den Teufel her war besonders wichtig, da die zum Teil freiwilligen Selbstanzeigen und Geständnisse der Frauen es den Hexenverfolgern leicht machten. Sie nahmen sie wie selbstverständlich als Beweis für die Existenz von Hexen. Durch den Verweis auf die Täuschungen des Teufels bereitete Weyer in gewisser Weise die Theorie der Unzurechnungsfähigkeit vor, die später bewirkte, daß nicht jedes Geständnis auch zu einer Verurteilung führen darf.[8] Weyer erkennt auch, daß durch die grausame Folter oft falsche Geständnisse erpreßt werden:[9] „Von der Art der Prozesse kommt es, daß solche arme, geplagte Leute viel lieber einmal im Feuer sterben wollen, denn so unmenschlicher Weise so vielmal auseinandergestreckt und unverschuldeter Weise geplagt und gemartert zu werden."

Oft findet man bei ihm das Motiv der christlichen Barmherzigkeit, das die Folter grundsätzlich verbietet:[10] „Daß jetzund die Obrigkeit, welche sich doch christlichen Namens rühmet, mit den armen Weibspersonen also thyrannischerweise ohne alles Mitleid und Erbarmen, welches doch einem Christenmenschen zum ersten zu üben gebührt, und aber bei solchen Tyrannen wenig Barmherzigkeit zu spüren ist, umgehet, solches tut mich, fürwahr, zum höchsten befremden." Weyer räumt auch mit seinen Kollegen und dem Klerus auf:[11] „Unwissende Ärzte und intrigante Kleriker sind die Hauptförderer des Hexenglaubens".

Unfähige Ärzte witterten hinter jeder Krankheit, die sie nicht verstünden, Zauberei. Von geldgierigen und ehrgeizigen Klerikern hält Weyer noch weniger: Ihnen wirft er offen vor, im Bund mit dem Teufel zu stehen und „unter dem Deckmantel der Geistlichkeit ihren Dienst ihm (nämlich dem Teufel) treulich und unverdrossen zu leisten."

Zur Wirkung seiner Schriften: Seine Bücher erregten sehr großes Aufsehen, weil ihr Inhalt und die scharfe Kritik an den Autoritäten der damaligen Zeit wirklich revolutionär waren. Innerhalb von 14 Jahren erschienen fünf Auflagen, und viele Gelehrte zollten Weyer mehr oder weniger offen Beifall.[12]

2. *Hermann Witekind:* Ungefähr zur selben Zeit lebte und arbeitete Hermann Witekind (1524–1603), ein Heidelberger Mathematikprofessor. Witekind war Calvinist. Auch er geht wie Weyer davon aus, daß Melancholiker besonders anfällig für Einflüsterungen des Teufels sind. Er geht sogar noch etwas weiter als Weyer und bestreitet, daß Hexen zu irgendeinem Schadenszauber in der Lage seien. In seiner Schrift „Christlich Bedenken von Zauberey" aus dem Jahr 1585 bringt er mehrere Beispiele, warum die gängigen Hexereivorstellungen jeglicher Vernunft widersprechen.[13] „Ein närrisch Ding ists fürwahr, daß man meint, ein alt, schwach, krank Weib, das beim Stecken kaum gehen kann, hab Lust und Kräfte, darauf durch die Luft zum Tanz zu fahren." Deutlicher noch als Weyer brandmarkt er den Unrechtscharakter der Hexenprozesse: „Was hundert Jahr unrecht war, ist nie kein Stund recht gewesen." Witekind bringt auch eine sozialpsychologische Komponente ins Spiel, die zur damaligen Zeit besonders originell war: Hexen seien unglückliche Frauen, die Liebe bräuchten statt Gewalt.[14] „Auch dient zur Verhütung dieses Übels, daß die Männer ihre Weiber lieben, ihnen nicht zu hart seien damit sie nicht in Unwillen und Schwermut verfallen."

Schließlich versucht Witekind auch, über die berühmte Bibelstelle Exodus 22,18 hinwegzuhelfen. Diese Stelle, an der es heißt: „Du sollst die Zauberer nicht leben lassen", wurde oft als Begründung der Todesstrafe für Hexen herangezogen. Witekind qualifiziert diese Vorschrift als bürgerliches Recht Mose. Im Gegensatz zum göttlichen Recht Mose (den Zehn Geboten) sei die Obrigkeit an das bürgerliche Gesetz Moses nicht gebunden, da es im Heiligen Römischen Reich Deutscher Nation mittlerweile eigene Rechtsvorschriften gebe. Witekind erklärt die Rechtsvorschrift also für nicht anwendbar. Hilfsweise argumentiert er, daß es zahlreiche andere mosaische Rechtsvorschriften gebe, an die sich ja auch kein Mensch halte, deren Mißachtung von der Obrigkeit aber nicht sanktioniert werde. (Beispiel: Gehorsam gegenüber Vater und Mutter).

3. *Johann Georg Goedelmann:* Die Schriften des Johann Weyer fielen aber nicht nur bei Theologen und anderen Gelehrten auf fruchtbaren Boden, auch einige Juristen ließen sich von neuen Ideen anstecken. Hier sei der Jurist Johann Georg Goedelmann erwähnt, der in den achtziger Jahren des 16. Jahrhunderts die Haltung der Universität Rostock bestimmte und wegen seiner überkonfessionellen Argumentation im ganzen deutschsprachigen Raum an Bedeutung gewann. Goedelmann rechnet in einem Gutachten aus dem Jahr 1587 grundlegend mit der Praxis der Hexenprozesse ab.[15] Als erstes brandmarkt er die Widerrechtlichkeit der meisten Hexenprozesse. Während nach der peinlichen Halsgerichtsordnung Kaiser Karl V. Beschuldigte nur aufgrund glaubwürdiger Anzeigen verhaftet und ins Gefängnis gebracht werden dürfen, werden bei Hexenprozessen die Frauen meist aufgrund von Verleumdungen und den Aussagen wenig glaubwürdiger Denunzianten verhaftet. Auch die katastrophalen Haftbedingungen geben Anlaß zur Kritik. Vor einer Verurteilung dürfe auch noch keine Bestrafung erfolgen; genau dies sei jedoch bei einer Haft in den Kerkern der Fall. Die Juristen fordert Goedelmann auf, sich strikt an das Reichsrecht zu halten. Dieses erlaube nur den ordentlichen Prozeß und sehe keine Ausnahmeprozesse vor. Viele Inquisitoren und Richter gingen ja von der Hexerei als einem „crimen exceptum" aus und argumentierten, daß für außerordentliche Verbrechen auch ein außerordentliches Verfahren erforderlich sei. Dem tritt Goedelmann entschieden entgegen. Nach dem Willen des Kaisers sei immer das ordentliche Verfahren anzuwenden. Danach darf ein Urteil erst vollstreckt werden, wenn die Sache vollständig und zweifelsfrei aufgeklärt ist. Gegen diesen Grundsatz werde in den Hexenprozessen allzuoft verstoßen. Im übrigen ist Goedelmann auch der Ansicht, daß die Vollendung des Hexereidelikts materiell unmöglich ist. Er hält Hexenflug, Tierverwandlungen, Wettermachen und den Teufelspakt nur für Hirngespinste.[16] Als Goedelmann erkennt, daß die Resonanz auf sein umfangreiches Gutachten unter seinen Kollegen ziemlich negativ ist,

wählt er einen anderen Weg, um den vermeintlichen Hexen zu helfen. Er verfaßt den „Tractatus de magis, veneficiis et lamiis, recte cognoscendis et puniendis" (... wie man Hexen erkennt und richtig bestraft).[17] In dieser Schrift erkennt Goedelmann scheinbar das Hexereiverbrechen an – er verzichtet also darauf, seine wirkliche Meinung über das Hexereidelikt zu verbreiten –, drängt dafür aber um so stärker auf die Einhaltung des ordentlichen Prozesses. Zwar gebe es einige Leute, die die Hexerei als crimen exceptum verstehen und daher Ausnahmeprozesse für zulässig erachten. Auf der anderen Seite stehe aber der Kaiser, der in seinem Reichsstrafgesetzbuch „Constitutio Criminalis Carolina" (CCC) von 1532 ein geordnetes Verfahren für alle Strafprozesse angeordnet habe. Für Juristen sei der Kaiser als Gesetzgeber aber die einzig maßgebliche Autorität, dessen Anordnungen unbedingt zu beachten sind. Mit dieser Haltung ist es Goedelmann tatsächlich gelungen, der CCC vereinzelt wieder etwas mehr Bedeutung zu verschaffen und einige vorschnelle Hinrichtungen zu verhindern.

4. *Johannes Althusius:* Neben Theologen und Juristen waren auch Philosophen an der Debatte um die Hexenprozesse beteiligt. Der Theoretiker des Naturrechts, Johannes Althusius, ermahnte die Richter zu größter Vorsicht bei Hexenprozessen:[18] „So ist die Frage von Zauberern, Hexen und Unholden allezeit hochwichtig, streitig und gefährlich gewesen: Denn es wird hier nicht gehandelt von Eicheln auflesen, nicht von vermachtem Öl, Wein und Weizen: Sondern vom Leben, der Ehr und der Achtbarkeit des Menschen: Wenn dort geirrt wird, ist der Verlust und Schaden gering, hier könnte er größer nicht sein. Darum gedenke allhie der du den Richterstuhl besitzest, wie viel du mit unbilligem Urteil Schaden tun kannst". Hier zeigen sich schon Naturrecht und Humanismus. Der Mensch rückt wieder in den Mittelpunkt der Betrachtung, das Leben des Menschen wird wieder höher eingeschätzt als eine vermeintlich gottgewollte Ordnung und deren Aufrechterhaltung.

5. *Johann Greve:* Mit dem immer stärker werdenden Einfluß des Naturrechts und des Humanismus wächst zu Beginn des 17. Jahrhunderts auch die Kritik an der Folter. Der calvinistische Prediger Johann Greve aus Arnheim (1584–1624) argumentiert in seinem Plädoyer für die Abschaffung der Folter folgendermaßen:[19] Die Zu-

lässigkeit der Folter steht schon in römischen Gesetzbüchern. Darin steht jedoch auch, daß Sklaverei erlaubt ist. Beides ist jedoch für einen Christen untragbar. Ein solches Gesetz, welches der Natur geradezu widerspricht, sei gar kein Gesetz. Die Vernunft sagt, man dürfe nicht strafen ohne Gewißheit der Schuld. Die Folter bestraft aber ein Verbrechen, bevor es bewiesen ist. Damit arbeitet er die Doppelnatur der Folter als Mittel zur Wahrheitsfindung und als Strafe heraus. Die Folter kann, entgegen der weitverbreiteten Ansicht, gerade nicht als neutrales Mittel zur Wahrheitsfindung angesehen werden. Es sei ebenfalls ein Irrtum, daß die Folter die Autorität und das Ansehen der Gerichte erhöhe, denn Grausamkeit und Ungerechtigkeit gereichen niemandem zur Ehre.

6. Diese massive Kritik von Theologen, Juristen, Gelehrten und Philosophen gegen Ende des 16. Jahrhunderts, die sich sowohl auf den Hexenwahn als auch auf die Hexenprozesse bezog, war in einigen Gegenden sogar von Erfolg gekrönt.[20] In der Kurpfalz und den Herzogtümern Jülich-Cleve-Berg wurden Hexenverfolgungen von den Regierungen generell abgelehnt; in Frankreich mußte im Einzugsgebiet des Parlement de Paris jedes Todesurteil gegen Hexen vorgelegt werden – bestätigt wurden die wenigsten. In den nördlichen Niederlanden kam es 1603 zu den letzten Hexenverfolgungen. Doch während sich ein großer Teil Europas allmählich von den Hexenprozessen verabschiedet, steuert Zentraleuropa noch auf den absoluten Höhepunkt der Hexenverfolgungen hin. In den Jahren 1626–1630 uferten die Verfolgungen z. B. in Bayern so aus, daß sie nach Aussagen einiger Zeitgenossen sogar das Geschehen des 30jährigen Krieges in den Schatten stellten. Dies ruft als Verfolgungsgegner nun auch strenggläubige Katholiken auf den Plan, die bisher aus Loyalität geschwiegen hatten.[21]

7. *Adam Tanner:* Als erster Vertreter ist der Jesuit und Moraltheologe Adam Tanner zu nennen. Er war Theologieprofessor an den Universitäten Ingolstadt und München. Tanner war ein durch und durch strenggläubiger Katholik und kein Freund revolutionären Gedankenguts.[22] Er vertrat die Auffassung, daß man die „Meinung gewisser Neuerer meiden" sollte.[23] Seine bekanntermaßen konservative Grundeinstellung hatte den Vorteil, daß sein Hauptwerk, die 1627 erschienene „Theologia Scholastica", von der Ordenszensur

gebilligt wurde und somit im ganzen katholischen Raum verbreitet werden konnte. Dafür übt er auf etwa 20 Seiten seines vierbändigen Werks erstaunlich scharfe Kritik an den Hexenverfolgungen. Er will nicht bestreiten, daß Hexerei vorkomme und bestraft werden müsse; aber er forderte, daß man nicht auf leichtfertige Beschuldigungen hin zur Folter schreiten, sondern daß man bei der Untersuchung von Angeklagten mit schonender Vorsicht vorgehen müsse.[24] Die Hauptstoßrichtung seiner Kritik ging dahin, die Lehre von der Hexerei als Ausnahmeverbrechen zurückzuschneiden. Er drängte auf die Einhaltung des ordentlichen Prozesses, wies auf die Nichtigkeit unrechtmäßig erfolterter Geständnisse hin und wandte sich gegen die Denunziation, vor allem wenn diese aufgrund der Folter geschah. Doch auch in den übrigen Fällen stellte die Denunziation für ihn keinen Beweis dar, auf der Grundlage dessen gefoltert werden dürfe.[25] Tanner kämpfte vor allem dafür, daß auf keinen Fall Unschuldige zum Opfer der Hexenprozesse werden dürften. Dazu benutzt er das bekannte Gleichnis vom Unkraut unter dem Weizen (Matthäus 13,24 ff.).[26] Die Knechte fragen den Hausvater, ob sie das Unkraut zusammensuchen sollen. Dieser aber antwortet: „Nein. Damit ihr nicht, wenn ihr das Unkraut zusammensucht, zugleich mit ihm auch den Weizen ausreißt".

Die Einordnung Adam Tanners fällt schwer. Zum einen beschränkt er sich auf rein formale Prozeßkritik, am Hexenglauben selbst nimmt er keinen Anstoß. Andere waren da schon wesentlich weiter. Andererseits gibt es in seinen Schriften auch außergewöhnlich mutige Stellen: So vergleicht Adam Tanner die Hexenverfolgungen mit den Christenverfolgungen unter Nero. Zeitgenossen wußten, daß damit die sogenannten Hexenbischöfe von Eichstätt, Würzburg, Bamberg, Mainz, Köln und Trier angesprochen waren.[27] Er stand auch in engem Kontakt mit der damaligen bayerischen Regierung. Während der bayerische Kurfürst Maximilian I. ein besonders übler Hexenverfolger gewesen sein muß, hatte er eine vergleichsweise vernünftige Regierung. Diese von Verfolgungsbefürwortern als „politici" – Politiker – diffamierten Regierungsräte waren nämlich allesamt Gegner zügelloser Hexenverfolgungen. Beim sogenannten Münchner Prinzipienstreit[28] in den Jahren 1600/1601 war es die bayerische Regierung, die auf maßvolles Vorgehen und einen geordneten Prozeß drängte und dafür (fast schon verzweifelt) Gutachter suchte. Ihr größter Erfolg bestand darin, daß im Anschluß an diesen Prinzipienstreit der Theologe Adam Tanner sich ihren Argumenten anschloß und auch später nicht mehr von dieser Linie abrückte. Damit war die katholische Front aufgebrochen, zum ersten Mal war ein katholischer Geistlicher aus der offiziellen Linie der katholischen Kirche ausgeschert.[29] Bemerkenswert dabei ist, daß Adam Tanner mit seiner Haltung ungestraft davonkam.

8. *Cornelius Loos:* Noch wenige Jahre zuvor war mit dem katholischen Theologen Cornelius Loos ganz anders verfahren worden.[30] Dieser hatte im Jahr 1592 in seiner radikalen Schrift „De vera et falsa magia" die sarkastische These aufgestellt, Hexenprozesse seien die Kunst, aus Blut Gold zu machen. Er mußte dann im Beisein seines größten Gegners, des Verfolgungsbefürworters Binsfeld, öffentlich abschwören. Nachdem man ihn im Gefängnis eingesperrt hatte und ihn mit dem Tod bedroht hatte, war Loos so vernünftig, seine Thesen zu widerrufen. Er unterzeichnete den ihm von seinen Gegnern vorgelegten Widerrufskatalog. Dieser Katalog zeigt, wie zweischneidig das Instrument des Widerrufs generell ist und wie selbstsicher die Verfolgungsbefürworter um Binsfeld noch gewesen sein müssen:

„Art. 1: Erstens widerrufe, verdamme, verwerfe und mißbillige ich, was ich oft schriftlich und mündlich vor vielen Personen behauptet und als den Hauptgrundsatz meines Traktats ausgestellt habe, nämlich daß nur Einbildung, leerer Aberglaube und Erdichtung sei, was man von der körperlichen Ausfahrt der Hexen schreibt; sowohl, weil dies ganz und gar nach ketzerischer Bosheit riecht, als auch weil diese Meinung mit dem Aufruhr Hand in Hand geht und darum nach dem Verbrechen der beleidigten Majestät schmeckt. Art. 2: Denn (was ich zweitens widerrufe) ich habe durch heimlich an gewisse Personen abgesandte Briefe gegen die Obrigkeit hartnäckig und ohne haltbaren Grund ausgesprengt, daß die Hexenfahrt unwahr und eingebildet sei, mit der weiteren Behauptung, daß die armen Weiber durch die Bitterkeit der Tortur gezwungen werden, zu gestehen, was sie niemals getan haben, daß durch hartherzige Schlächterei unschuldiges Blut vergossen und daß mittels einer neuen Alchimie aus Menschenblut Gold und Silber hervorgelockt werde".

Auf diese Weise wurde es Cornelius Loos nämlich ermöglicht, seine Kritik ein letztes Mal zu wiederholen und sicherzugehen, daß sie in den Protokollen des Widerrufs aufbewahrt würde, wenn seine eigenen Schriften schon konfisziert und vernichtet wurden. Auch gegen Adam Tanner gab es wütende Proteste, und so mancher Inquisitor wollte ihm wegen Ketzerei den Prozeß machen, Tanner konnte jedoch im Amt bleiben und weiterhin publizieren.

9. *Friedrich von Spee:* Da es für die Verfolgungsgegner immer noch nicht ungefährlich war, ihre Meinung zu vertreten, zog es ein anderer katholischer Theologe und Ordensbruder Adam Tanners vor, sein Hauptwerk anonym zu veröffentlichen. Im Jahr 1632 erschien die „Cautio Criminalis", eine Warnungsschrift über Hexenprozesse. Der Autor des Werks wendet sich an die Obrigkeit Deutschlands, um die Hexenprozesse zu stoppen. Daß es dem Autor vor allem auf praktische Auswirkungen ankommt, zeigt sich daran, daß er Grundsatzdebatten vermeidet.[31] Er diskutiert nicht über Existenz oder Nicht-Existenz von Teufel und Hexen, sondern geht in seiner Prämisse wie selbstverständlich davon aus, daß es Hexerei und Schadenszauber gibt. Die Schrift ist in 50 Fragen und Antworten gegliedert und besteht hauptsächlich aus genauen Beobachtungen und Enthüllungen darüber, was bei Hexenprozessen wirklich geschieht. Gleich zu Beginn kritisiert der Autor die – im wahrsten Sinne des Wortes – Verantwortungslosigkeit der Hexenprozesse:[32] „Ist das nicht zum Lachen? Fürsten und Herren legen alle Sorgen von sich ab und hängen dieselben auf ihre Beamten und deren Sorgfalt und Gewissen. Der Fürst sagt: Unsere Beamten mögen zusehen, was sie zu tun haben. Und die Beamten sagen: Der Fürst möge zusehen, daß er's verantworte. Ist das nicht ein schöner Zirkel? Wer aber wird es vor Gott zu verantworten haben? Denn wo die Beamten zusehen sollen und der Fürst zusehen soll, da sieht gar keiner zu."
Als nächstes beschreibt er eindrucksvoll die Ingangsetzung des Verfahrens durch Denunziation und Verdächtigungen, der die Fürsten, Richter und Inquisitoren nur allzu bereitwillig ihr Ohr liehen:[33] „Du mußt aber wissen, daß bei uns Deutschen und insbesondere – worüber man sich tief schämen muß – bei den Katholiken der Aberglaube, die Mißgunst, Verleumdung, Ehrabschneiderei, heimlicher Klatsch, Schmähsucht und arglistiges Verdächtigen unglaublich tief eingewurzelt sind, was weder von der Obrigkeit nach Gebühr bestraft wird, noch von der Kanzel, wie es nötig wäre, widerlegt wird. Und eben daher entsteht der erste Verdacht von Hexerei, daher kommt es, daß alle Strafen Gottes von Zauberern und Hexen her-

rühren sollen, da haben Gott oder die Natur nichts mehr zu gelten, sondern alles müssen die Hexen getan haben. (...) Immer wieder gehen den Verleumdern und Schwätzern Geistliche und Kleriker mit schlechtem Beispiel voran. Als allererste fangen sie an zu schreien, es sei kein Zweifel, das komme nur von den Hexen her. (...) Und dann, damit es nicht den Anschein habe, als ob sie gar nichts wüßten und könnten, dann lesen sie Exorzismen und gebrauchen dabei vielleicht auch ganz abergläubische Mittel, jedenfalls solche, die in der Kirche nicht gebräuchlich sind".

Wie etliche seiner Vorgänger kritisiert auch der Autor der „Cautio Criminalis", daß die unter der Folter abgepreßten Geständnisse meist unwahr seien und durch die erzwungene Denunziation reihenweise Unschuldige in die Mühlen der Justiz gerieten. Die Folter als Mittel zur Wahrheitsfindung lehnt er strikt ab. Auch er sieht, daß in der Folter selbst schon eine Bestrafung liegt, für ein Verbrechen, das zu dem Zeitpunkt noch gar nicht bewiesen ist. Außerdem wirft er den Richtern und Henkern Unkenntnis der menschlichen Natur vor, wenn sie nicht erkennen, daß die Angst vor ungeheuerlichen körperlichen und seelischen Schmerzen die Menschen dazu bringt, grundlos Schuldbekenntnisse abzugeben.[34] Für den Autor der Cautio Criminalis ist die grausame Anwendung der Folter aber auch Ausdruck eines handfesten pekuniären Interesses. Da „eine große Zahl von Verurteilten für den Geldbeutel angenehmer ist als eine kleine" – für jede hingerichtete Hexe gab es ein Kopfgeld –, war der Prozeß von Anfang an von der Hoffnung auf eine Hinrichtung getragen.[35] Ein besonderes Verdienst der Cautio Criminalis liegt darin, aufgezeigt zu haben, daß es sich bei den Hexenprozessen um Prozesse handelte, die auf alle Fälle auf eine Verurteilung hin ausgerichtet waren. Im Verfahren selbst war es unmöglich, seine Unschuld zu beweisen.[36] „Als neulich unter einigen Gerichtspersonen von diesen Dingen die Rede war, hat ihnen ein scharfsinniger und gewissenhafter Mann die Frage vorgelegt, auf welche Weise sich denn jemand befreien könne, der wirklich unschuldig ins Gefängnis gekommen sei. Hierauf gaben sie lange keine befriedigende Antwort (...) und schließlich antworteten sie, sie wollten es sich über die Nacht bedenken." „Da haben nun diese Leute, die doch schon so viele Scheiterhaufen haben anzünden lassen, seit jeher auf solche Weise Prozesse geführt, daß sie nicht einmal zu dieser Stunde ein rechtes Mittel zu nennen wußten, wie sich jemand, der wirklich unschuldig wäre, aus ihren Händen freimachen könnte." Die „Cautio Criminalis" fordert daher mit Nachdruck die völlige Abschaffung der Tortur. Am Ende der Schrift finden sich noch einige rätselhafte Sätze. Der Autor sieht sich, da er sich die Tätigkeit der Gerichte näher betrachtete, mehr und mehr dahin gebracht, zu zweifeln, ob es überhaupt Hexen gibt. Er hätte noch etwas zu sagen, will es aber noch nicht veröffentlichen, weil „unsere Zeit es nicht ertragen kann." Es wäre etwas, was „Deutschland entsetzen müßte; doch ich wage es noch nicht auszusprechen und will es bis zu günstiger Zeit und vielleicht für eine künftige Abhandlung aufsparen."[37] Zu dieser zweiten Abhandlung kam es nie, doch die Wissenschaftler sind sich weitgehend einig, daß der Autor überhaupt nicht an Hexen glaubte. Die sensationelle Enthüllung wäre demnach, daß sämtliche Hexen unschuldig hingerichtet worden sind.

Die Identität des Autors soll den oberen Kreisen des Jesuitenordens bekannt gewesen sein, die Öffentlichkeit erfuhr jedoch erst wesentlich später davon. Selbst Christian Thomasius (ca. 70 Jahre später) wußte zu Beginn seiner literarischen Tätigkeit gegen die Hexenverfolgung noch nicht, wer der Verfasser der Cautio Criminalis war. Erst 1708 wurde allgemein bekannt, daß es sich dabei um Friedrich von Spee handelt, den „Aufklärer der Aufklärer".[38]

10. Etwa zeitgleich mit dem Erscheinen der Cautio Criminalis begannen die Hexenverfolgungen abzuebben. Der aufkommende Rationalismus und Empirismus in der zweiten Hälfte des 17. Jahrhunderts waren unvereinbar mit Vorstellungen von Zauberei und Wundern. Von der geistesgeschichtlichen Epoche her gesehen bewegen wir uns langsam aber sicher auf die Frühaufklärung zu. Umso erstaunlicher ist es, daß am Ende des 17. Jahrhunderts in den Niederlanden und in Norddeutschland noch einmal große Hexendebatten ausbrechen.

11. *Balthasar Bekker:* Im Mittelpunkt stand in den Niederlanden der calvinistische Prediger Balthasar Bekker (1634–1698). Als er „De betooverde wereld" (Die verzauberte Welt) im Jahr 1691 veröffentlichte, kam sofort der Vorwurf auf, Bekker glaube gar nicht an den Teufel. Viele reformierte Theologen wandten sich daraufhin von ihrem „gottlosen" Amtsbruder ab.[39] Dieser Vorwurf stimmte aber nicht ganz. Bekker spricht dem Teufel nur die Macht ab, den Men-

schen auf der Erde schaden zu können, da Gott ihm diese Fähigkeit nicht verliehen habe. Im zweiten Band der verzauberten Welt schildert er, wie verhängnisvoll sich die Überschätzung der Teufelsmacht ausgewirkt hat und wagt als erster, daraus die radikale Schlußfolgerung auszusprechen: „Es hat nie Hexen gegeben." Alle ergangenen Todesurteile seien „ungerecht, gewalttätig, und im Streit mit der Ehre Gottes und dem Heil der Menschen."[40]

Die Argumentation Bekkers kann man ganz grob so zusammenfassen: Daß es den Satan gibt, steht in der Heiligen Schrift. In unserer täglichen Erfahrung hören und sehen wir ihn nicht. In der Heiligen Schrift ist keine Rede davon, daß dem Satan ein eigenmächtiges Treiben auf Erden erlaubt sei; vielmehr steht geschrieben, daß Satan in den untersten Höllenpfuhl verdammt ist. Gott hat in seiner Allmacht und Güte diese von ihm geschaffene Welt nicht dem Teufel ausgeliefert. Der Mensch muß das Böse in sich selbst bekämpfen. Dazu paßt auch Bekkers Ausspruch: „Der eine Mensch ist der Teufel des anderen."[41] Bekker sah seine Ansicht unter anderem dadurch belegt, daß mit dem Ende der Hexenprozesse sich auch die Hexenangst und die Anzahl der vermeintlichen Hexen deutlich verringert hatte. Seine Schriften trafen jedoch auf starken Widerstand.[42] Ihm wurde Gotteslästerung vorgeworfen. Kirchenrat und Synode schlossen ihn aus seinem Amt aus und verweigerten ihm die Teilnahme am Abendmahl. Junge Theologen wurden zum Predigeramt nur zugelassen, wenn sie sich öffentlich von Bekkers Ansichten distanzierten. Die breite Öffentlichkeit nahm an der Bekker-Debatte regen Anteil. Mit 175 Beiträgen dürfte der sog. „Bekkersche Krieg" zu den größten Debatten der Frühaufklärung gehören. Sein Werk erschien in holländischer, deutscher, französischer und englischer Sprache.[43] So sehr die geistliche Obrigkeit Bekker zusetzte und ihn mundtot machen wollte, so sehr nahmen sich Teile der weltlichen Obrigkeit seiner an. Die Bürgermeister von Amsterdam stellten sich zwar nicht öffentlich hinter ihn oder forderten die Synode auf, Bekker wieder predigen zu lassen. Sie bezahlten ihm jedoch auch nach seiner Entlassung sein volles Gehalt bis an sein Lebensende weiter und sahen sich trotz heftigen Drängens der Synode außerstande, für Bekker einen Nachfolger als Prediger einzustellen.

12. *Christian Thomasius:* Nur wenige Jahre später, 1701, provozierte der Naturrechtslehrer und als „Vater der Aufklärung" bezeichnete Christian Thomasius mit seiner Dissertation „De Crimine Magiae" im protestantischen Norden Deutschlands großen Streit. Thomasius wurde 1655 als Sohn eines Philosophieprofessors geboren und wurde schon mit 26 Jahren Professor der Rechte an der Universität Leipzig. Neun Jahre später erhielt er dort ein Vorlesungsverbot und wurde wenig später des Landes (Sachsen) verwiesen.[44] Christian Thomasius hatte nach Aussagen einiger Zeitgenossen „die Eigenart, unangenehm aufzufallen". Zu den unerhörten Entgleisungen, die er sich zuschulden kommen ließ, gehörte, daß er seine Vorlesungen seit 1687 auf deutsch statt auf lateinisch hielt. Außerdem dozierte er nicht im Talar, sondern war stets nach der neuesten Hofmode gekleidet und trug immer einen Degen bei sich. Vom Pietismus, den seine älteren Kollegen pflegten, hielt er ebenfalls nicht viel, weil der schlecht zu seinem aufwendigen Lebensstil paßte. Schließlich verscherzte er es sich mit einem zu liberalen Gutachten zur Fragen der Mischehen zwischen Katholiken und Protestanten gänzlich mit der Obrigkeit Sachsens, und mußte nach Brandenburg-Preußen auswandern. Dort wurde er allerdings mit offenen Armen empfangen und sofort zum Juraprofessor an der neu gegründeten Universität Halle berufen.[45] Im Rahmen seiner Tätigkeit dort kam es zu einer Art Schlüsselerlebnis für ihn, das seine weitere Einstellung zu Hexenprozessen prägte. Die juristische Fakultät Halle sollte ein Rechtsgutachten zum Fall Barbara Labarentz[46] erstellen. Frau Labarentz war von einer anderen Frau unter der Folter als Hexe denunziert worden. Das Gericht wollte wissen, ob man Frau Labarentz auf die Aussage einer Verbrecherin hin ebenfalls foltern dürfe. Thomasius erstellte, nach sorgfältiger Lektüre von Werken wie dem Hexenhammer, den Practica von Carpzow, Schriften von Bodin und Delrio, eine Skizze des Gutachtens, in der er zu dem Schluß kam, daß „die Angeklagte wenigstens mit mäßiger Pein wegen der beschuldigten Hexerei anzugreifen wäre." Seine Kollegen kritisierten jedoch den Entwurf, da ihrer Ansicht nach nicht aufgrund einer einzigen Zeugenaussage gefoltert werden dürfe. Die Fakultät ordnete daher die unverzügliche Freilassung von Frau Labarentz an. Diese Niederlage stürzte Thomasius in eine persönliche Krise. Ihm war nämlich ein Fehler unterlaufen, den er im wissenschaftlichen Bereich immer besonders heftig bekämpft hatte. Er war in blinde Auto-

ritätsgläubigkeit verfallen und hatte vorschnell, vor allem nicht aufgrund eigener Überlegungen, geurteilt.[47]

In der Folgezeit beschäftigte er sich sieben Jahre lang mit den wichtigsten Schriften der Verfolgungsgegner – wie der „Cautio Criminalis" und der „Verhexten Welt" – bis er seine Dissertation „De Crimine Magiae" publizierte. In diesem Werk bestätigt Thomasius zwar die Existenz des Teufels, bezweifelt aber die Existenz der Zauberei und Hexerei, weil letzteres aus ersterem nicht schlußfolgernd abgeleitet werden könne. Er zergliedert die üblichen Anschuldigungen der Inquisitoren in die einzelnen Tatbestandsmerkmale und kommt zu dem Ergebnis, daß es gar keinen strafrechtlichen Tatbestand der Zauberei und der Hexerei gebe. Die Hexerei sei somit ein fiktives Verbrechen.[48] Außerdem wirft Thomasius die Frage auf, ob die weltliche Obrigkeit überhaupt für die Bestrafung der Hexen und Zauberei zuständig sei. Zum einen werde die hoheitliche Sphäre des Staates durch Hexerei gar nicht verletzt, zum anderen sei der Staat verpflichtet, auch Andersgläubige zu schützen.[49] In diese Richtung zielt auch der berühmt gewordene Ausspruch Thomasius: „Die Fürsten haben nicht die Pflicht, Seelen zu retten, sondern Frieden zu stiften."[50]

Eine weitere Neuentdeckung findet sich in seinem Werk: „Unterschiedliche Schriften vom Unfug des Hexenprozesses". Es stellt eine Sammlung von Schriften der führenden Gegner des Hexenprozesses dar. Bei der Zusammenstellung fiel Thomasius auf, daß der Hexenprozeß deutlich jüngeren Ursprungs war als angenommen. Man hatte sich im Laufe der Zeit an die falsche Meinung gewöhnt, daß der Hexenprozeß auf einem alten Herkommen beruhe. Man wollte dies gerne glauben, um daraus folgern zu dürfen, daß mit den Hexenprozessen alles seine Ordnung habe und daß der Stand der Juristen sich nicht mit ihnen versündigt habe. Thomasius widerlegt dies und kommt zu dem richtigen Ergebnis, daß der Hexenprozeß in der damaligen Form kaum mehr als 150 Jahre alt war.[51] Auch Thomasius setzte sich vehement für die Abschaffung der Folter ein – mit ähnlichen Argumenten wie seine Vorgänger im Kampf gegen die Hexenverfolgungen.[52]

Die Abschaffung der Folter hat Thomasius zwar in die Wege geleitet, aber nicht mehr erlebt. Doch schon der nächste König, Friedrich II. von Preußen, erließ im Jahr 1740 ein Verbot der Folter. Dies war ein kühner Schritt, den er 1749 noch verteidigen mußte. Friedrich der Große schrieb:[53] „Ich wage die Partei der Menschlichkeit gegen einen Brauch in Schutz zu nehmen, der ebenso unnütz wie grausam ist (…) Es ist besser, zwanzig Schuldige freizusprechen als einen Unschuldigen aufzuopfern. In Preußen ist die Folter seit acht Jahren abgeschafft. Man ist nun sicher, Unschuldige mit Schuldigen nicht zu verwechseln; und die Rechtspflege geht nichtsdestoweniger ihren Gang."

1   *Behringer, Wolfgang,* Hexen: Glaube, Verfolgung, Vermarktung, München 1998, S. 35.
2   *Soldan, Wilhelm Gottlieb / Heppe, Heinrich,* Geschichte der Hexenprozesse, Stuttgart/ Tübingen 1843, S. 335.
3   *Soldan* (Anm. 2), S. 335 ff.
4   *Hortzitz, Nicoline,* Hexenwahn, Stuttgart 1990, S. 153; *Soldan* (Anm. 2), S. 335.
5   *Hortzitz* (Anm. 4), S. 155.
6   *Soldan / Heppe* (Anm. 2), S. 337.
7   *Soldan / Heppe* (Anm. 2), S. 338/339.
8   *Behringer* (Anm. 1), S. 77.
9   *Soldan* (Anm. 2), S. 340.
10  *Behringer, Wolfgang,* Hexen und Hexenprozesse, München 1998, S. 337.
11  *Soldan / Heppe* (Anm. 2), S. 340.
12  *Soldan / Heppe* (Anm. 2), S. 343 f.
13  *Behringer* (Anm. 10), S. 338 ff.
14  *Behringer* (Anm. 1), S. 77; *Behringer* (Anm. 10), S. 342.
15  *Behringer* (Anm. 10), S. 344 ff.
16  *Soldan* (Anm. 2), S. 347.
17  *Behringer* (Anm. 10), S. 317, 346, 347.
18  *Behringer* (Anm. 10), S. 351.
19  *Behringer* (Anm. 10), S. 352 f.
20  *Behringer* (Anm. 1), S. 78.
21  *Behringer* (Anm. 1), S. 80 f.
22  *Baschwitz, Kurt,* Hexen und Hexenprozesse: Die Geschichte eines Massenwahns und seiner Bekämpfung, München 1963, S. 286 ff.
23  *Baschwitz* (Anm. 22), S. 290.
24  *Baschwitz* (Anm. 22), S. 286.
25  *Behringer* (Anm. 10), S. 374 f.
26  *Behringer* (Anm. 10), S. 323 f.
27  *Behringer* (Anm. 1), S. 81.
28  *Behringer* (Anm. 10), S. 366 ff.
29  *Behringer* (Anm. 10), S. 322 f.
30  *Behringer* (Anm. 1), S. 77.
31  *Battafarano, Michael,* Friedrich von Spee: Dichter, Theologe und Bekämpfer der Hexenprozesse, Trento 1988, S. 236.
32  *Baschwitz* (Anm. 22), S. 275; *Soldan* (Anm. 2), S. 26.
33  *Baschwitz* (Anm. 22), S. 273; *Soldan* (Anm. 2), S. 25.
34  *Baschwitz* (Anm. 22), S. 275 f.
35  *Battafarano* (Anm. 31), S. 243.
36  *Battafarano* (Anm. 31), S. 242 f.; *Baschwitz* (Anm. 22), S. 277.
37  *Baschwitz* (Anm. 22), S. 278.
38  *Waider, Heribert,* Friedrich Spee von Langenfeld – ein Aufklärer der Aufklärer, in: Juristische Schulung, 1970, S. 377.

39 *Behringer* (Anm. 1), S. 83; *Baschwitz* (Anm. 22), S. 378.
40 *Baschwitz* (Anm. 22), S. 379.
41 *Baschwitz* (Anm. 22), S. 379.
42 *Baschwitz* (Anm. 22), S. 384.
43 *Behringer* (Anm. 1), S. 83 f.
44 *Behringer* (Anm. 1), S. 84; *Baschwitz* (Anm. 22), S. 439.
45 *Baschwitz* (Anm. 22), S. 439 f.
46 *Battafarano* (Anm. 31), S. 245; *Baschwitz* (Anm. 22), S. 440 f.
47 *Lieberwirth, Rolf,* Christian Thomasius: Über die Hexenprozesse, Weimar 1967, S. 13 f.
48 *Floßmann, Ursula / Putschögl, Gerhard,* Hexenprozesse, Linz 1987, S. 179.
49 *Floßmann/Putschögl* (Anm. 48), Hexenprozesse S. 180.
50 *Baschwitz* (Anm. 22), S. 446.
51 *Baschwitz* (Anm. 22), S. 443.
52 *Battafarano* (Anm. 31), S. 246 f.
53 *Baschwitz* (Anm. 22), S. 447.

# Gegner und Befürworter
# des Hexenprozesses

*von Elisabeth Schweiggart*

## Cornelius Loos (1546–1595)

1. Cornelius Loos,[1] ein früher Kritiker des Hexenprozesses, wurde als Sohn eines angesehenen Bürgers in der Stadt Gouda, Niederlande, geboren. Sein Vater gehörte in den vierziger und fünfziger Jahren des 16. Jahrhunderts mehrfach dem Stadtrat an. Das Geburtsjahr des Cornelius Loos wird von Ignatius Walvis,[2] der ihn unter die gelehrten Männer der Stadt Gouda zählt, um 1540 angenommen, die neuere Literatur hingegen setzt das Geburtsjahr 1546 an. Der erste datierbare Zeitpunkt in Loos' Leben ist der Abschluß seines Studiums, als sechzehnter von 164 Studenten, an der Artistenfakultät in Löwen, am 4. Februar 1564. Anschließend durfte er sich licentiatus bzw. magister in artibus nennen. Nach seinem Studium bekleidete er in Holland das Amt eines canonicus in patria. 1574 mußte er, zusammen mit seinen nächsten Verwandten, Holland verlassen. Ursache dafür war entweder eine mißlungene royalistische Verschwörung, an der seine Familie teilgenommen hatte,[3] oder der Umstand, daß Cornelius Loos als katholischer Geistlicher die Niederlande verlassen mußte.[4] Loos ging zuerst nach Luxemburg und darauf nach Mainz. Dort setzte er seine Studien an der Theologischen Fakultät fort.

Um 1580 zeigte er plötzlich einen enormen Publikationsdrang. Innerhalb weniger Jahre veröffentlicht er allein neun Bücher: ein Gebetbuch, theologische und politische Werke mit Bezug auf den niederländischen Aufstand, eine enzyklopädische Übersicht katholischer deutscher Schriftsteller des 16. Jahrhunderts und ein lateinisches Sprachlehrbuch.

Im Jahre 1591 verbringt er einige Zeit im Kölner Kloster Nazareth; um diese Zeit muß er jedoch auch in Trier einen festen Wohnsitz gehabt haben. In Trier lehrte er Theologie. Eine Professur an der Universität kann Loos aber nicht innegehabt haben, denn alle theologischen und philosophischen Lehrstühle wurden damals von Jesuiten beansprucht.[5] 1592 verfaßt Cornelius Loos sein Werk „De vera et falsa magia". Er versucht, es in Köln zu veröffentlichen, da er dort auf eine der Hexenverfolgung gegenüber reservierte Haltung hoffte. Dennoch wurde es von dem päpstlichen Nuntius Ottavio Frangipani aus der Druckerpresse genommen und der Autor im Maximinkloster, etwas außerhalb Triers, eingesperrt. Am 15. März 1593 unterschrieb Loos den ihm abgenötigten Widerruf (retractio) im Beisein verschiedener Autoritäten. Nach dieser Demütigung hat Loos vermutlich das Trierer Territorium in Richtung Niederlande verlassen bzw. er wurde aus dem Erzstift Trier ausgewiesen.[6] Er ging nach Brüssel und fand eine Anstellung in S. Maria de Capella. Hier wurde er wiederum wegen Kritik am Hexenwahn verhaftet, aber doch wieder freigelassen, dann noch einmal festgenommen und entging der sicheren Verurteilung durch seinen Tod am 3. Februar 1595.[7]

2. Loos' Werk „De vera et falsa magia" war bis 1886 ausschließlich aus der bei Martin Delrio abgedruckten „retractio" (Widerruf) bekannt, bis im Jahr 1886 der amerikanische Historiker George Lincoln Burr während einer europäischen Studienreise in der Trierer Stadtbibliothek ein altes Manuskript entdeckte, das den Index und die beiden ersten Bücher des Traktates enthielt. Zufälligerweise tauchte 1888 in der Kölner Stadtbibliothek ein Fragment desselben Textes in gedruckter Form auf.

Es sind 83 Folien erhalten. Allerdings ist der Traktat ziemlich ungeordnet, was Loos damit entschuldigt, daß er der Reihenfolge seines Gegners Binsfeld folgt. Zu den wesentlichen Bestandteilen der Schrift gehört die Unterscheidung der drei verschiedenen magischen Kategorien.

Die vera magia besteht aus zwei weit voneinander entfernten Arten: aus der goetia, wie sie in der Hl. Schrift im Zusammenhang mit Samuels Erscheinung vor Saul beschrieben wird (1 Samuel 28,7–19), und der magia naturalis. Neben der vera magia steht die falsa magia. Die goetia beruht auf der Anrufung von Dämonen und ist als einzige der drei Arten unerlaubt und verdammenswert, magia damnata. Trotzdem ist sie, wie Loos unter Anlehnung an Agrippa von Nettesheim betont, nichts anderes als eine Verknüpfung von Götzendienst, Astrologie und abergläubischer Medizin. Er versucht sie auf Blendung, Lüge und Täuschung zu reduzieren: „Diese Magie ist eine äußerst lügenhafte Sache und, soweit es die Kunst der Weissagung betrifft, zweifellos nichtssagend, denn ihr liegt nichts Wahrhaftes zugrunde, sondern nur des Menschen eitle Arroganz."[8] Diejenigen, die sich mit ihr abgeben, sind auch nur wegen ihrer gottlosen Absichten strafbar, nicht wegen der Effekte, die sich tatsächlich nicht realisieren. Ihre Handlungen sind im Grunde nur vanitates (Nichtigkeiten). Allerdings besteht die Möglichkeit, daß ein „magus goeticus" als Giftmischer auftritt. Dieser erzielt trotz der verdammenswerten Invokation aber nur einen natürlichen Effekt. Hier wird deutlich, daß Loos versucht, den Bereich des Übernatürlichen einzuschränken. Es sei, so Loos, denkbar, daß die Dämonen auf die Anrufung reagieren und aus eigenem Antrieb Unheil stiften, ohne daß die Beschwörungen des „magus" dies beeinflußen.

Im direkten Widerspruch zu den Verfolgern, die die Hexerei und Zauberei in alten Zeiten als kaum existent bezeichneten,[9] behauptet er, daß die magia damnata (verwerfliche, „schwarze" Magie) in der Vergangenheit allgemein gewesen sei, aber nach der Menschwerdung Christi und der Verbreitung des Glaubens nahezu verschwunden sei. Es habe sich nicht nur die Anzahl der Leute, die sich damit abgeben, verringert, sondern auch die Dämonen haben ihre Aktivitäten größtenteils eingestellt.

Die magia naturalis gab es schon in allen alten Kulturen als ein Bemühen um das tiefste Wissen und die tiefste Weisheit. Sie ist nichts anderes als der vollkommene Höhepunkt der natürlichen Wissenschaft oder die perfekte, höchste Macht der Wissenschaft. Loos rechnet wohl die vorhandenen Magier der magia naturalis zu und gibt ihnen somit die moralische Anerkennung eines „hohen Magiers". Allerdings schließt er nicht aus, daß Magier ihr großes Wissen um die Natur mißbrauchen könnten, insbesondere zum Vergiften. Solange sie auf Beschwörungsformeln verzichten, betrachtet er sie als strafwürdige Giftmischer, nicht als strafbare Magier. Die vera magia bildet nicht den zentralen Punkt der Darlegung Loos'. Es geht ihm vor allem um die „völlig eitlen, abergläubischen Ideen, die heutzutage die christliche Gemeinschaft in manchen Provinzen nicht wenig schädigt und in Unruhe versetzt." Es sind dies die Handlungen und Ansichten, die fast immer mit der Hexerei zusammenfallen, wie sie damals in Deutschland verfolgt wurde. Diese ordnet er der dritten Kategorie, der magia falsa bzw. ficta zu.

Loos definiert magia falsa als „Hirngespinste mancher Angeklagten, phantastische Erdichtungen der Ankläger und die theoretische Konstruktion seiner Opponenten. Es sind nur Eitelkeiten (vanitates), Wahnsinn (insanide falsae) und inhaltslose Lügen (mendacia inania)". Weiterhin beklagt er, daß keine Feder die Unsinnigkeit dieser Denkbilder beschreiben könne. Das Leben der Unschuldigen, jener, die die magia falsa betreiben, soll geschützt werden, denn diese sind Unbescholtene (inculpabiles), trotz der Geständnisse schrecklichster Übeltaten. Das schlimmste aller Verbrechen ist für Loos die Häresie, nicht die Magie. Loos vertritt die Meinung, daß man keine Angst vor Teufeln und Hexen zu haben brauche, denn Gott habe sie völlig im Griff. Mit Augustinus und bezugnehmend auf das Bibelwort „non est potestas nisi a Deo", daß außerhalb der von Gott gezogenen Grenzen weder Teufel noch Magier etwas vermögen, unterstreicht er diese Ansicht. Aus dem Jesaja-Wort „zur Hölle fahrest du hinab, zur tiefsten Grube" folgert er, daß die gefallenen Engel in einen Zustand relativer Kraftlosigkeit gefallen sind. Die Dämonen können nach Loos keinen Körper annehmen. Dies können seiner Meinung nach nur die Engel und der Teufel. Damit widerspricht er der Ansicht der Kirchenväter. Diese Lehre der dona naturalia demontiert den Teufelspakt, denn wenn der angenommene dämonische Partner zum Hirngespinst des anderen Vertragspartners wird und der Hexensabbat die reine Phantasie mancher Hexen und Hexenverfolger ist, dann kann es auch keine Auswirkungen dieses Glaubens geben.

3. Fraglich ist, was Loos dazu bewogen hat, De vera et falsa magia zu verfassen. Loos war kein Spezialist, der sich lange und eingehend mit der Hexendebatte beschäftigt hat. Erst während der Trierer Jahre wird diese Beteiligung angenommen. Loos hatte sich als katholischer Theologe verbissen der Gegenreformation gewidmet. Es wurde zwar behauptet, daß er seine Hexentheorie absichtlich in einen vehementen Antiprotestantismus gekleidet hat, um sich damit vor Angriffen zu schützen; dabei wird aber übersehen, daß sein Hauptanliegen die Ausrottung der Ketzer ist und blieb. Gerade darum scheint er dem Trierer Weihbischof Peter Binsfeld, der selbst Verfasser einer Schrift zur Hexenverfolgung ist, der richtige Mann, um die Ansichten des Dr. Johannes Weyer (1515–1588) zur Hexenverfolgung zu widerlegen. Loos beschäftigt sich somit mit dessen Ausführungen über die mörderische Unsinnigkeit des Hexenprozesses und fand diese aber nun bestätigt durch all das, was er mit eige-

nen Augen sah.[10] Ebenso wie Weyer verurteilt er das Werk und die Folgen des Hexenhammers. Allerdings distanziert er sich auch von Weyer, der als Protestant im Kampf gegen die Verfolger ungeeignet erscheint: „Dieser berühmte Arzt, kein großer Philosoph, gar kein Theologe und leider kein katholischer Christ".[11]

In der Diskussion über die Hexenverfolgung nimmt Cornelius Loos eine ziemlich eigenartige Stellung ein. Riezler nennt ihn „den ersten katholischen Kämpfer gegen den Hexenwahn, dessen Auffassungen weit aufgeklärter und folgerichtiger sind als die von Weyer."[12] Allerdings wird nicht der Traktat als der wichtigste Beitrag zur Hexendebatte angesehen, sondern die Demaskierung der nicht selten mit einem Teil des eingezogenen Vermögens entlohnten Verfolger als Habsüchtige, nämlich der Ausspruch, daß bei den Verfolgungen durch eine neue Alchemie aus Menschenblut Gold und Silber hervorgebracht werde (nova alchimia ex humano sanguine aurum et argentum elici).[13]

## Friedrich Spee (1591–1631)

1. Friedrich Spee von Langenfeld[14] entstammt einer alten adligen Familie.[15] Am 25. Februar 1591 wurde er als Sohn des Burgvogts Peter Spee und dessen Ehefrau Mechtels Dücker in Kaiserswerth, einem Städtchen nördlich von Düsseldorf geboren. Allerdings verbrachte er nur die Jahre seiner Kindheit im Elternhaus. Seine Eltern schickten ihn in seinem 12. Lebensjahr nach Köln an das Tricoronatum (Dreikönigsgymnasium), die älteste Jesuitenschule in Deutschland. Dort legte man großen Wert auf eine gründliche humanistische Bildung und die Kunst des Disputierens wurde geübt. In diesen Streitgesprächen lernte er, wie man Widersprüche aufdeckt, Vorurteile richtigstellt, Einwände entschärft, Wahrheit und Irrtum voneinander unterscheidet, einen Gegner in die Enge treibt und auf gefällige und geschickte Weise Antworten gibt. Den Besuch des Gymnasiums und der Universität in Köln beendete er 1609 mit dem Baccalaureat.

Im Jahre 1610 trat Spee in Trier in das Noviziat der Gesellschaft Jesu ein. Schon jetzt wird Spee von Hexenprozessen und Verbrennungen gehört haben. Das Trierer Gebiet gilt als Ort der ersten großen Verfolgungswelle (1585–1592) im Deutschen Reich unter dem

Weihbischof Peter Binsfeld. In Fulda, wohin das Noviziat nach Ausbruch der Pest in Trier verlegt wurde, konnte Spee seine zweijährige Probezeit abschließen und die ersten Gelübde ablegen. Von 1612–1615 hat Spee in Würzburg das Studium der Philosophie erneut aufgenommen und erfolgreich absolviert. Nach dem Studium arbeitete Spee als Lehrer; zunächst in Speyer (1615/16), danach in Worms (1616/18) und zuletzt in Mainz (1618/19). Der Wunsch, in der Mission eingesetzt zu werden, hatte Spee veranlaßt, in den Jesuitenorden einzutreten. Ein Gesuch vom November 1617 an den Generaloberen des Ordens wurde am 14. April 1618, wenige Monate vor dem Beginn des Dreißigjährigen Krieges, abgelehnt. In Mainz verbringt Spee noch weitere vier Jahre (1619–1623), in denen er ein Theologiestudium absolviert. Von 1621 an erschienen Lieder und Gesangbücher Spees. Am 28. März 1622 empfängt Spee die Priesterweihe. Spee wurde zunächst (1623–1626) in Paderborn als Professor für Philosophie in den Fächern Logik, Physik und Metaphysik eingesetzt. Im Jahr 1626 ging Spee für ein Jahr nach Speyer zurück, um dort das dritte Probejahr, das Tertiat, abzuleisten. Fraglich ist, ob er sich in Speyer die juristischen Erkenntnisse erworben hat, die er in der „Cautio criminalis" erkennen läßt. Unwahrscheinlich ist dies nicht, denn Speyer war der Sitz des Reichskammergerichts, das auch mit dem Thema der Hexenprozesse befaßt war. 1627 wurde er zunächst nach Wesel am Niederrhein geschickt, aber wenige Monate später nach Köln gerufen, um einen erkrankten Philosophieprofessor am Dreikönigsgymnasium zu vertreten. Die Aushilfe war im Januar 1628 nach sechs Monaten beendet. Spee blieb aber in Köln, denn dort hatte er inzwischen die Betreuung der Frauengemeinschaft St. Ursula übernommen. Diese war besonders für die Erziehung der jungen Mädchen zuständig. Er war der Beichtvater der Frauen und von November 1627 bis November 1628 als Seelsorger zuständig. Hier konnte er die erste Fassung des Güldenen Tugend-Buches, eines der ersten Bücher, das ausdrücklich einen weiblichen Adressatenkreis hat, vollenden. Danach wurde Spee zur Rekatholisierung des Amtes Peine geschickt. Sein Verhalten dort ist wenig vom Geist der Toleranz geprägt. Er versuchte, den katholischen Glauben auch mit Gewalt durchzusetzen.

Hier wird Spee aber auch selbst das Opfer einer Gewalttat. Am Morgen des 29. April 1629 gab ein Reiter zwei Schüsse aus einer Pistole auf ihn ab, denen er aber ausweichen konnte. Allerdings wurde er durch das Nachsetzen des Angreifers mit Pistolenknauf und Messer an Kopf und Schulter schwer verletzt. Die Umstände konnten nicht aufgeklärt werden. Seine Zeit in Peine konnte Spee im Juni 1629 abschließen. Anscheinend hatte er auch mit der dort gezeigten Haltung abgeschlossen. Seine Gegner waren nun die Propagandisten des Hexenwahns, die Hexenjäger und -richter. Während der Genesungszeit im Kloster Lilienthal bei Falkenhagen entstand wahrscheinlich schon die erste Fassung der Cautio criminalis. Spee wurde zunächst zum Dozenten für – die noch junge – Moraltheologie in Paderborn bestellt. Eine moraltheologische Handschrift im Kölner Stadtarchiv, die gegen Ende auch ein Kapitel „Über die Hexen" enthält, wird mit Spee in Verbindung gebracht. Er dürfte dieses Thema im Sommer 1630 in Paderborn behandelt haben. Spees Vorstellung über die Hexenprozesse und auch anderer Fragen wurde den Ordensbrüdern immer anstößiger. Es kam immer wieder zu Angriffen. Zu Beginn des Schuljahres 1630/31 wurde er aus den Ämtern des Moralprofessors und des Kasuspräfekten entlassen. Von nun an wirkte er nur noch als Beichtvater. Spee versuchte sich zu rehabilitieren und schrieb nach Rom an die Ordensleitung, man habe ihn zu Unrecht aus seinem Amt entfernt. Die Zeit nutzte er vor allem zum Verfassen seiner Cautio Criminalis, der Warnschrift gegen die Hexenprozesse. Diese erscheint anonym im Mai 1631 in Rinteln an der Weser.

Im Sommer 1631 erlangt Spee die Wiederherstellung seines Rufes und eine Art Wiedergutmachung durch den General in Rom. 1631/32 wird Spee zum zweiten Mal zum Dozieren der Moraltheologie nach Köln berufen. Im Sommer 1632 erscheint die zweite Auflage der Cautio criminalis. Der General in Rom legt den Oberen in Deutschland nahe, Spee aus dem Orden zu entlassen; Spee selbst bittet um Versetzung in eine andere Provinz des Ordens. Nickel behält ihn im Orden und in der Provinz, schickt ihn aber in das Dreifaltigkeitskolleg nach Trier. Hier wurde er erneut im Herbst 1632 mit dem Kurs der Moraltheologie betraut. Im Schuljahr 1634/35 wird er mit der nächsthöheren theologischen Disziplin, der Exegese, betraut. Weiterhin war er 1634 Examinator der Weihekandidaten, und 1635 Seelsorger der Krankenhäuser und Gefängnisse. Im Sommer brach unter den gefangenen und verwundeten Soldaten eine Seuche aus. Friedrich Spee blieb in der Stadt und kümmerte sich um die Kranken, so daß er selbst infiziert wurde und am 7. August 1635 im Kreise seiner Mitbrüder verstarb.

2. *Die Cautio Criminalis:* Der Titel der Cautio Criminalis lautet im ganzen übersetzt etwa so: „Vorsicht bei Strafsachen oder über Prozesse gegen Hexen. Für die Obrigkeiten Deutschlands gegenwärtig notwendig, aber auch für die Ratgeber und Beichtväter der Fürsten, für Inquisitoren, Richter, Anwälte, Beichtväter der Angeklagten, Prediger und andere nützlich zu lesen".[16]

Erfüllt von den Eindrücken und Erfahrungen, die Spee als Beichtvater mancher zum Tode verurteilter Hexen sammelte, verfaßte er die Cautio Criminalis."[17] Persönlich kann ich unter Eid bezeugen, daß ich bis jetzt noch keine verurteilte Hexe zum Scheiterhaufen begleitet habe, von der ich unter Berücksichtigung aller Gesichtspunkte hätte sagen können, daß sie wirklich schuldig sei."[18] Daß Spee der Verfasser der Cautio Criminalis war, die unter dem Pseudonym „Auctore Incerto Theologo Romano"[19] kursierte, wurde allgemein erst 1708 bekannt. Man druckte einen Brief von Leibniz, der von seinem früheren Dienstherren, dem Kurfürsten und Erzbischof von Mainz, Johann Philipp von Schönborn, erfahren hatte, daß Spee die Cautio geschrieben hatte. Schönborn und Spee kannten sich. Die Amtskirche wußte viel früher, wer der Autor der Cautio Criminalis war. Im Mai 1631 schreibt ein Weihbischof an seinen vorgesetzten Bischof zwei heute noch erhaltene Briefe. Er nennt die Cautio ein „pestilentissimus liber" und bezeichnet Spee als Verfasser und Herausgeber.[20] Der Grund für den anonymen Druck der Schrift war der, daß Spee die Druckerlaubnis der Oberen für dieses Werk wohl nicht erhalten hätte.

Die Cautio Criminalis[21] gliedert ihren Stoff in 51 Fragen („dubia" oder „quaestiones"), die sich in fünf große Komplexe zusammmenfassen lassen:

Die Verantwortlichen: Schuld am Hexenwahn sind pflichtvergessene Fürsten, habgierige Richter, das abergläubische Volk und verbohrte Theologen. „Du mußt aber wissen, daß bei uns Deutschen und insbesondere bei den Katholiken der Aberglaube, die Mißgunst, Verleumdung, Ehrabschneiderei, heimlicher Klatsch, Schmähsucht und arglistiges Verdächtigen unglaublich tief eingewurzelt sind, was weder von der Obrigkeit bestraft wird, noch von der Kanzel widerlegt wird. Und eben daher entsteht der erste Verdacht der Hexerei, daher kommt es, daß alle Strafen Gottes von Zauberern und Hexen herrühren sollen, da haben Gott oder die Natur nichts mehr zu gelten, alles müssen die Hexen getan haben."[22] Die Opfer: Weil das bei den Hexenprozessen angewandte Verfahren zwangsläufig auch unschuldige Opfer fordert, sind die Prozesse einzustellen. „Eher sind zehn Schuldige freizulassen, als sich der Gefahr auszusetzen, auch nur einen Unschuldigen zu bestrafen."[23] (vgl. Matthäus 13,29f.) Die Folter: Mit der Folter kommt man der Wahrheit nicht auf die Spur. „Von mir selbst muß ich bekennen, ich kann derartige Mißhandlungen so wenig ertragen, daß ich mich sicherlich gleich von Anfang an jeder Missetat beschuldigen und lieber den Tod als solche Qualen hinnehmen würde, wenn man mich zur peinlichen Frage schleppte".[24] Die Indizien: Die Indizien müßten überzeugend sein, doch die üblichen Indizienbeweise sind trügerisch. Gerüchte sind erst recht keine Beweise. Die Denunziationen: Denunziationen darf man nicht glauben.

Spee äußert vor allem immer wieder Kritik am Verfahren. Er argumentiert biblisch und theologisch, doch der Hauptakzent liegt in einer philosophisch-naturrechtlichen Begründung und Beweisführung. Die recta ratio, der gesunde Menschenverstand und das Naturrecht werden immer wieder erwähnt. „Es ist ein dem Naturrecht selbst entnommener, bei Theologen und Juristen gleichmäßig anerkannter Grundsatz, daß man jeden so lange für gut zu halten hat, bis hinreichend bewiesen wird, er sei schlecht."[25] Der Grundsatz, lieber zehn Schuldige freizulassen, als einen Unschuldigen zu bestrafen, kommt dem heutigen Grundsatz in dubio pro reo (im Zweifel für den Angeklagten) nahe, obwohl damals als Ziel der Strafrechtspflege ne delicta impunita (daß keine Tat ungestraft bleibe) galt.[26] Daneben gesteht Spee jedem Angeklagten einen fairen Prozeß, jedem Angeklagten einen Verteidiger zu: „Es ist ein Satz des Naturrechts, daß niemandem seine rechtmäßige Verteidigung, so gut sie nur immer möglich ist, versagt oder beschränkt werden darf (...) Was aber durch Naturrecht geboten ist, das muß bei Sonderverbrechen genauso beachtet werden, wie bei gewöhnlichen Vergehen."[27] Weiterhin beklagt er, daß Fälschungen von Protokollen bewirkten, den Angeklagten das rechtliche Gehör zu versagen. Widerlegt zum Beispiel eine Angeklagte Punkt für Punkt die Anklage, so schreibe der Richter ins Protokoll, sie bleibe bei ihrem Leugnen und beschließe die Folterung. Mit diesen Forderungen berührt Spee alle Punkte, die im heutigen Strafprozeß selbstverständlich bzw. gesetzlich garantiert sind.[28] Spee hat den Hexenglauben nicht frontal angegriffen. Ob Hexen, Zauberer und Unholde tatsächlich existierten, läßt er, der selbst zunächst die Bücher Binsfelds und Delrios geschätzt hat, zu Beginn des Buches offen und spricht sich zumindest nicht ausdrücklich dagegen aus. Erst am Ende tauchen erste Anzeichen auf, daß er den Hexenglauben als solchen für abwegig hält. Er äußert nur Zweifel, eine direkte Verneinung der Existenz von Hexen wagt er nicht.[29] Die Frage, ob die Hexerei ein crimen expectum sei, bejaht Spee eindeutig, aber die Frage, ob im Verfahren gegen Sonderverbrechen nach Gutdünken vorgegangen werden darf, verneint er ebenso eindeutig.[30]

3. Direkte Einflüsse[31] hat die Cautio Criminalis auf Johann Philipp von Schönborn, der 1647 in Mainz Kürfürst wird. Dieser war in der Jugend mit Spee bekannt. Aufgrund der Cautio Criminalis war er überzeugt, daß der Hexenwahn mehr schade als nutze. Dies floß auch in die Kirchenordnung für seine Länder ein, die den Hexenglauben als üble Nachrede behandelt. Nach seiner Amtszeit haben Prozesse in Mainz so gut wie nicht mehr stattgefunden. Auch in Worms hat die Kirchenordnung Schönborns gewirkt, der dort Diözesanbischof war. Noch in protestantischen Ländern wie Bremen und weiteren von Schweden besetzten Gebieten ist das Verbot der Hexenverfolgung durch Königin Cristina von Schweden, Friedrich Spee zuzuschreiben. Eine entscheidende Reform durch die Cautio hat es bis 1700 aber nicht gegeben. Erst durch Thomasius,[32] der durch das Studium der Cautio, besonders von Kapitel 20 über die Folter, begeistert ist und diese auch druckt, sind seit 1714 sämtliche Hexenprozesse in Preußen dem König vorzulegen und Hexenbrandpfähle zu vernichten.

Die Cautio Criminalis wird in kirchenrechtlichen[33] Handbüchern nicht erwähnt. Lediglich in der „Geschichte der Quellen und Literatur des Canonischen Rechts" von Johann Friedrich von Schulte wird Spee unter die Kanonisten gezählt. Diese Ansicht wird bestätigt, insofern er sich gegen die Rechtspraxis der Hexenprozesse wendet. Daß Spee für die Gestaltung des kirchlichen Rechts auch heute noch manche Anregungen geben kann, insbesondere auch für das Recht auf Verteidigung in kirchlichen Prozessen, ist unbestritten.

## Heinrich Cramer (1430–1505)

1. Unter den Verfechtern des Hexenprozesses ist Heinrich Cramer[34] (Kramer) bzw. Heinrich Institoris, ein Dominikaner, der aus Schlettstadt im Elsaß stammt.[35] Er wird 1472 von den Ordensoberen mit Haft belegt, weil er eine unehrerbietige Predigt gegen Kaiser Friedrich III. gehalten hat. Zwei Jahre danach werden er und Jacob Sprenger zu Oberinquisitoren (Inquisitores haereticae pravitatis) für Deutschland bestellt. Sie stießen auf heftigen Widerspruch, der sich nicht nur gegen ihre richterliche Kompetenz, sondern auch gegen die Hexenverfolgung selbst richtete.[36] Zugleich wirkt Institoris als Prior des Dominikanerklosters von Schlettstadt. 1482 erwirkt Papst Sixtus IV. einen Haftbefehl gegen Kramer, weil er Ablaßgelder unterschlagen hat. Später fälscht Kramer mit Hilfe eines schlauen Notars die Approbation des Hexenhammers. 1484 gibt Papst Innozenz VIII. (1484–1492), speziell für Deutschland, auf Drängen der beiden Inquisitoren, die Bulle Summis desiderantes affectibus heraus. In dieser Bulle erklärt der Papst, daß in Oberdeutschland und in den Kirchenprovinzen Mainz, Trier, Köln, Salzburg und Bremen Frauen und Männer mit Dämonen Unzucht trieben, vielerlei Malefizien ausübten und schließlich auf die Forderung des Teufels noch zahlreiche andere Verbrechen begingen. Zur Bekämpfung dieser Zustände habe er die Theologen Heinrich Institoris und Jacob Sprenger zu Inquisitoren bestellt. Er befiehlt kraft apostolischer Vollmacht, daß die Tätigkeiten der Inquisitoren nicht behindert werden.[37] Aufgrund dieser Bulle verfaßten nun Institoris und Sprenger den „Malleus Malleficarum", der 1487 in Straßburg erschien.
Georg Golser, Bischof von Brixen, veröffentlicht am 23. Juli 1485 die Bulle in seinem Bistum und erteilt kurz danach dem Dominikaner Institoris ein Mandat. Mit Hilfe von Sigismund Samer, Pfarrer aus Axam bei Innsbruck, beginnt man am 14. Oktober mit Untersuchungen. Aus der Korrespondenz des Bischofs ist bekannt, daß er mit dem Vorgehen Institoris' nicht einverstanden ist. In einem Prozeß gegen sieben Frauen wird ein Freispruch erwirkt. 1495 läßt Institoris eine Sammlung von Traktaten gegen „jüngst aufgetauchte Irrtümer bezüglich des Sakraments der Eucharistie" drucken. 1497 erscheint „der fromme und ehrwürdige" Vater Heinrich Institoris im Kloster Rohr (bei Augsburg) und weist sich als Inquisitor aus. Daraufhin bestellt er den Augustinerchorherren Wolfgang Heimstöckel

zum Vikar und erteilt ihm am 4. Juli 1497 für den Regensburger Sprengel die Vollmacht, gegen Übeltäter vorzugehen und sie nach der lex multorum (also nach dem Strafgesetz) zu strafen. Am 2. Juli 1499 schreibt er dem Magister Ramwein, von glaubwürdiger Seite sei ihm das Gerücht zugekommen, daß die Stadt voll Schändlichkeiten der Idolatrie sei. „Darum wundere ich mich, daß ihr, ein gelehrter und berühmter Prediger, ein beherzter Mann solchen Verbrechen nicht bis aufs Blut Widerstand leistet? Warum schweigt ihr über das Übel des Götzendienstes, warum seid ihr wie ein stummer Hund, der nicht bellen kann? (…) mir scheint, daß ihr Angst habt, die Hexen könnten euch verzaubern, daß ihr den alten Vetteln mehr glaubt als Gott, während es eine ausgemachte Sache ist, daß Hexen Predigern und anderen Werkzeugen der Justiz nichts anzutun vermögen."

Papst Alexander VI. ernennt am 31. Januar 1499 den greisen Institoris zusammen mit dem Abt von Neuburg zu Nuntien und beauftragt sie, gegen die „böhmischen" Brüder, Waldenser oder Pickarden, in Böhmen und Mähren vorzugehen. Später kehrt Kramer nochmals in das Kloster Rohr zurück. Quellen verlieren sich um 1503. Im Jahr 1505 ist Institoris gestorben.

2. *Der Malleus Malleficarum:* Aufgrund der päpstlichen Bulle verfaßten Sprenger und Institoris den „Hexenhammer". Nach neueren Erkenntnissen muß angenommen werden, daß Institoris den maßgeblichen Teil des Hexenhammers verfaßte: „Er hat dazu beigetragen, den ‚neuen' Hexenwahn zu formulieren, zu systematisieren und ihn dadurch in eine neue Richtung zu lenken." [38] Die Schrift wird von 1487 bis 1520 13mal und von 1574 bis 1669 in 16 weiteren Auflagen gedruckt. Ihr Inhalt wird in diesem Buch ausführlich im Beitrag von Johannes Pils dargestellt und kritisch gewürdigt.

## Martin Delrio (1551–1608)

1. Martin Delrio[39] bzw. Del Rio wurde am 17. Mai 1551 in Antwerpen geboren. Die Familie gehörte zu den ältesten und vornehmsten Kastiliens. Der Vater Antoine Delrio, ein spanischer Handelsherr und Adliger, wurde im Jahr 1573 königlicher Berater und höchster

Quaestor des Fiskus in Belgien. Die Mutter Martins, Eleonore Lopez de Villanova, war die Tochter einer in den Niederlanden reich begüterten Familie und stammte aus einem ebenso angesehenen Geschlecht aus Aragonien.

Bald wurde Martin nach Lier, wo er beide Schulen am Platze gleichzeitig besuchte, geschickt. Dort lernte er Griechisch und Latein, später Hebräisch und Chaldäisch, Flämisch, Spanisch, Italienisch, Französisch und Deutsch. Um seinen Wissensdurst zu stillen, erwarb er sämtliche Schriften von Dichtern, Rhetorikern und Historikern. Der Studienweg führte ihn zunächst nach Paris. Dort widmete er sich besonders der Moraltheologie und der Ethik und erwarb gleichzeitig den Magister in Philosophie. Seine nächste Station war die Universität Douai, die 1562 eröffnet wurde. Hier erfolgte das Studium der Rechtswissenschaften. Von Douai ging er nach Löwen. Hier setzte er das Rechtswissenschaftsstudium fort, so daß er im Jahre 1570 den Grad des Baccalaureus für Zivilrecht erwarb. Mit knapp 20 Jahren begann Delrio seine vielseitige schriftstellerische Tätigkeit. Ein paar Jahre später ging er, angezogen durch den Ruf der juristischen Fakultät, an die Universität Salamanca, wo er 1574 mit einer hervorragenden juristischen Dissertation promovierte.

König Phillip II. von Spanien berief den erst 24jährigen ein Jahr später in den höchsten Rat von Brabant. 1577 wurde Delrio zum juristischen Präfekten über den Hof und das Militär und zum Quaestor des Fiskus ernannt. Im Jahr darauf wurde er Vizekanzler von Brabant. Er schrieb trotzdem weiter an Arbeiten über das Zivilrecht, die 1580 zum ersten Mal erschienen. Er gelobte sich, niemals von der Linie abzuweichen, nie den eigenen Vorteil, sondern stets den der Allgemeinheit zu verfolgen. Die Karriere Delrios dauerte nicht lange. Anläßlich des Todes Johanns von Österreich und des Sieges der Protestanten beschloß er, in Zukunft nur noch Gott zu dienen. Am 9. Mai 1580 trat er in Valladolid in den Jesuitenorden ein. Als das große Vorbild Delrios wird der syrische Kirchenlehrer Johannes von Damaskus angesehen. Beide verteidigten das Dogma und verehrten die Jungfrau Maria. So beschloß Delrio, die Häretiker zum alten Glauben zurückzuführen.

1589 erhielt Delrio einen Lehrauftrag in Theologie an der philosophischen Fakultät der Jesuiten in Douai. 1591 wurde er mit der Vorlesung der Moraltheologie in Lüttich beauftragt. In Löwen befaßte er sich eingehend mit der Magie. Hier dürfte in ihm der Entschluß gereift sein, das Material für die Herausgabe der „Disquisitionum magicarum libri sex" zu verwerten, deren Manuskript bis zur Hälfte im Jahre 1597 erstellt war und die 1599/1600 in Löwen erschienen. Von 1601–1603 wird die Zahl der Veröffentlichungen Delrios mit 21 angegeben. Zu dieser Zeit war Delrio Professor der Theologie in Graz. In Spanien, wohin er zurückkehrte, entstehen weitere Werke Delrios, u.a. 1597: Commentarius litteralis in Threnos, id est, Lamentationes Ieremiae Prophetae, 1604: In Canticum Canticorum Salomonis Commentarius litteralis, et Catena Mystica, 1604: Vindicae Areopagitae adversus Josephum Scaligerum Julii filium.

Im September 1608 brach Delrio von Valladolid nach Belgien auf. In Löwen angekommen, starb er, geschwächt von Fieber, am 19. Oktober 1608.

2. Grundlage des Verbrechens der Zauberei ist nach Delrio das Bündnis mit dem Teufel. Darum ist es ein besonders schweres, ungeheuerliches und verabscheuungswürdiges Verbrechen, in dem sich die schlimmsten Vergehen, Abfall vom Glauben, Ketzerei, Religionsfrevel, Blasphemie, Mord, ja sogar Vatermord, häufig auch widernatürliche Unzucht mit einem Wesen der Geisterwelt und vor allem Haß auf Gott zusammentreffen. Ohne allerschwerste Indizien darf die Inquisition nicht eingeleitet werden. Bezüglich der Denunziation ist zu unterscheiden zwischen Aussagen unbescholtener und übelbeleumdeter Personen. Von der Folter soll abgesehen werden, wenn die Wahrheit durch andere Mittel in Erfahrung gebracht werden kann. Die Todesstrafe darf nicht in mildere Körperstrafen, sondern höchstens in Gefängnisstrafe, Exil oder Geldbuße umgewandelt werden. Mitwisser und Mittäter des Hexenfluges sollen auch angeklagt werden. Die in Deutschland gehandhabte Praxis wird als gründlichste und beste bezeichnet.

3. *Die „Disquisitionum magicarum libri sex":* Der Prolog des Werkes gibt Aufschluß über die Motivation Delrios, der es als ebenso schwierig wie unerläßlich ansieht, sich mit den Untersuchungen über Zauberei zu befassen. Delrio fühlt sich aber als Philosoph, Theologe und Rechtsgelehrter für diese Aufgabe besonders geeignet und berufen. Im 1. Buch wird die natürliche Magie als tiefere Erkenntnis der Naturkräfte bezeichnet. Führten bloße Berührung, Anhauchen und Küsse oder Auflegen eines Lakens zur Heilung von

Krankheiten, so sei dies nur durch die katholische Kirche oder einen Pakt mit dem Teufel möglich. Künstliche Magie seien Mathematik, Astronomie, Arithmetik und Hydraulik; alles was nicht anhand des damals bekannten Standes der Naturwissenschaften zu begründen ist, gilt als Werk der Dämonen. Die wissenschaftliche Basis der Alchemie wird nicht geleugnet. Das 2. Buch behandelt die schwarze Magie: Es sei gottlose Häresie, die Existenz von Dämonen zu leugnen. Die schwarze Magie habe ihren Ursprung ausschließlich bei den bösen Engeln und beruhe auf dem Bund mit dem Teufel. Der Teufelspakt sei entweder pactus tacitus, d. h. vorsätzlicher Gebrauch abergläubischer Zeichen und Bücher als todeswürdiges Verbrechen, oder pactus expressus; dann gilt er als tatsächlich zwischen Teufel und Vertragspartner vollzogen und wird unter Mißbrauch geheiligter Riten vollzogen. Dieses Bündnis sei ebenso hohl wie verderblich. Die Magier könnten außerdem nur Scheinwunder vollbringen. Bezüglich der Nachkommenschaft des Teufels folgt Delrio der Lehre von Incubus, Succubus und Wechselbälgern. Die Verneinung des Hexenfluges sei eine Versündigung gegenüber der Kirche. Verwandlungen mit Hilfe des Teufels seien nicht möglich, aber der Teufel sei dazu fähig, den Menschen in Tiefschlaf zu versetzen und unempfindlich für Schmerzen zu machen. Im 3. Buch werden Schlafzauber, Liebeszauber, Giftzauber, Bogenschießen, Bildzauber, Unfruchtbarkeitszauber, Haßzauber und Brandstiftung (Schadenszauber) für möglich gehalten. Allerdings könne niemand ohne Erlaubnis Gottes geschadet werden. Bei abergläubischer Magie werde irgendein Vorteil aus der Sache erhofft. Das 4. Buch befaßt sich mit göttlicher und teuflischer Weissagekunst. Die teuflische Divination beruhe auf dem Teufelspakt. Das 5. Buch beschreibt das Delikt der Zauberei. Im 6. Buch handelt Delrio von den Plichten der Beichtväter als Richter und Mediziner. Natürliche Heilmittel seien verschiedene Kräuter, Metalle und die Anwendung von Mitteln, die von der herkömmlichen Medizin und der Kirche approbiert sind. Kirchliche Heilmittel seien diejenigen, die von Christus, den Aposteln und deren Nachfolgern eingesetzt worden sind.

Delrio sieht als Ursache für die Expansion der Zauberei die Trägheit der Christen und die Mißachtung des katholischen Glaubens an. Die Zauberei folge der Ketzerei wie ein Schatten. Der eigentliche Zweck der Bekämpfung der Zauberei ist für Delrio die Unterdrückung der Häresie. Delrio erkennt verschiedene Arten von Magie an. Wirkliche Wunder geschehen durch Gott und dienen der Festigung des katholischen Glaubens. Die dämonische Magie geht von bösen Engeln aus, die einen Bund mit dem Teufel geschlossen haben. Er zitiert die Bibel: „Ich will dir dies alles geben, so du niederfällst und mich anbetest" (Matthäus 4,9). „Sie haben einen Bund mit dem Tod und der Unterwelt gemacht" (Jesaja 28,15). Er ist der Auffassung, daß man mit Hilfe des Hauches Wunden und Krankheiten heilen kann. Er glaubt an die Möglichkeit des Goldmachens. Er zitiert die Hexenliteratur der Vergangenheit und trägt Immenses über Aberglaube, Zauberei und Teufelsdienste zusammen.[40]

Um zu beweisen, daß Johannes Weyer ein Dienstknecht des Satans ist, führt er den Satan selbst als Zeugen gegen Weyer an. Verhaftete Hexen hätten gestanden, daß auf einer ihrer letzten Zusammenkünfte Satan in fürstlicher Gestalt erschienen sei und eine Ansprache gehalten habe. Er habe den versammelten Hexen Mut zugesprochen: „In wenigen Jahren werdet ihr über alle Christen triumphieren; denn es geht dem Teufel ausgezeichnet infolge der Bemühungen Weyers und seiner Anhänger, die gegen die Inquisitoren auftreten mit der Behauptung, daß dies alles nur törichte Einbildung sei".[41] Diese Äußerung bezog sich also auch auf Loos, dessen Widerruf in der Schrift Delrios abgedruckt ist. Delrio sagt weiter: „Wenn einer die Hexen schützt und behauptet, die erzählten Geschichten seien Täuschungen, wie es Weyer und Loos getan haben, macht er sich zum Mitschuldigen an den Verbrechen."

4. Die Wirkung und der Erfolg Delrios werden durch die Popularität der „Disquisitiones" dokumentiert, die von 1599 bis 1755 in 25facher Auflage erschien.[42] Die streng systematische, thematisch geordnete umfangreiche Enzyklopädie, die im wissenschaftlichen Anspruch ohne Vorbild war, diente als Rüstzeug für Juristen und Theologen. Sie übt daher erheblichen Einfluß auf die Hexenprozesse in Süddeutschland und am Rhein aus. Das Werk liegt gedanklich nahe beim Hexenhammer und wird auch als neue, zeitgemäße Auflage des Hexenhammers bezeichnet. Allerdings muß man Delrio zugute halten, daß er für eine milde Form der Prozeßführung plädiert: „Es hat eher Barmherzigkeit als Strenge zu walten (…) in keinem Fall darf der Körper des Gefolterten, was Muskeln, Knochen und Nerven anbelangt, zerrissen werden. Die Folter darf nicht länger als eine Stunde dauern." Weiter sollen keine ungewöhnlichen Praktiken zur

Anwendung kommen: „Anwendung von dünnen Saiten, Begießen mit (eis)kaltem Wasser auf den Rücken, Anhängen von Gewichten, Sperren der Beine mit Hölzern. Doch kann man bei widerrufenem Geständnis noch einmal zur Folter schreiten. Bleibt der Beschuldigte standhaft, ist er zu entlassen."[43]

1 *Eerden, P. C. van der*, Cornelius Loos und die magia falsa, in: *Lehmann, Hartmut / Ulbricht, Otto*, (Hrsg.), Vom Unfug des Hexen-Processes: Gegner der Hexenverfolgung von Johann Weyer bis Friedrich Spee, Band 55, Wolfenbütteler Forschungen, Wiesbaden 1992, S. 139 (142).

2 *Walvis, Ignatius*, Beschriyving der stad Gouda, Gouda/Leiden 1713, S. 287.

3 *Eerden* (Anm. 1), S. 142.

4 *Miesen, Karl-Jürgen*, Friedrich Spee: Pater, Dichter, Hexenanwalt, Düsseldorf 1987, S. 144.

5 *Zenz, Emil*, Cornelius Loos – ein Vorläufer Friedrich von Spees im Kampf gegen den Hexenwahn, in: Kurtrierisches Jahrbuch 21, 1981, S. 146–153.

6 *Baschewitz, Kurt*, Hexen und Hexenprozesse: Die Geschichte eines Massenwahns und seiner Bekämpfung, München 1963, S. 152.

7 *Zenz* (Anm. 5), S. 150; *Delrio, Martin*, Disquisitionum magicarum libri sex, Mainz 1617, S. 825.

8 *Loos, Cornelius*, De vera et falsa magia, Trier 1592, S. 14.

9 *Sprenger, Jakob/Institoris, Heinrich*, Malleus Maleficarum, übersetzt und eingeleitet von Schmidt, Johann W. R., Darmstadt 1974.

10 *Baschewitz* (Anm. 6), S. 151.

11 *Eerden* (Anm. 1), S. 158.

12 *Riezler, Sigmond von*, Geschichte der Hexenprozesse in Bayern, Aalen 1968, S. 247.

13 Zitiert nach *van der Eerden* (Anm. 1), S. 139.

14 *Franz, Gunther/Weber, Helmut*, Friedrich Spee, Trier 1996, S. 9.

15 *Miesen, Karl-Jürgen* (Anm. 4), S. 29.

16 *Franz/Weber* (Anm.14), S. 29.

17 *Feldmann, Christian*, Friedrich Spee: Hexenanwalt und Prophet, Freiburg 1993, S. 213.

18 *Spee, Friedrich von*, Cautio Criminalis, aus dem Lateinischen übersetzt und eingeleitet von Ritter, Joachim-Friedrich, 2. Auflage, München 1983, S. 153.

19 *Waider, Heribert*, Die Bedeutung der Cautio Criminalis des Friedrich Spee von Langenfeld († 1635) für die Strafrechtsentwicklung in Deutschland, in: Zeitschrift für die gesamte Strafwissenschaft (83) 1971, S. 701 (707).

20 *Waider, Heribert*, Friedrich Spee von Langenfeld – ein Aufklärer der Aufklärer, in: Juristische Schulung, 1970, S. 377.

21 *Feldmann* (Anm. 17), S. 219.

22 *Baschewitz* (Anm. 6) , S. 273

23 *Franz/Weber* (Anm. 14), S. 35.

24 *Baschewitz* (Anm. 6), S. 275.

25 *Spee* (Anm. 18), S. 207.

26 *Holzhauer, Heinz*, Die Bedeutung von Friedrich Spees Kampf gegen die Hexenprozesse für die Strafrechtsentwicklung; in: *Arens, Anton* (Hrsg.), Friedrich Spee im Licht der Wissenschaften, Mainz 1984, S. 151 (159).

27 *Spee* (Anm. 18), S. 61.

28 *Geilen, Hans Peter*, Die Auswirkung der Cautio Criminalis von Friedrich von Spee auf den Hexenprozeß in Deutschland, Bonn 1963, S. 4.

29 *Baschewitz* (Anm. 6), S. 277.

30  *Holzhauer* (Anm. 26), S. 158.
31  Geilen (Anm. 28), S. 45.
32  *Waider* (Anm. 20), S. 379.
33  *Krämer, Peter,* Die Bedeutung der Cautio criminalis für das Kirchenrecht, in: *Arens* (Anm. 26), S. 165.
34  *Wolf, Hans-Jürgen,* Hexenwahn: Hexen in Geschichte und Gegenwart, Dornstadt 1989, S. 131.
35  *Miesen* (Anm. 4), S. 132.
36  *Soldan, Wilhelm Gottlieb / Heppe, Heinrich:* Geschichte der Hexenprozesse, Band 1, Hanau 1968, S. 246.
37  *Zenz, Emil,* Die geschichtlichen und geistigen Hintergründe des Hexenwahns, in: Arens (Anm. 26), S. 135 (144).
38  *Schmidt,* in: *Sprenger/Institoris* (Anm. 9), Vorwort XLII.
39  *Fischer, Edda,* Die „Disquisitionum magicarum libri sex" von Martin Delrio als gegenreformatorische Exempel-Quelle: Inauguraldissertation zur Erlangung des Grades eines Doktors der Philosophie im Fachbereich 9, Klassische Philologie und Kunstwissenschaften der Johann Wolfgang Goethe-Universität zu Frankfurt am Main, 1975, S. 5.
40  *Wolf* (Anm. 34), S. 172.
41  *Baschewitz* (Anm. 6), S. 132.
42  *Fischer* (Anm. 39), S. 134.
43  *Wolf* (Anm. 34), S. 174.

# Spuren der Frühaufklärung im Revisions- prozeß der Benigna Schultzen

*von Andreas Würschinger*

Im folgenden Beitrag wollen wir uns auf eine Spurensuche begeben, auf die Suche nach Spuren der Frühaufklärung im Revisionsprozeß der Benigna Schultzen in den Jahren 1708 bis 1711.[1]

1. Folgende Prozeßbeteiligte treten auf: (1) die Penzliner Bürgerin Benigna Schultzen als Beschuldigte und Appellantin, (2) die De- nunzianten und Zeugen als Garanten der Anklage, (3) die Inhaber der lokalen Jurisdiktion: Franz Joachim Schultz als Vertreter der An- klage und Richter in einem, sowie die Penzliner Gerichtsherrn von Maltzan, (4) die herzogliche Justizkanzlei und der Herzog Friedrich Wilhelm von Mecklenburg-Schwerin (Reg. 1692–1713) selbst. Zur Begründung des Revisionsantrages richtete Benigna Schultzen an den Herzog die von ihrem Strelitzer Anwalt verfaßte Verteidigungs- schrift vom 5. Oktober 1709, in der sie sich darüber beschwert, „wie unverantwortlich mit mir verfahren worden, indem man mich coute qu'il coute Zu einer Hexe machen, Zum scheiterhaffen bringen, und da solches in ihren Mächten nicht gestanden, mich dennoch auß dem Lande schaffen wollen."[2] Daraufhin setzt sich Benigna Schult- zen detailliert mit dem vorangegangenen Inquisitionsprozeß ausein- ander.

2. Im Jahre 1694 wurde Benigna Schultzen von einer als Hexe ver- urteilten Frau namens Dorothea Kopen der Hexerei bezichtigt. Da Dorothea Kopen ihre Beschuldigung in einer Gegenüberstellung nicht aufrechterhalten wollte, blieb Benigna Schultzen fünf Jahre lang unbehelligt, ihr Ruf war allerdings beschädigt. Dann aber wur- den erneut Anschuldigungen laut. Diesmal aber erhielt Dorothea Werths, ebenfalls eine als Hexe verurteilte und anschließend hinge- richtete Frau, ihre Beschuldigung in einer Gegenüberstellung am 1. August 1699 ohne genauere Angaben aufrecht.
Schultzen legte ihrer Verteidigungsschrift vom 5. Oktober 1709 zu- folge Einspruch ein: Eine Konfrontation mit der Denunziantin dürfe

ohne ausreichende Indizien, allein auf die bloße Beschuldigung einer Mittäterin hin keineswegs vorgenommen werden, da derartige Bezichtigungen vom Teufel, dem Vater aller Lügen, herrührten und eben deshalb kein Beweismittel darstellten.[3] Streng juristisch betrachtet stellt dies eine erste „nullitas" dar, einen Verfahrensfehler, der an sich ausreichen würde, den Prozeß hinfällig zu machen. Daß Benigna Schultzens Anwalt jedoch auf 50 Blättern der Akte weitere Verfahrensfehler auflistete, spricht einerseits für die ungeheuren Unregelmäßigkeiten des Prozeßablaufs, andererseits aber gegen ein allzu großes Vertrauen in eine formaljuristische Betrachtungsweise, die in Anlehnung an das Dominoprinzip mittels einer widerlegten Voraussetzung die Nichtigkeit des ganzen Verfahrens indiziert. Der Herzog sollte wohl besonders durch die Menge der als unerlaubt dargestellten Handlungen der Penzliner Gerichtsbarkeit überzeugt werden.

Auf diese Verdächtigung hin floh Benigna Schultzen zu ihrer Schwester nach Zirow in Mecklenburg-Vorpommern. So entzog sie sich zwar einer drohenden Verhaftung, lieferte dadurch allerdings den Behörden ein weiteres Indiz ihrer Schuld. Unterdessen nahm im Auftrag des Penzliner Gerichtsherrn Baron Georg Julius von Maltzan (1656–1702) der Stadtrichter Franz Joachim Schultz die Ermittlungen auf.

3. Am 6. August 1699 wurden schließlich folgende Indizien zusammengetragen und durch Zeugenaussagen bestätigt: Benigna Schultzen stehe in dem Ruf, eine Hexe zu sein, sie sei von anderen als Hexen verurteilten Frauen als Hexe bezeichnet worden, sie wolle sich dem Verfahren durch Flucht entziehen, sie habe Drohungen gegen Mitbürger ausgesprochen, Schadenszauber gewirkt, versucht, ihren verstorbenen ersten Ehemann mit dem Teufel in Kontakt zu bringen, sich als schwanger ausgegeben und Kröten geboren.[4]
Benigna beruft sich auf die Artikel 6 und 23 der auch in Mecklenburg-Schwerin nur subsidiär geltenden Constitutio Criminalis Carolina. Für eine Folter seien schwerwiegende, drückende, sichere und klare Indizien erforderlich, auch im Falle eines crimen exceptum, da das Leben Unschuldiger nicht gefährdet werden dürfe.[5] Im folgenden geht Benigna Schultzen mit dem scharfen Schwert der Logik auf die gegen sie erhobenen Indizien los: Der schlechte Ruf (fama) müßte bereits vor der begonnenen Inquisition bestanden haben und

durch zwei Zeugen übereinstimmend beeidet worden sein. Dorothea Werths, die zweite Zeugin, habe sich jedoch gemäß dem Protokoll nur durch die Vermutungen Dorothea Kopens, der ersten Zeugin, an längst vergessen geglaubte Vorfälle erinnert und habe Benigna Schultzen erst dann der Hexerei bezichtigt. Somit müsse das Indiz des schlechten Rufes insgesamt als fraglich eingeschätzt werden und dürfe nicht zur Begründung der Folter herangezogen werden. Ebenso verhalte es sich mit der Bezichtigung der Hexerei durch zwei andere, als Hexen gebranndmarkte Personen (nominatio aliarum veneficarum). Im Verlauf dieser Ausführungen beanspruchen die Zitate der einschlägigen Literatur beinahe mehr Raum als die Argumentation selbst. Diese Armada der Autoritäten[6] soll wohl nicht nur der Begründung der einzelnen Gedankenschritte und Schlußfolgerungen dienen, sondern den Empfänger des Schreibens, den Herzog von Mecklenburg-Schwerin, durch die erdrückende Masse der Gelehrten, einem „Who is Who" der damaligen Juristerei, beeindrucken. Daß den Klägern die Widerlegung eines wesentlichen Elements des Indizes nicht ausreichend schien, zeigt sich auch darin, daß ein Indiz von allen Seiten, mit Hilfe der Literatur, der Gesetze sowie der Interpretation des Protokolls, so lange entwertet wurde, bis der Herzog keinen ernsthaften Gegeneinwand mehr erheben konnte, selbst wenn er einem Teil der Argumentation nicht folgen wollte.

Benigna Schultzen leugnete nicht ihre Flucht (fuga), erachtete es aber nach den bisherigen Ereignissen für dienlicher, „bey meiner mir bewusten unschuld bey Zeiten davon Zugehen alß solche unglückliche fata ferner außZustehen."[7] Die Flucht sei jedoch, notiert Benignas Anwalt mit den Worten von Benedict Carpzow, kein Indiz zur Folter, da Benigna nach Beginn der Spezialinquisition entflohen sei, da sie ja die bevorstehende Eröffnung eines Inquisitionsverfahrens vermuten konnte.

Benigna Schultzen und ihr Anwalt mußten ihrer Sache schon sehr sicher sein, um Benedict Carpzow, einen ausgewiesenen Befürworter des Hexenprozesses, zitieren zu können. Die Fehlerhaftigkeit der Indizien war wohl zu offensichtlich. Aufschlußreich ist hier auch die Tendenz, die auf den Einzelfall bezogenen Aussagen Carpzows mit einem allgemeingültigeren Anspruch auszustatten, indem sie im Zusammenhang mit Benigna Schultzens Verhalten zitiert wurden.

Als weiteres belastendes Indiz wurde gegen Benigna Schultzen vorgebracht, sie habe Drohungen (minae) ausgestoßen. Benigna erklärt ihre Streitbarkeit so: Gewiß habe sie gegen Jürgen Reiß, einen in Penzlin ansässigen Töpfer, Drohungen ausgestoßen: „Das soll dich noch woll 20 und 10 Reichstaler kosten!" Dies sei jedoch in der Hitze des Gefechtes geschehen, und sei so gemeint gewesen, „daß ich den Jürgen Reiß wegen seiner außgestoßenen injurien für gericht Ziehen wolle, und der Proceß Ihm noch so viel Kosten solle."[8] Doch Benigna Schultzen verläßt sich nicht auf eigene Deutungen. Drohungen müssten ruhigen Sinnes ausgesprochen werden, nicht in aufbrausendem Sinn aus heftigem Jähzorn, kommentiert Clasen den Artikel 32 der Constitutio Criminalis Carolina. Drohungen müßten spezifisch sein bezüglich der Folge der Tat. Sonst sei eine Drohung kein ausreichendes Indiz für die Folter. Und schließlich besage Artikel 44 der CCC, strafbar sei nur der Tatbestand, „daß einer jemand Zu beZaubern gedrohet per expressa verba." Quod erat demonstrandum.

Problematisch wurde es, als dieser Töpfer eines Tages erneut mit Benigna Schultzen in einem Streit aneinandergeriet, in dem die Worte den Gedanken vorausgegangen waren, kurz darauf krank wurde und anscheinend im Jahre 1703 starb. Schon bald sah sich Benigna Schultzen einem schrecklichen Verdacht ausgesetzt: Sie habe den Töpfer bezaubern wollen. Doch durch bloßes Abstreiten der Drohung wäre das Gerücht wohl kaum aus der Welt geschafft worden. Benigna erklärt vielmehr den Tod des Töpfers mit Hilfe neuer Erklärungszusammenhänge. Der damalige Stand der Naturwissenschaften erlaubte ihr neue Rückschlüsse auf die Kausalität einer Handlung: „Nuhn ist aber bekandt, daß die Töpfer (…) in ihrem handwercke viel quecksilber Zur glasur der Ofen Kachel und Töpfe gebrauchen, selbiges Krafft seines penetranten wesens ihnen öffters in die Glieder schlägt und dadurch Zuweilen Lähmungen Zuweilen bein- und andere Schaden am Leibe causiret."[9] Benigna Schultzen führt an, „daß, wann man causam naturalem eines geschehenen schadens oder Krankheit angeben kann, man nicht ad supernaturalem recurriren müsse." Die regressio ad infinitum, die Suche nach einer naturwissenschaftlich nachweisbaren Ursachenkette, wird durch die progressio rationis einen großen Schritt nach vorne gebracht. Rationalismus und Empirismus beginnen die tradierte Weltvorstellung zu durchleuchten.

Dem Vorwurf des Schadenszaubers (damnum datum) hält Benigna Schultzen unbewiesene und deshalb fehlende Kausalität und fehlenden Vorsatz entgegen, begründet ihre Argumentation also auf dem genuin juristischen Terrain der Tatbestandsprüfung. Man werfe ihr vor, sie hätte der Familie Mäcker[10] eine Kuh mit Läusen besetzt, einem Kalb den Hals umgedreht, dessen Eigentümer durch Zauberei gelähmt, der Familie Middelstuthen[11] gar einen Ochsen umgebracht und den Zacharias Sponholtz,[12] einen Dienstjungen, durch magische Winde in den Schmutz geworfen, als er Benigna Schultzen ausgelacht habe.

Dabei müßten dem jeweiligen Schadenszauber gemäß Art. 44 CCC Drohungen mit ausdrücklichen Worten vorangegangen sein. Der Ursachenzusammenhang zwischen Drohung und Schaden müßte einwandfrei erwiesen sein, besonders wenn der Schaden von einem persönlichen Feind herrühren sollte. Im konkreten Fall, erklärt Benigna Schultzen, seien die Drohungen mit einem künftigen Schaden nicht ausreichend nachgewiesen worden. Auch an die Kausalität werden modifizierte objektive Maßstäbe angelegt: die bloße Vermutung einer Ursächlichkeit reicht nicht mehr aus. Gebe es doch „in den Dörfern und kleinen Städten nichts gewöhnlichers, alß daß man, wenn jemanden ein stück Vieh ümbfällt (...) nachdencket ob man nicht mit jemandtem in feindschafft gelebet, oder sich geZanket; und wenn man sich eines solchen erinnert, muß derjehnige nohtwendig ihrer törichten Einbildung nach durch Zauberei solchen Schaden causiret haben."[13] Der Verdacht schaffte hier die Indizien, nicht die Indizien begründeten den Verdacht.

Benigna tritt dem Vorwurf des Schadenszaubers mit einem naturwissenschaftlichen und einem soziologischen Erklärungsansatz entgegen. Sie beruft sich erneut auf die physici, die Naturkundler. Hier greift Benigna Schultzen, gestützt durch Autoritäten, auf empirische Erkenntnisse zurück, die auf einer detaillierten Beobachtung des Alltags beruhen. Damit wird der traditionellen Sicht der Dinge ein neues Erklärungsmuster entgegengesetzt. Gerade dadurch wird die Aussagekraft der Indizien geschwächt.

Auch das nächste Indiz, Benigna habe einmal, als sie noch in Klatzow wohnte, den Teufel zu ihrem Mann geschickt, wird erst formell und dann auch materiell entkräftet: Der Vorfall sei den Zeugen nur vom Hörensagen bekannt gewesen. Außerdem sei es unmöglich, auf ihren Teufel zu schließen, selbst wenn er sich ihrem Mann vorgestellt hätte. Man könne doch nicht dem Vater aller Lügen Glauben schenken, um seine Anhänger der Lüge zu überführen. Ein Beweis des Indizes sei also ex natura unmöglich, und das Indiz natürlich nicht zur Begründung der Folter geeignet.

Zuletzt wurde Benigna Schultzen vorgeworfen, sie habe sich als schwanger ausgegeben und Kröten geboren. Auch dieses Indiz kam auf einem juristisch untragbaren Weg zustande: Michel Arendt, ein Müllermeister, hatte den Pfarrer von Klatzow als Spitzel gegen eine alte Frau eingesetzt, deren unbeeidetes Zeugnis alleinige Stütze des Vorwurfs und deshalb nichtig sei. Eigentlich könnte es Benigna Schultzen dabei belassen, die widersprüchlichen Zeugenaussagen über die Zahl und das Aussehen der vermeintlichen Kröten als unzureichend zu bezeichnen. Doch Benignas Anwalt geht auch hier einen Schritt weiter. Er führt eine große Zahl medizinischer Fachmänner an[14], die eine Fehl- oder Mißgeburt auf Krankheiten oder andere natürliche, erklärbare Zusammenhänge zurückführen. Das Eingreifen einer höheren Macht ist dabei zwar nicht ausgeschlossen, aber nicht mehr wahrscheinlich. Für „verständige Leute" wäre es ein Gebot der „Erfahrung", einen so großen privaten Schicksalsschlag nicht gegen die Betroffene zu verwenden, ihr Zauberei zu unterstellen und sie anzuzeigen.

Mögen also auch verschiedenartige, unbegründete und unzureichend bewiesene Indizien vorhanden sein, so dürfen weder die Indizien noch die Beweise miteinander verbunden werden. Die zitierten Gelehrten bestätigten, daß das oben Angeführte auch beim Verbrechen der Hexerei rechtmäßig war, mochte es nun ein Ausnahmeverbrechen sein oder nicht. Diese wichtige Schlußfolgerung wird ebenfalls durch viele Autoritäten abgesichert.[15] Es ist für die Klägerin von großer Bedeutung, die zum Teil aufklärerischen Ansichten der Literatur in scholastischer Manier untereinander auf Gemeinsamkeiten zurückzuführen und diese dem Empfänger der Verteidigungsschrift, dem Herzog von Mecklenburg-Schwerin, als gleichsam herrschende Meinung darzulegen.

4. Als Benigna Schultzen aus unbekannten Gründen von Zirow nach Penzlin zurückkehrte, wurde sie verhaftet und ein Inquisitionsverfahren gegen sie eingeleitet. Dabei wurde allerdings die Stufe der inquisitio generalis übergangen, derjenige Verfahrensschritt, in welchem ohne Druck und ohne Gewalt die vorliegenden Indizien untersucht werden müssen. Der Stadtrichter Franz Joachim Schultz jedoch schritt gleich zu härteren Maßnahmen. Obwohl er sich bei

Kenntnis der Sachlage und bei verständiger Würdigung des Falls seiner Sache nicht zweifellos sicher sein durfte, daß Benigna die behaupteten Verbrechen verübt hatte, obwohl überdies für das Verhör und die Folter sehr starke, drückende und rechtmäßige Indizien vorliegen müßten, leitete der Stadtrichter direkt die inquisitio specialis ein. Um diesen Verfahrensfehler zu vertuschen, schreibt Franz Joachim Schultzen später in die Akten, die Inhaftierung sei zum Zwecke der Generalinquisition erfolgt. Benignas Anwalt hält dem entgegen: Der Anspruch des Richters, vorher eine Generalinquisition durchgeführt zu haben, gelte zwar durch die Aufnahme in das Protokoll am 26. August 1699 als gesetzesmäßig erfolgt, finde sich jedoch nicht in den zeitlich früher erstellten, offiziellen Akten der Beschuldigung. Deshalb sei der gesamte Prozeß null und nichtig.[16] Ein Musterbeispiel formaljuristischer Argumentation!

5. Die Unzulänglichkeiten der Indizien und des Verfahrens hatte auch die Greifswalder Juristenfakultät[17] erkannt: „die beygebrachten gravamina oder indicia seien zur peinlichen Frage nicht gnughafft.“[18] Und dennoch wurde Benigna Schultzen nicht vom Verdacht gereinigt; vielmehr gestattete der Rechtsbescheid am 19. Oktober 1699 die Anwendung der Verbal- und Realterrition. In ersterer wurde die Wirkung der Folterinstrumente im wahrsten Sinne des Wortes anschaulich und spannend erläutert, danach mußte Benigna Schultzen sich entkleiden und das Büßerhemd anziehen. Hierauf legte man ihr Daumenschrauben und spanische Stiefel an, jedoch ohne diese körperlich anzuwenden. Man war nicht gerade zimperlich mit den Verdächtigen, und Benigna Schultzen ging in ihrer Verteidigungsschrift darauf auch nicht näher ein – ein Rechtsverstoß der Juristenfakultät war für sie nicht ersichtlich.
Eine „handgreiffliche nullität“ war jedoch die Verweigerung eines Rechtsbeistandes im Verlauf des weiteren Prozesses. Nach der absolut herrschenden Meinung durfte dies dem Inquisiten nicht einmal bei einem crimen exceptum verweigert werden. Hierfür zitiert Benignas Anwalt nicht weniger als sieben Autoritäten[19] und zudem Artikel 47 der Constitutio Criminalis Carolina. Zudem hatte es der Stadtrichter und Inquisitor Franz Joachim Schultz unterlassen, der Verdächtigen vor der Anwendung der Verbal- und Realterrition die gegen sie sprechenden Indizien zur Ausräumung mitzuteilen. Diese grobe Mißachtung der Vorschriften zeigt auch, daß der Stadtrichter

und Inquisitor, fernab aller aufgeklärten Gedanken und fernab des processus ordinarius, gebannt in seinen Vorstellungen eines processus exceptus, offenbar von Benignas Schuld ausging und in den Formvorschriften des Prozesses lediglich eine lästige Verzögerung der sicheren Verurteilung sah – und gewiß war nicht nur Franz Joachim Schultz dieser Ansicht. Mochte sich die Geisteshaltung auch geändert haben, viele Gefühle und Überzeugungen blieben in dieser Schwellenzeit der Frühaufklärung doch noch dieselben.

Das Verhältnis des einzelnen Untertanen zur Obrigkeit und deren Verwaltung war jedoch im Wandel begriffen. Benigna Schultzen übte deutliche Kritik an den Entscheidungen der Greifswalder Juristenfakultät. Zwar wurde der Prozeß ob der oben geschilderten Verfahrensfehler in einer Entscheidung vom 9. Dezember 1699 für null und nichtig erklärt, wenn die Fakultät dies aber bereits früher festgestellt hätte, so „würde ich so grausahm nicht torquiret, sondern per defensionem der (…) indicia elidiret worden seyn."[20] Die fehlende Übersicht der höheren Instanz wird für das Verhalten der unteren Instanz zumindest mitverantwortlich gemacht.

6. In aller Frühe, am 3. November 1699 morgens um sieben Uhr wurde Benigna Schultzen der Folter unterzogen. Benigna Schultzen gestand erst, nachdem der Stadtrichter Franz Joachim Schultz die Folter entgegen den Greifswalder Vorgaben vom 19. Oktober 1699[21] ausdehnen und wiederholen ließ, weil „man die intention gehabt, mich mit aller gewalt Zur Hexe Zu machen, und so lange Zu peinigen, biß ich Hexerey bekand hätte."[22] Die lapidare Begründung des Scharfrichters für die erneute Tortur: „Wegen des Falles Jürgen Reiß, des verstorbenen Töpfers." Der Zweck heiligte hier die Mittel. Auch hier wird streng formal und selbst nach heutigen Kriterien juristisch einwandfrei argumentiert: Gemäß Artikel 58 der Constitutio Criminalis Carolina ist das Geständnis erst dann zu erstellen, wenn der Befragte von der Marter genommen ist. Dem Protokoll des Verhörs könne man zwar entnehmen, daß Benigna in der Folter selbst gestanden habe, daß aber im ganzen Protokoll nicht befindlich sei, wann die zugezogenen Beinschrauben wieder gelöst wurden. Deshalb sei der Tatbestand des Artikel 58 nicht erfüllt und das unter der unbegründeten, wiederholten Folter gemachte Geständnis folglich ungültig. Diese Begründung wird durch elf Autoritäten mit insgesamt 23 Zitaten belegt.[23] Das Geständnis war nun einmal der Kern

eines jeden Hexenprozesses, und deshalb mußte die Gültigkeit des Geständnisses widerlegt werden, indem man den Inhalt des Protokolls fein tranchierte und jeden Satz mit der geballten Wucht der Literatur – auch Carpzow wird erneut bemüht – widerlegte. Auf der Suche nach den Spuren der Frühaufklärung stoßen wir nun auf etwas, das anfangs ein kleiner Hinweis zu sein scheint, sich dann aber als großer erweist, nämlich auf erste Ansätze des späteren juristischen Formalismus Savignys und erste Ansätze einer Begriffsjurisprudenz.[24] Gewiß war die präzise Analyse schon immer Zeichen der Rechtswissenschaft – im Fall der Benigna Schultzen sollte man dies für den Richter eher als Optativ formulieren – doch die Begründung einer Argumentation auf der feinen Unterscheidung zwischen der „Wiederholung der Folter" (repetitio) und der „Fortführung der Folter" (continuatio) ist hier dennoch besonders beachtenswert: Sie nimmt nämlich eine exponierte Stellung ein, die Definitionen der Begriffe sind hier nicht l'art pour l'art, sondern dienen der Absicherung der oben geschilderten Argumentation.

7. Das erpreßte Geständnis wiederum unterschrieb Benigna Schultzen bereits am 4. November 1699, einen Tag nach der Tortur. Die Nichtigkeit des Geständnisses wird mit einem Hinweis auf Artikel 56 der Constitutio Criminalis Carolina begründet. Die Greifswalder Juristenfakultät, beeinflußt von den neuen Strömungen der Rechtswissenschaft, erklärte in einem Schreiben vom 9. Dezember 1699 das Geständnis für null und nichtig, da es „auß schmertzen und auß furcht mehrerer Pein"[25] abgelegt worden und die Unterschrift ohne Beisein eines Verteidigers erfolgt sei. Die Juristenfakultät mahnt ferner einen vorsichtigeren Gebrach der Folter an, daß nämlich „in einer leib und leben angehenden sache behutsam und gewissenhafftig Zu verfahren sey".[26] Wir stehen hier vor einem fundamentalen Wert der späteren Aufklärung: Der Mensch rückt in den Mittelpunkt der Betrachtung, die gottgewollte Ordnung und der Kampf gegen den Teufel treten auch in juristischen Erwägungen in den Hintergrund.

8. Doch erneut ignorierte das Penzliner Gericht die Auflagen der Greifswalder Juristenfakultät und übergab Benigna Schultzen am 18. Dezember 1699 wiederum ohne Rechtsbeistand dem Scharfrichter. Während der Folter erlitt Benigna Schultzen einen Schlag-

anfall und verlor dabei ihr Sprachvermögen. Daraufhin wurde die Folter abgebrochen.

Erst allmählich fand die „Delinquentin" ihre Sprachfähigkeit wieder und lebte bei ihrem Mann, Christian Wünn, in Penzlin – behaftet mit dem Makel der Hexerei. Der Penzliner Pastor Carl Friedrich Georgi (Amtszeit 1690–1711) bemerkte noch in seiner Beichtkinderspezifikation des Jahres 1703 ausdrücklich: „Schultzen ist der Zauberey wegen torquiret, und da sie sich stumm gestellet, ist Sie loßgelassen, durch ein eingeholtes Urtheil der Landesverweisung condemniret. nun kann sie reden, gehet so in Sünden dahin."[27]

Nach all diesen „nullitäten" fließen nun auch wertende Elemente in die sonst so formale Argumentation ein. Eine Maßnahme der lokalen Gerichtsbarkeit wird anfangs rein formell nach Kompetenz und Verfahren, sine ira et studio betrachtet. Erst nachdem sich die Maßnahme als rechtswidrig erwiesen hat, werden in einer zweiten, persönlichen Folie die Leiden der Benigna Schultzen erkennbar. Die „so grausahme",[28] ausgeweitete Tortur, die „umb so viel straffbahrere (...) und unmenschliche"[29] erneute Anwendung der Realterrition, das „unpassioniert"[30] urteilende Gericht von Penzlin, sowie „dieser des Gerichtes Unfug"[31] machen deutlich, was in diesem juristischen Dokument nicht explizit ausgesprochen werden durfte: Warum kann dies überhaupt geschehen? Dieser Zweifel an der Durchsetzungskraft der Zentralgewalt traf in der Tat zielsicher in des Herzogs Herz. Wohlgemerkt, eine grundsätzliche Kritik an dem Institut der Folter wird von Benigna Schultzen noch nicht geübt, ihre Rechtmäßigkeit wird nicht angezweifelt. Lediglich die Exzesse praeter legem werden verurteilt. Während das System als ganzes noch nicht an den kritischen Maßstäben der Aufklärung gemessen wird, werden ungerechtfertigte Auswüchse bereits kritisch hinterfragt. Maßgebender Bezugspunkt dürfte dabei sowohl die Ordnung und Wahrung des alten Systems als auch neuartige Gedanken der Aufklärung gewesen sein. Auch insoweit befindet sich der Fall Benigna Schultzen auf der Schwelle zur Aufklärung.

Der Stadtrichter jedoch ließ sich nicht beirren und stellte einen erneuten Antrag auf Zulassung der Folter, „ob nicht mein Zustandt, daß ich würklich stumm oder mich nuhr so stelle, durch die scharffe frage Zu erkunden sey."[32] Daß Franz Joachim Schultz diesen Antrag überhaupt stellte, macht deutlich, daß trotz aller Eigenmacht die Zentralgewalt in Person der Greifswalder Juristenfakultät nicht übergangen werden konnte, obgleich ihre Durchsetzungskraft praktisch oftmals an ihre Grenzen stieß – dem Herzog wäre es theoretisch ohne weiteres möglich gewesen, den Stadtrichter verhaften und einsperren zu lassen.

Jede Entscheidung der Juristenfakultät, den Freispruch vom 9. Dezember 1699 aufgrund fragwürdiger neuer Indizien zu ändern, wäre nun zu Lasten ihrer Autorität gegangen.[33] Quod scripsit, scripsit. In ihrer Entscheidung vom 3. April 1700, die noch im selben Monat vom Herzog rechtsgültig bestätigt wurde, erkannte die Fakultät auf Freispruch, sofortige Entlassung aus der Haft und ewige Landesverweisung. Bezeichnenderweise konnte auch dieses Urteil nicht völlig durchgesetzt werden. Benigna Schultzen wurde zwar aus der Haft entlassen, aber nicht des Landes verwiesen – aus welchen Gründen, sei später erklärt.

9. Der Revisionsprozeß war gewiß eine Besonderheit in der Geschichte der Hexenprozesse. Zunächst einmal spielte der Zufall eine gewichtige Rolle. Hätte die lokale Gerichtsbarkeit von Penzlin das Urteil auf Landesverweisung (vom 3. April 1700) vollzogen, wären die Chancen auf eine Revision deutlich schlechter gewesen, da die Obrigkeit dann ein letztes Wort gesprochen hätte. So aber kam es nun zu einem Kräftevergleich zwischen der Zentralmacht, dem Herzog von Mecklenburg – Schwerin, und den partikularen Herrschaften, dem Baron von Maltzan und dem Stadtrichter Franz Joachim Schultz.

Ein weiterer Zufall liegt in dem rettenden Schlaganfall. Wäre Benigna nämlich in der Lage gewesen, ein Geständnis abzulegen, so hätte sie dies früher oder später unter den Qualen der Folter tun müssen. Obwohl der Modus der Geschichte der Indikativ ist, wäre Benigna wohl „mit hoher Wahrscheinlichkeit hingerichtet worden, die Auseinandersetzungen zwischen dem Herzog und dem Stadtrichter wären größtenteils unterblieben, der Fall Benigna Schultzen wäre nur einer unter vielen."[34]

Außerdem besaß Benigna Schultzen glücklicherweise Verwandte in Strelitz, die entweder Geld oder gute Beziehungen[35] hatten, um Benigna einen fähigen Anwalt zur Seite zu stellen. Vielleicht wäre es ihr sonst ergangen wie Elisabeth Dabers, deren Fall später noch vergleichend dagestellt wird. Nicht zuletzt kam Benigna Schultzen auch die wechselnde Prozeßart zu Hilfe. Als Privatklägerin stand sie auf gleicher Ebene mit den Juristen der Kanzlei des Herzogs von Mecklenburg-Schwerin.

Benigna forderte ihre vollständige Rehabilitierung und die Rückerstattung sämtlicher Gerichtskosten: „die im vorigen Jahre wider mich ausgesprochene und an mich exquirirte Urthel plenarie Zu restituiren, deren Krafft aufzuheben, und Mir cum restitutione famae gnädigst Zu verstaten, daß ich wieder Zu meinem Mann nach Pentzlin kommen, und nach wie vor daselbst alß eine ehrliche Persohn, denen andern Einwohnern gleich seyn, leben und gehalten werden möge. (...) ich aber durch solches des Richters Schultzen und des Gerichts in Pentzlin verfahren nebst meinem Mann umb all das meinige gekommen, So ersuche Ew: Hochfürstl. Durchl. demühtigst, Sie geruhen anbey gedachtes berichte dahin Zu vertheilen, daß es alles und jedes, so es durante inquisitione von den meinigen Zu sich genommen mir wieder erstaten und deßfalß Vergeltung thun solle."[36]

10. Mehr als sechs Jahre lebte Benigna Schultzen bei ihrem Mann in Penzlin, überzeugt, daß ihr die lokalen Gerichtsbarkeiten die Ausführung des Urteils erlassen hätten. Als sich Benignas Schwager, der königliche Hofschlachter in Strelitz, im Jahre 1707 nach dem Stand der Dinge erkundigte, verschärfte sich die Situation: Der Stadtrichter kündigte eine erneute Inhaftierung an. Benigna floh daraufhin von Strelitz, wo sie ihre Verwandten besucht hatte, nach Klatzow in die Mark Brandenburg. Dennoch kehrte sie nach einiger Zeit nach Penzlin zurück und zwar geradewegs ins Gefängnis, wo sie wiederum einem Inquisitionsprozeß ausgesetzt wurde. Erneut findet eine Aktenversendung nach Greifswald statt. Heinrich Leopold Freiherr von Maltzahn fragte behutsam in Greifswald an (18.1.1708), die Folter gegen Benigna Schultzen zu genehmigen. Dieses Ansinnen wurde von der Greifswalder Juristenfakultät am 24. Januar 1708 abgelehnt.[37] Stattdessen erging ein Bescheid, das Freilassungs- und Landesverweisungsurteil vom dritten April 1700 zu vollstrecken. Am 15. Mai 1708 wurde Benigna Schultzen nun tatsächlich des Landes verwiesen.

In ihrer Verteidigungsschrift sieht Benigna den Sachverhalt so: Die Reise zu ihren Freunden sei keine fuga zu nennen, da ihre Fortbewegungsfreiheit in keiner Weise von den Behörden eingeschränkt worden sei. Die Flucht von Strelitz nach Klatzow sei erst nach der

Androhung einer Verhaftung erfolgt und deshalb strafrechtlich ohne Bedeutung. Auch die anderen Indizien, die Franz Joachim Schultz in seinem Urteil vom 20. Dezember 1707 zur Begründung der Tortur heranzog, wurden durch einen Vergleich mit den früher erstellten Protokollen des Inquisitionsprozesses mit den Mitteln der ratio widerlegt. Erstens könnten keineswegs die Besagungen und Beschuldigungen durch Zeugen und durch andere Verdächtige als „Überführung der Zauberei mit einem Rechtsschein"[38] bezeichnet werden. Zweitens sei das Geständnis unter ungesetzlichen Umständen zustande gekommen und entfalte deshalb keine Rechtswirkung. Drittens sei der Verlust der Sprache keine Täuschung gewesen. Eine solche wäre notwendigerweise einmal aufgedeckt worden, da Benigna mit ihrem aufbrausenden Temperament wohl kaum in der Lage gewesen wäre, mehr als ein Jahr lang fehlende Kommunikationsfähigkeit vorzutäuschen.

Im Grunde unterscheiden sich diese Ausführungen nicht von den Argumentationslinien der Kritik des Inquisitionsverfahrens, weshalb Benigna Schultzen hier fast keine Autoritäten mehr bemüht. Nun allerdings wird auch der Fürst miteinbezogen. Zwar habe dieser dem Urteil am 15. Mai 1708 Rechtskraft verliehen, den Makel der Nichtigkeit aber vermöge auch er nicht zu beseitigen. Selbst der Fürst sollte sich an die von ihm erlassenen oder zumindest gebilligten Regeln halten.

Diese Schlußfolgerung steht ganz am Ende der Verteidigung und ist auch nur dort möglich. Folgte der aufmerksame Leser den Ausführungen über die Kausalität, daß nämlich eine falsche Prämisse – wie in der Mathematik – von sich aus die Nichtigkeit des Ergebnisses nach sich zieht, so wird der Leser zu dieser letzten Folgerung gleichsam mit den Mitteln der Logik gezwungen. Diese Begründung basiert ihrerseits jedoch auf der Annahme, daß der Fürst nicht mehr völlig außerhalb der Geltung der von ihm erlassenen Gesetze stehe, sondern gleichzeitig deren Schöpfer und Knecht sei. Benignas Anwalt führt hierfür lediglich zwei Autoritäten an.[39] Offenbar fand eine solche, in der damaligen Zeit zugegeben ziemlich mutige Ansicht in der Literatur noch keine Mehrheit.

Benigna Schultzen und ihr Mann waren mittlerweile unter den ständigen – selbstverständlich verbotenen, aber dennoch allgemein üblichen – Konfiskationen zur Deckung richterlicher Unkosten verarmt. Am 8. September richtete Christian Wünn ein ungelenkes Appellationsschreiben an den Herzog Friedrich Wilhelm von Mecklenburg–Schwerin, in dem er um die Rehabilitierung seiner Frau und um die Rückerstattung der Vermögenswerte bat. Dabei konnte Benignas Ehemann noch nicht erahnen, welch erbitterten Papierkrieg er damit auslöste, so daß man sich mit Recht fragen darf, ob hier das Schwert des Herzogs nicht ausnahmsweise nützlicher als die Feder gewesen wäre.

11. Der Herzog zog den Fall an sich. In einem Schreiben vom 20. September 1708 verfügte er als oberste Appellationsinstanz die Einsendung der Prozeßakten und die Vorladung des Stadtrichters Franz Joachim Schultz für den 17. Oktober 1708. Der Penzliner Stadtrichter blieb dem Vorladungstermin unentschuldigt fern. Auch auf die Akteneinsendung wartete man vergebens. Dieselbe Prozedur wiederholte sich am 13. November 1708. Erst ein verschärftes Schreiben an den Stadtrichter und den neuen Gerichtsherrn Baron Heinrich Leopold von Maltzan, sowie wiederholte Anfragen Benignas führten im Laufe des Jahres 1709 trotz weiterer Verschleppungsbemühungen der lokalen Gerichtsbarkeit wenigstens zur Einsendung der Akten. Diese werden Benigna Schultzen und ihrem Anwalt ausgehändigt, um eine Stellungnahme abzufassen, deren Aufbau und Argumentation bereits oben dargestellt wurde.
Der Herzog ließ sich jedenfalls von der Verteidigung überzeugen und verfügte in seinem Urteil vom 4. Februar 1710 die Aufhebung aller seit dem 3. November 1699 ergangenen Urteile, die vollständige Rehabilitation Benigna Schultzens sowie die Rückerstattung derjenigen Vermögenswerte, die dem Stadtrichter und dem Baron persönlich zugefallen waren.

12. So weit, so gut, möchte man glauben, doch weit gefehlt. Der Fall Benigna Schultzen ist damit keinesfalls abgeschlossen. Wenige Tage nach ihrer Rückkehr nach Penzlin wurde Benigna Schultzen nämlich erneut vom Stadtrichter persönlich verhaftet und über zwei Wochen bei kärglicher Kost gefangengehalten. Auch verweigerte ihr Franz Joachim Schultzen die Rückerstattung von 48 Reichstalern[40] – diese Summe entsprach ungefähr zwölf Schweinen oder acht Kühen. Baron Heinrich Leopold von Maltzan wiederum entzog ihr das Restitutionsurteil und verbannte Benigna Schultzen aus der Stadt Penzlin.

Neue Eingaben des Ehepaares Wünn-Schultzen hatten umgehenden Erfolg: Benigna Schultzen erhielt einen auf den 28. April 1711 datierten Schutz- und Geleitbrief des Herzogs, der ihr sogar den landesweiten Zugang zu Beichte und Abendmahl sicherte. Für den Herzog schien der Fall nach der Ausstellung des Schutzbriefes und der Einreichung der Kostenaufstellung des Stadtrichters von Penzlin (24. Dezember 1711) erledigt zu sein. Dieser Ausgang der Angelegenheit Benigna Schultzen erfordert einen Blick hinter die Kulissen der Machthaber in das Spannungsfeld zwischen der lokalen und der zentralen Herrschaft. Nicht zuletzt dort wurde das Feld bestellt, auf dem die Ideen der Aufklärung zu ihrer Blüte gelangen konnten.

Der Gerichtsherr von Penzlin, Baron Georg Julius von Maltzan, hatte ein massives finanzielles Interesse an der Verurteilung der ziemlich wohlhabenden Benigna Schultzen. In der Tat war der Baron so verschuldet, daß er im Jahre 1702 sein Lehen, zu dem auch Penzlin gehörte, an seinen Verwandten, Heinrich Leopold von Maltzan, weiterveräußern mußte. Die Zerstörungen des Dreißigjährigen Krieges sowie der Drang nach einer möglichst großen Eigenständigkeit kosteten oftmals mehr Geld, als in der herrschaftlichen Schatulle vorhanden war. Der überaus große Geldbedarf der Familie von Maltzan war z. B. ein nicht unbedeutender Grund für den Hexenprozeß gegen Elisabeth Dabers im Jahre 1697. Benigna Schultzens Zeitgenossin wurde wegen Zauberei verurteilt und verbrannt. Um die Gerichtskosten zu decken, die in der Regel vom Angeklagten und seiner Familie übernommen werden mußten, wurde Elisabeth Dabers Haus zwangsversteigert. Der Erlös in Höhe von 30 mecklenburgischen Talern floß in die Taschen des Gerichtsherrn, Baron von Maltzan.[41] Der Landesherr selbst verdiente dabei nichts und hatte auch deshalb kein großes Interesse, Hexenprozesse durchzuführen.[42] Auch das Ehepaar Wünn-Schultzen war, wie bereits erwähnt, verarmt.

13. Doch die Entscheidung vom 3. April 1700 auf Freilassung und Landesverweisung durchkreuzte die Bereicherungsabsichten des Barons von Maltzan. Dieser verlor daraufhin an dem Fall Benigna Schultzen jegliches Interesse, so daß er nicht mehr daran dachte, das Urteil auf Landesverweisung vom 3. April 1700 zu vollstrecken. Als aber Christian Wünn im Jahre 1708 vom Herzog die Rückerstattung sämtlicher Gerichtskosten verlangte, befürchtete der Baron eine Beschränkung seiner patrimonialen Eigengerichtsansprüche und ver-

folgte zusammen mit dem Stadtrichter eine rigorose Einschüchterungs- und Ausgrenzungspolitik. Benigna ersuchte deshalb den Herzog von Mecklenburg-Schwerin mehrmals um Schutz.

Dabei kam dem Baron allerdings die Schwächung der Zentralgewalt sehr gelegen. In den Jahren 1695 bis 1701 wurde das Herzogtum infolge von Erbstreitigkeiten von einer Interimsregierung verwaltet. Die Landstände gewannen an Selbstbewußtsein, und so tat sich der Herzog auch in den Folgejahren schwer, seine Machtansprüche durchzusetzen. Nur in Anbetracht der Schwächung der Zentralgewalt konnte Baron Heinrich Leopold von Maltzan jedwede Kooperation verweigern und nicht einmal durch die Androhung einer Geldstrafe in Höhe von 500 Reichstalern bewegt werden, Benigna Schultzen den Aufenthalt in Penzlin zu gestatten.[43] Nur in einer solchen Lage konnte sich der Stadtrichter von Penzlin den Anordnungen des Herzogs von Mecklenburg-Schwerin auf Vorladung und Akteneinsendung widersetzen und sogar eigenmächtig die rechtlichen Vorgaben der Greifswalder Juristenfakultät übertreten. Der Herzog hätte den Stadtrichter jederzeit festnehmen lassen können, doch er tat es nicht. Offenbar war ihm die Diskrepanz zwischen Machtanspruch und Durchsetzungskraft nur allzu schmerzlich bewußt.

14. Vor allem in den von lokalen Machthabern regierten Landstädten wie Penzlin konnte man nämlich Hexenprozesse wie im Fall Benigna Schultzen nicht in demselben Maße zurückdrängen wie in flächenmäßig geschlossenen und frühabsolutistisch regierten Verwaltungsstaaten, wie in Großstädten mit einer stabilen Wirtschaft und in Residenzstädten mit effizienter Verwaltung. Auch in lutherisch geprägten Regionen mit einer ausgeprägt landständischen Verfassung wie in Mecklenburg wurden Hexen in deutlich erhöhtem Maße verfolgt.[44] Anders als in den zivilisatorisch fortgeschritteneren Strukturen, ließen sich dort die örtlichen Gerichtsbarkeiten nicht völlig ausschalten. Das Spannungsverhältnis der Interessen der Prozeßbeteiligten war besonders durch die Erhaltung oder Erweiterung von Macht und Besitz gekennzeichnet.[45]

Während in den norddeutschen Reichsgebieten die Welle der Hexenverfolgungen bis ungefähr 1680 ihren absoluten Höhepunkt erreichte, kam es in Mecklenburg, einer in dieser Hinsicht „verspäteten Region", erst um die Wende zum 18. Jahrhundert zu einer letzten großen Hexenjagd. Deren tieferer Grund dürfte wohl in der schwedischen Besatzung Mecklenburgs liegen. Einerseits rekrutierte das schwedische Militär oftmals Männer und Lebensmittel aus Mecklenburg. Die wirtschaftliche Situation vieler Bauern und Kleinbürger war dadurch ziemlich angespannt und leistete den Verschwörungsgedanken übernatürlicher Mächte gewaltigen Vorschub. Andererseits verzögerte die Besatzung als oktroyierte Über-Macht auch die Entwicklung der Kleinstaaten Mecklenburgs. In Penzlin wurden Ende des 17. Jahrhunderts mindestens drei Personen hingerichtet,[46] und auch Benigna Schultzen wäre dieser Hexenjagd beinahe zum Opfer gefallen. Im übrigen West- und Mitteleuropa waren die Hexenprozesse zu dieser Zeit bereits verebbt; lediglich einzelne aufsehenerregende Hexenprozesse gerieten zunehmend in die Kritik der Öffentlichkeit. Wolfgang Behringer stellt zutreffend fest: „Zur Beendigung der Hexenhinrichtungen führte [vor allem] die gründliche juristische Kritik des Verfahrens, die kein Ausnahmerecht für angebliche Ausnahmeverbrechen mehr zuließ. Die Hochschätzung der Rechtsstaatlichkeit war die wichtige Lehre, die aus der Zeit der Hexenverfolgung gezogen wurde."[47]

15. Die politische und soziale Großwetterlage hatte sich zu Beginn des 18. Jahrhunderts deutlich geändert. Die weltanschaulichen, politischen, historischen und juristischen Aspekte[48] der Frühaufklärung treten im Falle der Benigna Schultzen zwar zufällig, aber nicht als voneinander isolierte Elemente in Erscheinung. Vielmehr ist der oben geschilderte Revisionsprozeß äußerer Anlaß, um die tieferen Gründe und die aufkeimenden Entwicklungen an der „Schwelle zwischen Vergangenheit und Gegenwart",[49] in der Phase der Frühaufklärung zu untersuchen.
Die „Acta civitatum Penzlin Nr. 42" unterscheidet sich einerseits kaum mehr von Prozeßakten modernen Zuschnitts.[50] Anfragen, Vorlagen, Entscheidungen und sonstige Eingabe der Parteien, insgesamt annähernd 100 Blätter[51] wurden ordentlich gesammelt und abgeheftet. „Andererseits reicht die verhandelte Strafsache, das Delikt der Hexerei, wenigstens bezüglich seines Verständnishorizontes bis zurück ins ausgehende Mittelalter: An keinem anderen Punkt der düsteren abendländischen Geschichte (...) wird deutlicher, was das abendländische Hexenbild ausmacht, aus welchen Quellen es gespeist wird, wie es Gewalt gewinnt und auf welche Weise es seine verhängnisvolle Prägekraft wieder verliert.[52]"

Das abendländische Hexenbild hielt Hexer und Hexerinnen für Mittäter des Teufels, gefährlich für Staat, Kirche und Seelenheil.[53] Deshalb galt es, die meist hilflosen Opfer von „Besagungen" mit einer bodenlosen Menge an Verdachtsmomenten zu belasten: Teufelspakt, Schadenszauber, Teufelsbuhlschaft, Unholdenflug, Teilnahme am Hexensabbat,[54] Tierverwandlungen, Mißgeburten und Wettermacherei. Diese Ansichten waren zu Beginn des 18. Jahrhunderts, also zu der Zeit, in der Benigna Schultzen die Revision ihres Verfahrens erstrebte, durchaus noch weit verbreitet.

Das drohende Memento mori (Gedenke, daß du sterblich bist) dröhnte noch in aller Ohren. Reformation und Gegenreformation führten zu einem Wettkampf um die beste Frömmigkeit und die ewigste und reinste Glaubenstreue zwischen Katholiken und Protestanten,[55] der schließlich im Dreißigjährigen Krieg kulminierte.[56] Hungersnot und Pest verdichteten sich zu einer beinahe hysterischen Angst vor der nahen Apokalypse. Als Ventil all dieser Verwirrungen bot sich die unnachsichtige Verfolgung und die strenge Verurteilung von Hexern und Hexen an.

So war einige Jahre später die Anklageerhebung gegen Benigna Schultzen keineswegs bloßer Zufall. Vielmehr erfüllte sie gängige Merkmale einer Hexe. Sie war in zweiter Ehe mit dem wohlhabenden Penzliner Ackerbürger Christian Wünn verheiratet. Benigna Schultzen selbst war kinderlos geblieben, versorgte jedoch ihre beiden Stiefkinder Christian (∗1693) und Catharin (∗1698).[57] Sie stammte aus dem vorpommerschen Klatzow, war also ortsfremd. Nicht zuletzt wegen ihrer Streitbarkeit war Benigna Schultzen ein nahezu idealer Sündenbock für alle Arten von Schicksalsschlägen in Penzlin.[58] Benignas Nachbarn konnten deren wirtschaftlichen Erfolg im Hopfenanbau und in der Fischerei wohl nicht mehr ertragen und schöpften Verdacht. Daraufhin floh Benigna Schultzen einmal zu ihrer Schwester nach Zirow, danach zu ihrem Schwager nach Strelitz, der sich seinerseits für ihre Belange einsetzte. Dies zeigt deutlich: In der damaligen Zeit der Frühaufklärung gewann offenbar die Verwandtschaft in dem Maße Bedeutung, in dem die Nachbarschaft als Sozialverbund zu versagen begann.[59]

16. Der Fall Benigna Schultzen befindet sich überdies im Spannungsfeld des Streites, welches Verfahren auf einen Hexenprozeß anzuwenden sei. Die Entwicklung und Anwendung des processus

exceptus[60] verschärfte die Intensität der Hexenverfolgung wesentlich, während die Hexenverfolgungskritiker besonders Argumente für den processus ordinarius[61] vorbrachten. Die folgenden Ausführungen sollen sich auf die Rechtslage im Herzogtum Mecklenburg-Schwerin konzentrieren.

Noch im Jahre 1661 konnte man in § 2 der Interimsverordnung über die Polizei in Mecklenburg (erlassen von Gustav Adolph Herzog von Mecklenburg–Güstrow) lesen: „Demnach die Zauberey eine solch abschewliche Sünde und Laster ist (...) derhalben es auch der Gerechtigkeit eiffrige Gott ümb solcher höchsten Verletzung willen Seiner heiligen Majestät einem gantzen Lande den garauß machen thut, wo demselben durch ernste Strafe nicht fürgebeuget wird."[62] Spätestens seit der Mitte des 17. Jahrhunderts verdrängte jedoch die Constitutio Criminalis Carolina den processus extraordinarius bodinscher Prägung als Verfahrensgrundlage.[63] Die Subsidiarität der Peinlichen Halsgerichtsordnung bewirkte allerdings, daß sich die Chance angeklagter Hexer und Hexerinnen auf einen einigermaßen fairen Prozeß denn auch weniger an der Zulassung von Inquisitionsprozeß und Folter entschied als an der territorialgesetzlichen Grundentscheidung für den Einsatz von außerordentlichem Ketzerprozeß- oder herkömmlichem Strafprozeßrecht".[64]

So ließ im Jahre 1683 auch der Herzog von Mecklenburg-Güstrow ganz anderes verlauten: Wegen des leider allzu sehr eingerissenen Mißbrauchs des processus exceptus wurden nun alle Fragen nach der Teilnahme am Hexensabbat verboten, um die epidemische Ausweitung der Hexenprozesse zu vermeiden. In den sogenannten Fragestücken wurde das Prozedere der Spezialinquisition abschließend festgelegt.[65] Diese Maßnahmen waren nicht unbedingt von den Strömungen der Aufklärung geprägt, sondern dienten einem handfesten politischen Zweck. Nachdem der Herzog seine Landesherrschaft mittels eines absolutistischen Verwaltungsapparats ausbauen konnte, galt es, diese nun durch die Schaffung einer gewissen Rechtssicherheit innerlich zu festigen.

Schließlich verfügte Christian I. Louis Herzog von Mecklenburg-Schwerin im Jahre 1688: „Wir (...) sind was die Hexen Sachen betrifft jederzeit der Meynung gewesen das brennen einstellen zu lassen und die Delinquenten, wo ihnen mit Bestande was überwiesen, in andere Wege abzustraffen, welches wir den hierdurch also wollen gehalten haben, zumahlen das Land durch das viele Hexen-Brennen mehr denn zuviel beschrien ist."[66] Das Verbot des schauerlichen Höhepunkts eines Hexenprozesses förderte den guten Ruf eines Landes und nahm der großen Masse die Faszination eines in seinen Rechtsfolgen exponierten Delikts. Der Verfasser ist sich durchaus bewußt, daß hier die Regelungen der Herzogtümer Mecklenburg-Güstrow und Mecklenburg-Schwerin vermengt wurden, doch dient das der Unternehmung insoweit, als ein roter Faden in der Behandlung der Hexenprozesse erkennbar wird: die Reduktion des processus exceptus auf den processus ordinarius, verbunden mit der Hoffnung auf einen cooling off-Effekt der heißgelaufenen Maschinerie der Hexenverfolgungen.

Auch der alte Hauptstadt-Provinz-Gegensatz hatte um die Jahrhundertwende komplett die Vorzeichen gewechselt. Während früher die an der Universität ausgebildeten Beamten die magischen Praktiken auf dem Lande eisern verfolgten, sind sie nun, in der aufziehenden Ära der Aufklärung, bestrebt, gegen die übermäßigen Hexenprozesse und später auch gegen den Hexenglauben selbst vorzugehen.[67] Soweit die Theorie.

Wie groß aber der Unterschied zur Praxis war, wird im Fall der Benigna Schultzen an den vielen, anfangs erwähnten Verfahrensfehlern und Rechtsbeugungen durch die lokale Gerichtsbarkeit deutlich. Franz Joachim Schultz und der Baron von Maltzan führten gegen Benigna Schultzen de facto einen processus exceptus, obwohl die Verfahrensschritte des processus ordinarius von der Juristenfakultät in Greifswald mehrmals angemahnt wurden. Die Rechtsprechung der Penzliner Obrigkeit ließ sich weniger von ideellen als von ökonomischen Erwägungen leiten. Benigna Schultzen wurde zwar rehabilitiert, ihr Vermögen aber wurde den Akten zufolge nicht zurückerstattet. Elisabeth Dabers dagegen, unser Vergleichsfall, verlor ihr Hab und Gut und wurde durch eine Entscheidung der Greifswalder Juristenfakultät „mit dem fewer vom leben zum tode"[68] gebracht. Die Fakultät überging in diesem Fall ganz offensichtlich das Verbot der Tötung auf dem Scheiterhaufen aus dem Jahre 1688. Vor diesem Hintergrund war Benignas Revisionsantrag keineswegs von Anfang an eine sichere Sache.

Und doch darf man den Stadtrichter und den Gerichtsherrn nicht als rückständig bezeichnen. An keiner Stelle der Akten wird explizit deutlich, daß Franz Joachim Schultz oder Baron von Maltzan persönlich einem Hexenwahn verfallen sind und mit der „echten Überzeugung eines moralischen Unternehmers"[69] die Untertanen dezimieren. Man sollte vielmehr die unterschiedlichen Vorstellungen des Hexereiprozesses mit dem Bild eines Hinausgehenden vergleichen. Während der eine „Fuß" der Rechtsprechung schon über die Schwelle einer neuen Denkweise gestiegen war, verharrte der andere Fuß noch fest auf dem Boden der tradierten Weltanschauung – aber auch er würde seinen Standpunkt früher oder später verlassen müssen.

17. Benigna Schultzens Anwalt aus Strelitz beruft sich in der Verteidigungsschrift auf insgesamt 32 Autoritäten, welche die gesamte Palette der Positionen zum Hexenprozeß und Hexenglauben abdecken: Martin Delrio und Benedikt Carpzow stehen neben Friedrich Spee, Naturwissenschaftler vielerlei Couleur werden ebenso miteinbezogen wie der Canon Episcopi. Auf einen Namen allerdings verzichtete der Anwalt ganz bewußt: Christian Thomasius. Dies ist nun doch etwas verwunderlich, trachtete Thomasius doch ebenfalls danach, scheinbar übernatürliche Phänomene mit den Mitteln der ratio natürlich zu erklären.

Der Meinung von Schwerhoff zufolge ist dies auch kein Zufall: „Gemessen an seinem [Thomasius', Anm. d. Verf.] Beruf und an seiner Stellung in der einschlägigen Literatur erstaunt die Tatsache, wie knapp sich der Autor hier den juristischen Problemen widmet. Spee scheint in seinen Augen alles wichtige geschrieben zu haben."[70] Das allein wäre aber kein Grund gewesen, die Autorität Christian Thomasius' aus der Argumentation zu verbannen. Vielmehr war Christian Thomasius in seiner Kritik wohl zu weit gegangen. In einer in Halle im Jahre 1705 anonym erschienenen Abhandlung (dissertatio de tortura), die man sofort dem Hallenser Professor Christian Thomasius zuschrieb, „wurde betont, daß die Folter an sich" weniger ein Mittel der Wahrheitsfindung als vielmehr Zweck sei, „d.h. Strafe für eine noch nicht festgestellte Schuld, und damit evidenter Ausdruck eines auf Schuldspruch hin orientierten Verfahrens."[71]

Im Falle der Benigna Schultzen dagegen richtete sich die Kritik nicht gegen das Institut der Folter an sich, sondern gegen ihren Mißbrauch. Die generelle Systemkritik des Thomasius hätte in der Defensionsschrift wegen ihrer radikalen Haltung zu Hexenprozessen eher kontraproduktiv gewirkt. Einerseits war dafür in der verspäteten Region Mecklenburg die Zeit noch nicht reif, andererseits wollte der überaus fähige Anwalt Benigna Schultzens sicher nicht den Zorn der Obrigkeit auf sich und seine Mandantin lenken, indem er eine Schrift zu einem bedeutsamen Baustein seiner Verteidigung machte, deren Echtheit selbst heute noch sehr umstritten ist und deren Intention auf Thomasius' frühere Werke zurückstrahlte und diese für einen konservativ denkenden Menschen wie den Herzog in ein falsches Licht setzte. Deshalb waren Thomasius' Werke ein zu heißes Eisen und wurden vorsichtshalber nicht in die Verteidigungsschrift der Benigna Schultzen aufgenommen. Vorsicht läßt auch der Ehemann der Beschuldigten walten. Christian Wünn versucht, die prekäre Lage möglichst konfliktfrei zu meistern. Ganz anders tritt dagegen Benigna Schultzen in Erscheinung. Im Inquisitionsprozeß noch den Gewalten untertan, präsentiert sie sich im Revisionsprozeß als eine sicher auftretende Bürgerin im Bewußtsein ihrer Rechte. Mag die Übertreibung auch ein Mittel der Verdeutlichung sein, so darf man dennoch feststellen: Gerade deshalb blicken wir in ein vertrautes Gesicht, wenn wir uns mit dem Revisionsprozeß der Benigna Schultzen beschäftigen, einer Frau im Scheinwerferlicht der Frühaufklärung.

---

1   Die Akte Benigna Schultzen dokumentiert juristische Vorgänge aus dem Inquisitions- und Revisionsprozeß der Penzliner Bürgerin Benigna Schultzen zwischen den Jahren 1699 und 1711. Sie enthält ungefähr 30 verschiedene Dokumente des Revisionsverfahrens (und nicht des eigentlichen Hexenprozesses). Die „Akte Benigna Schultzen" wurde in der herzoglichen Justizkanzlei angelegt und gelangte 1877 in das Landeshauptarchiv von Mecklenburg, wo sie erst im Jahre 1955 entdeckt wurde.

2   Acta civitatum Penzlin Nr. 42 [41r–42r]. Der Text der Akte findet sich in *Riedl, Gerda, Der Hexerei verdächtig: das Inquisitions- und Revisionsverfahren der Penzliner Bürgerin Benigna Schultzen*, Göttingen 1998, S. 110 f.

3   Auch später wird die Unbeachtlichkeit einer Zeugenaussage formell begründet: „Zwar führen sie diese letztere Zu behaubten eine Außage eines Knaben von 16 Jahren an Zu dem ich sollte Nein gesaget haben, doch fället solches Zeugniß, weil es a minori in causa criminali praestitum ac injuratum von selbsten hinweg." (Acta civitatum Penzlin Nr. 42 [61r] in: Riedl [Anm. 2] S. 131). Im Unterschied zum früheren Inquisitionsprozeß hing die Wirksamkeit einer „Zeugenaussage" nun vom Alter des Zeugen ab. Denunziationen der Eltern durch ihre Kinder war somit ein Riegel vorgeschoben. Im konkreten Fall führt Benigna Schultzen dafür keine Autorität an. Man darf deshalb schließen, daß die Altersgrenze in Mecklenburg-Schwerin allgemein anerkanntes Recht war – eine Tatsache, die für den Stadtrichter Franz Joachim Schultz jedoch mehr Grund als Hindernis zu sein schien.

4   Acta civitatum Penzlin Nr. 42, [43v] in: *Riedl* (Anm. 2) S. 112 f.: „[S]o werden alß indicia magiae wieder mich in protocollo de anno 1699 d[en] 6ten Aug. auffgeführet 1 Fama (...) 2 Nominatio aliarum veneficarum (...) 3 Fuga (...) 4 Minae (...) 5 Damnum datum (...) 6 Daß ich meinen teufel zu meinem Mann geschicket (...) 7 Daß ich mich schwanger außgegeben und Kröten geboren (...)."

5   Acta civitatum Penzlin Nr. 42 [43v–44r] in: *Riedl* (Anm. 2) S. 113.
6   Acta civitatum Penzlin Nr. 42 [46r–47r] in: *Riedl* (Anm. 2) S. 115 f. erwähnt die Constitutio Criminalis Carolina (Artikel 31), den Canon Episcopi, Cothmann, Farinacci, Reincking, Rittershausen, Schöpffer, Spee, Spener und Stryk.
7   Acta civitatum Penzlin Nr. 42 [48r] in: *Riedl* (Anm. 2) S. 117.
8   Acta civitatum Penzlin Nr. 42 [48v] in: *Riedl* (Anm. 2) S. 118.
9   Acta civitatum Penzlin Nr. 42 [48v] in: *Riedl* (Anm. 2) S. 118.
10  Ein Mann dieses Namens ist 1703 nicht mehr in Penzlin wohnhaft. Möglicherweise hat ein drohendes Inquisitionsverfahren gegen die Ehefrau des Landwirts Mäcker die Familie zum Wegzug bewogen.
11  Hans Middelstuthen ist bereits 1703 verstorben; seine Witwe lebt mit ihrem Sohn in Penzlin (Beichtkinderspezifikation der Einwohner Penzlins 1703 Nr. 397 in: *Riedl* [Anm. 2] S. 211).
12  Matthias Sponholtz, damals 29 Jahre alt, Dienstjunge im Haushalt seiner Eltern, Ursula Sponholtz (50 Jahre alt) und der Radmacher Hans Rutenberg (60 Jahre alt). Beichtkinderspezifikation der Einwohner Penzlins 1703 Nr. 106–110, in: *Riedl* (Anm. 2) S. 210.
13  Acta civitatum Penzlin Nr. 42 [50r] in: *Riedl* (Anm. 2) S. 119.
14  Acta civitatum Penzlin Nr. 42 [53r–54r] in: *Riedl* (Anm. 2) S. 122. Benigna beruft sich auf Carpzow, Jonston, Kerckring und Zach.
15  Acta civitatum Penzlin Nr. 42 [54r–54v] in: *Riedl* (Anm. 2) S. 124. Erwähnt werden Cothmann, Delrio, Gail und Mevius.
16  Acta civitatum Penzlin Nr. 42 [55r–55v] in: *Riedl* (Anm. 2) S. 124 f. Als Autoritäten werden angeführt Brunnemann, Carpzow, Cothmann, Damhouder, Ludovici, Mevius und Oldekopp.
17  *Riedl, Gerda,* In Puncto Suspecti Veneficii: Der Fall Benigna Schultzen, in: Harmening, Dieter (Hrsg.), Hexenverfolgung in Mecklenburg: Regionale und überregionale Aspekte, Dettelbach 1997: „Eine Wendung nach Greifswald lag nahe, da die Peinliche Gerichtsordnung Kaiser Karls V. von 1532 in Artikel 219 im Falle einer „peinlichen Anklag" Rückfragen bei der nächstgelegenen „hohen Schule" (hier also Greifswald) anempfiehlt. Absolut verbindlich war diese Regelung jedoch nicht." (S. 47, insbesondere Anm. 15).
18  Acta civitatum Penzlin Nr. 42 [54v] in: *Riedl* (Anm. 2) S. 124.
19  Acta civitatum Penzlin Nr. 42 [54v–55v] in: *Riedl* (Anm. 2) S. 124. Benignas Anwalt beruft sich auf Brunnemann, Menochio, Oldekopp, Reincking, Spee und Zanger.
20  Acta civitatum Penzlin Nr. 42 [55v] in *Riedl* (Anm. 2) S. 125, eine weitere Stelle findet sich in Acta civitatum Penzlin Nr. 42 [58v] in: *Riedl* (Anm. 2) S. 128: „Zwar hätte Facultas Gryphica denen rechten convenabler gehandelt, wann sie diese monita der ersten belehrung beygerücket."
21  Acta civitatum Penzlin Nr. 42 [55v] in: *Riedl* (Anm. 2) S. 125: „Daß nach geschehener gütlichen verwarnung ich dem Angstmann folgender gestalt Zu übergeben, daß Er mich anfangs schrecke, die Zur Peinlichkeit gehörige instrumenta mir vorlege, und sich stelle alß sollte und wollte er mich damit auffs schärffste angreiffen, und wann solches bey mir nicht fruchte, daß Er mich abkleide, Zur Leiter führe, mir die Daumstöcke und beinschrauben anlege, und damit ein und abermahl Zuschraube ein mehrers aber noch Zur Zeit wieder mich nicht vornehme."
22  Acta civitatum Penzlin Nr. 42 [56r] in: *Riedl* (Anm. 2) S. 126.
23  Acta civitatum Penzlin Nr. 42 [56v–58r] in: *Riedl* (Anm. 2) S. 127 f.: Angeführt werden Carpzow, Clasen, Cothmann, Ludovici, Mauritius, Menochio, Oldekopp, Spee, Stryk, Zacchia und Zanger.
24  *Schlosser, Hans,* Grundzüge der Neueren Privatrechtsgeschichte: Ein Studienbuch, 8. Auflage, Heidelberg 1996. Zur näheren Charakterisierung der Begriffsjurisprudenz S. 132 ff.
25  Acta civitatum Penzlin Nr. 42 [62r] in: *Riedl* (Anm. 2) S. 132.
26  Acta civitatum Penzlin Nr. 42 [58v] in: *Riedl* (Anm. 2) S. 128.

27  Beichtkinderspezifikation von 1703, Nr. 396, in: *Riedl* (Anm. 2) S. 211.
28  Acta civitatum Penzlin Nr. 42 [55v, 61v] in: *Riedl* (Anm. 2) S. 125, 131 f.
29  Acta civitatum Penzlin Nr. 42 [61v] in: *Riedl* (Anm. 2) S. 131 f.
30  Acta civitatum Penzlin Nr. 42 [59v] in: *Riedl* (Anm. 2) S. 129 f.
31  Acta civitatum Penzlin Nr. 42 [62r] in: *Riedl* (Anm. 2) S. 132.
32  Acta civitatum Penzlin Nr. 42 [61v] in: *Riedl* (Anm. 2) S. 131 f.
33  Acta civitatum Penzlin Nr. 42 [61r] in: *Riedl* (Anm. 2) S. 131. Dieser Ansicht ist auch der Anwalt. Er sieht in dem erneuten Antrag des Stadtrichters sogar eine Rechtsverletzung gegen die Juristenfakultät. Als Autoritäten werden angeführt der Artikel 165 Constitutio Criminalis Carolina, Hopper, Oldekopp, Tabor.
34  *Riedl* (Anm. 17) S. 40.
35  Benignas Schwager war Hofschlachter am Hofe des Herzogtums Mecklenburg-Güstrow in Strelitz.
36  Acta civitatum Penzlin Nr. 42 [64v, 65] in: *Riedl* (Anm. 2) S. 135 f.
37  Aus den Gründen: (1) Kein Vorliegen neuer Indizien, (2) Die bestehenden Indizien wurden von der Fakultät bereits bewertet, (3) Fehlende Vollstreckung des Urteils durch die penzlinsche Herrschaft, (4) Die Flucht nach Klatzow ist kein neues Indiz, da Benigna Schultzen freiwillig zurückgekehrt war.
38  Acta civitatum Penzlin Nr. 42 [63v] in: *Riedl* (Anm. 2) S. 134.
39  Acta civitatum Penzlin Nr. 42 [64r] in: *Riedl* (Anm. 2), S. 135: Benignas Anwalt nennt Cothmann und Mevius.
40  *Riedl* (Anm. 2) S. 229: „Laut einer tabula taxationis aus dem Jahre 1713 hatte der Reichstaler folgende Kaufkraft: Ein Schaf oder Hammel = 1 Reichstaler; ein Schwein = 4 Reichstaler; eine Kuh zu 150 Pfund = 6 Reichstaler."
41  *Danneil, Eduard,* Chronik der Burg und Stadt Penzlin von den ältesten Zeiten bis zum Jahre 1874, Penzlin 1873, S. 18–21, in: *Riedl* (Anm. 2) S. 222.
42  *Riedl* (Anm. 17) S. 39, Fn. 38.
43  *Riedl* (Anm. 2) S. 187 f.: Mit derselben Geldstrafe in Höhe von 500 Reichstalern konnte bestraft werden, wer sich abergläubischer, unchristlicher, gotteslästernder und verbotener Mittel bediente (Interims-Verordnung Gustav Adolph Herzog von Mecklenburg-Güstrow aus dem Jahre 1661).
44  *Riedl* (Anm. 2) S. 67, Fn. 79: Nach den Rechtsgutachten der Rostocker Juristenfakultät zwischen 1530 und 1700 sowie der Greifswalder Fakultät zwischen 1582 und 1630 wurden in Mecklenburg 919 Hingerichtete identifiziert. Eine höhere Dunkelziffer ist dennoch zu befürchten.
45  Die hohe partikulare Selbständigkeit manifestiert sich also in einer Gewaltenzersplitterung, in fortwährenden ständischen Kompetenzstreitigkeiten und in finanziellen Dauerengpässen.
46  *Riedl* (Anm. 17) S. 33, Fn. 11: „Im Penzlin des ausgehenden 17. Jahrhunderts sind gesteigerte Verfolgungsaktivitäten erkennbar, die fünf namentlich genannte Frauen unter Hexereiverdacht bringen und nach Ausweis der Greifswalder Spruchakten zumindest besagter Elisabeth Dabers das Leben kosten. Näherhin handelt es sich um folgende Personen: Anna Gröning, Ehefrau von Matthias Sponholtz (...); Elisabeth Dabers, Ehefrau von Christian Weden (...); Dorothea Kopen; Dorothea Werths (...); Benigna Schultzen".
47  *Behringer, Wolfgang,* Hexen, Glaube Verfolgung Vermarktung, München 1998, S. 101, in: *Riedl* (Anm. 2) S. 51.
48  *Riedl* (Anm. 17) S. 32: „Prägende Konstellationen, während und nach dem Inquisitionsverfahren, werden in ihren sozialgeschichtlichen Dimensionen ebenso deutlich wie rechts- oder mentalitätsgeschichtliche Transformationsvorgänge einer ausgesprochenen Schwellenzeit."
49  *Riedl* (Anm. 2) S. 60 mit einem Verweis auf *Koselleck, Reinhard,* Vergangene Zukunft, Zur Semantik geschichtlicher Zeiten, Frankfurt/M. 1979.

50 *Riedl* (Anm. 17) S. 32: „multiperspektivisch referierende Prozeßakten quasimodernen Zuschnitts."
51 *Riedl* (Anm. 17) S. 31.
52 *Riedl* (Anm. 2) S. 60.
53 *Riedl* (Anm. 2) S. 26.
54 *Freud, Michael,* Gewissens-Fragen von Processe wider die Hexen Insonderheit denen Richtern hochnötig zuwissen, Güstrow 1667, in: *Riedl* (Anm. 2) S. 188 f.: Quaestio XVIII (sinngemäß): Die bloße Wahrnehmung der Anwesenheit einer bestimmten Person bei einem Hexentanz ist kein gewisses und unfehlbares Zeichen, da der Teufel auch die Gestalt eines (unschuldigen) frommen Menschen annehmen kann.
55 *Riedl* (Anm. 2) S. 29.
56 Damit wird der Dreißigjährige Krieg nicht monokausal auf die konfessionellen Streitigkeiten zurückgeführt. Handfeste politische Ambitionen der Anlieger des Heiligen Römischen Reiches sowie das Machtstreben der Partikularfürsten stellten eine weitere bedeutende Ursache dar – und unter den Fahnen der Verteidigung der „wahren" Konfession ließen sich die eigenen Interessen außerordentlich gut verbergen.
57 Beichtkinderspezifikation von Penzlin aus dem Jahre 1703, Nummer 396, in: *Riedl* (Anm. 2) S. 211.
58 *Riedl* (Anm. 2) S. 18: „Die weiteste Verbreitung dürfte heute allerdings Niklas Luhmanns ‚Kontingenzbewältigungs-Modell‘ genießen, weil es Elemente aller früheren Deutungen in sich vereinigt. Diesem Verständnis nach verhilft der Hexenglaube – in welcher zeitlichen, räumlichen oder kulturellen Erscheinung auch immer – vor allem zur Bewältigung von angsterzeugenden Situationen und zwischenmenschlichen Konflikten. Unerwartetes Unglück, existenzbedrohende Krankheiten oder unerklärliche Katastrophen werden unwillkürlich (...) mit der Einwirkung des ‚Bösen‘ in Gestalt gesellschaftlich auffällig randständiger Personen verknüpft. Eine Verständigung der Anderen untereinander verdichtet das Gerücht zur Diagnose, die Wahrnehmung des Unbegreiflichen erhält durch die Einbeziehung des Hexereiverdachtes scheinbar vernünftige Züge, eine bedrohlich angespannte Situation verliert ihre Übermächtigkeit, das Gemeinwesen entlastet sich – meist nur bis auf weiteres – über die aktive Bekämpfung der auffälligen Person."
59 *Riedl* (Anm. 17) S. 37 f., Fn. 23, 28.
60 *Riedl* (Anm. 2) S. 45 f.: processus exceptus: Die Angeklagten verlieren jedes Strafprozeß-Recht. Die zuständigen Behörden sind beauftragt, den Angeklagten unbedingt zu überführen. Eine Besagung oder schlechter Leumund reicht zur Anklage aus, mehrere Besagungen rechtfertigen die sofortige Hinrichtung auf dem Scheiterhaufen. Zeugenaussagen setzen keine absolute Vertrauenswürdigkeit voraus. Der Richter kann den Verdächtigten jederzeit täuschen, Akteneinsicht verwehren, Rechtsanwälte nicht zulassen, die Tortur ausdehnen bis zum gewünschten Bekenntnis: kurzer Prozeß.
61 *Riedl* (Anm. 2) S. 46–48: processus ordinarius (entsprechend der Constitutio Criminalis Carolina: Reduktion des Delikts auf den bloßen Schadenszauber, Art. 109, 219): (1) inquisitio generalis: qualifizierte Denunziation durch zwei glaubwürdige Augenzeugen; Sorgfältige Prüfung der Indizien, richterliche Pflicht zur Suche nach Entlastungsindizien. (2) inquisitio specialis: umfassende Rechte auf Akteneinsicht und Rechtsbeistand; genaue Abgrenzung der Folterstufen: Verbalterrition, Realterrition, Folter dritten Grades (Daumen- und Beinschrauben), Folter vierten (härtere Frage) und fünften grades (peinliche Frage) war an sich untersagt. Das Geständnis mußte ohne Gewaltanwendung abgelegt werden und 48 Stunden später ratifiziert werden; Ansprüche auf Schadensersatz, Freispruch bei Mißachtung und Übernahme der Prozeßkosten durch die Obrigkeit (Art. 204 CCC).
62 *Riedl* (Anm. 2) S. 29 mit einem Verweis auf die Interims-Verordnung Gustav Adolphs, des Herzogs von Mecklenburg-Güstrow aus dem Jahre 1661.
63 *Riedl* (Anm. 2) S. 30 f.
64 *Riedl* (Anm. 2) S. 45.

65  *Riedl* (Anm. 2) S. 196 mit einem Verweis auf die Anderweite Instruction und Verordnung Gustav Adolphs, des Herzogs von Mecklenburg-Güstrow aus dem Jahre 1683.

66  *Riedl* (Anm. 2) S. 202.

67  *Harmening, Dieter,* Zauberei im Abendland, Vom Anteil der Gelehrten am Wahn der Leute, Skizzen zur Geschichte des Aberglaubens, Würzburg 1991, S. 126, in: *Riedl* (Anm. 17) S. 42: „Wurde bis dahin Aberglaube als eine Entwürdigung der Religion betrachtet, so wird er nun als eine Entwürdigung der Vernunft aufgefaßt. Aberglauben wird säkularisiert."

68  *Riedl* (Anm. 2) S. 206: Greifswalder Juristenfakultät an Georg Julius Freiherr von Maltzahn, Todesurteil.

69  *Riedl* (Anm. 2) S. 42.

70  *Schwerhoff, Gerd,* Aufgeklärter Traditionalismus: Christian Thomasius zu Hexenprozeß und Folter, in: Zeitschrift der Savigny–Stiftung für Rechtsgeschichte, Germanistische Abteilung 104, Jahrgang 1987, S. 253; *Battafarano, Italo Michele,* Von Spee zu Beccaria: Der Kampf um die Abschaffung der Folter und der Hexenprozesse in der frühen Neuzeit, Gardolo di Trento 1988, S. 245 f.: „In seiner Dissertatio de Crimine magiae (1701) charakterisiert Christian Thomasius die Schrift Spees wie folgt: (...) also halte ich davor, daß kein verständiger Rechtsgelehrter oder kluger Politicus gefunden werden kann, welcher nach Durchlesung dieses Büchleins noch einigen Zweiffel wegen des unbilligen Hexen-Processes haben könnte, geschweige, daß er solches zu widerlegen sich unterfangen sollte."

71  *Battafarano* (Anm. 70) S. 246.

# Heutige
# Stellungnahmen

# Moderne Versuche zur Interpretation des Hexenwahns

## Psychologie des Hexenwahns und gezielte Ausschaltung störender Personen

*von Karen Rohkamm*

1. Wenn die Begriffe Hexen und Hexenverfolgung fallen, denkt man normalerweise sofort an arme, alte, gebrechliche, unheimliche Frauen, die verbrannt worden sind.[1] Jedoch wurden zwischen 1450 und 1750 als Folge der nach modernen Schätzungen 100.000 Hexenprozesse zwischen 40.000 und 50.000 Menschen hingerichtet, von denen 20 Prozent bis 25 Prozent Männer waren.[2] Außerdem handelte es sich nicht durchweg um arme alte Frauen, sondern reiche wie auch junge Frauen wurden nicht verschont. Darüber hinaus darf man nicht außer acht lassen, daß auch einige Kinderhexenprozesse geführt wurden. Nun stellt sich die Frage, wie die Menschen auf ihre Vorstellungen von Hexen kamen und was zu diesem Hexenwahn geführt haben könnte. Die verschiedenen Ansätze zur Interpretation der Hexenverfolgung, die überwiegend im 16. und 17. Jahrhundert in West- und Mitteleuropa weit verbreitet war, setzten in allen Ebenen der Gesellschaft an. Sowohl die Anschauungen der Kirche wie des Staates und der Bevölkerung dieser Zeit können darüber Aufschluß geben, wie es zu diesem Phänomen kam und weshalb so viele Menschen der Hexenverfolgung zum Opfer fielen.

2. Die staatlichen Strukturen dieser Zeit waren geprägt vom Absolutismus, der zur endgültigen Festigung fortschritt. Es ist nicht zu übersehen, daß der politische Prozeß, bei dem die absolutistische Herrschaft ausgebildet wird und das Anwachsen und spätere Abklingen der Hexenverfolgungen in zeitlichem Zusammenhang zueinander stehen. Sobald sich das Bürgertum ein gewisses Mitspracherecht erstritten hatte, konnte der Staat die Kritik an den Hexenprozessen nicht mehr einfach übergehen und die Verfolgungen wurden beendet. Dieses Phänomen läßt sich in verschiedenen Ländern Europas (England, Holland, Spanien, Deutschland) nachweisen.[3]

Die Zeit des Umbruchs lieferte eine ideale Basis für die Hexenverfolgungen, die als Mittel der Disziplinierung eingesetzt wurden. Es gab nun nicht mehr wie im Mittelalter ein Widerstandsrecht, sondern nur noch ein Appellationsrecht, welches vom Ermessen des Herrschers abhing.[4] Das Widerstandsrecht des Mittelalters gesteht dem einzelnen zwar nur ein passives Recht der Gehorsamsverweigerung zu, doch dies war hilfreicher als das Appellationsrecht, das nur die Überprüfung einer Entscheidung einräumte, da in den meisten Fällen die Entscheidung vom Machthaber aufrechterhalten wurde. Dies ist beispielsweise in den Prozessen der westfälisch-lippischen Stadt Lemgo der Fall, bei denen die Mächtigen der Stadt Kritiker und Konkurrenten in Hexenprozesse verwickelten. Die Opfer bedienten sich ihres Appellationsrechtes, auf das der gräfliche Gebietsherr nicht reagierte oder eine Reaktion in der Weise erfolgte, daß die Opfer zudem aufgrund des Verbrechens des Widerstands gegen die Staatsgewalt bestraft wurden.[5] Die Anklage als Hexe oder Hexer wurde als Waffe sowohl gegen politische Kritiker wie konkurrierende, mächtige Familien eingesetzt. Ein weiteres Beispiel für diese Art des Hexenwahns, der sich auf rein politische Motive stützt, ist der Hexenprozeß gegen Jeanne d'Arc. Sie stachelte die Franzosen dazu auf, sich gegen die englischen Besatzer zur Wehr zu setzen, und wurde später vor ein Inquisitionsgericht gestellt, das unter englischer Vorherrschaft stand. In diesem Verfahren wurde sie der Hexerei bezichtigt und auch für schuldig befunden, so daß sie zum Tode verurteilt wurde.[6]

3. Ein weiterer politischer Ansatz, der von Heinsohn und Steiger vertreten wird, sieht die Hexenverfolgung als Bevölkerungspolitik. Sie stützen sich bei ihrer These auf den Hexenhammer, der ihrer Meinung nach vor allem die Verfolgung und Vernichtung der Hebammen vorsieht. Es sollen gerade die Hebammen verfolgt werden, da diese mit ihrem Wissen über Mittel zur Geburtenkontrolle das Bevölkerungswachstum aufhalten. Diese Verfolgung ist nicht geschlechtsspezifisch zu verstehen, sondern auf die Ausrottung dieses speziellen Wissens gerichtet, so daß auch Männer, die solches Wissen besaßen, nicht verschont blieben.[7] Diese These wird auch durch den geschichtlichen Hintergrund gestützt. In dieser Zeit habe es einen Bevölkerungsrückgang gegeben, der einerseits durch eine europaweite Ernährungskrise zu Beginn des 14. Jahrhunderts ausgelöst

und andererseits durch den Ausbruch der Pest Mitte des 14. Jahrhunderts noch verstärkt wurde.[8] Damit jedoch der Staat die zu der Zeit noch äußerst notwendigen menschlichen Arbeiter zur Verfügung hatte, um die Agrarwirtschaft weiterzuführen,[9] mußten die Bevölkerungszahlen nach diesen Katastrophen steigen. Das bis dahin in der Bevölkerung weitverbreitete Wissen über die Geburtenkontrolle mußte effektiv ausgelöscht werden. Dieser These steht allerdings eine wichtige Tatsache entgegen: Nach Harley sind die Hebammen unterdurchschnittlich oft verklagt worden, was aus den vorhandenen Zahlen zu erkennnen sei.[10]

4. Eine andere Erklärung setzt am Verfahren an. Die Beschuldigten hatten während des Prozesses eigentlich keine Möglichkeit, ihre Unschuld zu beweisen.[11] Durch die Einordnung des Hexereidelikts als Sonderverbrechen, „crimen exceptum", welches das Gemeinwesen stark gefährdete und schädigte, wurden bei dessen Bekämpfung dem Staat außerordentliche Mittel zur Verfügung gestellt. Beispielsweise war im normalen mittelalterlichen Strafverfahren die Folter ein Mittel für einen Angeklagten, der keine Zeugen für seine Unschuld vorbringen konnte, sich von dem Verdacht seiner Schuld zu befreien, indem er die Folter überstand. Hingegen wurde im Hexenprozeß die Folter eingesetzt, um die Schuld des Angeklagten zu beweisen. Auch eine mehrmalige Folter konnte angeordnet werden, wenn die erste nicht die gewünschten Ergebnisse lieferte. Das größtenteils durch Folter erlangte Geständnis wurde als stärkstes Beweismittel gewertet. Da es jedoch keinen Unschuldsbeweis mehr durch die Folter gab, kann man feststellen, daß Indizien wie ein übler Ruf oder Abstammung von einer Hexe oder einem Hexer, eigentlich bereits ausreichten, um die Schuld eines Angeklagten nachzuweisen.[12] Außerdem forderten die Verantwortlichen von den angeblichen Hexen während der Folter als Gegenleistung für einen schmerzloseren Tod, andere Hexen zu nennen und somit zu denunzieren. In der Hoffnung, die zuständigen Personen gnädiger zu stimmen, nannten die Angeklagten meist viele Namen. Diese Denunziationen lösten in den betreffenden Gegenden eine Hexenverfolgung beträchtlichen Ausmaßes aus. Darüber hinaus ist der Hexenwahn durch die Zulassung aller möglichen Personen als Zeugen begünstigt worden. Bei Hexenprozessen wurden die in der Halsgerichtsordnung Karls V. festgelegten Grundsätze, daß nur vertrauenswür-

dige Zeugen zugelassen werden sollten, nicht mehr herangezogen, da es sich bei der Hexerei um ein Sonderdelikt handelte, bei dem so gut wie jedes Mittel recht war, um die Angeklagten zu verurteilen.[13] Sogar Kinder traten als Zeugen auf, wie beispielswiese in einem Prozeß der in Schweden 1669 stattfand, in dem die Aussagen von vierjährigen Kindern zu einer Verurteilung von 72 Frauen und 15 Jugendlichen führten.[14] Als Zeugenaussagen wurde auch verwendet, was Kinder von den Erwachsenen aufschnappten oder in Märchen erzählt bekamen und danach als Wahrheit von sich gaben. Auch hier förderte der Staat mit dem juristischen Verfahren das Ausarten der Hexenverfolgung.

5. Zudem war die Durchführung von Hexenprozessen für die Beteiligten, natürlich nicht für die Angeklagten, ein durchaus einträgliches Unterfangen. Der Richter, der Henker, die Schöffen, die Notare, die Gerichtsboten, die Folterknechte und der Landesherr konnten sich finanziell an den Prozessen bereichern. Dies geschah bis 1532 über die offizielle Konfiskation des Eigentums der Verurteilten. 1532 wurde diese Konfiskation zwar verboten, jedoch auch danach war dies gängige Praxis, bis sie nach dem Dreißigjährigen Krieg sogar wieder rechtmäßig war.[15] Gegen diesen Ansatz könnte man vorbringen, daß die meisten Personen, die als Hexen oder Hexer verurteilt wurden, der ärmeren unteren Volksschicht angehörten. Allerdings spricht für diesen Ansatz, daß bei Betroffenen, die zahlungsunfähig waren, die Unkosten aus der landesherrlichen Kasse beglichen wurden. Zum Teil wurde deshalb in einigen Gemeinden eine Beisteuer erhoben oder die Gemeinden mußten bürgen.[16]

6. Während es in machen anderen Hauptstädten und Regierungssitzen zu keiner Hexenverfolgung kam,[17] fanden an Fürstbischofssitzen wie Trier, Bamberg, Würzburg wie auch in protestantischen Städten spektakuläre Prozesse gegen Hexen statt.[18] Dies läßt vermuten, daß die weltlichen Herrscher seltener mit voller Überzeugung zur Hexenverfolgung standen. Welche Motive aus dem kirchlichen Bereich oder Umfeld können also Hexenverfolgungen ausgelöst haben? Kräuterkundige Frauen, die man in jedem Dorf antraf, verabreichten gewisse Mittel und Salben als Schmerzmittel, die sie auch an sich selbst ausprobierten, um deren Dosierung festzulegen.[19] Bei diesen Mitteln handelte es sich zum Beispiel um Stechapfel, Belladonna

oder Bilsenkraut.[20] Nebenwirkungen dieser Schmerzmittel sind Halluzinationen, die von der betreffenden Person oft als Flugerlebnisse[21] empfunden werden. Einige Personen beichteten diese für sie realen Halluzinationen von Flügen zu Zusammenkünften und unzüchtigen Ausschweifungen ihren Pfarrern, so daß sich die Kirche gezwungen sah, vor diesen Verbrechen zu warnen und die Verantwortlichen zur Rechenschaft zu ziehen.[22] Die Aussagen der Betroffenen, sowohl der Ankläger wie der Angeklagten, konnten zu den Anklagepunkten der Flüge zum Hexensabbat und den sexuellen Ausschweifungen bei diesen Hexentreffen führen, die in den Prozessen gegen die weisen Frauen auftreten. Die weisen Frauen müßten zum Teil von diesen berauschenden Mitteln abhängig gewesen sein, da sie die Mittel um ihre Wirkung abschätzen zu können, selbst ausprobieren mußten.[23] Es ist jedoch darauf hinzuweisen, daß Anzeichen für die Verwendung von Rauschgift durch die Verurteilten nicht überliefert sind. Außerdem waren die verurteilten Frauen häufig auch normale Bauern und Bürger, die nicht über die Kräuterheilkunde zur Herstellung von Rauschmitteln Bescheid wußten.[24]

7. Ein historisch-religiöser Ansatz geht davon aus, daß es Menschen gab, die sich als wirkliche Hexen verstanden, und daß ihr Kult Jahrhunderte überlebt hatte. Einige Autoren, die sich mit dem Thema des Hexenwahns beschäftigen, sehen als mögliche Erklärung eine Naturreligion, die vor der Christianisierung von den Germanen als Religion ausgeübt wurde und danach weiterhin in der einfachen Bevölkerung verblieb. Diese Religion hatte zum Kern die Beeinflußung der Natur durch geheime Kräfte.[25] Die Kirche sah diese Brauchtümer jedoch als Teufelsverehrung. Vergleichbar ist der Erklärungsansatz von Murray. Sie geht davon aus, daß die Hexen einer Religion angehörten, die vor dem Christentum entstanden sei und noch im 17. Jahrhundert in allen Gesellschaftsschichten weit verbreitet war. In dieser Religion, die Murray's Ansicht nach ein dianischer Kult sei, wurde ein gehörnter Gott mit dem Namen Dianus oder Janus verehrt. Angeblich sei das Christentum im Mittelalter nur äußerer Anschein, der Hexenkult hingegen vorherrschend gewesen. Im Zuge der Reformation hätten die Christen dann genug Halt entwickelt, um gegen den Kult zu handeln.[26] Es sind aber keine Nachweise zu finden, die bestätigen würden, daß dieser Kult im Mittelalter praktiziert wurde. [27]

Andere wollen das Hexenwesen auf einen Fruchtbarkeitskult der germanischen Zeit zurückführen. Hier wurde eine Erdgottheit verehrt, die Mutter Erde, in der hellenisch-römischen Götterwelt personifiziert durch Hekate, Demeter und Diana.[28] Andere Ausführungen behaupten, daß in dem Kult matriarchalische Aspekte in die patriarchalische Gesellschaft des Mittelalters überlebt hätten. Die Frau gilt als Mittlerin zur Natur. Sie lehnt sich gegen die Unterdrückung durch die patriarchalische Gesellschaft auf, indem sie an matriarchalischen Elementen des Kultes festhält und diese auslebt.[29] Einerseits spricht für den Ansatz des Fruchtbarkeitskults, daß Hexenfeste Gemeinsamkeiten mit Fruchtbarkeitsfesten haben,[30] bei denen wahrscheinlich auch berauschende Mittel zum Einsatz kamen, die wie bereits erläutert, zu Halluzinationen vom Flug durch die Luft und erotischen Phantasien führten.[31] Darüber hinaus werden bei allen Fruchtbarkeitstänzen Steckenpferde benutzt,[32] so daß das Bild der Hexe, die auf ihrem Besen reitet, auf diesem Ritual basieren könnte. Auch mit diesem Erklärungsansatz ist vorsichtig umzugehen, da er aufgrund von Aussagen der angeblichen Hexen entstanden ist. Der Wahrheitsgehalt dieser Aussagen ist zweifelhaft, da sie meist unter Folter oder deren Androhung erfolgten.[33] Oft wurden die Aussagen auch durch von den Richtern vorgegebene Bilder in die für eine Verurteilung richtige Richtung gelenkt.

Die Hexenverfolgungen fanden schwerpunktmäßig dort statt, wo vorher Ketzerprozesse durchgeführt worden sind.[34] Die verfolgten Ketzer flüchteten in einsame alpine Gebiete, in denen ein agrarischer Kult, wie der der Benandanti, noch existierte. In dem Fruchtbarkeitskult der Benandanti, die in Oberitalien anzusiedeln sind, kämpfen die Anhänger in einem halluzinatorischen Schlaf gegen Dämonen und Hexen.[35] Ginzburg und Briggs gehen davon aus, daß dieser Kult bei seiner Entdeckung am bereits vorhandenen klassischen Hexereidelikt gemessen wurde, wobei sie einräumen, daß einige Modifikationen vorgenommen wurden.[36] So mußte das Bild der Hexerei bereits vorher da gewesen sein. Letztlich war jedoch wohl nur ein geringer Anteil von Hexen Anhänger von früheren Religionen, so daß das Bild der Hexe wohl der Imagination des Menschen[37] entsprungen ist und in Sagen und Mythen festgehalten wurde. Von jeher ist bekannt, daß es zu allen Zeiten Menschen gab, die eine Vorstellung von Zauberei und der damit eng verbundenen Hexerei hatten,[38] um wissenschaftlich Unerklärliches auf irgendeine Weise einer Erklärung zuzuführen.

8. Ein weiterer Erklärungsversuch baut auf der christlichen Sexuallehre auf. Da die Kirche den aus purer Lust vollzogenen Geschlechtsverkehr zwischen Mann und Frau ablehnte und zwei Bereiche der Sexualität zu unterscheiden begann, nämlich einen „anständigen" zur Fortpflanzung und einen „unanständigen" der Liebeslust,[39] wurde nach denjenigen gesucht, die Sexualität auch ohne den Wunsch zur Fortpflanzung ermöglichten. Die Kenntnis über Empfängnisverhütung gehörte zu dem vielfältigen Wissen der Hebammen. Man versuchte, das Wissen der Hebammen zuerst einmal durch Hebammenordnungen unter Kontrolle zu bringen,[40] doch dies gelang wohl nicht in dem erwünschten Ausmaß, so daß zu dem härteren Mittel der Hexenverfolgung gegriffen wurde.

Diese Grundhaltung der Kirche sei auch ein Motiv, weshalb Homosexualität und Sodomie[41] als Teile der Hexerei angesehen wurden. Folglich ist dies eine Erklärung dafür, weshalb auch Männer der Hexerei angeklagt wurden, wenn ihnen solche Vergehen zur Last gelegt werden konnten. Doch seien die Hebammen nicht nur wegen dieser Ansicht der Hexenverfolgung zum Opfer gefallen, sondern auch wegen ihrer Vertrauensstellung, die sie bei den Frauen genossen. Die Frauen fragten diese weisen Frauen nicht nur in geburtshilflichen und körperlichen Sachen um Rat, sondern in allen Lebensproblemen. Die Stellung der weisen Frau stand in gewisser Konkurrenz zu der von der Kirche angestrebten Position in der Bevölkerung. Der Kampf um die Seelen ihrer Gläubigen wurde nach der Reformation und der Gegenreformation verstärkt ins Auge gefaßt. Ziel soll es gewesen sein, daß die Menschen sich der Kirche anvertrauen und nicht zu den weisen Frauen gehen.[42]

9. Ferner kann man einen Grund für die Hexenverfolgungen in der Reformation sehen. Beide Seiten, sowohl Katholiken wie Protestanten, hätten die Verfolgung von Hexen und Hexern genutzt, um eine innere Stabilisierung ihrer Gläubigen zu erreichen. Diesem Ziel entsprechend, richteten sie ein Feindbild auf, um die wahren Christen zusammenzuschließen.[43] Anfangs wurde nur auf geistiger Ebene gestritten, doch bald reichte dies nicht mehr aus und die Hexenprozesse gegen die Anhänger der anderen Seite begannen.[44] Vor allem in den Gebieten, in denen Katholiken und Protestanten aufeinandertrafen, sind bedeutende Ausbrüche des Hexenwahns nachzuvollziehen.

10. Daneben vertreten vor allem feministische Ansätze die These, daß die Kirche seit jeher frauenfeindlich veranlagt sei.[45] Dieser Ansatz geht davon aus, daß die Frau in den Augen der Kirche wegen ihrer Vorbelastung mit dem Sündenfall dem Bösen und Satanischen gegenüber anfälliger sei. Aufgrund dieser Einstellung der Kirche seien vor allem Frauen von der Hexenverfolgung betroffen gewesen. Hier sei allerdings darauf hingewiesen, daß die katholische Kirche zu dieser Zeit eine ausgeprägte Marienverehrung praktizierte, die ein positives Bild von der Frau als liebender und sorgender Mutter verbreitete.

11. Die Kirche hätte auch reges politisches Interesse an der Hexenverfolgung und dem Anschüren des Hexenwahns gehabt. Da ihr als Feudalherr rund ein Drittel des gesamteuropäischen Bodens gehörte, könnte sie wie der Staat daran interessiert gewesen sein, die Bevölkerung diszipliniert zu halten[46] und außerdem den Bevölkerungszuwachs zu fördern.[47] Die Verfolgung dieser Ziele wurde bei der politischen Erklärung für das weltliche Handeln in Bezug auf die Hexenverfolgung bereits genauer erklärt.

12. Wahrscheinlich ist vor allem in der Bevölkerung nach Ursachen für den Hexenwahn zu suchen, da es Gründe für den fast volksfestartigen Charakter von Hexenfolterungen und Hexenverbrennungen geben muß. Eine schwere Wirtschaftskrise belastete die Bevölkerung im 16. und 17. Jahrhundert. Viele Menschen waren arbeitslos und mußten, um überleben zu können, auf die Almosen anderer hoffen. Vor allem die Frauen, und unter ihnen besonders die Älteren, hatten keine großen Möglichkeiten an Arbeit zu kommen. Auch waren nur ungefähr 40 Prozent aller Frauen[48] verheiratet und somit in gewissem Maße sozial abgesichert. Zudem konnten Kriege, Unruhen oder die Pest auch diese Frauen treffen und sie zu Witwen machen. Die Menschen mußten unter anderem mit Preiserhöhungen fertig werden, die die Mehrheit der Bevölkerung überlastete, da die Löhne gleich blieben.[49] Die Kluft zwischen Armen und Reichen wurde in dieser Zeit noch extremer. Die Reicheren wurden durch den Anblick von Bettlern gestört, die Almosen von ihnen erbaten. Ein Ansatz führt die Hexenverfolgung auf diesen Umstand zurück und sieht sie als wirksames Mittel, um die Bettler zu vertreiben und auszurotten.[50]

Oder sind die naturheilkundigen Frauen zunehmend aus den Heilberufen verdrängt worden?[51] Vor allem die Hebammen, die ein Fachwissen auf dem Gebiet der Gynäkologie und der Geburtshilfe über Jahrhunderte hinweg gesammelt und von Frau zu Frau weitergereicht hatten, wurden zu Beginn der Neuzeit von der männlichen Ärzteschaft verdrängt. Die auf Naturheilkunde beruhenden Behandlungsmethoden wurden abgelöst durch Methoden, die auf wissenschaftlich-theoretischen Erkenntnissen beruhten.[52] Die Menschen dieser Zeit vertrauten auf die weisen Frauen, die es in jedem Dorf gab, und wandten sich weiterhin an diese. Die Feindschaft zwischen Ärzten und Heilerinnen beruhte auf Gegenseitigkeit, wie der Fall der Nicole d'Acraigne zeigt. Mengeatte des Woirelz behandelte Nicoles Arm, den sie sich bei einem Sturz verletzt hatte mit einer Mischung aus Essig, Urin und Bienenwachs. Die Behandlung war erfolgreich, jedoch durfte Nicole auf Anraten von Mengeatte nicht zu einem Chirurgen gehen, denn dieser würde ihren Arm verkrüppeln.[53] Die Ärzte mußten dafür sorgen, daß diese Frauen aufhörten, ihnen ihre Patienten abspenstig zu machen. Dies geschah mit der Unterstützung der Städte, indem versucht wurde, durch Hebammenordnungen eine institutionalisierte medizinische Wissenschaft zu etablieren. Die Hebammenordnungen reichten jedoch nicht aus, um die Frauen aus dem Berufsstand zu drängen, so daß zu dem Mittel der Hexenverfolgung gegriffen wurde.

13. Die Bevölkerung hatte zu dieser Zeit die Vorstellung von einer Welt, die in zwei Kategorien existierte. Auf der einen Seite war die göttliche Ordnung, auf der anderen die teuflische Unordnung, die immer versuchte, die Ordnung aus dem Lot zu bringen. Diese Strukturierung der Wahrnehmung und die vereinfachte Kategorisierung, die ein ordnendes und entlastendes Moment bietet,[54] führte dazu, daß das Unglück beispielsweise in Form von Krankheit oder Armut dem Teufel zugeschrieben wurde, der wiederum die Hexen beauftragte sein Werk zu tun. Auch die Sozialpsychologie hat sich mit dem Phänomen des Hexenwahns auseinandergesetzt. Sie geht davon aus, daß hier eine Art Sündenbocktheorie, die auf den von Freud aufgestellten Kategorien der Projektionen basiert, Anwendung findet, welche ihrerseits durch Stigmatisierungen einen Ausgrenzungsprozeß in Gang setzen. Mit anderen Worten: Personen werden aufgrund von Normabweichungen wie psychische Krankheit und kör-

perliche Auffälligkeiten („Hexenmalen") etikettiert und für Unglücksfälle verantwortlich gemacht.[55] Ein weiterer Erklärungsversuch für den Hexenwahn in Form einer historisch-sozialpsychologischen Interpretation geht davon aus, daß während der Kindheit ein Defekt in der geistigen Entwicklung stattfindet. Eltern gaben ihre Kinder in dieser Zeit nach der Geburt an Ammen, die sich meist um mehrere Kinder gleichzeitig kümmerten und weiterhin anderen Arbeiten nachgingen. In solch einem Fall erfuhren die Kinder wenig Liebe und Zuneigung, bis sie mit ungefähr zwei Jahren zu ihren Eltern zurückkamen. Nun mußten sie sich an eine neue fremde Situation gewöhnen, vor allem wurden sie nun oft mit Zuneigung durch die eigentliche Mutter überhäuft. Durch die Entbehrung und dann den Überschuß an Zuneigung kam es bei den Kindern in dieser Phase der Entwicklung zu einer Betrachtungsweise, die nur Gut und Böse unterscheidet, es aber nicht in Einklang zu bringen vermag. Hieraus entsteht eine furchtbare Angst vor allem Bösen. Diese Betrachtungsweise läßt die Kinder als Erwachsene nach vollkommen guten Objekten der Verehrung suchen, die sie beispielsweise in der Gottesmutter finden. Im Gegensatz dazu bildet sich in ihrer Vorstellung ein Gegenbild, das der Hexe. Durch die Entsagungen, die sie in ihrer Kindheit von der Amme erfahren haben, trifft diese als Verkörperung des Bösen die Angst der Betroffenen. Um nun diese Angst unter Kontrolle zu bekommen, ist die Vernichtung des Objekts des Bösen die einzige Möglichkeit. Die These wird gestützt durch die Aussage, daß die Hebammen zu den Personen gehörten, die während des Höhepunktes des Hexenwahns am meisten verfolgt und vernichtet wurden.[56] Gegen diese These, die sich hauptsächlich auf das Ammenwesen stützt, muß gesagt werden, daß nur die Kinder aus den höheren Gesellschaftsschichten an Ammen gegeben wurden und diese These infolgedessen den Hexenwahn in der gesamten Bevölkerung nicht zu erklären vermag.[57] Des weiteren darf man nicht außer Betracht lassen, daß die Menschen in dieser Zeit mit einem Aufkommen der Wissenschaften konfrontiert wurden, die für sich beanspruchten, logische Erklärungen für alle Phänomene zu haben. Der Wissensstand dieser Zeit war aber noch nicht so weit fortgeschritten, daß dies auch der Fall war. Ereignisse, die nicht erklärbar waren, lösten bei der Bevölkerung eine Angst aus, die zu der These führte, daß Unerklärliches vor allem böser Natur von Hexerei herrührte.

14. Ein weiterer Erklärungsversuch des Hexenwahns beruht auf einem Ansatz, der davon ausgeht, daß Ängste vor Verhexung als Folge des Geschlechterkonflikts betrachtet werden können, „wenn reale Frauenmacht in Widerspruch stand zu einer rechtlich untergeordneten Position".[58] Hiervon hebt sich die Ansicht ab, daß Hexerei „geschlechtsbezogen, aber nicht geschlechtsspezifisch" sei.[59] Diese Ansicht entwickelte sich daraus, daß der Mann aufgrund seiner gesellschaftlichen Stellung Aggressionen eher mit Gewalt äußerte, wohingegen die Frau eine verbale Äußerung vorzog.[60] Wenn nun eine Frau wütend wurde, stieß sie eher mündlich Drohungen aus, und wenn durch Zufall dem Bedrohten kurz darauf ein Unglück widerfuhr, erinnerte sich dieser an die Drohung und folgerte, daß er verhext worden sei. Ältere verwitwete Frauen hatten oft Anlaß zu Unzufriedenheit aufgrund ihrer Lage, standen jedoch nicht unter direkter männlicher Kontrolle.[61] Demgegenüber genossen sie aber auch nicht den sozialen Schutz eines Mannes, so daß der Weg der Beschuldigung durchaus einfacher war. Ferner wurde in der Tiefenpsychologie die These aufgestellt, daß die Hexe als Inversionsmotiv zur „fruchtbaren, nährenden und befriedigenden Frau" zu sehen sei.[62] Eine Frau, die in den Augen der Gesellschaft dieses Gegenbild verkörperte, wurde als Hexe gesehen und ihr Verhalten genauer beobachtet.

15. Die Kinder dieser Zeit erlebten Epidemien, Hungersnöte, Mißernten und Unwetterkatastrophen als Zeichen der Endzeit und als göttliche „Zuchtrute". Diese Erklärungen lieferten ihnen ihre Eltern, ihre Lehrer und die Kirche. Ferner erfuhren sie, daß Hexen für solche Schicksalsschläge verantwortlich seien, so daß man diese bekämpfen mußte. Hieraus erklärt sich, daß Kinder, deren Phantasie durch solche Erzählungen angeregt wurde, Personen denunzierten, die sie für Böse hielten. Aus den Denunziationen läßt sich erkennen, wie der Alltag und die Beziehungen dieser Kinder aussahen.[63] Wenn sie eigene Familienmitglieder anklagten, geschah dies aus Haß, Abscheu oder Versagungen, die sie erlitten hatten. Andererseits konnten diese Aussagen auch einen verzerrten Schrei nach Liebe und Zuwendung bedeuten, wie dies beispielsweise in einem Fall in Reutlingen im Jahre 1660 geschah.[64] Der zwölf- oder dreizehnjährige Hans-Ulrich Fasnacht, gegen dessen Vater bereits ermittelt wurde, unterstützte die Anklage noch durch weitere Ausführungen. Nach-

dem Hans-Ulrich aufgrund von sexuellen Delikten, zu denen ihn sein Vater angestiftet hätte, ebenfalls gefangen gesetzt wurde, beobachtete ein Gefangenenwärter, daß dämonische oder teuflische Mächte den Jungen bedrohten und dann nach Einnahme eines Stücks Brot, in das der Wärter ein Kreuz geritzt hatte, verließen. Dies folgerte der Wärter aus dem Zeichen eines erfolgreichen Exorzismus, einem unerträglichen Geruch im Raum. Hans-Ulrich antwortete auf die Frage nach der Identität des Ausgefahrenen, daß es sein „leibhaftiger Vater" gewesen sei. Als jedoch sein Vater der Hexerei überführt war, bat er seinen Vater sich zu bekehren, da sie dann im Himmel zusammen wären. Diese Darstellung weist darauf hin, daß der Sohn einerseits tiefen Haß für seinen Vater empfand, andererseits ein großes Verlangen nach Aussöhnung verspürte.[65] Kinder fungierten jedoch nicht nur als Denunzianten, sondern wurden auch der Hexerei bezichtigt. Im Gegensatz zu den Erwachsenenhexen klagten sich die Kinderhexen meist freiwillig selbst an. Ein Motiv für dieses Verhalten liegt wohl in einer Rebellion gegen die strenge Erziehung von Eltern und Kirche, da diese den Hexenglauben als Erziehungsmittel zum rechten Glauben und rechtem Verhalten nutzen. Die Kinder faszinierte außerdem die Nähe der Hexe und des Teufels zur Sexualität, die ihnen ihre Erziehung versagt, wie ihnen zum Beispiel die Schulordnung nicht einmal „untereinander laufen oder miteinander unordentlich Gemeinschaft haben und zusammenschlüpfen" erlaubt.[66] Überdies wollten sie Aufsehen erregen und im Mittelpunkt öffentlichen Interesses stehen. Ferner eröffnete sich ihnen auch hier die Möglichkeit andere zu denunzieren.[67]

16. Im 16. und 17. Jahrhundert vollzog sich langsam ein Wandel hin zu der Bildung von Ballungszentren, in denen Menschen auf engstem Raum zusammenlebten. Vor allem legten die Menschen durch wirtschaftliche Schwierigkeiten bedingt ein zum groben Egoismus tendierendes Verhalten an den Tag. Vorher war vorrangig der Bestand der Gemeinschaft wichtig, nun wurde zur Priorität, daß man sich selbst und seine Familie versorgte.[68] Ferner wuchs die Kluft zwischen Armen und Reichen in dieser Zeit beständig. Diese Situation war für Krisen und Streitigkeiten in der Gemeinschaft wie geschaffen und damit auch, um dem Hexenwahn freien Lauf zu lassen. Als Hexe wurde beispielsweise bezichtigt, wer einen Grund hatte, dem anderen Böses zu wollen. So etwas kam vor, wenn das spätere

Opfer eine Schuld nicht abgetragen hat und nicht vorhatte, dies zu tun. Weiterhin war dies der Fall, wenn das künftige Opfer gegen die Moral der Wohltätigkeit oder das gutnachbarliche Verhalten verstieß. Sobald nun diesem „Opfer" kurz nach dem Zwischenfall ein Unglück von „unerklärlichem" Ursprung widerfuhr, kam aufgrund des schlechten Gewissens die Vermutung auf, daß die Person, der man Unrecht getan hatte, dieses ja vergelten könne, wenn sie der Hexerei mächtig wäre.[69] Dies erklärt auch, daß häufig ältere, alleinstehende, wirtschaftlich schwache Frauen dem Hexenwahn zum Opfer fielen, da diese auf die Unterstützung der Gemeinschaft vertrauen mußten. Aus demselben Grund wurden oft auch körperlich Behinderte der Hexerei angeklagt, da auch sie eine Belastung für die Gesellschaft darstellten. Hierzu ist zu sagen, daß die Behinderten nicht wegen ihres Aussehens, sondern wegen ihrer sozialen Lage als Hexen oder Hexer verfolgt wurden.[70] Darüber hinaus wurden behinderte Kinder als durch die Hebamme ausgetauschte Teufelsgeschöpfe (Wechselbälger) angesehen.

Bei kranken Personen, die von einer kräuterkundigen Frau etwas zu essen oder zu trinken bekamen und danach geheilt waren, wurde die Frau als Hexe bezichtigt, wenn diese, bevor die Krankheit aufgetreten war, bei der betreffenden Person zu Besuch war. Solche Vorkommnisse zeigen eine Angst vor dem Wissen dieser Frauen, da sie imstande waren, eine gewisse Machtposition in der Gemeinschaft auszuüben.[71] Diese Art der Anschuldigung zeigt sich vor allem auch dann, wenn die Symptome der Krankheit verstärkt auftraten, wenn die verdächtige Person sich näherte.[72] Solche Ereignisse können heutzutage über die Beeinflußung des Immunsystems durch emotionale Zustände erklärt werden, also auf psychosomatischen Zusammenhängen beruhen. Überdies wurden Personen, die in irgendeiner Weise die Mißgunst der anderen auf sich zogen, oft der Hexerei verdächtigt. Es reichte aus, wenn jemand beispielsweise mehr Butter machen konnte und nicht imstande war, dies hinreichend zu erklären. Diese Anklagen beruhten auf Neid[73] und Haß, die in einer Gemeinschaft immer auftreten können, jedoch in Notzeiten häufiger und oft heftiger auftauchen. Oft wurden auch Unglücksfälle, die von der Nachlässigkeit oder Unfähigkeit des „Opfers" selbst herrührten, auf Hexerei zurückgeführt, wenn diese nach einem Streit mit einer „Hexe" entstanden.[74]

17. Einige Autoren gehen schließlich davon aus, daß Besessene ebenfalls der Hexenverfolgung ausgeliefert waren.[75] Im Gegenteil wurde versucht, die Besessenen durch Exorzismen zu heilen.[76] Jedoch wurden Hexenverfolgungen auch auf Denunziationen von Besessenen gestützt. Es kam beispielsweise in Klöstern zu regelrechten Besessenheitsepidemien, die dann einer Mitschwester oder einem Priester zugerechnet wurden.[77] Erklärungen für diese Anklagen der Besessenen sind auf einen gewissen Geltungsdrang der von Besessenheit Betroffenen[78] oder, bei wahrem epidemieartigem Auftreten, auf die Eifersucht der einen Person auf die Aufmerksamkeit, die der anderen Person zuteil wird,[79] zurückzuführen.

18. Ein ethnologisch-anthropologischer Ansatz versteht das Hexenwesen als einen „mythisch-rituellen Gesellschaftsvertrag", in dem innerhalb jeder Kultur die aggressive Reaktion von Außenseitergruppen zum Ausdruck kommt.[80] Diese Randgruppen sind aus den verschiedensten Gründen nicht in die Kultur ihrer Umgebung integriert. Der Aggressionsbereich, der als Nährboden für die Hexerei gilt, entsteht einerseits bei kulturellen Gegensätzen einer kleineren Gruppe, deren Kultur von der Mehrheit als Bedrohung angesehen wird. Diese Minderheit wird an den Rand der Gesellschaft verbannt, da sie anders ist, und bald kann auch der Vorwurf der Hexerei folgen.[81] Andererseits kann ein Aggressionsbereich auch innerhalb einer Kultur entstehen, wenn eine ökonomisch abgedrängte oder unterdrückte Gruppe, beispielsweise die armen Bauern der feudalen Gesellschaft, in der Religion der sie unterdrückenden Mehrheit keine Heilsbotschaft für sich erkennen kann. Sie legt dann Verhaltensformen an den Tag, die, im Einklang mit ihrer eigenen Mythologie, die Glaubensvorstellungen der Mehrheit verneinen oder sogar im Gegensatz hierzu stehen. In diese „Religion" integriert sie Teile der volkstümlichen Überlieferungen, wie beispielsweise Naturfeste aus der heidnischen Kultur.[82] Dies liefert teilweise eine Erklärung für das Hexenwesen.

19. Viele der Autoren versuchen eine monokausale Erklärung für die Hexenverfolgung zu finden und kritisieren oft aufs heftigste Ausführungen, die ihre These nicht stützen. Sicherlich gibt es nicht nur eine Erklärung oder Ursache für den Hexenwahn, sondern das Zusammentreffen vieler Umstände war hierfür bestimmend. Auch

sollte man bedenken, daß man zwar Anhaltspunkte für das Leben in dieser Zeit aus historischen Dokumenten und Ähnlichem ableiten kann, jedoch wird man wohl nie mit letzter Sicherheit sagen können, wie es zur grausamen Verfolgung so vieler Verdächtigen kommen konnte. Allerdings kann man wohl festhalten, daß die Hexenverfolgung ein Mittel war, um sich Störfaktoren der Gesellschaft zu entledigen. Dies zeigt auch die Flexibilität, mit der das Hexenbild von Fall zu Fall erweitert wurde.

---

1   *Di Nola, Alfonso,* Der Teufel, 1993 München, S. 317.
2   *Briggs, Robin,* Die Hexenmacher, 1998 Berlin, S.16.
3   *Brackert, H.* nach: *Heinemann, Evelyn,* Hexen und Hexenglauben, Frankfurt/Main 1986, S. 89.
4   *Heinemann* (Anm. 3), S. 89.
5   *Brackert* (Anm. 3), S. 89.
6   *Grigulevic, J. R.* zitiert nach *Heinemann* (Anm. 3), S. 89 f.
7   *Heinsohn, Gunnar / Steiger, Otto,* Die Vernichtung der weisen Frauen, 4., erweiterte Auflage, München 1990, S. 31.
8   *Heinsohn/Steiger* (Anm. 7), S. 95.
9   *Heinsohn/Steiger* (Anm. 7), S. 126.
10  *Harley, D.,* zitiert nach: *Briggs* (Anm. 2), S. 95.
11  *Heinemann* (Anm. 3), S. 83.
12  *Heinemann* (Anm. 3), S. 73.
13  *Hammes, M.* nach: *Heinemann* (Anm. 3), S. 75.
14  *Hammes* (Anm. 13), S. 76.
15  *Hammes* (Anm. 13), S. 90 f.
16  *Schormann, G.* nach: *Heinemann* (Anm. 3), S. 91 f.
17  *Briggs* (Anm. 2), S. 66.
18  *Briggs* (Anm. 2), S. 66.
19  *Heinsohn/Steiger* (Anm. 7), S. 65.
20  *Kunze, M.* nach; *Heinemann* (Anm. 3), S. 84; *Heinsohn/Steiger* (Anm. 7), S. 65; *Wisselinck, Erika,* Hexen, 3. Auflage, München 1989, S. 35.
21  *Heinsohn/Steiger* (Anm. 7), S. 65; Wisselinck (Anm. 20), S. 35.
22  *Heinemann* (Anm. 3), S. 84.
23  *Heinsohn/Steiger* (Anm. 7), S. 65.
24  *Heinemann* (Anm. 3), S. 8
25  *Cohn, N.* nach: *Heinemann* (Anm. 3), S. 85 f.
26  *Murray, M.* nach: *Heinemann* (Anm. 3), S. 86.
27  *Heinemann* (Anm. 3), S. 86.
28  *Mayer, A.* nach: *Heinemann* (Anm. 3), S. 86.
29  *Brenner, I. / Morgenthal, G.* nach: *Heinemann* (Anm. 3), S. 86 f.
30  *Mayer* (Anm. 28), S. 86.
31  *Heinsohn/Steiger* (Anm. 7), S. 66.
32  *Mayer* (Anm. 28), S. 86.
33  *Heinemann* (Anm. 3), S. 87.
34  *Russell, J. B.* nach: *Heinemann* (Anm. 3), S. 87.
35  *Briggs* (Anm. 2), S. 70; *Heinemann* (Anm. 3), S. 87 f.; *Behringer, Wolfgang,* Hexen, Originalausgabe, München 1998, S. 20.
36  *Ginzburg, C.* nach: *Heinemann* (Anm. 3), S. 87 f.; *Briggs* (Anm. 2), S. 70.

37  *Heinemann* (Anm. 3), S. 89; *Briggs* (Anm. 2), S.13.
38  *Diefenbach, Johann,* Der Hexenwahn in Deutschland, Nachdruck der Originalausgabe, Leipzig 1969, S. 173.
39  *Wisselinck* (Anm. 20), S. 40.
40  *Heinsohn/Steiger* (Anm. 7), S. 120 ff.
41  *Heinsohn/Steiger* (Anm. 7), S. 77.
42  *Wisselinck* (Anm. 20), S. 41.
43  *Brackert* (Anm. 3), S. 90.
44  *Trevor-Roper, H. R.* nach: *Heinemann* (Anm. 3), S. 90.
45  *Wisselinck* (Anm. 20), S. 21.
46  *Priskil, P.* nach: *Heinemann* (Anm. 3), S. 90.
47  *Heinsohn/Steiger* (Anm. 7), S. 114.
48  *Ozment, S.* nach: *Heinemann* (Anm. 3), S. 105.
49  *Heinemann* (Anm. 3), S. 132; *Briggs* (Anm. 2), S. 378.
50  *Weber, Hartwig,* Kinderhexenprozesse, 1. Auflage, Frankfurt am Main 1991, S. 25.
51  *Wisselinck* (Anm. 20), S. 35.
52  *Becker, G.* nach: *Heinemann* (Anm. 3), S. 92.
53  *Briggs* (Anm. 2), S. 161.
54  *Behringer* (Anm. 35), S. 18.
55  *Behringer* (Anm. 35), S. 30.
56  *Heinemann* (Anm. 3), S. 105 ff.
57  *Wisselinck* (Anm. 20), S. 121.
58  *Nadel, Siegfried F.* in: *Behringer* (Anm. 35), S. 28.
59  *Larner, Christina* in: *Behringer* (Anm. 35), S. 29.
60  *Larner* (Anm. 59), S. 28.
61  *Behringer* (Anm. 35), S. 28.
62  *Behringer* (Anm. 35), S. 29.
63  *Weber* (Anm. 50), S. 13.
64  *Weber* (Anm. 50), S. 41 ff.
65  *Weber* (Anm. 50), S. 48.
66  *Weber* (Anm. 5), S. 40.
67  *Weber* (Anm. 50), S. 25.
68  *Heinemann* (Anm. 3), S. 101.
69  *Thomas, K.* nach: *Heinemann* (Anm. 3), S. 100 f.
70  *Thomas* (Anm. 69), S. 101 f.
71  *Heinsohn/Steiger* (Anm. 7), S. 80.
72  *Briggs* (Anm. 2), S. 78.
73  *Briggs* (Anm. 2), S. 112.
74  *Briggs* (Anm. 2), S. 112.
75  *Heinemann* (Anm. 3), S. 93.
76  *Ernst, C.* nach: *Heinemann* (Anm. 3), S. 95.
77  *Heinemann* (Anm. 3), S. 95.
78  *Heinemann* (Anm. 3), S. 95.
79  *Heinemann* (Anm. 3), S. 125.
80  *Di Nola* (Anm. 1), S. 276.
81  *Di Nola* (Anm. 1), S. 276.
82  *Di Nola* (Anm. 1), S. 276 ff.

# Die Vergebungsbitte Papst Johannes Pauls II. und die Inquisition

*von Bernd-Boris Bartels*

Mit seinen einleitenden Worten bringt Gerhard Müller als Herausgeber des Buches „Erinnern und Versöhnen" noch die feste Überzeugung zum Ausdruck, daß am ersten Fastensonntag des „Heiligen Jahres 2000 der Menschwerdung des Sohnes Gottes" die Welt in Erstaunen versetzt würde, wenn in Rom Papst Johannes Paul II. Gott öffentlich um Vergebung bäte für die Schuld der Söhne und Töchter seiner Kirche. Unter den vielfältigen Reaktionen auf die in ihren Teilen seit langem geforderte und wohl auch fällige Vergebungsbitte sind solche des Erstaunens jedoch eher rar geblieben. Die außerordentliche Bedeutung und Tragweite des Schuldbekenntnisses des Papstes, die ihm die Verantwortlichen im Vatikan zuordnen, vermochten außenstehendere Kreise gleich welcher Herkunft und Legitimation nicht zu erkennen. Für sie ist es kaum mehr als ein Lippenbekenntnis, das die Kirche nicht bindet und ebenso wenig feststellt, daß sie in der Vergangenheit Schuld auf sich geladen hat. Es ist fraglich, ob man damit dem viel kritisierten Johannes Paul II. eine angemessene Anerkennung widerfahren läßt, wenn man bedenkt, daß in der überwiegenden Zahl der Fälle seiner 94 bis ins Jahre 1999 veröffentlichten Texte, in denen er historische Schuld der Kirche anerkennt oder in denen er um Vergebung bittet, unbeachtet blieben. Während einzelne Texte davon durchaus von großem kulturellen Interesse sind und beachtliche Formulierungen wiedergeben, mindert sich ihre Bedeutung dadurch, daß in der von Gerhard Müller angesprochenen Welt Worten heutzutage oftmals nur noch ein geringer Stellenwert beigemessen wird.[1] Ob zurecht – weil es ihrer zu viele gibt oder weil sich zu viele von ihnen im Verlaufe der Jahrhunderte im Dickicht der Widersprüchlichkeit verfangen haben –, das könnte gerade im Hinblick auf den Papst und seine Kirche die Frage sein, die es zu klären gilt. Ob letztendlich also das Ungewohnte an diesen besonderen Fürbitten von Johannes Paul II. im Rückblick historisch genannt werden kann, auch wenn, wie Peter Köster in der Neuen Zürcher Zeitung es formuliert, inszenierte Historie selten hält, was sie verspricht,[2] ob es eine eingreifende Wirksamkeit nach sich zog, wage ich nicht zu beurteilen, denn „wer in den Rosengarten der Philosophen einzudringen versucht, ohne den Schlüssel zu haben, ist wie ein Mann, der ohne Füße gehen will."[3]

## Verantwortung der Kirche auf dem Gebiet der Hexenverfolgungen

Eines der grundsätzlichen Probleme des Themenkreises um die Vergebungsbitte, das von Seiten des Vatikans mehrfach angesprochen worden ist, ist die Frage, inwiefern man historische Vorgänge tatsächlich beurteilen kann, anders ausgedrückt, ob man nicht unbewußt automatisch nach heutigen Moral- und Rechtskriterien zu messen versucht. Konrad Repgen[4] weist darauf hin, daß nicht jeder Irrtum oder Fehler als Sünde oder Schuld qualifiziert werden könne. Es seien bei allem politischen Handeln auch Fehlentscheidungen nahezu unvermeidlich, und unbeabsichtigte Nebenwirkungen ließen sich oft nicht voraussehen. Jede heutige päpstliche Distanzierung von früheren Denkweisen, Geschehnissen und Zuständen der Kirche und in der Kirche sollte daher durch die Benutzung klarer Begriffe den jeweiligen Sachverhalt und seine theologische Qualifikation aus sowohl damaliger wie auch aus heutiger Sicht unmißverständlich beschreiben. Kann eine Verantwortung der Kirche nicht automatisch angenommen werden, stellt sich die Frage danach, ob sich die Kirche schuldig gemacht hat oder ob es auf das Erleben subjektiver Schuld ankommen muß. Die Hexenjagd war ein Phänomen in der Zeit von Reformation und Dreißigjährigem Krieg, während derer die Kirche gespalten und schwach war. Ausweislich historischer Dokumente aus der Verfolgungszeit gab es in der Kirche verschiedene Meinungen zur Hexenjagd. Ein Beispiel ist der Jesuitenorden, in dem Verbreiter (Martin Delrio) und Gegner (Friedrich Spee) zu gleicher Zeit tätig waren. Schon durch das Thema wurden Theologen und Priester automatisch betroffen, galten sie doch als kompetent in Sachen Teufel und Übernatürlichem. Der Ablauf war mit großer Sicherheit folgender: zuerst entwickelte sich ein Zauberverdacht, mit dem anschließend Kleriker befaßt wurden. Natürlich haben sich viele wohl auch zur Mitwirkung gewinnen lassen, wobei gleichzeitig aber auch gerade gegen Priester selbst der Zauberver-

dacht schnell gegeben war, z. B. wenn sie öffentlich die Malefizjustiz kritisiert oder tatsächlich alchemistische Experimente oder
dämonistische Beschwörungen durchgeführt hatten.

Die Kirche als Institution war grundsätzlich nicht für die Verurteilung der Straftat Schaden durch Zauberei zuständig. Dieses Delikt
galt als konkrete materielle Schädigung anderer und fiel in die Kompetenz der weltlichen Gerichtsbarkeit. Dort wurden allerdings religiöse Argumente gegen die „gottlosen" Übeltäter verwendet. Religion und Kirche wurden des weiteren von Juristen als Dekoration
mißbraucht, mit der sie offenkundiges Unrecht, eigenen Aberglauben, Gewinn- und Karrieresucht zu verbergen suchten. Es gab sehr
wohl kirchliche Gerichte, diese durften jedoch aus Kompetenzgrün-
den nicht mit Strafen an Leib und Leben von Verurteilten in die Befugnisse weltlicher Justiz eingreifen. Sachlich waren sie nicht zuständig für materielle Schäden. Erwähnt werden muß an dieser
Stelle allerdings, daß zu jener Zeit ein staatsorganisatorischer
Sonderfall gegeben war. Oft war das geistliche Oberhaupt der örtlichen Kirche zugleich der Landesherr. Er konnte so als Landesherr
und Vorsitzender der weltlichen Gerichtsbarkeit ein Todesurteil aussprechen, die Durchführung der Verfahren oblag Amtsleuten. Dadurch konnte er dem Grundsatz treu bleiben, daß Geistliche sich
nicht am Blut eines Menschen vergehen durften. Geistliche Landesherren galten als unprofessionell und herrschaftsschwach. Sie kontrollierten die weltlichen Behörden wenig. Wer von ihnen das Problem der Malefizjustiz kannte, scheute oft davor zurück, sich mit
der öffentlichen Verfolgungsstimmung anzulegen.

Was die so stark in der Bandbreite schwankende Angabe der Opfer-
mengen nach Konfessionen betrifft, so ist auf das Problem des „cu-
ius regio, eius religio"-Grundsatzes hinzuweisen. Der tatsächliche
Glaube der Landesuntertanen ist schwer zu erkennen. Jedoch waren
gerade sie es, die mit Verdächtigungen und Anzeigen der Malefizjustiz ihre Verhandlungsmaterie gaben. Friedrich Spee bezeichnete
die Aktivisten der Malefizjustiz als gottlose, skrupellose Kriminelle,
denen es nicht um Religion ging. Vielen von ihnen gelang es über
derartige Prozesse, sich am Vermögen der Hingerichteten zu bereichern und Karriere zu machen. Die Masse der Bevölkerung hatte
entweder überhaupt keine oder nur oberflächliche religiöse Bildung.
Der Aberglaube war oft mächtiger als der Glaube. In Spanien und
Italien gab es keine Massenprozesse wegen Zauberei. Die Verfol-

378

gung endete, wenn Inquisitionsprozesse gegen Ketzer und Häretiker begannen. Massenprozesse gegen Zauberei sind bekannt für die Länder der Reformation.

Als das Archiv der Glaubenskongregation zu Rom eröffnet wurde, trat Kardinal Ratzinger dann auch Zeitungsberichten entgegen, in denen es hieß, hinter den Papieren dieser düsteren Räume würden sich Millionen von Leichen verbergen. Was die Hexenfrage angeht, so Ratzinger, wisse man inzwischen, daß nicht zufällig im Kirchenstaat nie Hexen verbrannt wurden. Hexenverbrennung sei ein nordisches Phänomen gewesen, das in Spanien, im südlichen Italien und im Kirchenstaat keinen Raum gefunden hatte. Das Heilige Offizium hatte gar eine Prozeßordnung erlassen, die Todesurteile in dieser Materie praktisch ausschloß; leider war dieser Ordnung nördlich der Alpen der Erfolg versagt geblieben.[5]

## Historische Vorläufer der Vergebungsbitte

Es hatte bis 1965 gedauert, daß mit Hans Urs von Balthasar ein Mann der Kirche offen bekannte, daß „er sich von der Last der Toten nicht befreien könne. Eine Verteidigung," so meinte er weiter, „sei unmöglich, es wäre also gut, ein umfassendes Bekenntnis abzulegen. Der Christ müsse die Buße für die vergangenen Fehler geduldig tragen: wer weiß, wie er sich, ins neunte oder vierzehnte Jahrhundert gestellt, benommen hätte."[6] Diese Elemente finden sich wieder in der Lehrtätigkeit von Papst Johannes Paul II. Bis 1998 gibt es vierundneunzig Nachweise, in denen er auf Irrtümer der Vergangenheit hinweist.[7] Die öffentliche katholische Meinung äußerte ihre Zustimmung jeweils in einer Mischung aus Dankbarkeit und Verwunderung. Ein Bekenntnis war etwas Neues und stieß so auch auf Widerstand: lange Zeit gab es niemanden, der in der Kirche um Vergebung bat. In der von der Internationalen Theologischen Kommission vorab herausgegeben Begründung für das aktuelle Schuldbekenntnis heißt es dazu: „Man findet in der gesamten Geschichte der Kirche keinen Präzedenzfall einer vom Lehramt selbst formulierten Vergebungsbitte für die Verfehlungen der Vergangenheit. Die Konzilien und die päpstlichen Dekretalien sanktionierten zwar die Mißbräuche, derer sich Kleriker und Laien schuldig gemacht hatten, und nicht wenige Hirten der Kirche bemühten sich darum, sie abzustellen. Ganz selten ergab sich die Gelegenheit, daß kirchliche Autoritäten öffentlich Schuld und Verfehlungen anerkannt haben, für die sie die Verantwortung trugen." [8]

Lange galt Hadrian VI. (1522–1523) als der einzige Papst, der Sünden der Kirche bekannt hatte. Dabei hat er verabscheuungswürdige Dinge zugestanden, für die seine Vorgänger im Papstamt und ihr Hof verantwortlich waren. Erst Papst Paul VI. formulierte im September 1963 eine Vergebungsbitte, als er die zweite Sitzungsperiode des II. Vatikanischen Konzils eröffnete. Zuvor herrschte eine durch Gregor XVI. im Jahr 1832 theoretisch begründete Apologetik, die ausdrückliche Akte der Reue nicht zuließ. Johannes Paul II. schließlich lehnte seine Vergebungsbitte an Hadrian VI. an. Hadrian, der nur 1522 und 1523 das Papstamt bekleidete, hatte unmittelbar nach seiner Wahl den Legaten Francesco Chieregati nach Deutschland geschickt, um die deutschen Fürsten dazu zu bewegen, sich von der Seite Martin Luthers zu lösen und ihnen im Gegenzug eine Reform des Papsttums zu versprechen. Der Legat verlas am 3. Januar 1523 vor dem Reichstag in Nürnberg einen Text Hadrians, der die Schuld der Kirche am Niedergang anerkannte, zu dem der ständige Aufschub der Reformen beigetragen hatte: „Wir wissen wohl, daß auch bei diesem Heiligen Stuhl schon seit manchem Jahr viel Verabscheuungswürdiges vorgekommen: Mißbräuche in geistlichen Dingen, Übertretungen der Gebote, ja daß alles sich zum Ärgeren verkehrt hat. So ist es nicht zu verwundern, daß die Krankheit sich vom Haupt auf die Glieder, von den Päpsten auf die Prälaten verpflanzt hat. Wir alle, Prälaten und Geistliche, sind vom Weg des Rechts abgewichen. (...) Deshalb sollst du in unserem Namen versprechen, daß wir allen Fleiß anwenden wollen, damit zuerst der Römische Hof, von welchem vielleicht all diese Übel ihren Anfang genommen, gebessert werde; dann wird, wie von hier die Krankheit ausgegangen ist, auch von hier die Gesundung und Erneuerung beginnen. Solches zu vollziehen, halten wir uns um so mehr verpflichtet, weil die ganze Welt eine solche Reform begehrt. (...) Doch soll sich niemand wundern, daß wir nicht mit einem Schlage alle Mißbräuche beseitigen. Denn die Krankheit ist tief eingewurzelt und vielgestaltig. Es muß daher Schritt für Schritt vorgegangen und zuerst den schwersten und gefährlichsten Übeln durch rechte Arzneien begegnet werden, um nicht durch eine übereilte Reform alle Dinge noch mehr zu verwirren." [9] Statt eine Reform in Angriff zu nehmen, sahen sich die geistlichen Stände jedoch im Gegenteil an den Pranger gestellt.[10] Dieser Mißerfolg Hadrians überzeugte seine Nachfolger, von weiteren Schuldeingeständnissen abzusehen.[11] Einen Fehler oder eine Verfinsterung der Kirche einzugestehen, hätte letztlich zur Idee der Reformation führen können, und so wird Jahrhunderte hindurch keine historische Revision durchgeführt.

Paul VI.:[12] Das gesamte Werk Pauls VI. auf dem Gebiet der historischen Revision wird durch einen bestimmten Text zusammengefaßt. Er hat Vorbildcharakter für und führt hin zu den entsprechenden Äußerungen des II. Vatikanischen Konzils und Johannes Pauls II. Folgendermaßen äußerte sich Paul VI. im Petersdom am 29. September 1963: „Hier richtet sich unsere Ansprache mit Ehrerbietung an die Vertreter der christlichen Gemeinschaften, die von der katholischen Kirche getrennt sind, die von ihr aber eingeladen wurden, als Beobachter an dieser feierlichen Versammlung teilzunehmen. (...) Wenn uns irgendeine Schuld an einer solchen Trennung zugerechnet werden muß, dann bitten wir Gott dafür demütig um Vergebung, und wir bitten ebenfalls die Brüder um Verzeihung, die sich von uns verletzt fühlen sollten; was uns betrifft, so sind wir ebenfalls bereit, jene Kränkungen zu verzeihen, die sich auf die katholische Kirche richteten, und das Leid zu vergessen, das ihr im Lauf der langen Reihe von Unstimmigkeiten und Abspaltungen zugefügt wurde."[13] Die Bitte um Vergebung an die getrennten Brüder, die Paul VI. auf dem Konzil formuliert hatte, brachte die Versammlung dazu, einen entsprechenden Text zu behandeln, der seinen Platz in einem ersten ökumenischen Schema die Ostkirchen betreffend hatte, und der infolge der Kritik, die er im Verlauf der ersten Sitzungsperiode im November 1962 hervorgerufen hatte, zurückgestellt worden war. Die Kritiken unterschieden sich kaum von denen, die der Vorschlag der Gewissenserforschung Johannes Pauls II. hervorrufen sollte.

Mit dem II. Vatikanischen Konzil[14] begann auch die katholische Kirche, die ökumenische Sprache des Sündenbekenntnisses und der Bitte um Vergebung anzunehmen. Der verbindlichste Text findet sich im Dekret über den Ökumenismus, das vom Konzil im November 1964 verabschiedet wurde.[15] Daneben wurde jetzt vertreten, daß die Kirche ihre Sünden bekennen und um Vergebung bitten kann, weil sie sich als heilig und sündig zur gleichen Zeit versteht: „Während aber Christus heilig, schuldlos, unbefleckt war und Sünde nicht kannte, sondern allein die Sünden des Volkes zu sühnen gekommen ist, umfaßt die Kirche Sünder in ihrem eigenen Schoße. Sie ist zugleich heilig und stets der Reinigung bedürftig, sie geht immerfort den Weg der Buße und Erneuerung." [16]

Dieser Text ist ebenso wichtig wie jener Pauls VI. aus dem Dekret über den Ökumenismus. In dem zitierten werden die beiden Sichtweisen der Kirche zusammengeführt, die in Christus heilig ist, zugleich aber sündig in ihren Gliedern. In der Patristik und im Mittelalter existierten diese Sichtweisen gleichzeitig nebeneinander, wurden aber seit der Auseinandersetzung zwischen der protestantischen Reformation und der katholischen Gegenreformation auseinandergerissen. Die protestantische Seite machte eher die Sündhaftigkeit kenntlich, die katholische hingegen verstärkte die Verteidigung der Heiligkeit. Bezüglich des Antisemitismus ist das Eingeständnis von Verantwortung der Katholiken in dem knappen Abschnitt der Erklärung über das Verhältnis der Kirche zu den nichtchristlichen Religionen vom Oktober 1965 enthalten. Hier werden Erscheinungsformen des Antisemitismus beklagt, von wem auch immer sie herrühren.[17] Die „Erklärung über die Religionsfreiheit" vom Dezember 1965 beschäftigt sich mit den Religionskriegen, der Inquisition und dem Integralismus,[18] die „Pastoralkonstitution über die Kirche in der Welt von heute" mit Galilei, dessen Name aber nicht explizit genannt wird.[19]

## Die Äußerungen Johannes Pauls II.

Im November 1998 fand das vatikanische Symposium über die Inquisition statt. Die Frage der Beurteilung der Inquisition wurde daraufhin Anfang Dezember 1998 von der Jesuitenzeitschrift Civiltà Cattolica aufgegriffen[20] und die Erwartung geäußert, daß die Inquisition von Johannes Paul II. selbst später ähnlich des folgenden Auszugs angesprochen werden könnte: „Das Problem der Inquisition ist nicht allein historischer, sondern auch theologischer Natur. Wir sprechen nicht vom Problem der Gewissensfreiheit und seiner Verletzung, das sich heute auf sehr dringliche Weise zu Wort meldet, das sich aber zu Zeiten der Inquisition noch nicht stellte. Wir sprechen von der Freiheit des Glaubensaktes, also von der Tatsache, daß man niemals jemanden, der den Glauben nicht hat, mit Zwang und unter der Bedrohung seines Lebens zum Glauben zwingen kann.

(...) Die Schuld der Christen, die die Inquisition ausgeübt haben, besteht darin, jenes Prinzip verletzt zu haben, denn sie dachten – bedingt durch kulturelle Prägungen –, den Glauben auch mit Zwang den Menschen auferlegen zu können, ja zu müssen. Sie verstießen damit gegen den Geist der Sanftmütigkeit des Evangeliums Jesu Christi, der selbst Gewalt erlitten hat, sie aber niemals predigte oder ausübte. Daher muß man einräumen, daß, auch wenn man historische Bedingtheiten, Gewohnheiten oder die Mentalität der Zeit in Betracht zieht, die Inquisition objektiv einen schweren Makel darstellt, von dem die Kirche sich reinigen muß, durch eine im Geist der Buße vorgenommene Bestandsaufnahme des zweiten Jahrtausends ihrer Geschichte." Luigi Accattoli hat in seinem Buch „Wenn der Papst um Vergebung bittet" eine Vielzahl von Entschuldigungen des Papstes zu 21 Themen zusammengestellt. Einen Großteil kann man auch in dem Buch „Wir fürchten die Wahrheit nicht" von Johannes Paul II., das eine Zusammenstellung diverser Ansprachen und ähnlichem enthält, nachlesen. An keiner Stelle ist von einer Schuld der Kirche als Institution die Rede. Es heißt, „Söhne und Töchter der Kirche", „Glieder der Kirche", „viele Christen" hätten Schuld auf sich geladen und dadurch das Antlitz Jesu Christi entstellt. Der Papst spricht ebensowenig von Irrtümern in der Glaubenslehre.[21]

Was Johannes Paul II. zugunsten einer Revision der Geschichte des Papsttums[22] gesagt und getan hat, läßt sich in Abschnitte gliedern. Die bedeutendste Aussage findet sich in der Enzyklika „Ut unum sint" aus dem Jahre 1995. Hier hat Johannes Paul II. die anderen Christen um Vergebung für die Schuld der Päpste an den Kirchenspaltungen gebeten.[23] Zwei andere allgemein gehaltene Aussagen vervollständigen dieses Bekenntnis und beziehen sich auf die moralische Schwäche, die sich auch auf der Leitungsebene der Kirche ausmachen läßt. Beide spielen auf die historische Verantwortung der Päpste in moralischer Hinsicht an.[24]

Johannes Paul II. spricht dreimal ausdrücklich von den Irrtümern der Inquisition.[25] Ein weiteres Mal äußert er seine Ablehnung gegenüber den Methoden der Intoleranz oder sogar Gewalt. Er macht das Thema der Inquisition zu einem der beiden zentralen Themen der Gewissenserforschung. Im Herbst 1998 hat sich einer der beiden internationalen Kongresse der theologisch-historischen Kommission mit den Inquisitionen befaßt. In „Tertio millennio adveniente" Nr. 35 findet sich eine noch defensive Selbstkritik an den Methoden der Intoleranz oder sogar Gewalt: „Ein anderes schmerzliches Kapitel, auf das die Kinder der Kirche mit reuebereitem Herzen zurückkommen müssen, stellt die besonders in manchen Jahrhunderten an den Tag gelegte Nachgiebigkeit angesichts von Methoden der Intoleranz oder sogar Gewalt im Dienst an der Wahrheit dar. – Zwar kann ein korrektes historisches Urteil nicht von einer sorgfältigen Berücksichtigung der kulturellen Bedingungen der jeweiligen Epoche absehen, unter deren Einfluß viele in gutem Glauben angenommen haben mögen, daß ein glaubwürdiges Zeugnis für die Wahrheit mit dem Ersticken der Meinung des anderen oder zumindest mit seiner Ausgrenzung einhergehen müßte. Oft trafen vielfältige Gründe zusammen, die die Voraussetzungen für Intoleranz schufen, indem sie ein Klima des leidenschaftlichen Fanatismus schürten, dem sich nur große, wahrhaft freie und von Gott erfüllte Geister irgendwie zu entziehen vermochten. Doch die Berücksichtigung der mildernden Umstände entbindet die Kirche nicht von der Pflicht, zutiefst die Schwachheit so vieler ihrer Söhne zu bedauern, die das Antlitz der Kirche dadurch entstellten, daß sie sie hinderten, das Abbild ihres gekreuzigten Herrn als eines unübertrefflichen Zeugen geduldiger Liebe und demütiger Sanftmut widerzuspiegeln. Aus jenen schmerzlichen Zügen der Vergangenheit ergibt sich eine Lektion für die Zukunft, die jeden Christen veranlassen muß, sich ganz fest an das vom Konzil geltend gemachte goldene Prinzip zu halten: Die Wahrheit erhebt nicht anders Anspruch als kraft der Wahrheit selbst, die sanft und zugleich stark den Geist durchdringt."

Ein weiteres Mal wird die Inquisition in dem Promemoria behandelt, das der Papst zu Beginn des Jahres 1994 an die Kardinäle geschickt hat: „Und wie sollte man schweigen über die zahlreichen Formen der Gewalt, die auch im Namen des Glaubens verübt wurden? Religionskriege, Inquisitionsgerichte und andere Formen der Verletzung der Rechte von Personen. Es ist bezeichnend, daß Methoden des Zwangs, die die Menschenrechte verletzten, dann später von den totalitären Ideologien des 20. Jahrhunderts eingesetzt wurden und auch heute noch von den islamischen Fundamentalisten verwendet werden. Aus solchen Zwangsmethoden entsprangen auch die Verbrechen des hitlerischen Nationalsozialismus und des marxistischen Stalinismus. Die angemessene Reaktion darauf war die Allgemeine Erklärung der Menschenrechte und, in der Kirche, die Erklärung über die Religionsfreiheit des II. Vatikanischen Konzils. Es ist notwendig, daß auch die Kirche im Lichte dessen, was das II. Vatikanische Konzil gesagt hat, aus eigener Initiative die dunklen Seiten der eigenen Geschichte erneut prüft und sie im Licht der Grundsätze des Evangeliums bewertet." Dies ist der Text, der am deutlichsten die Frage der Inquisition als Bestandteil der Gewissenserforschung am Ende des Jahrtausends herausarbeitet. Diese Frage betrifft den Einsatz von Gewalt im Namen und im Dienst des Glaubens und nicht nur Irrtümer und Exzesse, zu denen es bei diesem Einsatz von Gewalt gekommen ist. Es geht nicht mehr nur um die Art und Weise der Ausführung, sondern um den Wesenskern der Inquisition, die der Papst hier in eine Reihe stellt mit allen anderen Formen der Gewalt im Namen des Glaubens. Mit der Revision des Falles Galilei[26] begann das Nachdenken, das zu der Gewissenserforschung am Ende des Jahrtausends geführt hat. Bezüglich der Revision gibt es drei grundlegende Texte. Bei einer Begegnung mit der Päpstlichen Akademie der Wissenschaften im November 1979 kündigte der Papst die Revision des Falles Galilei an.[27] Zwar hatte bereits das II. Vatikanische Konzil in einem Abschnitt aus der Konstitution „Gaudium et spes" Abbitte geleistet, ohne allerdings den Namen Galilei zu nennen. Der Bericht von Kardinal Poupard, dem Präsidenten des Rates für die kulturellen Angelegenheiten und dem Verantwortlichen für die Forschungskommission über den Fall Galilei, wurde am 31. Oktober 1992 während der Audienz des Papstes für die Päpstliche Akademie der Wissenschaften in französischer Sprache vorgetragen.[28] Er verdeutlicht, daß der Gegenstand der Untersuchungen die Beziehungen zwischen Galilei und der Kirche waren. Der zweite Absatz im Abschnitt Nr. 5 hat die Gestalt eines abschließenden Urteils und könnte als Modell dienen, wenn es darum geht, sich zur eigenen Verantwortung zu bekennen: „In dieser historisch-kulturellen Konstellation, die von der unseren recht weit entfernt ist, haben die Richter Galileis, unfähig, den Glauben von einer jahrtausendealten Kosmologie zu trennen, zu Unrecht geglaubt, daß die Übernahme der kopernikanischen Wende, die zudem noch nicht definitiv bewiesen war, von einer solchen Wirkung sein müsse, daß sie die katholische Tradition erschüttere. Daher faßten sie es als ihre Pflicht auf, ihre Verbreitung und Lehre zu verbieten. Dieser subjektive Irrtum im Urteil, der für uns heute so klar ist, führte sie dazu, disziplinarische Maßnahmen gegenüber Galilei zu ergreifen, unter denen dieser viel zu leiden hatte. Dieses Unrecht müssen wir aufrichtig anerkennen, wie Eure Heiligkeit es erbeten hat." Ein vorsichtiger nächster Schritt findet sich in der Enzyklika „Fides et ratio" vom 14. September 1998. In Nr. 34 dieses Dokumentes wird die Widerspruchsfreiheit der natürlichen Erkenntnis und der Glaubenserkenntnis durch die Einheit der Schöpfungsordnung mit der Offenbarungsordnung begründet. Dieses Prinzip, unzutreffende Interpretationen vom eigentlichen Sinn der Schrift zur Erkenntniserlangung abzugrenzen, kam im Herbst 1996 bezogen auf die Evolutionstheorie erneut zur Anwendung.[29]

Den Integralismus[30] nennt der Papst religiös, bezeichnet ihn als Irrtum und unannehmbar. Er tut dies in einem einzigen Text, der allerdings von außerordentlicher Deutlichkeit ist.[31] Wesentliche Aussagen über den Integralismus darin sind: 1. Der religiöse Integralismus, verstanden als Tendenz, diejenigen aus der zivilen Gemeinschaft auszuschließen, die nicht den wahren Glauben bekennen, ist per se unvereinbar mit der christlichen Unterscheidung zwischen dem, „was Gottes ist", und dem, „was des Kaisers ist". 2. Die mittelalterliche Christenheit hatte diese Unterscheidung aus dem Blick verloren, und so gelang es ihr im Grunde nie, der integralistischen Versuchung, die einen solchen Ausschluß Andersgläubiger mit sich brachte, zu entgehen. 3. Es gibt heute einige Gläubige, die die alte Ordnung gerne wiederhergestellt sehen würden, ohne sich darüber im klaren zu sein, daß sie diese Ordnung nur aus einem idealisierenden Blickwinkel heraus betrachten und daß eine solche Ordnung zu Lösungen führen müßte, die mit der christlichen Botschaft nicht vereinbar wären. 4. Auf der Ebene der Zivilgesellschaft wäre der religiöse Integralismus heute unvereinbar mit dem Geist Europas, der ja nicht zuletzt von der christlichen Botschaft geprägt ist.

### Erinnern und Versöhnen – Die Interpretationshilfe des Vatikans für die Vergebungsbitte

Die Internationale Theologische Kommission des Vatikans unter dem Vorsitz von Kardinal Ratzinger hat das Dokument „Erinnern und Versöhnen. Die Kirche und die Verfehlungen in ihrer Vergangenheit" erstellt, das bezeichnet worden ist als Interpretationshilfe,

Leseanleitung, Grundsatzdokument und offizielle Erläuterung für das Schuldbekenntnis des Papstes.[32] Die Erklärungen sind zu verstehen als Wegweiser für die Öffentlichkeit zum richtigen Verständnis des Bekenntnisses in seiner Tragweite.[33] Die Aufforderung des Papstes an die Kirche und ihre Gläubigen, aus Anlaß des Heiligen Jahres für die Reinigung des Gedächtnisses zu sorgen, kann in der Lesart der Kommissionsmitglieder nicht den Verzicht dieser Kirche auf ihre Sendung bedeuten, die geoffenbarte Wahrheit in Glaubens- und Sittenfragen zu verkünden, die ihr von Gott anvertraut worden ist.[34]

Zu den Dingen, die in den Texten des Papstes nicht stehen, gehört, daß die letzte Verantwortung für Taten und Unterlassungen in der römisch-katholischen Kirche immer wieder den Päpsten zugerechnet wird. Wer von Schuld spricht, sollte an den Verfehlungen der höchsten Instanz nicht vorbeisehen.[35] In der Enzyklika „Tertio millennio adveniente" erklärt der Papst, daß jede Schuld persönlich und die Schuld einer Gemeinschaft stets das Ergebnis persönlicher Verfehlungen sei. Die Kirche als ganze könne aber durch sie nicht belastet werden. Die Internationale Theologische Kommission fügt dem bei, daß man unterscheiden müsse zwischen der Verantwortung bestimmter Kirchenglieder und derjenigen, die man den christlichen Jahrhunderten oder solchen Strukturen zuweisen müsse, in denen sich zeitliche und geistliche Macht eng miteinander verbunden hätten.[36] So hob Kardinal Ratzinger in der Pressekonferenz zur Herausgabe der Leseanleitung nicht unerwartet stark auf die Eigenverantwortlichkeit eines jeden Gläubigen ab.[37] Kern des Grundsatzdokuments ist die vor dem Bekenntnis einer Schuld zu klärende Frage, um wessen Schuld es gehe. Die Kirche als mystischer Leib Christi ist als solche unfehlbar. Als sichtbare Gemeinschaft der Getauften, die unter der Leitung ihrer Hirten in der Geschichte unterwegs ist, kann sie indessen schuldig werden.[38]

Den größten Aufwand verwendet die Internationale Theologische Kommission zwingenderweise dann auch darauf, zu erklären, wie die katholische Kirche heilig und sündig zugleich sein kann. „Die Kirche ist heilig", heißt es, „doch in einem gewissen Sinn ist diese Kirche auch Sünderin, insofern sie real die Sünden derer, die sie als ihre Kinder geboren hat, auf sich nimmt".[39] Deutlich wird die Wichtigkeit dieser Unterscheidung dort, wo die Enzyklika „Lumen gentium" Nr. 8 zitiert und interpretiert wird:[40] „Die Kirche ist zugleich heilig und stets der Reinigung bedürftig, sie geht immerfort den Weg der Buße und Erneuerung". Im Text der Kommission, wo dieses Zitat angeführt wird, wird weiterführend durchgehend ein semantischer Wechsel des Subjekts innerhalb des Satzes vorgenommen. Wird an der Stelle, wo von der Heiligkeit der Kirche gesprochen wird, das Subjekt Kirche als die dem Herrn würdige und treue Braut gedeutet, so wird dort, wo vom Weg der Buße und der Erneuerung der Kirche gesprochen wird, diese als die Menge der einzelnen Gläubigen verstanden.[41] Die Kirche ist einerseits heilig dank dem Zusammenwirken des Vaters, des Sohns und des Heiligen Geistes, andererseits in einem gewissen Sinn auch Sünderin, infolge der Schuldhaftigkeit ihrer Getauften; sie ist heilig und bedarf doch immer der Reinigung: Die Verfasser nennen das ein Paradox.[42] Dieses Gegenüber ist für die Erörterung konstitutiv. Paul VI. sagte noch, „die Kirche leide und tue Buße für die Sünden, die in ihr begangen werden, sie hat aber auch die Macht, ihre Kinder zu heilen." So wird die Kirche als Person vorgestellt, im besonderen als Mutter: „Die Kirche versteht sich als Sünderin, insofern sie sich in mütterlicher Solidarität die Last der Sünden ihrer Glieder selber auflädt, denn sie möchte in ihrer mütterlichen Liebe mitwirken an der Überwindung der Sünde und dem daraus entstandenen Schaden für den einzelnen und die Gemeinschaft."[43] Sprechen kann im Namen dieser Person der Papst.[44]

Das Wesen der Kirche kann nach der Internationalen Theologischen Kommission[45] mit bloß soziologischen Mitteln nicht erfaßt werden. Sie sieht die Kirche als einheitliches soziologisch faßbares historisches Subjekt, als Gemeinschaft der Glaubenden, konstituiert durch das einheitsstiftende Wirken des Heiligen Geistes. Kraft dieser Communio, die stets neu hervorgeht aus dem Wirken des Geistes Christi, würde sich die Kirche nie ohne das übernatürliche Prinzip verstehen können, das ihr Wesen und ihre Identität ausmacht. Dieses geeinte geschichtliche Subjekt sei berufen, sich der Geschichte einzuprägen als Antwortgestalt auf die Gabe Gottes, in unterschiedlicher Form und in verschiedenen geschichtlichen Situationen nach Urteil und Entscheidung ihrer Glieder. Die Gemeinschaft aller Glaubenden sei allerdings nicht nur synchron zu sehen, es gäbe auch eine die Geschichte mit der Gegenwart verbindende diachrone Einheit. Beide Aspekte bildeten als Kirche die Gemeinschaft der Heiligen. Die gegenwärtig lebenden Getauften, die wegen der in der Taufe empfangenen Heiligung auch Heilige heißen, seien mit den Heiligen der Vergangenheit, den im ewigen Leben vollendeten Heiligen, verbunden. Im Bewußtsein dieser Verbundenheit würden die Gläubigen der Gegenwart aber auch Verantwortung fühlen für die Fehler ihrer Vorfahren. Diese Übernahme von Verantwortung setze ein historisch-theologisches Urteil mit einem methodisch geklärten wissenschaftlichen Instrumentarium voraus.[46]

Gegen Ende ihres Texts erklärt die Internationale Theologische Kommission, daß, wenn sich Amtsträger im Widerspruch zum Evangelium verhalten hätten, dies nicht die lehramtliche Vollmacht, die Gott den „Hirten der Kirche" verliehen habe, berühre. Es ziehe daher auch keinen lehramtlichen Akt der Wiedergutmachung nach sich. Aus dem Satz spricht die Sorge, daß durch ein kirchliches Schuldbekenntnis die Autorität des päpstlichen Lehramts in Frage gestellt werden könnte.[47] Grenze der Umkehr ist also: Die Lehrautorität von Papst und Bischöfen bleibe vom Schuldbekenntnis unberührt. Es kann nicht „die Rücknahme oder Relativierung früherer lehramtlicher Aussagen verlangt werden".[48] Unabhängig davon müsse aber gefragt werden, ob es überhaupt Aufgabe des obersten kirchlichen Lehr- und Hirtenamtes sein kann, weit vergangene historische Begebenheiten und Zustände im nachhinein, von heute her, theologisch zu qualifizieren.[49]

Auch im weiteren bekennt sich die Kommission zu der Notwendigkeit, zwischen den Zeiten und den jeweiligen gesellschaftlichen, kulturellen Bedingtheiten des kirchlichen Verhaltens zu unterscheiden. Nur dann, wenn Dinge, die von Söhnen der Kirche in deren Namen entgegen dem Evangelium getan worden seien, von ihnen mit Sicherheit als solche hätten erkannt und vermieden werden können, sei es für die Kirche sinnvoll, für vergangene Fehler um Vergebung zu bitten. Des weiteren könne das kirchliche Lehramt einen ethischen Akt wie die Bitte um Vergebung unmöglich vollziehen, ohne sich zuvor genau über die Situation in der Zeit unterrichtet zu haben. Daher müsse man Historiker befragen, damit sie bei der genauesten Rekonstruktion der Ereignisse, der Bräuche, der Mentalitäten im Licht des geschichtlichen Kontexts behilflich sind.[50]

Weite Teile der Interpretationshilfe lassen die Befürchtung der von Kardinal Ratzinger angeführten Theologen vermuten, daß der Papst zu viel zu sehr bereuen könnte. Sie führen an, daß man Kirchenfeinden keine Munition geben dürfe, weshalb eine Diskussion über die

Autorität des Lehramtes nicht in Frage komme. Von einer Reihe von Kardinälen wurde die Befürchtung geäußert, die christologische Dimension würde zu sehr in den Hintergrund treten, wenn ein Schuldbekenntnis sich zu ausführlich mit den vergangenen und gegenwärtigen Problemen der Kirche beschäftige.[51] Beobachter vermuten, daß die Hälfte der Kurie anderer Meinung als der Papst war.[52] Nach Robert Leicht hatte Ratzinger selbst immer wieder erkennen lassen, daß er von dem Projekt eines „Mea culpa" wenig hält. Die Leseanleitung steckt so auch voller Bedenken und Warnungen. Nach der Internationalen Theologischen Kommission gelte es sowohl „eine Art von Apologetik, die alles und jedes, was in der Kirchengeschichte vorgefallen ist, um jeden Preis zu rechtfertigen versucht, zu vermeiden, als auch eine Beschuldigungsattitüde, die jedes Ereignis, jedes Wort und jede Handlung, ob gerechtfertigt oder nicht, benutzt, um die Kirche auf die Anklagebank zu verweisen." [53]

## Struktur der Vergebungsbitte

Am 12. März 2000 hatten sich nach einer Bußprozession durch die Heilige Pforte der Papst, der mit einem violetten Messgewand gekleidet war, sowie die Kardinäle und Bischöfe vor Beginn der eigentlichen Messe zu einem Gebet vor Michelangelos Pieta im rechten hinteren Seitenschiff des Petersdoms versammelt. Zum Gesang der Heiligen-Litanei und mit einem erhobenen Evangeliar zog die Prozeßion durch den Mittelgang zum Hauptaltar über dem Grab des Apostels Petrus. Daß das Schuldbekenntnis die Sünden der Vergangenheit in sieben einzelnen Fürbitten ansprach, wurde dadurch veranschaulicht, daß der Papst von fünf Kardinälen und zwei Bischöfen assistiert wurde, von denen jeder einen Teil des Gebetes übernahm und anschließend am Fuße eines aus dem 15. Jahrhundert stammenden Kruzifixes aus der Kirche San Marcello al Corso als Zeichen von Reue und Buße eine Kerze anzündete.

Folgende Eigenarten kennzeichneten das Schuldbekenntnis: (1) Es ist in sieben Fürbitten[54] aufgeteilt. Innerhalb der Liturgie hatte es seinen Platz nicht im gewöhnlichen Bußakt zu Beginn der Feier, sondern wurde vom Papst im Namen der Kirche anstelle des Gebets der Gläubigen, den Fürbitten im Anschluß an Evangelium und Glaubensbekenntnis, gesprochen. Der Form nach lehnte es sich an die großen Fürbitten an, die in der Tradition der Kirche in der Karfreitagsliturgie gebetet werden. (2) In einem ersten Teil stellen die sieben Vertreter der Kurie die Fehlerbilanz vor. (3) Es ist an Gott gerichtet.[55] (4) Es ist auf Buße ausgerichtet. (5) Es hat eine ökumenische und missionarische Zielrichtung; wesentlich ist die gemeinschaftliche Dimension der Gewissenserforschung. (6) Johannes Paul II. betont explizit die personale Sünde und Schuld der Christen.[56] (7) Das kollektive Bewußtsein der Kirche soll gereinigt und neu geformt werden, um offen zu sein für den Dialog mit anderen; es geht nicht darum, im engeren Sinne Urteile zu treffen oder zu revidieren.[57] (8) Reinigung und Reue sind auf die Zukunft gerichtet, damit sich Irrungen und Treulosigkeiten nicht wiederholen.[58] (9) Vergebungsbitte führt zu Vergebungsgewährung, diese zu Versöhnung. (10) Historisch neu war der feierliche liturgische Ort: als im Dritten Jahrtausend beständig zu vergegenwärtigender Auftrag der Reinigung des Gedächtnisses.[59] (11) Nach einem liturgischen Formular, das der Vatikan den Ortskirchen zugestellt hat, sollten diese sich mit dem Papst im Gebet vereinen und gleichfalls um Vergebung der Sünden der Kirche bitten.[60]

Bei den angesprochenen Sünden der Vergangenheit handelt es sich vereinfachend ausgedrückt um die wie folgt eingeteilten Vorkommnisse: Allgemeines Schuldbekenntnis; Bekenntnis der Schuld im Dienst der Wahrheit (Kreuzzüge, Inquisition, u. a. Galileo Galilei); Bekenntnis der Sünden gegen die Einheit des Leibes Christi (Spaltungen in der Kirche, Atheismus, religiöse Gleichgültigkeit, Säkularismus, ethischer Relativismus); Schuldbekenntnis im Verhältnis zu Israel (Behandlung, welche die Juden von ihren katholischen Mitbürgern erfahren mußten); Schuldbekenntnis für die Verfehlungen gegen die Liebe, den Frieden, die Rechte der Völker, die Achtung der Kulturen und der Religionen (Zwangsbekehrungen, Religionskriege, Einwanderer, Zigeuner); Bekenntnis der Sünden gegen die Würde der Frau und die Einheit des Menschengeschlechtes (Verfolgung von Menschen aufgrund ihrer ethnischen Zugehörigkeit sowie ihres Geschlechtes, Rassismus); Bekenntnis der Sünden auf dem Gebiet der Grundrechte der Person (Tolerierung von Menschenrechtsverletzungen, soziale Ungerechtigkeit,[61] Mißbrauch von Minderjährigen, Tötung Ungeborener,[62] Embryonenmanipulation, Euthanasie, Ausbeutung, Gleichgültigkeit gegenüber der Armut in vielen Ländern[63]). In der nachfolgenden Predigt rief Johannes Paul II.

alle Gläubigen auf, Vergebung zu gewähren und Vergebung zu erbitten. Sie sollten nach sorgfältiger Überprüfung die Schuld von Christen in der Vergangenheit wie in der Gegenwart anerkennen. Auch wer keine persönliche Verantwortung trage, trage aufgrund der Verbundenheit der Gläubigen die Last der Irrtümer und die Schuld der Vorfahren. Mit einem fünfmaligen „Nie wieder" [64] faßte Johannes Paul II. am Ende des zweistündigen Gottesdienstes die Anliegen seiner Vergebungsbitte nochmals zusammen: Nie wieder Widersprüche gegen die Liebe und den Dienst der Wahrheit, Gesten gegen die Gemeinschaft der Kirche, Verletzungen gegen irgendein Volk, Rükkgriff auf die Logik der Gewalt, Diskriminierung, Ausschluß, Unterdrückung, Mißachtung der Armen. Beim mittäglichen Angelus-Gebet auf dem Petersplatz unterstrich der Papst, daß die Kirche dank ihrer Gründung durch Christus selbst heilig sei, ihre Söhne aber die Erfahrung der Sünde gemacht hätten, deren Schatten die Schönheit der Kirche verdunkelten; daß es sich bei der Vergebungsbitte nicht um ein Urteil über die Verantwortung einzelner Gläubiger der Vergangenheit handele, denn ein solches Urteil stehe nur Gott zu; daß auch Christen und die Kirche Opfer von Verfolgungen geworden seien.

## Kritik an dem Projekt der Vergebungsbitte

Als Papst Johannes Paul II. während des außerordentlichen Kardinalskonsistoriums am 13./14. Juni 1994 seine Pläne für das Jubeljahr 2000 vortrug, erfuhr sein Vorschlag eines Schuldbekenntnisses ausführliche Kritik. Von einer Reihe von Kardinälen wurde eindringlich die Befürchtung geäußert, die christologische Dimension würde zu sehr in den Hintergrund treten, wenn ein Schuldbekenntnis sich zu ausführlich mit den vergangenen und gegenwärtigen Problemen der Kirche beschäftige.[65] Gegenüber Johannes Paul II. war es Kardinal Biffi, der kein Geheimnis aus seiner Ablehnung der kirchlichen Selbstkritik machte. Er stimmte zu, daß die Christen ihre persönlichen Fehler und Sünden offen bekennen, verwahrte sich jedoch dagegen, von Sünden der Kirche zu reden, da die Kirche mit dem sündelosen Jesus Christus identisch sei. Nach seiner Überzeugung geschehen die schuldhaften Handlungen der Gläubigen „außerhalb der Kirche", das heißt, sie berühren die Kirche in ihrem Wesen nicht im mindesten.[66]

Bedenken und Widerstände gegen eine umfassende Schulderklärung des Papstes zeigten sich nicht nur im Kollegium der Kardinäle und in Kreisen der Römischen Kurie. Als einer der schärfsten Kritiker zeigte sich der Mainzer Kirchenrechtsprofessor Georg May: „Seit geraumer Zeit hat nun in unserer Kirche geradezu eine Manie des Entschuldigens eingesetzt. An der Spitze des Reigens derer, die Entschuldigungen vorbringen, steht Johannes Paul II. Der regierende Papst hat bis jetzt 94mal wegen irgendwelcher Fehler von Gliedern der Kirche öffentliche Entschuldigungen ausgesprochen. Viele Bischöfe und Bischofskonferenzen machen es ihm nach. Die deutschen Bischöfe, vor allem ihr Vorsitzender, formulierten wiederholt ausführliche Schuldbekenntnisse wegen Versagens der Kirche in der Zeit des Nationalsozialismus. Die Manie der Entschuldigungen dürfte vom Protestantismus bezogen sein.“ [67] May befürchtet von derartigen Akten an der Spitze der Kirche schlimme Folgen: „Durch die unangebrachten Entschuldigungen aus hohem und höchstem Mund wird das Erscheinungsbild der Kirche weiter angeschwärzt und getrübt. Durch die Beschuldigungen der Kirche der Vergangenheit wird den Gläubigen die Freude an der Kirche der Gegenwart genommen. Der dankbare Stolz, der Stiftung Christi anzugehören, weicht depressiver Duckmäusigkeit. Vor allem die Jugend, die mit bitterböser Kritik an der Kirche überschwemmt wird, verlernt jede Liebe zur Kirche. Die katholischen Christen werden systematisch dazu gebracht, sich ihres Katholischseins zu schämen.“
Unter den Vertretern der historischen Wissenschaften brachte der Bonner Historiker Konrad Repgen schwere Bedenken vor, weil der Schuldbegriff, der den päpstlichen Entschuldigungen zugrunde liege, nicht zu vereinbaren sei mit dem katholischen Kirchenverständnis. Ganz abgesehen davon, daß nicht jeder Irrtum oder Fehler gleichzeitig als Sünde oder Schuld qualifiziert werden könne, behauptet auch Repgen, daß wohl der einzelne Christ, nicht aber die Kirche als Institution sündigen könne. Als problematisch erscheint dem Historiker ohnedies, wenn der Papst ein theologisches Urteil „allein auf schlecht gestützte und daher leicht widerlegbare historische Hypothesen“ gründe, falls er überhaupt in der Lage sein sollte, längst vergangene historische Ereignisse von heute aus theologisch zu qualifizieren; denn letztlich werde sich erst beim Gericht Gottes am Ende der Zeiten herausstellen, was Schuld und Nicht-Schuld,

Fehler und Irrtum gewesen sei. Repgen meint, „einen geradezu mit Händen zu greifenden, ungestümen Drang nach Schulderklärungen der Kirche durch Bischöfe und Papst" feststellen zu können, der ihn „teilweise an neurotische Verhaltensweisen" erinnere. Und er befürchtet als Nebenwirkung solcher Selbstanklagen „eine Schwächung des grundsätzlichen Vertrauens des Kirchenvolkes in die kirchliche Führung" und eine Verstärkung „latenter oder aktueller antikirchlicher und antipäpstlicher Ressentiments".[68]

## Verteidigung des Projekts der Vergebungsbitte

Johannes Paul II. ließ sich nicht von dem Vorhaben abbringen. Im Promemoria schrieb er: „Wie sollte man schweigen über die zahlreichen Formen der Gewalt, die auch im Namen des Glaubens verübt wurden. Religionskriege, Inquisitionsgerichte und andere Formen der Verletzung der Rechte von Personen.[69] In der „Tertio millennio adveniente" Nr. 33 macht er deutlich, daß sich „die Kirche mit stärkerer Bewußtheit der Schuld ihrer Söhne und Töchter annimmt, eingedenk aller jener Vorkommnisse im Lauf der Geschichte, wo diese sich vom Geist Christi und seines Evangeliums dadurch entfernt haben, daß sie der Welt statt eines an den Werten des Evangeliums inspirierten Lebenszeugnisses den Anblick von Denk- und Handlungsweisen boten, die geradezu Formen eines Gegenzeugnisses und Skandals darstellten." Auf die Frage nach dem Nutzen eines öffentlichen Mea culpa gibt er zur Antwort: „Das Eingestehen des Versagens von gestern ist ein Akt der Aufrichtigkeit und des Mutes, der uns dadurch unseren Glauben zu stärken hilft, daß er uns aufmerksam und bereit macht, uns mit den Versuchungen und Schwierigkeiten von heute auseinanderzusetzen." [70]

Georges Cottiers Essay[71] „Die Kirche vor der Umkehr" interpretiert und verteidigt die Gewissenserforschung am Ende des Jahrtausends gründlich. Darin wird u. a. wiederkehrender Kritik wie folgt entgegnet: (1) Die Kirche wird die Sünden ihrer Söhne und Töchter anerkennen, aber auch ihre eigenen Unvollkommenheiten in der imitatio Christi, denn es ist ihre Aufgabe, sich fortwährend die Frage zu stellen nach den Sünden ihrer Söhne und Töchter wie auch nach der eigenen Geschichte. (2) Das lebendige Gedächtnis der Kirche ist untrennbar verbunden mit dem Bewußtsein ihrer durch die Jahrhunderte hin durchgehaltenen Identität. Das neuerliche Bedenken der Geschichte im Geist der Buße hat eine entscheidende Bedeutung für den Gedanken der Einheitlichkeit der Kirche in der Zeit.[72] (3) Verweis auf den Bezug zwischen dem theologischen Blickwinkel und der Geschichtswissenschaft ohne Übergriffe auf das jeweils andere Gebiet. (4) Der Druck, der durch die jeweils vorherrschende Mentalität auf einzelne Personen ausgeübt wurde, ist keine unabwendbare Gegebenheit, und wenn Gutgläubigkeit auch eine Entschuldigung sein mag, bedeutet dies nicht, daß ein Verhalten, das wir heutzutage geringschätzen, in seiner Zeit objektiv unanfechtbar gewesen sein kann.

Es ist Sinn dieses päpstlichen Reueaktes, zu verhindern, daß die heute lebenden Gläubigen ein ähnliches Verhalten an den Tag legen, das in der Vergangenheit unsägliches Leid, Kränkungen und großes Unrecht verursacht hat. Des weiteren sollten nach der Internationalen Theologischen Kommission die exemplarischen Wirkungen, die von einer Bereitschaft zur Mitverantwortung für die Sünden der Vergangenheit auf die Mentalität in Kirche und Gesellschaft ausgehen, nicht unterschätzt werden. Viele werden auf die Verpflichtung aufmerksam werden, die von der Wahrheit ausgeht, und sie werden sich vom Respekt, von der Würde und den Rechten des Anderen tiefer bestimmen lassen. Die Vergebungsbitten fördern in jedem Fall das Zusammenleben der verschiedenen Gemeinschaften. Eine vorurteilsfreie und großherzige Gewissenserforschung ist nur zu begrüßen, weil sie die einzelnen und die Völker auf Wege zur Versöhnung leitet.[73] Der Münsteraner Fundamentaltheologe Jürgen Werbick gibt in der „Herder Korrespondenz" zu bedenken: „Ich kann mich nicht von dem dispensieren, was die Atmosphäre, was die Geschichte, was die Identität dieser Gemeinschaft ausmacht. (...) Es gibt so etwas wie eine indispensable Verantwortungssolidarität mit der Geschichte dieser Kirche. Das Geschehen, etwa die Inquisition und die Ketzerverbrennungen, möge 500 Jahre her und in den Konsequenzen zwiespältig sein. Prinzipiell jedoch müsse man dazu bereit sein, sich der Geschichte zu stellen. Söhne dürfen sich für die Verfehlungen der Väter entschuldigen."[74]

## Reaktionen auf die Vergebungsbitte

Es wird bemerkt, daß der Papst mit diesem Vorhaben in der Kirchenhierarchie nicht nur Freude und Zustimmung ausgelöst hat, sondern mit seiner Initiative auch auf Ablehnung, Unverständnis und Kritik gestoßen ist. Diese Kreise befürchteten, daß ein Schuldbekenntnis der Kirche als heiliger Institution irreparablen Schaden zufügen könnte. Nach Ansicht des Münchner Kardinals Friedrich Wetter (dem Vorsitzenden der Glaubenskommission der Deutschen Bischofskonferenz) kann das Schuldbekenntnis von Johannes Paul II. nur ein erster Schritt sein. Jeder einzelne Christ müsse Schuldbekenntnis, Vergebungsbitte und Reinigung des Gedächtnisses nachvollziehen, damit „spätere Generationen nicht für unser Versagen um Vergebung bitten müssen." Dies gelte, so Wetter, für Bischöfe und Priester ebenso wie für Menschen aus dem „kirchlichen Fußvolk".[75] Der Vorsitzende der Deutschen Bischofskonferenz, Kardinal Karl Lehmann, hat Kritik an der Vergebungsbitte zurückgewiesen. Es sei falsch, die mutige Geste des Kirchenoberhaupts als vertane Chance zu bewerten. In seiner Predigt zur Eröffnung der Frühjahrsvollversammlung der Konferenz wies er den Vorwurf zurück, die Bitte bleibe allgemein und unverbindlich: Die Vergebungsbitte würde viel radikaler, umfassender, belastender, wenn sie keinen aufzählenden Katalog beinhalte, der beruhigend abgeschlossen werden könnte. Da sich die Verfehlungen, Vergehen und Irrungen von Gläubigen in 2000 Jahren zu einem gewaltigen Sündenregister ausgewachsen haben, mußte das Schuldbekenntnis des Papstes allgemein und pauschal bleiben. Deshalb hätte er darin weder Namen genannt, noch findet sich auch eine Verurteilung von Schuldigen. Es wäre Sinn dieses päpstlichen Reueaktes gewesen, zu verhindern, daß die heute lebenden Gläubigen ein ähnliches Verhalten an den Tag legen, das in der Vergangenheit unsägliches Leid, Kränkungen und großes Unrecht verursacht hat. Lehmann wies auf die 94 Gelegenheiten während Johannes Pauls Pontifikats hin, in denen dieser in sehr konkreten Bezügen um Versöhnung und Vergebung gebeten hatte.[76] Hans Küng sprach von einer halbherzigen Vergebungsbitte. Er erklärte, daß er von der angekündigten ausgestreckten Hand zur Versöhnung noch nichts gehört habe. Er würde sich über eine Rehabilitierung zu seinen Lebzeiten – und nicht erst 300 Jahre nach dem Tod wie bei Galileo Galilei – sehr freuen. Herrmann Münzel kritisiert die

Nichtannahme der Schuld der Päpste: Es waren keineswegs nur einzelne Menschen der Kirche und Söhne der Kirche, die ungehorsam sind und dem Glaubensbekenntnis widersprechen, sondern es waren Päpste, die die gewalttätige Heilige Kongregation der Römischen und Universalen Inquisition gründeten, förderten, beauftragten, namentlich Innozenz IV., der 1252 die Anwendung der Folter erlaubte um Geständnisse zu erpressen.[77]

Die Evangelische Kirche in Deutschland bekundete Respekt vor dem Schuldbekenntnis. Es sei „beachtenswert" und „hoch respektabel", daß sich die katholische Kirche ihrer Schuld stelle, sagte ein Sprecher. Viele der vom Papst benannten Fehler beträfen wegen der Jahrhunderte langen gemeinsamen Geschichte auch die evangelische Kirche. Darüber hinaus hätten auch die evangelischen Kirchen seit der Reformation vieles verschuldet, was Buße erfordere.[78] Der Berliner Bischof Wolfgang Huber begrüßte das Mea Culpa als einen weiteren Impuls für die Ökumene und als historische Geste. Die Vergebungsmitte ermögliche zusammen mit der gemeinsamen Rechtfertigungserklärung von katholischer und evangelischer Kirche einen offeneren Umgang miteinander.[79]

Paul Spiegel, der Präsident des Zentralrats der Juden in Deutschland, nannte das Schuldbekenntnis „ein historisches Ereignis", sagte aber auch: „Was wir vermissen, ist ein klares Bekenntnis der Kirche zu ihrem Verhalten während des Holocaust". Fraglich sei, warum sich mehr als ein halbes Jahrhundert nach dem Ende des NS-Judenmordes die katholische Kirche nicht zu einem klaren Wort in der Lage sehe. Dem Leid der Juden Europas habe damals die offizielle katholische Kirche „zumindest indifferent" gegenübergestanden. Zudem solle der Vatikan Israel „endlich" als Staat anerkennen.[80] Von einer verpaßten Chance sprach ebenfalls der Vizepräsident des Zentralrats der Juden in Deutschland, Michel Friedman. Die Vergebungsbitte sei zwar ein erster Schritt, der Papst habe aber keine klare Erklärung zum Holocaust, den mörderischen Untaten im Dritten Reich und der Rolle der katholischen Kirche abgegeben. Friedman appellierte erneut an die Kirche, ihre Archive aus der Zeit des Holocaust zu öffnen. Wenn die Vergebungsbitte ernst gemeint sei, dürfe nichts verschleiert und verborgen werden.[81] Auch der israelische Oberrabbiner Israel Lau vermißte, daß der Papst, der als Pole selbst die nationalsozialistische Gewaltherrschaft erlebt habe, die Vernichtung der Juden während des Zweiten Weltkriegs nicht direkt angesprochen habe.[82] Der amerikanische Rabbiner James Rudin und das Jüdisch-Amerikanische Komitee nannten das Mea Culpa die Krönung des fast 22jährigen Pontifikats von Johannes Paul II., einen Meilenstein in der 2000 Jahre alten Geschichte der Beziehungen zwischen Juden und Christen.[83] Der italienische Rabbiner-Verband bezeichnete das Bekenntnis als einen bedeutsamen Akt, durch den die ganze Kirche in den Vorgang einer Neubewertung der Vergangenheit einbezogen sei. Der Vorsitzende des Verbandes, der Mailänder Rabbiner Giuseppe Laras, erklärte, daß mit einer gewissen Vergangenheit nun endgültig der Bruch vollzogen, die Öffnung zu einer neuen Zukunft erfolgt sei.[84]

Scheich Camal Khatib, stellvertretender Vorsitzender der israelischen Islamistenbewegung bezeichnete das Mea Culpa als positiven Schritt. Er bedauerte jedoch, daß der Papst nicht die Kreuzzüge eigens angesprochen habe. Die Muslime könnten mit der Bitte um Vergebung nicht zufrieden sein, weil die Kreuzzüge einen zerstörerischen Einfluß auf die muslimische Welt gehabt hätten.[85]

## Anhang:
## Das am 12. März 2000 von Papst Johannes Paul II. in St. Peter in Rom gesprochene „Mea Culpa" [86]

Allgemeines Gebet

*Der Heilige Vater:* Liebe Brüder und Schwestern, laßt uns vertrauensvoll zu Gott unserem Vater rufen, der barmherzig und langmütig ist, reich an Erbarmen, Liebe und Treue. Er möge die Reue seines Volkes annehmen, das in Demut seine Schuld bekennt, und ihm seine Barmherzigkeit schenken.

I. Allgemeines Schuldbekenntnis

*Ein Vertreter der Römischen Kurie:* Laß unser Bekenntnis und unsere Reue vom Heiligen Geist beseelt sein. Unser Schmerz sei ehrlich und tief. Und wenn wir in Demut die Schuld der Vergangenheit betrachten und unser Gedächtnis ehrlich reinigen, dann führe uns auf den Weg echter Umkehr.

*Der Heilige Vater:* Herr unser Gott, du heiligst deine Kirche auf ihrem Weg durch die Zeit immerfort im Blut deines Sohnes. Zu allen Zeiten weißt du in ihrem Schoß um Glieder, die durch ihre Heiligkeit strahlen, aber auch um andere, die dir ungehorsam sind und dem Glaubensbekenntnis und dem heiligen Evangelium widersprechen. Du bleibst treu, auch wenn wir untreu werden. Vergib uns unsere Schuld und laß uns unter den Menschen wahrhaftige Zeugen für dich sein. Darum bitten wir durch Christus unseren Herrn.

## II. Bekenntnis der Schuld im Dienst der Wahrheit

*Ein Vertreter der Römischen Kurie:* Laß jeden von uns zur Einsicht gelangen, daß auch Menschen der Kirche im Namen des Glaubens und der Moral in ihrem notwendigen Einsatz zum Schutz der Wahrheit mitunter auf Methoden zurückgegriffen haben, die dem Evangelium nicht entsprechen. Hilf uns Jesus Christus nachzuahmen, der mild ist und von Herzen demütig.

*Der Heilige Vater:* Herr, du bist der Gott aller Menschen. In manchen Zeiten der Geschichte haben die Christen bisweilen Methoden der Intoleranz zugelassen. Indem sie dem großen Gebot der Liebe nicht folgten, haben sie das Antlitz der Kirche, deiner Braut, entstellt. Erbarme dich deiner sündigen Kinder und nimm unseren Vorsatz an, der Wahrheit in der Milde der Liebe zu dienen und sich dabei bewußt zu bleiben, daß sich die Wahrheit nur mit der Kraft der Wahrheit selbst durchsetzt. Darum bitten wir durch Christus unseren Herrn.

## III. Bekenntnis der Sünden gegen die Einheit des Leibes Christi

*Ein Vertreter der Römischen Kurie:* Laß das Eingeständnis der Sünden, die die Einheit des Leibes Christi verwundet und die geschwisterliche Liebe verletzt haben, den Weg ebnen für die Versöhnung und die Gemeinschaft aller Christen.

*Der Heilige Vater:* Barmherziger Vater, am Abend vor seinem Leiden hat dein Sohn darum gebetet, daß die Gläubigen in ihm eins seien: Doch sie haben seinem Willen nicht entsprochen. Gegensätze und Spaltungen haben sie geschaffen. Sie haben einander verurteilt und bekämpft. Wir rufen inständig dein Erbarmen an und bitten dich um ein reumütiges Herz, damit alle Christen sich in dir und untereinander aussöhnen. In einem Leib und einem Geist vereint, sollen sie die Freude über die volle Gemeinschaft wieder erleben dürfen. Darum bitten wir durch Christus unseren Herrn.

IV. Schuldbekenntnis im Verhältnis zu Israel
*Ein Vertreter der Römischen Kurie:* Laß die Christen der Leiden gedenken, die dem Volk Israel in der Geschichte auferlegt wurden. Laß sie ihre Sünden anerkennen, die nicht wenige von ihnen gegen das Volk des Bundes und der Seligpreisungen begangen haben, und so ihr Herz reinigen.

*Der Heilige Vater:* Gott unserer Väter, du hast Abraham und seine Nachkommen auserwählt, deinen Namen zu den Völkern zu tragen: Wir sind zutiefst betrübt über das Verhalten aller, die im Laufe der Geschichte deine Söhne und Töchter leiden ließen. Wir bitten um Verzeihung und wollen uns dafür einsetzen, daß echte Brüderlichkeit herrsche mit dem Volk des Bundes. Darum bitten wir durch Christus unseren Herrn.

V. Schuldbekenntnis für die Verfehlungen gegen die Liebe,
   den Frieden, die Rechte der Völker, die Achtung
   der Kulturen und der Religionen
*Ein Vertreter der Römischen Kurie:* Laß die Christen auf Jesus blicken, der unser Herr ist und unser Friede. Gib, daß sie bereuen können, was sie in Worten und Taten gefehlt haben. Manchmal haben sie sich leiten lassen von Stolz und Haß, vom Willen, andere zu beherrschen, von der Feindschaft gegenüber den Anhängern anderer Religionen und den gesellschaftlichen Gruppen, die schwächer waren als sie, wie etwa den Einwanderern und Zigeunern.

*Der Heilige Vater:* Herr der Welt, Vater aller Menschen, durch deinen Sohn hast du uns gebeten, auch den Feind zu lieben, denen Gutes zu tun, die uns hassen, und für die zu beten, die uns verfolgen. Doch oft haben die Christen das Evangelium verleugnet und der Logik der Gewalt nachgegeben. Die Rechte von Stämmen und Völkern haben sie verletzt, deren Kulturen und religiöse Traditionen verachtet: Erweise uns deine Geduld und dein Erbarmen! Vergib uns! Darum bitten wir durch Christus unseren Herrn.

VI. Bekenntnis der Sünden gegen die Würde der Frau
    und die Einheit des Menschengeschlechtes
Ein Vertreter der Römischen Kurie: Laßt uns für alle beten, die in ihrer menschlichen Würde verletzt und deren Rechte unterdrückt wurden. Laßt uns beten für die Frauen, die allzu oft erniedrigt und ausgegrenzt werden. Wir gestehen ein, daß auch Christen in mancher

Art Schuld auf sich geladen haben, um sich Menschen gefügig zu machen.

*Der Heilige Vater:* Herr unser Gott, du bist unser Vater. Du hast den Menschen als Mann und Frau erschaffen, nach deinem Bild und Gleichnis. Die Verschiedenheit der Völker in der Einheit der Menschheitsfamilie hast du gewollt. Doch mitunter wurde die gleiche Würde deiner Kinder nicht anerkannt. Auch die Christen haben sich schuldig gemacht, indem sie Menschen ausgrenzten und ihnen Zugänge verwehrten. Sie haben Diskriminierungen zugelassen aufgrund von unterschiedlicher Rasse und Hautfarbe. Verzeih uns und gewähre uns die Gnade, die Wunden zu heilen, die deiner Gemeinschaft aufgrund der Sünde noch immer innewohnen, damit wir uns alle als deine Söhne und Töchter fühlen können. Darum bitten wir durch Christus unseren Herrn.

## VII. Bekenntnis der Sünden auf dem Gebiet der Grundrechte der Person

*Ein Vertreter der Römischen Kurie:* Laßt uns beten für alle Menschen auf der Erde, besonders für die Minderjährigen, die mißbraucht wurden, für die Armen, Ausgegrenzten und Letzten. Laßt uns für diejenigen beten, die am wenigsten Schutz genießen, für die ungeborenen Kinder, die man im Mutterleib tötet, oder jene, die gar zu Forschungszwecken von denen benützt werden, die Mißbrauch getrieben haben mit den von der Biotechnologie gebotenen Möglichkeiten. So haben sie die Ziele der Wissenschaft entstellt.

*Der Heilige Vater:* Gott unser Vater, du hörst stets auf den Schrei der Armen. Wie oft haben dich auch die Christen nicht wiedererkannt in den Hungernden, Dürstenden und Nackten, in den Verfolgten und Gefangenen, in den gerade am Anfang ihrer Existenz schutzlos Ausgelieferten. Für all jene, die Unrecht getan haben, indem sie auf Reichtum und Macht setzten und mit Verachtung die „Kleinen" straften, die dir so am Herzen liegen, bitten wir um Vergebung: Erbarme dich unser und nimm unsere Reue an. Darum bitten wir durch Christus unseren Herrn.

## Schlußgebet

*Der Heilige Vater:* Barmherziger Vater, dein Sohn Jesus Christus, der Richter über Lebende und Tote, hat in der Niedrigkeit seines ersten Kommens die Menschheit aus der Sünde befreit. Wenn er wiederkommt in Herrlichkeit, wird er für alle Schuld Rechenschaft fordern von unseren Vätern, von unseren Brüdern und Schwestern und von uns, deinen Dienern. Vom Heiligen Geist bewegt, kehren wir mit reumütigem Herzen zu dir zurück. Schenke uns dein Erbarmen und die Vergebung der Sünden. Darum bitten wir durch Christus unseren Herrn.

1  „Der Papst mag ein frommer Mensch sein, das ist nicht wenig. Aber für ein kirchliches Schuldbekenntnis ist es zu wenig, denn Worte genügen nicht. Also – lernt die Kirche? Bis jetzt nicht." – *Münzel, Hermann,* Nur Taten zählen, nicht Worte, in: imprimatur, Kritische Katholiken und ihre Zeitschrift, 33. Jahrgang, Nr. 2/2000, S. 51 ff.; ebenso *Repgen, Konrad,* Kirche, Schuld, Geschichte – Eine aktuelle Ortsbestimmung, in: Die neue Ordnung, 53. Jahrgang, Nr. 4/1999, S. 293 ff.

2  *Köster, Peter,* Neue Zürcher Zeitung (NZZ) 25. März 2000.

3  *Maier, Michael,* Atalanta Fugiens, Oppenheim, De Bry, 1618, Emblem XXVII.

4  *Repgen* (Anm. 1), S. 293 ff.

5  *Ratzinger, Joseph, Kardinal,* Ein Spiegel der europäischen Geistesgeschichte, Überlegungen aus Anlaß der Öffnung des Archivs der Glaubenskongregation, Frankfurter Allgemeine Zeitung (FAZ) 22. Mai 2000.

6  *Balthasar, Hans Urs von,* Wer ist ein Christ? Einsiedeln 1965, S. 15–16.

7  *Accattoli, Luigi,* Wenn der Papst um Vergebung bittet: alle „mea culpa" Johannes Pauls II. an der Wende zum dritten Jahrtausend, Innsbruck, Wien, 1999, S. 15 ff.

8  Vgl. *Internationale Theologische Kommission,* in: Erinnern und Versöhnen, Die Kirche und die Verfehlungen in ihrer Vergangenheit, *Gerhard Ludwig Müller* (Hrsg.), Neue Kriterien 2, Freiburg 2000 S. 24 ff.

9  Vgl. auch Internationale Theologische Kommission (Anm. 8), S. 24 ff.

10  *Denzler, Georg,* Die sündige Kirche, Süddeutsche Zeitung (SZ) 11. März 2000.

11  Vgl. z. B. die vor einem Sündenbekenntnis warnende Enzyklika „Mirari vos", die von Gregor XVI. im Jahr 1832 veröffentlicht worden ist.

12  *Accattoli* (Anm. 7), S. 30 ff.

13  Il Concilio Vaticano II, Bd. 3, S. 60; vgl. auch *Internationale Theologische Kommission* (Anm. 8), S. 24 ff.

14  Vgl. *Accattoli* (Anm. 7), S. 36 ff.

15  Unitatis redintegratio, 7; vgl. auch *Internationale Theologische Kommission* (Anm. 8), S. 26 ff.

16  Lumen gentium 8; Gaudium et spes 36 ; vgl. auch Internationale Theologische Kommission (Anm. 8), S. 26 ff.

17  Nostra aetate 4.

18  Dignitatis humanae 12.

19  Gaudium et spes 36.

20  L'Inquisizione e i suoi problemi, Heft 3563, 5. Dezember 1998, S. 469 f.

21  *Denzler* (Anm. 10).

22  Vgl. *Accattoli* (Anm. 7), S. 76 ff.

23  Enzyklika „Ut unum sint", 25. Mai 1995, Stein am Rhein 1995, Nr. 11, Nr. 65, Nr. 88.

24  Ansprache beim Besuch des Ökumenischen Rates der Kirchen in Genf, 12. Juni 1984, sowie: Ansprache des Papstes beim Wortgottesdienst in Nancy, 10. Oktober 1988

25  *Accattoli* (Anm. 7), S. 87 ff.

26  *Accattoli* (Anm. 7), S. 91; *Johannes Paul II.,* Wir fürchten die Wahrheit nicht, Der Papst über die Schuld der Kirche und der Menschen, Styria, Kürten-B., 1997, S. 124.

27 Gedenkfeier für Albert Einstein im Apostolischen Palast, 10. November 1979.
28 Der „Osservatore Romano" vom 1. November 1992 veröffentlichte ihn unter der Überschrift: „Dem Papst wurden die Schlußfolgerungen der Forschungskommission für die Überprüfung des Falles Galilei präsentiert. Die Ergebnisse einer interdisziplinären Untersuchung".
29 Botschaft an die Vollversammlung der Päpstlichen Akademie der Wissenschaften, 22. Oktober 1996. Das Thema der Versammlung lautete: „Der Ursprung des Lebens und die Evolution. Reflexionen am Beginn des dritten Jahrtausends".
30 *Accattoli* (Anm. 7), S. 176 ff.
31 Ansprache an das Europäische Parlament, Straßburg, 11. Oktober 1988.
32 *Denzler* (Anm. 10); Die Dokumentationshilfe ist in ihrer Gänze zu finden unter http://www.vatican.va/roman_curia/congregations/cfaith/documents/rc_con_cfaith_doc_ 20000307_memory-reconc-itc_ge.html.
33 *Sidler, Peter*, «Mea culpa» des Papstes für 2000 Jahre Sünden, NZZ 8. März 2000.
34 *Sidler* (Anm. 33).
35 Büßender Petrus, Christ in der Gegenwart (C.i.d.G.), 52. Jahrgang, Nr. 13/00, 26. März 2000, S. 99 f.
36 *Helbling, Hanno*, Katholisches Schuldbekenntnis, NZZ 8. März 2000.
37 *Kohl, Christiane*, Die Entdeckung des historischen Gewissens, SZ 8. März 2000.
38 *Helbling* (Anm. 36).
39 In der vatikanischen Erklärung über die kirchliche Judenfeindschaft von 1998 hieß es noch, die „Söhne und Töchter" der Kirche hätten Schuld auf sich geladen, nicht aber die Kirche. – *Drobinski, Matthias*, Heilig und sündig, SZ 1. März 2000.
40 Zu Lumen gentium Nr. 8 vgl. *Rahner, Karl*, Sündige Kirche nach den Dekreten des II. Vatikanischen Konzils, in: ders., Schriften zur Theologie. Band VI. Einsiedeln, u. a. 1965, S. 321–347. Er weist darauf hin, daß Lumen gentium nicht weiter auf die Frage eingeht, wie die Kirche auch in ihrer amtlichen Dimension in einem ganz spezifischen Sinne sündig ist; vgl. auch Mea culpa, mea maxima culpa. Can the Church Admit Error?, mit Beiträgen von *Richard McBrien, Richard John Neuhaus, Elizabeth A. Johnson, Joseph Komonchak*, Commonwealth 12. November 1999, S. 12–22.
41 *Internationale Theologische Kommission* (Anm. 8), S. 55 ff.
42 *Internationale Theologische Kommission* (Anm. 8), S. 54 ff.
43 *Klein Nikolaus*, Unsere Schuld und die Geschichte, in: Orientierung, 64. Jahrgang, Nr. 6/2000, S. 61 f.; *Internationale Theologische Kommission* (Anm. 8), S. 67.
44 *Helbling* (Anm. 36).
45 *Internationale Theologische Kommission* (Anm. 7), S. 76 f.
46 *Helbling* (Anm. 36).
47 *Helbling* (Anm. 36).
48 *Drobinski* (Anm. 39), S. 1.
49 *Repgen* (Anm. 1), S. 293 ff.
50 *Helbling* (Anm. 36).
51 *Internationale Theologische Kommission* (Anm. 8), S. 97 ff; *Klein* (Anm. 43), S. 61 f.
52 *Drobinski, Matthias*, Heilig, sündig, schuldig, SZ 11. März 2000.
53 *Leicht Robert*, Der Papst als Büßer – Kreuzzüge, Inquisition, Judenhaß: Wird sich der Heilige Vater am Sonntag für die Sünden der katholischen Kirche entschuldigen? Oder nur für die Vergehen einzelner Söhne?, Die Zeit 9. März 2000.
54 Katholische Nachrichten-Agentur (KNA) 2857 – Papst spricht großes „Mea Culpa" der Kirche.
55 Der jüdische Historiker Michael Wolffsohn weist auf die theologisch-transzendente Eigenart eines solchen liturgischen Schuldbekenntnisses hin, das ein Gebet zu Gott ist, ein sakraler Akt dichtester Erfahrung. Sünden und Schuld vergeben kann nach der jüdischen und christlichen Lehre (Jes 44,22; Mk 2,7) nur Gott. Wenn von Menschen erwartet wird, aus eigener Vollmacht Sünden zu vergeben, sei das sowohl für gläubige Juden als auch

für Christen eine maßlose Anmaßung und Gotteslästerung. Ebenso argumentiert der Historiker Victor Conzemius im Luxemburger Wort. – C.i.d.G (Anm. 35).

56 Er knüpft auf diese Weise an den Personalismus an, der sich im Kulturkreis des Monotheismus entwickelt hat. Dieser Personalismus hat über die abendländische Philosophie die Schuldkultur entwickelt. Solche Schuldkulturen, die Moral mehr auf der personalen Verantwortung des einzelnen begründen, können möglicherweise der modernen Dynamisierung (Stichwort: Globalisierung) der Welt am besten entsprechen. Zumindest wird der Personalismus in dieser Hinsicht als modern, zeitnah, realistisch und politisch verstanden. Somit ist das Schuldbekenntnis des Papstes in seinem Aufbau absagend gegen Ideologien des Kollektivismus oder des Neo-Kapitalismus (Stichwort: Markt ohne Grenzen). – C.i.d.G. (Anm. 35).

57 *Walter Kasper* (dt. Kurienbischof), Interview, Die Welt, 19. Februar 2000.

58 „Tertio millennio adveniente" Nr. 33; *Facius, Gernot,* Reinigung des Gedächtnisses, Die Welt 3. März 2000.

59 *Kallscheuer Otto,* Große Schuld – no news, Frankfurter Rundschau 15. März 2000; *Klein* (Anm. 43), S. 61 f.

60 Ein Schuldbekenntnis der gesamten Kirche, FAZ 9. März 2000, S.1.

61 *Sidler, Peter,* Katholiken und ihre Sünden der Vergangenheit, NZZ 13. März 2000, S. 3.

62 KNA 2857 (Anm. 54).

63 KNA 2851 – „Chance zur tiefen Umkehr" – Predigt des Papstes zur Vergebungsbitte.

64 KNA 2857 (Anm. 54).

65 Vgl. *Accattoli* (Anm. 7), S. 25–101; *Accattoli, Luigi,* Confiteor iuxta modum, Il Regno-attualità 39 (1994) 14, S. 385–389; *Johannes Paul II.,* Il grande giubileo dell'anno 2000, in: Il Regno-documenti 39 (1994) 15, S. 449–454 (der nicht offiziell veröffentlichte Text der von Papst Johannes Paul II. persönlich verfaßten Diskussionsgrundlage für das außerordentliche Konsistorium vom 13./14. Juni 1994 = Promemoria); *Johannes Paul II.,* Discours d'ouverture du Consistoire extraordinaire, Documentation catholique 17. Juli 1994, S. 651–655.

66 *Kohl, Christiane,* Papst bittet um Vergebung für Fehler der Kirche, SZ 13. März 2000.

67 *Denzler* (Anm. 10).

68 Siehe *Repgen* (Anm. 1), S. 293 ff.; kritisch *Denzler* (Anm. 10).

69 *Facius* (Anm. 58).

70 *Denzler* (Anm. 10).

71 Der Essay wurde wohl von Johannes Paul II. selbst in Auftrag gegeben. – vgl. *Accattoli* (Anm. 7), S. 68.

72 Die Einheitlichkeit der Kirche in der Zeit wird auch das Band des mystischen Leibes genannt, das neuerliche Bedenken von Entgleisungen der Vergangenheit im Geist der Buße helfe, das Gewissen für Nachgiebigkeiten und Kompromisse in der Gegenwart zu schärfen. – *Kohl* (Anm. 66).

73 Vgl. *Internationale Theologische Kommission* (Anm. 8), S. 80 ff.

74 *Facius* (Anm. 58).

75 Auch Bischöfe und Priester sind Sünder, SZ 17. März 2000.

76 KNA 2908 – Bischof Lehmann weist Kritik an Vergebungsbitte zurück.

77 *Münzel* (Anm. 1), S. 51 ff.; so auch *Sidler* (Anm. 61).

78 Krönung des Pontifikats, SZ 13. März 2000, S. 10; *Kohl* (Anm. 666), S. 1.

79 KNA 2881 – Papst-Bitte: Insgesamt positives Echo in Deutschland.

80 Spiegel weiter: „Ein lauter Protest der Kirche gegen den Holocaust hätte den Lauf der Dinge wesentlich beeinflußt. Das Beispiel des Münsteraner Bischofs Clemens Graf von Galen habe gezeigt, daß öffentlicher Widerstand ohne negative Folgen für die Kirche möglich gewesen sei." – Spiegel fordert klare Worte zur NS-Zeit, SZ 23. März 2000; SZ (Anm. 78).

81 KNA 2857 (Anm. 54).

82 KNA 2857 (Anm. 54).

83  SZ (Anm. 78); KNA 2857 (Anm. 54).
84  KNA 2857 (Anm. 54).
85  KNA 2857 (Anm. 54).
86  KNA 2829 – „Wir bitten dich um ein reumütiges Herz" – Papst entschuldigt sich für Vergehen der Kirche; SZ (Anm. 78); *Fischer, Heinz-Joachim,* Der Papst, Kardinäle und Bischöfe bekennen sich in Rom zu Verfehlungen in der Vergangenheit, FAZ 13. März 2000; http://www.vatican.va/news_services/liturgy/documents/ns_lit_doc_20000312_prayer-day-pardon_ge.html.

# Register